普通高等教育"十一五"国家级规划教材
高等学校交通运输与工程类专业规划教材

Transport Economics

运输经济学

（第二版）

严作人　杜豫川　张　戎　编著
周溪召　郁义鸿　主审

人民交通出版社

内容提要

本书为普通高等教育“十一五”国家级规划教材，全面介绍了运输经济学的基本原理及运用，主要内容包括：运输的意义及其产业特征、运输需求与运输供给、运输成本与运输价格、运输市场与运输企业、运输基建项目投资、融资与经营、运输基建项目经济评价、运输政策、运输与可持续发展。

本书是在第一版基础上，结合近年来运输经济学的最新进展编写的，新增了很多案例分析，以使本书更具针对性和实用性。本书为高等院校交通工程、交通运输、土木工程(道路、铁路、机场等方向)、交通土建以及(轨道)交通运输等专业的教材，也可作为相关工程类专业和管理类专业本科生、研究生以及工程技术人员的教学参考书和培训教材。

本书由**同济大学**严作人、杜豫川、张戎编著，由**上海海事大学**周溪召教授、**复旦大学**郁义鸿教授主审。

图书在版编目(CIP)数据

运输经济学/严作人等编著.—2版.—北京：人民交通出版社，2009.8(2025.1重印)

ISBN 978-7-114-07891-0

Ⅰ.运… Ⅱ.严… Ⅲ.运输经济学—高等学校—教材 Ⅳ.F50

中国版本图书馆CIP数据核字(2009)第123530号

普通高等教育“十一五”国家级规划教材
高等学校交通运输与工程类专业规划教材

书　　名：运输经济学（第二版）
著 作 者：严作人　杜豫川　张　戎
责任编辑：沈鸿雁　刘永超
出版发行：人民交通出版社股份有限公司
地　　址：(100011) 北京市朝阳区安定门外外馆斜街3号
网　　址：http://www.ccpcl.com.cn
销售电话：(010) 85285911
总 经 销：人民交通出版社股份有限公司发行部
经　　销：各地新华书店
印　　刷：北京市密东印刷有限公司
开　　本：787×1092　1/16
印　　张：26
字　　数：646千
版　　次：2003年2月　第1版　2009年8月　第2版
印　　次：2025年1月　第2版　第17次印刷　总第22次印刷
书　　号：ISBN 978-7-114-07891-0
定　　价：44.00元

高等学校交通运输与工程(道路、桥梁、隧道与交通工程)教材建设委员会

第二版前言

在交通运输工程类学生中开设运输经济学课程已经历了 8 年的实践。2003 年人民交通出版社出版的第一本用于工程类本科生的《运输经济学》教材，出版至今一再重印，说明了在英国发生的"对该领域感兴趣的热烈程度是 50 多年来所未曾见过的"（巴顿《运输经济学》），这种情况也同样发生在当前的中国。

第二版《运输经济学》基本沿用了原版的结构，只是将原一、二章合并成第一章，增加第四章（交通运输系统中的选择行为分析），全书共 9 章保持不变。新版对全书各章进行了全面修订，每章均含案例一节，大大增强了教材的实践性和实用性。其中各章最主要的修改和补充如下：

第一章　引论——合并原一、二章，增加了"瓦巴什案件和美国铁路的发展"案例；

第二章　运输需求与运输供给——增加了"以对比的视角讨论京沪高速铁路运输量预测"的案例；

第三章　运输成本与运输价格——增加了收益管理内容及航空售票中"基于 EMSR 优化的嵌套订座算法"案例；

第四章　交通运输系统中的选择行为分析——新增内容，介绍交通出行中的选择行为分析方法，含有案例：上海虹桥综合交通枢纽出行方式选择预测；

第五章　运输市场与运输企业——增加了运输市场的竞争形式和影响一节，并新增案例：中国铁路引入竞争与运输企业重组；

第六章　运输基建项目投资、融资与经营——增加了高速公路、隧道等的 BOT 融资案例；

第七章　运输基建项目经济评价——增加项目多方案比选内容，按新的国家标准，重新选编了公路与铁路工程的经济评价案例；

第八章　运输政策——几乎全部重新编写，并增加案例：欧盟的运输政策；

第九章　运输与可持续发展——增加了我国城市多种交通方式的可持续发展策略分析一节，增加了竞争性招标、拥挤收费等可持续交通管理的案例。

各章编写分工如下：第五、八章由张戎编写和修订，第四、六、九章由杜豫川编写和修订，第一、二、三、七章由严作人编写和修订，全书由严作人统稿。

新版中，三位作者不约而同都较多地增加了数量化计算分析的内容。如严作人第三章的基于 EMSR 优化的嵌套订座算法；杜豫川第四章的交通运输系统中的选择行为分析；张戎第五章的运输市场的竞争形式等内容。在紧随运输经济学定量分析潮流的同时，我们也发现，一些复杂的数学演绎会给有些学员带来学习的难度。好在本教材内容较为丰富，任课教师可根据教学需要和学生情况，在教学中对教材内容有所取舍。

本书的编写得到同济大学教材、学术著作出版基金委员会资助。新版运输经济学是在第一版教材基础上编写而成的，感谢使用本教材过程中许多教师和学生们的宝贵的修改意见，也感谢主审**上海海事大学**周溪召教授和**复旦大学**郁义鸿教授以及责任编辑沈鸿雁和刘永超对本教材的积极支持。只是，限于作者学识水平，新版教材中依然会存在不少问题，恳请读者批评指正和提出宝贵意见。

编　者

2009 年 8 月于同济

第一版前言

本书是为高校相关专业本科生学习运输经济学而编写的教材，这些专业包括：交通工程、土木工程（道路、铁路、机场等方向）、交通土建（工程）以及交通运输等专业。

我国经过十多年的经济改革，已初步建成社会主义市场经济体系，即使在国家公共经济成分较多的运输领域，市场的触角也在逐步伸向各种运输方式的每一个角落。面对无所不在的市场经济，社会对工程建设人才的经济知识的要求越来越高。因此，1999 年，同济大学道路与交通工程系决定在交通工程专业和土木工程专业道路方向当年入学的本科生教学计划中增加《运输经济学》课程。于是就产生了本书的讲义和胶印版。

本书在选材时，对运输经济学的基本体系与理论各部分内容有所侧重地作了取舍。例如，对运输需求、运输成本与运输价格等内容介绍较为详细，对运输市场、运输企业、运输政策等方面内容介绍则较为简要。为适应工程类专业学生学习，本书加强了运输基建项目投资、融资与经营、运输与可持续发展方面的内容，并增加了运输基建项目经济评价等知识。本书包含有大量的定量计算分析内容，以顺应运输经济学注重定量分析的发展趋势。例如：在运输需求中、在运输定价中，特别在运输基建项目经济评价中，均引入了一定数量的定量分析理论公式及其计算题；考虑到学习对象主要是道路交通和轨道运输专业（方向）的学生，在兼顾五种运输方式的同时，适当加强了有关道路交通运输和部分铁路运输的例题和数据资料。注重定量分析和地面运输也许是本书有别于其他运输经济学教科书的两大特点。此外，考虑到工程类专业学生中相当一部分未选修过西方经济学和工程经济学，因此本教材在涉及微观经济学概念和资金时间价值等工程经济基础知识时均给予适当介绍。

本书共分九章，第五章、第八章由张戎编写，第九章由张戎（为主）和严作人合写，其余各章由严作人编写，全书由严作人统稿。

本书的编写得到同济大学教材、学术著作出版基金委员会资助，并同时列入同济大学“十五”规划教材。同济大学副校长杨东援教授和交通部公路规划设计院院长周海涛为编者提供了难得的资料文献、上海市市政工程局朱建忠和同济大学陈大同、陈小鸿教授等许多专家和教师为本书的编写提供了丰富资料并提出许多有益的建议，在此，表示衷心的感谢。同时，本书编者也向所有相关参考文献的作者表示由衷的谢意。

本教材是在原同济大学胶印教材基础上编写而成的，虽经交通工程专业、交通运输专业和土木工程专业（道路方向）等学生应用后修改完善，但限于作者学识水平，书中难免存不少问题，恳请读者批评指正和提出宝贵意见。

严作人

2003 年 5 月于同济

目　录

第一章 引 论

引 子

当人类的祖先发现水可载舟、畜会驮物、轮能行车，当他们懂得用一头猎物去换取一袋食物、一件饰品时，也就有了运输。可以说，运输的历史与人类的文明史同样长久，甚至运输的渊源可追溯到以肩扛、背驮、头顶为主的以自己身体作为唯一运输工具的早期人类历史。但是，真正意义上的规模、高效和系统化的现代运输，则是伴随着工业革命而发展起来的。

18 世纪中叶，蒸汽机的发明将人类引入机器时代；

19 世纪初，出现了蒸汽机轮船、蒸汽机火车与铁路，并很快在欧洲和美国发展普及；

1825 年，英国在斯托克顿至达灵顿之间修建了世界上第一条铁路；

1838 年，英国轮船"南阿斯号"和"大西洋号"横渡大西洋成功；

到 1840 年，英国主要铁路干线已初步形成……

人类跨入 21 世纪之后，现代运输业经历了两个世纪的发展，已经形成水运、铁路、公路、航空和管道五大运输方式并举，蓬勃发展的格局。

正如马克思所说："交通运输业是逐渐地靠内河驳船、铁路、远洋轮船和电报的体系而适应了大工业的生产方式。"同样，交通运输业的变革、机器运输业的建立，反过来又给社会生产力以极大的推动，成为社会经济、政治和文化发展的一种社会物质基础。

在讲述《运输经济学》之初，让我们来考察这样一个案例。

【例 1-1】 发展运输的意义。这也许是一个简单的问题：当运输效益提高导致运费下降后，产品中所含的运输成本占总成本的比例将会有怎样的变化？

你可能会马上作出回答：将会下降。因为这很明显。例如，A 地某产品的生产成本为 6 元/t，M 地距 A 地的运价为 2 元/t，即 M 地该商品的总成本为 8 元/t，其中运输成本占了 25%。当运价下降为原来的一半时，M 地该商品的总成本为 $6+1=7$ 元/t，运输成本仅占了总成本的 1/7，即 14.3%，比原来下降了 10.7%。

可是现实经济社会中的问题不这么简单。洛克林(Locklin)在他的《运输经济学》一书中通过下面一个例子告诉我们，以上答案并不正确，或至少是不很周全的结论。

如图 1-1 所示，除了 A 地，还有 B 地也生产该产品，而且生产成本仅为 4 元/t，但它到 M 地的运价为 6 元/t。由于该产品从 B 地运到 M 地后总成本为 10 元/t，因此，A 地该产品在 M 地因价格优势而独占市场。如果运价下降一半，则 B 地产品在 M 地的总成本也为 7 元/t，与 A 地产品相同。这就打破了 A 地产品独占市场的局面。B 地产品运输成本占总成本的 42.9%，大大高于 A 地产品。如按平分市场计算，M 地该类产品中平均运输成本占总成本的 28.6%，高于原来的 25%。

因此，洛克林说："除非认识到运价降低会导致较多的钱用于运输，较少的钱用于生产，否则就没有了解改善运输的真正意义。"首先提出这一观点的是法国工程师杜波特(Dupuit)。他认为,运输工具发展的最终目的不应该是减少运输费用,而是降低生产成本。

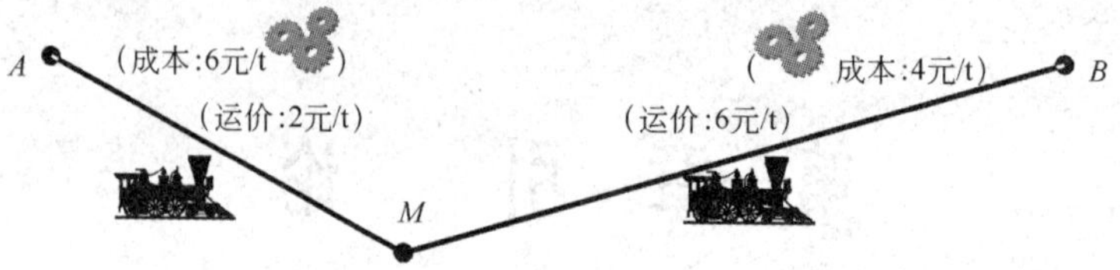

图 1-1　运输成本与生产总成本关系的例子

如果上例中运费下降到原来的 1/3,则 M 地该产品的总成本为 6 元/t,其中运输成本占 33.3%,生产成本占 66.7%。随着运输的发展,A 地该产品不仅在 M 地甚至在其产地 A 地也可能被淘汰。这就是高生产成本的产品在运输发展和区域开放进程中面临的抉择:要么改造产品,要么消亡。从另一个角度来看,发达的运输条件是产业形成专业化生产的基础,正是现代强大的运输系统才有可能培育出超大规模和高效的专业生产群和庞大的商品市场。"市场的规模取决于运输成本"(Joseph E Stiglitz 经济学)则从另一角度诠释了上述案例。

当然,发展运输的意义远不止如此,它有着更为广泛的经济意义,甚至是社会的意义。

那么,运输发展对社会与经济的作用以及社会与经济发展对它的反作用是怎样的?这种作用和反作用又是如何推动或制约着运输业的发展的?这些问题正是运输经济学要加以研究的。可以这样来理解运输经济学:运输经济学是经济学的一个分支,它是采用经济学的理论和方法来研究与运输有关的各种问题的一门学科。

第一节　运输的意义及其产业特征

一、运输的一般意义

可以说,社会和文化在很大程度上是建立在发达运输的基础上的。社会由很多地区组合而成,这些地区各有自己的起源、传统、环境和问题。通过交通运输和产品交换形成的地区间联系促进了文化意识的交流,从而有助于打破隔绝状态,鼓励在语言、饮食、卫生、教育和一般生活方式上的趋同。人们可以在东方国家的"Office"中采用英文交换意见,在西方的旅游胜地吃中国菜、睡日本的榻榻米。没有发达的交通运输这是难以想象的。

当今社会已进入网络时代。在互联网上畅游,你会感到世界是如此之小:寻觅美国、浏览欧洲只在鼠标点击之间。然而,网络世界通畅非但没有削弱人们对交通运输系统的依赖,相反,它加快了世界经济体系的形成,从而更激发了人们对高速、安全、高效运输体系的需求。在发达国家,运输系统是如此完善和有效率,以至于除非这个系统的某一部分出了问题使人们感到不方便,否则大多数人很少意识到它的存在。人们觉得交通运输是理所当然的。据估计,在发达国家每天每人投入旅行的时间平均约为 1h。特别是人们对汽车的依赖程度越来越高,美国人均拥有接近 1 辆车,澳大利亚和西欧及日本每 2 人 1 辆车,韩国和以色列 3 人 1 辆车,墨西哥和俄罗斯及巴西 4～6 人 1 辆车,中国约 50 人拥有 1 辆车。而且在绝大多数国家汽车保有量还在高速地增长,中国 2004 年人均汽车数是 1980 年的 12.7 倍,波兰约为 3 倍,法德英三国约为 1.5 倍(图 1-2、图 1-3)。随着人均消费水平的提高,人类对交通运输的依赖程度将越来越大。

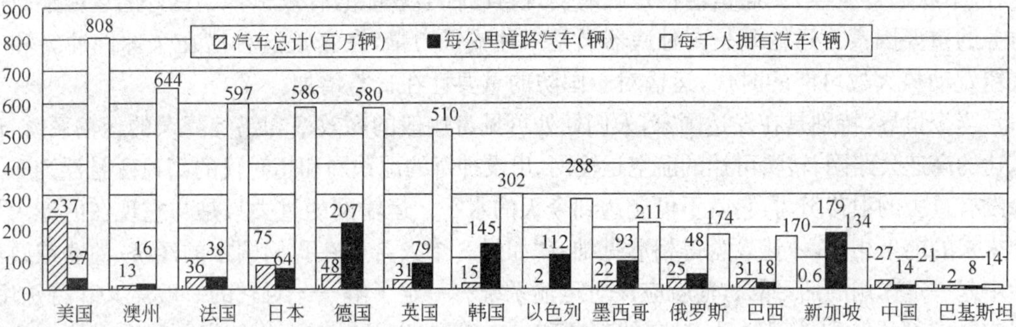

图 1-2　2004 年部分国家汽车拥有水平对比

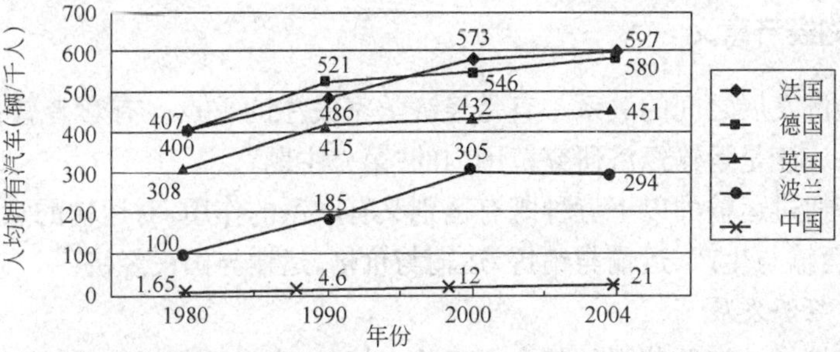

图 1-3　部分国家人均汽车拥有水平增长对比(单位:辆/千人)

同样,高效的运输使广阔地理区域的政治统一成为可能。文化近似、沟通理解和大规模地区间贸易的产生提高了经济上的互相依赖程度,减少了孤立封闭的倾向,而交通运输能力的提高也有利于统一的管理。因此可以说,交通运输的发展成为世界上许多国家实现统一的物质基础之一。

从更一般的意义上讲,运输——包括它的发展所带来的便利以及它的不发达造成的阻隔——均是人们继承到的文化的一个重要部分:尼罗河和黄河、长江使古埃及和中国在很多世纪以前就已经达到高度的文明;古罗马的建立在某种程度上则应归功于它早期形成的公路系统;在美国、澳大利亚等一些移民国家,正是不断发展的运输,在这些国家的发现、移民和开发中扮演了关键性角色。在美国,这被历史学家们长期讨论,并成为民间歌曲永恒的主题,当年由马车、汽船和火车完成的向西部迁移,是运输发展史上的重要一章。就这点而言,可以说美国是建立在车轮上的自由和流动性的国度。然而,其他国家何尝不是这样——人们渴望去看新地方、去担当新的工作、追求新的目标;国家的发展需要寻找新的市场,开辟新的国际贸易渠道,等等这一切都依赖于有效的运输;第一条横贯加拿大铁路的修建曾促使不列颠哥伦比亚省未能与加拿大在政治上分离;澳大利亚在澳洲大陆上修建穿越沙漠地区的铁路,保证了国家政治上的统一;在 19 世纪中期,俾斯麦把众多独立的小州和公国统一到现代德国的过程中,铁路曾起了关键性作用。证明交通工具有凝聚性的例子还可以举出很多,运输在塑造我们生活上所起的作用超过了大多数人的想象。从另一方面看,交通运输的不便同样也给人类留下了文化的遗产:蜀道之难和长江的断阻,曾使中国有过三国鼎立的历史;台湾海峡又影响了两岸统一大业半个多世纪还迟迟未能实现;尽管有着共同的文化遗产,美国却摆脱了不列颠,理由就在于又慢又不方便的交通运输有碍于政治统治、也有碍于互相理解。

交通运输的重要意义在社会的非常时期会表现得更为突出,一旦严重自然灾害、社会动乱、战争状态等发生,交通运输将是政府实现自己社会职能的有效工具。良好的运输还是国家防务的重要因素。运输既是一种武器又是一种威慑力量,在今天这种潜在全球性冲突和有用按钮发动核大战可能的时代,运输对于国防的重要性在日益增加。

当今世界,特别是在发达国家,人们处处可见奇迹般的高效率和错综复杂的运输系统:四通八达的高速公路网、转瞬可达的航空运输网、出没神奇的地铁网和超时代的高速磁悬浮列车。如果没有过去的艰苦努力,它就不可能达到今天的水平。运输网的过去只是与它现在的庞大规模和未来的前景相比,才让人觉得相形见绌。“如果一个人希望在我们国家的经济、商业或政治生活中起一定作用的话,那么,他就应该对运输系统有一定了解——对它的一般意义和特殊用途,对它的内部运转和外部联系,对它的起源和未来发展,以及对它面临的问题和取得的成就有所了解,因为这是对一个人基本教育的一部分”(桑普森《运输经济——实践、理论和政策》)。

二、运输的经济意义

运输与经济发展之间的关系一直是经济学家关注的重点。有学者曾提出:运输与经济发展之间的关系应该是运输经济研究范围内的“第一主题”。

本小节将通过运输的以下五种既有区别又有联系的作用,对运输的意义加以概括,即运输与经济发展、运输与生产、运输与销售、运输与价格、运输与国民经济。

1. 运输与经济发展

有形的经济增长需要若干种基本要素的支持,一个发达的运输系统、一个适应性强的能源动力系统和一个现代的通信系统是其中最重要的。我们这里主要讨论的是运输系统。

运输是生产与分配不可缺少的组成部分。经济发展依赖于大规模生产和成批销售,而没有高效率和相对便宜的运输,这两者都不可能实现。因此,运输是经济发展的基础。

图 1-4 证实了各国的运输与经济发展水平具有很好的关联性。

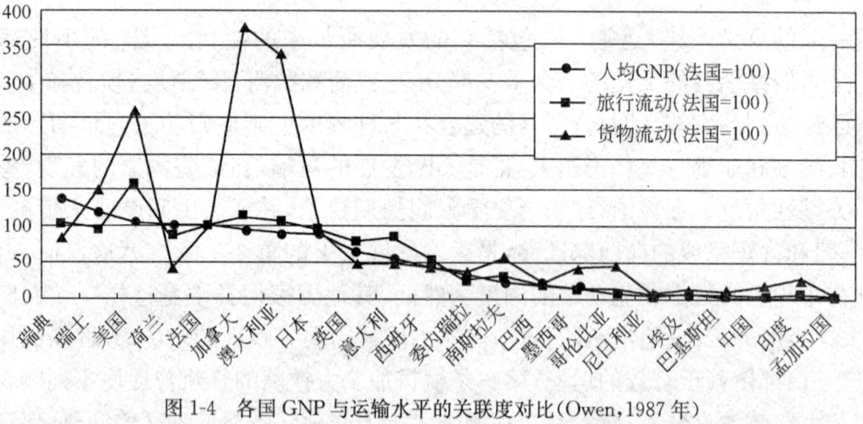

图 1-4 各国 GNP 与运输水平的关联度对比(Owen,1987 年)

经过多少年艰苦努力,中国今天已拥有一个较为发达的五种运输方式齐全的运输系统。这个系统的相当一部分是近二十年建成的,包括高速公路里程从零一跃成为世界第二,通车里程达 5.4 万 km(2007 年)。它既是我国改革开放政策成功推动经济发展的写照,也是运输有效促进各地经济建设腾飞的见证。但同先进国家的运输网相比,我们的运输系统还存在相当大的差距。

印度经济学家 D·潘德拉格在他的著作中论述了运输落后对发展中国家经济发展的不利影响。他写道,“我们发现那些工业化和技术发达的国家似乎永远有充足的运输体系,用以帮助、提高和刺激它们迅速增长的工业和科技。然而在印度,不幸的是我们有雄心勃勃的工业和科技发展计划,却一直没有使交通运输成为完好的经济部门。恰当地说,这是一个被忽视的经济活动领域,而这方面的研究工作也同样没有能找到问题的关键所在。”潘德拉格认为,农业、工业、商业和运输是国家经济的四个重要部门,经济的迅速和均衡增长要求这四个部门同时得到发展,而没有完好的运输体系,农业、工业及商业的发展是根本不能想象的。交通运输是国民经济的命脉,是经济发展的基本需要和先决条件。

2.运输与生产

运输是生产过程的重要组成部分,这可以从几个角度加以讨论。一种比较普遍的观点是运输创造了空间和时间的效用。

运输的基本含义是改变物体的地点或位置。古典经济学家指出,可以通过改变位置来创造价值,他们把这称为空间效用。从生产角度看,除非把原料和材料运到所需要的地方,否则它们就毫无价值。而生产则通常是把很多不同的物体按照适当的比例组装起来。形成新的东西。现在空间效用这个概念不怎么用了,但基本原理依旧存在。运输通过改变人和物的位置使生产得以进行。

运输还需要花费时间。但不仅产品移动本身消耗时间,产品的组装也需要时间。我们通常觉得时间上的延误是一种浪费,然而在某些情况下它又是经济的,或节约的。大批量生产包括对不同来源的零配件进行组装,而并不是所有的零配件都能在或需要在同一时间到达。因此,储备(一种使用上的延误)经常是需要的。而且,保有足够的储备以便生产均衡地进行也非常重要,因为这样可以用较少的必备部件的储备延误去避免由于它们短缺而造成的更大延误。古典经济学家称这种对生产过程起正面作用的时间延误为时间效用。运输也通过它的时间效用创造价值。

可以看到,规模生产依赖时间和空间效用,因而也就是依赖运输。人们知道,规模生产的成本低于小批量生产,但如果没有足够的运输把大批原材料运到生产地点,并由生产线进行加工组装,就不会有成批的产品。当然,大规模生产对运输的依赖程度是因生产特性而异的。像钢铁生产就需要为生产过程运输成千上万吨原料并进行储备;而电子产品需要的原料质量却很轻。对钢铁来说,要解决的问题是重质货物的成批运输;对电子产品则更复杂一些,虽然它们的质量轻,但价值很高,而且经常是易损的。可见,不管哪一种大规模生产,运输都是必不可少的。

当把国家或世界作为一个整体来考察时,运输的一个明显作用就是促进地区生产专业化(劳动分工,[例 1-1])。所有地区人和自然的条件当然不会相同,因为资源、气候、文化、技能都存在区别,所以一个地区的生产能力自然会有别于其他地区。如果有足够的运输,每一个地区都可以生产对自己有利的产品,这就是基础经济学中讨论的比较利益原理。但这一原理只有在运输能力充足的条件下才是可行的。如果不能得到其他地区生产的东西,或不能把自己的产品运到别的地方,这个地区的生产就只好主要满足自己的需要。很明显,没有运输就没有地区专业化或地区劳动分工。

因为运输在大规模生产和地区分工方面的作用,它成了生产力布局方面的决定性因素。通过运输促进生产过程,帮助确定生产的合理地点,并鼓励食品和生产的大规模集中,由此,人口密集的新兴工业区——制造业地区、矿区等得以不断形成。

最后,运输是生产的一个支出项目,运输可以创造价值,但仅仅在它同时也是一种成本的时候才能有所创造。任何产品中都包含了运输成本,运输成本的存在,是因为运输是生产过程不可缺少的部分。

3.运输与销售

运输也是销售的一个重要组成部分,时间和空间效用也在这里起作用。某地生产的东西如果不运到需要它的地方去,就没有多少价值。空间位移产生价值,但供货及时是极为重要的条件。另外,充分的运输条件还能有效防止过分积压造成的压价。当然,储备和由其引起的商品延迟使用能让人们在实际生产已经停止很久以后仍能得到供应。例如,采用菜窖、冰库和粮仓储存蔬菜、食肉和粮食可以保证它们常年的供应。所以时间上的变化也能创造价值。

因为大规模生产不可能在虚无中存在,必须有一个大规模的销售系统把产品分配出去。不把产品卖出去,任何一个大批量生产的厂家都不可能有效地运转。充足的运输系统为大规模销售提供了条件,通常这被称为“运输开拓市场”。这说明运输与销售是密不可分的,需要运输去保证大规模销售。

另外,从销售角度看,地区专业化和劳动分工也需要运输。有了良好的运输,可能会大大增加商品的可供给性。比如某些易腐产品,有的地方几年前还不曾听说过,现在却由于运输技术的进步而可以买到了。如今一个国家乃至整个世界,已经形成了一个建立在良好运输基础上的商品市场。运输提供了销售生产成果的手段,并可实现从地球上的各个角落向大城市供应商品。

运输费用可以决定运输布局,它也是市场分布的决定性因素。较高的运费,对当地产品就形成了一个保护性市场,如同实行关税或进口配额一样有效。

最后,运输当然也是一种销售成本,这与它是一项生产成本一样。运输成本在商品销售中占的比例有所不同,但从整体上看,它是销售费用的重要组成部分。

4.运输与价格

从上面的分析可以很清楚地知道,运输费用是构成商品价格的一个重要部分。虽然,有各种各样的算法,但不同产品里确实或多或少包含了部分的运输费用(可参见表1-4和第三章第三节运输价格)。

除了作为商品价格的一部分外,运输对价格的作用还体现在以下方面。

一个重要作用是保持价格的稳定性。如果没有长途运输,每个市场都只能依靠本地产品供应。但很多产品的生产在一年的四季是不均衡的,农产品在这方面特别明显,因为它有很长的收获周期。在封闭地区或运输不足的情况下,这些产品在收获期的价格下降得很低,收获期一过价格就会高起来。而运输却允许其他地区参加该市场的竞争。在当地供给不足的情况下,外地货源可以运来满足需要,这样该产品的价格就不会升得过高。从理论上讲,任何市场上本地供给短缺时的价格都不会高过生产加运输加储备的总成本。而实际上,由于地区专业化和劳动分工的经济性,供应地的生产成本很低,以致上述价格在交通发达地区还要比人们预料的更低一些。运输正在为大多数市场保持着价格的稳定。

此外,运输还鼓励价格的进一步降低,因为它允许更多的生产者进入市场参加价格竞争。生产成本最低的地区把这一成本加上运输费作为自己商品的售价,其他卖主也就必须制订相应的价格,否则将会失去自己的市场份额,就像本章引子中的例子那样。由于地区专业化的作用,市场价格可能实际上是由远方供应者决定的。如果没有运输因而没有更多竞争者的话,价格就要上扬。所以一般地说,发展运输能鼓励竞争,有利平抑价格。

经济学家早就指出了运输与土地利用及其价格之间的关系。我们知道,区位是指决定经济活动的不同的地理位置。在农业用地中,影响土地区位的关键因素是它离市场位置的距离,这种区位特征和土地的本身的生产力是形成土地级差地租的主要原因,而通畅的运输条件既能够显著改善土地的区位特征,同时又可以使土地获得多种用途,提高生产力,两种作用因素都能有效地提升土地的价格；在城市中，土地的区位更是成为城市土地价格的决定因素。交通干线（地铁、轻轨、城市快速干道）周边的地价往往会有巨大的上升空间。运输决定价格这一原理对于其他自然资源也同样适用。

5. 运输与国民经济

下面通过数据对比来看一看美国和中国的交通运输系统在支持国家经济和人们生活水平方面作出的贡献有多大。表1-1是美国和中国人均运输水平对比，美国1997年运输系统每年提供的人均货运13 357t・km、旅行9 139人・km；中国2007年则为7 673t・km和1 634人・km。即2007年中国人均货运和客运水平分别是10年前美国的57％和18％。从各运输方式的具体对比可以看出，尽管大多数项目中国的指标远远低于美国，但是货运中的水运，中国超过美国，是美国的2.5倍，即使扣除远洋运输，仅国内水运方面，中国也要超出美国59％；客运方面的铁路客运，中国人乘火车的年人均旅行546km，是美国的10倍，当然水运客运的差距更大，因为美国几乎为零。

美国1997年和中国2007年的人均运输水平对比　　表1-1

项目	货运每年人均周转量（t・km）						客运每年人均运距（km）				
	铁路	公路	水运	民航	管道	合计	铁路	公路	水运	民航	合计
美国1997年	5 240	3 876	1 873	52	2 316	13 357	52	7 368	0.3	1 719	9 139
中国2007年	1 801	859	4 865	9	139	7 673	546	871	6	211	1 634
美国/中国	2.9	4.5	0.4	5.9	16.7	1.7	0.1	8.5	0.05	8.1	5.6

虽然交通运输对国民经济贡献的平均水平美国大大超过中国，但它们之间的差距越来越小，因为中国发展的速度大大超过美国，即中国人对运输依赖程度的增长速度超过美国。从中美客运与货运增长水平（1994年＝100的相对指数）的对比（图1-5）来看，中国交通运输发展强劲，2004年客运周转量，铁路、公路和民航分别是1994年的1.57、2.07和3.23倍，是同期美国增长率的1.14、1.56和2.37倍；2004年货运周转量，铁路、公路和民航分别是1994年的1.57、2.07和3.23倍，是同期美国增长率的1.50、3.25和6.19倍。2004年货运周转量增长速度，铁路、公路、民航中国分别是美国的1.44、2.27、7.95倍。2001年受“9・11事件”影响，美国运输业极速下降，尤其是航空运输，直到2003年航空客运和货运水平还未达到“9・11事件”之前2000年的水平。

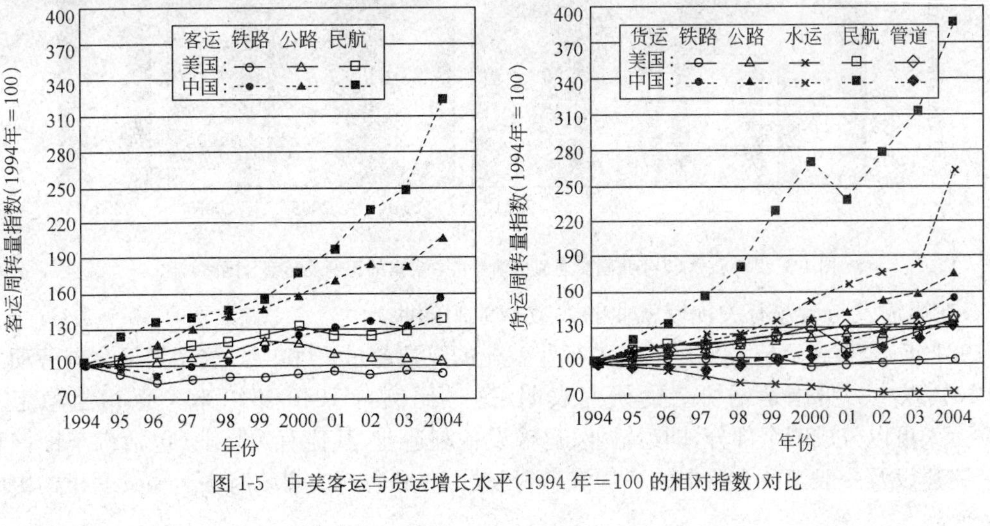

图1-5　中美客运与货运增长水平（1994年＝100的相对指数）对比

考察交通运输经济意义的另一个方法，是把它与国民经济的每个部分联系起来。这里，根据中国、美国和欧洲有关国家的相关资料，从以下在国民经济中具有重大影响的六个方面来讨论运输经济意义问题。这六个方面是：①运输费用；②在运输及与运输有关领域就业的人数和他们的收入；③运输业的政府投资；④运输业中国民私人投资；⑤运输业在税收方面的作用；⑥运输业带动其他产业产品消费的作用。

1)运输费用

美国国家运输政策研究委员会定期计算全国在客运和货运方面的支出。1981 年的数字表明，美国人当年在货运方面的支出是 2 350 亿美元，客运方面是 3 700 亿美元。这样，全国的运输费用超过国民生产总值(1981 年为 29 380 亿美元)的 1/5。表 1-2 是 1981 年美国全国客货运输费用在不同运输方式之间的分配情况。

1981 年美国全国客货运输费用(单位：10 亿美元)　　表 1-2

货物运输	公路	174.5 (74.46%)	旅客运输	私人交通	314.2 (84.80%)
	铁路	30.3 (12.86%)		其中：小汽车	305.8 (82.54%)
	水运	15.8 (6.70%)		飞机	8.4 (2.27%)
	管道	7.4 (3.14%)		公共运输业	56.30 (15.20%)
	货运代理	0.7 (0.30%)		其中：当地	20.10 (5.43%)
	航空	3.4 (1.44%)		城市间	30.90 (8.34%)
	其他运输费用	2.6 (1.10%)		国际间	5.30 (1.43%)
	合计	234.7 (100%)		合计	370.50 (100 %)

在美国，投入运输与通信的私人消费预算占消费总支出的份额，2006 年为 11.40%和 1.62%；法国、德国和英国三国平均为 14.6%和 2.59%；日本为 10.9%和 3.06%。2006 年我国城镇居民在交通和通信方面的人均支出为 1 147.12 元，占消费总支出的 13.19%。与当年美国和日本接近(图 1-6)。运输与通信消费的增速远远超过 GDP 的增速。以私人汽车拥有量为例，2007 年我国私人汽车拥有量超过 1990 年的 35 倍，达到近 2 876 万辆的水平，年均递增 23%以上。

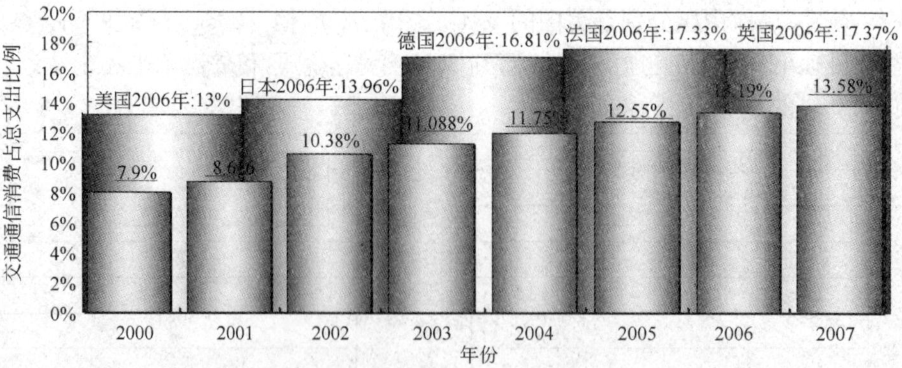

图 1-6　2000～2007 年我国交通通信消费占总支出的比例及与部分国家对比

2)在运输及与运输有关领域就业的人数和他们的收入

1981 年，全美在运输及与运输有关行业就业的人数超过 1 000 万，这相当于全国劳动力总数的 10%以上。美国运输协会的研究表明，这一比例自 1940 年以来一直相当稳定。这 1 000 万人可以分成四个部分，即运输业、运输设备制造业、其他有关行业(包括汽车销售和服务、公路建设及一般工商企业中的载货汽车驾驶员等)和联邦或州政府中运输管理机构中的雇员。当然不能说这些人中的每一个都在开载货汽车、驾驶飞机或操纵发动机，但他们确实是直接与交通运输有关的。可以认为，运输是经济中最大的就业部门之一。

此外，美国运输业雇员的收入要高于一般行业的平均水平。1981年，专业运输业职工的平均工资为22 370美元，而制造业为19 647美元，金融、保险和房地产业为17 407美元，通信业为23 610美元。因此，不但有十分之一的劳动者从事运输或与运输有关的领域工作，而且专业运输职工的工资还高于平均水平。在就业和收入这两个方面，美国运输业对整个经济的贡献是相当重要的。

我国2003年交通运输仓储邮政业(以下简称交运仓邮业)的职工人数为654万，占全国职工人数的6.2%。这还不包括汽车制造等相关行业的职工数。2003年交运仓邮业的职工平均工资15 973元，比全国职工平均工资高13.8%，是制造业的1.28倍、建筑业的1.39倍，且差距越来越大(图1-7)。

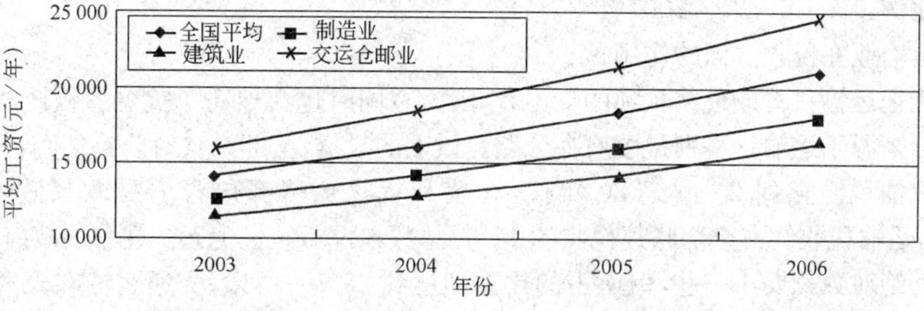

图1-7　2003～2006年我国交运仓邮业职工的平均工资

3)对运输业的政府投资

除了巨大数量的私人投资，国家政府对运输业的投资在国民经济中也具有重要位置。美国政府、州和地方政府每年在运输设施方面的资金投入也是巨大的。1997年联邦政府在交通运输方面的支出为401亿美元，是当年财政总支出的2.3%。1988～1992年间仅美国国会在运输基础设施建设上就投入254亿美元。公路费用被排在各州政府年度预算的第三位，仅低于教育和社会福利经费。在欧洲国家中，这种基础设施上的投资也占有国家GDP的一定比例，其中，公路建设投资大多占0.5%～0.7%，德国最高，为0.79%；铁路占0.1%～0.2%，比利时最高，为0.29%。2001年我国公路建设投资1 669亿元，占当年GDP的1.7%。我国2003年以来对交运仓邮业的固定资产投资占全部固定资产投资的份额和GDP的比例分别大于10%和5%(图1-8)。日本和韩国对运输邮电业的固定资产投资在20世纪60年代曾分别达到固定资产总投资的44.6%和60%。这从另一个方面说明了运输在经济中的地位。

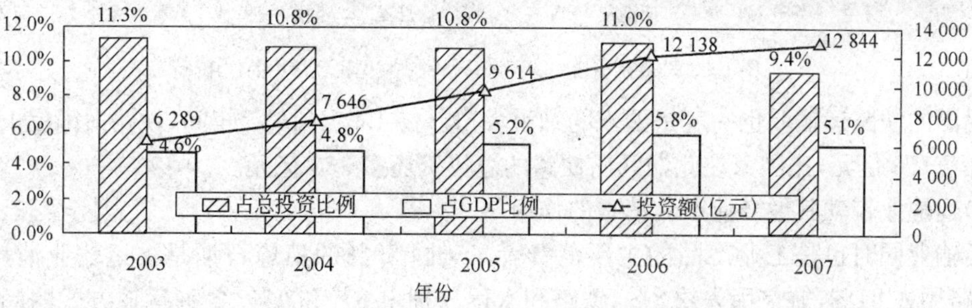

图1-8　2003～2007年我国交运仓邮业投资情况

4)运输业中的国民私人投资数量

每一种运输方式都是资金密集的，良好的投资效益使得对运输(设施)投资成为社会私人资金追求利润的目标。只要想象一下那些无数的设备、站场、载货汽车、管道、船舶和飞机，就能很明显地感到运输业占用资金的巨大数额。从表 1-3 可以知道，1976 年美国国内运输系统中的私人资产已经达到 3 418 亿美元。而在 1981 年一年中，仅用于运输设备方面的投资就达 270 亿美元。

美国 1976 年私有运输设备净资产(单位:亿美元)　　表 1-3

公路运输(包括小汽车)	铁路	航空	水运	石油管道	运输代理业	设备制造	合计
2 198	347	157	149	129	73	365	3 418

我国大量私人汽车被用作客货运交通工具。2003 年全国中型和重型汽车中私人客车 49.8 万辆、私人货车 139.7 万辆，占同类车型总量的 26% 和 37%。运输基础设施建设也引入了大量的私人资金。例如，交通部公布的 1998 年公路建设资金为 2 131.8 亿元，超过国家公路建设投资的 1 倍，超出部分的贷款中有相当一部分来自民间投资者(我国固定资产投资中自筹资金比例:1998 年 67%，2007 年 76%)。

5)运输业在税收方面的作用

不能把运输只看成公共款项的支出者，因为它同时也在聚财。美国各级政府税收总额的相当部分来源于运输。特别是政府在公路建设上的投资，全部来自对公路使用者的税收，这里主要是汽油税。直到 20 世纪 80 年代，客票和货物运费都包含上缴联邦政府的消费税。1977 年，运输税收约占全部联邦税收的 14%，总数超过 489 亿美元。在各州政府的税收中，运输税收的绝对数额要小一些，但所占的比重却达到 26%。所以，交通运输在聚财和上缴税收方面同样具有重要作用。

在欧洲国家中，运输也是政府税收的主要来源，1983 年燃料税占爱尔兰共和国税收的 6.8%，意大利为 5.5%，英国为 4.7% 。图 1-9 是 2000 年前后一些国家公路税收占 GDP 比重和占国家财政收入的比重。

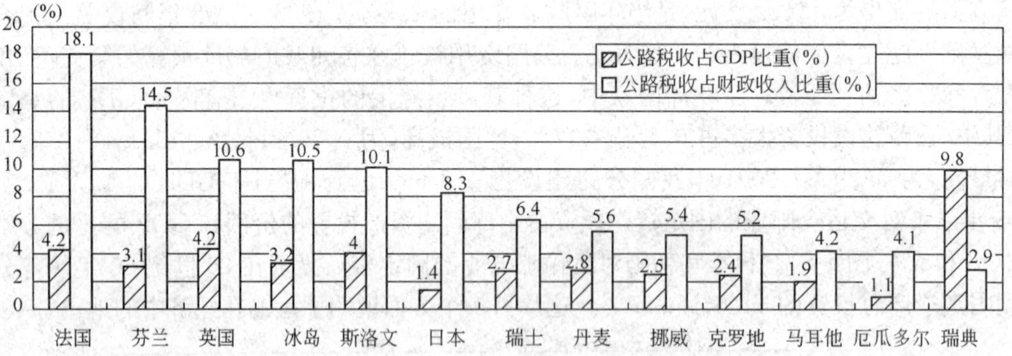

图 1-9　2000 年前后一些国家公路税收在国民经济中的作用

我国的铁路运输业也一度是国家的纳税大户。仅 1950～1985 年间，铁路向国家上缴的利税累计 1 156 亿元，比国家在此期间向铁路的总投资还多 330 亿元。

6)运输业带动其他产业产品消费的作用

运输业同时也是工业产品的主要消费者。美国 59% 的精炼石油是被运输业消耗的，其中，公路用去 81%，航空用去约 8%，铁路和水运分别占 3% 和 7%，各种运输方式的润滑油占 1% 左右。1985 年，运输业消耗的能源占全美总能耗的 34.7%。如果从更广阔的角度考虑运输，即把小汽车和载货汽车的生产线等相关产业考虑进去，则除了运输耗用了汽油产量的 59% 外，运输还耗用了美国全部橡胶产量的 71%，铅的 72%，锌的 24%，水泥的 23%，钢的

23%，铜的11%和铝的16%。运输业无疑是工业品的最大用户(市场)之一。运输对各种资源的消耗中，最受关注的是运输的能耗。原油市场跌宕起伏，牵动着世界经济的神经，甚至影响世界政治格局。美国近年来每年进口原油3亿t，在世界上引起激烈争论。据推测，若中国每10人拥有一辆车，全国汽车保有量达到1.2～1.5亿辆时，也需进口3亿t原油，可以想象能源问题将会带来多么严重的后果。图1-10是我国近年来交运仓邮业每年消耗油料的情况。我国每年一半的汽油和柴油用于运输业，赶上美国59%的水平已不会太久了。

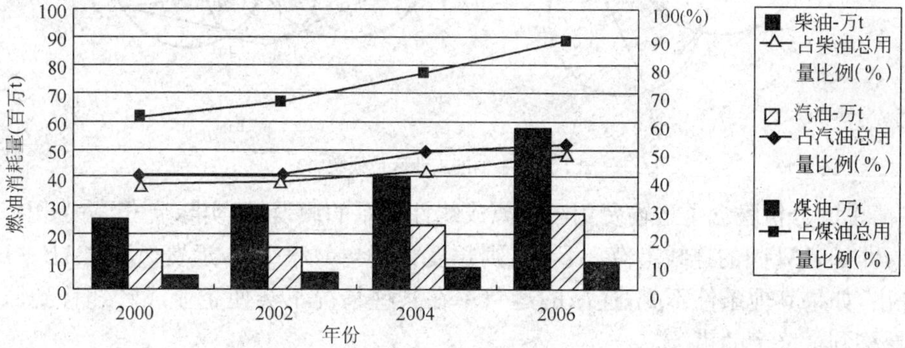

图1-10 我国交运仓邮业消耗油料和占我国总消耗油料的比例

也许还可以从其他方面来阐述交通运输在整个经济中的重要意义。但以上论述中仅以美国为例：每年有10%的劳动力在运输行业就业并有较高的收入；私人拥有的运输业资产超过3 418亿美元；联邦、州和地方政府每年在运输方面有巨大开支；运输业中的税收占联邦总税收的14%和州总税收的26%；运输业已成为工业品的重要购买者以及运输与能源具有的紧密联系等，这一切已可充分说明运输在国民经济中的重要性。

三、运输与发展

1.运输与工业区位

区位的含义是“分布的地区或地点”。区位理论(Location Theory)是关于人类经济活动的空间分布及空间相互关系的学说。早期的工业区位经济理论认为，运输在关于工业活动应定位于何处的决策中起关键作用。韦伯(Weber，1929年)为可移动成套设备选位建立了通过运输成本来决定制造业的区位的计算模型——工厂的选址Z应满足运输成本T最小：

$$T = a_1 r_{A1} + a_2 r_{A2} + a_3 r_{A3} \tag{1-1}$$

式中：a_1——A_1处所消费的最终产品数量；

a_2——为生产最终产品数量a_1所需的原材料中，由A_2处提供的数量；

a_3——为生产最终产品数量a_1所需的原材料中，由A_3处提供的数量；

r_{A1}、r_{A2}、r_{A3}——分别为选定的生产地Z到达A_1、A_2、A_3的距离；

A_1——产品消费地，假设所有的潜在顾客都在该地；

A_2、A_3——产品原材料供应地。

模型计算时还需假设：从地形学来说，所有活动都在一个均匀平面上进行；运输费用与间隔距离及所运货物质量成正比。

式(1-1)可通过图解法找出最小成本点Z。作区位三角形A_1、A_2、A_3的外接三角形i、j、k，使其边长ij、jk、ki与a_1、a_2、a_3成正比。再作新形成的三个相似三角形的三个外接圆，即可求得最佳生产地点在三个圆相交处Z点(图1-11a)，如Z位于原区位三角形以外(图1-11b)，容易证明，最佳生产地点应在三角形 A_1、A_2、A_3 的某一顶点处（如图 1-11b）中的 A_1 点。当存在任意 a_i 大于另两个之和，如 $a_1>(a_2+a_3)$，则 Z 点应选在 A_1 处。

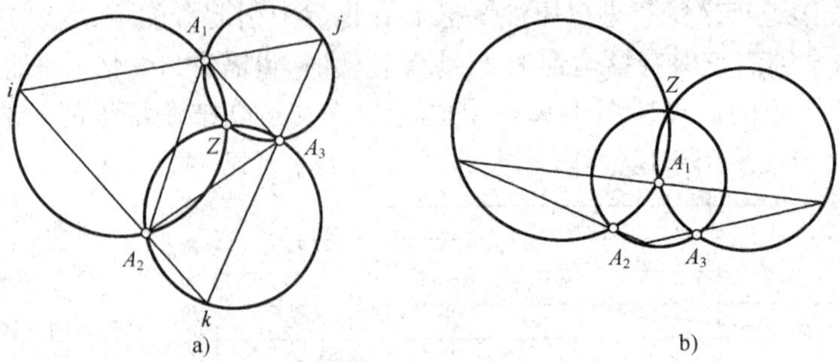

图 1-11　韦伯的工业区位模型

这一简单的分析隐含了运输费用与距离成线性关系的假设，但实际上，运输费用率大多随距离递减，即如 AM 间的连线上有一 B 点，则长度 $AM=AB+BM$，运费 $AM<AB+BM$。因此有人提出，如果其他条件不变，递减的运费率在某些情况下会使企业或者迁移到原材料产地，或者迁移到最终产品市场。

虽然工业区位的模型在理论上依然很有意义，但现代研究成果表明，单纯运输成本对企业选址的影响已越来越小，这是因为：

（1）在大多数行业中，运输成本不超过产品总成本的 10%（表 1-4，安德森 Anderson，1983 年）；

部分美国行业的运输成本在净产值中占的百分比 *K*（1982 年）　　表 1-4

运输成本较低的行业	K(%)	运输成本中等的行业	K(%)	运输成本较高的行业	K(%)
皮革及皮革产品	3	橡胶与塑料产品	7	家具与固定装置	12
电器与电子机械	4	运输设备	8	食物和食品	13
印刷与出版	4	杂品制造	8	化学品	14
服装及其他纺织品	4	金属装配产品	8	木材和木制品	18
仪器	4	纺织半成品加工	8	石油产品	24
电气仪器以外的机械	5	初级金属工业	9	石料、黏土及玻璃制品	27
烟草生产	5	造纸及有关产品	11	（服务部门）	(9.9)

（2）很多选址研究表明，影响企业选址的主要是良好的旅客运输设施，其次才是长途（货物）运输的条件（表 1-5，斯塔福德 Stafford，1983 年）；

影响工厂选址的前十位因素（对美国 104 家企业调查结果）　　表 1-5

序　号	高技术工厂	其 他 工 厂	序　号	高技术工厂	其 他 工 厂
1	劳动力	劳动力	6	位置特征	社会及政策环境
2	运输工具可获得性	接近市场	7	交通特征	生活质量
3	生活质量	运输工具可获得性	8	商业环境	商业环境
4	接近市场	接近原料	9	税收	位置特征
5	公用事业	公用事业	10	开发组织	税收

（3）越来越多的经济学家认为，企业并非总是受成本最小化的观念所左右，在许多情况下，当其他条件相宜，运输成本低于某一水平的地方便被认为是可以接受的：人们或是选取最先碰到的合意地方，而不是进行长时间的寻找（Townroe，1971 年）；或是较多考虑员工的偏好，选址时采用“令人满意”作为标准，而不是力求利润或收益的最大化或是成本的最小化。

2. 运输与物流

物流管理的广义定义为：通过空间效用（用运输手段）和时间效用（用进货储备、销售储备、掌握生产时机和其他有关手段）使商品从它们的原料状态、中间产品一直到最后成品从生产产地到消费者手中的物质流动过程。因此，物流管理，也叫做企业运销。

所谓第三方物流是指由专门企业提供的物流服务。通常，把消费者或产品的购买者作为第一方，生产企业或商业企业作为第二方，提供物流服务的企业称为第三方。

现代物流学认为：生产型企业或商业企业的业务内容主要有三项，一是生产；二是销售；三是物流。这些企业的管理者的优势主要集中在产品的生产和（或）商品的销售上，他们应把主要精力用于提高生产效率和产品质量、增加销售量和市场份额上。因为，他们对于产品的存储、调拨运输、订货与配送、仓储场站的设施、设备的选址、选型都不甚熟悉。与其自己购置设备，建设场站，雇用各类型雇员，组织合理运输和有效利用库场，还不如雇用专门公司进行物流方面的总体服务。这样既便于物流实行专业化管理，又会使物流成本大幅降低，从而把主要精力集中在前两项主要活动中，这样就产生了第三方物流的概念。

与产品有关的一切经济活动都是要把目前物品的结构、地点和时间状态下的物体转变到所期望的结构、地点和时间状态去。也就是说，通过增加它的形态结构效用（用生产手段）、空间和时间效用（用物流手段）以提高产品的价值。而价值的提高往往会伴随成本的增加。因此，有必要考察有关的生产和物流的支出量。

在美国，仅营销结构就涉及大约 150 万个零售商，46 万个批发商和 1 490 万辆货运汽车。1998 年美国的物流总成本为 8 000 多亿美元，相当于美国国民生产总值 GNP 的 10.6%。在欧洲部分国家为 11%～14%。而一般来说，运输成本是物流总成本中最大的成本项。1994 年美国的运输开支为 4 250 亿美元，占当年美国物流总成本的 58.2%。从欧洲发达国家的情况看，运输成本一般也都会占到物流总成本的 1/3 以上。

对于生产企业来说，物流成本已占商品销售额的 5%～35%。如可口可乐的饮料成本十分低廉，商品销售额中主要的成本是包装、广告和运输成本。

美国的一项研究表明，每单位物品消费中，有 41%成为生产成本，29%为市场营销成本，其余 30%是物流成本（包括 16%的运输成本，见图 1-12）。

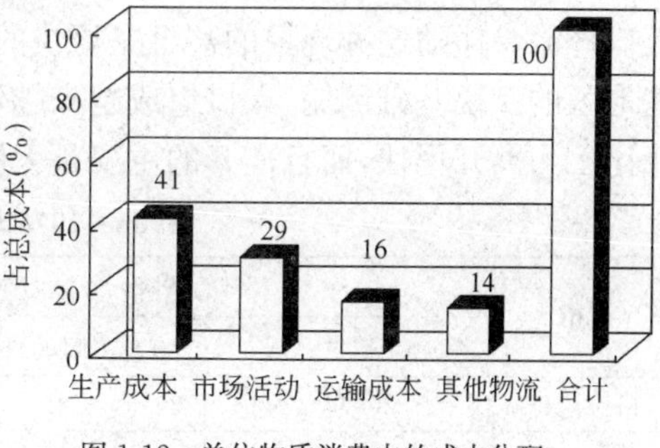

图 1-12　单位物质消费中的成本分配

平均 16%的运输成本，意味着运输费用在整个生产分配的经济过程中是第三大成本项目。虽然有很多或高或低的例外，但是平均说来，运输费用是仅次于企业的劳动力成本和原料成本的第三大成本。

20 世纪 60 年代末，美国一家大公司发现它们的物流活动并没有集中由统一的物流经理来管理，而是分散在不同的机构下分别管理，某些物流运作在生产部门的控制之下，而另一些则在销售部门或财务部门之下管理，公司每年的物流费用几乎达到 2 000 万美元。后来公司总部任命了一名高级管理人员负责公司所有的物流活动，取消了重复的工作，加强了对物流的管理。在第一年即节约物流成本 1 000 万美元左右，统一领导下的物流费用的节约肯定会给公司带来可观的利润。而对于这个公司来说，由于市场的竞争和公司的财源等约束因素，这部分利润的增长几乎不可能由增加销售额得到。

我国的物流管理起步较晚，还有很大发展空间。但是，2005 年我国全社会物流总费用已达到 3.39 万亿元，占 GDP 的 18.6%，远远高于欧美的 10%～14%（王德荣，2007 年）。难怪 2006 年美国报纸有一篇文章，忠告去中国的投资者们："那里虽然劳动力、土地比较便宜，但是缺乏一个好的物流系统。以电器和食品工业为例，尽管中国的公路铁路运费比美国低得多，铁路平均运价 0.1 元/t·km，美国 3.8 美分/t·km，但中国的物流费用比美国高 50%。"

3. 运输与城市发展

长期以来，运输技术的变化对城市地区的形状产生了极大影响。交通工具的发展（如蒸汽机）大大改进了城市间的交通，促使城市不断扩展，并在大多数城市中形成围绕主干铁路线车站或港口的同心发展模式，富人由于使用得起交通工具，往往居住在外圈住宅区，而工业（由于要依赖良好的城市间的运输）和贫穷的工人阶级则集中在城市的中心——中心商业区（图 1-13a）。随着汽车道路的发展，先是当地公共交通的出现，接着是小汽车，使得城市的土地利用在原先同心的一圈圈住宅区的基础上，沿着主干道路向外延伸成星形状发展（图 1-13b）。最后，汽车的广泛使用，加上道路系统的完善、交通限制减少以及更有效的货物运输等，导致核心城市周边的卫星城（郊区次中心）的形成（图 1-13c）。

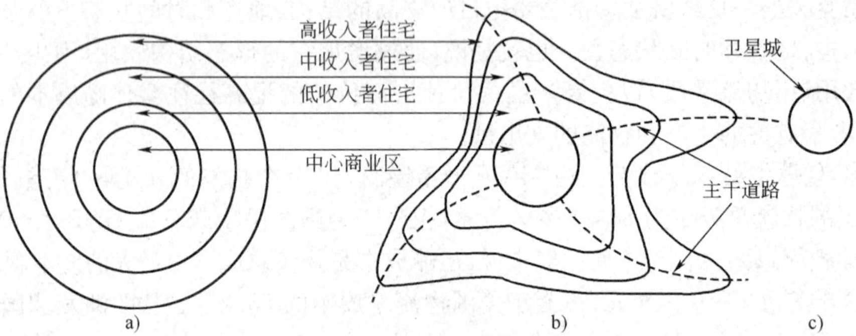

图 1-13　运输与同心城市及星形状城市的发展

在发展中国家努力限制城市规模过于庞大的同时，欧美发达国家却在关心如何扭转城市衰落的局面。从表 1-6 可以看到，20 世纪 60 年代以来，相当部分的城市都发生了数量可观的人口外流。伴随这种现象的甚至是更快的工厂外迁。其结果是城市内的公共经济的衰落（这些地区的赋税基础倒塌，人口组成越来越偏向于老人、残疾人和穷人）和工人的失业（不但是企业比工人离开得快，而且离开的主要是大制造业，它们的离开留下了大量失业的非熟练工人）。

1966～1976 年英国城市的净移出人数　　表 1-6

城市	人口的下降		城市	人口的下降	
	数量	占总人口的百分比		数量	占总人口的百分比
格拉斯哥	205 000	21	伯明翰	85 000	8
利物浦	150 000	22	纽卡斯尔	40 000	12
曼彻斯特	110 000	18	诺丁汉	25 000	8
伦敦市中心	500 000	16			

为了制止城市内部地区衰落和刺激城市核心再发展的官方政策包含着实实在在的运输方面的内容。例如，英国《城市内部政策》白皮书特别提到"在制订交通管理计划时，应充分考虑当地企业的需要，改善中心地区交通的方便程度，保证有效的装货场所和提供充分而方便的停车场所"。此外，白皮书还建议要让人员流动，特别是上下班更加容易、提供便利和有效的运输服务。如何做到白皮书的建议呢？下面来评价两种不同策略对城市中心区域经济的影响。

(1)提高停车费或征收道路(拥堵)费。它基于增加在市中心区域驾驶汽车出行的成本来限制小汽车的出行,从而改善中心区域的交通条件。一般认为,在该模型中,这种成本上升会使城市中心很快衰落。这是因为:①驾车成本的提高将导致那些住在 B' 处(图 1-14)的人因上下班里程大于 B 处的人而实际收入减少,这会鼓励更多的人到其他地方找工作,从而减少中心区域的劳动力供给;②由于较高成本的驾车上班者转向郊区次中心寻找工作,从而使就业边界移到 U_1,并使郊区次中心工作岗位的竞争变得激烈,由此使那里的实际收入下降,再次导致该城市的劳动力总供给普遍降低;③上述中心区域的交通限制使劳动条件变差,从长期来看,将使非中心区域对工业更具吸引力。客观上,熟练工人往往有更大的流动性,这会加快城市中心区衰落的进程。从以上分析看,如要限制城市扩展,可采用本方法。

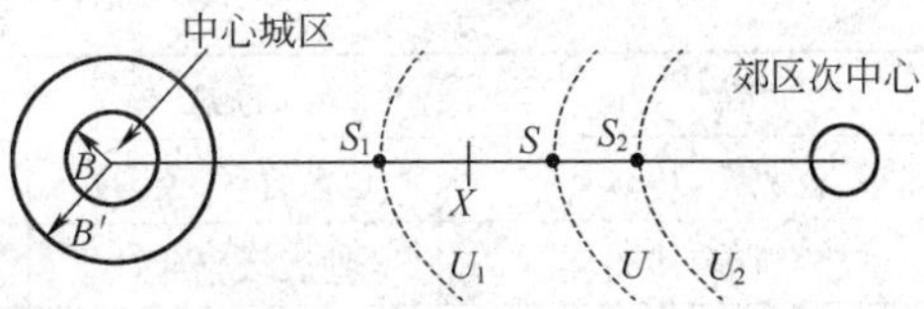

图 1-14　限制交通和公共交通补贴政策对中心城区的影响

(2)补贴和改善市内公交,开辟公交专用道,让公共汽车从 X 地车站直达市中心。由于更为便捷廉价的公共交通使得小汽车使用量减少,从而减少拥堵,那些对费用不敏感的白领们自驾小汽车的速度将加快。这种服务将为中心城区扩大就业市场,远在 S_2 地方的自驾车主将发现,驾车到 X 再换乘公交快车,可减少到中心城区的总旅行成本,这意味着雇员区的边界将移到 U_2。住在 U_2 曲线左边的人们会发现,他们的实际收入由于运输成本下降而上升(确实,X 点左边的许多人会驱车到车站,然后乘公共汽车到市中心),而中心城区的劳动力供给函数将向外移动,使中心城区成为对工业有更大吸引力的地方。次中心的劳动力供给下降,工资必然上升。从长期来看,次中心对雇主的吸引力将越来越小。

上述分析表明,尽管限制交通的政策和公共交通的补贴政策都会提高当地公共交通的利用水平,但它们对人口和经济活动分布的长期影响可能迥然不同。可以说,即使运输政策本身不能治愈城市的顽疾,但改进公共交通至少可以缓解城市病症。

4. 运输与经济发展的进一步讨论

上述有关运输对社会与经济的巨大作用虽然已被大多数人接受,但在发达国家,有时也可能听到另外一种声音:运输对经济的确切作用和影响需要周期性地重新评价。笔者1990 年在欧洲时,看到一政党的竞选广告是:如果我们执政,将不再在本区新建高速公路。当然这主要是迎合选民对环境的保护意识,但从另一方面看,至少在运输发达地区,人们对运输与经济发展的因果关系抱有不同的意见。例如,某些经济学家感到,有时太多数量的稀缺资源用于改善运输了。1964 年美国的福格尔(Fogel)通过计量经济学研究提出证据表明,19 世纪美国经济的增长,在没有铁路出现的情况下也完全可能发生,因为水路以类似的成本提供了完整的运输系统。认为铁路是美国经济背后的原动力这一观点,已让位给了一种较为温和的立场,即良好的运输可使经济扩张(Button,1993 年)。关于建设运输项目产生效果的论证研究可参考表 1-7。

美、英、荷部分运输与发展的研究结果摘要　表 1-7

作　者	地理规模	基础设施	结　论
克利里和托马斯,1973 年	地区级(英国)	穿越新港湾	小小的重新布局,但改变了企业的经营
道奇森,1974 年	北部地区(英国)	新高速公路	对就业有少许影响
博瑟姆,1980 年	28 个地区(英国)	改变公路的性质	对就业有小的向中心聚集的效果
贾奇,1983 年	地区级(英国)	新高速公路	对经济有少许影响

续上表

作　者	地理规模	基础设施	结　论
皮克特,1984 年	地区管区(英国)	轻型快速运输线	沿线房地产增值
麦凯等,1986 年	地区级(英国)	穿越新港湾	对整个经济有少许影响
沃特森,1986 年	都市地区(英国)	轻型快速运输线	土地利用有一定程度的增值
埃弗斯等,1987 年	地区级(荷兰)	高速铁路	对就业有少许影响
斯蒂芬德斯,1980 年	87 个县(美国)	新公路支线	对就业的影响取决于各县的经济情况
布里格斯,1981 年	非都市的县(美国)	新建公路	州际公路的出现对各县发展无保证
兰利,1981 年	公路走廊(美国)	公路	降低了该地区的房地产价值
米尔斯,1981 年	都市地区(美国)	州际公路	对选址模式无重要影响
威尔逊等,1982 年	地区级(美国)	现有公路	运输影响选址决策,但不影响发展
斯蒂芬德斯,1986 年	87 个县(美国)	新公路支线	对就业有正面影响
穆恩,1986 年	都市地区(美国)	公路立体交叉道	出现立体交叉村庄
福雷斯特,1987 年	都市地区(美国)	轻型高速运输线	房地产损毁—对城市重建更新有好处
艾格尔等,1987 年	87 个县(美国)	新公路支线	就业无增加

因此,现在一般把经济发展看做一个复杂的过程,认为运输能使一个国家的自然资源和人才得到开发。所以,运输对发展来说,是必要条件,但不是充分条件。运输可以使流动资本从一个地方释放出来,在别的地方作为固定资本产生更大的效益,不过,一个必要的前提是,在潜在市场上存在合适的生产机会。从这个意义上来看,公共基础设施应该置于是否可以得到私人资本这一背景下来考察。例如,世界上的许多地区之所以不能受益于更多的运输基础设施,是因为缺乏私人资源(Biehl,1991 年)。

在较发达地区,运输设施建设应该置于是否可以得到私人资本这一背景下来考察的观点值得关注重视。一方面,在项目可行性研究中,可以针对是否"缺乏私人资源"问题进行考察;同时,随着我国建筑市场的完善,市场对某一项目的认可程度也从一个侧面反映出项目的潜在经济效益。2002 年在上海等沿海较发达地区,市政及运输项目建设不仅允许社会资金和私人企业投资,而且还鼓励个人投资,这既有利于解决资金短缺问题,也是对项目建设"人气指数"的检验。此外,"私人资本"的集聚,这本身也可能会有利于当地的经济发展。

四、运输产业特征

1.运输业属第三产业,运输生产具有服务性

我国采用按社会生产活动历史发展的顺序对产业进行分类:产品直接取自自然界的部门称为第一产业(主要是农业,包括种植业、林业、牧业和渔业);对初级产品进行再加工的部门称为第二产业(主要是工业,包括采掘业、制造业、电力煤气及水的生产和供应业);为生产和消费提供服务的部门称为第三产业(除第一、第二产业以外的其他各业)。根据这种三次产业划分的方法,运输业应属第三产业。

运输生产为社会提供的"产品"仅仅是旅客和货物的位移和这一位移过程中的服务:为旅客舒适安全提供的服务和货物的保管及装卸等服务,因此运输生产为社会提供的效用不是实物形态的产品,而是一种劳务。劳务量的大小,取决于运输量(旅客量和货物量)和运距。

2.运输业具有国民经济基础产业的特征

运输业的基础性表现在:工农业生产、人民生活、国防建设及社会活动诸方面对交通运输

业具有普遍需求性。运输业发展状况的改变在很大程度上会影响社会和经济机制的运行。随着经济的区域化和专业化进一步的发展，社会经济各方面对运输的依赖性会越来越强，运输业作为国民经济基础产业的特征也会越加突出。

3.运输业具有隐性社会贡献的特性

这是从基础性派生出来的特征。把它作为特征之一加以强调是因为：运输业的经济效益除了少部分体现在行业本身上缴国家的利税外，更重要的是蕴含在运输对象所有者身上。这一点在运输关键物资或应付非常事件时，更为突出。当运力供给大于运量时，损失的只是运输部门自身的经济效益；而当运力供给小于运量时，则对社会效益造成了损失。通常，后者的损失会远远大于前者。

4.运输业具有特殊的时空特性

运输业的时空特性是指运输业对于空间、地域和时间具有极强的依附性，即不可挪用性。

一方面，交通基础设施（路网、港口和车站等）在空间和地域上不能挪用；另一方面，运输能力在时间上不能挪用。前者表明交通设施的建设成本具有沉淀性；后者则说明由于运输产品的即时性，运输能力不能像其他行业的产品那样可以储备。这一特征决定了运输的发展和国民经济其他生产部门的发展在时间序列上有着密切配合的相关性。

由于运输生产和消费在时间上的重合，要求运输能力应当保持适度超过运输需求。这不是浪费——关于这一点已逐渐取得共识。因为除了大宗货物外，各行业对运输的需求在时间上存在着随机性。适度的运力富余是随时使需求得到满足的物质基础，从而可以缓解和避免给国民经济大系统正常运转造成约束。由此而创造出的社会配套综合效益要远远大于因运力浪费所付出的代价，同时又能使整个社会经济系统处于良性循环状态。

5.运输业具有公共性和企业性的复合特性

运输业具有公共性的特性很早已被人们认识。然而，运输产品非但不能作为纯粹的公共品由社会提供，而且在生产经营过程中，运输业还表现出一定的企业性。更进一步地，从各国的经济史资料中还可以看出，在每个国家的不同发展阶段中，运输业的公共性和企业性的表征也有强弱变化，而且是互为“余数”。对这种复合特性的判断具有重要的意义，尤其对制定运输产业的政策具有指导价值。运输业这种复合特性将在第六章通过对运输产品的准公共性的介绍，进一步进行论述。

第二节　运输业的发展

一、运输业的发展概况

交通运输是人类社会生产、生活中一个不可缺少的重要环节。随着社会的发展，人们对交通运输的需求迅速增长，逐渐形成了现代庞大和无处不在的交通运输系统。

撇开手工业阶段人力、畜力的车舟运输，从世界范围内考察近代机器生产阶段以来的交通运输业发展历程，可以将交通运输的发展划分为四个阶段，即水运为主阶段，铁路为主阶段，公路、航空和管道运输发展阶段以及综合运输体系发展阶段。

水运为主阶段大约在18世纪中叶到19世纪初。产业革命时期，为适应日益增长的商品运输，尤其是煤炭运输的需要，首先在英国出现了开凿运河的热潮，到1830年，就形成了全国性的水路运输网。1807年，美国人富尔顿制造了世界第一艘轮船“克莱门号”。英国在1811年仿造成功，在内河和沿海贸易中广泛采用，使英国的运输业进入一个新的时代。1824 年，美国开始大规模改造内河和修建运河航道，逐渐形成了美国第一个近代的水路运输系统。

铁路为主阶段在 19 世纪 30 年代到 20 世纪 30 年代。1825 年英国在斯托克顿至达灵顿修建世界第一条铁路并投入公共客货运输，从此，标志着铁路时代的开始。由于铁路能够快速、大容量地运输旅客和货物，因而极大地改变了陆上运输的面貌，为工农业的发展提供了新的、强有力的交通运输方式。从此，工业布局摆脱了对水上运输的依赖，在内陆腹地加速了工农业的发展。在长达一个世纪的时间里，铁路运输在世界运输业中占据着主导地位。

20 世纪 30～50 年代，公路、航空和管道运输相继发展，与铁路运输进行了激烈的竞争。就公路运输来说，由于汽车工业的发展和公路网的扩大，使公路运输能充分发挥其机动灵活、迅速方便的优势。二战结束后，高速公路建设的兴起，更是推动了公路运输业的大发展，显示了取代铁路运输成为运输业的龙头趋势。1950 年美国客运周转量中，公路占 89.57%，远远超过铁路的 8.12%。此外，工业的发展和科学技术的进步，促使人们对时间的价值日益重视，航空运输在速度上的优势，不仅在长途旅客运输方面占有重要的地位，而且在货运方面也发展很快。1950 年美国客运周转量中航空运输占 2.01%(1940 年为 0.78%)。这一时期石油和天然气开采的迅速发展，各油气生产国开始大规模兴建油气输送管道，使管道运输也发展成为一种初具规模的运输方式。这三种运输方式发挥的作用显著上升，铁路、公路、航空和管道同时竞争成为交通运输发展第三个阶段的特征。

20 世纪 50 年代以来，人们开始认识到在交通运输的发展过程中，铁路、水运、公路、航空和管道这五种运输方式是相互协调、竞争和补充的。因此，需要进行综合考虑，协调各种运输方式之间的关系，构成一个现代化的综合运输体系。综合发展阶段的重点之一是在整体上合理进行铁路、水运、公路、航空和管道运输之间的分工，发挥各种运输方式的优势。20 世纪 60 年代开始，铁路网的萎缩趋势逐渐稳定下来，铁路能耗和安全方面的优势逐渐显现，电气化铁路特别是高速铁路，给铁路运输带来新的发展机遇；60 年代后发达国家运输总量以接近或略低于 GDP 的速度增长，但其中公路运输和航空运输的增长速度却大大高于 GDP 的增长速度；由于世界经济的发展未能摆脱对石油、天然气等的依赖，加上煤炭制浆技术和工艺的发展及液化、气化技术的突破，为管道运输创造了良好的发展前景；集装箱运输的大规模发展不仅带动航海运输，更主要的是促进了运输向一体化、自动化的方向发展。一方面，计算机技术、全球卫星定位技术、人工智能技术等现代科学技术正逐渐渗透到运输的各个领域；另一方面，现代物流和第三方物流企业的兴起，给交通运输业提出了新的发展要求。调整交通运输的布局、提高交通运输的效率和质量已成为综合运输体系发展阶段的主要趋势。

二、运输业发展与运输化理论

与传统的按水运→铁路→公路与航空→综合运输体系来归纳运输业发展的轨迹不同，我国有学者(刘统畏、荣朝和)提出运输化概念，认为运输业发展可以根据运输化水平划分为：前运输化阶段、运输化阶段和后运输化阶段，并认为现代化大经济的特点包括系统化、信息化、运输化和科学化。

1. 前运输化阶段

在前运输化阶段，主要交通工具是车马和木船，运输工具的动力主要是人、畜、风力等。由于船只的载运能力大，运输成本低，在铁路和轮船出现之前，帆船和运河已经使社会经济中人和货物位移的规模达到了当时所允许的最高水平。因此，欧美国家工业革命初期，差不多都经历了一次运河建设的高潮以大规模地改善运输条件。近代运河把这些国家的经济带入了一个前所未有的人和货物开始大量移动的运输化阶段。但古代大运河的开挖却并没有使中国进入运输化,原因在于,除了运输网的规模和运量大小,运输对象也是辨别运输化到来的主要标志之一。运输化是伴随工业化开始的,工业化的能源基础是从柴薪转向煤炭,近代运河高潮正对应着解决煤炭运输的要求。而中国古代运河的任务主要是为了运送漕粮,这是传统农业社会的特点。

2.运输化阶段

运输化阶段又可细分为初步运输化阶段和完善运输化阶段。

在发达国家的工业化从纺织工业到冶金原材料工业、到机电化学工业、到高度加工工业的进程中,运输化也经历了一个从发生到发展、到完善的演变。一般说来,当工业化处于纺织工业和冶金原材料工业发展阶段时,运输化也仅仅是初步的;当工业化发展到以机电和化学工业为主的阶段时,运输化也已经开始进入一个比较高的水平,即完善运输化阶段。表1-8列出了运输化过程中初步和完善两个分阶段的区分依据。概要地说,初步运输化阶段必须主要考虑在数量上扩大运输能力,扩充运输网,解决“有”和“无”的问题;较完善运输化阶段则可以更注重在质量上扩大运能,使运输网的分工更合理,效率更高,运输更方便、更舒适,解决更“好”的问题。

运输化过程中初级和完善两个分阶段的区分依据 表1-8

区分角度	初步运输化分阶段	完善运输化分阶段
运输方式	全国性铁路网的建成	高等级公路网、航空网的普及
运输需求	运输需求的扩大主要体现在数量的急剧增加上	运输需求却更多地体现在对运输质量和服务的要求上面
运输需要满足的程度	煤炭、石油、矿物等大宗长途货物在全国范围的调运平衡等问题较为突出,这也是很多国家运输化开始的重要标志	大宗能源和原材料的远距离运输问题已经得到了较好的解决
工业化阶段	以纺织和原材料工业为主发展的工业化时期	机械和重化工为主的工业化阶段
旅客运输	人员流动性大幅度提高,人均年旅行距离会在一个相当长的时期里保持跳跃式增长	更多地考虑客运质量的提高

3.后运输化阶段

大约从20世纪70～80年代开始,发达国家经济的增长进一步转向提高加工层次以获得更大的附加价值,转向更多地依赖技术、依赖信息,服务业的地位也变得更加重要。随着后工业社会的出现,社会对其他基础设施的需要增加得更快,相比之下,运输业总的增长速度已明显放慢,在国民经济结构和总劳动力中的比重也已进一步缩小,而通信业的地位却迅速上升。运输业在信息社会中的相对重要性有所下降,作为工业化主要特征之一的运输化,也出现了后运输化的趋势。这一时期的货物运输总量,从“吨”或“吨公里”角度衡量已基本停止增长,一些国家甚至出现连续下降的情况,平均每单位GDP引起的货运量和周转量明显减少。经济对运输业的要求,是在运输质量方面提出更严格的标准,必须满足小批量和灵活多变的生产方式;满足“零库存”和全球生产体系的需要,运输速度和频率加快,小批量和特种运输的数量增加,运输服务更加方便可靠。随着运输化的成熟,货物运输逐渐转变为适应社会生产对物流活动及其管理的需要,而且自然会逐渐融入社会的物流体系之中。客运方面由于小汽车无限制使用而引起的各种社会、经济、生态等问题,也必须作出调整,更多地发展高速公共客运,航空、高速铁路等在客运总量中的比重有所上升。在人均收入进一步提高的情况下,交通费在最发达国家居民消费支出中的比例已不再明显增加。后运输化趋势,作为一种基础结构,运输业在信息社会中的相对地位有所下降。

4. 我国运输化水平的讨论

运输化的计量分析既可以在不同国家或不同地区之间进行横向比较,也可以是同一主体在不同时期之间的纵向比较。但在进行这种计量分析时必须注意,一是统计指标都要具有可比性;二是各国或地区之间进行横向比较时必须注意它们所处工业化和运输化的阶段差异。只有统一了指标的统计口径,并大体了解各国或地区所处的经济发展水平,才可能通过进一步的数量分析更准确地把握其运输化阶段的特征。

图 1-15 是美国、英国、德国、意大利等国在 1840～1990 年间和我国解放以后运输业在国内生产总值 (国民收入)所占比重的变动趋势图。除了工业化开始时间的差别,各发达国家经济中运输业的比重都是在运输化初期明显上升,大体在向运输化完善阶段转变的时期相继达到最高值,在运输化完善阶段又进入相对平稳的时期,然后略有下降。我国运输业在国民经济中的比重与发达国家相比明显偏小,也缺少该比重迅速上升的过程,这从一个角度表明了我国运输化过程发展不足(2000 年和 2005 年我国运输邮电业占 GDP 的 5.5%和 5.9%)。

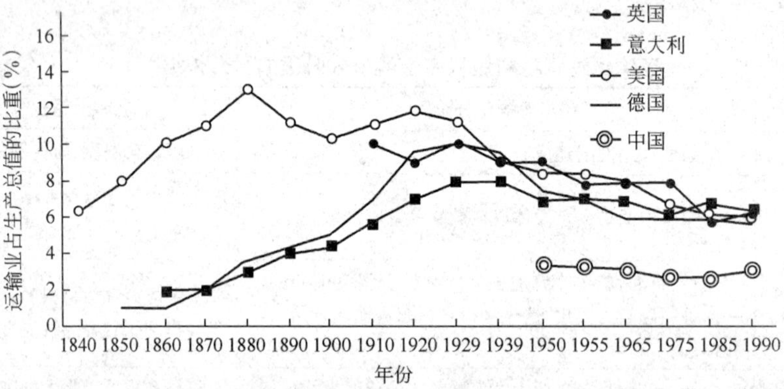

图 1-15 若干国家运输业在国内生产总值所占比重变动趋势图

按运输化理论的观点,中国仍旧处于需要迅速扩大运输能力的初步运输化阶段,运输化对中国以及其他发展中国家来说,是一个经济发展必须要逾越的阶段。十分可喜的是,20 世纪 80 年代以后,我国在交通运输方面已进入了一个新的建设高潮。以现代交通标志高速公路为例,我国高速公路从零起步到 2007 年已建成 5.39 万 km,通车里程数位居世界第二。因此我们能够预见,各种运输方式、各个地区的综合运输能力以及人与货物的空间位移量,在未来的一二十年将获得相当大的提高,伴随着经济的持续快速增长和工业化较高级阶段的到来,我国运输化的进程也将开始进入比较完善的时期。

第三节 运 输 系 统

一、各种运输方式的技术经济特征及其评价

现代化的综合运输系统由铁路、水运、公路、民航和管道等五种运输方式组成。它们的“产品”(客、货在空间的位移)虽然是同一的,但技术性能(速度、质量、连续性、保证货物的完整和旅客的安全、舒适程度等)、对地理环境的适应程度和经济指标(如能耗、投资、运费、劳动生产

率等)是不同的。

人们对交通运输的要求是安全、迅速、经济、便利。各种运输方式的技术经济特征可以从上述要求出发,按以下几个方面进行考察。

1.送达速度

技术速度决定运载工具在途运行的时间,而送达速度除在运行时间外,还包括途中的停留时间和始发与终到的两端作业时间。对旅客和收、发货人而言,送达时间具有实际的意义。铁路的送达速度一般高于水上运输和公路运输。但在短途运输方面,其送达速度反而低于公路运输。航空运输在速度上虽然占有极大的优势,但将旅客前往机场的路程时间考虑在内时,在中短途运输中它并不具有速度上的优势。在评价某种运输方式的速度指标时,还应适当考虑运输的频率(或间隔时间)和运输经常性对送达速度的影响。

2.投资效益

各种运输方式由于其技术设备的构成不同,不但投资总额大小各异,而且投资期限和初期投资的金额也有相当大的差别。例如,铁路技术设备(线路、机车车辆、车站等)需要投入大量的人力物力,投资额大而且工期长。相对而言,水上运输是利用天然航道进行的,其设备的投资远较铁路为低,投资主要集中在船舶、码头。从经济学的效率角度考虑,分析投资应以投资效率为主,即不但要看投资额,更要看单位投资产生效益的大小。此外,比较各种运输方式的投资水平,还需要考虑运输密度和运载工具利用率等因素。

3.运输成本

一般来说,水运及管道运输成本最低,其次为铁路和公路运输,航空运输成本最高。但是各种运输方式的成本水平是受各种各样因素影响的。例如,如果在运输成本中与运量无关的固定费用所占的比重较大,则单位运输成本水平受总运输量的影响也较大。在这方面铁路运输最为显著。又如运载工具的能耗和载重量对运输成本亦有相当的影响,载重量较大的运输工具一般来说运输成本较低。再如运输距离对运输成本也有很大的影响。这是因为终端作业成本(始发和终到)的比重随着运输距离的增加而下降,通常对水运的影响最大,铁路次之,公路最小。综合各种因素,水运在运输成本方面居于有利的地位。

此外还可从能源、机动性、连续性、通用性等方面考察各种运输方式的特性。表 1-9 是我国五种运输方式的主要技术经济指标,图 1-16 是五种运输方式八项指标的排序对比。

我国五种运输方式的主要技术经济指标 表 1-9

运输方式	最高速度 (km/h)	最大运输能力 (万 t/年)	能 耗 [kg/(kt·km)]	运输成本 [元/(kt·km)]
铁路	客车:80～350(高速铁路) 货车:80～100	单线:1 800 双线:5 500	内燃机:2.6	21.58
海运	海轮:25～27	航线能力不受限制	2	9.54
河运	客轮:13～15,货轮:8～10	船闸单线:2 000,双线:4 000		18.65
公路	客车:120,货车:100	四车道:300～500	汽 80,柴 60	218.8
民航	波音 747:907 A310-300:850	波音 747:291(座) A310-300:218(座)	波音 747:417 A310:468	2 800
管道	16～30	管径 762mm 输油 2 000 管径 564mm 输油 1 000	20.7	14.14

注:能耗为 2001 年数据,运输成本为 1991 年数据。

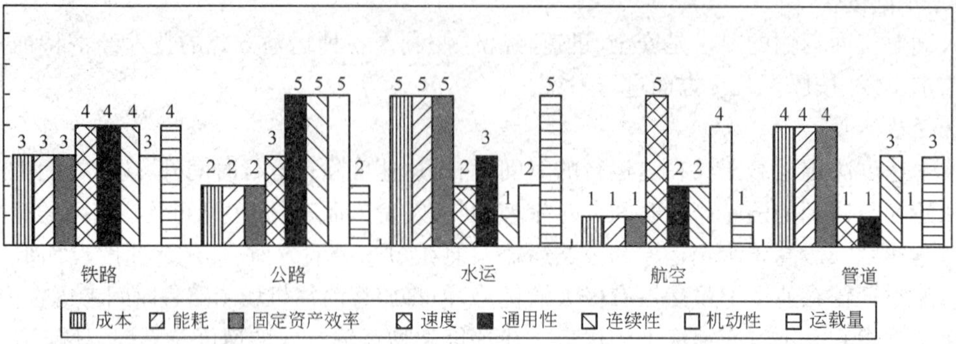

图 1-16　五种运输方式八项指标的排序对比

1～5-排序(5 最好,1 最差)

二、我国的运输结构状况

运输结构是指运输业的内部结构,也就是五种运输方式在运输业中的地位和作用,以及相互之间的比例关系。它与一个国家的经济发展水平、国民人均收入、产业布局、自然资源分布、地理条件、国家的经济与运输政策以及各种运输方式的特点等因素有关。由图 1-16 可知,在运输成本、能耗、固定资产效率等经济指标方面水运最优。20 世纪 90 年代末,水运的货运周转量已占我国货运总周转量的五成以上(图 1-17);在连续性、机动性和通用性等方便舒适性指标方面公路领先,这可看做是21世纪初公路的客运周转量达到我国客运总周转量55%的

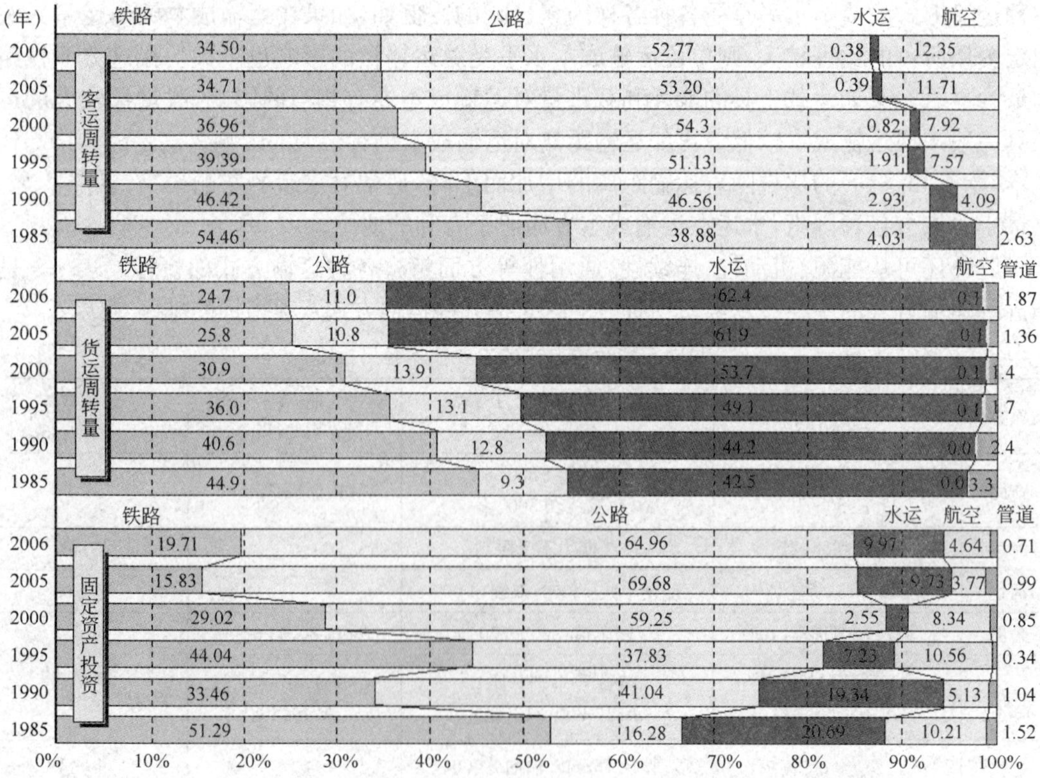

图 1-17　各种运输方式的份额:1985～2006 年对比

一个原因;铁路综合指标均较好,因此依然有它发展的理由;飞机的高速和舒适的优点最符合现代社会的节奏,这是它在各种运输方式中发展最快的有利条件;管道运输在各项经济指标方面的良好表现,使得它依然保持着一定的市场份额。

图 1-17 中,公路固定资产投资占运输业总固定资产投资的份额 1985 年为 16.3%,2005 年一跃达到 69.7%,超过其他 4 种运输方式的总和,这一投资取向的变化趋势一定程度上反映了我国运输结构调整和发展的现状。

1985 年底,全国运输网的总长度达到 139.54 万 km,是建国初期 1950 年 6.84 倍。其中,铁路营运里程 5.5 万 km,公路通车里程 94.24 万 km,内河通航里程 10.91 万 km,民航航线里程 27.72 万 km,分别是 1949 年的 2.48 倍、9.73 倍、1.48 倍和 24.53 倍;油气管道运输从无到有,发展到 1.17 万 km。1985～2005 年的 20 年中,为适应市场经济发展的需要,我国运输结构又有了巨大发展和变化。1985～2005 年我国各种运输方式的运输线路里程和发展趋势见图 1-18。

各种运输方式的运输线路里程(万km)

运输方式 \ 年份(年)	1985	1990	1995	2000	2005
管道	1.17	1.6	1.72	2.32	4.4
公路	94.24	102.83	115.7	140.27	193.05
内河航道	10.91	10.93	11.06	11.93	12.33
民航航线	27.72	50.68	112.9	150.58	199.85
铁路	5.5	5.78	5.97	6.87	7.54

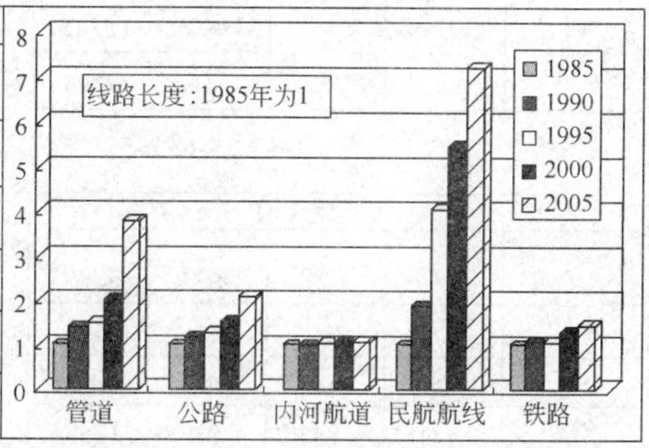

图 1-18　各种运输方式线路里程:1985～2005 年对比

在发展运输线路的同时,各种运输工具也有很大的增长。运输线路和运输工具及设备的发展和增长,为各种运输方式提高服务质量创造了良好的条件。1985～2005 年我国各种运输工具拥有量和发展趋势见图 1-19。

各种运输方式的运输工具

运输方式 \ 年份(年)	1985	1990	1995	2000	2005
管道(万km)	1.17	1.16	1.72	2.32	4.4
民用汽车(万辆)	321.2	551.4	1 040	1 609	3 160
民用船舶(万艘)	47.50	42.59	34.5	21.07	20.73
民航飞机(架)	472	503	722	982	1 386
铁路机车(辆)	12 140	13 970	15 544	15 253	17 473

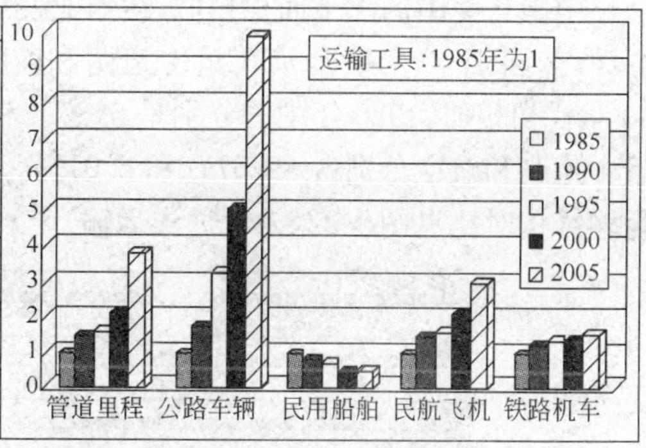

注:公路机动车是指民用汽车和私人汽车之和,不包括其他机动车辆。

图 1-19　各种运输方式运输工具:1985～2005 年对比

各种运输方式的合理分工,在不同国家、不同地区和不同历史时期各不相同。我国是大陆国家,幅员辽阔,资源分布、产业配置、国土开发和经济发展很不均衡,矿产资源分布在北部和西部,加工工业大量集中在东部沿海及相邻地区,形成强大的货流,同时随着对外开放政策的深入贯彻,外向型经济的发展,进出口贸易将大幅度增加。因此,地区之间和进出口运输通道的建设,必须从全国各地区经济布局和各种运输方式的技术经济条件出发,统筹考虑各种运输方式的合理配置和协调发展，以提高总体的综合运输能力。

从各种运输方式完成的旅客和货物的平均运距发展趋势来看，各种运输方式的分工日趋合理。铁路运输大量承担中长途运输，客、货平均运距从 1980 年的 150km、514km 提高到 2005 年的 431km、781km，铁路旅客平均运距增长了近 3 倍；公路运输以中短途运输为主，由于高速公路的发展，近 25 年，公路客货平均运距均从 1980 年的 33km、20km 提高到 49km、59km，公路货物平均运距增长了近 3 倍；民航运输则以长途运输为主。除管道运输外，水运、民航及我国客运与货运的综合平均运距均有较大增长（图 1-20，图 1-21）。

旅客平均运距(km)				
运输方式＼年	1980	1990	2000	2005
综合	67	73	83	94.6
公路	33	40	49	54.7
水运	49	61	52	33.5
航空	1 153	1 388	1 444	1 478.9
铁路	150	273	431	524.5

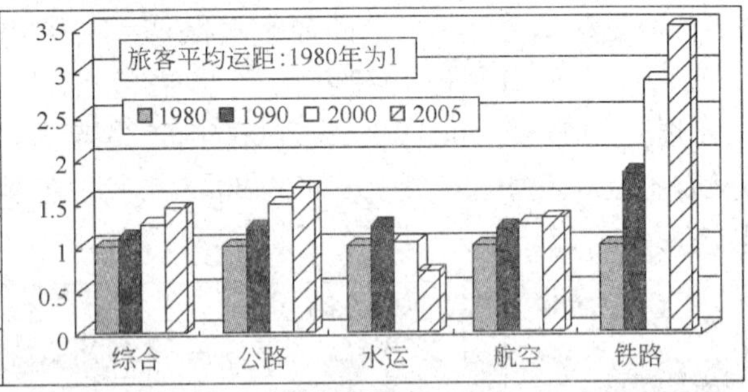

图 1-20　我国交通部门旅客平均运距：1980～2005 年对比

货物平均运距(km)				
运输方式＼年	1980	1990	2000	2005
综合*	220	270	327	431
公路	20	46	59	64.8
水运	1 184	1 447	1 939	2 261.5
航空	1 573	2 218	2 556	2 572.5
铁路	514	705	781	769.6

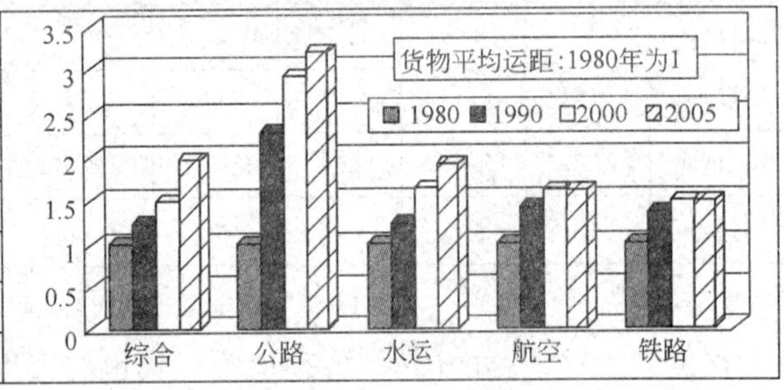

注：*综合平均运距包括了本表未列的管道运输（约占1%）。

图 1-21　我国交通部门货物平均运距：1980～2005 年对比

中国与美国的国土面积相似，运输业发展过程也有相同之处，有许多可借鉴之处。在货运方面，美国 1940 年货运周转量中道路和航空分别占 7.91%和 0.01%以下，同我国 20 世纪 80 年代初相似，1980 年中国分别是 6.35%和 0.01%以下。客运方面，美国 1950 年客运周转量中道路和航空分别占 89.57%和 2.01%，1980 年中国分别是 31.98%和 1.37%。近年中美运输结构对比见图 1-22（未含远洋运输）。

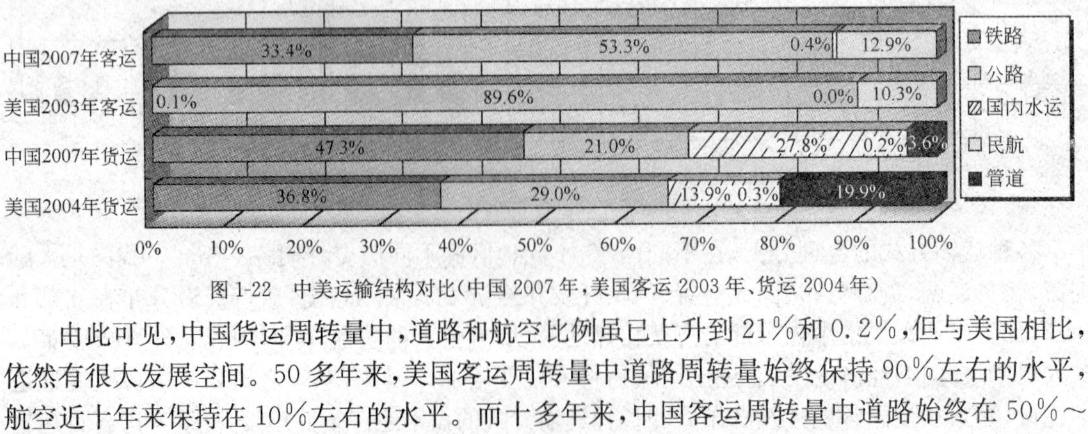

图 1-22　中美运输结构对比（中国 2007 年，美国客运 2003 年、货运 2004 年）

由此可见，中国货运周转量中，道路和航空比例虽已上升到 21%和 0.2%，但与美国相比，依然有很大发展空间。50 多年来，美国客运周转量中道路周转量始终保持 90%左右的水平，航空近十年来保持在 10%左右的水平。而十多年来，中国客运周转量中道路始终在 50%～

55%之间徘徊，航空比例却已达到12.9%（总量中未计入远洋运输），超过美国2.6%，而且保持着高速增长的势头（图1-17），实在出乎意料。从节约能源考虑（表1-9），我国应加快高速铁路建设，以适应中长距离出行需求的高速增长，并适当约制航空运输。货运方面，继续保持铁路与水运占高分担率的运输结构，将有利于节能的长远经济发展战略。由此得出结论：应适当优先发展铁路运输。

三、我国的运输布局

运输布局是指各种运输基础设施如何在不同的地域和空间进行分布，以形成最大限度的运输供应能力满足经济社会对运输的需求。这里，布局是指运输网的布设和各种运输方式有效的空间组合。在市场经济下的运输业可通过“看不见的手”进行资源配置和优化，让市场决定五种运输方式各自发展速度及发展空间，这通常是获得“效率”的最可靠方法。但运输业提供的毕竟不是一般的商品，它既是提供服务的行业，更是事关人民生活、经济繁荣和区域发展的国家基础设施；它的基本建设投资——路线、场站、空港和码头等建设费——有相当一部分来自国家财政拨款；它是实现国家全局经济规划目标的重要手段。因此，无论是发达国家还是发展中国家，均需要合理规划运输布局，通过“看得见的手”——国家的政策手段和财政手段——实现运输体系优化，建立完善的“一体化”综合运输体系。

1.运输网的组成

运输网是运输系统的基本构架，运输网由运输线路和运输枢纽组成。

运输线路是五种运输方式的运输工具或设备借以运行的载体（铁路、公路等基础设施）的组合。运输线路至少包含三个特征。一是起讫点和经过的地区。运输网上主要路线的起讫点一般都是大城市、大工业区、多种运输方式集结的交通枢纽，沿线经过的地区人口越多、经济越发达，资源（包括矿产资源、旅游资源等）越丰富，则路线越重要。二是线路类型。它可以是五种运输方式中的某一种运输线路。水运线路完全依赖河海的地理条件，但运载能力可达最大，航空运输线对地理条件的依赖最小，但运载能力相对较小。三是路线的技术标准。如铁路分单线和复线、普通铁路和高速铁路及电气化铁路；公路分高速公路，一、二级以上高等级公路，三级以下普通公路，国道干线公路（其主干线为高等级公路）和地方道路；航道的水深和通航能力及码头的停泊能力；机场的跑道长度和起降机型等级；管道的直径等。同一运输方式时，等级越高的路线运载能力越大。

运输网上联系多个重要城市和地区，对国家政治经济文化有重大影响且运量巨大的运输线路称运输通道。运输通道通常是由两种以上运输方式组成的运输线路束，也称运输走廊。运输通道是一个国家综合运输网的主骨架，在运输业和整个国民经济中占有举足轻重的地位。一方面，现代运输通道的形成是宏观经济空间发展演变的必然结果；另一方面，有意识地规划建设运输通道，有利于促进区域化经济发展以及生产力的合理布局。因此，许多国家把运输通道的建设规划作为宏观经济建设规划的一部分。

运输枢纽是综合运输网上各条运输线的结合部位。大型运输枢纽内往往集结了多种运输方式的多条运输线路，尤其是连接大型运输通道的运输枢纽在综合运输体系中的地位更为重要。

2.运输布局的基本原则

1）运输布局必须与工农业布局、经济发展水平和人口分布相适应

运输业是国民经济发展和人民生活水平提高的重要物质基础。运输业要满足国家经济发

展和人民生活的需要，首先就必须按市场规律运作，即根据运输需求量确定运输资源配置。而市场需求往往与我国的工农业布局、经济发展水平和人口分布相关。例如，山西省产煤，大量煤炭需要运往华东、华北和中南各地区，就必须相应地新建或改建铁路、公路，以满足山西煤炭外运的需要。

2)要以现有运输网为基础

我国运输业已初步形成不同地区、不同运输方式组成的运输网。目前，我国主要工业基地、大中城市，大部分分布在现有运输线路上。预计在一个相当长的历史时期内，这些企业仍将是我国工业的主力。今后，通过挖潜、更新、改造，它们的产品产量还会进一步增加。随着运输网的延伸，经济吸引范围的扩大，目前担负大区间、省间交流的一些运输干线，运量还将大幅度增加。现有运输线路技术装备虽然比较落后，但是，通过改造和扩建，能力还能大幅度增加，而改造现有设备，比新建投资要少。如单线铁路建成复线，投资一般只有新建铁路的70%～80%，而运输能力提高2倍以上。整治内河航道，也可以大幅度增加运力，而且少占农田。如京杭大运河修建复线船闸，能力可提高1倍多。因此，在运输资源空间布局规划中，充分发挥现有运输线路、枢纽的能力，就可以用较少的投资满足工农业生产发展和人民生活的需要。

3)运输布局应有利于开发新的资源，促进不发达地区的经济繁荣，使生产力布局在全国范围内更加合理

开发新的资源，建设新的工业基地，需要有良好的运输条件。尤其是大型基地的建设周期比较长，建设期间需要投入大量的技术装备和材料，运输建设需要先行一步。例如，内蒙古有优质且储量大、开采条件好的煤田，由于没有运输条件，长时间内没有得到开发。铁路的建设，将为开发煤炭资源创造条件。再如，成昆与贵昆铁路的建设，促进了川西铁矿、黔西六盘水煤炭以及云、贵磷矿石的大力开发。从这个意义上讲，运输是开发新资源的重要条件之一。国外工业发达国家的历史以及我国30多年来的实践都证明了这一点。有了发达的运输业，可以把机器、设备、化肥和农药等源源不断地运到农村和经济不发达的地区，当地的土特产品又可运到城市中去，从而促进地方工农业生产的发展。因此，我国“十五”期间把大西北广大地区作为经济发展的重点，优先考虑这些地区的运输设施建设，有力地促进了不发达地区的经济繁荣，使生产力布局在全国范围内更加合理。

4)运输布局应因地制宜，充分发挥各地区自然和经济的优势

我国幅员辽阔，各地区的自然条件不同，各地区的经济发展水平也不一样，货物构成、旅客运输要求各异，运输资源的空间配置中要充分考虑这些特点。如东北、华北地区的煤炭、钢铁和木材等大宗物资运量大，华东、中南地区的轻工业、农副产品比重较大，各地区能源产销构成也不一样，运输资源配置不能强求统一。因此，各地区运输资源的空间配置要充分考虑当地的经济特点，必须因地制宜，从实际出发，宜水则水，宜陆则陆，宜空则空，根据各地区自然条件、经济特点进行研究，做到合理布局。

5)运输布局应兼顾旅游、环保和国防的需要

旅游业被称为“无烟工业”，引起全世界的重视。为名胜古迹、名山大川所吸引的庞大游客群需要有舒适、方便、迅速和安全的运输服务。在运输线路布局时应尽可能靠近旅游网点，以满足旅游业发展而引起的运输需求，同时又不破坏旅游资源。

运输会对环境产生污染，这在运输布局中也应予以充分考虑。

运输业在战争期间，是战争机器的组成部分。没有运输保障，就不可能实现前方与后方的联系以及准时向前方运送武器装备，因运输失误而贻误战机，甚至造成战争失败的案例并不少

见。因此，运输资源空间配置必须高度重视国防因素。

此外，在运输生产中，所提供的运能既不能储存，也不能调拨，各条运输线路在运输能力上必须保有一定的后备，以适应生产发展、运输波动和紧急事态发生的需要。无论是已有运输线路和运输设施的改造，还是运输线路和运输设施的新建，都要留有后备能力，以便应付非常时期的需要。

制订合理的运输布局方案是一个事关全局的综合性的系统工程，在按市场经济规律“效率原则”运作的同时，还应兼顾运输布局的其他原则，对各种运输资源的空间配置方案进行科学的技术经济论证，并在实践中逐渐完善和优化。

3.我国综合运输网布局的实施

1)我国运输业的空间格局现状

我国地域辽阔，自然和历史的原因使得在长期的发展过程中形成了东西南北中经济和交通的不平衡状态，沿海运输业比较发达。

图1-23是2006年我国内地公路运输分区分省综合周转量(1人·km按1t·km换算)、线路效率(平均每公里道路完成的周转量)和等级公路里程的分布情况。图中东部地区为北京与沿海省市；中部地区为山西、河南、湖南、湖北、安徽、江西、吉林、黑龙江等省；其余为西部地区。

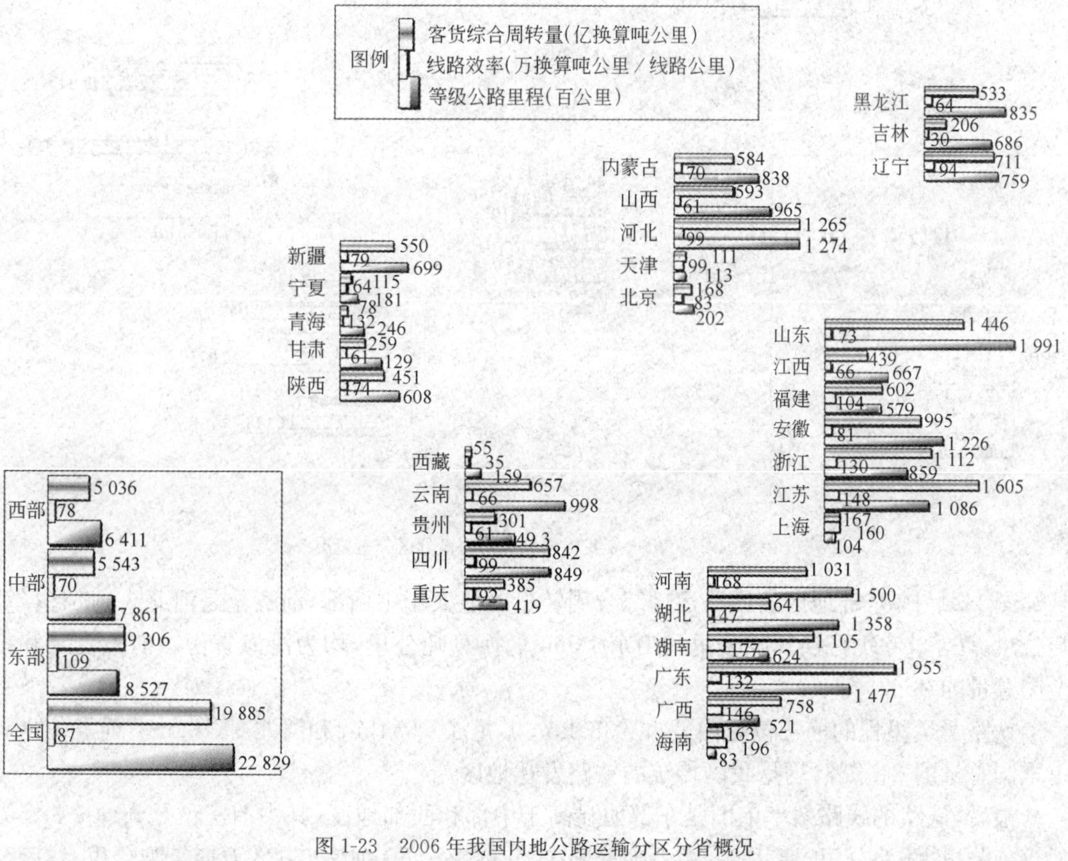

图1-23　2006年我国内地公路运输分区分省概况

图1-23中，东部地区的公路运输综合周转量明显大于中西部，前三位是广东1 955(亿换算吨公里)、江苏1 605(亿换算吨公里)和山东1 446(亿换算吨公里)，均为沿海地区。前三位

之和占全国总量的25.2%。

等级公路里程情况也是如此,前三位是山东1 991百km、河南1 500百km、广东1 477百km。前三位之和占全国总量的21.8%,其中两个省在东部地区,一个省在中部地区。

公路的线路效率表示当年平均1km等级公路完成的运输周转量水平,线路效率最高的前三位是海南196万换算吨公里/线路公里、湖南177万换算吨公里/线路公里、上海160万换算吨公里/线路公里;前三位平均值177万换算吨公里/线路公里,是全国平均值87的2倍,前三位中两个省市在东部地区,一个省在中部地区。

图1-24是2006年我国内地铁路运输分区分省综合周转量(1人·km按1t·km换算)、线路效率(平均每公里道路完成的周转量)和运营里程的分布情况。

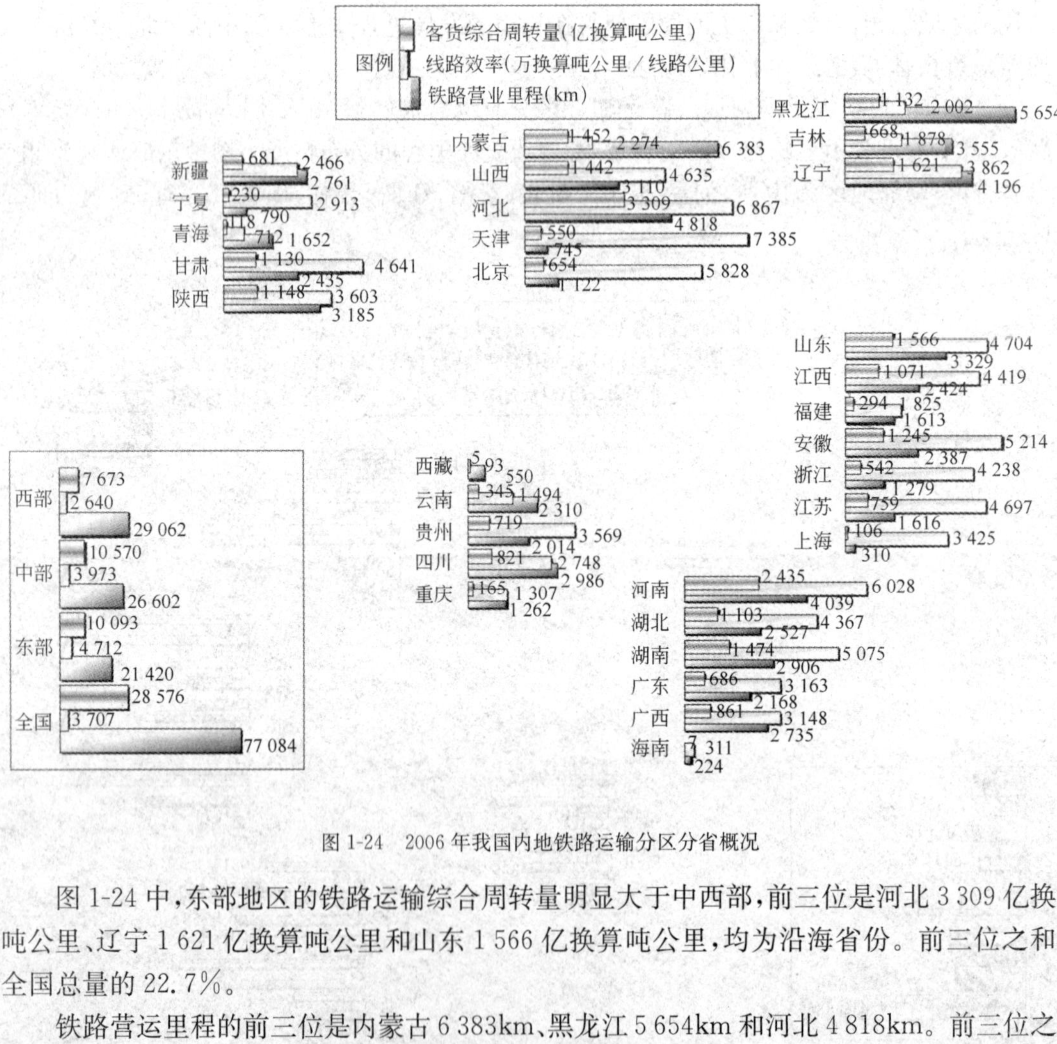

图1-24　2006年我国内地铁路运输分区分省概况

图1-24中,东部地区的铁路运输综合周转量明显大于中西部,前三位是河北3 309亿换算吨公里、辽宁1 621亿换算吨公里和山东1 566亿换算吨公里,均为沿海省份。前三位之和占全国总量的22.7%。

铁路营运里程的前三位是内蒙古6 383km、黑龙江5 654km和河北4 818km。前三位之和占全国总量的21.9%,均是我国传统的铁路发达地区。

最后,铁路的线路效率依旧是东部明显高于中部和西部地区,其中前三位是天津7 385万换算吨公里/线路公里、河北6 867万换算吨公里/线路公里、河南6 028万换算吨公里/线路公里;线路效率前三位的平均值6 555,是全国平均值3 707的1.8倍,其中两个省市来自东部地区,一个省在中部地区。对比公路线路效率,铁路平均每公里线路2006年完成的运输周转量

3 707 万换算吨公里，是公路的 42.6 倍。当然，道路主要的服务对象是社会车辆，而非铁路那样主要具有服务的专一性。

图 1-25 是 2006 年各省和直辖市的交运仓邮业在全国的地位，图中的横坐标是交运仓邮业当年的固定资产投资额，纵坐标是当年交运仓邮业的总产值，球的面积表示当年完成的综合运输量。

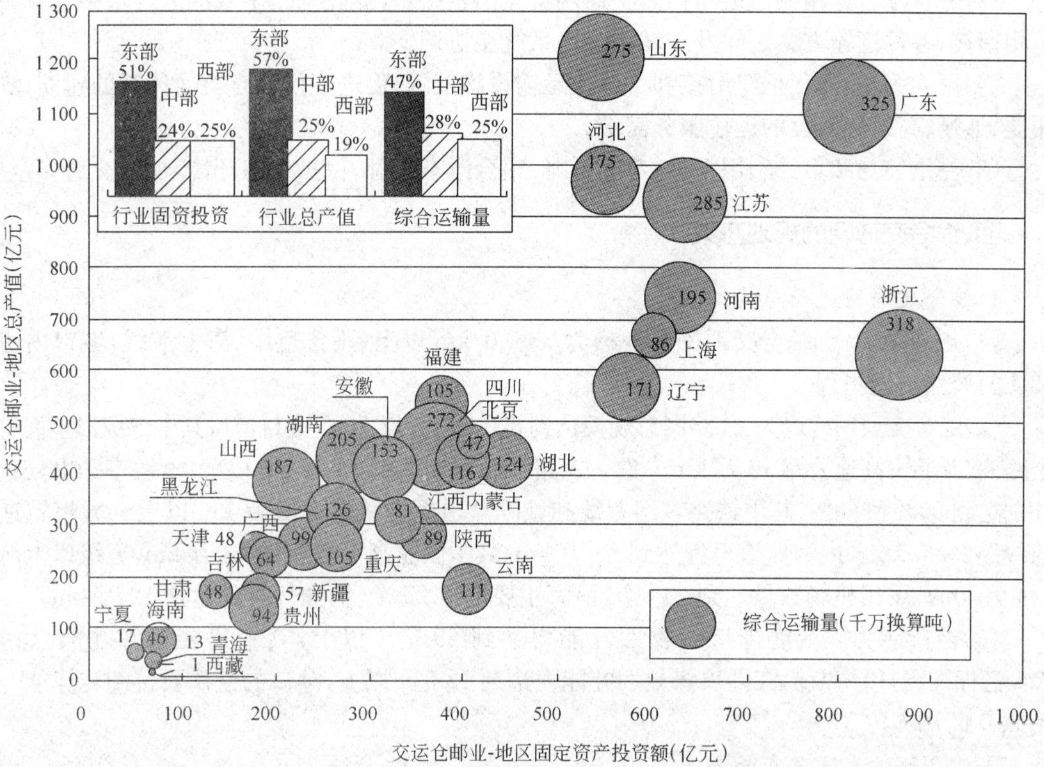

图 1-25　2006 年各省和直辖市的交运仓邮业在国内的地位

由图 1-25 可知，综合运输量（球面积）最大的前三位是广东 325 千万换算吨、浙江 318 千万换算吨和江苏 285 千万换算吨，前三之和占全国的 23.0％；交运仓邮业当年的固定资产投资额最大的前三位是浙江 856 亿元、广东 808 亿元和江苏 632 亿元，三者之和占全国的 21.0％；交运仓邮业的产值最大的前三位是山东 1 212 亿元、广东 1 114 亿元、河北 972 亿元，三地之和占全国的 25.2％。所有前三位均是沿海省市。2006 年我国交运仓邮业的总产值 13 090 亿元，是当年固定资产投资额的 1.19 倍。

由图 1-25 可明显看出，投入、产出和综合周转量最弱的是紧靠原点的西藏、青海、宁夏和海南；最强的是广东、山东、浙江、河北、江苏、上海、河南和辽宁。首都北京是我国最重要的运输枢纽，但从 2006 年的行业投入产出和客货综合运输量来衡量，并未能列入运输强省（市）。四川省的行业投入产出虽处中游，但客货综合运输量在非东部地区中名列第一。

2）我国综合运输网布局的实施

2007 年 10 月，国务院第 195 次常务会议审议并原则通过了我国第一个全国性综合衔接铁路、公路、水路、民航与管道等五种运输方式的总体交通规划《综合交通网中长期发展规划》。综合交通网的规划期为 2006～2020 年。综合交通网的发展目标为：到 2020 年基本建成各种运输方式布局合理、结构完善、便捷通畅、安全可靠的现代化综合交通网。

综合交通网的规划原则为：

(1)配合国家总体发展战略，统筹考虑经济布局、人口和资源分布、国土开发、对外开放，以及国防建设、经济安全和社会稳定对交通运输的要求。

(2)充分体现各种运输方式的技术经济特征和比较优势，合理配置、集约利用运输线路资源，衔接优化各种运输设施空间布局。

(3)建设综合运输大通道与扩大交通网覆盖面相结合，提高网络承载能力与增强运输机动性相衔接，各种运输方式之间及与城市交通系统相协调。

(4)以人为本，强化枢纽衔接和一体化运输设施配置，促进现代综合交通体系的建立，满足便捷、通畅、高效和安全的运输服务需求。

(5)注重节约和集约利用土地，节能减排，整合既有资源，保护生态环境，加强交通安全。

四、综合交通网的规划方案

1. 综合交通网规模与构成

(1)规划2020年综合交通网总规模为338万km以上(不含空中、海上航线，城市内道路和农村公路村道里程)。

(2)综合交通网构成为：公路网总规模达到300万km以上(不含村道)，其中二级以上高等级公路65万km，高速公路10万km左右。铁路网总规模达到12万km以上，复线率和电气化率分别达到50%和60%，其中铁路客运专线和城际轨道交通线路1.5万km以上。城市轨道交通线路2 500km。内河航道里程达到13万km，其中国家高等级航道13万km，五级以上航道2.4万km。民用机场数量达到244个，沿海主要港口25个，输油气管道达到12万km。

(3)港口能力。沿海港口货物吞吐能力达到65亿t以上，其中集装箱吞吐能力达到2.4亿标准箱，沿海及沿江港口煤炭吞吐能力达到12亿t以上，港口的铁矿石接卸转运能力达到3.5亿t以上。

2. 综合运输大通道布局方案

综合交通网骨架由“五纵五横”综合运输大通道和国际区域运输通道组成，具体方案见表1-10。

我国综合运输通道规划概要 表1-10

序号	通道名称	起点和终点(含支线起讫点)	沿线主要控制点	既有线路/规划拟建	铁路	公路	机场	水运	管道
	五纵综合运输大通道								
1	南北沿海运输大通道	①黑河—三亚；②北京—沈阳；③哈尔滨—齐齐哈尔	①大连、青岛、上海、宁波、厦门、广州、深圳；②天津、唐山、秦皇岛；③大庆	既有线路	哈大铁路、京沈铁路、滨洲铁路等	同三公路等，大多为高速公路	30多个城市机场	略	略
				规划拟建	哈尔滨—大连客运专线等10条	沈阳—海口高速公路等7条线路	丽水、宁德	略	略
2	京沪运输大通道	北京—上海	天津、济南、徐州、蚌埠、南京	既有线路	京沪铁路	京沪高速公路等	北京等近10个城市机场	略	略
				规划拟建	京沪高速铁路等3条	京沪高速公路	北京二机场、蚌埠	略	略

续上表

序号	通道名称	起点和终点（含支线起讫点）	沿线主要控制点	既有线路/规划拟建	铁路	公路	机场	水运	管道
	五纵综合运输大通道								
3	满洲里至港澳台运输大通道	①满洲里—港澳；②武汉—台北	①齐齐哈尔、通辽、北京、石家庄、郑州、广州；②南昌、福州	既有线路	京广铁路、武九铁路等	京珠高速公路等	满洲里等近20个城市	略	略
				规划拟建	武汉—九江复线等2条	北京—台北高速公路等	承德等7城市机场	略	略
4	包头至广州运输大通道	包头—广州	西安、重庆、贵阳、柳州	既有线路	包西铁路等	210国道，含高速公路	包头等近10个城市机场	略	略
				规划拟建	包西线等6条	包茂高速公路	茅台等6城市机场	略	略
5	临河至防城港运输大通道	临河—防城港；	银川、兰川、成都、昆明、南宁	既有线路	陇海铁路等	110国道等含高速公路	乌海等近10个城市机场	略	略
				规划拟建	临河—兰州复线等5条	北京—拉萨高速公路等	巴彦淖尔、陇南、乐山	略	略
	五横综合运输大通道								
6	西北北部出海运输大通道	天津（唐山、秦皇岛）—吐尔朵特	北京、大同、呼和浩特、包头、哈密、吐鲁番、喀什	既有线路	大秦铁路等	京沪高速公路等	天津等近10个城市机场	略	略
				规划拟建	中吉乌铁路等6条	北京—台北高速公路等	张家口、哈密、吐鲁番	略	略
7	青岛至拉萨运输大通道	青岛—拉萨	济南、德州、石家庄、太原、银川、兰州、西宁	既有线路	青藏铁路等	济青高速公路等	青岛等10多个城市机场	略	略
				规划拟建	兰青复线等5条	青银高速公路等	衡水、武威	略	略
8	陆桥运输大通道	连云港—阿拉山口	徐州、郑州、西安、兰州、乌鲁木齐	既有线路	陇海铁路等	连霍高速公路等	伊宁等10多个城市机场	略	略
				规划拟建	徐州—兰州客运等2条	连霍高速公路	商丘等7城市机场	略	略
9	沿江运输大通道	上海—成都	南京、芜湖、九江、岳阳、武汉、重庆	既有线路	京沪铁路等	成渝高速公路等	宜宾等10多个城市机场	略	略
				规划拟建	南京—安庆等2条	沪蓉、沪渝高速公路	芜湖等4城市机场	略	略
10	上海至瑞丽运输大通道	上海—瑞丽	杭州、南昌、长沙、贵阳、昆明	既有线路	贵昆铁路等	沪杭高速公路等	天津等近10个城市机场	略	略
				规划拟建	中缅、中老等5条	沪昆、杭瑞高速公路	宜春等4个城市机场	略	略

续上表

序号	通道名称	起点和终点（含支线起讫点）	沿线主要控制点	既有线路/规划拟建	铁路	公路	机场	水运	管道
	国际区域运输通道								
11	东北亚国际运输通道	①连接南北沿海运输大通道；②连接满洲里至港澳台运输大通道		既有线路	沈阳至丹东铁路等	沈丹高速公路等	沈阳等9个城市机场	略	略
				规划拟建	向阳川—同江铁路等7条	佳木斯—同江高速公路等	二连浩特、巴彦淖尔	略	略
12	中亚国际运输通道	①连接西北北部出海运输大通道；②连接陆桥运输大通道		既有线路	兰新线乌阿段	乌奎高速公路等	乌鲁木齐	略	略
				规划拟建	兰新线乌精段复线	奎屯—霍尔果斯高速公路	石河子、奎屯、博乐	略	略
13	南亚国际运输通道	①连接陆桥运输大通道；②连接上海至瑞丽运输大通道		既有线路		318国道拉萨至亚东等	拉萨、喀什	略	略
				规划拟建	拉萨—日喀则铁路等3条		日喀则	略	略
14	东南亚国际运输通道	①连接上海至瑞丽运输大通道；②连接临河至防城港运输大通道		既有线路	湘桂线、昆河线	昆元高速公路等	南宁等6个城市机场	略	略
				规划拟建	玉溪—磨憨铁路等2条	昆明—磨憨高速公路等	红河	略	略

表1-10中所列“五纵五横”综合运输大通道和国际区域运输通道（国际支线）布局见图1-26。

3. 综合交通枢纽布局方案

综合交通枢纽划分为全国性综合交通枢纽、区域性综合交通枢纽和地区性综合交通枢纽三个层次。根据三个层次的综合交通枢纽在综合交通网络体系中的功能定位，重点规划具有全局意义的全国性综合交通枢纽。

全国性综合交通枢纽位于综合运输大通道的重要交汇点，依托省、自治区、直辖市的中心城市和口岸城市，在跨区域人员和国家战略物资运输中集散、中转功能突出，有广大的吸引和辐射范围，对综合交通网络的合理布局、顺畅衔接和高效运行具有全局性的作用和影响。

根据全国性综合交通枢纽的基本定位，规划全国性综合交通枢纽（节点城市）42个，具体是：北京、天津、哈尔滨、长春、沈阳、大连、石家庄、秦皇岛、唐山、青岛、济南、上海、南京、连云港、徐州、合肥、杭州、宁波、福州、厦门、广州、深圳、湛江、海口、太原、大同、郑州、武汉、长沙、南昌、重庆、成都、昆明、贵阳、南宁、西安、兰州、乌鲁木齐、呼和浩特、银川、西宁、拉萨。

综合交通网节点上的枢纽布局应综合考虑各条线路的顺畅连通，遵循客运“零距离换乘”和货物换装“无缝衔接”的原则，统筹线路、场站以及信息传输等设施的有效衔接。

根据《综合交通网中长期发展规划》，到2020年，将基本建成空间布局合理，结构层次清晰，能力负荷充分，功能衔接顺畅的现代综合交通网络。网络总密度达到35km/百km^2，其中铁路1.25km/百km^2，公路31.25km/百km^2，内河航道1.35km/百km^2，油气干支线管道1.25km/百km^2，民航机场25个/百万km^2。形成1.5万km高速客运专线网，10万km高速

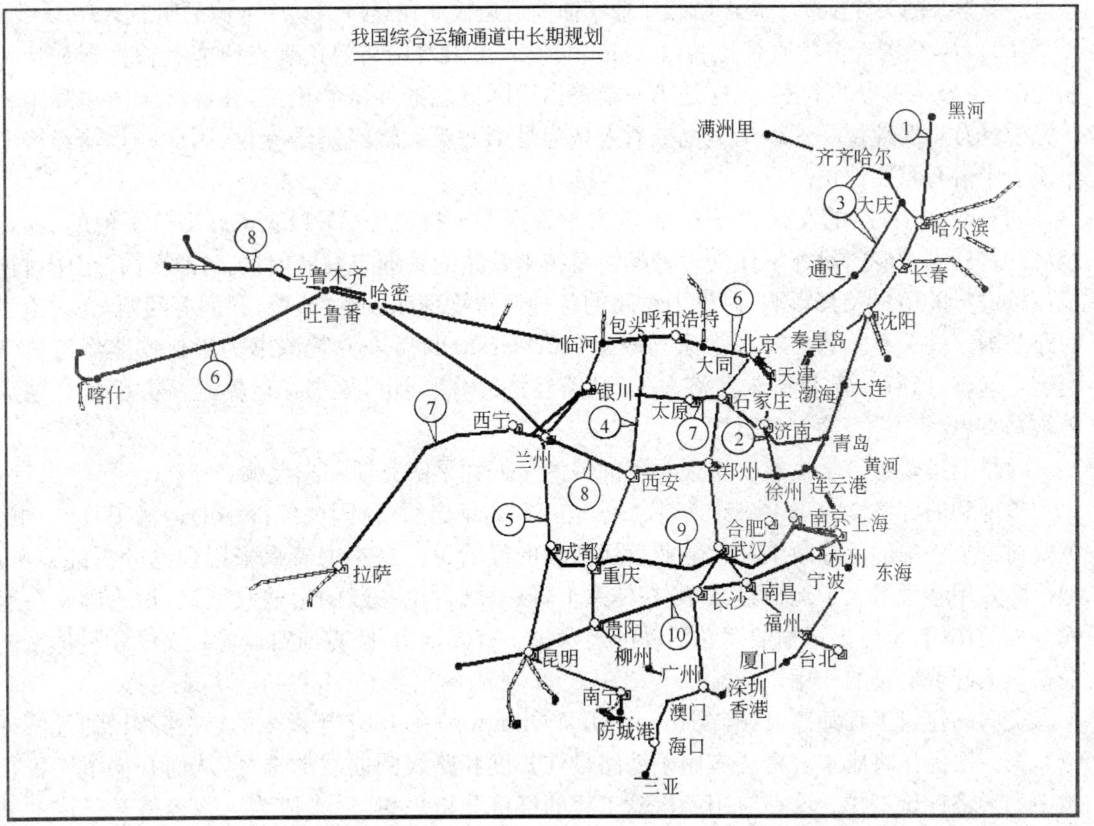

图 1-26　我国综合运输大通道示意图(①～⑤为五纵大通道,⑥～⑩为五横大通道)

公路网,2 万 km 内河高等级航道网,以 244 个机场为节点的航空运输网和 12 万 km 油气管道网,形成完善的煤炭、油气、矿石和集装箱运输系统。

第四节　关于运输经济学

一、运输经济学的发展

1.早期的运输经济学

就像现代运输与工业革命几乎同时产生一样,运输经济学的起源也可追溯到现代经济学创始人亚当·斯密(Adam. Smith)的著作中。正当英国产业革命兴起,新的运输工具——轮船崭露头角之时,1776 年苏格兰人亚当·斯密在他的代表作《国富论》(也译作《国民财富的性质和原因的研究》)中就论述了运输(主要是帆船和马车)对城市和地区经济繁荣所起的促进作用及政府在交通设施方面的开支等问题。他认为,古代的埃及人、印度人和中国人所以富裕,都是得益于水运系统的发达,是因为其江川丰富,有便利的水运可依托。铁路在欧洲出现以后,更多的经济学学者参加了对运输经济问题的讨论,著文论述运输与经济及文化的关系。19 世纪中叶,德国经济学家李斯特在《政治经济学的国民体系》(1841 年)中把交通作为国民生产力的一个构成因素进行研究。在经典经济学家中,马克思在他的经济学研究中提出了许多非常宝贵的运输经济思想,他在《资本论》中用大量篇幅论述了铁路和航运对资本主义大工业的作用。

经典经济学家的关注反映了资产阶级工业革命前后运输业在经济活动中地位的明显上升。

1844 年,法国经济学家杜比特(J. Dupuit)发表了以费用与效益观点研究运输投资和运价问题的《论公共工程的效用》。这是第一篇提出边际概念的经济学论文,在经济学的边际主义研究中具有重要地位。这篇论文也被后人认为是第一篇运输经济学专论,因此在运输经济学学说史中占有重要地位。

1850 年,在铁路的发源地英国,伦敦大学教授 D·拉德那(D. Lardner)出版了他的《铁路经济》一书,书中专门研究了作为一种运输新技术铁路的管理与发展前景。拉德那在书中讨论了运输进步的历史及其影响;讨论了铁路的各种运营管理和成本、运费、利润等问题;还讨论了铁路与国家的关系。著名经济学家马歇尔(A. Marshall)后来称赞该书为近代铁路经济科学奠定了基础。1875 年,俄国朱蒲洛夫的《铁路经济》出版问世,该书在运输经济方面的论述后曾被马克思《资本论》第二卷引用。

对早期运输经济学发展有重大贡献的另两位人物是萨克斯和惠灵顿。

奥地利的经济学家 E·萨克斯(E. Sax)在 1878 年出版了《国民经济中的运输工具》一书,主要讨论了一般的运输政策和运输业营运活动的经营论。这本书着重采用理论分析的方法,把边际效用学说引入了运输经济学;在体系上,该书既讨论一般的运输政策论,讨论国家在运输方面的作用,也讨论运输业运营活动的经营论。有人认为,萨克斯对运输经济学学科体系的最初形成起着奠基的作用。

美国的建筑工程师惠灵顿(Arthnar M. Wellington)在 1887 年发表的《铁路布局的经济理论》,第一次提出将成本分析法应用于铁路最佳长度和路线圆曲线的选择,从而开创了工程领域中的经济评价工作。这一应用于运输工程的经济分析思想,后来成为工程经济学形成的基本理论。

以上这几位代表人物和他们的著作在运输经济学初创时期,为运输经济科学奠定了基础,是当时的主要代表著作。从工业国家修筑铁路高潮时期一直到第一次世界大战后,铁路在世界运输业中一直占有统治地位。在这个时期里,铁路的投资、铁路的经营管理以及国家对铁路的管理成为运输经济研究的主要对象。运输经济理论的主要内容沿着政策论和经营论两个方向发展,直到后来经营论中的运输财务、会计、统计等内容因学科的分化与发展而逐一分离出去形成相互独立的应用经济学科。

2. 当代运输经济学

第二次世界大战前,汽车运输在欧美国家的发展超过了铁路,高速公路的出现对铁路提出了挑战。同时,其他运输方式也得到迅速发展。为适应这种变化,运输经济学也相应调整了它的研究内容。1940 年,美国宾夕法尼亚大学的约翰逊(E·Johnson)等人出版了《交通运输:经济原理与实践》,开始全面讨论包括铁路、水运、公路、航空和管道各种运输方式的运输经济问题,包括它们之间的竞争与协作。第二次世界大战后,各种运输业的发展、变化和经济学在宏观、微观理论方面的进步,吸引了较多经济学家逐渐加入运输经济研究。在美国,1946 年出版了毕格海姆(T. Bigham)的《交通运输:原理与问题》,1950 年出版了费尔(M. Fair)的《运输经济学》,1958 年出版了梅耶(J. Meyer)等人的《运输业中的竞争经济学》,自 1935 年到 1977 年 7 次再版了洛克林(D. Locklin)的《运输经济学》。这些著作综合地讨论了各种运输方式的发展、竞争、定价原理、经营、国家对运输业的管理和运输政策等,是这一时期运输经济学的代表性著作。

然而,运输经济学在发达国家获得更为迅速的发展还是在 1966 年美国政府成立运输部(DOT)以后。DOT 的成立一方面表明官方正式承认运输是联邦政府的施政项目;另一方面,规定所有需联邦政府补助的运输项目在规划实施过程中，都必须完成经济可行性研究和环境影响研究。这些规定促使经济学家们更广泛、深入地加入运输经济的研究。由于同时也吸引了很多工程专家参与工作，这使得运输经济学在投资和成本—效益分析(CBA)方面取得了较快进展，并带来明显的数学化倾向。20 世纪 70～80 年代，世界经济在能源、环境等方面的危机提出了新的运输经济课题，同时西方国家的运输业管理政策也发生了很大变化，对这些问题的探讨逐渐反映在运输经济学著作中。西方运输经济学除了综合性的著作，如美国桑普森(R. Sampson，1978 年)等人的《运输经济——实践、理论与政策》，哈泼(D. Harper，1984 年)的《美国运输：使用者、运送者和政府》，英国巴顿(K. Button，1993 年)的《运输经济学》和斯特伯斯(P. Stubbs)的《运输经济学》，美国波耶(Kenneth D. Boyer，1997 年)的《运输经济学》(或译《运输经济学原理》)等，还有一些比较专门性的论著，如航空经济、海运经济、客运、城市交通、运输与能源、运输与土地利用、运输需求分析、各国运输政策分析等。其中英国巴顿除上述《运输经济学》外，还写了《运输、环境和政策》等十多部(篇)有关运输与环境可持续发展方面的专著(论文)。可以说，近半个世纪特别是近二十多年来是运输经济学初具规模并有长足发展的时期。

与经济学的其他所有分支一样，西方运输经济学在逐渐采用经济学通用分析方法发展过程中，近年也已变得更加注重数量化研究。运输经济学者正深入地从事这样的研究：如何对各种政策选择方案可能导致的社会经济效应作出精确的估算，并预测可能引起的运输需求的变化。运输业的发展和竞争日趋激烈，加上运输政策从制定到全面实施需要漫长的过程和较高的成本，这都对经济学家提出了严格的要求：必须作出关于未来趋势有价值的定量预测，而非仅仅是停留在定性上的表述。因此，巴顿(Button，1993 年)认为，那种主要是建立广泛原则的主导思想的经济学(例如，若其他条件不变，价格下降时需求量增加)已经过时。随着计量经济技术的出现，在计算机时代又加上经过改进的数据资料，人们试图作出更细致的度量(也就是，若其他条件不变，价格下降 Y 元，需求量将增加 X 吨)。

二、运输经济学在中国

20 世纪 70 年代末，我国进入了从计划经济向市场经济过渡的转轨经济时期。与此相应，我国运输的基建体制、市场体制、行业体制也随之发生了变化。为适应这一变化，从 20 世纪 70 年代末开始，我国的经济和交通运输方面的学者一直在努力探索适应我国国情且符合市场经济体制的新的运输经济学学科理论体系。在这一时期的前期，陆续出版了《铁路运输经济》、《公路运输经济学》、《航运经济》、《中国运输布局》、《中国交通经济分析》、《中国的交通运输问题》等一批著作，其中一部分着重论述了部门内部的运输经济、管理活动和体制改革，另一部分则主要反映了对宏观运输经济问题进行研究的成果。

到了 20 世纪 90 年代，运输经济学学科理论体系逐渐建立起来。其中北方交通大学许庆斌教授通过主持运输经济学理论体系改造研究工作，不仅出版了《运输经济学导论》(主编：许庆斌、荣朝和、马运等，1995 年)，还翻译出版了《运输经济——实践、理论和政策》(赵传运、荣朝和、马运等译，1989 年)，并发表了《论运输化》(荣朝和著，1993 年)等多篇论文，在国内影响较大。1999 年，上海海运学院陈贻龙教授和西安公路交通大学(现长安大学)邵振一教授主编的《运输经济学》，是国内最具系统性的一部运输经济学论著之一，研究涉及运输经济学的各个领域，分运输经济引论、运输市场、运输企业、宏观调控、运输与经济社会发展等五篇共 21 章。此外，在国内较有影响的还有乔乐中的《运输经济学》(成都科技大学出版社，1993 年)和赵锡铎的

《运输经济学》(大连海事大学出版社,1998 年)等。最近我们还看到管楚度的《新视域运输经济学》(人民交通出版社,2002 年)和荣朝和的《西方运输经济学》(经济科学出版社,2002 年)等著作出版。特别是后者,在国内首次直接借鉴 Kenneth D. Boyer《运输经济学》中需求—成本—价格—市场的结构方式,即以运输需求(货物运输需求、旅客运输需求)、运输成本(概念与计算、公路、铁路等固定运输设施成本、运输工具成本、运营成本、运输业投资)、运输价格(运价原理、方法)、运输市场(市场结构、管制、外部性的控制)为线索,比较全面地介绍了当前国外运输经济学的内容体系与基本结构,并融入了作者自己多年来的教学与研究的成果,对我国运输经济学体系的形成肯定会起到推动作用。

近十年来,我国在运输经济学领域的研究中,取得了十分显著的成绩,研究队伍也随之飞速发展。巴顿在《运输经济学》中提到,20 世纪 70 年代英国以运输为专业的经济学家的人数,几乎可以靠两只手数出来,然而到 80 年代,对该领域感兴趣的热烈程度是 50 多年来所未曾见过的。这种情况也同样发生在当前的中国。

三、运输经济学的研究领域

从运输经济学本身的发展来看,在近两个世纪发展历程中,运输经济学的研究领域一直在演变和扩大。但运输经济学之稍具规模并有较为显著的发展,还是 20 世纪 50 年代以后的事。

一方面,这是受运输产业发展的带动。两次世界大战期间运输工具的显著进步,特别是由于汽车运输和民航运输的崛起,使运输体系产生了重大变化,而私人轿车的普及更加剧了人们对运输问题的关注。此外,第二次世界大战后,发达国家对发展中国家的援助贷款中有一大部分用于港口、铁路和公路等基础设施建设,促进了运输工程项目的经济效益分析的发展。使得运输工程项目投资的经济分析既成为工程经济学的基本内容,同时也是运输经济学一直关注的研究课题。例如,巴顿在《运输经济学》中专门讨论了运输项目投资的 CBA 理论及其商业分析法与社会分析法问题。

另一方面,是由于运输经济基础理论发展的影响。有的西方经济学者认为,运输经济学的理论基础是福利经济学。这是因为,在相当长一段时间内,公路、江河、运河等都由政府兴建,或是自然界所提供,使用者不必付费,运输业成了提供公共品的行业。例如,一些国家的免费高速公路网、运河等均基本属于公共品。运输所具有的很强的外部经济特征或外部性,其理论有待于基础理论的发展。在 20 世纪 20 年代,福利经济学对外部性问题提出了应该用集体干预来纠正市场缺陷的主张。然而,战后西方经济的发展表明,在国家和公共经济的各部门,以至整个社会经济中,国家的干预并非总如同干预理论所想象的那样有效。这种情况激发了人们对公共品的生产和消费的研究兴趣,形成并发展了公共选择理论,进而也影响到运输经济学学科的发展。

运输经济学的研究领域一直在扩大,它的关注热点也在不断转移。例如尽管大多数国家在运输工程项目方面投入巨大建设资金,世界银行的总贷款中有 20%、总援助金额中有 15%是投向运输建设项目的,但是,强劲的运输需求带动下的运输工程项目建设的规模之大,使得建设资金来源问题依然成为影响运输发展面临的最大问题之一。特别是道路建设方面,在中国的“十五”计划中,仅计划内道路建设资金缺口已达到 5 000 多亿元,这引发了建设投资融资方法的改进和收费公路的普及。在中国,收费公路几乎遍布全国所有通公路的地区,全世界 14 万 km 收费公路有 10 万 km 在中国,到 2020 年,中国收费公路预计将达到 20 万 km,这肯定会提高公路的运输成本,成为影响公路发展的障碍。有关建设投资的融资方法和收费公路问题已受到经济界的关注。

目前运输经济学的研究内容大致可以分为以下 9 个方面。

(1)运输的发展及意义,包括:运输发展过程、规律、趋势和它在经济、文化及社会发展的中的作用、意义等;

(2)运输需求与供给,包括运输需求与供给分析、需求与供给平衡理论等;

(3)运输成本和价格原理,包括运输成本概念和组成,运输价格的组成、制定和管理等;

(4)运输市场,包括市场基本理论、国内运输市场和国际运输市场的分析等;

(5)运输企业,包括运输企业性质、特点、经济功能、运输业经济管理和发展战略等;

(6)运输历史和运输政策,包括运输政策的演变、历史评价、各种运输政策的研究等;

(7)运输项目投资、评估和经营,包括运输业及基础设施的投资立项、成本效益分析(CBA)、融资、评估、经营等;

(8)城市运输问题,包括城市交通运输分析、配置、经济评价及交通拥挤等;

(9)运输与可持续发展,包括运输与环境,运输与安全、运输与能源、运输与土地利用等。

研究领域的扩大,反映出交通运输与现代社会经济的联系越来越紧密,也反映出运输经济学开始走向成熟。

四、经济学中几个基本的概念

1.稀缺与效率:经济学的双重主题

著名经济学家 P. A. 萨缪尔森在他的《经济学》(第 16 版,1999 年)的一开始就提出"经济学是什么?"这样一个基本概念问题。最近 30 年来,经济学覆盖了各种各样的论题。如何定义这一成长中的学科?一些重要的经济学定义这样论述:

(1)研究在经济活动中如何确定劳动、资本和土地的价格,以及如何运用这些价格配置资源;

(2)考察金融市场行为,并分析金融市场如何将资本配置到其他经济部门;

(3)考察收入分配,以及如何在不损害经济运行的前提下对穷人给予帮助;

(4)考察政府支出、税收、预算赤字对经济增长有何影响;

(5)研究经济周期中失业与生产的波动,并提出改善经济增长的政策;

(6)考察各国贸易模式并分析其对贸易壁垒有何影响;

(7)观察发展中国家的发展,并对鼓励资源有效利用的方式提出建议。

这是一份很不错的清单,也许你还可以把它扩展好多倍。但如果将所有这些定义加以提炼的话,我们就会发现一个共同的主题:

经济学(Economics)研究的是社会如何利用稀缺的资源以生产有价值的商品,并将它们分配给不同的个人。

这个定义的背后隐含了经济学的两大核心思想,即物品是稀缺的,社会必须有效地利用它们的资源。事实上,正是因为稀缺性和追求效益的愿望,才使经济学成为一门重要的学科。

首先说说**稀缺性**(Scarcity)。如果能无限量地生产出各种物品,或者如果人类的欲望能够完全地得到满足,那么,会产生什么样的后果呢?人们拥有了一切想要的东西,因而不必再担心花光其有限的收入。企业则不必为劳动成本和医疗保健而犯愁;政府也不必再为税收和支出而争斗,因为谁都不会在乎。另外,由于我们所有人都能随心所欲地得到想要的东西,因而也就没有任何人会去关心不同人或阶层之间的收入分配问题。

在这个丰裕的伊甸园里，不存在经济品（Economic Goods），即稀缺物品或供给有限的物品。所有的物品都是免费的，像沙漠中的沙和海岸边的海水。价格和市场互不相关。的确，经济学不再是有用的学科。但任何社会都不可能达到有无限可能的乌托邦。物品是有限的，而需求却无限。即使在发达国家，例如美国，生产能力也并未满足每一个人的欲望。如果把所有的需要加总的话，你马上会发现，物品和劳务甚至无法满足每个人消费欲望的一小部分。也许美国的国民产出必须扩大好多倍，才能使普通美国人达到医生或律师的平均生活水平。更何况，在美国以外的其他国家，特别在非洲和亚洲，千百万的人还在那里遭受着饥饿和物资匮乏的折磨。

效率（Efficiency）是指最有效地使用社会资源以满足人类的愿望和需要。鉴于欲望的无限性，就一项经济活动而言，最重要的事情就是最好地利用其有限的资源。这一点使我们不得不面临效率这一关键概念。

更准确地说，一项经济活动达到这样的效益水平，以至于在不使其他人的境况变坏的前提条件下，不再有可能增进任何人的经济福利，那么，该经济活动就是有效率的。

经济学的精髓在于承认稀缺性的现实存在，并研究一个社会如何进行组织，以便最有效地利用资源。这一点是经济学独特的贡献。

2. 微观经济学与宏观经济学

微观经济学（Microeconomics）主要研究市场、企业、家庭等单个实体的行为：单体如何决策以及他们在市场上的相互交易。亚当·斯密（Adam. Smith，1723～1790 年，苏格兰）是经济学这一分支的创始人。在《国富论》（1776 年）中，他考察了如何确定单个价格以及土地、劳动与资本的定价问题，并探究了市场机制的优点和缺点。最重要的是，他指出了市场的效率特征，并看出经济利益来源于个人的自利行为：“每个人都力图利用好自己的资本，使其产出能实现最大的价值。一般来说，他并不企图增进公共福利，也不知道自己实际上所增进的公共福利是多少……但有一个无形的手在引导着他去帮助实现另一种目标……通过追逐个人利益，他经常增进社会利益，其效果比他真的想促成社会利益时所能够得到的那一种要更好。”所有这一切在今天仍有重要的意义。尽管自亚当·斯密时代以来，微观经济学已经有了长足的进展，人们逐渐认识到了：仅仅用“自利”来解释人们全部的经济活动是不够的，客观社会存在的“市场不灵”、不完全信息和环境污染等外部性会导致市场的非效率结果，期待完全竞争市场的完美效果并不现实。但他的观点仍然被政治家和经济学家频繁引用。

经济学的另一个重要分支是**宏观经济学**（Macroeconomics），它研究经济的总体运行，包括通货膨胀、收入、失业、经济增长和对外经贸等。在约翰·梅纳德·凯恩斯（John. Maynard. Keynes，1883～1946 年，英国）于 1936 年发表其革命性巨著《就业、利息与货币通论》之前，现代意义上的宏观经济学还不存在。当时英美尚未走出 20 世纪 30 年代的经济大萧条，失业者超过了美国劳动力总数的四分之一。凯恩斯的新理论分析了失业增加和经济下降的原因，投资与消费的决定，中央银行货币和利率的管理，还有为什么一些国家经济繁荣，而另一些国家却停滞不前等问题。凯恩斯还指出了政府在熨平商业周期波动方面所具有的重要作用，即政府的财政货币政策能够影响产出，从而降低失业率并缩短经济衰退期。尽管宏观经济学已经进步并远远超越了凯恩斯的初创性见解，现在很少有经济学家还会坚持当时凯恩斯主义经济学所断言的“政府行为可以消除商业周期”的观点。但凯恩斯所提出的议题仍是今天宏观经济学的基本范畴。

微观经济学与宏观经济学两个分支共同构成了现代经济学。这两个领域，既界限分明，又密切相关。由于整体经济的变动产生于千百万个人的决策，所以，不考虑相关的微观经济决策要理解宏观经济的发展是不可能的。例如，宏观经济学家可以研究国家个人所得税减少对整个物品与劳务生产的影响。为分析这个问题，他必须考虑所得税减少如何影响家庭关于购买物品与劳务支出的决策。正因为这样，近来这两个子学科逐渐融合起来，经济学家已经运用微观经济学的工具来分析诸如失业和通货膨胀这类属于宏观经济学领域的问题。

3. 实证经济学与规范经济学

在进行经济问题研究时，应注意区分揭示事实本身和评判是否公平这两个界限。实证经济学描述经济社会的事实，也称实证表述，而规范经济学提出价值判断，也称规范表述。

实证经济学(Positive Economics)回答如下问题：为什么医生比门卫保安赚的钱要多？加入 WTO 对中国经济发展有利因素多还是不利因素多？增加税收的经济影响是什么？尽管这些问题很难回答，但只要利用分析和经验例证就可以找到答案。因此将这类问题归于实证经济学的范畴。

规范经济学(Normative Economics)涉及伦理信条和价值判断。穷人必须工作才能得到政府帮助吗？中国应该加入 WTO 吗？应该增加富人的个人收入调节税来减小贫富差距，还是应该降低他们的个人收入调节税，继续让一部分人先富起来？由于这类问题涉及伦理、价值而非事实，因此其答案也无所谓正确或错误。它们只能靠政治辩论和决策来解决，而不能仅仅依靠经济分析。

第五节　案例：瓦巴什案件和美国铁路的发展

19 世纪上叶，在蒸汽机火车发明后，英美等国开始大修铁路。1829 年，第一台可实用机车"火箭号"(Rocket)由乔治·斯蒂芬逊(George Steppensen)在英国试验成功，同年一辆类似的机车被运往美国。1830 年，美国宾夕法尼亚州的卡邦达尔(Carbondale)至杭斯达尔(Honesdale)铁路正式开始营业，这标志美国铁路时代的开始。1830 年，美国铁路里程 22mile，到 1900 年，已达到 193 346mile(约 31 万 km，图 1-27)。虽然铁路建设速度很快，这期间铁路在 1861～1865 年的南北战争中也发挥了巨大作用，但它的发展并非一帆风顺。

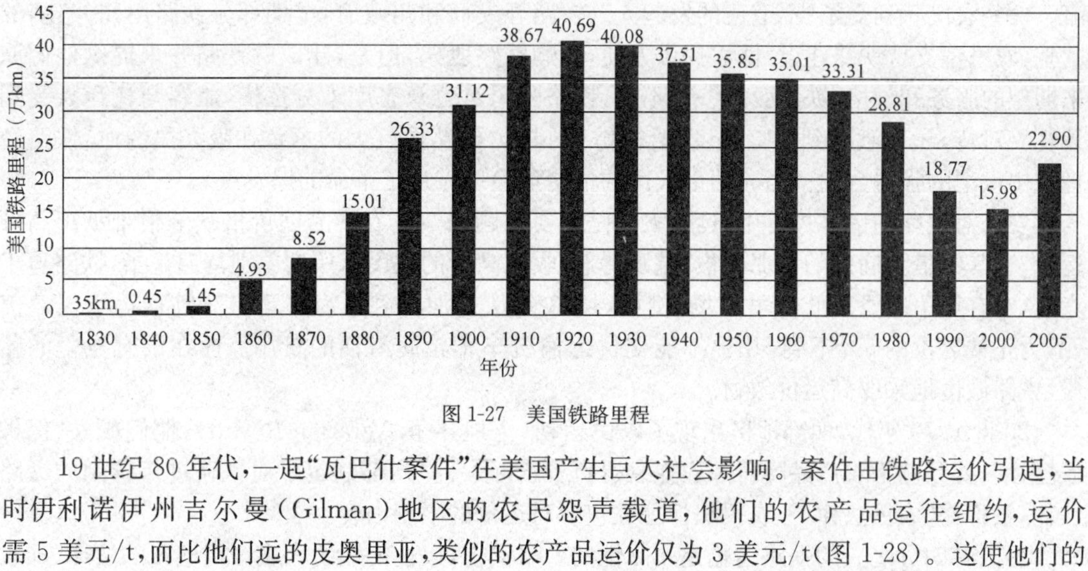

图 1-27　美国铁路里程

19 世纪 80 年代，一起"瓦巴什案件"在美国产生巨大社会影响。案件由铁路运价引起，当时伊利诺伊州吉尔曼(Gilman)地区的农民怨声载道，他们的农产品运往纽约，运价需 5 美元/t，而比他们远的皮奥里亚，类似的农产品运价仅为 3 美元/t(图 1-28)。这使他们的产品在市场竞争中处于不利地位。忍无可忍之下，他们将瓦巴什铁路公司告上了法庭，认为这违反了伊利诺伊州“禁止在同一路线上短程运价高于远程运价”的法律规定，并获得伊利诺伊州法院的支持。但瓦巴什铁路公司不服，向美国最高法院提出反诉。1886 年，美国最高法院作出裁决，认为以上两项均属州际运输，按联邦法律规定，州际商务的运价专属联邦政府管辖，虽然当时尚无相应的联邦法规，但伊利诺伊州依然不应干预联邦政府的权利。这一裁决引起当地农民的骚乱，因此称为“瓦巴什案件”。

图 1-28　瓦巴什案件中运距示意图

小小的一项铁路运价会导致地方的社会骚乱，这与美国铁路发展历程有关。

早在 20 世纪 30 年代铁路发展之初，就有人反对修铁路，因为铁路拥有者独立经营，违反美国人所崇尚的自由竞争原则：任何人有一只船就可在运河运行，但他不能开自己的机车上铁路。因此，当时有一位本杰明·怀特(Benjamin White)写信给国会：“我认为一条长的铁路线，必然造成运输独占，这在我国是很可憎恨的。”

后来，反对铁路修建的气氛在铁路沿线迅速弥漫。在运河和收费公路上投入巨资或认购股票的人、数以千计靠运河和道路运输谋生的人、怕失掉马与干草及各类农产品市场的农民等更是“大喊大叫”地反对铁路。1842 年，马塞诸塞州的多柴斯特(Dorchester)镇还指示其立法机构的代表在他们权力范围内尽一切可能“阻止修建通过我们镇的铁路，以免本地遭此浩劫”。

南北战争后的二三十年是美国铁路发展最快的时期，而反对铁路的呼声也是一浪高过一浪。一些农民感到受了“不道德的发起人”(铁路开发商和州政府，早期部分铁路由州修建)的欺骗：农民曾支持铁路建设，慷慨提供方便，认购铁路股票，但是，建成的铁路并未提供他们原来期望的服务和价格，铁路股票一钱不值，铁路公司对公众态度十分蛮横，旅客与托运人受到无礼貌对待，矛盾激化到危险程度(哈德雷 Hadley：铁路像巨大的章鱼在吸人民的血，铁路经理像中世纪的强盗巨商。当时西部人民的情绪危险地靠近了革命的爆发点)。

农民对铁路的诸多控诉中，运价太高是主要问题之一。农产品因价格跌落很难承担高额运价，这其中最为恼怒的是那些被“差别待遇”收取高价的农民。所谓差别待遇是指，铁路迫于竞争，对有竞争路段以低价争市场，例如，1873 年从芝加哥到东海岸运一车牲畜运价仅 5 美元，为正常运价的 5%不到，几乎不能支付运输机车车轮润滑油的费用。而在没有竞争的路段，铁路傲慢地采取高运价敛财。

20 世纪 70 年代，西部地区出现了农民运动(土地斗争 Agrarian Revolt)，他们成立“保护农庄社”，要铁路为农产品降价和农业衰退负责，导致一些州都制定了对铁路进行管制的铁路法律，被称作“农民法律”。农民法律往往包含对运价的限制内容。

美国有四分之三的铁路运输是州际性的。事实上，以往的纠纷大多按当地州的法律(即农民法律)办理,只是未引起美国最高法院的注意,但这次却引出了问题,最后导致第 2 年美国第一个《商务管理条例》的出台。1887 年美国总统克里夫兰(Cleveland)批准的商务管理条例第 4 节"长程短程运输条例"规定:共用承运人在基本类似的情况下,运输旅客或货物,经由同一条路线,在同一方向,对承运较短者收取较多的报酬,是违法的。

美国铁路发展初期产生的社会问题说明,运输发展不仅与经济发展息息相关,而且与社会进步也有着紧密联系。

习题与思考题

1. 举例说明:"运输工具发展的最终目的不应该仅仅是减少运输费用,而是降低生产成本。"

2. 交通运输对经济的发展有何影响?

3. 我国目前处于运输化的哪一个阶段? 为什么?

4. 根据中美运输发展对比并结合我国国情,分析中国运输体系中五种运输方式的发展趋势。

5. 运输经济学是怎样的一门学科?

6. 运输经济学目前包括哪些主要研究领域?

7. 你是否认为(发现)运输经济学还有新的课题和领域有待研究?

8. 请举一例说明,经济学中易犯的一种逻辑谬误在平时(经济)生活中的表现(经济学中易犯的逻辑谬误:(1)后此谬误;(2)不能保持其他条件不变;(3)合成谬误)。

9. 美国第一个《商务管理条例》中对运输定价有何规定,为什么会作如此规定?

第二章　运输需求与运输供给

引　子

运输需求与运输供给是构成运输市场的两个基本方面。运输需求是运输供给的原因，而运输供给则是运输需求的基础。所谓运输市场，其实质是运输需求方(买主)和运输供给方(卖主)相互作用并共同决定运价和运输数量的机制。市场机制的自行调节，使供给和需求形成规律性的运动，出现某种量价关系的均衡状态，即市场均衡。但随着时间的推移、生产的发展，供给与需求条件按各自的规律在发生变化，这种量价关系就要被打破，从而向新的均衡推进。下面用一个比喻来说明运输需求与运输条件和运输价格的关系。

【例 2-1】 假定 A、B 两地被群山隔开，它们之间只有崎岖的山路相连。A 地是一个农产品生产和加工中心，B 地是一个工业城市，需大量消费农产品。显然，只要农产品运到 B 地后，农产品的价格就能被人接受，就会有少数商人不辞辛苦，用马背驮着农产品将其运到 B 市。但因运输条件极其艰难，人力物力的消耗很大，运到 B 市的农产品价格要比 A 地高得多，只有少数人能买得起这种高价的农产品。

不难想象，如两地间修了一条小路，可以走马车。用马车运送农产品比用马驮要方便得多，使得农产品在 B 市的售价降低，较多的居民愿意购买，A、B 两地之间的运输需求也由此增加了。如再进一步，A、B 间建成了一条简易公路，可通行小型载货汽车，甚至建成公路，彻底解决了 A、B 间的运输问题，这样，运输价格进一步下降，不仅 A 地农产品运往 B 市，同时还从 B 市购进工业品，两地的运输需求逐渐增加，可用图 2-1a)中的曲线来表示 A、B 间交通条件与运输需求的关系，或将横坐标换成运输费用，用图 2-1b)中的曲线来表示 A、B 间运输费用与运输需求的关系。它同经济学中常用的需求曲线并无二致：价格上升，需求下降；价格降低，需求增加。

本章介绍运输需求和运输供给的有关知识，运输价格将在第三章中介绍。

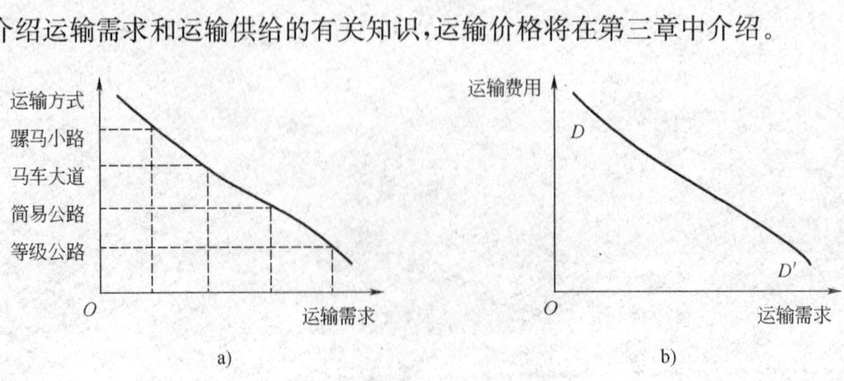

图 2-1　简单的运输需求曲线

a)运输条件对运输需求的影响；b)运输费用对运输需求的影响

第一节　运输需求概要

一、运输需求的基本概念

1.运输需求的含义

运输需求是指在一定的时期内、一定价格水平下，社会经济生活在货物与旅客空间位移方面所提出的具有支付能力的需要。运输需求必须具备两个条件，即具有实现位移的愿望和具备支付能力，缺少任一条件，都不能构成现实的运输需求。

运输需求包含以下六项要素：

(1)对象，即运输的货种及旅客的类型，如铁路运输中把货物分为22个品类等。

(2)流量，即运输需求量，通常用货运量和客运量来表示，表明货运或客运需求的数量。

(3)流向，指货物或旅客发生空间位移时的空间走向，表明客货流的产生地和消费地。

(4)流程，即运输距离，指货物或旅客进行空间位移的起始地与到达地之间的距离。

(5)流速，即货物或旅客的送达速度，是指单位时间内平均的位移距离。

(6)运价，即运输单位质量或体积的货物和运送每位旅客所需承担的运输费用。运输需求是指在一定价格水平下的运输需要，运价自然应该是它的一个要素。

2.运输需求的产生

运输需求由旅客运输需求和货物运输需求所产生。

旅客运输需求一般可分为两类：生产性旅行需求和消费性旅行需求。

生产性旅行需求是与人类生产、交换、分配等活动有关的需求，包括：机关和企事业单位以政务、公务、商务为目的各种运输需求。生产性旅行需求是生产活动在运输领域的继续，其运输费用进入产品或劳务成本。

消费性旅行需求包括非生产性旅行的各种运输需求，如探亲、旅游、购物和各类休闲旅行。消费性旅行需求的运输费用一般由个人支付。

货物运输需求的产生有以下几方面的原因：

(1)自然资源地区分布不均衡，生产力布局与资源产地相分离。自然资源地区分布不均衡是自然现象，生产力布局不可能完全与资源产地相配合，这就必然产生运输需求。

(2)生产力布局与消费群体的空间分离。由于自然地理环境和社会经济基础的差异，各地区经济发展水平和产业结构的差异，决定了生产性消费分布的存在。随着生产社会化、专业化的发展，生产与消费在空间上日益分离，也就必然产生运输需求。

(3)地区间商品品种、质量、性能、价格上的差异。国家、地区之间的自然资源、技术水平、产业优势等的差异，造成各自产品的质量、品种、价格等均存在千差万别，由此必然会引起货物在各国、各地区间的流动，从而产生运输需求。

二、运输需求的特点

运输需求与商品经济条件下的一般商品需求相比有其特殊性，这主要表现在以下几个方面。

1.广泛性

运输业作为一个特殊的物质生产部门，是任何经济社会活动赖以存在的基础。运输需求广泛地存在于人类的各种活动之中，是一种带有普遍性的需求。

2. 多样性

在货运方面，运输业承运的几乎涉及所有物品种类的货物，在质量、体积、形状、性质、包装上千差万别，对运输要求各不相同；在客运方面，由于旅客的身份、收入、旅行目的等不同，对运输服务在速度、准时、舒适性等方面的要求也是多种多样的。

3. 派生性

在经济生活中，如果一种商品或服务的需求是由另一种或几种商品或服务派生出来的，则称该商品或服务的需求为派生需求，引起派生需求的商品或服务需求为本源需求。运输需求是社会经济活动的需求派生出来的，因为货主或旅客提出位移要求的目的并不是位移本身，而是为实现生产或生活的目的，完成空间位移只是其为实现真正目的的一个必不可少的环节。当然，也有小部分客运可能成为本源需求，如人们生活水平提高后，可能把乘坐某一种交通工具（磁悬浮列车、太空航天飞船）也作为自己的旅行目的之一。

4. 与经济的相关性

运输需求起源于社会经济活动，通常经济繁荣带来运输需求的增长，经济萧条带来运输需求的下降。正是因为运输的这一特点，可利用经济发展指标来预测运输需求。

5. 时间与空间的不平衡性

运输需求在时间和空间方向上往往存在不平衡性。

时间上的不平衡主要起因于农业生产的季节性，贸易活动的淡季、旺季、旅游季节等。

空间和方向上的不平衡主要起因于资源分布、生产力布局、地区经济发展水平、运输网络布局等。如盛产煤炭的地方多为煤炭运输需求的起始地；具有大型钢铁冶炼企业的地区通常是铁矿石运输需求的目的地等。

6. 部分可替代性

运输需求的部分可替代性可分为外部替代和内部替代。

外部替代是指运输需求可以被非运输方式来替代。如随着现代通信与网络技术的发展，旅客流动的一部分可被替代；在工业生产方面，当原料产地和产品市场分离时，人们可以通过生产位置的合理确定使运输量降低到最低限度；某些地区间的煤炭运输可以被长距离高压输电线路替代等。内部替代是指铁路、公路、水运、航空和管道五种运输方式之间的相互替代。

第二节　运输需求分析

一、影响运输需求的因素

影响运输需求的主要因素有以下几个方面。

1. 经济因素

运输需求是派生需求，是由社会经济活动这一本源需求引起的。因此，经济因素对运输需求的影响是不言而喻的。例如，自然资源分布、生产力布局产生了运输需求；经济的高速增长带动了运输需求；不同国家或地区经济发展不平衡导致不平衡的运输需求；国民经济产业结构和产品结构不同造成量与质上要求不同的运输需求；一个国家或地区经济发展的不同阶段要求相适应的运输需求结构。

2.政治、体制、政策因素

政治、体制、政策因素包括国与国之间的关系、国家内部的政治情况、国家的经济体制与经济立法等。

通常两国关系向友好方向发展时，进出口贸易将会增长；反之，进出口贸易会急剧减少，甚至中断。不同国家对外开放程度不同，对国际贸易的态度所采取的措施不同，如贸易保护主义、贸易壁垒与关税壁垒等都会限制国际贸易的发展，影响国际货物运输需求。

国家内部政治情况、经济立法等左右着经济的发展进程，从而会影响运输的需求。

3.技术因素

技术因素是影响运输需求的重要的长远性的因素。在人类历史的发展中，科学技术作为生产力的构成要素，自始至终起着加速各国经济增长和推动世界经济国际化的促进作用。例如，蒸汽机的发明，使人类进入轮船和火车的现代大运输时代；内燃机和电力的发明，使汽车、飞机和电力（磁力）高速机车等高科技运输工具造就了现代的综合运输体系。这些技术进步大大激发了客货运输的需求。

4.运输网的布局与运输能力

运输网的布局和运输能力直接影响对货源的吸引范围和运输需求的适应程度。如国际航空线路的开辟，为鲜活易腐货物的国际运输需求提供了质量保证；地处优越的交通地理位置，高质量、高效率的运输网络不仅能满足本地区运输需求，而且还可吸引过境货物、中转货物。中国香港、新加坡是名列世界前茅的集装箱大港，其特点是半数以上的集装箱吞吐量来自其他港的中转箱。由此可见，完善、合理的运网布局，方便、快捷、高质量的运输能力无疑会大大刺激运输需求；而滞后的运输网络与运输能力会抑制运输需求。

5.市场价格因素

运输价格和运输商品的市场价格变动，也会引起运输需求的变动。一般说来，运价下降，运输需求上升；而运价上涨时，短期内需求会受到一定抑制。两地市场商品价格差别增大，会刺激该商品两地间的运输需求；而商品价格差别缩小，则会减少两地间该商品的运输需求。另外，燃油、运输工具等价格变动会引起运价的变动，从而也将导致运输需求的变动。

此外，人口增长、收入提高、运输服务水平等均会影响运输的需求。

二、运输需求函数

1.需求函数

运输需求的大小用运输需求量来描述，但同时运输需求又含有其他的要素。作为通用的一般表达式，运输需求量可表示为影响它的诸多因素的函数，即：

$$Q = Q(P, Y_1, \cdots, Y_j, \cdots, Y_m) \tag{2-1}$$

式中：Q——运输的需求量；

P——运输的价格；

Y_j——除价格以外的其他影响因素，例如，人均收入是影响客运量的重要因素，GDP或工农业产值是影响货运量的重要因素等，$j=1、2、\cdots、m$。

为求简化，上式中可仅保留一个非价格因素 Y：

$$Q = Q(P, Y) \tag{2-2}$$

根据所研究的运输，Y 可以是人均收入、GDP、GNP或工农业产值等某一重要因素。

或更简捷地写成 $Q=Q(P)$，并将价格关于需求量的函数 $P=P(Q)$ 称为需求逆函数。

2. 需求函数的性质

运输的需求函数具有以下性质(以下性质对一般商品需求函数也同样适用)：

1)非负性

一般需求总是正的，负的需求无实际意义，即：

$$Q(P, Y) \geqslant 0 \tag{2-3}$$

2)需求曲线的单调性

根据需求法则(Law of Demand)，正常情况下(特殊情况不作讨论)，某种运输的价格降低，会引起其需求量增加，而价格上升则需求量减少。这种变化决定了需求曲线的单调性。如同本章[例 2-1]介绍的那样。典型的需求函数曲线，通常用图 2-2 表示。图中，横轴表示需求量 Q，纵轴表示运价 P，D 表示运输需求曲线。

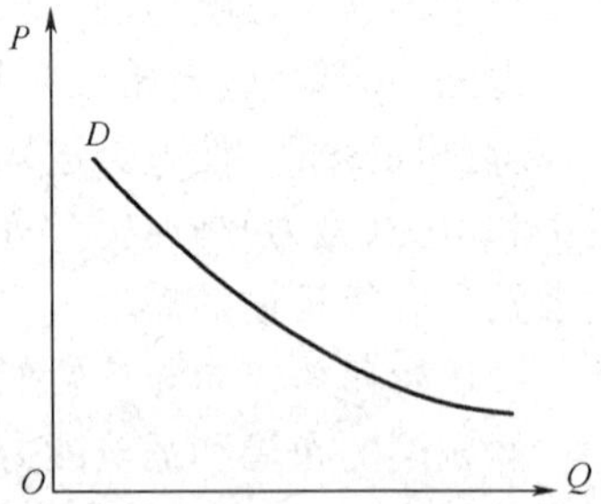

图 2-2　运输需求曲线

3. 运输需求函数模型

1)线性模型

$$Q = a + bP + rY \tag{2-4}$$

式中：Q——运输需求量；

P——运输价格；

a、b、r——待定参数；

Y——影响因素变量，根据所研究的运输，Y 可以是人均收入、GDP 或工农业产值等某一重要因素。

如同时考虑多种因素，则公式成为：

$$Q = a + bP + r_1 Y_1 + \cdots + r_i Y_i + \cdots + r_n Y_n \tag{2-5}$$

如仅考虑价格因素变量，则公式成为：

$$Q = a + bP \tag{2-6}$$

如仅考虑某一非价格因素变量，则公式成为：

$$Q = a + bY \tag{2-7}$$

该模型表明运输的需求量 Q 是运输的价格 P 和(或)变量 Y 的线性函数。

2)半对数模型

$$Q = a + b\ln P + r_1 \ln Y_1 + \cdots + r_i \ln Y_i + \cdots + r_n \ln Y_n \tag{2-8}$$

该模型表明运输的需求量 Q 是运输价格 P 的对数和变量 Y 的对数的线性函数。

3)对数模型

$$\ln Q = a + b\ln P + r_1 \ln Y_1 + \cdots + r_i \ln Y_i + \cdots + r_n \ln Y_n \tag{2-9}$$

该模型表明运输的需求量 Q 的对数是运输价格 P 的对数和变量 Y 的对数的线性函数。

同线性模型一样，半对数模型和对数模型也可只选取价格和非价格因素变量中的任意一个或若干个变量。

在实际应用时，可针对具体问题选择上述模型或建立其他合适的模型，通过具体的经济分析和数据统计、数量计算，以得出确切的函数表达式。由于同一数据来源不同计算模型计算的结果会有较大差别，通常应选择几个模型经试算挑选其中之一。

4.运输需求的变动与运输需求量的变动

运输需求与运输需求量是两个不同的概念。运输需求表示运输需求量与运价之间的对应关系的总和，给定这样一个对应关系，可描绘出一条运输需求曲线。运输需求量则表示在一确定的运价水平上，消费者愿意购买的运输服务的确定数量，它对应于需求曲线上的一点。当非价格因素不变时，由不同运价水平下相应的需求量构成一条曲线表示一种运输需求，在这条运输需求曲线上，不同点的运价是不同的，而非价格因素是相同的。但是，当非价格因素发生变化时，运输需求曲线将产生位移，这种由非价格因素变化引起的曲线的移动就是运输需求的变动，即运输需求的变动，是需求函数曲线的移动；运输需求量的变动则是一定函数关系下，价格 P 引起的运输需求量 Q 的变化(图 2-3)。

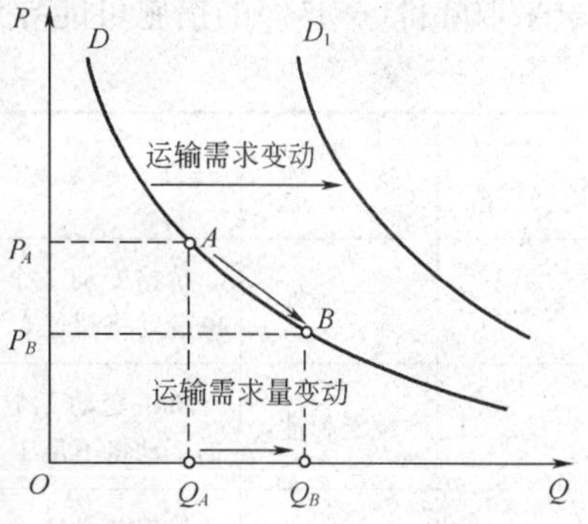

图 2-3　运输需求变动和运输需求量的变动

三、运输需求弹性

运输需求弹性用来分析运输需求量随其影响因素变化而变化的反应程度，即它是运输需求量变化的百分率与影响运输需求的因素变化百分率的比值。

下面重点讨论运输需求的价格弹性(或称自价格弹性)、收入弹性、交叉弹性(或称互价格弹性)和派生弹性。

1.运输需求的价格弹性 E_d

1)基本概念

运输需求的价格弹性 E_d 反映了运输需求量对运输价格变动反应的程度，表示为：

$$E_d = \frac{\Delta Q \div Q}{\Delta P \div P} = \frac{\Delta Q}{\Delta P} \cdot \frac{P}{Q} \tag{2-10}$$

式中：Q、ΔQ——运输需求量及其变化值；

P、ΔP——运价及其变化值。

一般，E_d 也简称为运输的需求弹性或价格弹性。

在旅客运输需求中，生产性旅行需求的价格弹性较小。这是因为，出差等的公费旅行主要取决于工作需要，对运价略高或略低并不太在意。但消费性旅行需求的价格弹性则较大，因为消费性旅行需求要受收入水平的影响，当运价较低，即运输费用占收入的比例小时，会有较多的人愿意远行旅游；反之，当运价较高时，只有少量富有者才会远行旅游。

货物运输需求的价格弹性往往与货物价值有关，价值小的弹性较大；价值大的弹性较小。价格弹性的大小还同货物的季节性以及市场状况等有关。当某种货物急于上市销售或不易久存时，其运价弹性小。这时货主往往情愿选择运价高、速度快的运输方式。此外，运输需求与资源分布及工业布局关系极大，这些运量一经形成，其运价弹性就比较小。

不同运输市场上客货运输的需求弹性有很大差别。对于运输能力紧张的运输方式、线路和方向，需求的价格弹性显然较小，运价变动尤其是运价提高对需求影响不大；反之，需求的价格弹性就较大。

在微观经济学中，当一种物品的价格弹性很高时，称这种物品是“富有弹性”的，这意味着该物品的需求量对价格变动反应强烈。当一种物品的价格弹性很低时，称这种物品是“缺乏弹性”的，也就是说该物品的需求量对价格变动反应微弱。根据价格变动可能引起需求量变动的特点，经济学家将需求弹性划分为5种典型的类型。各类需求弹性的描述以及对应情况下商家采取降价（−1%）的措施可能导致收益的变化结果见表2-1。

需求弹性比较表 表2-1

需求弹性值	描述	定义	对收益的影响	应用：如 $P=1,Q=10$，则：收益（$P\times Q$）$=10$
$\|E_d\|>1$	富有弹性	价格变动1个百分点，引起需求量的变动将超过1个百分点	价格下降时，收益将增加	如 $E_d=-2$，$P=1-0.01$，则 $Q=10.2$，收益 $=10.1$
$\|E_d\|<1$	缺乏弹性	价格变动1个百分点，引起需求量的变动将不足1个百分点	价格下降时，收益将下降	如 $E_d=-0.5$，$P=1-0.01$，则 $Q=10.05$，收益 $=9.9$
$\|E_d\|=1$	单位弹性	价格变动1个百分点，引起需求量的变动也将等于1个百分点	价格下降时，收益不变	如 $E_d=-1$，$P=1-0.01$，则 $Q=10.1$，收益 $=10$
$E_d=0$	完全无弹性	价格变动不会引起需求量的变动	价格下降收益也下降	$E_d=0$，$P=0.99$，$Q=10$
$\|E_d\|=\infty$	完全有弹性	价格变动引起需求量变成极大或0	价格下降收益增加	$E_d=-\infty$，$P=0.99$，$Q=\infty$

2）计算方法

运输需求价格弹性计算可采用如下两种方法。

（1）点弹性

点弹性是运输需求曲线上某一点的弹性 ε_d，即：

$$\varepsilon_d=\lim_{\Delta P\to 0}E_d=\lim_{\Delta P\to 0}\frac{\Delta Q/Q}{\Delta P/P}=\frac{\partial Q}{\partial P}\cdot\frac{P}{Q} \tag{2-11}$$

如果运输需求函数是线性形式，则有：

$$\varepsilon_d=\frac{\partial Q}{\partial P}\cdot\frac{P}{Q}=b\cdot\frac{P}{Q} \tag{2-12}$$

如果运输需求函数是对数线性形式，则有：

$$\varepsilon_d=\frac{\partial Q}{\partial P}\cdot\frac{P}{Q}=\frac{\partial \ln Q}{\partial \ln P}=b \tag{2-13}$$

显然，对数线性需求函数模型的回归系数的经济意义十分明确，b 是运输需求的（自）价格弹性。

（2）弧弹性（中点公式）

当运输需求曲线方程未知，只知道曲线上两点的坐标（Q_1,P_1）、（Q_2,P_2），则应采用弧弹性的公式（也称中点公式 Midpoint Formula）求此两点间的弹性。

$$E_d=\frac{\dfrac{Q_2-Q_1}{(Q_1+Q_2)/2}}{\dfrac{P_2-P_1}{(P_1+P_2)/2}}=\frac{Q_2-Q_1}{P_2-P_1}\cdot\frac{P_1+P_2}{Q_1+Q_2} \tag{2-14}$$

应当注意的是：第一，由于运价与运输需求量是反方向变化的，所以，求出的弹性值为负值。第二，通常使用绝对值来比较弹性的大小，当我们说某种运输需求的价格弹性大，指的是其绝对值大。第三，如果需求曲线是一条直线，尽管直线上各点斜率的值不变，但由于 $E_d=$

$(dQ/dP)\cdot(P/Q)$，直线上各点 P/Q 的值是变动的，所以这条直线上价格弹性也是变动的。

中点公式是最常用的弹性计算式。例如，已知汽油价格从 5 元/L 上涨到 6 元/L(上涨 1 元/L，20%)，需求量从 600 万 t/d 下降到 540 万 t/d(下降 60 万 t/d，−10%)。则可按式(2-10)得到汽油的需求价格弹性＝−10%/20%＝−0.5。但如按中点公式计算：(540−600)/(6−5)×(5＋6)/(600＋540)＝−0.58，两者误差较大，经济学家的共识是应按后一种方法计算。当然如果价格上涨 1%，需求量下降 0.5%，则中点公式计算结果是−0.504，与−0.5 还是比较接近的。

【例 2-2】 某货物运输需求函数为：$Q=50-4P$，式中，Q 表示货物运输需求量，P 表示运价。求：

①计算 Q＝2、10、20、25、30、40 时的运输需求价格点弹性 ε_d；

②计算 $P_1=5$ 与 $P_2=10$ 之间的运输需求价格弧弹性 E_d。

[解] ①运输需求价格点弹性 $\varepsilon_d=(dQ/dP)\cdot(P/Q)$

当 Q＝2、10、20、25、30、40、48 时，价格 P＝12、10、7.5、6.25、5、2.5、0.5，代入式(2-11)得到：

价格点弹性 ε_d＝−24、−4、−1.5、−1、−0.666 7、−0.25、−0.016 67。

②当 $P_1=5$ 时，$Q_1=50-4\times5=30$

当 $P_2=10$ 时，$Q_2=50-4\times10=10$

运输需求价格弧弹性 $E_d=[(Q_2-Q_1)/(P_2-P_1)]\cdot[(P_1+P_2)/(Q_1+Q_2)]$

$=[(10-30)/(10-5)]\times[(10+5)/(30+10)]$

$=-4\times0.375$

$=-1.5$

【例 2-3】 运输需求价格弹性在收费道路中的应用(参照 P. A. Samuelson 经济学)。

给产品确定多高的价格会实现最大的利润？诀窍是找出实现利润增量和销售量关系曲线上利润最大化的一点。1996 年，李斯堡(Leesburg)和华盛顿—杜勒斯国际机场之间一条私人收费道路的开发者正力图找出这个“魔点”。

该集团原计划向 14mile(约 23km)公路的单程使用者收取 2 美元左右的费用，这样平均每天可以从 7 号公路过分拥挤的公共道路上吸引 3 400 车次。但花费 3.5 亿美元修建了他们寄予厚望的“摇钱树”之后，便很沮丧地发现，大约只有 1/3 用月季票的通勤者愿意支付这一价格，以节约 20min 的通勤时间。

公司在绝望之余把收费降低到 1 美元才吸引到接近于预期的车流量。尽管“摇钱树”仍然在亏损，但在需求曲线的这一点比它开始运营时情况好转了。目前平均每天的收益为 2.3 万美元，而在“开张特价”为 1.75 美元时收益仅 14 875 美元，而且，高峰时车流仍然稀疏，由此，公司可能再降低收费，以获得高收益。

如按此比例，把收费再降 25%，每天车流量会有 3.8 万车次，收益达到将近 2.9 万美元。当然，问题是在每一价位时通常并不能运用同样的比率，这就是为什么定价是一件十分棘手的事。布鲁金斯研究所的 Clifford Winston 和美国企业研究所的 John Calfee 都认为公路收费是一件进退两难的事。

1995 年，这两位经济学家对全美国 1 170 人进行了一项精心设计的市场调查，向每个受调查者提出一系列有关他们个人在节约通勤时间与高收费之间的交替关系。得出的结论是，那些愿意支付最高价格以节省通勤时间的人已经通过搭乘公共汽车、搬到离工作单位近的地方、或选择可以使他们避开交通高峰的工作来做到这一点。相反,那些路程长的通勤者对交通堵塞的忍耐性较高,他们只愿意付出每小时收入的 20%来节省 1h 时间。

总体而言,Winston 和 Calfee 的发现有助于解释为什么“摇钱树”原先的收费价格和车流量预计都太高了:按他们的估算,只有那些每小时收入为 30 美元(一年约 6 万美元)的通勤者愿意支付 2 美元来节省 20min。

【例 2-4】 预测石油上涨的幅度(参照 John B. Taylor 的《经济学》)。

经济学家曾使用石油需求弹性来预测 1990 年伊拉克入侵科威特而导致石油价格上涨的幅度,以下是他们采取的步骤:

(1)首先,他们在研究石油价格和数量的历史数据后确定,石油的需求弹性=0.1;

(2)他们在调查了石油生产者后,估算入侵科威特会导致石油供给下降 7%,由于短期内其他产油国不会增产,他们假设这个 7%也是石油需求量下降的百分比;

(3)他们利用需求弹性=需求量下降的百分比/价格上涨百分比,得到价格上涨百分比=0.07/0.1=0.7,即伊拉克入侵科威特可能导致石油价格上涨 70%。

估计的 70%涨幅事先感到似乎很大,事实上,战争爆发后,油价从 1990 年 7 月的每桶 17 美元上升到 10 月的 36 美元,上升幅度达 112%。经济学家的解释是,如此大幅超过 70%的上升预期可能是缘于人们担心伊拉克会进一步入侵沙特阿拉伯,而进一步减少石油供给。

3)影响运输需求价格弹性估算值因素的进一步分析

如何估算运输需求价格弹性一直是运输经济研究中的一个热点。影响运输需求价格弹性估算值大小的有客观因素,如运输对象、旅行目的、旅行(运输)距离等;也有研究过程中的外部因素,如数据采集的方法、数据采集的时间跨度、所用的预测模型等。

(1)运输对象、旅行目的和旅行距离

运输不同的货物和旅客,其价格弹性是各不相同的。例如,美国的纸、塑料及橡胶制品的铁路运输需求价格弹性为 0.67,而木材及其制品为 0.05(表 2-4)。

奥姆(Oum,1992 年)等人对英国、美国和澳大利亚等地的研究表明,航空旅客的需求弹性对商务旅行为 0.65,休闲旅行为 0.40~1.98;美国、意大利、英国、荷兰、德国、法国等国在大西洋空中旅行的平均需求弹性(绝对值)为 0.89(0.14~0.99)。此外,对美国波士顿公共交通的一项研究认为,购物乘车对票价的弹性为-0.32,工作旅行为-0.17。

交通高峰时段与非高峰时段的价格弹性差异,实际上是因旅行目的不同所引起的。高峰时段的出行者以上班族为主,对时间性要求高,非高峰时段的出行者中旅行和购物等人群所占比例相对要高一些,时间性要求较低,价格弹性较大。美国公路交通协会 1991 年 5 月“票价变化对公共汽车乘车量的影响”报告中,运用自回归整体移动平均模型,对 2 个公交系统在票价变动前 24 个月和后 24 个月的各月乘客量数据分析后,得到不同规模城市的高峰及非高峰时段公共汽车服务的票价弹性如表 2-2 所示。

公共汽车乘车需求的价格弹性 表 2-2

研究对象		高峰时段	非高峰时段	平均
美国公路交通协会	100 万人口以上城市	-0.18	-0.39	-0.36
	100 万人口以下城市	-0.27	-0.46	-0.43
	所有城市平均	-0.23	-0.4	-0.40
对美国波士顿公共交通的一项研究		-0.17(公务)	-0.32(购物)	

还有研究表明，旅行距离越远，对机票价格的弹性越大，美国航空旅行中700km左右行程时为－0.525和－0.97；1 300km时为－1.0和－1.13(Devanzy，1974年)。

(2)数据采集的时间跨度

考察时间的长短对弹性计算变动有很大影响，且对这种变化规律的认识意见还不一致。一种观点认为：票价刚上涨时，旅客的反应比较敏感，短期中采样分析，价格弹性较高，但随着时间推移，人们可能慢慢习惯。因此，长期弹性可能远远低于短期弹性，特别短时期的弹性可能非常高，但保持时间很短。另一种观点认为：短期内，人们对价格的变化反应比较迟钝，或是他们并不认为这是永久的变化，或是由于习惯及技术上的原因，限制了他们立即作出反应，他们会按原计划行事；而在长期，人们倒可能作出相应的反应。看来，长期与短期的影响对不同问题可能产生不同效应。表2-3列举航空旅行票价弹性等多种弹性，包括2个收入弹性的短期与长期的研究结果，大多数结论支持了后一种观点。

长期与短期没有严格的时间界限，一般，采用时间序列研究反映的是短期效应，采用截面研究往往提供长期弹性的信息(有关长期弹性的计算在稍后的"需求的长期弹性估算"小节中介绍)。

短期与长期的弹性 表2-3

所研究的各种弹性	研究者	短期	长期
航空休闲旅行票价弹性	奥姆等人(1992年)	－0.4～－1.98，－1.92	－1.52
航空商务旅行票价弹性		－0.65	－1.15
英国城市公共交通票价弹性	戈得温(1992年)	－0.21	－0.61(超过5年)
汽车拥有量的价格弹性	绍尔·海曼斯(1970年)	－1.07	－0.36
汽车拥有量的收入弹性	绍尔·海曼斯(1970年)	3.08	1.02
	巴顿等(1982年)	2.0～4.5	1.5
交通对汽油价格的弹性	戈得温(1992年)	－0.16	－0.33
汽油需求价格弹性	雷扎等(1979年)	－0.6	－1.44

(3)所用的预测模型和数据的统计方法

采用不同的需求模型和数据的统计方法会影响所计算的弹性。只要我们采用两种不同的函数对已有的调查统计数表(例如《中国交通年鉴》)用不同的数据组合进行简单的回归分析，就可以证明这点。在实际中当使用合计数据时，如整条铁路的需求数据，那么，所得到的弹性往往高于针对个别旅行者的数据和"个别选择"模型计算出的弹性。从表2-4奥姆等人(1992年)对铁路货运的需求弹性计算结果可以看出上述因素的影响。

铁路货运的需求弹性(用绝对值表示) 表2-4

运输货物	线性对数 (Lon-Linear)	合计分对数 (Aggregate logit)	超越对数 (Translog)	个别选择 (非合计数据)
各种货物综合	1.52 0.34～1.06	0.25～0.35 0.83	0.09～0.29 0.60	—
化学品	—	0.66	0.69	2.25
组装的金属产品	—	1.57	2.16	—
食品	0.02，1.18	1.36	2.58，1.04	—

续上表

运输货物	线性对数 (Lon-Linear)	合计分对数 (Aggregate logit)	超越对数 (Translog)	个别选择 (非合计数据)
钢铁制品	—	—	2.54,1.29	0.02
机器	—	0.16～1.73	2.27～3.50	0.61
纸、塑料及橡胶制品	0.67	0.87	1.85	0.17～0.09
石油产品	—	—	0.99	0.53
岩石、黏土及玻璃制品	—	2.03	—	0.56
运输设备	—	—	0.92～1.08	2.68
木材及其制品	0.05	0.76	1.97,0.58	0.08

影响旅客需求弹性计算的因素很多，除上述因素外，甚至购票或收费的方法等都会影响弹性的计算结果。例如，有研究证实，购买通票(旅行卡、月票)价格弹性比单票现金支付方式低得多。

影响弹性系数的因素如此之多，“这意味着人们在评估弹性系数时必须谨慎”(巴顿)。

2. 运输需求的收入弹性 E_I

运输需求的收入弹性是指当收入变化 1%，运输价格不变时引起运输需求量变化的百分比。收入弹性一般用于分析客运需求，并习惯用 I 表示收入水平，即：

$$E_I - \frac{\Delta Q \div Q}{\Delta I \div I} = \frac{\Delta Q}{\Delta I} \cdot \frac{I}{Q} \tag{2-15}$$

点弹性：

$$\varepsilon_I = \frac{\partial Q}{\partial I} \cdot \frac{I}{Q} \tag{2-16}$$

如果运输需求函数是线性形式，则有：

$$\varepsilon_I = \frac{\partial Q}{\partial I} \cdot \frac{I}{Q} = r \cdot \frac{I}{Q} \tag{2-17}$$

如果运输需求函数是对数线性形式，则有：

$$\varepsilon_I = \frac{\partial Q}{\partial I} \cdot \frac{I}{Q} = \frac{\partial \ln Q}{\partial \ln I} = r \tag{2-18}$$

显然，对数线性需求函数模型的回归系数的经济意义十分明确，r 是运输需求的收入弹性。在收入水平与运输需求相关的函数模型未知时，可采用弧弹性公式计算运输需求的收入弹性。

弧弹性：

$$E_I = \frac{Q_2 - Q_1}{I_2 - I_1} \cdot \frac{I_1 + I_2}{Q_1 + Q_2} \tag{2-19}$$

运输需求收入弹性一般为正值。因客运需求量 Q 和居民收入水平一般按同方向变动，即居民收入增加时，消费性旅行需求增加；反之，居民收入减少时，消费性旅行需求减少。

客运需求分两种类型：第一是生产和生活的派生性需求，它是维持正常生产和生活而对运输的基本需求。即使人们收入水平降低，但为了工作需要仍必须利用交通工具；相反，即使人们收入水平提高，用于上、下班乘坐交通工具的支出也不会提高过多，即这种需求相对人们的收入而言是缺乏弹性的。第二是本源性需求，如观光、旅游、赛车等利用交通工具，本身就是为了消费。这种需求与个人收入的关系密切，它相对人们的收入而言往往是富有弹性的。

运输需求收入弹性的研究涉及宏观及微观方面。

微观方面如，马蒂等人 1977 年的一项研究表明，荷兰、意大利、法国、美国、德国、英国等国在大西洋空中旅行的平均收入弹性为 1.89(荷兰 1.77,英国 4.38)。

宏观方面,如我国按 1996 年资料采用对数模型计算的城镇居民收入弹性表明,居民平均收入增加 1%,用于交通的支出将增加 1.160 7%(表 2-5)(范剑平、杨大侃)。

我国城镇居民收入弹性(1996 年) 表 2-5

分类	交通	食品	衣着	用品	医疗	文娱	居住	杂项	消费支出
收入弹性	1.160 7	0.443 5	0.933 9	1.482 8	0.797 3	1.005 1	0.646 0	1.340 5	0.763 5

【例 2-5】 运输企业为了制定长期客运发展计划,假定根据研究资料已知中、高档客运的收入弹性在 0.9~1.1 之间,低档客运的收入弹性在 0.8~1.6 之间,估计今后 10 年内,每人每年平均实际收入增加 4%~5%,问 10 年后,各类客运需求量将增加多少?

[解] 先估计 10 年后,居民平均收入增加多少。

如果每年增加 4%,则 10 年后增加到 $(1.04)^{10}=148.02\%$,即人均的实际收入增加 48.02%。

如果每年增加 5%,则 10 年后可增到 $(1.05)^{10}=162.89\%$,人均实际收入将增加 62.89%。

根据收入弹性计算公式:需求量变动百分率=收入弹性×收入变动百分率。

10 年后,中、高档客运需求量将增加幅度在 43.22%~69.18%之间,而低档客运需求量将增加幅度为 38.42%~100.6%(表 2-6)。

客运需求量预估表 表 2-6

客运类别	收入弹性(下限)	收入增加 48.02%~62.89%	收入弹性(上限)	收入增加 48.2%~62.88%
中、高档客运	0.9	43.22%~56.60%	1.1	52.82%~69.18%
低档客运	0.8	38.42%~50.31%	1.6	76.83%~100.62%

在进行交通规划决策时,收入弹性将是其中一个重要的考虑因素。收入弹性大的运输项目,如城市客运,由于需求量增长较快,所以发展速度应当提高。

3. 运输需求的交叉弹性 E_{ij}

运输需求的交叉弹性即互价格弹性,主要是指一种运输方式的价格每变化百分之一将引起的另一种运输方式的运输需求量变化的百分之几,用公式表示为:

$$E_{ij}=\frac{\Delta Q_i/Q_i}{\Delta P_j/P_j} \qquad (i\neq j) \tag{2-20}$$

点弹性:

$$\varepsilon_{ij}=\frac{\partial Q_i}{\partial P_j}\cdot\frac{P_j}{Q_i} \qquad (i\neq j) \tag{2-21}$$

如果运输需求函数是线性形式,则有:

$$\varepsilon_{ij}=\frac{\partial Q_i}{\partial P_j}\cdot\frac{P_j}{Q_i}=b_j\cdot\frac{P_j}{Q_i} \tag{2-22}$$

如果运输需求函数是对数线性形式,则有:

$$\varepsilon_{ij}=\frac{\partial Q_i}{\partial P_j}\cdot\frac{P_j}{Q_i}=\frac{\partial \ln Q_i}{\partial \ln P_j}=b_j \tag{2-23}$$

显然,对数线性需求函数模型回归系数的经济意义十分明确,$b_j(i\neq j)$是第 i 种运输(或商品)的需求相对于第 j 种运输价格变动的互价格弹性(交叉弹性)。

弧弹性：
$$E_{ij}=\frac{Q_{i2}-Q_{i1}}{P_{j2}-P_{j1}}\cdot\frac{P_{j1}+P_{j2}}{Q_{i1}+Q_{i2}}\quad(i\neq j)\tag{2-24}$$

1)不同的交叉弹性值具有不同的经济意义

(1)交叉弹性为正值，$E_{ij}>0$，说明运输方式 j 的价格变动将引起运输方式 i 的需求的同方向变动，如航空运价提高，会使铁路、水路的运输需求量增加，表明航空运输同铁路运输和水路运输的可替代性。

(2)交叉弹性为负值，$E_{ij}<0$，说明运输方式 j 的价格变动将引起运输方式 i 的需求的反向变动。如水运价格提高会使疏港汽车的运输需求量减少，表明两种运输服务存在互补性，即它们的结合使用，更能满足消费者的要求。

交叉弹性与价格弹性、收入弹性一样，在运输价格和运输量分析中起着重要的作用。

运输行业管理部门或计划部门、运输企业，在制定行业、企业的运输发展规划时，应当考虑运输项目的替代性和互补性影响。如发展铁路、公路或水运等平行运输干道时，应考虑它们相互之间所具有的替代性(运输需求的交叉弹性为正值)；否则，就会导致运输资源的浪费或运输行业间的过度竞争。又如港口、火车站的建设，要与港口、火车站的集疏运系统协调发展，如果在建设港口、火车站的同时，不发展相应的集疏运系统，就会产生压港、压站现象。轮船和火车运输价格的提高，对港口、车站集疏运系统会产生影响，这是因为运输服务具有互补性(运输需求的交叉弹性为负值)。

2)不同运输方式之间的需求交叉价格弹性示例

作为示例，表 2-7 列出了 1970～1975 年间英国伦敦公共汽车与铁路(地铁)的交叉价格弹性(格莱斯特和刘易斯等，1978 年)。研究表明，公共汽车与地铁的交叉价格弹性为正，说明它们之间具有可替代性。另外，公路交通高峰时的弹性极小，且交叉价格弹性也很小。研究还表明(在表中未列出)，小汽车的需求对公共汽车与地铁的票价水平几乎完全没有反应，人们并不因为公共交通的票价高低而改变他们对小汽车的需求计划。

英国伦敦周一到周五估算的公共汽车与铁路(地铁)票价弹性 表 2-7

研究者		莫里斯等		格莱斯特		科林斯等	刘易斯
运输方式		公共汽车	铁路	公共汽车	铁路	公共汽车	公路交通高峰时
自弹性和交叉弹性	公共汽车	−0.60	0.25	−0.56	1.11	−0.405	−0.025
	铁路	0.25	−0.40	0.30	−1.00	—	−0.056

1991 年吉尔伯特等对伦敦公共汽车与地铁的票价弹性的计量经济学研究得到的结果与上述数据有较大的差别。该研究发现，公共汽车的长期弹性超过 1，地铁接近 1，铁路则处于较“正常”的低值(表 2-8)。

估算的伦敦公共交通的长期价格弹性 表 2-8

交通类型	价格自弹性和交叉弹性		
	公共汽车	地铁	英国铁路
公共汽车	−1.318	0.897	0.193
地铁	0.356	−0.688	0.211

4. 运输需求的派生弹性 E_G

运输需求是派生需求。运输需求的派生弹性用来分析运输需求随其本源需求的变化而变化的灵敏程度。

运输需求的生产派生弹性是指(工农业)生产水平变化百分之一,运输需求量会变化百分之几。生产派生弹性一般用于分析货运需求,并习惯用 G 表示生产水平,即:

$$E_G = \frac{\Delta Q \div Q}{\Delta G \div G} = \frac{\Delta Q}{\Delta G} \cdot \frac{G}{Q} \tag{2-25}$$

式中:G——生产水平(如GDP、GNP、工业或农业生产总值等);

ΔG——生产水平变化值。

E_G 一般为正值,说明运输需求量 Q 同生产水平 G 呈同方向变化,即当工农业生产水平提高时,需要运输的工农业产品增加,所以运输需求量增加;生产水平降低时,需要运输的工农业产品减少,所以运输需求量减少。但在个别情况时也会出现负值,如工农业总产值出现负增长或运输需求量出现负增长。运输需求的生产派生弹性可用于总体运输需求分析,通过对生产派生需求弹性的计算和分析,可以反映运输业与国民经济各部门发展的正确比例。

【例 2-6】 根据我国1990～2000年经济数据,计算我国总货运量周转量对于GDP的弹性。

[解] (1)利用各年的货运周转量和GDP值直接计算

①先计算它们的变化率(表2-9)。

②然后通过上述的运输需求生产派生弹性计算公式,即可得到我国该11年中总货物周转量对GDP的弹性值。可见,GDP变化率大于货运周转量变化率,货运量周转量对于GDP的弹性小于1.0,1990～1995年货运量周转量对于GDP的弧弹性值为0.557,1995～2000年的弧弹性值为0.555(不考虑物价上涨因素时,为0.301和0.516)。

货运周转量对于GDP的弹性值(一) 表2-9

年份(年)	货运周转量		GDP		弹性值	按中点公式(弧弹性)计算弹性值			
	当年值	变化率	当年值*	变化率		年份(年)	弧弹性值	年份(年)	弧弹性值
1990	26 207	—	281.7	—	—	—	—		
1991	27 986	0.067 9	307.6	0.091 9	0.738	1990～1991	0.747		
1992	29 218	0.044 0	351.4	0.142 4	0.309	1991～1992	0.324		
1993	30 510	0.044 2	398.8	0.134 9	0.328	1992～1993	0.342	1990～1995	0.557
1994	33 261	0.090 2	449.3	0.126 6	0.712	1993～1994	0.724		
1995	35 730	0.074 2	496.5	0.105 1	0.707	1994～1995	0.717		
1996	36 528	0.022 3	544.1	0.095 9	0.233	1995～1996	0.241		
1997	38 368	0.050 4	592.2	0.088 4	0.570	1996～1997	0.580	1995～2000	0.555
1998	38 046	−0.008 4	638.5	0.078 2	−0.107	1997～1998	−0.112		
1999	40 496	0.064 4	684.1	0.071 4	0.902	1998～1999	0.905		
2000	44 452	0.097 7	738.8	0.080 0	1.222	1999～2000	1.211		

注*按《中国发展报告——中国的九五》表40计算,当年值是以1978年为100计算的可比价。

(2)利用需求函数计算

①先计算不同模型的货运周转量的需求模型,现采用三种模型(表2-10)。

②然后通过上述的运输需求生产派生弹性计算公式,即可得到我国1990～2000年总货物周转量对GDP的弹性值。计算直接在表2-9中进行。

计算结果表明,E_G 具有明显的规律性:线性模型时递增,对数模型时为常数,半对数模型时递减，平均值较接近(0.511 7、0.504 6 和 0.507 4)。从相关系数 R^2 看，对数模型较优，这与实际是一致的，从前面表 2-9 逐年的弹性值中看不出有明显的递增或递减的趋势。

货运周转量对于 GDP 的弹性值(二) 表 2-10

需求模型 $Q=Q(GDP)$	相关系数 R^2	E_G 计算式	货运周转量对于 GDP 的弹性值 E_G					
			1990 年	1992 年	1994 年	1996 年	1998 年	2000 年
$Q=16\,493.6+36.362\times GDP$	0.978 1	$E_G=36.362\times GDP/Q$	0.383	0.437	0.498	0.545	0.585	0.620
$Q=-70\,918.7+17\,120\times \ln GDP$	0.967 1	$E_G=17\,120/Q$	0.667	0.582	0.509	0.464	0.432	0.406
$\ln Q=7.329\,1+0.504\,6\times \ln GDP$	0.981 6	$E_G=0.504\,6$	0.505	0.505	0.505	0.505	0.505	0.505

5. 需求的长期弹性估算

需求长期弹性计算在计量经济学中有专门的研究，这里仅仅通过若干个案，介绍需求长期弹性估算的基本概念和方法(截面研究、时间序列研究)。

1)截面研究

截面研究是利用截面数据进行研究的方法，所谓截面数据是指在同一时段测定的各类相关的数据，例如人口普查、工业普查数据。截面数据适用于长期弹性的估算，但利用截面数据作样本，容易产生异方差，在选择估计方法时应充分注意这点。下面的例子是有关交通费用支出的收入弹性计算模型。

【例 2-7】 四组家庭交通费用支出和年收入组成的截面数据如表 2-11(假设数据)所示，要求确定居民交通费用支出的收入弹性。

交通费用支出和年收入组成的截面数据表(单位：千元) 表 2-11

组　别	交通费用支出					收　入
1	1.80	2.00	2.00	2.00	2.10	5.00
2	3.00	3.20	3.50	3.50	3.60	10.00
3	4.20	4.20	4.50	4.80	5.00	15.00
4	4.80	5.00	5.70	6.00	6.20	20.00

［解］ 假设交通费用支出模型为：

$$Y=a+bX+\varepsilon \tag{2-26}$$

其中，Y 是交通费用支出，X 是收入，ε 是随机误差项。

采用普通最小二乘回归得到如下回归方程($\hat{Y}$ 表示 Y 的估计值，括号内是 t 检验值)：

$$\hat{Y}=0.890+0.237\,2X \qquad R^2=0.933\,5, F=252.7$$

$$(4.356) \quad (15.90)$$

5%置信度时，收入 X 回归系数的范围为 0.205 9～0.268 5。

根据戈德菲尔得—昆茨检验，该方程存在异方差(数学分析从略。所谓异方差是指，对样本点 i 和 j，随机误差项并不相等。这不符合回归模型初建时的假设。在截面数据分析时应予注意)。为此对原模型进行异方差修正，然后进行估算。现采用变换模型：

$$Y/X=b+a/X+\varepsilon^* \tag{2-27}$$

得到回归结果($\hat{Y}$ 表示 Y 的估计值，括号内是 t 检验值)：

$$\hat{Y}/X = 0.2495 + 0.7529/X \qquad R^2 = 0.7654, F = 58.72$$

(21.28) (7.663)

容易将上面方程改写成：

$$\hat{Y} = 0.2495X + 0.7529$$

5%置信度时，收入 X 回归系数的范围为 0.224 9～0.274 1。

收入弹性 $E=BX/Y$，即：

$$E=0.2495\times X/Y$$

或 5%置信度时，弹性范围 $E=(0.2249\sim0.2741)\times X/Y$

2)时间序列研究

建立不同时间段测得的数据(称时间序列数据)的估算模型，所得到的通常是短期弹性。但是，如果采用有滞后变量的时间序列自相关模型则可以分析中长期弹性，而基于任意时间延误的动态模型则可分析弹性随时间变化的动态弹性。在利用时间序列数据作样本时，虽然一般不会产生异方差，但容易产生模型中随机误差项的序列相关问题，如果所选模型中存在"一阶序列相关"，即一个时刻的误差直接与下一个时刻的误差相关，而模型中含有因变量的一阶滞后变量，问题就更严重了。因此，在选择估计方法时应充分注意这点。

下面介绍两种可分析长期弹性的时间序列研究方法：自相关模型和动态弹性分析法。

(1)自相关模型

在时间序列模型中，从经济决策(自变量变动)到实际效果产生(因变量改变)，其间可能经过了若干个时段。如果决策—反应周期较长，则模型中需要包含滞后的解释变量。最一般的分布滞后模型可以写为：

$$Q_t=\alpha+\sum_{\tau=0}^{\infty}\beta_\tau Y_{t-\tau}+\varepsilon_t \tag{2-28}$$

有时，上述模型可表示为是本身因变量的滞后，如方程右端含 Q_{t-1}。

现分析一个较为简单的具有一阶几何滞后(假设滞后解释变量的权均为正)的线性分布滞后模型，该模型中，t 时间段的需求量 Q_t 是上一时间段 Q_{t-1} 的函数：

$$Q_t = \beta_1 + \beta_2 P_t + \beta_3 Y_t + \beta_4 Q_{t-1} + \varepsilon_t \tag{2-29}$$

其短期和长期弹性系数分别为：

$$E_P^D = \beta_2 \times P/Q \qquad E_P^L = \beta_2/(1-\beta_4) \times \overline{P/Q} \tag{2-30}$$

$$E_Y^D = \beta_3 \times P/Q \qquad E_Y^L = \beta_3/(1-\beta_4) \times \overline{P/Q} \tag{2-31}$$

式中：Q、$\overline{Q}$——需求量、需求量的平均值；

P、$\overline{P}$——价格、价格的平均值；

Y——收入；

β_i——回归系数；

ε_t——回归误差项；

E_P^D、E_P^L——短期和长期的价格弹性；

E_Y^D、E_Y^L——短期和长期的收入弹性。

如为对数分布滞后模型：

$$\ln Q_t = \beta_1 + \beta_2 \log P_t + \beta_3 \log Y_t + \beta_4 \log Q_{t-1} + \varepsilon_t \tag{2-32}$$

短期和长期弹性系数分别为：

$$E_P^D = \beta_2 \qquad E_P^L = \beta_2/(1-\beta_4) \tag{2-33}$$

$$E_Y^D = \beta_3 \qquad E_Y^L = \beta_3/(1-\beta_4) \tag{2-34}$$

【例 2-8】 根据我国 1990～2000 年经济统计数据(例 2-6),估算我国总货运周转量对于 GDP 的长期弹性(一年以上)。

采用线性自回归模型和对数自回归模型:

$$Q_t = A + B \times \text{GDP} + C \times Q_{t-1}$$

$$\ln Q_t = A + B \times \ln\text{GDP} + C \times \ln Q_{t-1}$$

得到估算方程及其 t 检验值、k^2 值、DW 值和货运周转量对于 GDP 一年以上的长期弹性均直接列入表 2-12。

货运周转量对于 GDP 的长期弹性值(一年以上) 表 2-12

需求模型(括号内为 t 检验值)	E_G 计算式	货运周转量对于 GDP 一年以上的长期弹性					
		1990 年	1992 年	1994 年	1996 年	1998 年	2000 年
$Q_t=16\,758.4+36.915\times \text{GDP}-0.016\,43Q_{t-1}$ (2.399) (2.534) (−0.038) $R^2=0.978\,1$, DW=0.189 6	$E_G=$ $36.915\times\overline{\text{GDP}}/\overline{Q}/$ $(1+0.0164\,3)$	0.383	0.436	0.497	0.545	0.584	0.619
$\ln Q_t=7.328+0.504\,5\times \ln\text{GDP}+0.000\,119Q_{t-1}$ (2.422) (2.465) (0.000 29) $R^2=0.981\,6$, DW=0.198 7	$E_G=0.504\,5/$ $(1-0.000\,119)$	0.505	0.505	0.505	0.505	0.505	0.505

注:表中 $\overline{\text{GDP}}/\overline{Q}$ 近似用 $\text{GDP}/\hat{Q}$(Q 估算值)计算。

模型计算表明,货运周转量对于 GDP 的长期弹性值与短期弹性差别很小,即历史的货运周转量对预测货运周转量的影响很小(仅限于所用样本)。进一步检验发现,Q_{t-1} 的 t 检验值 −0.038(线性模型)和 0.000 29(对数模型)均未通过显著性检验。该两个模型的 DW 检验也证实它们存在序列相关,因此就本例数据的样本而言,我国总货运周转量仅依赖于当年的 GDP 值,与前一年的总货运周转量相关不显著。

(2)动态弹性分析

在构造微观经济模型时,通常会对需求的动态弹性感兴趣。因为动态弹性能反映:对应于价格或消费者收入的变化,某种商品(或服务)随时间是怎样变化的。但是,在我们谈论运输需求的价格弹性或收入弹性时,往往没有意识到,弹性的数值还依赖于价格或收入的变化已经发生了多久,即对于实际给定的某个价格变化 ΔP(如票价上涨 2 元),应该在多长时间以后度量 ΔQ? 事实上,动态弹性才是更有意义的,即:

$$E_d(\tau) = -\frac{P_t}{Q}\,\frac{Q_{t+\tau}-Q_t}{\Delta P_t} \tag{2-35}$$

式中:ΔP_t——价格在时间 t 时发生的一个变化;

$Q_{t+\tau}$——需求量时间间隔 τ 内发生的变化。

其他的动态弹性(收入弹性、交叉价格弹性等)也可以按同样的方式定义。

通过模型计算分析,可以求出弹性对时间间隔 τ 的函数。一般认为,弹性应该是单调递增的,且接近于一个渐近值,如图 2-4 所示。也有可能,由于模型的结构(研究者总是希望它反映了真实的市场结构),弹性是振荡的。但是,只要模型是稳定的,它也应该接近某个长期渐进值,如图 2-5 所示。

如果模型是用来预测或分析一个运输服务价格的增加或另一竞争的一个运输服务的价格

变化对行业(或公司)销售的影响，那么，动态弹性的行为将是非常有用的，并且这种影响必须用动态因素来描述。价格增加可能会引起需求下降，但只有很长一段时间后它才会发生；或者也可能是涨价后马上引起了需求量的迅速下降，但过后(当消费者察觉到价格的相对变化后)，需求又有所回升，实际需求量的净减少是很小的。发生这些变化所需要的时间可能会因为行业的不同而有很显著的差别。正因为如此，如果一个公司想根据预计价格的变化来制订生产和销售计划，那么它就必须对多长时间以后销售量才会发生相应变化有所了解。

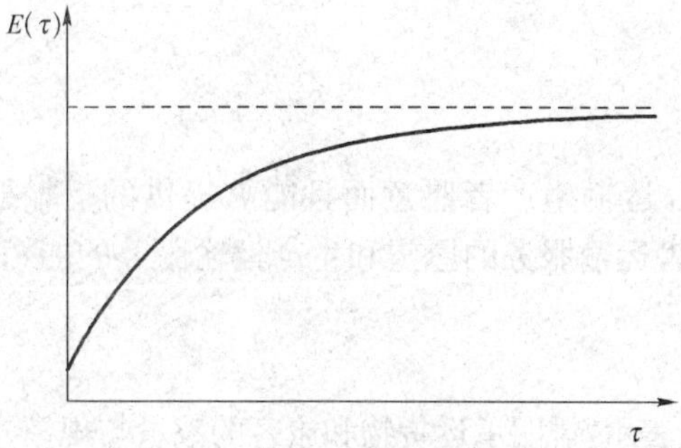

图 2-4　动态弹性

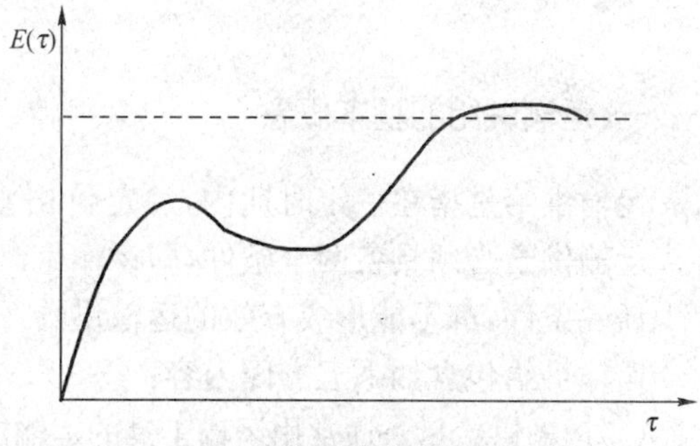

图 2-5　振荡的动态弹性

【例 2-9】　小汽车需求的动态弹性分析，Saul Hymans(1970 年)构造的汽车需求的季度模型(参照 Robert S. Pindyck & Daniel L. Rubinfeld 计量经济模型与经济预测)。

小汽车的需求(一个流量)取决于当时流通中的库存量，同时，它也提供了把库存量调整到某个理想或均匀水平的方法。设小汽车的理想库存水平的方程为：

$$K_t^* = a + bI_{t-1} + cM_{t-1} + dP_t + \varepsilon_t \tag{2-36}$$

式中：t——以季度为时间段的序列号；

K_t^*——t 季度小汽车的理想库存水平；

I——个人可支配收入，扣除转移支付，1958 年不变价；

M——20 及 20 岁以上男性人口失业率，%；

P——小汽车的真实价格(不变价格)指数，1958 年为 1.0。

小汽车的真实总消费 R 可根据库存水平求出：

$$R = w(K_t^* - K_{t-1}^*) + vK_{t-1} \tag{2-37}$$

式中：K——小汽车的真实库存量；

w——理想和真实库存水平的季度调整比率；

v——真实库存水平的季度折旧率。

将式(2-36)代入式(2-37)可以得到一个关于季度汽车消费需求 R 的方程，考虑到 1964 年针对通用汽车公司、1967 年针对福特公司的大罢工，Hymans 在这个公式里加入了一个虚拟变量(STRIKE)，通过 Hildreth-Lu 法修正了模型的序列相关后，他使用从 1954 年一季度～1968 年四季度的季度数据对公式参数进行了估算，得到：

$$R_t = 19.009 + 0.206I_{t-1} - 0.753M_{t-1} - 25.861P_t - 0.157K_{t-1} + 1.626\text{STRIKE} \tag{2-38}$$

为了对模型进行模拟，以及预测价格或收入的变化产生的影响，上式必须和下面关于小汽车库存水平的恒等式结合起来：

$$K_t = (1-v)K_{t-1} + R_t \tag{2-39}$$

式(2-39)中，Hymans 采用季度折旧率 $v=0.078$。这样，式(2-38)和式(2-39)构成了一个关于小汽车消费的两方程模拟模型。该模型的短期(一次)价格弹性是 -1.07，而长期弹性是－0.36；短期收入弹性是3.08，而长期弹性是1.02。说明小汽车长期的价格和收入弹性比短期弹性小：当价格上涨（或收入下降）后，消费者可能在开始时会大幅度地削减购买新汽车。但过了几年后，当旧汽车折旧完毕，购买新汽车将重新提上日程。所以这时需求量将到达一个新的均衡值，这个均衡值比涨价以前的略低。

第三节　运输供给概要

一、运输供给的基本概念

运输供给是指在一定时期内，一定价格水平下，运输生产者愿意而且能够提供的运输服务。运输供给必须具备两个条件，即运输生产者出售运输服务的愿望和生产运输服务的能力，缺少任一条件，都不能形成有效的运输供给。

运输供给包含如下五方面内容：

（1）运输供给量。通常用运输工具的运输能力来表示，说明承运货物和旅客的数量与规模。

（2）运输方式。指水运、铁路、公路、航空和管道五种不同的运输方式。

（3）运输布局。指运输基础设施在空间的分布和运输工具和设备的配备状况。

（4）运输经济管理体制。包括为指导运输业发展而建立的运输所有制结构、运输企业制度、运输资源配置方式以及相应的宏观调节机构、政策和法规等。

（5）运价。

二、运输供给的特点

运输业是一种特殊产业，其产品——运输服务具有不同于其他产业产品的特点。

1.非储存性

运输业的生产活动是通过运输工具使运输对象发生空间位置的变化，不生产新的物质产品。因此，运输产品的生产和消费是同时进行的，即运输产品不能脱离生产过程而单独存在，所以，不能像一般工业一样，可以将产品储存起来，这就是运输产品的非储存性。运输业属第三产业，即属服务产业。非储存性是各种服务产业的共同特点：生产过程与消费过程相结合，不可分离。运输产品的非储存性，决定了运输业不能采取运输产品储备的形式，而只能采取运输能力储备的形式来适应运输市场变化。

运输业具有固定设备多、固定资产投资大、投资回收期长等特点，运输能力的设计多按运输高峰的需求设计，具有一定的超前量。运输能力的超前建设与运输能力的储备对运输市场来说，既可适应市场需求增长的机遇，又可能因市场供过于求而产生风险。因为运力储备越大，承担的风险越大，适应市场需求的能力也大；相反，运力储备小或没有储备，承担的风险小，那么适应市场需求的能力也小。这一点在国际航运市场上尤其明显，并成为企业经营者研究的重要课题。

2.不平衡性

运输供给的不平衡既表现在时间上也表现在空间上。运输需求的季节性不平衡，导致运转供给出现高峰与低谷供给量的悬殊变化。由于经济和贸易发展的不平衡性以及各地产业的不同特点，运输供给在不同国家（地区）之间也呈现出一定的不平衡性。经济发达国家（地区）的运输供给量比较充分，而经济比较落后国家（地区）的运输供给量则相对滞后。运输供给的不平衡性还表现在运输方向上:矿区对外运矿(如煤)的运力需求要远远大于其他生产及生活资料的向内运输,加上有些运输需求对运输工具的特殊要求等,导致回程运力浪费。为实现供需时空结合,企业要经常付出空载行驶的代价等,这种由于供给与需求之间在时间空间上的差异性所造成的生产与消费的差异,使运输供给必须承担运力损失、空载行驶等经济上的风险。所以,运输活动的经济效果取决于供需在时间与空间的正确结合上,这就要求运输企业掌握市场信息,搞好生产的组织与调整,运用科学管理方法提高经营管理水平。

3. 巨大的外部性与成本转移性

所谓外部性是指向市场以外其他人强加的成本和利益。发达的运输可带动周边区域的经济发展。“要想富,先修路”说的就是运输业的正外部性:它能使区域繁荣、商品价格下降、地价上扬,它能产生巨大的经济效益,以至大多数大城市均在沿海沿江交通便利的地域形成。这是其他商品无法做到的。同时,运输又具有巨大的负外部性。由运输活动带来的噪声和对空气、水等的环境污染,能源和其他资源的过度消耗,以及交通阻塞等的成本消耗均可能使整个社会造成经济损失,运输业在获取利润的同时,将成本部分地转移到运输业的外部,即产生了成本转移。运输供给的成本转移性更主要表现在对运输对象的转移上:它能够在较大范围内超额生产,但并不带来成本的明显上升。如 40 座的公共汽车可挤 100 多人,4t 的载货汽车可超载到 8t、10t 甚至更多,运输业可以在成本几乎不增加(或少量增加)的情况下,成倍增加供给量,获取几倍的收益。但伴随而来的是运转条件的恶化、旅客受到的运输服务质量的下降、路面的加速损坏,使得本该由运输企业承担的成本,部分地转移到消费者身上和转移给了社会。

4. 部分可替代性

运输供给由铁路、公路、水运、航空、管道和多个运输生产者的生产能力多种运输方式构成。有时存在着可分别由几种运输方式的多个运输生产者完成同一运输对象的空间位移,即运输供给之间存在着可替代性。这种可替代性构成了运输业者之间竞争的基础。同时,由于运输产品在时间上、空间上的限制。以及人们对运输服务的经济性、方便性和舒适性的要求等,使得不同运输方式间或同一运输方式中替代性受到限制。这种限制又使得每种运输方式间或同种运输方式中的具有差别的运输服务都可能在某一领域的运输供给上形成一定程度的垄断。因此,运输供给具有部分可替代性,它的替代性和不可替代性是同时存在的,而且是有条件限制的。运输市场的供给之间,既存在竞争,也存在垄断。

第四节　运输供给分析

一、影响运输供给的因素

讨论影响运输供给的因素,必然联系到运输需求,因为供给与需求是密切相关的,影响运输需求的一些因素同样影响运输供给。

1. 经济因素

国家或地区的经济状况是运输供给发展的基本条件,也是影响运输供给的决定因素。经济发展一方面导致更大的运输需求,另一方面,也使投巨资建设运输线路、站场设施及购置运输工具成为可能。从经济发展状况分析研究运输供给,实质上是探索资源的合理配置和有效运用问题。在今日中国的许多地方,即使目前尚未有一定规模的需求存在,但进行运输建设的呼声很高。经济要腾飞,运输须先行已成为共识。运输建设成了改善投资环境的重要部分,而经济发展又为运输供给的发展提供了契机。

2. 政治因素

各国政府一般都对运输业实行不同程度的干预，其中，运输政策是影响运输供给的重要政治因素。运输政策是一个国家的政府为发展运输而制定的准则，是经济政策的组成部分。运输政策的制定要从经济、政治、军事以及国际社会等许多方面考虑。不同国情的国家在各自发展的不同时期，都制定出不同的运输政策。如在航空运输发展初期，许多国家政府都实行保护和扶持政策，以加速航空业的发展。航运也是如此。据联合国贸发会的调查表明，在被调查的主要航运国家中，各国政府无一例外地对本国的航运业实行保护和扶持政策，或是给以财政方面的支持，或是通过行政和法律手段保护本国航运企业的利益，这无疑为运输供给能力的增加提供了有力的支持。有时，为了抑制某种运输供给的过快增长，政府采取一定的限制措施。如近年来某些城市出租汽车的运输供给增长迅猛，导致城市交通拥挤日益严重，地方政府相应采取一定措施抑制这种过快的供给增长，防止道路阻塞情况的进一步恶化。

3. 技术因素

科学技术是推动社会发展的第一生产力，也是推动运输业发展的第一生产力。新型运输工具的出现、运输工具性能的重大改进，无一不是科技进步的结果。科学技术对于提高运输生产效率、降低运输成本、提高运输服务质量和生产的组织管理水平等起着重要作用。

例如，以蒸汽机发明引发的第一次科学技术革命使运输业进入了机器运输时代；第二次科学技术革命产生了内燃机火车和轮船，之后出现了汽车、飞机等现代运输工具，形成现有的五种运输工具；计算机和通信技术的发展使铁路运输实现了信号技术电子化，列车和编组站实现自动控制；轮船、汽车、飞机采用卫星导航和无人驾驶。因此，科学技术发展极大地促进了运输的发展，使运输供给能力和水平出现史无前例的巨大增长。

除了以上从宏观经济的角度来分析的因素外，从微观经济角度来看，影响运输供给的因素还有运价、运输成本等。运价因素的影响体现在运输服务价格、运输服务成本、运输的相关市场的价格等方面。运输产品价格是影响运输供给的重要因素。在其他因素不变的情况下，运价同运输供给量呈同增同减趋势。引起运输成本变动的因素很多，主要是生产要素价格和生产技术状况。生产要素价格上涨，必然导致运输成本的增加，使运输供给减少；生产技术的进步则意味着运输能力的提高或运输成本的降低，其结果是能够在运价不变的情况下，增加运输供给量。

二、运输供给函数

1. 运输供给函数

运输供给的大小通常用供给量来描述。运输供给量是指在一定时间、空间和一定的条件下，运输生产者愿意且能够提供的运输服务数量。在这里，“一定的时间、空间”同运输需求量中时间、空间的含义是相同的；“一定的条件”指的是影响运输供给的诸多因素，如政府对运输业的政策、运输服务的价格、运输服务的成本等。

运输供给量可表示为影响它的诸多因素的函数：

$$Q_s = Q_s(P, X_l, \cdots, X_n) \tag{2-40}$$

式中：Q_s——运输供给量；

P——运输服务价格；

$X_l, \cdots, X_n$——除运价以外的其他影响因素。

实际工作中，可通过对具体问题的具体分析和数据处理确定出具体的表达式。

2. 运输供给曲线

在影响供给量的诸多因素中，运输价格是最灵敏、最重要的因素。运输供给曲线就是假定其他因素不变，反映供给量同价格之间关系的曲线。此时，运输供给函数可简化为：

$$Q_s = Q_s(P) \tag{2-41}$$

一般情况下，Q_s 与 P 同方向变化，即供给量随运价上涨而增加，随运价下跌而减少，这是运输供给的一般规律。如图 2-6 中 S 和 S_1 所示。

运输供给曲线可分为企业供给曲线和行业供给曲线，它们分别表示企业和行业提供运输服务的数量同运输价格之间的关系。在几何上，行业供给曲线可由企业供给曲线叠加而成，即将同一价格下的企业供给量相加，得到该价格下的行业供给量。

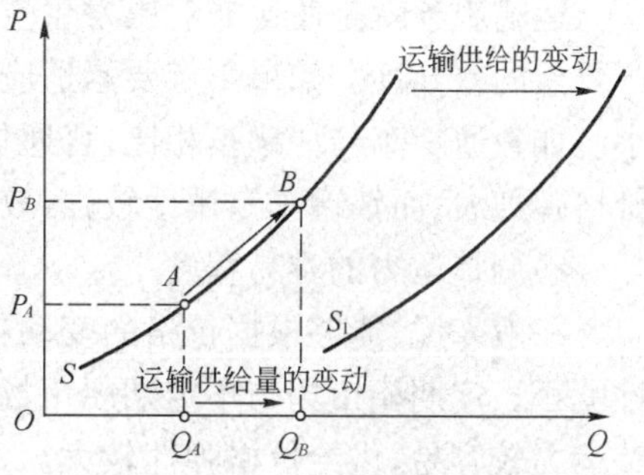

图 2-6　运输供给和运输供给量的变动

3. 运输供给的变动与运输供给量的变动

同运输需求的变动与运输需求量的变动相类似，运输供给与运输供给量的变动也是两个不同的概念。运输供给表示在不同价格水平下，运输生产者愿意且能够提供的运输服务的数量，它表示的是供给量同运价之间的一种对应关系，一个特定的运输供给对应于一条供给曲线。而运输供给量则表示在一确定价格水平上，运输生产者提供的运输服务数量，它对应于供给曲线上一点。运输供给量的变动就是当非价格因素不变时，供给量随运价变化而沿供给曲线移动，每一运价水平对应一个相应的供给量；运输供给的变动是非价格因素变化时导致的供给曲线的位移，如果供给发生了变动，即使价格不变，运输供给量也会发生变化。

如图 2-6 所示，当运价从 P_A 升到 P_B 时，供给量从 Q_A 升高到 Q_B，这是供给量的变动；当非价格因素发生变化，导致运输供给曲线由 S 变为 S_1，此为运输供给的变动。

三、运输供给弹性

1. 运输供给的价格弹性 E_s

运输供给的价格弹性是指在其他条件不变的情况下，运价变动所引起的供给量变动的灵敏程度，表示为：

$$E_s = \frac{\Delta Q_s \div Q_s}{\Delta P \div P} = \frac{\Delta Q_s}{\Delta P} \cdot \frac{P}{Q_s} \tag{2-42}$$

点弹性：

$$\varepsilon_s = \frac{\partial Q_s}{\partial P} \cdot \frac{P}{Q_s} \tag{2-43}$$

弧弹性：

$$E_s = \frac{Q_{s2} - Q_{s1}}{P_2 - P_1} \cdot \frac{P_1 + P_2}{Q_{s1} + Q_{s2}} \tag{2-44}$$

式中符号含义同前。

由于运价同运输供给量同方向变动，所以供给弹性值一般为正值，这样，供给量对运价变化的反应可以用供给弹性值的大小衡量，类似需求弹性。

当 $E_s > 1$，运输富有供给价格弹性；

$E_s < 1$，运输缺乏供给价格弹性；

$E_s = 1$，运输具有单位供给价格弹性。

如果供给曲线为直线，则过价格轴的供给曲线 $E_s>1$；过供给量轴的供给曲线 $E_s<1$；过原点的供给曲线 $E_s=1$；平行于供给量轴的供给曲线 $E_s=\infty$；垂直于供给量铀的供给曲线$E_s=0$。通常在运输市场上，供给弹性呈现为富有弹性和缺乏弹性两种情况。

2. 影响运输供给价格弹性的因素

1)生产要素适应运输需求的范围大小

运输服务就是使运输对象发生空间位移，但由于个别运输需求的差异性，导致运输服务生产要素的差异性。如果生产要素适应运输需求的范围大，则供给弹性就大；反之，供给弹性就小。如普通货车与油罐车相比，普通货车适运货物范围广，在运输市场上便于灵活调配，供给价格弹性大；而油罐车专用性较强，较难转移到其他货类市场，因此供给弹性较小。

2)调整运力的难易程度

一般来说，能够根据价格的变动灵活调整运力的产业，其供给价格弹性大；反之，其价格弹性就小。定期船市场与不定期船市场相比，前者调整运力较困难，供给价格弹性较小，后者调整运力较容易，供给价格弹性较大。

3)运输成本增加幅度大小

如果一种运输服务增加供给引起的成本增加较大，那么，其供给弹性就小；反之，如果增加的成本不大，供给弹性就大。如旅客运输在满员情况下还能超员运输，其成本随运量变化而增加的幅度小，则供给价格弹性大。相对而言，处于运量饱和的货物运输再增加运量，就须增加运输工具等，因此带来成本增加幅度大，此时的供给价格弹性小。

3. 运输供给价格弹性的特点

1)与考察期间的长短有关

运输业是资金密集型产业，有初始投资大、建设周期长、运力储备风险较大等特点，所以短时间内调整运力不易做到，供给价格弹性较小。但从长期考察，运输市场在运价的作用下，供给与需求会逐步趋于相互适应，表明在长时期内，运输供给具有足够的弹性。

2)与运输市场上供需的相对状况有关

当低需求量时，通常运输市场供给过剩，因此具有较大的供给价格弹性；高需求量时，通常运输市场供给紧张，即使价格上升，也无大量供给投入，因此供给弹性较小。

3)与运价波动的方向有关

运价朝不同方向变化时，运输供给价格弹性大小亦不同。一般地说，运价上涨时，刺激供给增加，运输供给弹性较大；运价下跌时，供给并不情愿退出市场，只有实在难以维持时，才被迫退出市场，故供给弹性较小。

4. 运输供给的交叉价格弹性 E_{sij}

由于运输业在不同运输方式之间存在某种程度的可替代性和互补性，因此，有时要研究在运输企业、各运输方式之间的供给交叉价格弹性，即某种运输服务价格的变动引起的另一种运输服务供给的变动的灵敏程度，表示为：

$$E_{sij}=\frac{\Delta Q_{si}\div Q_{si}}{\Delta P_j\div P_j}=\frac{\Delta Q_{si}}{\Delta P_j}\cdot\frac{P_j}{Q_{si}} \tag{2-45}$$

式中：E_{sij}——j 种运输服务价格变化引起 i 种运输服务供给的变化的弹性值；

Q_{si}、ΔQ_{si}——i 种运输服务供给量及供给量变化值；

P_j、ΔP_j——j 种运输服务价格及价格变化值。

理论上若 i 种运输服务与 j 种运输服务（注意，供给交叉价格弹性与需求交叉价格弹性下述不等式的符号相反)：

供给相互独立,则 $E_{sij}=0$；

供给可替代,则 $E_{sij}<0$；

供给可互补,则 $E_{sij}>0$。

【例 2-10】 某航运企业经营从 A 地到 B 地之间的海运业务,据该公司的统计资料表明,其船舶运力与运价之间的函数关系为:$Q=2P+10$(Q 为船舶吨位供给量,P 为运价)。

(1)计算 $P=5$ 时的船舶运输供给价格点弹性 ε_s；

(2)计算 $P_1=5$ 与 $P_2=10$ 之间的船舶运输供给价格弧弹性 E_s；

(3)从 A 地到 B 地还可以通过航空运输,如果该航线航空运输运价从目前的 100 个单位下降 10%,目前海运运价为 5 个单位,则海上运输供给量可提高到 22 个单位,试计算这两种运输方式的供给交叉价格弹性 E_{sij}。

[解](1)船舶运输供给价格点弹性：

$$\varepsilon_s=\frac{\partial Q_s}{\partial P}\cdot\frac{P}{Q_s}=2\times\frac{5}{2\times5+10}=0.5$$

(2)当 $P_1=5$ 时,$Q_1=2\times5+10=20$；当 $P_2=10$ 时,$Q_2=2\times10+10=30$

运输供给价格弧弹性：

$$E_s=\frac{Q_{s2}-Q_{s1}}{P_2-P_1}\cdot\frac{P_1+P_2}{Q_{s1}+Q_{s2}}=\frac{30-20}{10-5}\cdot\frac{10+5}{20+30}=0.6$$

(3)已知航空运输运价变化率 $\Delta P_j/P_j=-10\%$。

海运船舶供给变化率：$\dfrac{\Delta Q_{si}}{Q_{si}}=\dfrac{22-(2\times5+10)}{2\times5+10}=\dfrac{2}{20}=10\%$

海运对空运的价格交叉弹性：$E_{sij}=\dfrac{\Delta Q_{si}/Q_{si}}{\Delta P_j/P_j}=\dfrac{10\%}{-10\%}=-1$

$E_{sAB}<0$,航空运输与船舶运输是可替代的。

第五节　运输供需状态分析

一、运输供需均衡的市场机制

运输市场的均衡是指市场上各种对立、变动着的力量,在相互冲突、调整、运行过程中,出现相对力量相当、供给与需求处于暂时平衡的状态。

从运输供给与运输需求两方面的对比关系考察市场状态及其变化规律的方法属于均衡分析。根据所考察的对象与前提,均衡分析可以分为局部均衡分析和一般均衡分析。局部均衡分析是假定在其他条件不变的情况下,分析某一货类或运输工具的供给与需求达到均衡的运动过程；一般均衡分析是假定在各货类和所有运输工具的总供给、总需求与运价相互影响的情况下,分析总供给与总需求同时达到均衡的运动过程。

供给与需求是决定运输市场行为的最基本的两种力量,它们之间平衡是相对的,不平衡是绝对的。但是,市场作为一种有机体,总是存在着自行调节机制——市场运行机制,使供给和需求形成某种规律性的运动,出现某种相对的均衡状态,即市场均衡。

通常用图 2-7 这样的供求图描述市场均衡,该图把供给曲线和需求曲线叠加起来,图中的供给与需求在横轴和纵轴上采用了完全相同的单位。通常,D 是运输需求曲线,S 是运输供给曲线，纵轴表示运价 P，横轴表示供给或者需求的数量 Q。在需求量与供给量相等的价格(P_0)水平上，市场达到均衡。在均衡点(E)处，价格既没有上升的趋势，也没有下降的趋势。经济学上也称均衡价格为市场出清价格(The Market-Clearing Price)。这意味着所有供给和需求的订单都已完成，账簿上已经出清，(运输)需求者和(运输)供给者都得到了满足。在运输经济学中则称为均衡运价，由均衡运价决定的运量为均衡运量。

均衡运价是通过运输市场供需的自发调节而形成的。当市场运价背离均衡运价时，由于需求与供给曲线没有变，也就是说该市场上的均衡点没有变，这样，市场供需就会自发地发挥作用，促使运价又恢复到均衡运价的位置。可以从图 2-8 中，假设价格从 P_0 上升到 P_1 或下降到 P_2 来说明市场均衡的过程。

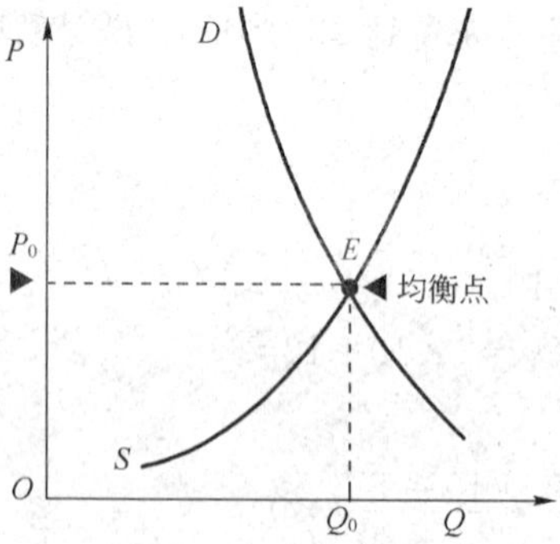

图 2-7　简单的供需平衡

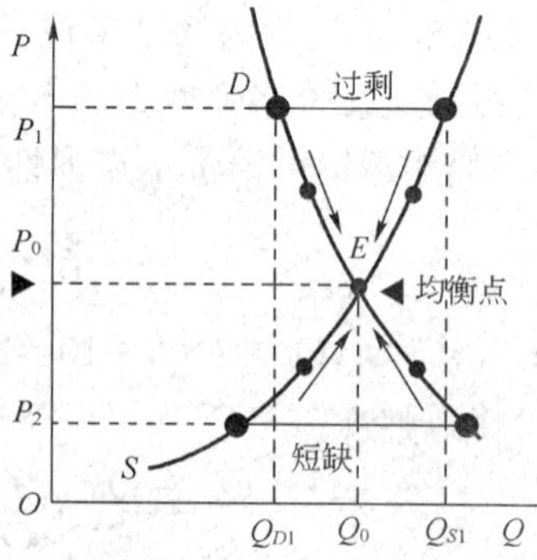

图 2-8　简单的供需平衡过程

先分析价格上升到 P_1 的情况。在 P_1 价格水平，需求量 $Q(D)$ 受价格上涨的影响而下降到 Q_{D1}，相反由于运价提高，供给能力 $Q(S)$ 却提高到了 Q_{S1}，以至造成市场上运力的过剩，在图中以标有“过剩”的线段表示。显然，从该图可看出，只要价格 P 大于均衡运价 P_0，就会存在运输供给能力大于运输需求的情况。过剩的运输供给必然会设法寻找市场，在竞争中通过降低价格吸引需求方，在价格下降过程中，供给量沿着 S 曲线逐渐减少。在供给方压价争夺市场时，另一方面，需求量却因为价格下降而逐渐增加，这样，“过剩”量也就逐渐减少，直到价格等于 P_0 时，供给过剩完全消除。图 2-8 中，沿着两条曲线向下的箭头表示当市场存在着过剩时价格的运动方向；反之，当市场价格小于 P_0，例如达到图中 P_2 水平，市场出现了短缺，即需求量超过了供给量，如图中标有“短缺”的线段所示。在存在着短缺的情况下，需求方为得到有限的运力而展开的竞争引起价格上升，如图中向上的箭头所示。因此，在 E 点，而且只有在 E 点，供给与需求的力量才能达到平衡，价格稳定在可以持续不变的水平上。当然，这一供需均衡机制的形成是以运输市场的充分竞争为前提的。

运输市场均衡的形成与变动过程是其基本的运行机制。通常，在供求条件不变的情况下，市场处于一定的稳定均衡状态。虽然不均衡是经常和大量出现的，但是通过运价与供求的相互冲突与调整等作用，能够不断地恢复和维持均衡。然而，由于市场盲目冲击力的存在，市场“不均衡—均衡—不均衡—均衡”的过程是反复进行的。

从长期来看，随着世界经济和国际贸易的发展，运输需求必然相应增长；科技进步、造船工业以及跨国高速公路和铁路的发展也必然推动供给增加，供求条件发生变化，这就必定打破原有的均衡，引起供求新的冲突与矛盾。这一新的供求冲突与矛盾又会引起运价的波动，随着运价的变动，将会推动市场走向新的均衡。供给、需求和市场运价就是这样，在相互影响和相互作用中推动运输市场形成：稳定均衡、维持、稳定均衡被打破，再形成新的均衡……，这样周而复始的运动过程，就是以运价为自动调节的市场机制的动态运行过程。

二、供需变动下运输市场的均衡

当某种均衡形成之后，随着时间的推移，供给与需求条件会产生变化，导致原供需关系(供需曲线)的改变。这时原来的均衡就要被打破，并朝着新的均衡转变。

1. 供给不变、需求变动对均衡点的影响

图 2-9 中，D 为原需求曲线，S 是供给曲线，D 与 S 交于 E，P_0 为原均衡运价，Q_0 为原均衡运量。现假定由于需求影响因素变化导致需求增加，使需求曲线 D 向右上方移动到 D_1，新需求曲线 D_1 与 S 交于 E_1，新的均衡运价为 P_1，新的均衡运量为 Q_1，$P_1>P_0$，$Q_1>Q_0$，表明在供给不变前提下，由于需求的增加，使均衡价格上升了，均衡运量也相应增加了。

假定由于某种因素的变化导致需求减少，使需求曲线 D 向左下方移动到 D_2，D_2 与 S 交于 E_2，新的均衡运价为 P_2，新均衡运量为 Q_2，$P_2<P_0$，$Q_2<Q_0$，表明在供给不变的前提下，由于需求的减少，使均衡价格下降，均衡运量也相应减少了。

2. 需求不变，供给变动对均衡点的影响

图 2-10 中，假定运输需求 D 保持不变，供给影响因素变化导致供给增加，使供给曲线 S 向右移动到 S_1，S_1 与 D 交于 E_1，对应新的均衡运价 P_1，均衡运量 Q_1，$P_1<P_0$，$Q_1>Q_0$，表明在需求不变的前提下，由于供给的增加使均衡价格下降，均衡运量增加了。

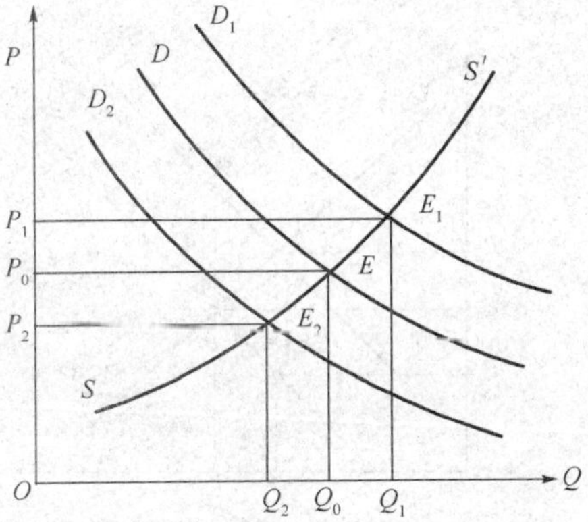

图 2-9　运输供需曲线(S 不变)

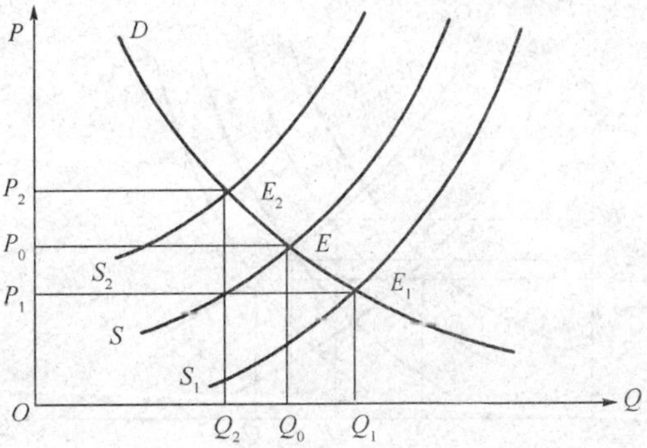

图 2-10　运输供需曲线(D 不变)

假定由于某种因素影响导致供给减少，使供给曲线 S 左移到 S_2，S_2 与 D 相交于 E_2，新均衡运价为 P_2，均衡运量为 Q_2，$P_2>P_0$，$Q_2<Q_0$，表明在需求不变前提下，由于供给减少，使均衡价格上升，均衡运量减少了。

3. 需求与供给同时变动对均衡点的影响

在运输市场运行中，需求与供给常常同时发生变动，此时，均衡如何变动将取决于需求与供给的变动方向和幅度。供给与需求同时变动有两种可能，一种是呈同方向变化，另一种呈反方向变化。每一种可能中又有两种情形。同方向变化时，可能同时增加，也可能同时减少；反方向变化时，可能是需求增加、供给减少，也可能是供给增加、需求减少。

现以需求与供给同时增加为例来考察供需同时变化时对均衡的影响。

如图 2-11 所示，现假定需求由 D 增加到 D_1，供给由 S 增加到 S_1，此时供给增加的幅度小于需求增加的幅度，新均衡点为 E_1，新均衡运价为 P_1，新均衡运量为 Q_1，$P_1>P_0$，$Q_1>Q_0$。

如果供给由 S 增加到 S_2，此时供给增加幅度等于需求增加幅度，新均衡点为 E_2，新均衡

运价 $P_2=P_0$，新均衡运量为 Q_2，$P_2=P_0$，$Q_2>Q_1$。

如果供给由 S 增加到 S_3，此时供给增加幅度大于需求增加幅度，新均衡点为 E_3，新均衡运价 P_3，新均衡运量为 Q_3，$P_3<P_0$，$Q_3>Q_0$。

从以上分析可见，在需求、供给均增加的情况下，均衡运量是一定增加的，而均衡价格上升还是下降，则取决于需求与供给增加的幅度的相对大小。当需求增加幅度大于供给增加的幅度，则均衡价格上升；当需求增加幅度等于供给增加幅度，则均衡价格不变；当需求增加幅度小于供给增加幅度，则均衡价格下降。

用同样的方法可分析在需求与供给的其他变化情形时，均衡运价的变化情况。

以上分析了均衡运价与均衡运量如何确定以及当需求状况与供给状况发生变化时，相应的均衡量的变化，但并未论及从原均衡点到新均衡点的发展变化过程，故称为静态均衡分析法。

三、税收及补贴对均衡的影响

在市场经济中，政府对运输服务实行征税及补贴会影响原有的供需均衡，现分析如下。S 为某种运输的供给曲线，D 为需求曲线，见图 2-12。现假定国家对此种运输服务实行征税，因为税收是由生产者或销售者付给国家的，并且包含在消费者所接受的运价当中，购买者对于价格中是否含有税金并不关心，他们关心的只是价格的高低。所以，征税对需求曲线没有影响。

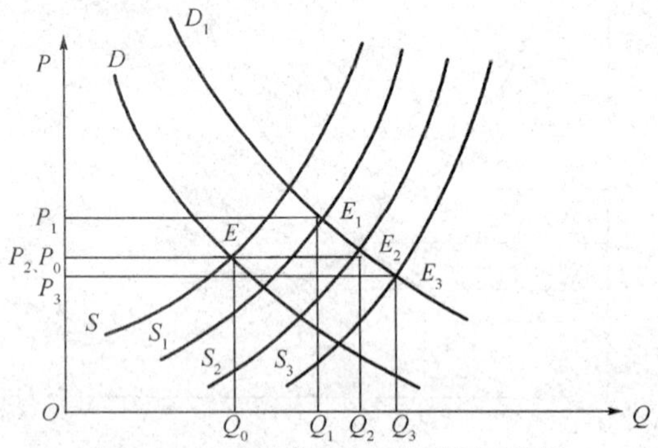

图 2-11　运输供需曲线（D 与 S 同时改变）

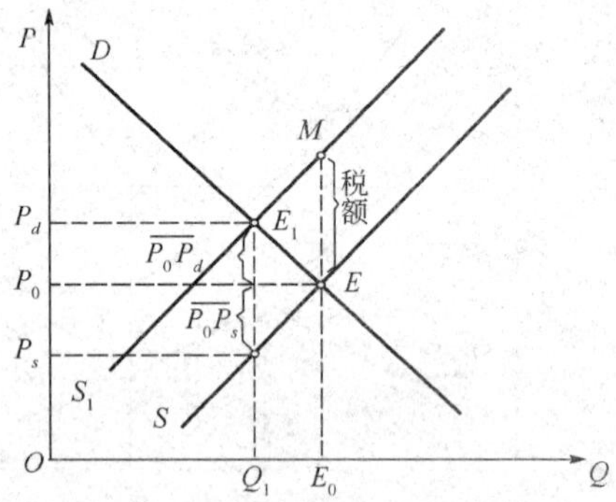

图 2-12　税收对均衡的影响

但征税对供给曲线有影响。征税后，供给曲线将沿运价轴方向向上移动一段距离，这段距离的长短为单位运输服务的税额（EM），使新供给曲线为 S_1，此时新的均衡点为 E_1，运价从原来的 P_0 升高到 P_d；需求量由原来的 Q_0 降为 Q_1，征税使运价提高了，需求量减少了。而供给方实际获得的价格（收益）为 P_s，它等于 P_d 减去税额 EM。

相反，如果政府给予某种运输服务以补贴，则运价会降低，需求量将增加。

那么税收负担（或补贴收益）由谁来承担呢？作为运输服务生产者，力图把税收转嫁给消费者，而该种服务的消费者也力图把税收推给生产者。究竟由谁负担取决于双方寻找替代服务能力的比较。如果消费者在运价下跌时寻找可替代的运输服务的能力大于生产者在价格下跌或成本增加时寻找替代服务的能力，那么消费者负担的税收份额将小于生产者所负担的税收份额；反之，如前者能力小于后者，前者所负担的税收份额将大于后者所负担的税收份额。寻找替代服务的能力决定需求弹性与供给弹性，寻找替代服务能力越强，则弹性越大；反之弹性越小。这就是经济学中的税收负担原理，即税收负担由消费者和生产者双方分担的比例，取决于双方价格弹性的比值。当需求弹性大于供给弹性时，消费者负担的税收份额将小于生产者负担的税收份额；如果需求弹性小于供给弹性，则消费者负担的税收份额就大于生产者所负担的税收份额。这种关系可用公式表示如下：

$$\frac{\text{消费者负担的税收份额}}{\text{生产者负担的税收份额}}=\frac{\text{供给弹性}}{\text{需求弹性}}$$

由于 $$\text{需求弹性}=\frac{\text{需求量变化率}}{\text{需求价格变化率}}=\frac{\overline{Q_1Q_0}}{\overline{OQ_0}}\div\frac{\overline{P_0P_d}}{\overline{OP_0}} \tag{2-46}$$

$$\text{供给弹性}=\frac{\text{供给量变化率}}{\text{供给价格变化率}}=\frac{\overline{Q_1Q_0}}{\overline{OQ_0}}\div\frac{\overline{P_0P_s}}{\overline{OP_0}} \tag{2-47}$$

因此 $$\frac{\text{供给弹性}}{\text{需求弹性}}=\frac{\overline{P_0P_d}}{\overline{P_0P_s}} \tag{2-48}$$

公式右边分子是需求方支付价格超出原价格的数量，分母是供给方实际获得的价格（收益）少于原价格的数量，它们的比值即为双方负担的税收份额的比例。

【例 2-11】 汽油税的分担（参照 Robert S. Pindyck & Daniel L. Rubinfeld 微观经济学）。对汽油征收高额税收，既可以提高政府收入，减少汽油消费，又能降低美国对石油的进口依赖，这个想法已讨论许多年了。如每加仑征收 50 美分的汽油税（1 美制加仑＝3.785 3L），将对汽油的价格和消费会产生什么影响？以 20 世纪 90 年代中期的市场状况为背景来分析一下。

当时汽油售价约为 1 美元/加仑，总消费量约 1 000 亿加仑/年，汽油需求的中期（3～6 年）价格弹性估计为－0.5，汽油供给价格弹性估计为 0.4（汽油部分进口部分自给，供给曲线取决于石油的国际价格、美国国内厂商供给情况和提炼成本，在此不详细讨论细节问题）。

按上述油价、总消费量、需求弹性和供给弹性数据，可拟合以下线性供需曲线。

汽油需求：$Q_d=1\,500-500P$，$P=1$ 时，$Q_d=1\,000$，$E_d=-0.5$；

汽油供给：$Q_s=600+400P$，$P=1$ 时，$Q_s=1\,000$，$E_s=0.4$。

运用以上线性供需曲线，我们可以分析 50 美分/加仑的汽油税会产生什么影响。为此，先要列出必须满足的四个条件：

$Q_d=1\,500-500P_d$　（需求）

$Q_s=600+400P_s$　（供给）

$Q_d=Q_s$　（需求＝供给）

$P_s=P_d-0.5$　（供应商实际获得的价格等于汽油售价减去汽油税 0.5 美分/加仑）

联立前三个方程，以便使供给等于需求：

$$1\,500-500P_d=600+400P_s$$

将最后一个方程代入上式，可得：

$$1\,500-500P_d=600+400(P_d-0.5)$$

稍作整理，以便求解 P_s：

$$500P_d+400P_d=1\,500+200-600$$

$$900P_d=1\,100 \text{ 或 } P_d=1.22$$

由 $P_s=P_d-0.5$ 得到，$P_s=0.72$。税收负担按各自价格弹性的倒数比例由消费者与生产者分担，消费者多付 22 美分/加仑，生产者少收 28 美分/加仑，比较接近（注：利用 $E_d/E_s=(1-P_s)/(1-P_d)$ 和 $P_s=P_d-0.5$ 可得到相同结果，请同学自行验证）。因此，很自然，双方都竭力反对这项税收，代表这两个集团的政客每次在提案提出时都要争论一番。

最后，根据需求方程，可以确定收取汽油税后，汽油总需求量 $Q=1\,500-500\times1.22=890$ 亿加仑/年。这意味汽油消费将下降 11%。当然，税收将大大提高政府收入，年税收收入＝

0.5×890=445 亿美元。它们将由消费者和生产者分别负担 A 部分和 B 部分(图 2-13)。

然而,消费者和生产者实际负担超出 445 亿美元的税收收入,超出部分称为税收的无谓损失,消费者和生产者额外承担的成本分别为图中的三角形 a 和 b。由图容易算出这部分无谓损失为:

(1/2)×(0.50 美元/加仑)×(110 亿加仑/年)=27.5(亿美元/年)

这一无谓损失约占政府税收的 6%,它必须被税收可能带来的某项额外收益所抵消。

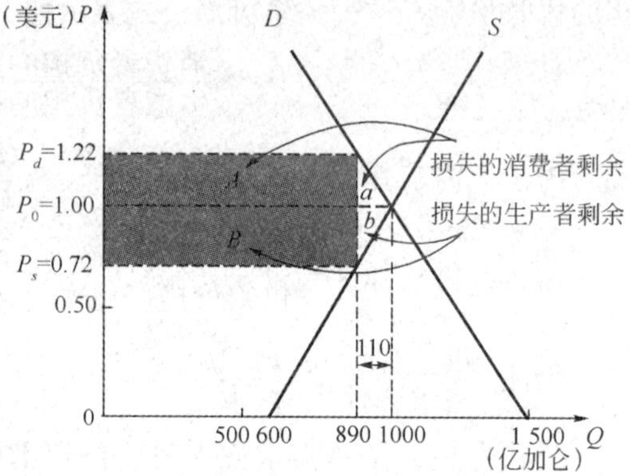

图 2-13　50 美分汽油税的分担及影响

注:事实上,迫于政治压力,20 世纪 90 年代中期经国会通过和总统签字的是每加仑汽油只增加 4.3 美分的汽油税,美国政府为此每年只增加不到 50 亿美元的联邦收入。

第六节　运输需求预测

涉及交通运输领域的预测大致可分三大类:

(1)行业宏观指标预测,如运输业总产值,各种运输方式的发展规模、比例等,主要用于宏观政策分析。

(2)交通量预测,如道路路网和路段的车辆数、机场日起降飞机数等,交通量预测在道路等规划和项目经济分析中应用最多。

(3)运输量预测,全国的、区域性的,或路线上的运输量、不同运输方式的运输量、货物及旅客运输量与周转量等。

这三类预测的基本原理是相同的,并且以运输量预测为基础。两地间如无运输需求,就没有运输量,也就没有了交通量和运输业的发展。

运输业涉及国民经济各部门和人民生活的各方面,现实经济活动中经常需要对客货运量进行预测。由于影响运输需求的因素涉及上至国民经济的宏观规划下至人们的日常生活和市场经济的方方面面,要依靠现有的预测工具和占有的历史资料尚不可能对未来的运输需求细节作出精确的定量描述。因此只能舍弃次要因素,通过适当简化的数学模型来进行预测分析。

下面仅介绍运输需求预测中的基本思路、计量经济预测模型的基本概念和简单的算例,并对现有的预测案例作简单分析,而将详细的预测技术留给运输规划等课程中讲解。在对预测结果分析中,除了简要介绍国外情况外,主要是将已有的文献中对 2000 年我国运输业发展水平的预测与实际情况进行对比,通过实际与预测的差距,从另一个视角来考察十多年来我国的运输业所发生的变化与发展,为今后的运输需求预测提供参考。

一、需求预测的基本概念和方法

1. 运输需求与运输量的关系

在进行运输需求预测时,应明确“运输需求”与“运输量”是两个不同的概念。

运输需求是社会经济生活在人与货物空间位移方面所提出的有支付能力的需要;而运输量则是指在一定运输供给条件下所能实现的人与货物的空间位移量。社会经济活动中的人与货物空间位移是通过运输量的形式反映出来的，运输量可以是公路上的汽车货物流量、航线上的旅客人数或是铁路列车运送的货物吨数。运输量的大小当然与运输需求的水平有十分密切的关系，但在许多情况下，运输量本身并不能完全代表社会对运输的需求。运输需求能否实现要取决于运输供给的状况，在运输能力完全满足需求的情况下，运输量就可以基本上反映运输需求。但有时候，特别是在一些国家或地区运输供给严重不足的情况下，运输业完成的运输量仅是社会经济运输需求的一部分，如果增加运输设施、扩大运输能力，被不正常抑制的运输需求就会迅速变成实际的运输量。

明确“运输需求”与“运输量”的概念对预测运输需求是很重要的。过去有许多预测工作没有分清运输需求与运输量的区别，在大部分预测过程中主要采用了以过去的历史运输量数据预测未来运输需求的方法，以“运量预测”简单代替“运输需求预测”，这种概念上的误差当然会影响到预测的准确程度。显然，在运输能力满足需求的情况下，运量预测尚可以代表对运输需求量的预测；而在运输能力严重不足的情况下，不考虑运输能力限制的运量预测结果，就难以反映经济发展对运输的真正需求。随着我国市场经济机制的不断完善，运输供给长期紧缺的状况基本改善，运输需求与运输量的实际差别可望将越来越小。

2. 预测的类别

按照预测的对象区分，运量预测可分为货运预测和客运预测。

按照预测的层次区分，它又可分为全国运量预测、国民经济各部门运量预测、各地区运量预测和各种运输方式的运量预测。

按照预测期间的长短，还可以分为短期预测、中期预测和长期预测。假如以年作为预测的时间单位，一般 1～5 年可称为短期预测，5～10 年为中期预测，10 年以上则属于长期预测。另外，有时根据需要还要做一年内各季度、月甚至旬的运量预测。

按照预测的内容区分，它还可分为发送量预测、到达量预测、周转量预测和平均运程预测。在各地区的客货发到量确定之后，往往还需要预测各地区的内部运量和各地区之间的交流量，这些交流量还要在不同运输方式之间以及不同运输线路之间进行分配。图 2-14 是这些预测内容的相互关系示意图。

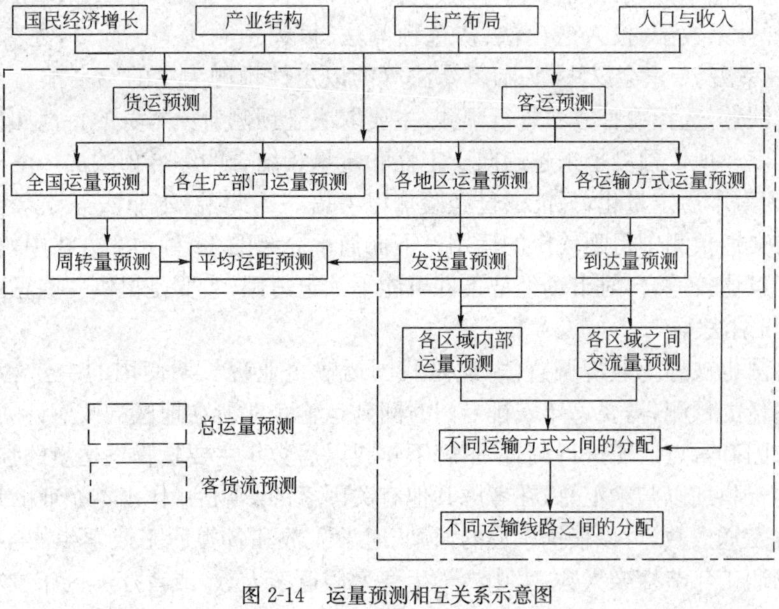

图 2-14　运量预测相互关系示意图

从图 2-14 看出，这些相互联系着的预测内容可以分为总运量预测和客货流预测两个大的部分。其中总运量预测是比较抽象意义上的预测，它只负责从总量上把握全国或部门或地区的客货运输量，包括发到量、周转量以及平均运程，这些预测有时是分货物品名或旅客类别的，有些则是笼统的，其特点是只考虑总量，基本上不涉及具体发到地和具体线路上的客货流。而客货流预测则负责把已预测出的客货运总量，在分析地区间交流的基础上，分配到具体运输方式和运输线路上。客货流预测更接近实际的客货位移。从图上还可以看出，总运量预测与客货流预测之间有交叉的部分。

预测的角度可以是经济管理的综合部门(全国的或地方的)，可以是中央或地方的运输主管机构，也可以是各级运输企业。不同的预测角度和出发点，决定了预测结果的不同用途：宏观经济计划、区域发展规划、基建设计与投资安排或是运输生产组织管理。

3. 预测方法

预测的基本原理有以下三种。

1)惯性原理

客观事物发生变化的过程往往表现出它的延续性，通常称这种现象为"惯性现象"。根据这一性质，由研究对象的过去和现在的状态，向未来延续，从而预测其未来状态。惯性原理是趋势外推的理论依据。

2)类推原理

许多特性相近的事物，它们的变化有相似之处，通过分析类似事物的相互联系的规律，根据已往事物的变化特征，推断具有相似特征的预测对象的未来状态。类推可分为定性类推和定量类推。例如，利用甲地在某一经济水平的运输弹性，来预测与甲地相类似的乙地达到同一经济水平时的运输弹性。

3)相关原理

任何事物发展变化都不是独立的，而是在与其他事物的相互影响下发展的。事物之间的相互影响常常表现为因果关系。相关原理是回归预测的理论依据。

在预测原理的指导下产生了很多预测方法，常用的预测技术有增长率法(如交通需求中常用的产运系数、产值系数、乘车系数法等)、趋势外推法、移动平均法、指数平滑法、回归分析法、联立方程法、弹性系数法、投入产出法、灰色预测法、模糊预测法等。此外，还有德尔菲(Delphi)法、主观概率法、专家会议法、头脑风暴法等的以定性预测为主的专家预测方法。各种预测法各有其优缺点，选择哪种方法进行预测，主要取决于预测对象本身的特性和预测者对预测方法的理解程度。现代预测越来越趋向于定性和定量相结合的综合预测法。由于单用定量预测时，有很多因素不易定量化，只能通过经验加以考虑。因此，德尔菲法等专家预测法在中长期定性经济与交通预测中得到较广的运用。下面简单介绍的 12 种预测方法中，有些方法对原来计划经济背景比较适合，对市场经济条件可能不一定适用，主要是提供一些思路供参考。

(1)直接归纳法

直接归纳法也被称为经济调查法，这是我国运输企业曾长期使用的主要运量预测方法。例如货物发送量的预测，需要每年安排专门时间到运输企业所在地区的政府计划委员会、各有关行业主管部门和重点厂矿进行调查，了解下年或以后数年主要货物发送量的预计情况，并根据调查获得的资料加以归纳汇总，在考虑其他有关因素的影响后，作出本企业的货物发送量预测。又如旅客发送人数，可以根据掌握的通勤、通学人数和各类职工或学生的年乘车次数，根据调查得来的职工年节探亲人数、大中专学生寒暑假返家人数，或者疗养区床位数及周转次数决定的疗养旅客返程人数，加上其他方面的考虑，就可以进行旅客发送人数的归纳预测。

通过一定时间的资料积累和周到细致的调查工作，可以掌握区域内客货运量变化的大体趋势，直接归纳法能够得出比较符合实际的预测结果。但如果区域范围较大，经济调查的工作量就会过于繁重，遗漏和调查数据偏大偏小的情况也难以避免。此外，这种方法在严格的计划经济体制下效果较好，当市场因素在经济活动中所占比重越来越大的时候，无论客货运都会受很多不确定因素的影响。直接归纳法的局限性比较明显，然而它仍然不失为一种相当有效的预测方法，与其他适用的方法相结合，仍然发挥着重要的作用。

(2)递增率法

递增率法是根据客货运量的预计增长速度进行预测的方法。一般的做法是，先分析历史年度客货运量增长率的变化规律，然后根据对今后经济增长的估计确定预测期客货运量的递增率，再预测未来的客货运量。用递增率法计算运量的公式为：

$$Q_t = Q_0(1+\alpha)^t \tag{2-49}$$

式中：Q_t——预测期运量；

Q_0——基期运量；

α——确定的运量递增率；

t——预测期的年限。

递增率法的关键是确定增长速度。一般用于运量增长率变化不大，或预计过去的增长趋势在预测期内仍将继续的情况。递增率法也常用于综合性运量的预测。其计算方法简单，但预测结果显然也比较粗略。

(3)乘车系数法

乘车系数法是以总人口和平均每人乘车次数预测旅客发送量的方法。乘车系数指一定范围内旅客发送量与人口数的比值。在全国范围内，乘车系数为总客运量与全国人口的比值，在运输企业或车站范围内，为吸引范围内总客运量与其总人口的比值，其计算公式为：

$$Q_t = M_t \cdot \beta \tag{2-50}$$

式中：Q_t——预测期运量；

M_t——预测期的总人口；

β——乘车系数；

t——预测期的年限。

乘车系数可以根据历年资料和今后可能发生的变化确定。乘车系数法的局限性在于，一是该系数本身的变动有时难以预料，不同运输工具运价比例的变动、休假制度的改变、经济紧缩对农民进城工作的影响等，都会使乘车系数出现较大摆动；二是总人口在考虑到间接吸引区时比仅考虑直接吸引区要复杂得多，不容易精确计算。

(4)产值系数法

产值系数法是根据预测期国民经济的总量指标，如工农业总产值、社会总产值、国民生产总值或国民收入等，和确定的每单位产值所引起的货运量或客运量去预测总运量的方法。所采用的公式为：

$$Q_t = N_t \cdot \gamma \tag{2-51}$$

式中：Q_t——预测期运量；

N_t——预测期产值指标，万元；

γ——产值系数；

t——预测期的年限。

产值系数法可以用来预测全国的总运量,也可以预测地区的总运量,但全国与地区、地区与地区之间,不同总量指标之间以及不同运输方式之间,不同时间之间的产值系数可能存在很大的差别,例如全国铁路货物发送量相对于全国工业总产值的产值系数,从 20 世纪 80 年代初期到 90 年代末就发生了很大变化。产值系数 1980 年为 106.0,1990 年下降到 40.6,然后不断下降,1998 年进一步降至 10.6。因此,该方法的关键是要在长期的变化中把握住具体产值系数的变动趋势。

(5)产运系数法

产运系数法是根据某种货物的运量随其生产总量发生变化的规律性,预测货运量的方法。无论从全国还是从地区看,一些主要货物的发送量与其生产总量的比值(即产运系数 δ=货物的年发送量/货物的年生产总量)总是相对比较稳定的,这些货物包括煤炭、石油、钢铁、金属矿石、水泥、木材、粮食、化肥、盐等。这就可以根据它们的未来产量预计未来该货物发送量。利用产运系数计算预测期运量所采用的公式为:

$$Q_t = L_t \cdot \delta \tag{2-52}$$

式中:Q_t——预测期该货物发送量;

L_t——预测期某种货物的产量指标;

δ——产运系数;

t——预测期的年限。

与产值系数法相同,产运系数法的关键也是要把握好在长期的变化中具体产运系数的变动趋势。如石油、煤炭、钢铁、金属矿石、矿建等大部分货物的铁路产运系数有不同程度的下降。一般说来,生产布局的改变,大中小型企业产量构成的变化,基建投资结构的改变,进出口量的多少,产、供、运、销关系的变化和各种运输方式分工结构的变化,都可能引起货物产运系数的变化。预测期各主要品类货物的产运系数确定以后,就可依据前述预测公式,计算各类货物的运量,然后还可加总得到货物总运量的预测值。

(6)产销平衡法

所谓产销平衡,是指在一定范围内,相同用途的某种物资的生产量、消费量和运输量之间的平衡。通过产销平衡计算,可推算出该种物资在一个车站、一个枢纽、一条线路或一个地区的发送量和到达量(输出量和输入量)。对于产量大于当地销量的地区,物资是输出的;对于消费量大于当地生产量的地区,物资则是输入的。上述两者具有如下关系式:

$$\begin{cases} Q_t = Q_s - Q_c \\ Q_d = Q_c - Q_s \end{cases} \tag{2-53}$$

式中:Q_t——该种物资的当地发送量;

Q_d——该种物资的当地到达量;

Q_s——该种物资的当地生产量;

Q_c——该种物资的当地消费量。

如果只考虑某一种运输方式的发送量和到达量,则对产量大于消量的地区有:

$$Q_t = Q_s - Q_c - Q_0 \tag{2-54}$$

对消量大于产量的地区有:

$$Q_d = Q_c - Q_s - Q_0 \tag{2-55}$$

式中:Q_0——其他运输方式所承担的该种物资的发到量。

产销平衡法是一种细致的运量预测方法。从理论上讲，它可以达到相当的精确度，而且还可以为下一步继续研究地区间货流打下基础。但该方法的使用也受到一定限制。首先，预测者必须掌握各种物资产、供、销的全面情况和资料，不仅要有主要产品的生产量及其分布的资料，消费量及其分布的资料，还需要掌握进出口量、生产企业自用量，以及各生产单位库存量的变化等资料。其次，同一品名但用途不同的货物，不能混在一起进行产销平衡计算。例如煤炭中有炼焦煤、动力煤和居民用煤等的差别，炼焦煤又分为好几个品种；石油可分为原油、成品油和渣油，成品油又有汽油、煤油和柴油的区别；钢铁产品的种类更是不胜枚举。这些不同种类的物资用途各异不能随意地相互替代，因此需要对其中的每一种物资都单独进行产销平衡计算。而另一方面，有些品名不同的货物在使用中又具备某种可替代性，如渣油和动力煤之间、钢材和木材之间等，可以在一起进行换算平衡，这又增加了使用该方法的复杂性。

由此看来，产销平衡法所要求的条件比较严格，必须占有非常详细的资料，而且只能对用途一致的少数几种物资进行详尽的分析预测。

(7)比重法

比重法是在总运量已用某种方法预测，进而估算其中部分运量的方法。例如各种运输方式在总运量中所占的比重，总是根据一定规律变化的，当总运量已知，各种运输方式的运量就可以在分析历年变化趋势的前提下加以分配。又如某种运输方式的总货运量中，各主要品类货物所占的比重，也是按照一定规律变化的。在总货运量已预测出的情况下，可以根据运输结构变化的分析，预计各主要品类将占有的比重，进而预测它们的运量。

(8)移动平均法

移动平均法就是借助移动平均数修正资料数据的变动，以描述其趋势的方法。所谓移动平均，就是按时间数列的一定项数求序时平均数，逐项移动，边移动边平均，计算出一系列的平均数。这样，就可得出由移动平均数构成的新的时间序列。新的时间序列可以把原数列中的某些不规则变动，特别是周期性变动加以修正，从而呈现长期变动的基本趋势。例如，最为简单的一次移动平均法的计算公式为：

$$F_{t+1} = M_t^{[1]} = \frac{x_t + x_{t-1} + x_{t-2} + \cdots + x_{t-n+1}}{n} \quad (t \geqslant n) \qquad (2\text{-}56)$$

式中：F_{t+1}——第 $t+1$ 期(即下一期)的预测值；

$M_t^{[1]}$——第 t 期的一次移动平均值；

x_t——t 期的实际发生值；

n——移动平均期数，即每次移动平均所包含的实际发生值的个数。

(9)月度比例系数法

月度比例系数法是根据过去数年的月度运输统计资料，计算出平均每个月的运量在年度运输量中所占的比例，进而在未来年度总运量预测出以后，按照月度的分布规律求出未来年度各月的预测值。

(10)弹性系数法

先求出历史年份运输量关于经济量的弹性，当有了经济量的预测值后，便可利用该弹性值预测出未来的运输量。未来的运输量增长率＝预期的经济量增长率×弹性值。

(11)回归预测法

回归预测法是通过找出预测对象和影响预测对象的各种因素之间的统计规律性，建立相应的回归方程进行预测的方法，即后面要介绍的普通最小二乘法。回归预测法是应用最多也是最基础的一种预测方法。把运输量仅仅看作是时间 t 的函数，即：

$$Y=f(t) \tag{2-57}$$

此法称为定基预测法，它是利用历年的运输量资料，选择适合的函数进行回归求出参数，利用该回归方程预测将来任一时间 t 的运输量。把运输量看作是各种经济指标 X_i 的函数，即：

$$Y=f(X_1,X_2,\cdots,X_i) \tag{2-58}$$

此法称为定标预测法，它利用运输量与经济指标的回归方程进行预测，预测未来 t 年运输量时应首先知道（规划或预测）未来 t 年的各相关经济指标。

（12）德尔菲（Delphi）法

德尔菲法也称专家小组法。它采用征询意见表，利用通信方式，向一个专家小组进行调查，然后将专家们的预测判断加以集中、反馈，并反复调查多次，最终利用集体的智慧得出预测结果。

德尔菲法具有以下三个特性：

匿名性——采用匿名征询的方式征求专家意见。

反馈性——经典的德尔菲法要进行四轮的专家意见征询，并在新一轮征询中将前一轮专家意见匿名反馈给每位受邀专家，供专家们预测时参考，使预测结果的准确度大大提高。

量化性——采用统计方法对专家意见进行处理，其结果往往以概率的形式出现。这些结果既可反映专家意见的集中程度，又可反映专家意见的离散程度。

德尔菲法的实施步骤如下：

①确定预测题目，选定专家小组。一般专家应不少于15～50人，并应事先约请专家不要向外透露参与征询调查这件事，以免相互商量，答案雷同，起不到德尔菲法应起到的作用。

②设计调查表，准备有关材料。

③征询专家初次判断意见。

④综合整理收回的各位专家初次判断意见，作出定量化的归纳，加以必要说明，并反馈给所有专家，请他们再次思考，提出判断意见。

⑤经过四次反复征询意见后，作出预测值。

德尔菲法既能发挥专家们的集体智慧，又可以避免专家会议的缺点。通过背靠背地发表意见，可以把心理因素的影响降到最低限度。这种方法对于解决被认为有困难的、有争议的和带有感情色彩的问题相当有效。

例如，表明中国居民在进行社会经济活动时多大程度上可以借助于机动工具，即反映中国居民机动生活质量的"福田指数"，就是通过以宏观经济学家、城市发展专家、社会学家、交通专家等组成专家小组（体系），借助于严格的德尔菲专家调查法获得的。

4.运输经济计量（预测）模型

前面需求分析中已列举简单需求模型，在一些简单项目的运输或交通预测中可直接采用OLS预估参数（Ordinary Least Square，普通最小二乘法），OLS是最简单，也是很有效的预测方法。但对较复杂问题，各种因素相互关联，有时仅OLS还不够，这里介绍计量经济学中几个模型和基本方法思路，有关个别OLS的具体解算和公路项目交通量预测的四阶段预测法在第7章中介绍。

1）中国宏观计量经济模型中交通运输业总产值模型

1983年我国研制的较早的国家级宏观经济模型由91个方程组成，并包含91个内生变量、32个外生变量。其中交通运输业总产值预测模型为（括号内数字为 t 检验值，1953～1983年数据）：

$$\ln(GTRV) = -0.183 - 0.2095\ln(0.7GAGV + 0.3GAGV_{-1}) + 0.522\,2\ln(GINV)$$
$$(-0.51)\quad(-2.85)\qquad\qquad\qquad\qquad(8.05)$$
$$+0.255\,5\ln(GCNV) + 0.184\,9\ln(GCMV) \tag{2-59}$$
$$(3.83)\qquad\qquad(1.20)$$

式中：　GTRV——交通运输业总产值(当年价格)，亿元；

GAGV、$GAGV_{-1}$——当年和前一年的农业总产值(当年价格)，亿元；

GINV——当年工业总产值(当年价格)，亿元；

GCNV——当年建筑业总产值(当年价格)，亿元；

GCMV——当年商业总产值(当年价格)，亿元。

这是一个对数方程，即交通运输业总产值对农业、工业、建筑业和商业的弹性分别为−0.209 5、0.522 2、0.255 5 和 0.184 9。对这一早期模型，有两点不太理想。一是交通运输业总产值随当年和前一年的农业总产值的提高而下降，后者上升 1%，前者下降 0.209 5%；二是长期以来运输能力一直是制约运输业产值的主要因素之一，该方程未能反应当时我国运输业供不应求的紧张状况。因此该方程难以用于运输业产值的预测。

之后，清华大学的宏观经济模型采用生产能力作为解释变量建立了运输邮电业产值的预测模型(1975～1989 年数据)：

$$\ln(Y4) = 0.709\,0 + 0.793\ln(L4) + 0.222\ln(KL4) + 0.843\ln(KF4) \tag{2-60}$$
$$(15.62)\quad(3.41)\qquad\quad(2.45)\qquad\qquad(5.55)$$

式中：$Y4$——运输邮电业产值；

$L4$——该部门年平均劳动者人数；

KL4——定额流动资金；

KF4——固定资本原值。

从该方程中可以看到，当时我国运输邮电业处于规模报酬上升阶段，当所有投入要素增加 1 倍(即为原来的 2 倍)时，运输邮电业产值将是原来的 3.6 倍：

$$2^{(0.793+0.222+0.843)} = 2^{1.858} = 3.625$$

这也从一个方面反映投入要素是当时运输邮电业的主要影响因素。

2)联立方程模型

(1)简单的联立方程模型

式(2-59)用与运输需求相关的产业作为外生变量解释运输业产值，类似于需求方程，式(2-60)采用生产能力作为解释变量预测运输邮电业产值，类似于供给方程。当运输业发展不受运输能力限制时，前者较佳；当运输业发展主要受制于运输能力时，后者更符合实际。应该说，我国近 20 年运输业取得重大发展，长期以来运输能力一直制约运输业产值的情况有了极大改善，在市场化条件下，运输业的发展既与需求方发展有关，也同时取决于自身运能的提高。因此，运输产值(运输量、运输周转量)应是需求与供给的平衡结果：

$$\left.\begin{aligned} Q_d &= Q_d(P, Y_1, \cdots, Y_i) \\ Q_s &= Q_s(P, X_1, \cdots, X_i) \\ Q_d &= Q_s \end{aligned}\right\} \tag{2-61}$$

一般，将公式中需求量 Q_d、供给量 Q_s 和价格 P 看做是内生变量，Y_i、X_i 等解释因子作为先决变量。

最简单的联立方程模型之一是蛛网模型(Cobweb Mobel)，市场均衡的蛛网模型基本假设为：完全竞争市场某产品 t 年的供需平衡，即 $Q_{dt}=Q_{st}$，其中供应量 $Q_{st}=a_0+a_1P_{t-1}$、需求量 $Q_{dt}=b_0+b_1P_t$，可简写为：

$$\left.\begin{aligned} Q_t&=a_0+a_1P_{t-1}+\varepsilon_{1t} \quad &(\text{供给}) \\ P_t&=b_0+b_1Q_t+\varepsilon_{2t} \quad &(\text{逆需求}) \end{aligned}\right\} \tag{2-62}$$

式中：　Q_t——供应量或需求量；

P_t——价格；

a_0、a_1、b_0、b_1——待求参数；

ε_{1t}、ε_{2t}——随机误差项。

供应量 Q_t 由原来的市场价格（上一年 P_{t-1}）所决定，当期的供给是完全无弹性的。新的价格取决于需求响应下的平衡状态，它将反馈给下一年的供给。在这里，内生变量在每一期依此被确定，并依赖于逻辑上前一个的值。蛛网模型的参数估算可直接用 OLS，通过给定 P_{t-1} 的值利用前一公式计算出 Q_t，再用后一公式得到 P_t，该 P_t 又可预估下一个时间的 Q_{t+1}。

可以证明，用蛛网模型预测的市场动态的均衡过程具有以下规律（图 2-15）：

需求价格弹性＝供应价格弹性：循环式摆动（Perpetual Oscillation）；

需求价格弹性＜供应价格弹性：扩散式摆动（Explosive Oscillation）；

需求价格弹性＞供应价格弹性：收敛式摆动（Convergent Oscillation），收敛于供需曲线交点。

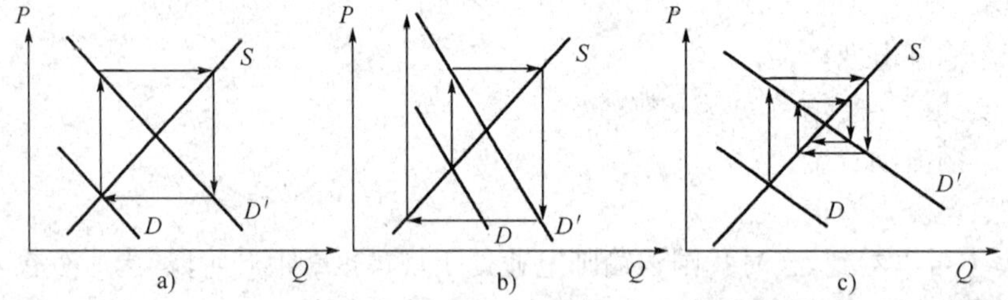

图 2-15　蛛网模型的循环式摆动、扩散式摆动和收敛式摆动

a)循环式摆动；b)扩散式摆动；c)收敛式摆动

(2)一般联立方程模型的求解

类似式 2-61 类型的一般联立方程模型，直接采用 OLS 将可能导致有偏的结果和非一致性的估计（不能满足 $Q_d=Q_s$ 条件等），而应采用专用于联立方程模型参数估算的 ILS（间接最小二乘）、IV（工具变量）、2SLS（两阶段最小二乘）、3SLS（三阶段最小二乘）等方法计算。例如，较为普遍的 2SLS（Two Stage Least Squares，两阶段最小二乘法）基本思路是，第一阶段对模型的简化式方程应用 OLS 求出内生变量的估计量，所谓模型的简化式方程是将原模型变型，使得方程右侧只有先决变量，这样一来，OLS 可分别对方程左端的内生变量进行计算；第二阶段，把出现在原模型（称结构方程）右端的内生变量用第一阶段得到的估计量代替，再用 OLS 求出结构方程左端的内生变量的参数。

【例 2-12】　分析 H 地的某产品运往 G 地的运量 Q。

1988～2000 年间，H 地某产品的年产量、价格和运往 G 地的运量如表 2-13 所示，假设该产品的运输供需方程为：

$$\begin{cases} D_t=a_0+a_1P_t+a_2Y_t+u_{1t} \\ S_t=b_0+b_1P_t+b_2P_{t-1}+u_{2t} \\ Q_t=D_t=S_t \end{cases}$$

式中：D_t、S_t、Q_t——运输需求量、运输供给量和实际发生的运输量；

P_t、P_{t-1}——H 地到 G 地的当年运价和上一年运价；

Y_t——产量；

a_i、b_i——待求参数，$i=0,1,2$；

u_{1t}、u_{2t}——随机误差项。

要求分析 2001～2005 年每年产量增长率为 10%时，2005 年该产品从 H 地运往 G 地的运量 Q 将为多少？

某产品历年的统计数据表 表 2-13

年份(年)	Q_t（运量：kt）	Y_t（产量：kt）	P_{t-1}	P_t（平均运价：元/t）
1988	397.3	1 396	156.0	160.0
1989	425.9	1 450	160.0	160.8
1990	417.6	1 502	160.8	161.8
1991	399.0	1 553	161.8	162.2
1992	467.5	1 673	162.2	162.4
1993	598.0	1 910	162.4	177.6
1994	704.5	2 223	177.6	202.2
1995	710.0	2 473	202.2	210.8
1996	752.5	2 688	210.8	212.0
1997	797.5	2 957	212.0	218.6
1998	844.5	3 395	218.6	228.2
1999	916.4	4 235	228.2	274.9
2000	956.0	4 757	274.9	302.0

［解］ 采用 2SLS 方法(两阶段最小二乘法)：

①利用 $Q_t=D_t=S_t$ 导出关系式：$P_t=c_0+c_1Y_t+c_2P_{t-1}$

采用 OLS(可利用 Excel，选择：工具—数据分析—回归)得到：

$c_0=82.448$，$c_1=0.036\,42$，$c_2=0.156\,14$，$R^2=0.894\,04$。

即(括号内为 t 检验值)：

$$\hat{P}_t=82.448+0.036\,42Y_t+0.156\,14P_{t-1}$$
$$(3.544\,4)\quad(5.373\,17)\quad(0.764\,096)$$

②代入需求公式后再利用 OLS 得到：

$$D_t=-182.778+3.897\,06P_t+0.015\,519Y_t \qquad (R^2=0.893\,06)$$
$$(-0.120\,4)\quad(0.256\,6)\quad(0.024\,6)$$

读者可自行求出供给量方程参数，并证明 $D_t=S_t$。

③2001 年的运量可由 $Y_t=4\,757\times1.10=5\,232.7$，$P_{t-1}=302.0$ 得到：

$$P_t=82.448+0.036\,42\times5\,232.7+0.156\,14\times302.0=326.2$$
$$Q_t=D_t=S_t=-182.778+3.897\,06\times326.2+0.015\,519\times5\,232.7$$
$$=1\,093.0\text{kt}$$

类似地可求出 2002～2005 年的运量，各年运量预测结果如表 2-14 所示。

某产品 2001～2005 年运量的预测表 表 2-14

年 份	Q_t（运量：kt）	Y_t（产量：kt）	P_{t-1}	P_t（平均运价：元/t）
2000（已知）	956.0	4 757	274.9	302.0
2001	1 093.0	5 232.7	302.0	326.2
2002	1 182.4	5 756.0	326.2	349.0
2003	1 278.3	6 331.6	349.0	373.5
2004	1 383.5	6 964.7	373.5	400.4
2005	1 499.1	7 661.2	400.4	430.0

(3)非均衡模型

需要说明的是，在一般情况下，$D\neq S$，市场的交易量（即实际运输量）既不一定等于需求量，也不一定等于供给量，它往往是需求与供给中的最小值：$Q=\min(D,S)$。这时市场中供需系统构成为非均衡模型，例如

$$\begin{cases}D=D(P)\\S=S(P_{-1})\\Q=\min(D,S)\end{cases}$$

式中，交易量 Q 是可观察量，而 P、D 和 S 都是不可观察量（P_{-1} 表示 P_{t-1}），且为内生变量。有关非均衡模型的求解本章不作介绍，需了解时可查有关专著。

二、对预测结果的分析

1. 预测水平还有待进一步提高

预测对运输业的发展至关重要。从宏观上看，为了成功地制订计划，对可供选择的不同政策可能产生的效果进行可靠的预测是极为重要的；从微观上看，每一个运输项目建设决策都离不开对未来交通（运输）量的准确预估。但是实际上，无论是宏观的，还是微观的交通运输预测，并非都像人们想象的那样理想。

在英国，对已建 41 项公路的原计划进行分析（英国下院公共结算委员会，1988 年），通过比较实际与计划交通流量，得出的结论是，只有 22 个项目的实际流量与原来预测的偏差在 20%以内，其余项目的偏差在－105%～＋50%之间。例如 M25 伦敦环城公路的预测是，15 年内，26 个三车道路段中的 21 个路段的交通量是每天平均 50 000～79 000 辆车，但是在很短的时间内，实际流量就达到了每天 81 400～129 000 辆的水平。

在美国联邦城市立体运输管理局资助下，皮克雷尔（Pickrell，1989 年）对 10 个城市公共运输计划中的项目进行了分析，竟发现全部严重低估了人均旅客成本，例如，迈阿密重型铁路运输的成本是预测的 872%；底特律商业区旅客运输成本是预测的 795%；布法罗轻型铁路运输项目的成本是预测的 392%。产生这种情况的主要原因之一是客运量预测的偏差。表 2-15 列出这些项目中部分客运量预测与实际的偏差，显然，在立项的可行性研究中对交通的发展太过乐观，除了华盛顿重型铁路外，所有项目的乘客不到预测的一半。虽然这些差距可以用诸如人口变化、汽车成本以及公共运输服务事后提供的服务水平等变量的未来值难以预料来解释，但

皮克雷尔认为，还必须对所使用模型的结构、使用模型方式、计划过程中对输出的信息的解释等，提出质疑。

美国部分城市铁路乘客预测与实际对比 表 2-15

项目	重型铁路运输项目			轻型铁路运输项目				商业区项目	
	华盛顿	巴尔的摩	迈阿密	布法罗	匹兹堡	波特兰	萨克拉门托	迈阿密	底特律
预测	569.6	103.0	239.9	92.0	90.5	42.5	50.0	41.0	67.7
实际	411.6	42.6	35.4	29.2	30.6	19.7	14.1	10.8	11.3
偏差(%)	−28	−59	−85	−68	−66	−54	−71	−74	−83

这种情况在我国道路建设中也很普遍。表 2-16 列出了 2005 年统计的我国 19 条高速公路在项目后评估时，对原可行性研究中交通量预测进行验证的评价结果。最大误差是深汕高速东段，达到 162.3%。当然也有负误差，最大是成渝高速公路成都段，为−59.8%，负误差仅 3 条路占总数 16%。但总平均误差达到 40.35%(已经正负抵消)，平均日交通量 6 937 辆/日，平均年增长率 17.23%，说明我国高速公路建设后交通繁忙，沿线运输发展迅速，极大地促进了周边地区经济建设。从交通量预测准确性评价，误差绝对值达到 30%以上的有 13 条线，占总数的 68.4%，误差超过 60%的有 5 条，占总数的 26.3%。误差也确实不小。注意，在通车当年日交通量大大超出预测的情况下，平均增长率 17.23%又大大超出预测，交通不堵也难啊！

我国部分高速公路交通量预测误差汇总表 表 2-16

序号	线路名称	建设里程(km)	竣工日期(年)	评估日期(年)	通车第一年日平均交通量情况		交通量平均增长率(%)
					实际(辆/日)	预测误差率(%)	
1	深汕高速东段	140.02	1996	2005	8 000	162.3	5.22
2	沈大高速	375.00	1993	0	3 744	114.6	26.3
3	哈大高速	132.85	1993	2003	5 455	91.9	5.4
4	深汕高速西	146.55	1996	2005	12 609	84.7	6.74
5	广佛高速	15.70	1994	1997	8 146	60.9	42.8
6	沪宁高速上海段	26.04	1997	2002	10 525	45	18.48
7	桂柳高速	138.43	1998	2004	3 996	40.4	10.13
8	贵遵汽专	155.51	1997	2005	4 174	38.3	14.10
9	福厦高速	81.90	1997	2005	8 564	36.7	9.7
10	长四高速	133.26	1997	2002	6 944	34	11.8
11	西三一级	34.46	1991	1993	3 155	33.5	31.2
12	沪嘉高速	20.50	1990	1991	4 211	30	16
13	杭甬高速	145.00	1996	2002	9 200	23.7	22.7
14	京津塘高速	142.69	1996	1997	6 532	23.5	27
15	沪宁高速江苏段	248.21	1997	2002	10 402	21.02	15.1
16	济青高速	318.30	1993	2000	8 789	8.2	5.96

续上表

序号	线路名称	建设里程(km)	竣工日期(年)	评估日期(年)	通车第一年日平均交通量情况		交通量平均增长率(%)
					实际(辆/日)	预测误差率(%)	
17	宜黄高速	349.17	1995	2000	4 421	−8	35.7
18	成渝高速重庆段	114.20	1996	2001	7 137	−14.2	9.7
19	成渝高速成都段	226.00	1996	1999	5 805	−59.8	13.3
平均		154.94			6 937	40.35	17.23

交通量(运输量)的预测偏差可能引发的经济损失是十分可观的。本章[例 2-3]通向华盛顿—杜勒斯国际机场的收费道路,就是一个因交通量预测不准确使道路营造业主人难以收回投资的案例。下面是水运方面一个更为典型的因运输量预测偏差引发巨大经济损失的例子。

美国 Tonn-Tom 运河工程是计划为运煤开凿的一条由田纳西河通往 Tombigbee 河的运河。负责内陆航运的美国工程师军团受委托对项目进行了成本效益分析,预测运河建成后每年可运送 1 700 万 t 煤。然而,投资 20 亿美元建成运河后,经营第一年,只运输了 50 万 t,之后几年中,每年运输量都不到 100 万 t,仅为预测的 1/20。由于运量不足,使得美国政府投资的这 20 亿美元几乎成了真正的"沉没"成本,永远也无法通过该项目的效益回收投入的成本。在分析运输量预测偏差时,认为一个很重要的原因是运河设计得太小了,使得那些大型拖船难以通过,虽然运河水道近了,但拖船的规模比实际的航行距离更能(或是同样能)影响平底货船的运输成本。另外,流域内煤产量也未达到预期的水平。

当然,在宏观分析中,交通量预测的重大偏差可能导致的决策失误所造成的经济损失将会更大。

存在的问题说明,交通量(运输量)的预测水平还有待进一步提高。这里既有计量经济学在运输预测中运用的比较专门化的技术性问题,也有对运输的认识问题。运输本质上是一种派生的需求,它受经济发展的影响很大,经济发展中诸多不确定因素和不可知因素都会使运输预测偏离实际的发展情况。此外,运输线范围的土地利用和所处经济位置是相互影响的,因此,有学者提出,建立运输预测模型时,需要考虑将土地利用模型与运输模型联合在一个框架内;否则,不可能作出可靠的长期预测。

2. 2000 年我国运输业发展水平的预测与实际情况的对比

前面介绍的是微观研究问题,下面再看一看在宏观方面的运输预测情况,仅以我国为例。

20 世纪 80 年代中期,我国改革开放取得了初步成就,党的十二大确定了到 20 世纪末我国工农业总产值翻两番的目标。为达到这一目标,国内外不少研究机构对 2000 年我国的运输水平进行了预测。比较有代表性的是雷汀的《2000 年中国的交通运输》一书(以下简称《2000 年中国》)和世界银行所作的预测。他们的预测基本上采用了定性和定量相结合的综合预测法,其中世界银行的预测还作了较高 A 和较低 B 两个方案。这是跨度达 15 年的长期预测,对预测精度不应有过高的苛求,但将 2000 年实际情况与预测进行对比应该是令人感兴趣的。至少,通过对比能够显现出那些运输业发展中原来未被预料的规律,给今后运输规划提供参考。如果那些"令人意想不到"的运输业的演变确实包含了市场经济下运输业的发展规律的话,那么,进行这样的对比分析会有助人们更好地理解市场经济体制下的运输经济学的内涵。

1)实际与预测的结果

表 2-17～表 2-19 列出了 2000 年我国货、客运周转量以及平均运距的预测与实际的对比。

图 2-16 是以实际值为 1 绘出的它们的对比结果。

2000 年我国货运预测和实际的对比 表 2-17

货运周转量(亿 t·km)						货运周转量份额			
运输方式	铁路	公路	水运	管道	总量	铁路	公路	水运	管道
实际值	13 597	5 984	23 050	685	43 359	31.4%	13.8%	53.2%	1.6%
世行方案 A	18 900	5 400	6 700	1 000	32 000	59.1%	16.9%	20.9%	3.1%
世行方案 B	16 600	4 800	5 800	800	28 000	59.3%	17.1%	20.7%	2.9%
《2000 年中国》	16 500	4 680	21 720	2 000	44 900	36.7%	10.4%	48.4%	4.5%

注:货运预测总量中未包括占总量比例很小(约 0.1%)的航空货运周转量。

2000 年我国客运预测和实际的对比 表 2-18

客运周转量(亿人·km)						客运周转量份额			
运输方式	铁路	公路	水运	航空	总量	铁路	公路	水运	航空
实际值	4 485.6	6 606	97.5	999.4	12 188	36.8%	54.2%	0.8%	8.2%
世行方案 A	7 600	6 300	600	600	15 100	50.3%	41.7%	4.0%	4.0%
世行方案 B	5 700	4 800	450	450	11 400	50.0%	42.1%	3.9%	3.9%
《2000 年中国》	4 500	5 040	340	390	10 270	43.8%	49.1%	3.3%	3.8%

2000 年我国平均运距预测和实际的对比 表 2-19

	客、货运输的平均运距(km)预测与实际的对比						相对实际值的指数(实际值=1.0)				
	运输方式	铁路	公路	水运	管道	综合	铁路	公路	水运	管道	综合
货运	实际值	763	57	3 037	2 393	319	1.00	1.00	1.00	1.00	1.00
	《2000 年中国》	660	36	1 520	690	260	0.87	0.63	0.50	0.29	0.82
客运	实际值	397	55	93	1 390	123	1.00	1.00	1.00	1.00	1.00
	《2000 年中国》	180	30	51	1 300	51	0.45	0.55	0.55	0.94	0.41

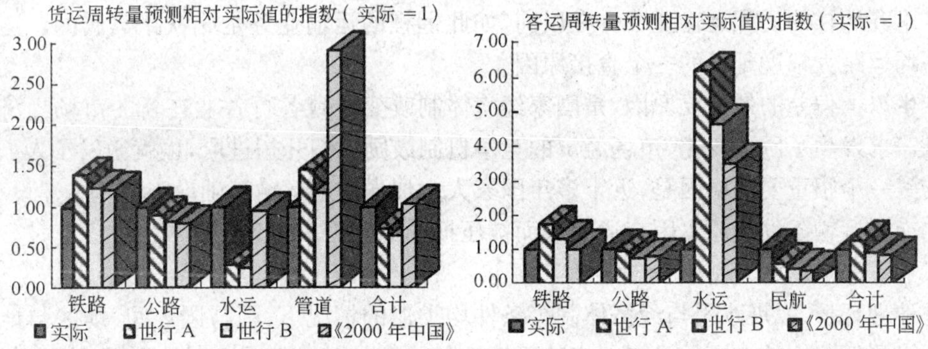

图 2-16 货、客运周转量预测与实际值的对比(实际=1)

从图 2-16 可看出,在货运周转量方面,世界银行 A、B 方案对总量预测均过于偏小;公路特别是水运预测均严重偏小(水运 B 方案仅为实际的 1/4),而对铁路和管道过于看重;《2000 年中国》的总量及水运预测基本正确,其他预测偏差与前者偏差规律一致,特别是对管道期望过高(3 倍于实际值)。

在客运周转量方面,世界银行 B 方案对总量预测基本正确;公路特别是民航预测均严重偏小，而对铁路和水运过于看重(水运A方案为实际值的6倍多)；《2000年中国》的总量偏小，铁路预测基本正确，其他预测偏差与前者偏差规律一致。

2)实际与预测结果的分析

(1)货运与客运总量预测偏差不大，说明货运与客运的周转量对国民经济的弹性与预测基本接近，当我国经济发展基本实现原计划目标时，货运与客运周转量量也达到了相应的水平。事实上，我国“九五”期间(“十五”期间预测也是如此)货运与客运对民经济增长的弹性基本保持在0.5(货运)和1.0(客运)左右。

(2)由于受预测中惯性原理的影响，对各种不同运输方式的发展预测偏差较大。货运中对铁路运输发展过于看重，对道路与水运的发展估计不足。客运中对铁路和水运的发展过于看重，对道路与航空运输的发展估计不足。

20世纪90年代中期，我国运输市场逐步放开，形成竞争。高速公路的发展大大提高了公路运输的效率，高速、机动、直达和低成本的优势使公路运输在吸引越来越多的使用者的同时还吸引了大量的投资者，由此产生的良性循环带动公路运输以超乎人们预料的势头飞速发展。计划一次次被改写，预测一次次被突破。即使是在20世纪90年代后期对2000年运输所做的预测，也存在对公路运输发展的估计不足。

对航空客运发展的估计不足导致2000年航空客运周转量预测仅为实际值的40%左右。这说明改革开放后的市场经济对高速高效的运输方式的巨大需求极大地促进了航空运输业的发展。对此，国内外学者竟然均无足够的认识。

对水运发展预测的偏差几乎可用戏剧性来形容。以世行方案A为例，水运货运周转量预测是实际值的1/3，而客运周转量预测竟超过实际值的6倍。

(3)对平均运距预测的偏差无一例外地偏小，足以说明经济发展和交通便捷大大激发了人们的出行愿望。人们的视野更开阔，目标更远大：生意越做越远、工作越做越远、旅游越游越远。以道路为例，高速公路和高等级公路网使原来公路运输效益半径从50～100km，一下子提高到300～500km。上海到江浙的近距离货运几乎被具有“门到门”优势的公路货运独占。再加上公路运输体制上的优势，它们甚至利用返程车辆超低运价挖去许多像上海到东北、上海到乌鲁木齐那样的远程运输业务。在以前，如此远程的运输业务是非铁路莫属的。这可以认为是平均运距大幅度延长的一个直接原因。

产生以上偏差的最主要原因，是国家经济体制改变导致各行各业在新的市场经济环境下对运输需求发生了巨大变化，市场经济的竞争机制鼓励人们开拓进取，也就激发了人们的出行热情。另一个很重要的原因是，近十多年国家大大加强交通运输基础设施的基本建设事业，改善后的交通运输条件使原本因交通瓶颈而被压抑的运输需求得到了释放。

3.有关交通运输预测的一点思考

在地理环境、发展水平与经济体制等条件均类似的情况下，国与国之间、地区与地区之间的运输发展情况应该说还是具有一定的可比性的。即使基础背景有较大差异，他们相互之间依然会有许多可相互参照的有用信息。当中国全面实现市场经济，并通过加入WTO与国际经济活动接轨后，更有理由要多多参考国外的各种资料——这可能是我们未来发展的一面镜子。过于依赖惯性原理，以原有各年数据发展作回归外延推测分析是远远不够的。如果在发展远景的水平上，有国外的参照数据作参考，进行模型选择和预测计算时充分利用这些信息调整有关的参数，那么，预测的准确性肯定会提高，至少不至于发生误差达几倍的尴尬。

下面示例引用了斯蒂格利茨关于经济增长趋同的一个观点。我们是否可以这样来理解

"增长趋同":它不是泛指所有经济指标的趋同,但也不仅限于GDP的增长,而是启发我们从世界大视角看待经济的发展,排除各种干扰,揭示经济发展的真谛,在对比中可以发现——其实许多事物的增长规律是趋同的。这也许正是预测中类比原理的魅力所在。

【例2-13】 国际视角:增长的趋同。世界上的一小部分人们享受着世界上大多数人口难以想象的生活水平。近十几年来,一些增长速度足够快从而显著提高人均收入的亚洲国家参加了西欧、北美、新西兰和澳大利亚的富国俱乐部。但这些国家只占世界人口很小的一部分。世界人口的3/4生活在欠发达国家和地区。

其他发达国家经济在过去40年中比美国经济增长得更快。尽管美国有最高水平的人均收入,但差距正在缩小。人们常常表示担心,当其他国家持续更快地增长时,美国最终会落后。然而,另一种观点认为,各国的经济发展将趋同。随着那些人均收入水平较低的国家赶上美国的水平,它们的增长速度也会开始减缓。当经济趋同时,人均收入将趋于以同样的速度增长。原因在于资本深化和资本收益递减。

美国工人的生产率很高是因为美国工人工作时使用了较高水平的平均资本。然而,生产函数的规律告诉我们,如果人均资本量已经很高,当加入更多资本时,人均产出就增加得越来越少。当人均人力资本水平较低的国家增加其人均人力资本时,人均产出增长较大。因此我们预期,开始时人均资本较少和人均产出较少的国家,要比较富的国家增长会快些。

图2-17为上述猜测提供了依据:横轴给出每个国家1960年的人均收入水平,用相对于美国水平的指标来衡量。发达国家(包括1960年人均收入很低的日本、新加坡和中国香港等)和其他国家(非洲、拉美和南亚等国家)分别采用浅色和黑色圆点表示,发达国家具有很好的递减规律,而同等资本水平情况下,非洲、拉美和南亚等国家的年增长率出现较大波动,没有发达国家那种明显趋同的规律。

经济学家强调,投资应作为生产率增长的一个主要来源。图2-18中表明了这种相关关系。

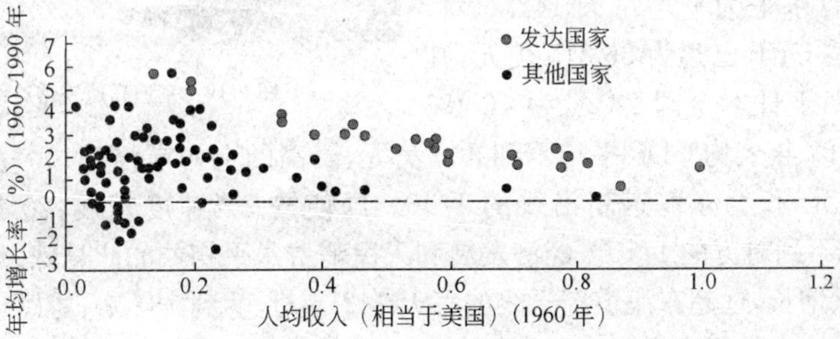

图2-17 各国的人均收入与年均增长率关系

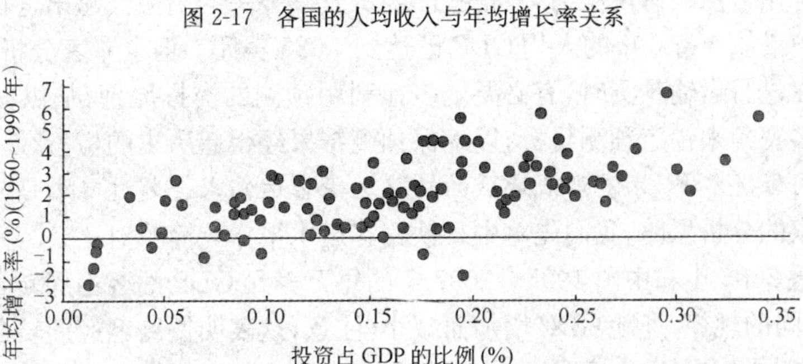

图2-18 各国的投资占GDP比例与年均增长率关系

第七节　案例：以对比的视角讨论京沪高速铁路运输量预测

规划建设的京沪高速铁路(图 2-19)全长 1 318km，共设置 21 个客运车站，设计时速 350km，初期运营时速 300km，规划每年单向运送旅客 8 000 万人次，为目前京沪线年旅客运力的 2 倍以上。京沪高铁总投资 2 209.4 亿元，是目前世界上一次建成线路最长、标准最高的高速铁路。工程预计 2 013 年投入运营，工程建成后，乘火车从北京至上海只需 5h。2008 年 8 月，作为时速 300km/h 以上高速铁路的先行，京津城际高速铁路已开始运行，全程 120km 直达运行时间控制在 29min 内，日发车 47 对，8 月 1 日到 24 日的北京奥运期间共运送旅客 140 万人，在近期，将增开到 100 对，每天可发送 10 万人次旅客。

图 2-19　京沪高速铁路路线示意图

在项目论证初期，对客运量预测的结果曾产生歧义。根据预测，到 2010 年和 2015 年，京沪高速列车每天将分别达到 152 对和 187 对。2000 年 90 岁高龄的一位老铁路专家发表“京沪高速铁路不宜立项上马”一文，对上述客运量的预测结果提出质疑：

“将京沪线与日本东海道新干线进行对比，令人疑虑丛生。东京到大阪沿线是日本和世界人口最密集地区，新干线通车 35 年后(1999 年)的运行水平为平均每天 142.5 对。1996 年日本人均 GDP 已达为 36 315 美元，其中东海道沿线高于日本全国 28%，为 46 483 美元；而中国 1997 年人均 GDP 平均不到 800 美元，最高的上海市仅 3 100 美元，京沪沿线平均接近 1 000 美元，仅为东海道新沿线的 1/46。即使按 7%速度发展，20 年后翻两番达到 4 000美元，也还不到对方的 1/10。经济发展和人民消费水平相差如此悬殊，凭什么断定，高速客流可如此飞跃增长，远超东海道新干线的每天 142.5 对，达到 187 对，雄踞世界之最？”

老专家的评论自然很有说服力，只是我国经济发展势头的确大大超出这位老专家的预料，仅 2007 年，京沪沿线 4 省 3 市的人均 GDP 已达到 4 625 美元。但老专家分析问题的视角却值得我们学习。在进行运输预测时，有必要更多地利用预测的类推原理，从纵向对比、横向对比及宏观量化等多视角来锁定预测目标，以确保预测结果经得起历史的检验。

1. 达到相同经济水平，京沪沿线地区的铁路运输客运需求会超过日本吗

按照老专家的分析思路，我们先对中日铁路客运水平作一简单对比。

日本 1990～2005 年和中国 1995～2007 年的每万美元 GDP 的客运周转量(人·km/万美元)两国具有相同的规律，即随 GDP 增加而减小(注意，这表明铁路客运周转量对 GDP 的需求弹性小于 1)。相同水平 GDP 情况下，中国铁路每万美元 GDP 产生的客运周转量是日本的 2 倍。然而，当我们将京沪沿线 4 省 3 市的统计结果进行对比后发现，从发展趋势看，京沪地

区单位 GDP 产生的铁路客运周转量反而比日本低。2007 年，京沪地区 GDP 不足 1.3 万亿美元，是日本的 1/3，但可以预见，在达到日本经济水平时(约需 15 年)铁路客运周转量可能与目前日本水平相当，尽管京沪地区面积和人口密度均超过日本(图 2-20)。由于京沪地区的铁路旅客平均运距 530km(与全国水平相当)，是日本高速铁路 260km 的 2 倍多，按“周转量＝运量×平均运距”公式可知，客运量将会低于日本水平。

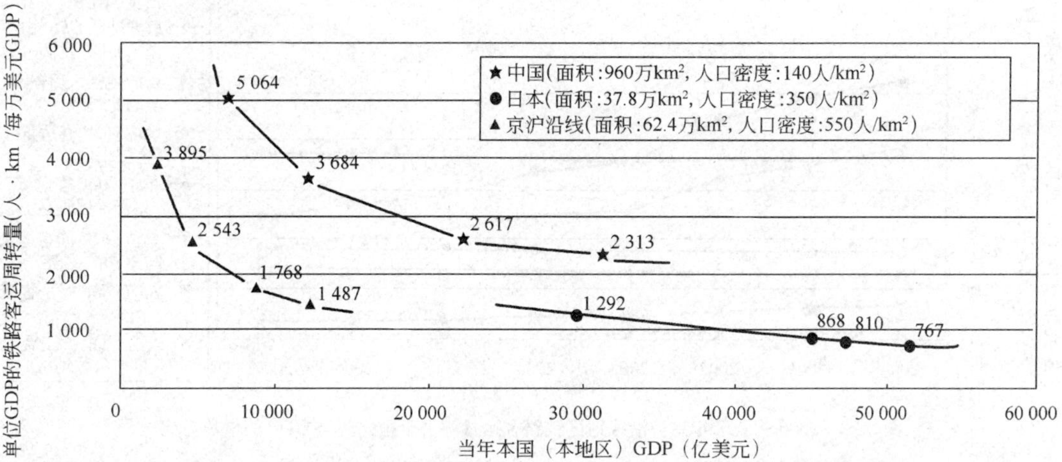

图 2-20　单位 GDP 产生的铁路客运周转量：中国、京沪沿线地区与日本的比较

当然，如果平均运距减小，同等周转量时的客运量就会增加。例如有预测认为 2020 年全国的铁路客运平均运距为 343km(根据预测中 2020 年客运量 350 000 万人和周转量 12 000 亿人·km 值计算所得)，则客运量就可能与日本铁路接近了。但这一预测能否给出令人诚服的解释？从图 2 21 我国铁路旅客平均运距一路攀升的发展趋势来看，很难找到答案的依据。

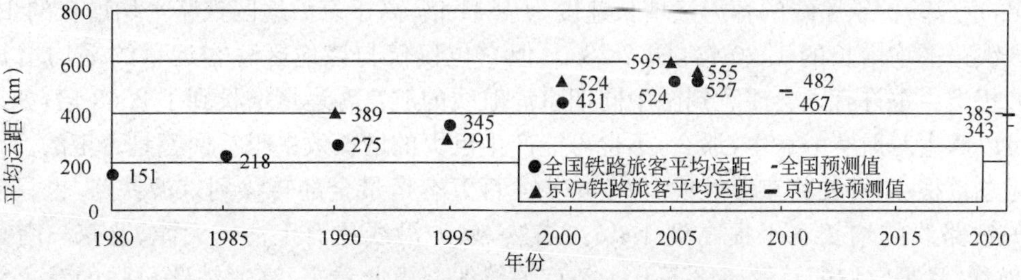

图 2-21　全国和京沪线铁路客运平均运距实际与预测对比

2. 京沪沿线地区的铁路运输客运需求水平会大大超过全国平均水平吗

从总量上分析，京沪沿线 4 省 3 市人口、GDP 和铁路客运量占全国的比例约为 26%、36%和 27%，并且 2000 年以来几乎保持不变(仅微小上升)。说明京沪沿线的经济和铁路客运的发展与全国完全同步(图 2-22)。从单位 GDP 产生的客运量(人/百万元)来看，京沪地区与全国基本保持同步下降的趋势，它对全国的比值始终徘徊在 75%左右(2000 年为 74%，2007 年 75%)。此外，人均 GDP 产生客运量(万人/人均元)变化规律全国与京沪地区也惊人的一致。2007 年，人均 1 元 GDP 产生的铁路客运量，全国为 6.577 万人，京沪地区为 1.298 万人，均为 2000 年的 1/2。进一步对比京沪地区和全国的经济与客运需求的关系可以发现，总客运和航空客运对 GDP 的需求弹性均大于铁路，特别是航空客运。但对比全国与京沪地区发现，它们的比例关系始终保持一致：无论全国还是京沪地区，航空 E_G 与铁路 E_G 的比值均接近 4(4.2

和 3.7，表 2-20），即京沪地区和全国在经济与客运需求方面始终处于同步发展之中。但是，京沪地区铁路的 E_G 与全国铁路 E_G 的比值=0.447∶0.325，超过 1.3 倍。

这一切说明，在目前国家和谐均衡发展的宏观政策下，京沪沿线经济和客运需求增长速度基本同步发展，但铁路客运需求增长将略高于全国铁路客运需求的增长水平。

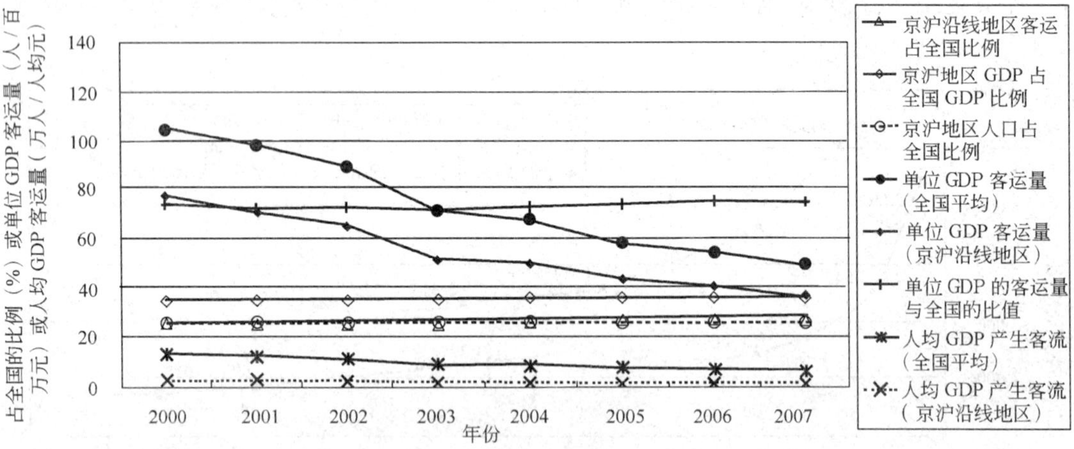

图 2-22　2000～2007 年京沪沿线地区铁路客运量等占全国比例与 GDP 的增长对比

全国和京沪沿线地区客运量对 GDP 可比价的需求弹性（2000～2006 年弧弹性）　表 2-20

总运输客运量 E_G				铁路客运量 E_G				航空客运量 E_G			
全国	0.568	京沪地区	0.556	全国	0.325	京沪地区	0.447	全国	1.371	京沪航线	1.640

3. 京沪高速铁路客运专线的客运需求会大大超过本地区其他线路吗

现分析现有京沪铁路线的客流量。对比 2000～2006 年经济增长和客运量增长的水平，可以看出，京（津）沪铁路线的客运量增长速度为 1.41 倍，高于京沪地区铁路平均增长的 1.31 倍和全国铁路平均增长的 1.20 倍（图 2-23）。但它也仅仅与该地区总客运量的平均增长水平（1.40）相当。也许有人会注意到图中同期京沪航线的航空客运量增长到了 2.63 倍，如果高速铁路足以产生对航空的竞争，那么，不也可能产生巨大的增长效果吗？回答是否定的。因为航空客运总量很小，即使将京沪航线 2006 年 444 百万客运量全部转移到京沪铁路，也只能使上述京沪铁路线的增长水平提高到 1.46。当然，京沪沿线还有上海—天津、北京—南京等近 10 条航线，只是它们的总量还比不上一条京沪航线。由此看来，高速铁路再强的竞争力也不可能发生客运量超常增长速度的奇迹。要知道，飞机票经常在以 5 折甚至更低折扣率出售！而事实上，高速铁路具有竞争力的运输距离为 300～1 000km（最优 500～700km），京沪线超过 1 300km，运行时间已处于 5h 竞争力区间的临界点，对航空的竞争能力存在先天不足。

当然，如果高速铁路能够对汽车客运产生较大竞争优势，情况就会大不一样。因为铁路客运量比之公路客运量，就如同航空客运量比之铁路客运量，均差一个数量级。但这种机会似乎很小（不是没有）——沿海地区高速公路相当发达，汽车已成为 300km 以内出行的最佳选择。京沪沿线经济发达，私家车普及率领先全国，汽车近距离出行的便利性优势似乎很难撼动。实际情况是，近年来铁路客运量在总客运量中的比例下降，平均运距增长，原因之一就是公路对短途运输的蚕食。但如果高速铁路密集地以 30min 之内的间隔发车，乘城际铁路如同地铁那样方便。那么，日本发达的城际铁路使得短途客流大增，平均运距相对变小的情形是否也会在我国发生？值得期待！

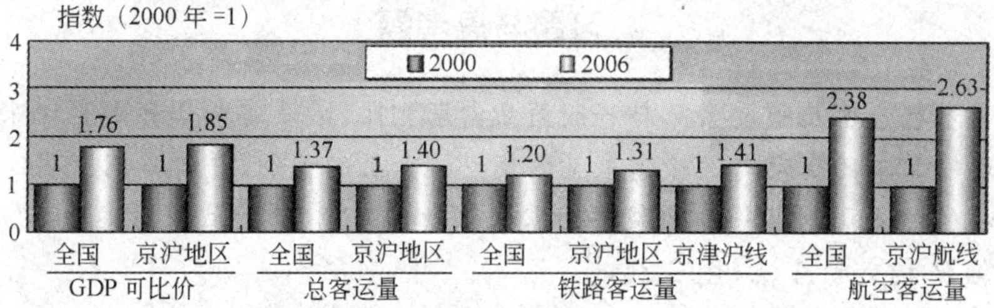

图 2-23　2000～2006 年全国和京沪沿线地区客运量与 GDP 的增长对比

4. 京沪高速铁路运能分析

京沪客运专用高速铁路的运能究竟有多大？按每列车 1 000 人计算，测算如下：

(1)每天 100 对，单向发送人数 10 万人(与报道相符)，一年双向发送 7 300 万旅客。

(2)以 3(高峰)～8min(平时)，平均 5min1 对，每天运行 18h，共发车 217 对，每年单向发送旅客 7 920 万人(与报道 8 000 万人接近)，按 2006 年我国铁路客运平均运距 527km 计算，全程 1 300km 理论客运量可达到 3.96 亿人。

与日本最长一段高速铁路"东北新干线"相对比可以发现，东北新干线上平均旅客周转次数 2.4，与京沪高速铁路的 2.5 相似，而 2006 年的客运量仅为京沪高速铁路运能的 1/5(表 2-21)。根据前述京沪地区与日本及与全国平均经济和运输发展状况的全面对比，读者可自行找到问题的答案：京沪高速铁路设计运能单向 8 000 万人是否过高？8 000 万人单向发送旅客这一巨大数字已超过 2006 年北京铁路旅客(出发去全国各地的)总量 6 269 万人的 1.28 倍。

京沪高速铁路与日本东北新干线对比　　表 2-21

高速铁路名称	线路里程(km)	平均运距(km)	平均旅客周转次数	客运量(亿人)
东北新干线	631.9	260	2.4	2006 年 0.83
京沪高速铁路	1 318	527	2.5	运能 3.96

注：如按 260km 运距计算运能，京沪高速铁路运能为 8 亿人/年，是东北新干线目前客运量的 10 倍。

5. 结论：有疑虑，但充满期待

以上分析，有理由对京沪高速铁路原来的客运量预测产生疑虑：2015 年 3.56 亿人，有这么大的需求吗？国家可以利用行政权选择资源的投向，但如何保证 50%以上的银行贷款和社保基金等社会资金不会成为坏账，绝对是需要认真对待的问题。特别是，在京沪高速铁路建设的同时，平行建设天津—北京和上海—南京高速铁路，真有点让人担心：如果可行性研究报告中，按运输能力利用率表示的盈亏平衡点处于 70%临界可接受值附近，则项目将有较大风险。

经常往返京沪间的旅客肯定会对项目建设充满期待，因为再也不需为拥挤的旅途而担忧了，特别是节假日。另外，如果国家坚持铁路低价策略，京沪高速铁路肯定可以吸引大量航空旅客，这有利于提高我国节能和环保的水平(铁路耗能和环保指标均大大优于航空)。只是，即使 50%航空旅客转入高速铁路，津沪线等 8 条航线停航(不包括京沪线)，这些旅客(未计算增长)还不足高速铁路运能的 1/20，对改善铁路运营经济困境的贡献将十分有限。

如果今后 20 年，中国经济和运输一直按前 20 年的速度发展，那么确实不必为预测的偏差太过担心。因为，为了经济可持续发展需要完全地克服经济腾飞的运输瓶颈，我们有足够理由下大决心加快铁路建设步伐，而且我们将具有充足资源来建设铁路。

习题与思考题

1. 运输需求包含哪几项要素？与一般商品需求相比，运输需求具有哪些特殊性？

2. 解释运输需求的变动与运输需求量的变动概念上的差别，并请举例说明。

3. B 组和 C 组人群对某一运输服务的需求函数 D_B、D_C 均为线性方程，且 D_B 和 D_C 均与价格纵坐标轴 P 相交于 A 点(图 2-24)。

①请证明，对任意价格 P_0，B 和 C 两组人群对该运输服务的价格弹性相等，即：

$$E_{dM}=E_{dN}$$

②问，如 $A=100$，$B=100$，$C=150$，则对两组人群 D_B、D_C 服务的最大收入各为多少？此时 P_0 多大？

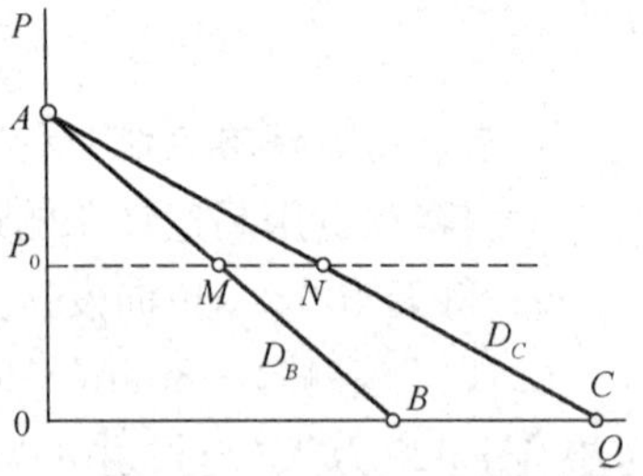

图 2-24

4. [例 2-3]中，李斯堡(Leesburg)和华盛顿—杜勒斯国际机场收费道路：在“开张特价”道路收费为 1.75 美元时，平均每天收益仅 1.487 5 万美元；把收费降低到 1 美元后，现在平均每天的收益为 2.3 万美元。

道路私人建设集团希望按此比例，“把收费再降 25%，每天车流量会有 3.8 万车次，收益达到将近 2.9 万美元”。

问：该道路私人建设集团希望通过收费再降 25%，使收益达到将近 2.9 万美元，这是如何预测收费价格与交通量的关系的，求出交通量对收费价格的弹性，并分析作出判断：该集团的预测是否现实？实际可能的收益可达到多少美元？

(提示：先计算 1.75 美元和 1 美元时的交通量，然后采用不同函数模型预测并计算弹性)

5. 解释运输供给的变动与运输供给量的变动概念上的差别，并请举例说明。

6. 沪宁高速上海到昆山段 40km 行程收费 20 元，驾车可比地面道路节约时间约 30min，根据[例 2-3]中美国两位经济学家的研究结论，分析月收入多高的自驾车主愿意为节约 30min 而支付 20 元，实际上我们看到许多工薪青年上下班来往于高速公路，请对此原因提出自己的分析观点。

(提示：美国两位经济学家的研究认为，驾驶员只愿意支付 1h 收入的 20%来节约 1h 时间，计算时可假设月工作日 20d，每天工作 8h)。

7. 某国 1948～1968 年消费 C、国民生产总值 Y、投资 I、政府支出 G 表 2-22 所示。

表 2-22

年份(年)	C_t	C_{t-1}	Y_t	Y_{t-1}	I_t	G_t
1948	13 844	13 205	20 431	20 015	2 285	3 890
1949	14 098	13 844	20 999	20 431	2 498	4 112
1950	14 493	14 098	21 777	20 999	2 632	4 108
1951	14 300	14 493	22 418	21 777	2 643	4 410
1952	14 219	14 300	22 308	22 418	2 654	4 845
1953	14 862	14 219	23 319	22 308	2 942	4 972
1954	15 472	14 862	24 180	23 319	3 192	4 952
1955	16 102	15 472	24 893	24 180	3 372	4 801

续上表

年份(年)	C_t	C_{t-1}	Y_t	Y_{t-1}	I_t	G_t
1956	16 236	16 102	25 310	24 893	3 526	4 761
1957	16 581	16 236	25 799	25 310	3 714	4 687
1958	17 008	16 581	25 886	25 799	3 737	4 572
1959	17 736	17 008	26 868	25 886	4 025	4 668
1960	18 418	17 736	28 134	26 868	4 418	4 770
1961	18 848	18 418	29 091	28 134	4 847	4 945
1962	19 258	18 848	29 450	29 091	4 829	5 100
1963	20 125	19 258	30 705	29 450	4 916	5 184
1964	20 819	20 125	32 372	307 05	5 717	5 272
1965	21 169	20 819	33 152	32 372	5 949	5 420
1966	21 617	21 169	33 764	33 152	6 102	5 561
1967	22 039	21 617	34 411	33 764	6 525	5 825
1968	22 562	22 039	35 429	34 411	6 791	5 851

如建立以下简单的凯恩斯宏观经济模型：

$$\begin{cases} \text{消费方程} \quad C_t=a_0+a_1Y_t+a_2C_{t-1}+\varepsilon_{1t} \\ \text{投资方程} \quad I_t=b_0+b_1Y_{t-1}+\varepsilon_{2t} \\ \text{收入方程} \quad Y_t=C_t+I_t+G_t \end{cases}$$

要求采用 2SLS(两阶段最小二乘法)估算模型中各参数。

(可采用 Excel 或 EViews 计算，参考答案：$a_0=-75.88$，$a_1=-0.085$，$a_2=1.16$，$b_0=-4\,052$，$b_1=0.310\,5$)

8. 一位权威所论断："不要同我谈什么供给和需求的均衡。石油的供给总是等于石油的需求。你找不出二者的差异。"你觉得是否有道理？由此，是否不必再研究供给和需求的均衡问题？

9. 按[例 2-11]汽油税的分担中提供的信息，如美国实际增加汽油税 4.3 美分，则政府每年增加的收入是多少？无谓损失将占政府收入的多大比例？计算中价格精确到 0.1 美分。

(参考答案：42.6 亿美元，0.5%)

10. 中国加入 WTO 后，进口轿车关税大幅度下调，购车人和卖车商谁是最大的得益人？

11. 对照《2000 年中国》和世界银行所作的预测与中国 2000 年实际发展情况的差异，请你对未来 5 年中国交通运输的发展趋势作出预测。

12. 预测未来航空运输总周转量：表 2-23 是我国历年 GDP 指数(以 1980 年 GDP 总量为 100 的可比价指数)和航空运输总周转量指数(以 1980 年总量为 100 的指数)，其中，总周转量=货运周转量+客运周转量(按平均每人 90kg 折算)。要求求出总周转量指数对 GDP 指数的对数函数和弹性，如果 GDP 指数在 2007 年之后按年递增 9.5%的水平增长(接近 27 年来的平均增长率)，请预测 2010 年和 2020 年的航空总周转量。

表 2-23

年份(年)	GDP 指数	总周转量指数	年份(年)	GDP 指数	总周转量指数	年份(年)	GDP 指数	总周转量指数
1980	100	100	1990	244	549.2	2000	629	2 953.9
1981	105.2	119.4	1991	266.2	709.2	2001	676.2	3 404.6
1982	114.9	140.8	1992	303.6	953.5	2002	732.3	3 978.9
1983	127.8	146.7	1993	343.4	1 136.5	2003	801.9	4 118.4
1984	147.3	205	1994	386.8	1 320.5	2004	878	5 570.1
1985	166.8	284.6	1995	421.6	1 629.8	2005	969.3	6 340.4
1986	180.9	348.3	1996	462.8	1 848.3	2006	1 073	7 307.8
1987	201.8	457.5	1997	502.5	2 087.8	2007	1 195.3	8 704.9
1988	224.6	515.8	1998	541.7	2 346.1	2 010	?	?
1989	234.1	455.8	1999	580.6	2 558.7	2 020	?	?

注:数据引自方敏:《论中国航空运输业放松进入管制》。

(参考答案:总周转量指数对 GDP 的弹性为 1.790 353;2010 年和 2020 年的航空总周转量分别为 15 127.7 和 77 563.8)

13.根据第七节案例中的讨论,写出你对京沪高速铁路客运量预测的简要分析报告(2 500 字以上,要求有自行组织和绘制的表格和插图)。

第三章 运输成本与运输价格

引 子

运输成本在运输经济学中是一个十分重要的范畴。在市场经济条件下，任何运输经济活动都有自己的成本——无论是运输企业的微观决策，还是政府的宏观调控，都不能不考虑成本问题。“市场规模取决于运输成本”(斯蒂格利茨《经济学》)，运输成本在当今市场经济社会中的重要性已是无可替代。运输价格在运输经济学中同样占有重要地位，市场经济中运输资源配置主要是借助运价机制来实现的，价值规律对运输市场的调节作用也离不开运价的导向作用。洛克林说：“制定运价的权力是使荒野变成城市或使城市变成荒野的权力。”可见运价问题在运输经济学中的重要性。

当然，在多种运输方式并存的发达的运输网中，某一种运输方式的定价对地区经济发展的影响已不可能像铁路时代中铁路运价的作用那么大了，但它的作用究竟有多大，是否应该给以重视？依然值得人们思考。上海到四川成都的机票因为多个航空公司的竞争可以按 6 折或更优惠折扣购到，来回票仅 1 700 元甚至更低(2002 年)，而且服务也好，航空公司有专门的小客车接送乘客往返机场与城区之间。上海到新疆乌鲁木齐的单程机票价为 2 390 元，因为只有一个航空公司经营，绝无半点优惠。虽然距离比上海到成都远了些(图 3-1)，价格高是自然的，但是，垄断经营给企业带来了丰厚的利润，却是不争的事实。不过，这有可能只是表面和暂时的现象。与其他地方相比，新疆距离上的成本肯定会在各个方面反映出来：投资者会将它计算到开发和销售的成本之中；研究人员也会将它计算到项目的研发成本之中；商人、各行各业的求职人员、旅游者等都会作同样的计算，然后决定，是否应到那里投资、承接研究项目、做生意、就职、旅游……你能说区区票价对各种人的决策不会产生影响吗？由此而来对地区经济发展产生的影响真的微不足道吗？航空公司经理可不关心，普通老百姓也可不关心，但是政府的经济主管和运输规划决策者可能还是应对此作一番考虑的。现在，飞上海乌鲁木齐的航空公司增加到 3 家，上述情况已有所改善。看来优化资源配置还得靠市场的无形之手。

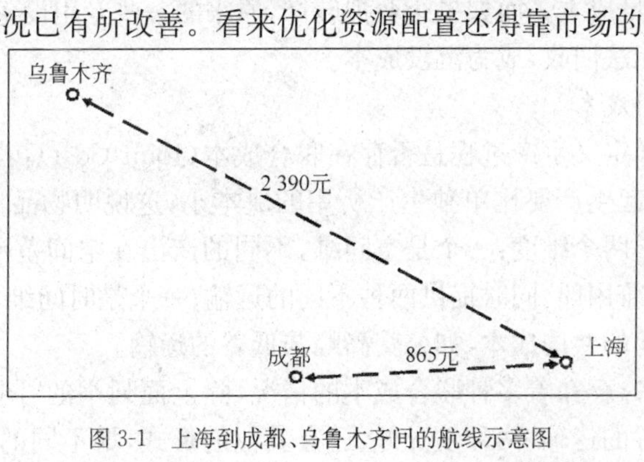

图 3-1 上海到成都、乌鲁木齐间的航线示意图

本章主要讲述运输成本和运输价格的基本概念、各种运输方式中运输成本的分析、定价理论和方法以及运价管理。

第一节 运 输 成 本

一、运输成本的基本概念

成本在经济学中有着丰富的内涵，微观经济分析会涉及各种成本概念，在运输经济学研究前对这些"成本"应有一基本了解。

1.会计成本和机会成本

会计成本也称财务成本。它是以实际发生的成本为基础的。一般认为，为生产而发生的各项财务支出均为成本。**机会成本**则是经济学意义上的成本：经济学认为社会资源是有限的，当一项资源用作某种用途时，即失去了它作为其他用途的机会，机会成本是指由于作出某一选择而被错过其他可能选择中最好一个选择的价值。当运输公司用一辆载货汽车去运输 5t 棉花赚取 200 元时，公司不可能同时用它去运输 10t 矿砂赚 400 元。后者就是被前者错过服务的机会成本。

2.固定成本和可变成本

固定成本是在一定的生产规模内，不随所提供的运输服务的数量变动而变动的成本，如运输基础设施(运输线路、港、站等)的折旧费、运输设备和工具(车、船、飞机等)的折旧费、运输企业的管理费、保险费、借贷资本的利息等。运输固定成本是指运输企业固定占用的运输资源所形成的成本，即只要运输企业存在，不管是否进行运输生产，都需要支付的那部分费用。可变成本是随着运输服务的数量变动而变动的成本。如燃料、物料、动力等费用的支出，以及直接生产工人的工资等。运输业是一种资本密集性产业，在许多情况下，运输企业的固定成本在总成本中所占的比重可能高于可变成本。

3.增量成本和沉没成本

增量成本是指随某一特定决策而发生变动的成本。与此相反，如果成本不因决策而发生变化，并且无法收回作为再投资的资本，那么这种成本就是**沉没成本**。例如，某运输公司在新增运输业务后将会引起可变成本(燃料、物料、直接生产工人的工资等)的增加，但不会引起固定成本(折旧费、企业的管理费、保险费、借贷资本的利息等)的变化。这里，可变成本的增加部分就是增量成本。但如该运输公司拟增加生产要素投入以扩大运输服务能力，则所增加的"固定成本"也将被称为增量成本。而如果企业拟转产，原来的一些专用设备无法使用，只能丢弃，这些旧设备的投资将无法回收，成为沉没成本。

4.联合成本和共同成本

经济学中一般这样定义生产过程是否存在联合成本(Joint Cost)：若物品 A 被生产，则另一物品 B 如果与 A 一起生产要比单独生产所用的成本小，这说明物品 A 和 B 之间存在联合成本。联合成本存在于两个维度：一个是空间维，不同的产出在空间范围上存在**联合成本**，如同一运输设备(如客货兼用船)同时提供两种不同的运输；一个是时间维，它指同一种产出由于季节或气候因素所引起的**共同成本**，如公交高峰与低谷的运输。

在运输生成过程中，存在着多种联合成本的情况，除上面列举的"同时提供两种不同的运输"和"公交高峰与低谷的运输"两种情况外，还有其他的形式，如不同的运输企业或运输方式提供相同的运输服务——对同一批货物和旅客提供联运服务，存在联合成本；又如，在进行往、返运输时，也存在联合成本或共同成本等。为便于计算，运输经济中也这样来定义联合成本与共同成本：生产A种运输产品的同时以某一比例生产出B种运输产品，当两者保持固定比例时就是**联合成本**，比例不固定时则为**共同成本**。

充分利用联合成本能够有效提高运输的效益。但是，为对具有联合成本的各运输服务进行合理定价，首先要对它们的联合成本进行分摊，这部分内容将在第三节最后讨论。

5.短期成本和长期成本

短期成本是指运输生产规模不作变动情况下的成本，**长期成本**是指运输生产规模发生变动情况下的成本。任一运输企业均有某一种生产规模，在该生产规模下发生的一切成本，包括固定成本和可变成本、联合成本和共同成本等都属于短期成本；但从长期看，任一运输企业都有足够的时间与可能通过调整及投入生产要素来改变生产能力适应运输需求，以保持在最低成本下进行生产。在这种情况下，所有的投入都是可变的：场站可扩建、车船可购置。因而，在长期成本范畴中不存在固定成本这样的概念。

6.私人成本和社会成本

私人成本也称内部成本和企业成本，是指运输企业本身所负担的成本；**社会成本**是包括该企业在内的全社会和公众承担的成本，即：社会成本＝私人成本＋外部成本。其中外部成本是该企业以外的社会和公众所负担的成本，它是社会成本中的主要研究对象。

外部成本是独立于市场机制以外的成本，例如，运输业生产给社会造成的环境污染和破坏，以及由消费者（旅客）承担的延误、拥挤等的成本。如果运输企业在创造财富的同时，让社会来承担由它造成的巨大外部成本：大气污染、噪声、全球温室效应、水质下降、湿地减少等；如果运输价格中根本就不考虑其社会成本并且这种做法被人们普遍接受，那么就会导致社会在进行投资决策和其他基础设施管理决策时，错误地配置有限的资源或是产生某些不公平的补贴和税收政策。解决这一问题的办法之一，是使税收水平能够覆盖运输的全部成本，而不仅仅是运输企业（包括私人交通工具的使用者）的支出或是短期的边际成本，即通过收税（费），一方面使运输的外部成本部分转变成内部成本，另一方面可对运输产生的外部成本（社会成本）起到约束作用。

7.边际成本和平均成本

在所有经济学的领域中，边际成本是最重要的概念之一。**边际成本**表示增加1单位产出所需要增加的成本。例如，企业生产1 000张光盘的总成本为2 000元。如果生产1 001张光盘的总成本为2 001元，那么，生产第1 001张光盘的边际成本为1元。

平均成本是指平均每1单位产出所需要的成本，即：平均成本＝总成本/总产量。总成本由固定成本和可变成本组成，平均成本也同样由平均固定成本和平均可变成本组成。平均成本也是最重要的成本概念之一。因为，通过比较平均成本与平均价格，或平均成本与平均收益，企业就能得知是否可以获利。后面还将进一步对边际成本和平均成本进行分析。

二、影响运输成本的基本因素

1.规模

运输企业的规模会直接影响运输成本。通常，将大规模生产引起的节约称为“规模经济”。企业规模增大时，产品的平均成本下降，这种情况称为“规模经济”；企业规模增大时，产品的平均成本不降反升，则称为“规模不经济”。通常，生产规模较小时，报酬增加的幅度要大于要素投入增加的幅度，但达到一定规模时，继续增加投入会产生相反的后果。因此，平均成本曲线常常呈先降后升的U形规律。通常，大型运输企业往往因其较低的运输成本而在竞争中占有优势。例如，小航空公司与汽车运输业相比，算是相当大了，但处于最大航空公司快速扩张运输网的阴影之下，它们在航空产业中生存依然十分艰难。1990年，美国国内没有与其他公司联合的小航空公司几乎都消失了。直到20世纪90年代中期，二手飞机市场开始活跃，又有一些小规模的航空公司加入了市场。

在运输业中，规模经济问题还涉及运输工具，巨大的运输工具往往具有成本优势。例如，提高运输工具的载质量可降低运输的成本，大型客机的人均公里耗油甚至大大低于私人小汽车；即使管道运输也不例外，国外研究表明，管道运输能力增加1倍，单位吨公里的运输成本可降低30%。同样，大吨位载货汽车比小吨位载货汽车运输成本低。根据我国经验，大吨位柴油车的运输成本比一般车辆运输成本可低25%～30%。英国的一份资料表明，即使32t以上的货车，大吨位依然具有低成本优势(表3-1)。

大吨位货车的低成本优势表　　表3-1

货车吨位	35t,4轴	38t,5轴	40t,5轴	42t,5轴	44t,6轴
比32.5t货车节约的成本率(%)	5～7	5～9	7～14	9～13	11～13

海运的规模经营导致海轮的规模越来越大，从万吨轮发展到几十万吨的巨轮。一方面，船只越大，每单位容量的建造成本越小(规模提高1倍，建造成本增加2/3倍)，每单位容量的操作成本越小(规模提高1倍，操作成本增加0.43倍)；但另一方面，船只越大，港口成本会很大。这是因为，大船必须花更长的时间在港口装卸货，造成泊港时间延长，达到全年的20%～30%，另外，超大货轮甚至需经数个港口才能把货填满，从而加剧了利用率不足的问题。综合分析，最佳船只吨位应是图3-2中平均总成本的最低点W。

2.运距

每一种运输方式都有自己经济合理的运距范围，称为经济运距。一般，航空和海洋运输最适合长距离运输；铁路和内河运输最适合中长距离运输；公路在短途运输中占有优势。图3-3是汽车、火车和飞机经济运距的示意图。在经济合理的运距范围内，各种运输方式的平均吨公里、人公里的运输成本随距离的延长而递远递减。这是因为总成本中的发到与中转作业的费用与运送距离无关，随距离的延长，这部分成本分摊到每公里的货物和旅客身上也就越来越少。

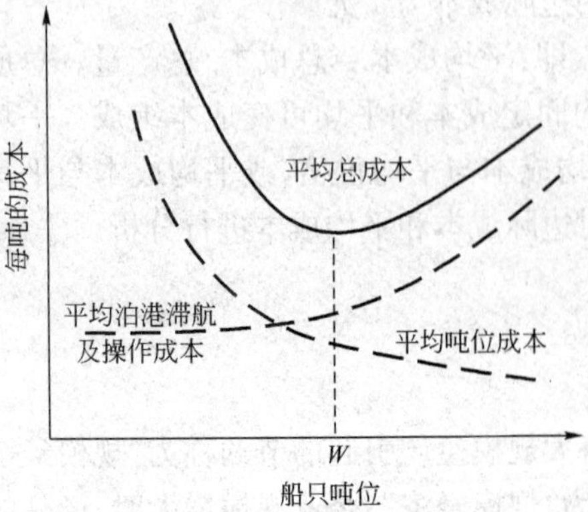

图3-2　货船最佳吨位示意图

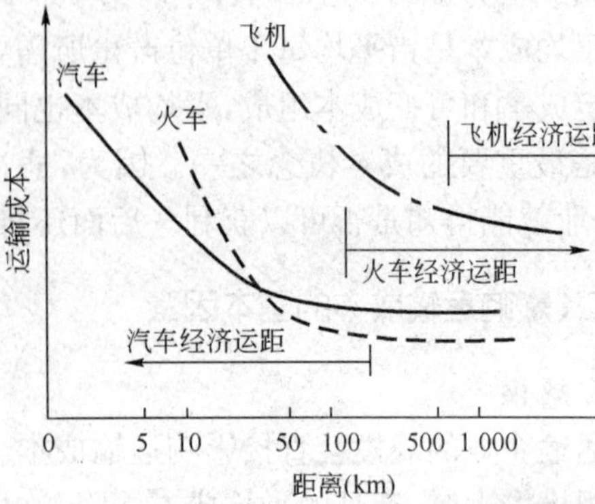

图3-3　汽车、火车和飞机经济运距的示意图

随着运输设施和载运工具的发展，每一种运输方式的有效运距范围不断扩大。高速公路使汽车与火车运输的有效竞争距离从以前的200km以内提高到300km以上；民航运输线的发展使飞机与火车运输的有效竞争距离从1 000多公里降低到700km。这可从日本干线旅客交通方式分担率中得到证明。日本干线上旅客行程小于100km时选择铁路的有5%，100～200km时有15%，最优区段为500～700km，近70%的旅客选择了铁路。在300～500km和700～1 000km两个区段上，铁路分别与公路(高速大巴和自备车)和航空有激烈竞争(图3-4)。

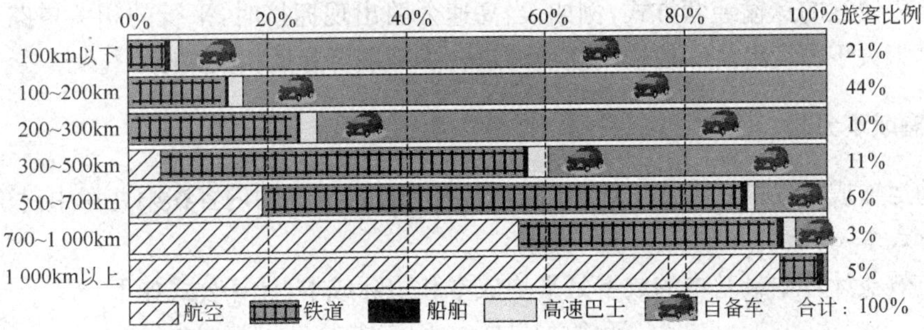

图3-4 日本干线旅客交通方式分担率

同一运输方式中运输设备大、载运量大，则经济运距通常也长一些。如普通小型飞机的经济运距在600km以上，而大型波音747客机的经济运距为2 500km以上。平均飞行距离增加1%，可减少0.148%的平均运输成本。

3.运载率

运载率是实际周转量与额定周转量的比值，它包含了时空的利用率：装载率和运输密度。

装载率也称装载系数，即实际装载量与额定装载量的比值，它对运输成本有极大的影响。无论是汽车、火车、轮船还是飞机，从半载到满载，运输总成本增加非常有限：固定成本不会增加，运行成本中人工费和维修费不会(或很少)增加，燃料费中设备自重通常占有相当的比重，实际增加比例也远远小于装载比例，在距离和运输密度已定的情况下，运输成本随运输设备的装载率的增加而减小，其关系如图3-5所示。显然，各种运输工具都具有满载效益，即装载率越高，平均运输成本就越低，运输企业的利润也就越大。

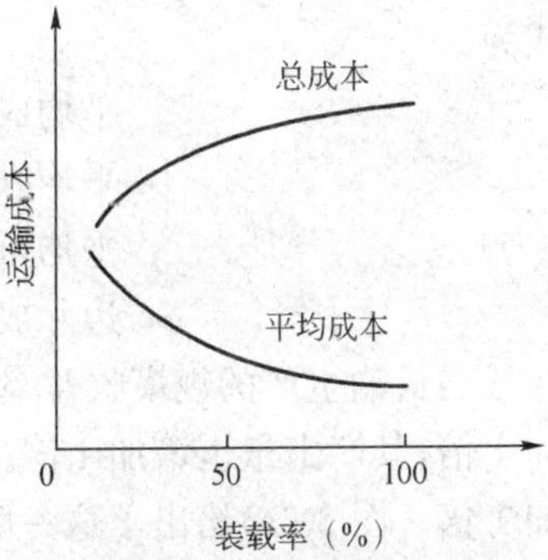

图3-5 运输成本与装载率的关系

正因为如此，运输企业要提高经济效益，要尽可能让运输设备满载运行，如水运中要对船舶进行科学配载，以充分利用舱容和载重力；铁路运输中，运输设备的满载运行除了使车辆的容积和载重力充分利用外，还有机车牵引力充分利用问题，如出现“大马拉小车”的现象，必然使运输成本上升。公路运输中经常发生超载现象，4t的载货汽车装6t甚至8t的货物，就是车主过度利用满载效益的例子——虽然能极大地提高运输利润，但容易引发交通事故和严重损坏路面，是绝不能提倡的。

虽是满载，但如本来跑两趟，现在只走一回，仍然不可能降低运输成本。因此，光有装载率还不行，还必须有一定的运输密度。不仅要多拉还需快跑，才能创造高效益。

在运输经济学中有一**密度经济**(Density Economies)的概念。运输的密度经济的定义是：运输网内提高运输量能够导致单位运输成本的下降。密度经济也可以被描述为**运输网经济**

(Network Economies)。密度经济来自于运输资源共享造成的节约，或者说是因运输网的交通量增加而使效益提高时，相应运输服务需要的所有资源投入，如运输人员、运输工具和运输设施并非都要同比增加，由此便获得了额外的高效益。例如，铁路高峰时段的客流量能够超过平时的1倍以上，但是，完成这样的客运任务绝不需要再投入1倍的驾乘人员、1倍的火车头和车厢，更不需要再建1倍的车站和铁路线，而只需要适量增加人员和机车，加强管理，科学调度。当然，过高的运输量可能导致运输的密度经济耗尽甚至走向反面，这时，运输网外的经营反而成为比较便宜的运输经营方式，例如，当高速公路出现拥挤时，平行的相关道路可能具有更高的效率。关于密度经济和运输网经济的进一步理解可参见相关文献[41]。

三、运输成本分析

本章的运输成本仅指私人成本（企业成本），有关社会成本的内容在第九章中讨论。

1.运输成本函数

成本与效益计算中最基本的成本是平均成本和边际成本，计算公式如下：

$$平均成本=\frac{运输总成本}{运输工作量}=\frac{固定成本+可变成本}{运输工作量}$$

$$边际成本=\frac{运输总成本的增量}{运输工作量的增量}$$

如用TC表示总成本、FC表示总固定成本、VC表示总可变成本、Q表示运输工作量、AC表示平均成本（有时也称平均总成本ATC）、AFC表示平均固定成本、AVC表示平均可变成本、MC表示边际成本、ΔTC表示总成本的增量、ΔQ表示运输工作量的增量，则成本计算公式为：

$$平均成本\quad \mathrm{AC}=\mathrm{TC}/Q=\mathrm{AFC}+\mathrm{AVC} \tag{3-1}$$

$$平均固定成本\quad \mathrm{AFC}=\mathrm{FC}/Q \tag{3-2}$$

$$平均可变成本\quad \mathrm{AVC}=\mathrm{VC}/Q \tag{3-3}$$

$$边际成本\quad \mathrm{MC}=\Delta\mathrm{TC}/\Delta Q \tag{3-4}$$

当运输生产的规模收益率不变时，成本函数是一个线性函数，它表示运输服务的投入量增加1倍，其产出量也增加1倍。由于投入要素价格不变，增加1倍的投入量导致其总成本也增加1倍。图3-6a)给出了这一情况下的运输成本函数。

如果运输企业的生产条件使规模收益率递增，要使运输服务量增加1倍，只需1倍以下的投入量即可，此时的运输成本函数如图3-6b)所示，是按递减率增长的。

如果生产条件使运输企业的规模收益率递减，那么，要使运输服务量增加1倍，需要1倍以上的投入量，此时运输成本函数将如图3-6c)所示，是按递增率增长的。

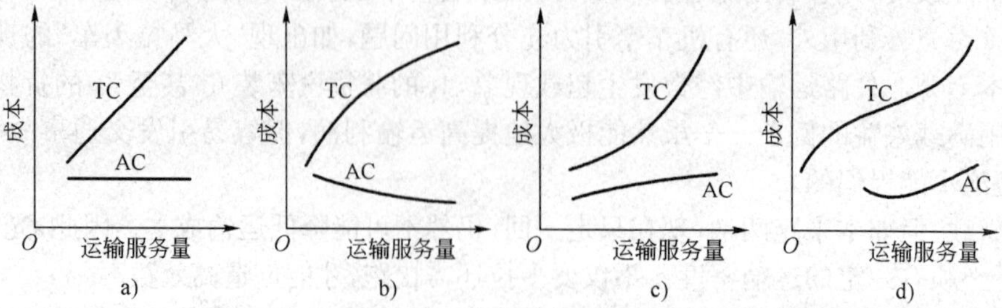

图3-6　运输服务量与成本的关系示意图（收益率变化情况）

a)不变；b)递增；c)递减；d)先增后减

当运输生产体系的规模收益率为先递增后递减时，运输成本函数将如图 3-6d)所示，AC 呈 U 形、TC 呈反 S 形。

对运输成本函数来说，运输服务的生产量与成本之间的所有上述关系都是以投入要素的价格不变为前提的。因此，当实际中研究运输成本与运输工作量的关系时，必须首先考察投入要素价格的变化情况，然后，再根据生成函数去计算成本函数。此时，投入要素的价格与生产函数共同决定运输成本函数。

2. 短期成本曲线

一旦企业规模确定，短期内将不发生固定资产的变化，这时的成本曲线称短期成本曲线。在短期，总成本的变动由可变成本引起，而固定成本保持不变，如图 3-7a)所示。图 3-7b)是与总成本对应的单位成本曲线，对照 a)、b)两图，可以看出短期运输成本有以下几个重要特征：

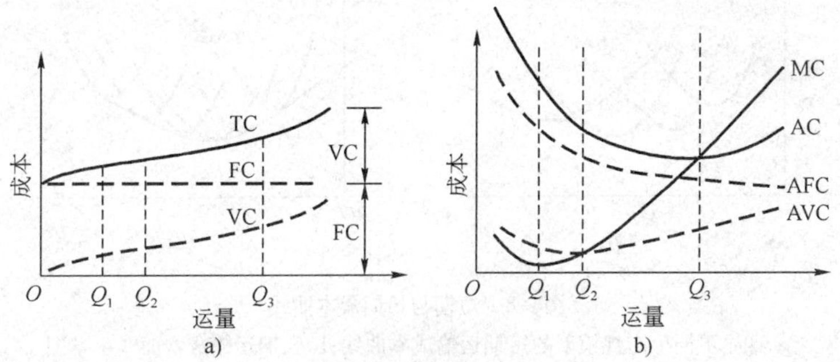

图 3-7　短期成本曲线

a)总成本；b)单位成本

首先，总成本曲线完全取决于可变成本曲线。也就是说，在每一运量水平上，总运输成本曲线的斜率和总可变成本完全一致；总固定运输成本只是把总运输成本曲线抬高到较高水平上，它与运量增减无关，也就是说，它不影响边际运输成本。

其次，总(可变)成本曲线的形状在很大程度上取决于运输生产中使用的可变投入要素的生产率。当可变投入要素的生产率递增时，即每增加一单位投入的效益优于前一单位投入的效益，这意味着边际成本逐渐下降。如图 3-7 中运量水平 Q_1 之前的曲线；之后，可变投入要素的生产率呈递减状，即每增加一单位投入的效益不如前一单位投入的效益，这意味着边际成本逐渐上升。Q_1 正好位于边际成本从下降转变成上升的谷底处。运量 Q_1 可以解释为，运输企业的固定投入要素都是按一定的运输生产水平设计的，在运量低于这一水平时，运输能力尚未被充分利用，这时较小的可变投入要素可以获得较大运量的增加，就好比 10t 的车只有 5t 的运量，随着运量增加，只需少量的投入即可获得较大的收益。但运量达到 Q_1 后，运输能力的利用将超过限度，为了完成运量，人、车加班加点，车辆得不到正常维护，事故率上升……收益递减规律开始起作用，运量的增长率就将低于可变投入要素的增长率。

最后，平均成本 AC 曲线和平均可变成本 AVC 曲线也同样呈 U 形状态，且 MC 上升线分别与这两条曲线的最低点相交，即图 3-7 中 Q_2 和 Q_3 断面。之所以这样，是因为当边际成本低于平均成本，平均成本必然因受边际成本影响而下降；当边际成本高于平均成本，平均成本又必然因受边际成本影响而上升；只有当两者相等的时候，平均成本才既不上升也不下降，这点正是曲线的极值点(斜率＝0)。可见，边际成本穿过平均成本曲线的最低点是必然的。

3. 长期成本曲线

从长远观点来看，运输企业没有任何固定的约束，规模可以发生变动，所有的生产投入要素都可以改变。

为便于叙述，考察图 3-8a）所示的某运输企业四种生产规模下的短期平均成本曲线 SAC_1、SAC_2、SAC_3、SAC_4。在第一阶段 $O \sim Q_1$ 的运量范围内，企业的运输成本 SAC_1 较低；在第二阶段 $Q_1 \sim Q_2$，企业的运输成本 SAC_2 较低；在第三阶段 $Q_2 \sim Q_3$，企业的运输成本 SAC_3 达到最低；在第四阶段超过 Q_3 的运输范围内，企业的运输成本 SAC_4 较低。运输企业将根据这一阶段运量情况决定生产规模。

如果该企业在发展过程中连续不断地进行生产规模的调整，使每两次调整之间的生产规模相差幅度很小，以获取更好的经济效益，如图 3-8b）中的 SAC，那么，就可得到一条长期平均成本曲线 LAC，它与所有的 SAC 曲线相切，是 SAC 的"包络线"。

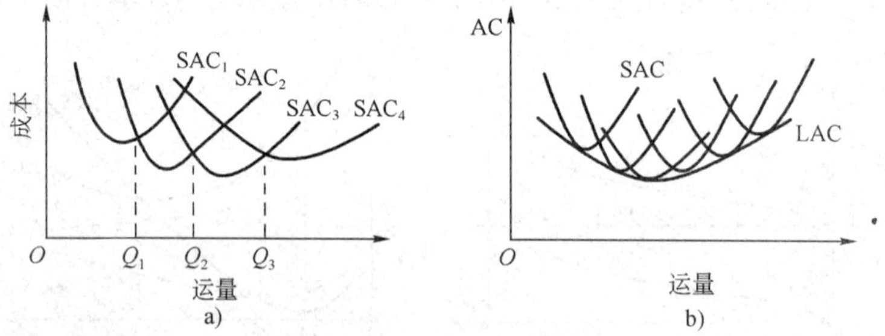

图 3-8　短期与长期成本曲线

a）四个不同生产规模下的短期运输成本曲线；b）长期运输成本曲线示意图

长期运输成本分析可以为运输企业的长期计划提供依据。在长期内，运输企业根据下阶段计划运量来调节投入要素量，建立一个适度的生产规模，以保证成本最低、利润最大。但是，一旦投入要素增加，生产规模形成，则企业就只能按照已形成的生产规模组织运输生产。由此可以说，运输企业是在长期中计划，在短期中经营。所以，长期成本曲线通常也称为计划曲线，对企业长期决策有一定参考价值。

4. 运输成本构成

各种运输方式的运输成本具体计算时通常由两类成本构成：一是直接成本（也称直接费），是完成运输过程直接使用的费用；另一类是间接成本（也称间接费），是管理和营销等费用。以航空运输为例，直接成本包括：飞行费用（空勤人员工资及津贴、航空燃料及润滑油消耗、飞机保险费等）、修理费用、折旧费、机场使用费及其他直接飞行费；间接成本包括：售票及预订机票的服务费、行李及货物服务费和管理费等。

1）公路运输成本的构成

公路运输成本是指公路运输企业为完成客货位移所发生的一切费用总和。它分为运输总成本和平均运输成本两个概念。如前所述，企业在某一时期的平均运输成本可按 $AC = TC/Q$ 计算，这里 TC 为该期的运输总成本、Q 为该时期完成的总客货周转量。

按交通部的统计口径，公路运输成本由 11 项费用构成。根据 1994 年的统计，我国公路运输业的成本构成比例如表 3-2 所示，表中同时列出 2002 年四川的货运和客运成本构成。

2）各种运输方式的运输成本构成对比

可以把表 3-2 中运输成本的构成分成 4 类（1994 年中国）：

（1）人工费，包括工资、休假薪资和津贴等（10.7%＋1.7%）；

（2）设备费，包括设备购置、折旧、分期付款利息、零件、修理和轮胎等（4.3%＋17.1%＋11.7%）；

我国公路运输成本构成比例(1994 年和四川 2002 年)　　表 3-2

序号	项　目	各项成本比例(%)				
		汽车货运		汽车客运(2002 年四川)*		
		1994 年中国	2002 年四川*	普通中巴	普通卧铺	豪华高速
1	工资	10.7	5.77	15.52	7.36	5.30
2	职工福利	1.7	0.74			
3	燃料	24.6	24.07	21.17	23.43	13.38
4	轮胎	4.3	5.24	1.81	3.78	4.98
5	修理(含大修)	17.1	19.54	9.44	7.94	7.43
6	折旧	11.7	4.63	10.35	7.67	15.23
7	养路费(含通行费)	13.7	12.97	14.81	6.53	26.62
8	运输管理费	1.6	0.74	0.47	0.39	0.16
9	税金(车船使用税)	0.8	0.27	1.16	0.92	0.46
10	行车事故损失(含保险)	1.9	1.75	4.21	1.30	3.52
11	其他	11.9	24.28	21.07	40.68	22.92
12	总计	100	100	100	100	100

注:* 按参考文献[56]资料扣除利润后计算结果。

(3)燃料费(24.6%);

(4)其他费用,包括水、电、通信等各类杂费(表中的其他费用)、运输企业向运管部门缴纳的管理费用、保险费(行车事故损失)、税金及养路费等(11.9%+1.6%+0.8%+1.9%+13.7%)。

我国四川 2002 年公路货运与公路客运成本也按此分类,并将它们与美国 J. B. Hunt 运输公司 1994 年的载货汽车运输成本构成作一对比列于表 3-3。

各种运输方式的运输成本构成比例对比(%)　　表 3-3

项　目	人 工 费	设施设备费	燃 料 费	其他费用	总　额
公路货运,中国(1994 年)	12.4	33.1	24.6	29.9	100
公路货运,中国四川(2002 年)	6.5	29.4	24.1	40	100
普通中巴,中国四川(2002 年)	15.5	21.6	21.2	41.7	100
普通卧铺,中国四川(2002 年)	7.4	19.4	23.4	49.8	100
豪华高速,中国四川(2002 年)	5.3	27.6	13.4	53.7	100
铁路,中国国家铁路(2003 年)	19.9	22.8	19.1	38.2	100
航空,中国四川(2003 年)	5.3	39.0	26.3	29.4	100
长江千吨轮,长江航运公司(2003 年)	9.8	33.0	24.2	33.0	100
长江千吨轮,湖南航运公司(2003 年)	11.1	31.2	19.1	38.6	100
公路货运,美国 Hunt 公司(1994 年)	35.3	34.3	16.8	13.6	100
公路货运,英国(1965 年)	41.6	28.0	16.5	13.9	100
公共汽车,澳大利亚(1988 年)	48	34	9	9	100
电车,澳大利亚(1988 年)	49	39	3	9	100
火车,澳大利亚(1988 年)	21⑧	55	5	9	100

续上表

项　　目	人　工　费	设施设备费	燃　料　费	其他费用	总　　额
2.5 万 t 海轮，美国—日本(1986 年)	13.0①	50.6②	24.3	12.1③	100
6.5 万 t 海轮，美国—日本(1986 年)	7.8①	62.5②	20.7	9.0③	100
12.5 万 t 海轮，巴西—荷兰(1986 年)	4.6①	71.8②	17.3	6.3③	100
拖轮＋驳船，美国(1978 年)	13.8①	33.0④	16.7	36.5⑤	100
航空，伦敦—新加坡包机(1986 年)	5.7①	32.4	42.8	19.1	100
航空，欧洲内部(1983 年)	31.3⑥	28.7	17.7	22.3⑦	100
航空，美国内部(1983 年)	26.7⑥	32.1	24.3	16.9⑦	100

注：①仅包括船上(或机上)人员的工资和津贴。②未包括港口费用。③包括包括了备用品和润滑油费用。④已包括港口费用。⑤包括其他船只的拽航费用等。⑥包括售票、销售和业务推广等费用。⑦包括旅客服务费、着陆费和空中费用等。⑧原资料如此，疑为 31，否则总量仅 90%。

从对比中发现，有两个最大的差别是在预料之中的。一是人工费美国远大于中国(35.3%：12.4%和 6.5%)，因为美国的平均工资高于中国至少十几倍；二是燃料费中国远大于美国(24.6%和 24.1%：16.8%)，主要的原因是中国公路运输业平均的运输效率低，油耗大。美国油价中已含汽油附加税，类似中国的养路费，如将养路费计入油价，则中美公路货运的燃料费对比是 38%：16.8%。但是从四川豪华高速公路客运油耗仅占总成本的 13%分析，似乎走高速公路的长途旅行也是减少能耗的重要因素，美国发达的高速公路网与较长的平均运距客观上也奠定了节能的优势。中国与英国公路运输的成本对比情况也基本如此。有研究说，大多数英国公交汽车经营者的总成本中仅“上路员工”的工资就已占了约 50%。

表 3-3 还列出了一些国家公共交通及航空的运输成本构成。虽然不同运输方式的成本分类有各自的特点：如电车以电作能源、航空有着落费、大型海轮运输成本中未考虑港口及起终点作业与运输的费用，因此，不可作简单的对比。但是，可以看出，大型海轮和火车的固定成本的确是最高的(设备与维修费基本在 50%以上)，而电车的燃料费是最低的(仅为 3%)。表中未列管道运输的成本，因为管道是一种不需要运输工具的特殊的运输方式，是具有固定设施密集型最为突出的运输方式。

【例 3-1】 如何应对油价飙升的挑战？总成本中燃料的使用相对比较稳定，但由于世界石油价格的起伏很大，在航空运输成本中，燃料费的比重却成了最不可控的要素。表 3-4 列出了美国 1972～1994 年航空运输中燃料支出的情况，它占总成本的份额在 11.7%(1994 年)～29.7%(1980 年)之间。将它与世界原油价格进行对比，两者的走势竟然非常接近(图 3-9)。

美国 1972～1994 年航空运输中燃料支出占运输费用的百分比(%)　　表 3-4

年度	1972	1973	1974	1975	1976	1977	1978	1979	1980	1981	1982	1983
燃料费比例	12.1	12.1	17.3	18.9	19.2	20.1	20.1	24.4	29.7	29.3	27.2	24.5
年度	1984	1985	1986	1987	1988	1989	1990	1991	1992	1993	1994	平均
燃料费比例	23.8	22.3	16.3	16.0	14.4	14.9	17.6	14.8	13.5	12.7	11.7	18.8

从 21 世纪初以来持续攀升的原油价格令美国各航空公司难以为继，他们纷纷上调票价，缩减支出，但仍不能摆脱困境。2008 年 7 月 3 日，纽约 NYMEX 原油期货价格突破每桶 145.85美元历史高点后，美国 12 家主要航空公司呼吁国会打击原油市场的投机炒作行为，并号召乘客共同给国会施压。面对 2008 年一季度巨额亏损，他们设法自救，全美航空公司发言人

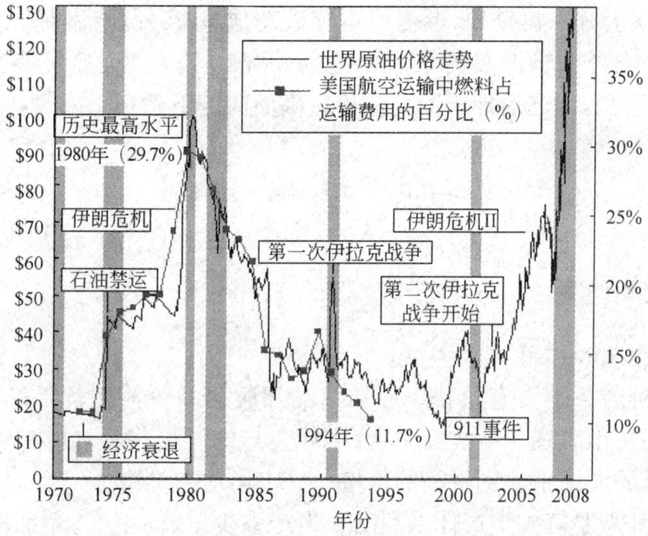

图 3-9 世界原油价格与美国航空燃料占运输费用的百分比

说，将取消国内航班上电影娱乐设施，拆除 200 多公斤的相应设备以减少燃料消耗，此举每年可节约 1 000 万美元的油费和其他开支。据国际航空运输协会在日内瓦发布的一份报告说，2008 年上半年，全球有 25 家航空公司宣布倒闭或处于运营中止的状态，创下了民航业历史上最糟糕的纪录。

在过去一年中，一路飙升的油价是压垮这些公司的“最后一根稻草”。2008 年 7 月，航空柴油价格已升至每桶 170 多美元，比去年同期上涨了 1 倍多。导致燃油占航空公司运营总成本从 13％上升到了 35％(已超过 1980 年 5 个百分点)，油价每上升 1 美元，全球航空公司就多支出约 16 亿美元。

国内航空公司也感困难重重。2008 年 7 月 19 日，N 航空公司向媒体透露，受国际油价影响，中国的航油价格目前已达到每吨 8 720 元，比 2005 年上涨了约 4 倍。“高油价”对公司经营造成巨大压力，即使减抵燃油附加费的收入，公司今年运营成本还要多支出 18.6 亿元。面对严峻的经营形势，公司决定通过“增收节支”、公司管理层减薪等措施来应对。如减少非生产性投资(购买车辆、办公楼等)。希望通过下半年管理人员每月减薪 10％这一措施，到年底为公司省下 1 000 多万元。

但是，也有国内学者认为，实证数据不支持原油涨价是对国内航空公司的利空这个观点。例如，考察中国国航(601111)上市以来的所有近 10 次涨停，往往不是油价下跌时，相反却是油价在上涨时。那么为什么原油价格上涨对国内航空公司是利好呢？原来美元与油价具有强负相关性，即美元下跌，油价必然上涨(例如，2008. 7. 11 报道当天油价上涨 3. 34 美元，报收于 145. 08 美元的同时，报道了美元大幅贬值的消息——美元对黄金价格上升了 2％)。当原油涨价美元贬值时，也就是航空公司的债务贬值之时。而一般航空公司的飞机，都是租赁与分期付款的(表 3-3 中航空，中国四川、欧洲内部和美国内部的设施设备费均远大于燃料费，设备设施费中约 2/3 是飞机租赁费)。美元贬值人民币相对升值，使得租机还款减少，加之美元贷款的财务成本下降，双重利好相叠加，对航空公司股价起到了较大的推动作用。

这可以简单地理解为：以人民币结算机票，以美元结算租机成本的航空公司，当油价上涨美元下跌时，实际上相当于机票无形中上涨和成本下降，如果国家还容许收取燃油附加费，那么，油价上涨对航空公司真的不一定是利空。

只是当油价迅猛上升一再登顶，燃油成本突破总成本35%，特别是国内油价与国际油价同步上升后，国内航空公司情况是否依然如此利好呢？享受欧元坚挺利好的欧洲航空公司2008年一季度还在盈利，但之后即不断为油价过高而叫苦不迭！

第二节　运输价格

一、运价的意义和功能

1.一般价格的意义和作用

每样商品及每种劳务都具有价格。一切商品和服务的价值用货币形态表现出来就是价格，即价格是价值的货币表现。在实际中，价格常会与价值相背离，但在一个充分竞争的市场中，总能在供需平衡的波动中达到平衡的价格——市场均衡价格。

任何经济社会都需要解决生产什么商品和生产多少、如何生产、为谁生产的问题，在市场经济中这些问题主要是由价格机制决定的。价格在经济生活中扮演着极重要的角色，它自动地起着**调节作用**、**核算作用**和**分配作用**。

促进资源的合理配置，调节供求，这是价格最基本的功能。在商品经济运行中，商品交换是以买卖双方认可的交易价格进行的，价格调节消费者、生产者或经营者之间的利益。对消费者来说，价格的调节作用表现为在一定收入水平下，由于价格随供求变化上下波动，消费者会不断对自己的消费结构做出新的选择或调整。在价格提高时，消费需求一般会减少，而当价格下跌时，需求会上升。价格的调节作用驱动生产者为了追求最大利益而把生产要素投入到效益好的领域，从而达到资源的优化配置。具体表现在当商品供过于求价格下降时，生产者无法通过价格收入得到正常利润，就要减少产量或者转产；在商品供不应求价格上升时，生产者为增加利润就会增加产量，或者有新的企业进入该行业。在价格的调节作用下，价格变动引起需求与供给的变动，而在社会总的生产能力和总收入一定时，一种商品供求的改变又必然引起其他商品供求的相应改变。因此，价格通过自己的调节作用对社会经济结构产生影响。

由于商品中代表抽象社会必要劳动耗费的价值量难以准确计量，必须通过价格来体现，因此价格必然又具有充当社会劳动耗费的核算工具的职能。对商品生产者来说，价格一方面起着核算生产每种商品都要消耗的生产资料、支付工资、缴纳税金以及获得相应利润的作用，另一方面又通过对商品供求关系变化的满足，负责核算市场真正承认的必要劳动量，因为价格只有为需求者接受才能实际完成商品的交换过程。一个国家也要利用价格进行国民经济核算，例如总产值指标就是通过把有关部门的商品或劳务的销售总值相加得到的，国民收入则是根据按价格计算的社会总产值扣除物质消耗而获得的。国家的宏观经济管理包括经济规划、财政预决算等都离不开价格这一核算工具。

价格具有在社会产品再生产各个过程之间、在积累和消费之间、在各个经济主体之间以及各地区之间进行分配和再分配的功能，价格的调整在很大程度上决定了各方面的经济利益。价格的分配作用是与供求结构变动、资源配置及其流动联系在一起的。对生产者而言，价格是其自负盈亏的基础，价格决定了在社会总收入中能否分配到与其提供的劳动耗费相对应的部分。价格变动时，生产者通过市场环节分配到的社会收入也发生变化。对消费者而言，由于在一定的货币收入下消费量由消费品的价格水平所决定，因此价格决定了他的实际收入，价格变动也必然影响人们的实际消费水平，甚至他的资产水平。

2. 运价的经济功能

运输业是国民经济的基础设施，运输过程是社会产品生产过程的继续，运输费用是产品价值的构成部分，因此运价体系及运价水平的合理与否，对于国民经济以及人民的生活具有直接的影响。除价格基本作用外，合理的运价体系及运价水平可以发挥这样一些经济功能：

(1)有利于促进国民经济的发展。一方面，运输起着国民经济各部门、各地区以及城乡之间经济活动的“纽带”、“大动脉”的作用，合理的运价可以从经济上保证这种作用的发挥；另一方面，合理的运价对整个运输事业的发展起着积极的作用，可以在经济上刺激运输企业改善经营管理，降低运输成本，提高运输服务水平，不断适应并满足国民经济对货物运输的需要，以达到发展国民经济、提高人民生活水平的目的。

(2)有利于促进工农业生产合理的布局。货物运费是产品价格的重要组成部分，产品生产地点距离原材料产地及销售市场的远近，对产品价格中运输费用所占的比重有很大影响。因此，正确安排同一生产系列的原料、燃料、制成品的运价比例关系，正确确定各种货物运价率在里程上的变化，有利于资源开发和利用，有利于工农业、商业地点的合理布局。

(3)有利于组织合理运输。一般认为合理运输是运输组织工作的基本原则，消除过远、过近等不合理运输，是节省运输劳动、挖掘运输潜力的极其重要的环节。因此运价实行有差别的递远递减制，即各种货物按不同运输距离规定差价，并对某些主要大宗货物，根据它们的产销联系条件，分别规定运价递减终止里程，以资鼓励和限制。

(4)有利于促进各种运输方式间的合理分工。我国目前运输能力短缺，因此运输任务在各种运输方式间的合理分配具有非常重要的意义。正确制定各种运输方式间的比例关系，有利于运量在各种运输方式间的合理分配，充分利用现有运输能力，发挥最大的效用。

(5)有利于提高运输工具的使用效率。运价也是从经济上影响货物托运者关心合理使用运输工具、提高其使用效率的手段。合理的运价有利于充分利用现有的运输能力，完成尽量多的运输任务。比如，为了达到改善车船利用，充分利用运输工具的实载能力，可以对重质货物和轻质货物规定不同的运价。

3. 运价与物价的关系

国民经济价格体系包括农产品价格、工业品价格、交通运输价格和其他各种服务价格等。交通运输价格在整个价格体系中有重要地位，这是由运输在经济中的作用所决定的，因为运输是联结生产和消费的纽带，农产品、工业品和各种服务价格中都包含有运输费用；另一方面，运输生产所消费的运输工具、能源和建筑材料等的价格又直接影响到运价的高低。因此研究工农业产品和交通运输价格之间的比价关系具有重要意义。

在现代运输诞生之前，社会经济中人与货物空间位移的速度慢、费用高。现代运输为改善运输条件铺平了道路，使得廉价运输成为可能。运价与物价有着密切的关系，运价变动对物价将产生影响。运费提高将导致物价的上升，而且运费对物价的影响是随运费占商品物价的比重增加而增大。由于运输一般是按质量和距离计量收费的，这导致价值低的原材料等运费所占比重相对较高，而价值高的贵重物品的运费所占比重较低。根据资料，原苏联1980年运价占煤炭价格的12.4%，占生铁的3.3%，占钢材的2.2%。20世纪80年代初，美国运价在石油及其制品的价格中占24%，在木材价格中占18%，在百货和日用品价格中占4%(参见表1-4)。我国运费在货物价格中的比重相对较低，20世纪80年代初我国运价在石油及其制品的价格中占5.8%，在木材价格中占7.4%，在百货和日用品价格中只占1%，比例均低于美国。这又一次证明，第一章所举示例的结论：运输越发达，运输成本在产品总成本中的份额可能越高。

物价的变动也会引起运输成本的变动。物价上升推动运输成本上升，如果此时运价得不到及时调整，就会使运输企业利润大幅度减少，甚至带来亏损，但反过来，提高运价又可能导致新一轮的物价走高。发达国家一般利用某种成本补偿指数来调整运价，补偿因通货膨胀引起的成本增加，解决物价与运价联动的问题。

二、运价的结构及形式

1. 运价的分类

根据不同划分方法，运价主要可分成以下几类。

按运输对象不同，划分为客运运价（或票价）、货物运价和行李包裹运价。

按运输方式不同，划分为铁路运价、公路运价、水运运价（包括长江运价、地方内河运价、沿海海运运价和远洋运价）、航空运价、管道运价和联运运价（当货物或旅客位移是由几种运输方式联合完成时的运价）。

按运价适用的地区不同，划分为国际运价、国内运价和地方运价。

按运价适用的范围不同，划分为普通运价、特定运价和优待运价等。普通运价是运价的基本形式，如铁路有适用于全国正式营业线路的全国各地统一运价，其他运输方式也有普通运价这种形式。特定运价是普通运价的补充形式，适用于一定货物、一定车型、一定地区、一定线路和航线等。优待运价属于优待减价性质，例如客票中有减价的小孩票、学生票，也有季节性的优惠票。货运优待运价适用于某些部门或有专门用途的货物，以及适用于回空方向运输的货物等。

按货物托运数量不同，划分为整车、零担和集装箱运价。整车运价适用于一批质量、体积或形状需要以整辆货车装载，按整车托运的货物。通常有两种计费形式：一是按吨计费，另一是按车计费。大多数国家采用按吨计费，也有一些国家按车计费。零担运价适用于每批不够整车条件运输，而按零担托运的货物，它也是铁路和公路普遍采用的运价形式。一般来说，由于零担货物批量小，到站分散，货物种类繁多，在运输中需要比整车花费较多的支出，所以同一品名的零担运价要比整车运价高得多。集装箱运价适用于使用集装箱运送的货物。目前我国集装箱运价一般有两种形式：一是单独制定的集装箱运价，一是以整车或零担为基础计算的。一般来说，集装箱运价按低于零担、高于整车运价的原则来制定。

2. 运价结构

运价结构是指运价的组成及其相互的比例，通常有以下四种形式。

1）里程式运价结构

运输费用是随着运输距离的延长而增加的，按距离远近制定运价是最简单、最基本、也是最常用的运价结构形式。

如果完全按距离远近成比例地制定运价，则若 1t 货物运输 1km 运价是 0.05 元，那么 100km 是 5 元，1 000km 是 50 元，即运价与距离成正比例变化，称为纯里程运价。但实际中并不是完全按这一原则定价，绝大多数距离运价是按递远递减原则制定的，即运价随着距离增加而增加，但不如距离增加的快，就如同大多数运输成本的变化规律那样。

里程式运价结构中，衡量单位运价水平的运价率与运输距离的关系主要有以下四种情况：

(1)递远递减变化的运价率。

(2)运价率在一定距离范围内递远递减，超出该范围后运价率就保持不变。

(3)先递远递减，超出该范围后运价率反而递增。

(4)运价率始终保持不变的纯里程运价。

上述与距离有关的运价率变动可用图3-10中曲线①、②、③、④来表示。

例如,汽车运输中固定成本相对较低,且路线运行费用明显高于终点费用,使得运价与距离的关系较为密切。相比之下,铁路运输中固定成本相对较高,且发到和中转费用较高,使得运价递远递减规律更为明显。由于运输业固定成本高是普遍情况,因此,递远递减里程运价是最普遍的一种里程运价结构。

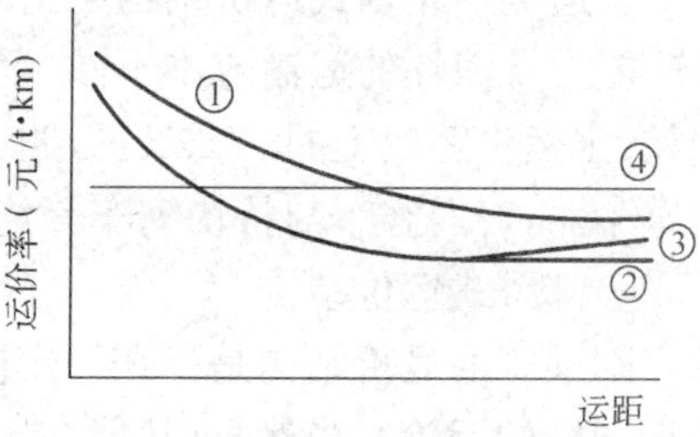

图3-10 运价率随距离变化示意图

作为典型里程式运价的例子,1992年北京市道路运输价格(指导价格)中,普通一类货物运价:基础运价0.33元/t·km(2006年全国公路平均运价约0.55元/t·km),25km以内加收每吨2元的吨次费,不同运输距离的收费情况见表3-5。

1992年北京市道路运输价格(普通一类货物运价) 表3-5

运距(km)	运价(元)	运价率[元/(t·km)]	运距(km)	运价(元)	运价率[元/(t·km)]	运距(km)	运价(元)	运价率[元/(t·km)]
1	2.33	2.33	10	5.30	0.53	25	10.25	0.41
2	2.66	1.33	15	6.95	0.46	26~30	10.25	0.35
5	3.65	0.73	20	8.60	0.43	>30		0.33

同时期的铁路货运价以整车货物一号运价为例:运输里程为1~100km、101~400km、401~1 000km以及1 000km以上时,每吨公里运价分别为(近似值):0.014元、0.006元、0.005元和0.010元。超过1 000km运价的提高一方面对限制过远运输有积极意义,另一方面在这一运距水平上,铁路运输有绝对价格优势或速度优势,无竞争对手,而且运输需求弹性较小,适当提价可获得较高利润。

2)货种差别式运价结构

货种差别式运价结构是指对不同的货物采用不同的运价。实行这种运价结构的依据在于各种货物的运输价值或运输成本客观上存在着差异,同时按照运价政策和运输供求的需要,个别货物的运价和运输价值可以有不同程度的背离。

影响各种货物运输成本的主要因素是:

(1)各种货物的性质和状态不同,需要使用不同类型的车辆或货舱装载。而各种车辆的自重、造价、修理费和折旧费不同,使用率也有很大的差异,对运输成本均有较大的影响。

(2)各种货物的比重和包装状态不同,对货车载重力的利用程度不同。例如,轻质货物单位体积的质量小,占用车辆容积大,不能充分利用车辆载重力,而且同种轻质货物对车辆载力的利用程度,还因包装状态和包装方法而有差别。

(3)由于货物性质和所使用的车辆类型不同,装卸作业的难易程度不同,所需的装卸费也不同。此外,车辆停留时间的不同、货流的集中程度不同等均会导致运输成本的差异。

(4)各种货物的产销地理分布状况决定了其运输距离是不同的,造成运输成本的差别。

例如,我国现行运价制度中,铁路采用分号制,水运和公路采用分级(类)制。即将货物运价分成若干号或若干级别,每个运价号或级别都规定一个基本运价率,各种货物根据按其运输成本和国家政策的要求,分别纳入适当的运价号或运价级别中去。

3)客运类别差别式运价结构

客运类别差别式运价结构是指同一运输方式内不同客运类别所需要的设备、设施，占用的运输能力及消耗的运输成本不同、运输速度不同、旅行的舒适程度不同等而形成的不同运价。例如，水运中客船上的一、二、三、四、五等舱；飞机上的头等舱与经济舱；火车上的软卧包厢与硬座车厢，普通客车与特快列车等均采用不同的运价。

4)邮票式运价结构

邮票式的运价结构是指在一定的区域内，运费就像邮信贴邮票那样，不论距离的长短，都采用同样的运价。当然，这只能在比较少和相当特殊的情况下适用。例如，市内公共汽车、电车、地铁以及某些城际客运等采用这种运价结构。

国外的运价结构中还有成组运价结构和基点运价结构。成组运价系统是将某一区域内的所有发送站或到达站集合成组，所有在一个组内的各点都适用同一运价，也被称为区域共同运价。基点运价是把某一到达站作为基点，并制定基点运价，运费总额是从发站到基点的运费加上从基点到终点站的运费。这两种运价结构显然也是以里程式运价为基础的。

3.运价的形式

根据以上运价分类和运价结构的分析，在实际运用中，为了适用各种需求和各种特殊情况等，各种运输方式都有多种多样的运价形式来满足不同的需要。

1)铁路运价主要形式

(1)统一运价。这是铁路运价的主要形式，按距离、货种分别规定运价，全国通行。

(2)特定运价。按特定运输条件，或在特定的地区、线路运输的货物，规定特定运价。特定运价一般按普通运价减成或加成，也可另定，它是统一运价的补充。

(3)浮动运价。对于不同季节、忙闲不均的线路，根据不同的情况实行不同的运价。

(4)地方铁路运价。为了鼓励地方修路的积极性，允许地方铁路采用单独的运价。

(5)新路新价。对于新建的铁路线路，进行复线或电气化改造的铁路线路，实行新路新价，一般高于统一运价的水平。

(6)合同运价。也称协议运价，其运价水平由货主和承运者双方根据运输市场供求关系及各自的利益协商认定，国外运输企业采取这种运价的比较多。

2)公路运价主要形式

(1)计程运价，如为整车运输，以吨公里计价；零担运输则以公斤公里为单位计价。

(2)计时运价，以吨位小时为单位计价，适用于特大型汽车或计时包车运输的货运。

(3)长途运价，适用于长途运输的货物，一般实行递远递减的运价结构。

(4)短途运价，一般按递近递增原则采取里程分段或基本运价加吨次费的办法计算。

(5)加成运价，对于专项物资、非营运线路单程货物运输、特种货物等实行加成运价。

3)水运运价主要形式

(1)里程运价，又称航区运价，适用于同一航区各港间不同货种和运距的差别运价。

(2)航线运价，适用于某两个港口之间的直达货物运价。

(3)联运运价，适用于水陆联运、水水联运等货运到运价，可按规定的减免率进行计价。

4)国际水运运价主要形式

(1)班轮运价，远洋运输的班轮运价采取级差运价和航线运价相结合的运价。班轮运输是按照轮船公司或班轮公会制定并事先公布的运价和计费规则计收费用的。

(2)航次租船运价，按照租船合同中约定的运价和装运货物数量计算运费。航次租船运价取决于租船市场上运力的供需关系。

(3)国际油船运价,油船航次合同中,运价通常都是按某一国际航运组织或经纪人组织制定的油船费率表所规定的费率为基准,由租船市场行情确定增减的比例,确定运价。

5)航空货物运价分类

(1)国内货物运价。

(2)国际普通货物运价。

(3)国际特种货物运价。

(4)国际专门货物运价。

(5)国际集装箱货物运价。

6)客运运价

此外,每一种运输方式还都有各种各样的客运运价。例如,航空客运运价一般有:

(1)普通票价,按距离制定的基本票价。

(2)浮动票价,根据不同季节、线路而在普通票价的基础上加减成。

(3)包机票价,按满员计算的票价。

(4)其他票价,同一航线上,为了鼓励旅客乘坐飞机,规定各种不同类别的票价,如头等舱票价、公务舱票价、经济舱票价、预购的旅游旺季往返票价和淡季往返票价、"公布票价"与"折扣票价"等。推行"一种票价(公布价)多种折扣(各类折扣几十种)"的票价体系。

三、各种运输方式运价的比价关系

不同运输方式间合理的比价有利于提高整个运输系统的效率和优化运输资源配置,特别对于短途运输,在多种运输方式之间具有可替代性时,合理比价对经济的健康发展更具影响。短途货运中,铁路、公路与水路运输最具有替代性,同时,它们又是我国目前最主要的三种运输方式。客运方面我国已进入铁路、公路与航空运输时代,内河水运已淡出运输市场。理顺各种运输方式之间的比价关系,对于发展综合运输体系、建立健全运输市场具有重要作用。

1.铁路与公路短途货运运价的比价关系

从技术经济条件来看,铁路运输的单位运输成本远远低于道路运输。但在短途货物运输中,由于铁路运输始发终到作业时间长、费用高,导致总成本偏高,并由于增加了编组站和货运站的工作量,降低了铁路线路的通过能力,延长了机车车辆在站的滞留时间,使铁路运量大,运距长的优势难以发挥。相反,道路的短途运输则有明显的优势:机动灵活,可实现门到门运输,运输时间短,可加速物资周转,特别是在鲜活易腐货物和轻型产品运输上,道路运输的经济效益和社会效益均高于铁路。一般认为铁路运输承担200km以内的货物运输是不合理的,应把这一部分货流分流给道路运输。

铁路运输全过程的运输费用包括运费、装卸费以及在没有专用线的情况下支付两头3~5km的道路运输的集散费用等。道路运输全过程的费用则为运费和装卸费。从铁路运输与道路运输的分工上看,应使道路运输的使用者在200km以内的运输中获得的综合收益高于(或综合费用支出低于)铁路运输(但不一定是运输费用低于铁路运输,因为道路运输在其他效用方面优于铁路),使运输的使用者在价格的调节作用下转向道路运输。

表3-6是北京地区道路运输费用与铁路运输费用的比价关系。从表中可以看出,两种运输方式的运费比为1∶7.8~1∶13.3,而运输总费用之比为1∶1.6~1∶3(如考虑固定资产的成本和企业距铁路货场4km以上时,则费用比可能还要接近),比价的差距较大,主要是铁路运价偏低,这对道路运输与铁路运输的合理分工可能造成不利的影响。

在考虑道路运输与铁路运输比价关系时，也应注意各地区的经济基础和产业结构的差别以及铁路集散问题。对于一些靠近铁路货场或自有铁路专运线的企业，特别是煤炭、矿石的运输，铁路的经济运距可能小于 200km。

铁路运输与公路运输价格比与费用比 表 3-6

运距(km)	铁路运输(元/t)				公路运输(元/t)			运费比①∶⑤	总费用比④∶⑦
	运费①	装卸费②	集散费③	总费用④	运费⑤	装卸费⑥	总费用⑦		
100	6.4	20	8.8	35.2	50	4.8	54.8	1∶7.8	1∶1.6
120	6.6	20	8.8	35.4	60	4.8	64.8	1∶9.1	1∶1.8
150	7.1	20	8.8	35.9	75	4.8	79.8	1∶10.6	1∶2.2
180	7.5	20	8.8	36.3	90	4.8	94.8	1∶12	1∶2.6
210	7.9	20	8.8	36.7	105	4.8	109.8	1∶13.3	1∶3

2. 铁路与水路短途货运运价的比价关系

水路运输和铁路运输都具有运量大、成本低、适合长距离大宗货物运输的优点。但二者相比较，水路运输的运输能力更强，投资、成本、燃料消耗量也较铁路运输少，更适合承担低值大宗货物的运输；并且我国水路运输资源丰富，未得到充分利用，而铁路运输能力受线路通过能力的制约，相比之下运能不足的矛盾较突出。

理顺水路运输与铁路运输比价关系的原则是要做好两种运输方式的合理分工，充分发挥水路运输的优势。1985 年以后，铁路运价与长江水路运输运价基本保持在接近 2∶1 的水平，是沿海运输的 2～3 倍，这不足以吸引铁路货流转向水路运输。因为除价格外，铁路的运送速度等其他效用要较水路运输好得多。根据国外的有关资料表明，水路运输与铁路运输通过长期市场竞争形成的较理想的比价关系应为 1∶4～1∶5。

表 3-7 是 1986～1996 年我国铁路、公路、水路运价的比价变化情况。从表中可看出，货运方面，铁路运价偏低，公路运价偏高。这样的比价可能产生的结果是，在同时存在多种运输方式竞争时，铁路最为拥挤。

铁路、公路、水路运输价格比 表 3-7

年份	货运(铁路=1.00)		
	铁路	公路	水路
1986	1.00	11.66	0.55
1990	1.00	10.15	0.49
1992	1.00	9.09	0.42
1994	1.00	8.41	0.65
1996	1.00	7.44	0.58
较理想比价	1.00	2.00～3.00	0.25～0.50

3. 客运票价的比价关系

除远洋运输外，水路客运水平在全世界全面衰落。目前，客运方式基本上是以公路、铁路和航空为主。对比 1 000km 以上的长途客运，航空时间最短(1h 以上)，但起终点均需较长时间的等候及转乘旅行；走铁路和公路时间均较长(8h 以上)，可起终点的等候及转乘旅行时间较短。它们之间较合理的价格比例关系最权威的评判是旅客的选择。以上海至北京出行为例，2001 年这三种运输方式的各种价格如表 3-8 所示。

表中，旅客人数和客座率均为铁路占优，可见在目前的比价条件下，铁路具有价格优势。事实上，每年 10 月和春节出行高峰期间，铁路即使提价，依然可保持吸引旅客的价格优势。

2001 年上海至北京之间铁路、公路、航空客运对比 表 3-8

运输方式		价格（元）	价格比（铁路硬卧 1.0）	距离（km）	平均单价（元/km）	日载客能力（人/d）	客座率（%）
航空（经济舱）		1 030（有的可打折）	3.25	1 180	0.87	9 000	60～65
铁路	硬座	179（特快）	0.57	1 460	0.22	45 000	85～90
	硬卧	317（特快，中铺）	1.00				
	软卧	488（特快，平均）	1.54				
	2 人包房	891（特快，平均）	2.81				
公路	豪华车	286（直达）	0.90	1 260	0.24	800	80～85
	卧铺车	311（直达）	0.98				

美国唯一一家铁路客运公司——美国家铁路客运公司（Amtraek）采用“收益管理”的方法来确定票价。它是通过一套计算机预订系统，对每趟列车长达 230d 的客票预订期分阶段进行预订和剩余能力分析，以此来具体确定该采用哪一档票价。这样可随时分析市场需求，以便从市场需求中获得最大的收入。Amtraek 的平均票价水平为：200km 以下，35～40 美分/mile（1.8～2.1 元/km）；1 000km 以上，8～10 美分/mile（0.4～0.6 元/km）。铁路运价相当于航空的 50%，公路的 125%。韩国（2002 年）铁路票价接近豪华公路票价的 1.2～1.3、飞机的 0.5～0.6。对照京沪客运价格可知，我国铁路票价处于偏低水平，航空票价定价则偏高。2002 年京沪穗三市对长途旅行可能选择何种交通工具的调查表明，有 2/3 的居民表示愿意乘火车，近三成选择飞机；并且有 2/3 的居民认为机票价格偏高，这已很说明问题。

【例 3-2】 英国铁路高价的无奈（亚瑟·琼斯）。元旦那天，我在英国的火车上读到报上一则上海磁悬浮列车的报道，不由对这两种列车作了一番对比。我乘坐的英国“125 快车”——理论上时速 125mile/h——此刻正以低于 30mile/h 的时速驶向伦敦，比预定时间晚点约 1h；而报道中的列车，刚刚完成了从浦东机场到市区的处女航，最高时速达 267mile/h。看了这篇报道，我心情沮丧。并非出于爱国——英国从来没有在高速列车的竞逐中拿过什么名次，我感到不平的是，坐这个老牛破车，我要支付比坐上海磁悬浮更多的钱。

英国铁路在 20 世纪 90 年代中期完成了私有化。据说私有化可以引入竞争机制，改变火车晚点的老问题，提高服务质量，但结果是条块分割。就拿从我父母家所在的林肯郡到卡尔迪夫的亲戚家这段不长的路程来说吧，速度没有提高，票价反而比以前更贵——我必须掏出 42 英镑（相当于人民币 500 多元，上海磁悬浮票价 150 元），之所以这么贵，是因为其中包含了附加费——英国铁路被 40 多家公司瓜分，当 A 公司的列车在 B 公司的轨道上运行时，B 公司向 A 公司收取的额外费用就摊到了乘客的头上。

第三节 运 输 定 价

交通运输领域涉及定价的主要有两种类型，一种是确定运输服务的价格，如普通客运票价和货物的运价等（也包括租赁运输工具，如汽车、火车车厢进行载人和载客运输）；另一种是确定运输设施的使用价格，如确定收费公路的取费标准、运河过往船只的取费标准等。

一、定价理论

1.运输价值决定论

运输价值决定论认为，货物运价的形成基础是运输价值。运输价值是凝结在运输服务中的无差别人类劳动，包括物化劳动和活劳动两部分。价值量就是劳动量。劳动量用社会必要劳动时间来表示。认为运价应取决于运输劳务的价值，即运输价值决定运输价格，这种观点的形成直接起源于马克思的“劳动价值论”。按照马克思的劳动价值论，运输价格的形成主要受两种因素的影响：一是在既定的运输生产条件下的平均物质消耗和劳动消耗量，即运输部门的平均生产成本；二是因各经济部门的利润平均化趋势而客观存在的社会平均资金利润率的水平。由这种理论来制定货物运价有两点十分重要：

(1)运输成本是反映社会平均劳动消耗的成本，而不应该是个别成本。

(2)应以全社会的平均利润率作为利润的基准。因为在运输市场自由竞争的前提下，市场优化资源配置的结果必然使各部门的利润率趋于平均化。

由此可见，以运输价值定价，实际上就是以全社会的平均生产成本(包括平均利润)为定价的基础，它主要为政府制定基准运价提供理论依据。显然，这是计划经济或实行运价控制条件时的定价依据。

2.资源配置论

资源配置论认为，运输定价是一种资源配置的方法，不存在所谓的“正确的”价格，只有可以实现预期目标的优化定价策略。从企业角度看，往往以追求利润最大化的价格水平作为阶段目标，它们有时会追求以最大市场份额为目标的价格，有时会追求能保证最大销售收入所需的价格；但从全社会角度看，人们更多会要求制定使社会福利(或消费者剩余)最大化的定价方法，要求定价有利于宏观经济发展、有利于大多数人的使用、有利于社会安定和使用者安全等。例如，在港口定价上，传统的“欧洲”定价理论以有利于港口后面内陆的经济发展为出发点，而“英国”的定价理论则采用基于回收港口建设与运营成本并尽可能盈利为目标，并不去考虑广大内地的经济影响。虽然方法与目标不同，但是，许多企业认为，运用定价机制去达到它们的目标也将自动地符合顾客的利益。这种观点并非空穴来风，它的理论依据是边际成本定价理论，即在**充分竞争的市场**中，采用边际成本定价可以达到资源的有效配置，这时，不仅企业利润最大化，而且**社会福利**也达到最大化。正因为如此，边际成本定价理论是1967年以来英国公共企业定价的基础。

萨缪尔森认为：作为资源配置的标准，边际成本的运用适用于各种经济问题，而不仅仅是适用于利润最大化的企业。利用边际成本来获得生产效率，对于任何一个试图最有效地利用其资源的社会和组织来说都是适用的——无论是资本主义还是社会主义，无论是追求利润最大化的企业还是非营利性的组织，也无论是一所大学还是一所教堂，甚或是一个家庭——如果你相信应该用“社会主义的市场机制”来代替中央计划经济机制，那么，你的社会主义企业必定想要有效率地生产小麦。效率要求小麦和所有其他物品的边际成本应当由某种价格来确定，这个价格等于每一个农场和企业的生产的边际成本。

二、边际成本定价法

1.边际、边际收益和消费者剩余

边际(Margin)是经济学中的关键术语，常常是指“新增”的意思。例如，本章第一节介绍的边际成本(Marginal Cost)(MC),表示增加1单位产出所需要增加的成本。

边际收益(Marginal Revenue)(MR)的定义是:当销售增加1个单元时,由此而引起的收益的变化。边际收益既可以是正,也可以为负。下面假设需求为一直线来分析边际收益的变化。如图3-11所示的需求线D交P轴于A点,交Q轴于B点,C是AB的中点。如果只生产一个产品出卖,可获得的成交价接近A,总收益(Total Revenue) $\text{TR}=A\times 1=A$,平均收益(Average Revenue) $\text{AR}=\text{TR}/1=A$。如果要卖出Q_C个产品,则只能以P_C的价格成交,这时$\text{TR}=Q_C\times P_C$,$\text{AR}=\text{TR}/Q_C=P_C$。可见,$D$线既是价格$P$也是平均收益曲线AR。

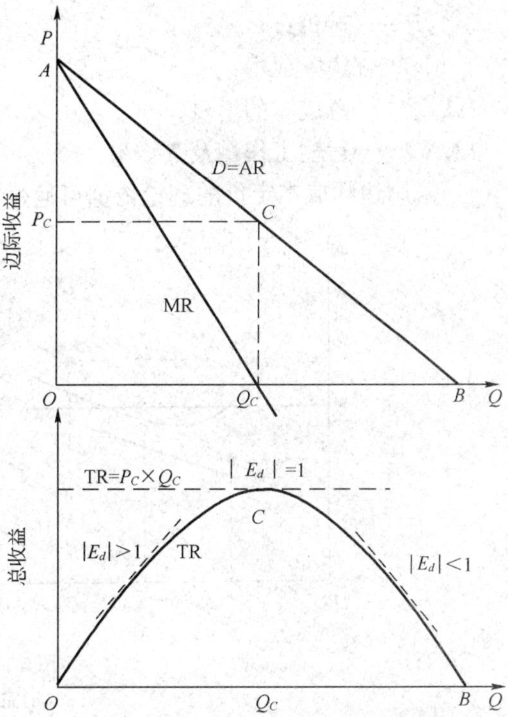

图3-11 边际收益、总收益与需求的关系

由于C是AB的中点,根据需求弹性的基本特性,直线D中点的弹性=1(弹性=BC/AC,见第二章习题与思考题3),即AC段弹性大于1,增加销售将增加收入,CB段弹性小于1,增加销售反而会降低收入。这说明当销售量小于Q_C时,$\text{MR}>0$(销售增加1个单元时,引起的收益增加),当销售量大于Q_C时,$\text{MR}<0$(销售增加1个单元时,引起的收益减少),即MR线必然经过Q_C点,且出售第一个产品时,$\text{MR}=\text{TR}=\text{AR}=P$,即MR线与纵轴$P$相交于$A$点,如图3-11所示,其中总收益TR由对MR积分求出。

消费者剩余(Consumer Surplus)最早由法国工程师J. Dupuit在1850年研究如何对铁路建设成本进行政府补贴时提出。1920年马歇尔在《经济学原理》中引入此概念,并将它定义为:消费者希望得到某种物品所愿意支付的价格超过他实际支付的部分。图3-11中,第一个买主愿意以价格A购买一个商品,而现在定价为P_C,实际上他只要花P_C就可以得到这一商品,节约了$A-P_C$。称需求曲线D为买主的支付意愿;D与价格P之差即为**消费者剩余**。对于第一个买主它等于$A-P_C$,全部的消费者剩余等于需求曲线与价格的围成的面积(即ACP_C)。

边际原则(Marginal Principle)是指:人们通过仅仅考虑和计算某一决策的边际成本与边际收益,来达到收益或利润满足程度的最大化。例如,企业追求利润最大化的条件是符合边际成本等于边际收益的边际原则。这一原则也同样适用于投资决策。在制定投资决策的过程中,应该把过去的盈利或亏损忽略不计,并仅仅根据边际成本或边际收益来决定将要作出的决策。"让过去的事情成为过去。不要向后看。不要为已溅出的牛奶哭泣,不要悲叹昨日的损失。对于任何决策,要准确地计算你将为之付出的成本,并把它和你将要因之而增加的收益相权衡。根据边际成本与边际收益来进行决策"(萨缪尔森,《经济学》)。

2. 边际成本定价法

边际成本定价法是指在运输供求发生变动时,运输企业必须增加或减少运输数量,并以因增加或减少运输数量而引起的总成本的变动为基础确定运输价格,计算公式为:

$$P=\text{MC}\quad P=D(Q)\quad \text{MC}=\frac{\Delta \text{TC}}{\Delta Q} \tag{3-5}$$

式中：P——运价；

MC——边际成本；

ΔTC——总成本的增量；

Q、ΔQ——运输工作量及其增量。

采用边际成本定价的理论依据可通过图 3-12 加以说明。

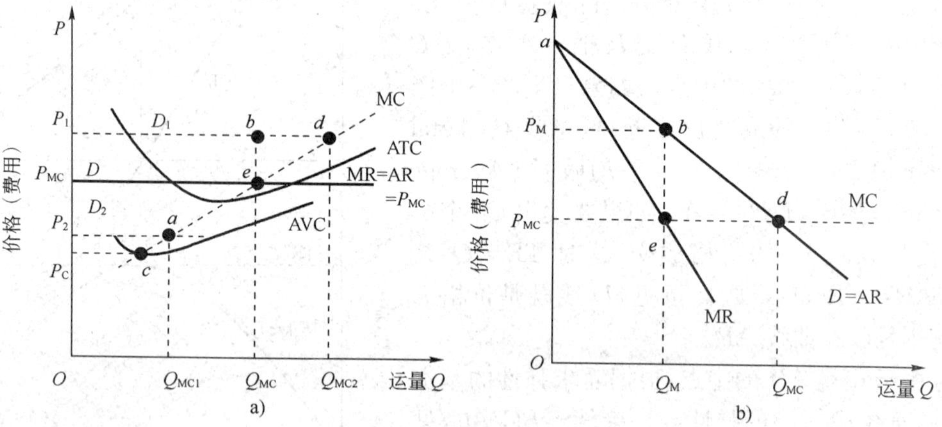

图 3-12　边际成本定价

a)完全竞争；b)垄断

在一个完全竞争的市场，分析企业供给与定价时，通常假设这样三个典型的特征曲线：①边际成本曲线(MC)向右上方倾斜；②平均总成本曲线(ATC)是 U 形的；③需求曲线 D—D(即价格线 P)为一水平线，这是因为，一个企业的生产量不足以影响市场的价格，或者说，企业只是价格的接受者：无论企业决定生产多少，无法撼动市场价格。水平价格线使得价格 P＝平均收益 AR＝边际收益 MR(图 3-12 a)。对于 D 需求，企业最大效益的运量应为 P_{MC}，此时 MC＝MR、$P＝P_{MC}$。更多的运量会因为 MC＞MR 而产生额外的亏损。过少的运量又会损失本来可以获得的利润。例如，当需求线上升到 D_1 时，依然保持 Q_{MC} 运量，就会损失 bde 面积的利润。完全竞争的市场中，企业应利用 P＝MC 来确定自己的最优运量。

根据需求 D、D_1 或 D_2 选择最佳运量为 Q_{MC}、Q_{MC1} 和 Q_{MC2}。对应于 D_2 需求，P_2 已低于平均总成本 ATC，这表示运输总收入少于总支出，为何还要继续生产？这是因为价格高于可变成本的部分多少可弥补固定成本的损失。但当价格低于平均可变成本 AVC 时，企业只能停产，因此称平均可变成本(AVC)处的 P_C 为停产线。在长期规划阶段，当预测价格可能低于平均总成本 ATC 时，企业就不应该投产。

在完全垄断的市场，分析垄断企业供给与定价时，通常假设这样三个典型的特征曲线：①需求曲线 D 向右下方倾斜；②边际效益 MR 介于 P 轴与 D 线之间(如同图 3-11)；③边际成本曲线 MC 为一水平线，这仅仅是为了便于说明，因为它向上倾斜并不影响结论。

以铁路货运收费为例，现假定存在垄断，并且铁路成本 MC 保持不变，如图 3-12b)所示。如果铁路企业追求本身利润的最大化，则价格应定为 P_M，这时 MC＝MR，它获得的总收入为 $P_M bQ_M O$，消费者剩余为 abP_M，社会福利水平(＝企业利润＋消费者剩余)为 $abeP_{MC}$。虽然这种价格会给铁路企业带来最大利润，但却不会使社会福利最大化。使社会福利最大化的价格应是边际成本等于需求时的价格，即：P＝MC＝P_{MC}。在这个价格下，生产的总收入是 $P_{MC}dQ_{MC}O$，消费者剩余是 adP_{MC}，总成本是 $P_{MC}dQ_{MC}O$，它产生的总社会福利 adP_{MC}，比利润最大化价格产生的社会福利大了 bde。经济学家将因垄断导致社会福利水平减小的量 bde 称为垄断的无畏损失。正因为具有垄断性质的市场存在无畏损失，长期以来英国坚持要求公共企业按边际成本定价理论作为定价基础。同样，这也导致了美国在 19 世纪后期对铁路定价和海运工会的定价行为实行控制。

我国是发展中国家，长期运输发展滞后与经济发展的状况正在通过加大交通运输建设而得以缓解。边际成本定价法也同样适用我国。例如，在运力过剩、货源不足、竞争激烈的线路和局部运输市场上，平均成本很高，边际成本却很低（图 3-13 中 D_1），这时如按平均成本定价，则一方面抑制了运输需求，从而制约了经济发展，另一方面又使运输设施闲置，造成资源浪费。如果以较低的边际成本定价，则既可以提高运输设备的利用率，又可为社会节省运费。此时政府依据边际成本制定最低限价，就可以保护运输生产者的利益，避免因过度竞争可能造成的危害。反之，在货源充足，运力不足的运输线路或运输市场，由于固定生产要素制约着生产规模，在运量超过最有效的运量水平的情况下，边际成本迅速增加，并将大大超过平均成本（图 3-13 中 D_2）。此时，国家运输管理机构也可以按边际成本制定最高限价，这样既可以限制垄断或过度竞争的发生，保护运输消费者和运输生产者的利益，也可以限制运量的增长，缓解运力紧张的状况，迫使货源向其他运输线路或运输方式分流，使运输需求的分布趋于合理，同时有利于各种运输方式在其可替代的线路上形成合理的比价关系。

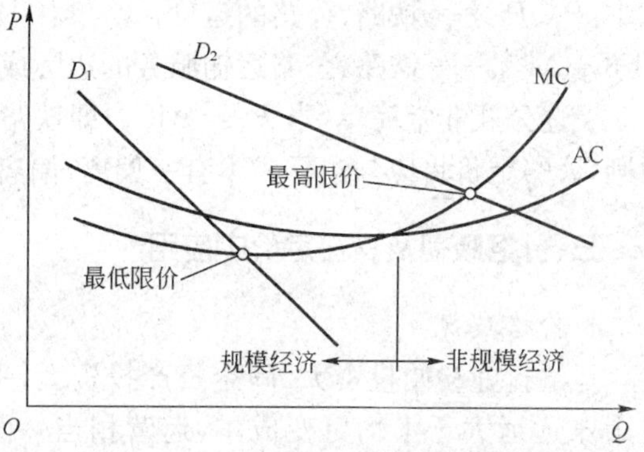

图 3-13　不同供需情况的边际成本定价

我国国内货物和旅客运输已存在按边际成本论定价的例子。例如，有关部门规定，在新开辟的铁路和水运线路上采用"新线新价"。由于新的运输线路资本投入较原运输线路多得多，其边际成本大大超过原运输线路的单位总成本；而且，一般都在运输需求量大于运输能力供给的情况下开辟新的运输线路，所以目前采用的"新线新价"均高于其他运输线路的价格。这也符合运输市场价格对运输需求进行反向调节的客观规律。

由于受国民经济发展规模等因素的制约，大多数情况下，作为派生的运输需求具有刚性的弹性特点，在一定空间和时间内受运输价格的影响有限。所以不能过分高估这种定价理论的作用。另外在运输需求严重不足的地区或航线，由于其边际成本长期低于单位总成本，以边际成本论定价，会导致运输业长期大面积亏损。我国内河航运较发达的某些地区就出现过这种局面：运输企业一再压低运价也未能使运输需求量有较大的回升，从而使自己陷入困境。

3. *"次优"定价法*

竞争条件下采用边际成本定价可使社会福利达到最大（不考虑外部性），因此常称此为最优定价法。但现实市场并非如此纯净，由于政治、制度或历史等原因，一些竞争对手本来就不按边际成本定价，在这种情况下你该如何定价呢？

为简单起见，用一个例子来说明这种情况下的定价方法。假设 A、B 两地之间只有公路客运和铁路客运，其中铁路客运受垄断控制，票价定得高于它的边际成本：$P_T > MC_T$。问，公路部门应该按边际成本定价呢，还是应该采取另外的某种策略使社会福利最大化？李普西和兰卡斯特（Lipsey and Lancaster，1956 年）提出以下最简单的次优定价公式：

$$\frac{P_T - MC_T}{MC_T} = \frac{P_G - MC_G}{MC_G} \tag{3-6}$$

或

$$P_G = MC_G \cdot \frac{P_T}{MC_T} \tag{3-7}$$

式中：P_T、P_G——铁路、公路的运价；

MC_T、MC_G——铁路、公路运输服务的边际成本。

上述公式非常简单，当 $P_T = MC_T$，即铁路按边际成本定价时，公路也应按边际成本定价；否则，公路定价将应与边际成本有一偏离，偏离的水平与铁路保持一致。

三、价格歧视及其在定价中应用

1. 价格歧视

运输行业初始投资大、固定资产投资大，平均固定成本远远大于平均可变成本，运营相当一段时间内，边际成本呈递减趋势，采用边际成本定价虽然可获得最大社会福利，但是却使自身利益受到损失而可能成为亏损行业。在图 3-14 中，假设某客运企业具有垄断性质，在建成初期，如果它采用利润最大化价格（MR＝MC 时的定价为 P_{MR}），可获得利润如图中阴影所示（边际成本 MC 以上部分阴影。注意，不是平均成本 AC 以上部分，AC 上任意一点定价，所获得的总效益 $Q_{AC} \times P_{AC}$ 即可与包括可变成本与沉没成本在内的总支出相平衡，不需要往后追溯 AC 曲线），但如果采用边际成本定价（P＝MC，价格为 P_{MC}），该企业将会有如图阴影所示（边际成本 MC 以下部分影印）的亏损。如采用平均成本定价（价格为 P_{AC}），则虽然可做到收支平衡，但是，有 $Q_{MC}-Q_{AC}$ 数量的旅客因价格高于他们的支付意愿而不得不放弃乘车。换句话说，社会福利被削弱了。

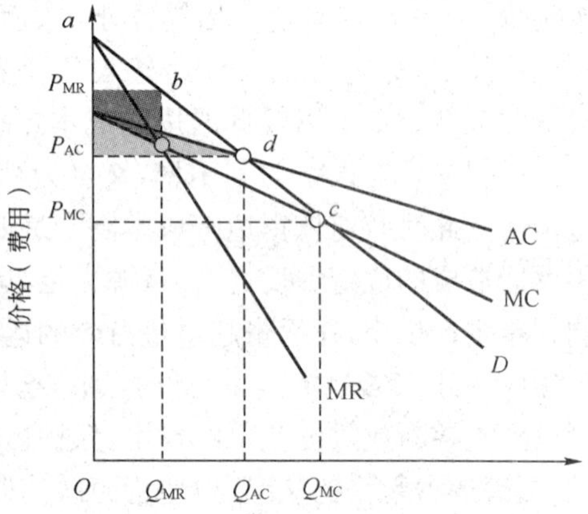

图 3-14　垄断条件下的定价分析

在这种情况下，采用边际成本定价的方法实质上是一种福利性的决策——如果企业的确有财务亏损的话，应归咎于所追求的定价政策，而并非企业无能力实现财务上的既定目标。正因为如此，在全世界许多国家包括铁路、公路、地铁等公共交通部门都能得到一定数量的政府补贴。

为减少或避免政府补贴，特别是为建设这些项目进行筹资、寻找收支平衡良策时，较常用且有效的方法是政府给政策，容许他们采用价格歧视方法定价。

运输业中的价格歧视也称差别定价。在自由竞争的商品市场中是不存在所谓“价格歧视”的。同样的一辆汽车，卖给甲 25 万元，卖给乙 23 万，没有人会认为是价格歧视。但是，当市场价格处于一种垄断特别是受到管制的状态时，同样商品和服务采用不同的价格就会遭到批评，出价较高的人就会感到自己受到了不公正待遇。运输业历来因其具有自然垄断特点在定价上受到各国政府不同程度的管制。因此，运输发展早期，价格歧视在一些国家是被禁止的。如 1887 年美国“商务管理条例”第二节中明确规定：“任何公用承运人，直接或间接用任何特别运价、回扣、退款或者其他方法向自己的旅客或货运委托人收取报酬比向其他做同样时间与业务的旅客或货运委托人较多或较少，将被认为犯有不公平差别待遇罪”。随着各国对运输管制的放松，在汇入竞争旋涡的运输市场中，价格歧视的定价方法已逐渐被人们接受。但是，只要在管制范围内，单纯追求企业利润最大化的商业行为依然受到各方面的限制。

从本质上来说，价格歧视就是收取"使用者愿意负担的费用"，即按支付意愿收费。在供应商能够识别每一个乘客支付意愿的理想情况下，同样是数量 Q_{MC} 的乘客，采用价格歧视比 P_{MC} 固定价可多收费用如图 3-14 中三角形 acP_{MC} 所围面积，即全部的消费者剩余。经济学家 A. C. 庇古称这为一级价格歧视(First-Degree Price Discrimination)。当然，实际上这是不可能做到的。现实运输业中常见的是价格歧视的是二级价格歧视(Secound-Degree Price Discrimination)或三级价格歧视(Third-Degree Price Discrimination)，前者是对用户分类分组定价，最常见的是按消费数量分类分别定价；后者是对各分市场(或不同消费群体)分别定价，例如，航空公司对缺乏价格弹性的商务人员和富有价格弹性的闲适游客收取不同的费用。国际航运业中对不同货物收取不等价的运费，同样也是价格歧视。泽比和康伦(Zerby and Conlon，1978 年)对澳大利亚—欧洲航运工会作了详细的考察，发现这些航运业采用了高度价格歧视的定价策略：对低价值大体积的货物(如矿石和金属)按装卸的平均增量成本收费(如用作为压舱物，收费还可降低)，而对较贵重物品采用了高出几倍的运价(图 3-15)。从图中的粗线看，它与通常假设的那种需求曲线比较接近。类似的情况如，中波轮船股份公司 1993 年货物运价表中，我国港口至波兰格但斯克航线低价货物运价为 65 美元/t，而高价货物，例如彩电，则运价约为 350 美元/t，后者为前者的 5 倍以上。当然这里含有高运价物品多占船舱体积因素，如彩电、羊毛和羊皮等密度比矿石与金属密度小，占船舱空间相对较大。

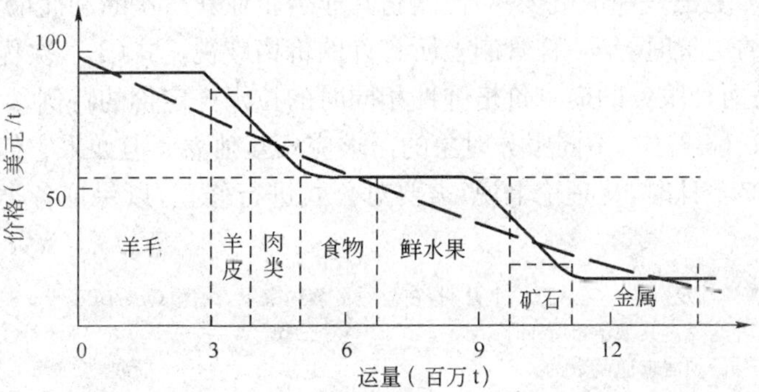

图 3-15　澳大利亚——欧洲航运工会(1973～1974 年)承运货物的平均收入

采用较高价格实现利润目标，以保证运输项目有投资来源(仅靠政府投资来推动运输业的发展是远远不够的)，会导致实际社会福利减少，但如能采用比较科学和有节制的价格歧视方法，不仅会有助于使供应商收回其成本，同时还能留住享受这种服务的旅客和托运人。为了使这种方法得以实施并为人们所接受，供应商在收取差别运价的同时，有意提供不同质量的服务。使得有些价格歧视与市场细分价格级差之间的差别变得模糊不清。现在，市场细分已得到人们的认可，而供应商更是把"反对同质"当做更好为消费者服务的口号。应当承认，市场细分导致高端服务(商品)的质量不断提升，从而激发了这部分消费者的消费欲望，即提升了人们的需求和支付意愿。也就是说，客观上它同时具有增大消费者盈余和社会福利水平的作用，因为消费者盈余＝支付意愿－价格。

那么，什么是"比较科学和有节制的价格歧视方法"呢？拉姆齐定价方法就是其中之一。

2. 拉姆齐定价(Ramsey Rule)

如同市场细分一样，运输业在提供服务时，通常针对不同对象，提供不同类型的服务(如航空运输中的头等舱和经济舱，铁路上的软卧和硬座)，并且带有自然垄断性质的企业在授权范围内可以确定一定的利润水平，而不是利润最大化。据此，鲍莫尔和布雷德福(Baumol and

Bradford,1970 年)证明,当不同类型需求相互独立(交叉弹性等于零)时,"次优"定价应该在各种服务的短期边际成本基础上,再加上与服务的需求价格弹性成反比的附加额。当服务对象的需求高度缺乏弹性时,该附加额应取得相当大;反之,当需求具有完全弹性时($E_d=\infty$),该附加额为零,即可直接采用短期边际成本定价。假设某一运输方式(如铁路客运)提供 A 和 B 两种服务,则 A、B 的定价应满足以下关系:

$$\frac{(P_A-MC_A)}{P_A}E_A=\frac{(P_B-MC_B)}{P_B}E_B=R \tag{3-8}$$

式中:P_A、MC_A、E_A ——A 类运输服务的价格、边际成本、价格弹性;

P_B、MC_B、E_B ——B 类运输服务的价格、边际成本、价格弹性;

R——拉姆齐指数。

这就是拉姆齐定价(Ramsey Rule)❶。它最初由拉姆齐 1927 年提出。其含义为需求弹性越小,定价可以超出它的边际成本的比例就越大。卡恩(Kahn)认为拉姆齐定价对弹性大的市场加成小,因此对弹性大的消费群有利。但鲍莫尔和布雷德福认为,尽管在高弹性市场上价格相对较低,只要该价格大于产出的增量成本,那么对有收入约束的企业来说,就可以降低在其他市场的价格,这对所有的人都是有利的。因此,在收支平衡约束下,与平均成本定价相比,拉姆齐定价是一种帕累托改进。

拉姆齐定价实际上是一种价格歧视,但当它并非为企业获得垄断利润最大化,而仅仅是用于为回收成本为目的定价时,是一种管制上所容许的价格歧视。式(3-7)次优定价公式也属于此类情况,它仅仅是两种服务的需求价格弹性相同时的拉姆齐定价的特例。

拉姆齐定价公式(3-8)中,不同服务对象的需求应相互独立。但如果它们之间的交叉弹性不等于零或不能忽略不计时,从理论上说,需要对公式进行修正,以保证各类服务的相对消费

---

❶ 拉姆齐定价又称逆弹性定价法。它从理论上证明,在盈亏平衡约束下,次优(Quasi-Best or Second-Best)定价法是实现消费者剩余最大化的一种途径。其数学推导如下。

令不同运输服务(用户群)的需求逆函数为:

$$P_i=P_i(Q_i)$$

式中:P_i、Q_i——第 i 种服务的价格和数量,$i=1、2、\cdots、n$。

第 i 种服务的消费者剩余为:

$$S_i=\int_0^{Q_i}P_i(Q_i)\mathrm{d}Q_i-P_i(Q_i)\cdot Q_i$$

求解最优问题即使全部服务的消费者剩余 W 最大化:

$$W_{\max}=\sum_{i=1}^{n}S_i$$

满足盈亏平衡约束:$\sum_{i=1}^{n}P_i(Q_i)\cdot Q_i=\sum_{i=1}^{n}C_i(Q_i)$

引入拉格朗日乘数 λ,最大化 W 的目标函数为:

$$\pi=\int_0^{Q_i}P_i(Q_i)\mathrm{d}Q_i-P_i(Q_i)\cdot Q_i-\lambda\{\sum P_i(Q_i)\cdot Q_i-C_i(Q_i)\}$$

由上式的一阶极值条件可得:

$$\frac{P_i-MC_i}{P_i}\cdot E_i=\frac{1+\lambda}{\lambda}$$

其中,$E_i=\frac{\partial Q_i}{\partial P_i}\cdot\frac{P_i}{Q_i}$,是第 i 种服务的需求价格弹性。令 $R=\frac{1+\lambda}{\lambda}$,称为**拉姆齐指数**,$R$ 的经济含义为根据不同服务(市场)的需求弹性在按边际成本收费基础上**给予加成的指数**。如存在 2 种服务($n=2$),由上式得到:$\frac{(P_1-MC_1)}{P_1}E_1=\frac{(P_2-MC_2)}{P_2}E_2$。

者的数量(或出售的商品的相对数量)与应用边际成本定价时假设的比例相一致。例如,鲍莫尔和布雷德福的替代规则是:应该先求出最优价格,以使"所有的服务(产出)量从价格等于相应的边际成本时所需的数量中以相同的比例减少"。

3. 收益管理(Revenue Management)定价策略

收益管理又称效益管理或实时定价,其核心是价格歧视,就是根据客户不同的需求特征和价格弹性向客户执行不同的价格标准,"在正确的时间以正确价格将正确的座位销售给正确的旅客"(美利坚航空公司)。收益管理诞生于20世纪80年代,最早由民航开发,后被广泛应用于酒店管理中,并在铁路等其他运输定价管理和物流管理中得到推广应用。

收益管理曾经在航空业取得了辉煌的成绩,主要是通过建立实时预测模型和对以市场细分为基础的需求行为分析,确定最佳的价格。据美利坚航空公司的统计,1989～1991年期间,收益管理系统的运用给该公司增加了14亿美元的收入,同期的税后利润增加了8.92亿美元。曾名噪一时的美国人民捷运航空公司的前首席执行官唐纳德伯尔在公司1996年破产后总结原因时说:"1981～1985年期间,我们是一个充满活力和盈利的公司。随后我们开始从顶峰跌入到每月亏损5千万美元的地步。我们公司没有任何变化,可是美国航空公司却将他们的收益管理渗透到我们的每一个市场,因为他们定价总能够比我们的价格或者即将公布的价格要低。"

1)基于时间分段的定价策略

下面,从折扣票价、限量售票和过量售票三种销售方式简要介绍航空公司在收益管理中时间分段的定价和销售策略。

(1)折扣票价

收益管理定价的最基本特征就是有一个分时段的折扣票价系统。它希望通过各种折扣,让票价刚好满足各类旅行者的接受底线,从而将消费者剩余转化成公司的利润。例如,表3-9所示美国联合航空公司的班机从洛杉矶飞纽约的往返票价,实行的就是典型的基于收益管理的折扣票价策略:对提前购票者有巨大折扣优惠,购票越早优惠越大,但同时要求承担承诺成本(退票罚金)。为何出售低价预售票反而能获得更大的收益?一起来分析相关的理论。

洛杉矶飞纽约的往返票价表 表3-9

价格(美元)	提前购票	最短驻留时间	退票罚金
418	14d以上	周六晚上	100%
683	3～14d	周六晚上	100%
1 900	不需要	不需要	无

上面提到的航空公司要求乘客承担的承诺成本并非是乘客实际承受的成本,如果乘客认为自己肯定不会退票,那么他根本不会在乎约定的退款罚金,即对他来说承诺成本等于零。因此乘客承诺成本=公布承诺成本×违约概率。

假设,采用两个时段折扣售票,由于预订机票有较大优惠,导致对价格敏感的悠闲旅客总设法事先购票,而且他们不太忙,不会轻易改变行程计划,即承诺成本较小,旅行期望也较小,仅仅玩玩;临行前购票者,往往是商务和行政人员等缺乏弹性的旅客,大多是公费出差,对价格不敏感,但他们很忙,往往公务缠身,身不由己,即承诺成本较高,并且晚购票者更希望及时赶到,公务不等人,因此旅行期望较大。这和购物的情况正好相反,新款手机、时尚服饰、高档汽车,购买越早的顾客对价格越不敏感,后来购买者才是价格敏感型顾客。为了便于理解并简化叙述过程,我们尝试用表格来描述以下推论,表3-10中时段2的承诺成本均等于0,是因为临时购票乘客退票或改签的概率接近于零。

两阶段折扣机票定价分析表 表 3-10

旅客	购票时段	旅客代号	旅客规模	旅行期望	承诺成本	机票代号	消费者剩余	推算的票价
悠闲旅客	时段 1	L	Q_l	V_l	C_l	P_1	$S_{l1}=V_l-C_l-P_1$	$P_{l1}=V_l-C_l$
	时段 2				0	P_2	$S_{l2}=V_l-P_2$	$P_{l2}=V_l$
商务旅客	时段 1	H	Q_h	V_h	C_h	P_1	$S_{h1}=V_h-C_h-P_1$	$P_{h1}=V_h-C_h$
	时段 2				0	P_2	$S_{h2}=V_h-P_2$	$P_{h2}=V_h$
相互关系及说明				$V_h>V_l$	$C_h>C_l$	$P_2>P_1$	令消费者剩余=0,可推算最优定价	

以上结论说明,当引入时间元素后,希望攫取消费者剩余的差别定价不仅与乘客的旅行期望有关,还与他的承诺成本有关。假设,旅客的旅行期望为 1 000 元,票价为 500 元,承诺成本 300 元,那么在时段 1 或 2 购票,他的消费者剩余分别是 200 元和 500 元。因此,只要有可能(有充分的客源,且无竞争),航空公司会毫不犹豫地按时段 1:700 元,时段 2:1 000 元来定价。

由于时段 1 的服务目标群是悠闲旅客,时段 2 的服务目标群是商务旅客,因此定价:

$$P_1=V_l-C_l \qquad P_2=V_h$$

由于 V_h 远大于 V_l,而且 P_1 价格中还需减去 C_1,因此 P_2 与 P_1 的价差有时会非常大,就像表 3-9 那样差 3~4 倍。

(2)限量售票

限量售票是指对折扣机票的销售实行限量供应,这种策略在航空竞争中经常出现。

如时段 1 的悠闲旅客过多地购买了折扣票,以致部分时段 2 商务旅客反而定不到高价票,将造成航空公司收益损失。因此必须对时段 1 的折扣机票采用限量销售。

利用座位的期望边际收益 EMSR 最大的优化策略,可以求出各等级票价的限售量,具体理论将在“第五节 案例:收益管理中基于 EMSR 的嵌套订座算法”中介绍。

实际中,这种限量决定常常是由系统根据最新的实时信息作出判断,并提出改变票价的最优组合的新方案。以至于会产生星期二一位乘客被告知某航班的优惠折扣票已售完,星期三另一位乘客通过同样的电话买到了同一航班的优惠票。

(3)过量售票

过量售票即超售,是指航空公司出售的机票数量大于班机的总乘坐数量,这种策略在航空竞争中经常出现。

航空客运实践中,常常发生预订机票的乘客临时取消订座(No-Show)的情况。对此航空公司除了约定对退票者收取罚金外,还可通过超售策略达到收益最大化(有关超售原因,请关注第五节案例的问题讨论)。通常航空公司根据历史记录预测反悔乘客的比例(美利坚航空公司认为约 15%),然后制定超售的方案。一般认为,当反悔乘客的数量 C 在$[0,C_{\max}]$区间呈平均分布,则采用超售数量$=C_{\max}/2$ 可以使收益最大化。

例如,某航班经常有 0~10 名乘客登机前取消行程,则超额售票 5 张是推荐的方案。

过量销售相比限额销售具有一定的风险。2006 年 7 月 21 日一名从北京到广州的乘客在持票登机时被告知飞机已满员无法上机,一怒之下,将航空公司告上了法庭,认为出售无效机票是欺诈消费者的行为。这成为我国第一个因超售而产生的司法案例。同年 12 月,深圳航空、海南航空、四川航空等多家航空公司公布“机票超售”的补偿方案,凡持“超售机票”被拒登机的乘客可以获得 200 元~100%票价的赔偿。这里应注意的是,前述的效益最大化并未考虑消费者的承受能力,如果当地旅客具有很排斥被强行改变行程的心理,则会对采用过量销售策略的航空公司产生不信任感,从而使该航空公司在竞争中不利(如日本禁止超售)。

2)基于空间(质量)分级的分别定价策略

除了分时段折扣定价外,细分舱位空间(服务)等级形成服务质量的差别定价也是收益管理不可分割的组成部分。

空间优化的主要任务是通过与精细化服务相结合,将机舱分级分别定价。例如,头等舱可按不同排距划分成三个等级:1 050mm(41.5 in)、965mm(38 in)、915mm(36 in);普通舱则有890mm(35 in)、864mm(34 in)、…、762mm(30 in)5 个等级。此外还可结合各种优惠策略,如学生票价、军人票价、老人票价、淡季票价、团体票价、旅游票价等。如果将总舱位划分成 L 个等级,则假设边际成本定价时机舱总座位的机票正好全部售出,那么通过分级差异化定价,在理想的情况下实现 $Q_{max}=Q_M$,实际上是尽可能将消费者剩余转变成企业收益(见图 3-16A 和 B)。由于 Q_{max} 是总舱位数,则有:$Q_0+Q_1+Q_2+\cdots+Q_L=Q_{max}$,每一级舱位 Q_i 对应的价格为 P_i,可得到航班的总收入 R 为:

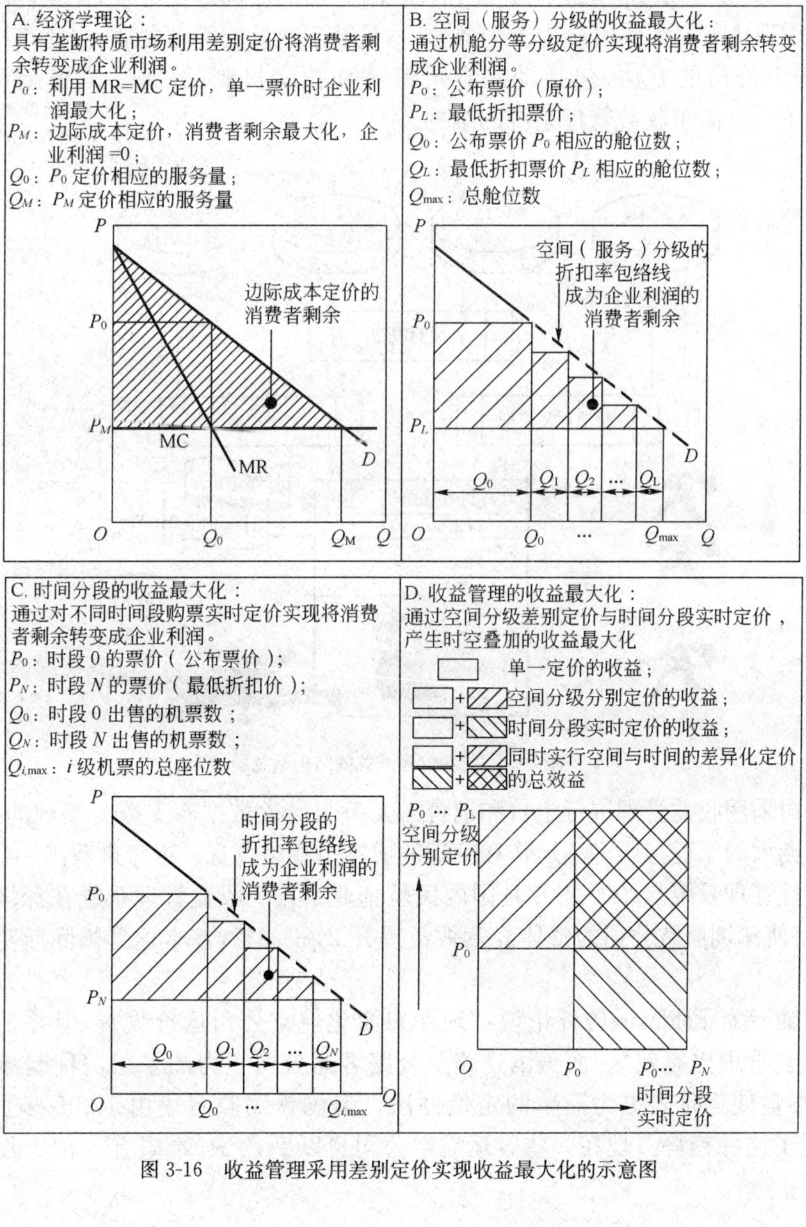

图 3-16 收益管理采用差别定价实现收益最大化的示意图

$$R = \sum_{i=0}^{L} P_i \times Q_i \tag{3-9}$$

3)用收益管理实现收益最大化

图 3-16 是收益管理采用差别定价实现收益最大化的示意图。区分时间与空间是为了更有利于理解差别定价内涵。航空公司实际定价是将分舱定价、折扣优惠和预订时间限制合并考虑的,不会作刻意分离。

效益管理使得企业获得时空组合上收益的双重优化,从而达到超额的收益(图 3-16D)。无论是空间(服务质量)分级还是时间分段,这种划分标准的基本出发点都是要通过价格藩篱将那些愿意并且能够消费得起的乘客和为了使价格低一点而愿意改变自己消费方式的乘客区分开,最大限度地开发市场潜在需求,提高效益。此外,收益管理定价策略中还必须兼顾与同行的竞争以及与可替代运输方式的竞争的各种策略。更深入来说,还必须兼顾与企业本身其他产品(如折扣商务舱与经济舱,本公司可替代航班等)的协调以及与策略型消费者的周旋等。有关收益管理理论研究大致可分为 3 个部分:一是基于数量的管理方法,包括存量控制和超订策略;二是基于价格的方法,包括动态定价策略和拍卖机制;三是需求模型和预测方法。图 3-17展示了一个简单收益管理系统的结构。

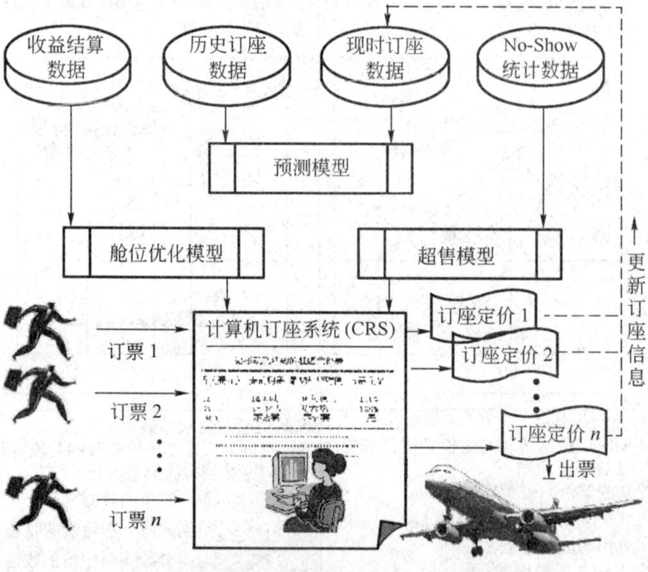

图 3-17　收益管理系统的结构示意图

航空公司采用收益管理进行定价和销售需要一个巨大数据库支撑为基础的决策系统,这是一个非常庞大的工程,其开发、运作和管理的成本也相当可观。近年来我国一些航空公司也相继引入收益管理系统。2005 年 4 月国内民航企业中首个收益管理系统在深圳航空公司投入使用,这将使深圳航空公司的整体经营效益提升 2%～6%,基本达到国际航空企业的先进水平。

美国运输专家 Feldman 曾评论说:“现在想简化航空公司运价收费,但并不能保证新运价办法比收益管理更有效”。而美国铁路及公路客运公司正力图采用一种既吸收收益管理的长处,又尽量使运价表更为简单的定价办法。美国铁路收费表由 1 300 多页缩短到 300 多页就体现了这种趋势。现在一些客运航空公司也跃跃欲试,希望有一种比收益管理更简化的办法。

4. 高峰定价

下面，再来看一看如何利用价格歧视来解决运输中的“高峰问题”。

大多数运输形式，无论是货运还是客运，都存在服务需求的高峰问题，而且这种高峰存在一定的规律性。这是运输需求与供给的不平衡性的特征。

高峰定价问题首先会涉及供应方的成本分析。现以经济学上讨论最多的城市公交客运为例，大多数城市公交公司车队的规模取决于每天早晚上下班的繁忙时刻对公共运输服务的需求。通常，在主要的高峰时段运送的旅客，占全天运送量的一半以上，这时用车数量是平时(不包括夜间)的3～5倍。例如，英国曼彻斯特，为满足高峰时间需求的公共汽车是1 090辆，而中午时间只使用400辆；英国伯明翰则是1 500辆与327辆。由于公共汽车的工作人员的数目取决于高峰时的需要，所以应该认为这是一种联合成本。在英国的大多数公共汽车公司的总成本中，上路员工的工资约占50%，他们的工资是不随需求而变动的，相对与高峰及非高峰，两者的成本保持固定的比例，因此可以视为提供高峰和非高峰服务的联合成本，把高峰与非高峰的成本看成是同一个成本曲线AC和MC(图3-18)。

此外，高峰定价问题还会涉及需求方的一些特征：它们的弹性及交叉弹性等。假设非高峰时的乘客需求为D_F，高峰时的乘客需求为D_G，并且后者的价格弹性小于前者。这是因为高峰期客流中以上下班乘车人群为主，他们对目的地和时间具有很高的要求，因此弹性较小；而平时的客流中有相当一部分是闲散购物观光者，乘什么车、到哪里、何时到达等弹性要大得多(参见第二章价格需求弹性部分)。为便于分析，且暂不考虑它们的交叉价格弹性。

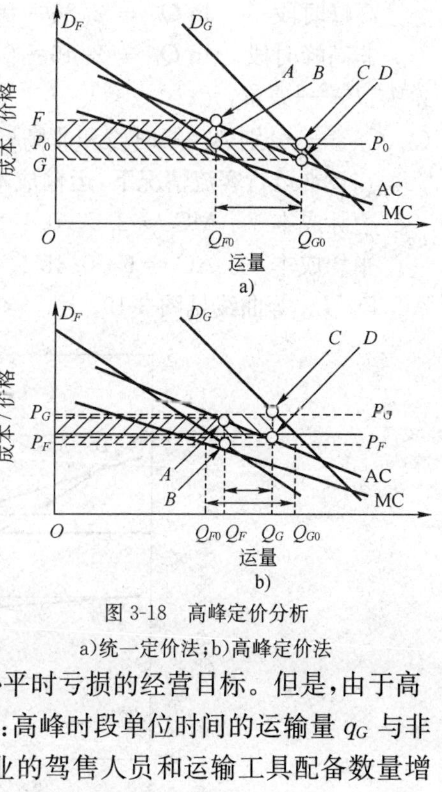

图3-18 高峰定价分析

a)统一定价法；b)高峰定价法

1)统一定价法

从图3-18a)分析，如采用统一定价(用P_0表示)，它应不小于MC，为取得容许的利润，甚至可等于或略大于AC。由于考虑了非高峰期运输的联合成本，图3-18a)中P_0统一价格导致非高峰时段出现了高度为AB的阴影面积的亏损，同时，在高峰时段会获得高度为CD的阴影面积的盈利。如果，企业按盈亏平衡确定P_0，就可以实现两个阴影面积相等，以高峰期的盈利弥补平时亏损的经营目标。但是，由于高峰运输量Q_{G0}与非高峰运输量Q_{F0}的差距大(严格地应为：高峰时段单位时间的运输量q_G与非高峰时段单位时间的运输量q_F的差距大)，导致运输企业的驾售人员和运输工具配备数量增大，使用效率低下。因此这种方案导致了社会效率的浪费和社会福利的损失。

2)高峰定价法

根据拉姆齐定价法则，高峰需求弹性小，采用对MC值较大的加成定价，即将运价从P_0提高到P_G(图3-18b)；非高峰需求弹性大，采用接近(略大)于MC的值作为定价，即将运价从P_0下降到P_F。这样，非高峰运量从Q_{F0}增加到Q_F，高峰运量从Q_{G0}下降到Q_G，它们之间的差额从原来的$Q_{G0}-Q_{F0}$缩小到Q_G-Q_F。与平均定价相类似，在收支平衡约束的条件下，因P_F的下降造成非高峰期更多的亏损[图3-18b)中高度为AB的阴影面积]，可通过高峰期提价增加的利润[图b)中高度为CD的阴影面积]所弥补。但是，由于高峰运输量Q_G与非高峰运输

量 Q_F 的差距减小，运输企业的人员与运输工具配备减少，社会经济效率大大提高。同时由于降低了高弹性市场的价格，在收支平衡的情况下，作为社会福利主要尺度的消费者剩余得以增加，社会福利也得到了改善。

利用拉姆齐定价法则的高峰定价作为调节客流的一种杠杆，既能有效抑制高峰期的运输需求，又有利于刺激非高峰期的客运业务，在欧洲许多国家都得到了较好的应用。我国目前普遍在“春运”和“十一”等高峰期采用价格上浮政策，也属高峰定价范畴。当前，我国运输基础设施建设中开始采用向社会和民间融资建造，建成后利用项目效益还贷的投融资建设方法，随着这种方法的推广，相信在城市公共交通中，包括公交客运、地铁、轻轨等，会越来越多地采用高峰定价法定价。

【例 3-3】 高峰定价法在地铁定价中的应用。

假设，经对某城市地铁的主集散中心车站的调查研究，得到以下资料数据：

地铁每天运行 18h，其中 6h 为高峰时段，12h 为非高峰时段，两种时段的平均旅客需求模型在正常运营的客流量范围内分别近似满足以下对数函数（忽略它们之间的交叉弹性）：

高峰时段 $\ln Q_G = 2.36 - 0.3 \times \ln P$ 价格弹性 $E_G = -0.3$

非高峰时段 $\ln Q_F = 2.46 - 0.6 \times \ln P$ 价格弹性 $E_F = -0.6$

式中：P——票价，元；

Q_G、Q_F——分别为高峰时段和非高峰时段的客流量，万人次。

在正常运行客流情况下，运输成本为：

边际成本 $\text{MC} = 2.5 - 0.1 \times Q$

平均成本 $\text{AC} = 6 - 0.45 \times Q$（成本单位：万元/万人次，客流量 Q 单位：万人次）MC、AC、D_F、D_G 等曲线见图 3-19。

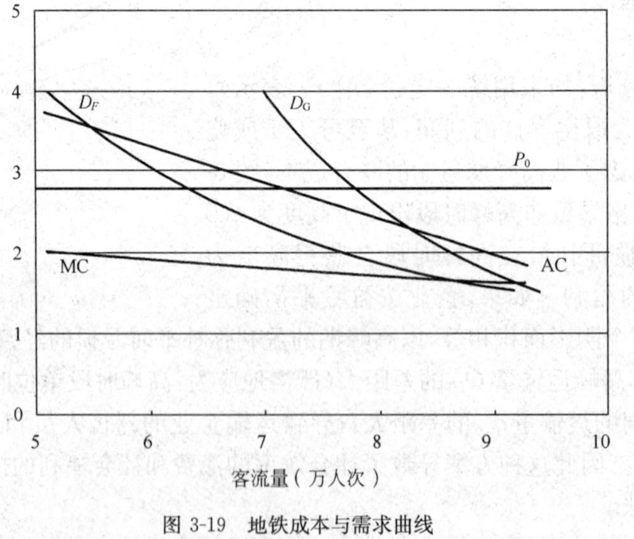

图 3-19 地铁成本与需求曲线

要求确定：①收支平衡情况下的统一定价 P_0；

②收支平衡情况下的高峰定价 P_G、P_F；

③收支盈余 6 %左右情况下的高峰定价 P_G、P_F；

④证明收支平衡情况下高峰定价与统一定价的消费者剩余：$X_G > X_0$。

［解］ ① 收支平衡情况下统一定价 P_0 的确定依据是满足总收入＝总支出，具体计算公

式如下。

对于设定的P_0，可以求出客流量：

高峰时段　$Q_G = \mathrm{EXP}(2.36 - 0.3 \times \ln P_0)$

非高峰时段　$Q_F = \mathrm{EXP}(2.46 - 0.6 \times \ln P_0)$

公式中变量如带有G下标，表示属高峰时段的；如带有F下标，表示属非高峰时段的；否则适合任意时间，以下同。

再利用客流量计算相对应的平均成本和边际成本：

边际成本　高峰时段 $MC_G = 2.5-0.1 \times Q_G$；　非高峰时段　$MC_F = 2.5-0.1\times Q_F$

平均成本　高峰时段 $AC_G = 6-0.45\times Q_G$；　非高峰时段　$AC_F = 6-0.45\times Q_F$

以下可依次进行计算：

设定价与平均成本的价差　高峰时段 $J_G = P_0 - AC_G$；　非高峰时段　$J_F = P_0 - AC_F$

设定价的盈亏值　高峰时段 $S_G = Q_G \times J_G$；　非高峰时段　$S_F = Q_F \times J_F$

设定价的总成本　高峰时段 $TC_G = Q_G\times AC_G$；　非高峰时段　$TC_F = Q_F\times AC_F$

设定价的盈亏率　高峰时段 $V_G = S_G / TC_G$；　非高峰时段　$V_F = S_F / TC_F$

利用盈亏平衡约束$S_G = S_F$可以求出利润为零时的统一定价（计算过程略，计算结果见表3-11第①部分）：

统一票价　$P_0=2.80$元，精确值为2.808元

总收益　$B=39.385$万元

总支出　$C=39.386$万元

利润率　$r=(B-C)/C=0.00\%$，满足收支平衡条件

总客流量　高峰时段为7.783万人次，高峰时段为6.321万人次，合计14.114万人次

每小时的平均运量$Q_T=Q/T$：高峰时段，$Q_{T_G}=7.783/6=1.297$万人/h

非高峰时段，$Q_{T_F}=6.321/12=0.527$万人/h

高峰系数　$L=Q_{T_G}/Q_{T_F}=2.463$

拉姆齐指数$R=E_d\times[P_0-MC(P=P_0)]/P_0$：高峰时段$R_G=-0.199$

非高峰时段$R_F=-0.115$

②收支平衡情况下高峰定价时确定P_G、P_F的依据是除了满足总收入=总支出外，还应满足拉姆齐法则：$R_G=R_F$。具体计算公式与前面相同，只是将前面公式中P_0用P_G代替（计算高峰期定价时）或用P_F代替（计算非高峰期定价时）。另外，Q_G、Q_F等含义有所不同，分别是指在设定高峰价格P_G和非高峰价格P_F条件下相应的客流量。

利用盈亏平衡约束$S_G=S_F$和拉姆齐法则$R_G=R_F$可得到表3-11第②部分的计算结果：

高峰价格　$P_G=2.298$元

非高峰价格　$P_F=3.101$元

总收益　$B=39.542$万元

总支出　$C=39.542$万元

利润率　$r=(B-C)/C=0.00\%$，满足收支平衡条件

总客流量　高峰时段为7.559万人次，非高峰时段为7.138万人次，合计14.697万人次

每小时的平均运量$Q_T=Q/T$：高峰时段，$Q_{T_G}=7.559/6=1.260$万人/h

非高峰时段，$Q_{T_F}=7.138/12=0.595$万人/h

高峰系数$L=Q_{T_G}/Q_{T_F}=2.118$，小于（优于）统一定价的2.463

拉姆齐指数　高峰时段 $R_G=-0.130$，非高峰时段 $R_F=-0.130$，满足 $R_G=R_F$。

统一定价与高峰定价计算表　　表 3-11

① 统一定价	计算运价（元）	运输量（万人次）	平均成本（万元/万人）	盈亏值（万元）	盈亏率（%）	边际成本（万元/万人）	价差（元）	需求弹性	拉姆齐指数	平均运量（万人/h）	高峰系数
符号与公式	P_0	$Q=EXP(a+b\times\ln P)$	$AC=6-0.45\times Q$	$S=Q\times J$	$V=S/TC$	$MC=2.5-0.1\times Q$	$J=P_0-AC$	$E=b$	$R=(P-MC)\times E/P$	$Q_T=Q/T$	$L=QT_G/GT_F$
非高峰 F	2.80	6.321	3.156	−2.295	−11.5	1.868	−0.363	−0.600	−0.199	0.527	2.463
高峰 G	2.80	7.783	2.498	2.295	11.8	1.722	0.295	−0.300	−0.115	1.297	
统一定价：　总收益 $B=39.385$（万元）　总支出 $C=39.386$（万元）　利润率 $r=(B-C)/C=0.00$（%）											
② 高峰定价	计算运价（元）	运输量（万人次）	平均成本（万元/万人）	盈亏值（万元）	盈亏率（%）	边际成本（万元/万人）	价差（元）	需求弹性	拉姆齐指数	平均运量（万人/h）	高峰系数
符号与公式	P_F、P_G	$Q=EXP(a+b\times\ln P)$	$AC=6-0.45\times Q$	$S=Q\times(P_0-AC)$	$V=S/C$	$MC=2.5-0.1\times Q$	$J=P_0-AC$	$E=b$	$R=(P-MC)\times E/P$	$Q_T=Q/T$	QT_G/GT_F
非高峰 F	2.289	7.138	2.788	−3.624	−18.2	1.786	−0.508	−0.600	−0.130	0.595	2.118
高峰 G	3.101	7.559	2.599	3.624	18.5	1.744	0.475	−0.300	−0.130	1.260	
高峰定价（计算运价）：　总收益 $B=39.542$（万元）　总支出 $C=39.542$（万元）　利润率 $=(B-C)/C=0.00$（%）											
③ 高峰定价	取定运价（元）	运输量（万人次）	平均成本（万元/万人）	盈亏值（万元）	盈亏率（%）	边际成本（万元/万人）	价差（元）	需求弹性	拉姆齐指数	平均运量（万人/h）	高峰系数
符号与公式	P_E、P_G	$Q=EXP(a+b\times\ln P)$	$AC=6-0.45\times Q$	$S=Q\times(P_0-AC)$	$V=S/C$	$MC=2.5-0.1\times Q$	$J=P_0-AC$	$E=b$	$R=(P-MC)\times E/P$	$Q_T=Q/T$	QT_G/GT_F
非高峰 F	2.5	6.755	2.960	−3.1	−15.6	1.825	−0.460	−0.600	−0.162	0.563	2.153
高峰 G	3.5	7.273	2.727	5.6	28.3	1.773	0.773	−0.300	−0.148	1.212	
高峰定价（取整运价）：　总收益 $B=42.342$（万元）　总支出 $C=39.831$（万元）　利润率 $=(B-C)/C=5.93$（%）											

③收支盈余 6 %左右情况下的高峰定价 P_G、P_F 是一种实用性的定价，实际票价不可能采用正好满足拉姆齐法则的价格，如前面的 2.298 元和 3.101 元，而应在尽可能满足拉姆齐法则情况下对票价适当取整。计算结果列于表 3-11 第③部分，经取整后的票价和各指标如下：

高峰价格　　$P_G=2.5$ 元

非高峰价格　　$P_F=3.5$ 元

总收益　　$B=42.342$ 万元

总支出　　$C=39.831$ 万元

利润率　　$r=(B-C)/C=5.93\ \%$，基本满足利润 6%的条件

每小时的平均运量 $Q_T=Q/T$：高峰时段，$Q_{T_G}=7.559/6=1.260$ 万人/h

非高峰时段，$Q_{T_F}=7.138/12=0.595$ 万人/h

高峰系数 $L=Q_{T_G}/Q_{T_F}=2.153$，与拉姆齐定价的 2.118 接近

拉姆齐指数 高峰时段 $R_G=-0.148$；非高峰时段 $R_F=-0.162$，比较接近 $R_G=R_F$

条件。

④先计算收支平衡情况下的统一定价与高峰定价的消费者剩余 X_0 和 X_G：

$$X_0 = X_{0F} + X_{0G}$$

$$X_G = X_{GF} + X_{GG}$$

式中：X_{0F} ——统一定价法非高峰时段的消费者剩余，$X_{0F} = X_{0F}(D \geqslant 4) + X_{0F}(D = 4) + X_{0F}(D < 4)$；

X_{0G} ——统一定价法高峰时段的消费者剩余，$X_{0G} = X_{0G}(D \geqslant 4) + X_{0G}(D = 4) + X_{0G}(D < 4)$；

X_{GF} ——高峰定价法非高峰时段的消费者剩余，$X_{GF} = X_{GG}(D \geqslant 4) + XG_{GG}(D = 4) + X_{GG}(D < 4)$；

X_{GG} ——高峰定价法高峰时段的消费者剩余，$X_{GG} = X_{GG}(D \geqslant 4) + X_{GG}(D = 4) + X_{GG}(D < 4)$。

现以统一定价中高峰时段的消费者剩余 X_{0G} 为例列出计算公式(图 3-20)：

$$X_{0G} = X_{0G}(D \geqslant 4) + X_{0G}(D = 4) + X_{0G}(D < 4)$$

式中：$X_{0G}(D \geqslant 4)$ —— 需求曲线 $D \geqslant 4$ 部分的消费者剩余，图 3-20 中上部三角形；

$X_{0G}(D = 4)$ —— 需求曲线 $D = 4$ 直线部分的消费者剩余，图 3-20 中矩形；

$X_{0G}(D < 4)$ ——需求曲线 $D < 4$ 部分的消费者剩余，图 3-20 中曲边三角形。

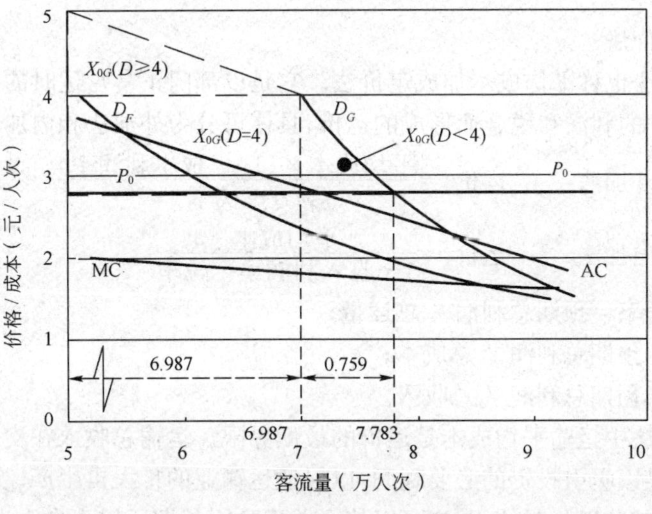

图 3-20 消费者剩余计算示意图

由于 $D > 4$ 部分曲线形式未知，只要定价 P 不大于 4，统一定价与高峰定价的这部分消费者剩余 $X_{0G}(D \geqslant 4)$ 是相同的，因此不作具体计算。

$$X_{0G}(D = 4) = Q_G(P = 4) \times (4 - P_0) = 6.987 \times (4 - 2.8) = 8.3849$$

$$X_{0G}(D < 4) = \int_{Q_G(P=4)}^{Q_G(P=P_0)} [P(Q_G) - P_0] \mathrm{d}Q_G$$

$$= \int_{6.9874}^{7.7827} [e^{(2.36 - \ln Q_G)/0.3} - 2.8] \mathrm{d}Q_G = 0.4370$$

$$X_{0G} = X_{0G}(D > 4) + 8.3849 + 0.4370$$

同样，统一定价中高峰时段的消费者剩余：

$$X_{0F} = X_{0F}(D > 4) + 6.1138 + 0.6603$$

最后求出统一定价法的总消费者剩余：

$$X_0 = X_{0G}(D > 4) + X_{0F}(D > 4) + 15.5959$$

类似也可计算高峰定价法的总消费者剩余：

$$X_G = X_{GG}(D > 4) + X_{GF}(D > 4) + 16.2431$$

由于只要定价不超过 4 元，无论何种方法定价在 $P>4$ 范围的消费者剩余完全相同，即：

$$X_{0G}(D > 4) = X_{GG}(D > 4) \text{ 和 } X_{0F}(D > 4) = X_{GF}(D > 4)$$

由此证明，$X_G > X_0$

这说明采用拉姆齐法则的高峰定价法对于统一定价法来说是一种帕累托改进，在相同的企业利润情况下，它提高了消费者剩余和社会福利水平，并且扩大了服务的人群（总客流量从 14.114 万人次增加到 14.697 万人次）。

例 3-3 忽略了高峰客流与非高峰客流之间的交叉弹性，即如果高峰时段票价不变则客流量也不变，非高峰价格变化对它不会产生影响。这是有悖常识的。它们之间的交叉弹性不等于零，导致上述两个时段客流量计算结果的偏差。但是，鉴于从理论上对公式进行修正的复杂性，在交叉弹性不大或缺乏相应资料时，假设它们相互独立是一种常用和可行的近似方法。当然，必要时可通过数值方法对该偏差进行修正。

四、其他定价方法

1. 平均成本定价法

平均成本定价法也称平均成本加成定价法。它是以部门正常营运时的平均单位成本为基础，再加上一定比例的利润和税金而形成的运价，具体可分为外加法和内加法两种。

$$\text{外加法：}\quad \text{运价} = \frac{\text{平均成本} \times (1 + \text{成本利润率})}{1 - \text{税率}}$$

$$\text{内加法：}\quad \text{运价} = \frac{\text{平均成本}}{1 - \text{收入利润率} - \text{税率}}$$

式中：单位运量利润率＝预期总利润 / 总运量；

成本利润率＝预期总利润 / 总成本；

收入利润率＝预期总利润 / 总收入。

平均成本定价法中运输平均成本是运价的最低界限。运输总收入在支付运输成本及税金后，一般还应提供足以吸引投资的必要利润，以保证运输业的扩大再生产。此法主要适合国家运价管理部门确定基准运价时使用，它可以使企业不致因长期亏损而失去生存与发展能力，或长期依赖政府补贴，有利于政府对运价的控制，以维持物价和运价的稳定。

当然，企业也可以根据情况依自身的平均成本定价。但是应注意，平均成本定价与边际成本定价最大的区别是，前者基本属运输价值决定论范畴，以企业运输成本决定运价，后者属资源配置论范畴，价格既与企业的运输边际成本有关，也与市场需求有关。在竞争的市场中，采用平均成本定价只是企业的核算运价后的理想价格，在这一价格水平上能完成多少运量是由市场决定的。

【例 3-4】 某运输企业每年资产折旧等固定成本 200 百万元，每换算百万吨公里运输量的平均成本为（2＋TQ/1 600＋150/TQ）百万元（TQ 为年运输量，单位为百万吨公里）。企业计划年运输量TQ为6亿t・km，并且希望获得预期总利润为3亿元。如国家规定的定额成本利润为 4%，税率 5.6%。要求计算：

①按外加法和内加法计算企业的定价；

②计算企业年运输量为 3、4、5、6、7、8、9 亿 t · km 时的平均总成本和每增加 1 百万吨公里运输量的边际成本，并绘出 AVC、ATC 与 MC 随 TQ 的变化曲线图；

③如企业定价为 3.5 万元/百万吨公里，则要达到定额利润水平，该企业至少完成年运输量是多少。

[解] ①平均可变成本　　AVC＝2＋600/1 600＋150/600＝2.625

平均固定成本　　AFC＝200/600＝0.333

平均总成本　　ATC＝2.625＋ 0.333＝2.958

单位运量利润率　　DJ＝300/600＝0.5

成本利润率　　CJ＝300/(2.958×600)＝0.169

收入利润率　　SJ＝300/(300＋2.958×600)＝0.145

按外加法　　定价＝2.958×(1＋0.169)/(1－0.056)＝3.663 元/t · km

按内加法　　定价＝2.958/(1－0.145－0.056)＝3.701 元/t · km

②列表计算企业年运输量 TQ 为 3、4、…、9 亿 t · km 时的平均成本和边际成本，见表 3-12。

企业完成不同运输量时的各种成本计算表（TQ 单位：百 t · km，成本单位：元）　　表 3-12

TQ	300	301	400	401	500	501	600	601	700	701	800	801	900	901
AVC	2.688	2.686	2.625	2.625	2.613	2.613	2.625	2.625	2.652	2.652	2.688	2.688	2.729	2.730
VC	806.3	808.6	1 050.0	1 052.5	1 306.3	1 308.9	1 575.0	1 577.8	1 856.3	1 859.1	2 150.0	2 153.0	2 456.3	2 459.4
AFC	0.667	0.664	0.500	0.499	0.400	0.399	0.333	0.333	0.286	0.285	0.250	0.250	0.222	0.222
TC	1 006.3	1 008.6	1 250.0	1 252.5	1 506.3	1 508.9	1 775.0	1 777.8	2 056.3	2 059.1	2 350.0	2 353.0	2 656.3	2 659.4
ATC	3.354		3.125		3.013		2.958		2.938		2.938		2.951	
MC	2.376		2.501		2.626		2.751		2.876		3.001		3.126	

由于本题已知的是 AVC，因此计算 MC 时，需先计算相应运量 TQ 的总可变成本 VC，一般地，MC＝VC(TQ＋1)－VC(TQ)或 MC＝TC(TQ＋1)－TC(TQ)，例如，当 TQ＝300 时：

MC＝VC(TQ＝301)－VC(TQ＝300)

＝301×2.686 46－300×2.687 5

＝808.626－806.25

＝2.376

平均可变成本、平均总成本与边际成本随 TQ 的变化曲线见图 3-21。

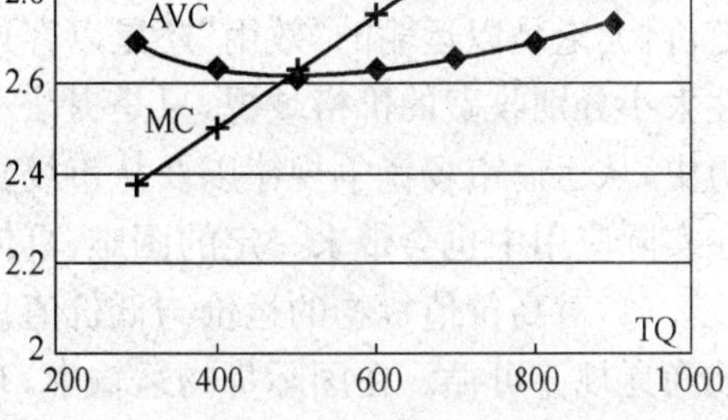

图 3-21　平均可变成本、平均总成本与边际成本

③如企业定价为 3.5 万元/百万 t · km，采用外加法公式计算年运输量 TQ：

3.5＝ATC×(1＋0.04)/(1－0.056)

式中：ATC＝(2＋TQ/1 600＋150/TQ)＋200/TQ

将 ATC 代入外加法公式可求出：

TQ＝371.9 百万 t · km

2. 完全成本定价法

由于按照平均成本或边际成本定价存在两个缺点：一是它们只反映运输企业财务账户上的成本状况，而许多基础设施，如铁路、公路、港口等建设费用支出，大部分是由国家财政负担的，这部分费用作为国家所付出的代价，未能在运价中反映出来；二是平均成本或边际成本是根据现存设施和设备等成本统计资料制定的，是一种历史成本，而运价的制定还应能够反映将来的成本支出情况。因此，有的经济学家提出了完全成本定价法。按这种方法制定运价时，既要考虑固定成本，又要考虑可变成本；既要考虑目前支付的成本，又要考虑将来可能支付的成本；既要考虑直接成本，又要考虑间接成本，力求做到运价能够准确地反映社会经济系统为完成一定量的运输活动而必须付出的全部代价。如能使运输业按完全成本确定运价，那么，运价将能准确反映经济意义上的运输成本，但在实践中做到这一点是十分困难的。一些国家为使全部运输成本得到补偿，常通过权力机关征收各种税费来实现。

3. 按"效用"或负担能力定价法

根据经济学的效用理论，运输活动的效用是将一定量的货物从 A 地运到 B 地，因而在运输定价时要考虑这种效用。这就是说，运输企业为了制定运价，要以"运输价值"来衡量运输活动的效用，这里的"运输价值"是指商品在 A、B 两地的价差。例如，某一种商品在 A 地的生产成本较低，市场价仅 8 元，在 B 地生产成本较高，市场价为 10 元，那么，运输每一个这样的商品的效用或"运输价值"为 2 元。当运价高于 2 元时，任何商人都不会将该商品由 A 地运到 B 地销售。

按货物对运费的负担能力定价，是指以所运货物本身的价值高低为基础来确定运输的价格。因此这样的定价理论称为"从价理论"。这样定价的理由是，同样的运价，对价值高的货物来说，所占的比重较低，对价值低的货物占的比重就高，这样，高价货物负担能力大，按高运价收费，低价货物负担能力低，按低运价收费。

在国际海上货物运输中，"从价理论"占有非常重要的地位。例如，前面提到的我国港口至波兰格但斯克航线彩电运价约为 350 美元/t，为低价货物的 5 倍以上。货物本身的价值越高，两者的差异则越大。

从价理论的实质是在货物运输供求双方进行价格竞争的条件下，按需求弹性高低来确定货物运价的一种转化模式。在一般情况下，本身价值较高的货物，其运输需求对运价的弹性较小，也即弹性系数小于 1，此时提高货物运价，企业可以增加收入；反之，本身价值较低的货物，其需求对价格的弹性较大，也即弹性系数大于 1，此时降低货物运价可以增加收入。即使有时因对低价值货物的运价定得过低而造成损失，也可从高价值货物的运输收入中得到补偿(有运力而不被使用，可能使运输企业蒙受更大的损失)。正因为这样，从价理论在国际海运中至今仍有较高的应用价值。

就定价原理而论，从价理论是属于"资源配置论"范畴的，它以有利于运输企业经营为目标定价，无论是以运输的"效用"还是以客户的"负担能力"为依据定价，其实质都是按需求价格弹性大小分别收费的价格歧视，只是提法不同而已。该理论在国际海上货物运输中具有悠久的历史，从运输市场竞争规律以及从市场营销的角度分析均有其可取之处，但不可否认，该理论在实际应用中也会带来一定的困难，具体表现在以下两方面。

(1)对高价值货物的运价与低价值货物的运价之间如何确定一种客观的合理比例关系，目前尚无规律可循。在国际货物运输中，有些航线高、低价值货物运价之比为 5 倍左右，而有些航线两者之比可达 10 倍以上。这在很大程度上是由历史原因造成的。这种情况对新辟航线的定价就起不到借鉴和参考作用。

(2)持有高价值货物的货主对“从价理论”定价常有抵触情绪,运输企业在具体实施中会遇到阻力。例如他们会向运输企业提出这样的质疑:同样的货物、同船运出,在运输途中并没有附加特殊的照料,凭什么要多付运费呢?他们会认为这是对运输高价值货物的一种“价格歧视”。但应该看到,在同一航线上,若高、低价值货物实行同一运价,所谓的“运价歧视”并未被最终消除,而只不过将其转嫁到低价值货物上去罢了。因为持有低价值货物的货主会明显感到货物运价太高而不堪承受。如果货物运价超过其销售地与生产地价格之差,他们会毫不迟疑地放弃该货物的运输。其直接后果是,运输企业无法招揽到低价值货源,从而陷入困境。

五、含有联合成本时运输定价的成本分摊

以下讨论受到政府价格管制的企业中,含有联合成本情况的成本分摊与定价问题。

1. 成本归属原则

成本分摊的目的就是要公平合理地将不同的成本按照一定的标准分摊给不同的产品和消费者(群)。在成本分摊定价中,成本归属原则在其中起到了关键作用。该原则认为:各个用户与各产品(或服务)所负担的收费应该完全反映自己所要负担的成本。即在确定价格和收费标准时,应该尽可能地以公平条件提供服务——必须限制不正当的价格歧视和交叉补贴。

成本有“归属成本”与“联合成本”之分。归属成本是可以找到确切归属的成本,成本分摊时只需将这部分成本分摊给所属的对应产品(服务)中即可。而如何分摊联合成本是成本分摊定价的关键。

根据产业经济中联合成本产生的理由,成本分摊需要在两个层次上进行:第一个层次是成本需要在不同的产品与服务之间进行(不同的产品与服务之间存在联合成本);第二个层次的成本分摊是在各用户之间进行的(在消费同一类型产品的各个用户之间存在联合成本)。就两者的关系而言,第二层次的成本分摊必须要以第一层次的成本分摊为前提:因为只有在不同产品和服务之间分摊了成本之后,才能在消费同一产品的不同用户之间进行成本分摊。如果公共价格的制定者对不同的需求部门实行不同的价格和收费标准,在这两个层次之间还可能存在一种中间形态——在不同的用户群之间分摊成本。

2. 成本分摊定价方法

管制机构究竟应该如何选择适当的物理量(吨公里、人公里)和适当的经济量(运输服务水平、收入或该归属的成本)等在不同的产出与不同的用户之间分配联合成本呢?下面以联合成本为固定成本的情况作具体分析,因为这是联合成本的主要形式。在公共事业的管制中,弥补联合成本的方法一般有两种:需求收费和商品收费。需求收费采用向消费者征收一次性总付的市场进入费的方式收费(如进入地铁车站5元,乘车距离不限);商品收费是按单位计收费用(如每乘一站一元)。根据需求收费与商品收费回收固定成本的不同比例,定价方法包括如下三种类型。

1)容量法(Volumetric Method)

所有固定成本均以商品收费方式回收。

当A和B产品(服务)具有联合成本时,可以证明,当单位可变成本为常数时,无论是按收入分摊规则还是按归属成本分摊规则,其价格均可用下式计算:

$$P_A = v_A \frac{F_0 + V_0}{V_0} \quad P_B = v_B \frac{F_0 + V_0}{V_0} \tag{3-10}$$

式中：P_A、P_B——A 类和 B 类产品或服务的价格；

C_0、V_0、F_0——总成本、总可变成本、总固定成本，$C_0=V_0+F_0$；

v、v_A、v_B——平均可变成本、A 类和 B 类产品或服务的平均可变成本，为常数；

Q、Q_0——产品或服务的数量变量及总量，$Q_0=Q_A+Q_B$；

Q_A、Q_B——分别为 A 类和 B 类产品或服务的总量。

2）固定变量法(Fixed Variable Method)

固定成本 100%以需求收费方式回收。

现以两部定价介绍固定变量法。所谓**两部定价**是指，价格由两部分组成：一部分是与使用（购买）量无关的“基本费”；另一部分是按消费量多少征收的从量费用。如果公共企业提供的产品或服务的总固定成本为 F_0，边际成本为常数 v（等于可变成本），并假设消费者总数有 N_0 人，那么两部定价可以表述为：首先对每个消费者征收一笔固定费用（F_0/N_0）；然后，企业再按消费量 Q 乘上单价 P 向每位消费者收取从量费。消费量为 Q_i 的价格为：

$$P_i=vQ_i+\frac{F_0}{N_0} \tag{3-11}$$

显然，企业的总成本通过分解为固定成本和可变成本在两部定价中得到了完全的分摊，消费者的边际成本不变，平均成本 $P_i/Q_i=v+F_0/(N_0\times Q_i)$随消费量 Q_i 增大而减小。

两部定价在受定价管制公用事业行业中被普遍采用，因为它是以边际成本定价为基础的一种最优定价，是一种优于平均成本定价的以收支平衡为条件实现社会福利最大化的收费。这可通过图 3-22 来加以说明。图中需求曲线 D 与平均成本曲线 AC 相交于 E，所以平均成本价格为 P_2，企业收支平衡，社会福利刚好等于消费者剩余（图中 AEP_2 面积）。如采用两部定价，从量费是按边际成本征收的，D 与 MC 相交于 H，价格为 P_1，相应的供应量为 J，基本费为 BP_1（使得总价为 B，企业收支平衡），消费者剩余为 AP_1H-BP_1HF。由于不同定价方法下，企业固定成本是相同的，即 $C_0=(AC-v)\times Q$，则 $BP_1HF=P_2P_1GE$，因此，两部定价的消费者剩余$=AP_1H-P_2P_1GE$，由图可见，它比平均成本定价的消费者剩余大了 EGH，并提供了更多的产品或服务（图中 J-I）。与边际成本定价相比，提供的产品或服务是相同的（如图中 J），但在边际成本定价可能发生企业亏损的情况下，两部定价实际上是按平均成本收费，是将一部分消费者剩余以基本费的形式转移给生产者，以保持企业财务的稳定性，而社会总福利依然达到最大。

当然，上述结论是以基本费的征收不会使消费者退出消费为前提的（图 3-22 中消费量保持在 J 的水平）。对于供水和供电情况与之较符合，很少会有人能不使用水和电，但如在地铁收费中征收较高的基本费，就有可能导致一部分人（特别是短途乘客）退出消费，由此会造成社会福利水平下降。这应该引起价格管制部门的注意，并需要通过分析作出决策。

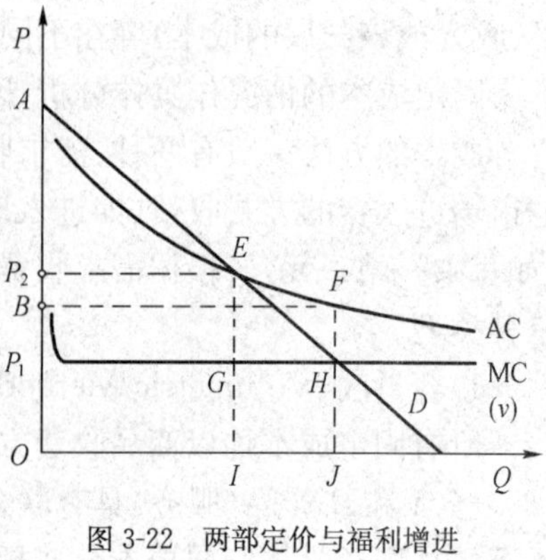

图 3-22 两部定价与福利增进

3）综合法

固定成本中一部分以需求收费方式回收，其余以商品收费方式收回。

由于消费者退出消费所引起的福利损失，上述理论上的两部定价有可能收不回全部的固定成本。因此在实际中，常常采用非完全的固定变量法，即将固定变量法与容量法综合起来。

例如，基本费不以回收全部固定成本为目标，只收回用户成本，减少固定成本收回的比例；又如，只对一定需求量以上的用户同时收取基本费和从量费，对一定需求量以下的用户只收取从量费等。

综合法主要有两种计算方法，一个是联合公式（The United Formula），该方法对其中25%的固定成本以需求收费方式回收，另一个是大西洋海岸公式（The Atlantic Seaboard Formula），该方法对50%的固定成本以需求收费方式回收。

3. 例子

【例 3-5】 作为成本分摊定价的一般化例子，假设城郊高速轨道交通公司面临这样的运输服务：

有两类消费群——A 类（一般乘客）和 B 类（高峰期乘客），他们各有 N_A 和 N_B 个乘客，每个乘客平均每次乘车 Q_{Ai} 或 Q_{Bi} 公里（设平均每站1km），则总服务需求量 Q_0 等于：

$$Q_0 = Q_A + Q_B = \sum_{i=1}^{N_A} Q_{Ai} + \sum_{i=1}^{N_B} Q_{Bi} \tag{3-12}$$

该行业有3类服务成本——用户成本 Y、从量成本 V 和输送成本 F。

用户成本 Y 是针对每个乘客发生的费用，例如按年度办理的含保险和某些服务的乘车卡（一种可预先存入乘车费的公交卡），同类乘客的用户成本相同。A 类与 B 类每位乘客的用户成本（无论乘多少站，仅与乘客数有关）分别记为：y_A、y_B，记各类乘客的总用户成本分别为 Y_A 和 Y_B，则用户总成本 Y_0 等于：

$$Y_0 = Y_A + Y_B = y_A N_A + y_B N_B$$

从量成本 V 是按实际服务（消费）量来征收的，设单位的从量成本统一为 a，它包括平均将1个乘客运送1站路的成本（燃料和基本人工）。记 A 类与 B 类乘客的总从量成本分别为 V_A、V_B，则全部总从量成本 V_0 等于：

$$V_0 = V_A + V_B = a\,Q_A + a\,Q_B = aQ_0$$

输送成本即为总固定成本 F_0，主要包括固定资产折旧、银行贷款利息、设备运营与维修费、企业管理费和高峰超额员工编制费等，它在各个用户群之间具有联合成本的性质，需按不同的成本分摊方法进行定价。

（1）当采用容量法定价时，所有成本均以商品收费方式回收，与用户需求量有关的可变成本应包括 Y_+V，A 类和 B 类的平均可变成本 v_A 和 v_B 为：

$$v_A = (Y_A + V_A) / Q_A \quad 和 \quad v_B = (Y_B + V_B) / Q_B$$

将求出的 v_A 和 v_B 代入按式(3-10)即可计算出价格 P_A 和 P_B。

（2）当采用两部定价时，对每位不同类乘客每年需一次性收取用户成本（y_A 或 y_B），再统一按里程计价：

$$P' = a(F_0 + V_0) / V_0 \tag{3-13}$$

（3）当采用固定变量法时，输送成本以需求收费方式回收有两种方式：

①按乘客数分摊，乘客每年需一次性支付需求费：

$$C''_A = Y_A + F_0/N \quad 和 \quad C''_B = Y_B + F_0 / N$$

再统一按里程计价： $P'' = a$

②按乘车次数分摊，每次乘车需一次性支付需求费（按每人每年乘车600次计）：

$$C''_A = (Y_A + F_0/N)/600 \text{ 和 } C''_B = (Y_B + F_0/N)/600$$

再统一按里程计价： $P'' = a$

如果总乘客人数 $N=100$ 万人，各乘客年平均乘车 1 000km(站)，总需求量为 $Q=100\ 000$ 万人·km；每一乘客的用户成本：A 类 $c_{YA}=20$ 元，B 类 $c_{YB}=120$ 元；单位的从量成本 $a=0.3$ 元/人·km；A 类和 B 类乘客的相关数据和计算列于表 3-13。则按不同成本分摊定价的计算结果如下。

a. 采用容量法定价，不收取需求费(免费获得公交卡)，各用户群每乘一站的价格为：

$$v_A=(20\times 60+0.3\times 48\ 000)/48\ 000=0.325\ 0$$

$$v_B=(120\times 40+0.3\times 52\ 000)/52\ 000=0.392\ 3$$

$$P_A=0.325\ 0\times(100\ 000+6\ 000+30\ 000)/36\ 000=1.23\ 元/km$$

$$P_B=0.392\ 3\times(100\ 000+6\ 000+30\ 000)/36\ 000=1.48\ 元/km$$

b. 采用两部定价，对 A 类和 B 类乘客每年需一次性收取用户成本 20 元和 120 元(购买公交卡)，再统一按里程计价：

$$P'=0.3(100\ 000+30\ 000)/30\ 000=1.3\ 元/km$$

c. 采用固定变量法，输送成本全部以需求收费方式回收。

(a)按乘客人数分摊，乘客每年需一次性支付需求费 $C''_A=20+100\ 000/100=1\ 020$ 元和 $C''_B=1\ 120$ 元。再统一按里程计价：$P''=0.3$ 元/km。

(b)按乘车次数分摊，每次乘车需一次性支付需求费 $C''_A=1\ 020/600=1.7$ 元和 $C''_B=1\ 120/600=1.87$元。再统一按里程计价：$P''=0.3$ 元/km。

表 3-13 汇总了各种定价方式的计算公式，图 3-23 是各种定价方法不同里程的实际收费对比(按乘车次数分摊时，A 类价格曲线接近 0—1 260 的直线，B 类价格曲线接近 0—1 510 的直线，图中只用圆点在 0、1 260 和 1 510 处标出，未绘出斜直线)。

各种定价方法向乘客不同里程时的价格计算公式(单位：km、元)　　表 3-13

定价方法		A 类乘客的价格计算公式	B 类乘客的价格计算公式
1. 容量法		$1.23\times Q$	$1.48\times Q$
2. 两部定价		20(每人每年)$+1.3\times Q$	120(每人每年)$+1.3\times Q$
3. 固定变量法	按乘客人数分摊	1 020(每人每年)$+0.3\times Q$	1 120(每人每年)$+0.3\times Q$
	按乘车次数分摊	1.7(每人每次)$+0.3\times Q$	1.87(每人每次)$+0.3\times Q$

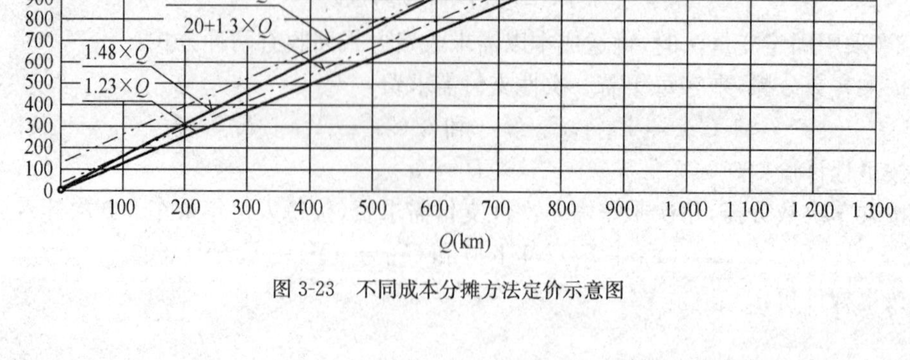

图 3-23　不同成本分摊方法定价示意图

容易证明，当总服务量达到100 000万人·km(其中：$Q_A=48\,000$，$Q_B=52\,000$)，总乘客达到100万人(其中：$n_A=60$，$n_B=40$)，且平均每人每年乘车600次，上述各种方法定价的总收益相同。但是，方法1和方法3按乘车次数分摊法最有利于短途和临时旅客，而方法3按乘客人数分摊法最不利于短途和临时旅客。由于高速轨道交通固定成本非常大，采用100%固定成本按需求费一次回收的定价肯定是不合适的。

第四节　运输价格管理

所谓运输价格管理，是指根据运价本身运动的客观规律和外部环境，采用一定的管理原则和管理手段对运价的运动过程所进行的组织、指挥、监督、调节等各种职能活动的总和。具体包括：规定运输价格的管理模式、管理原则、管理形式和实施管理的基本手段等。

一、运输价格的管理原则

我国已明确实行社会主义市场经济体制，社会经济的运行模式应该是“国家调控市场，市场形成价格，价格引导企业”。即国家主要运用间接手段，调节和控制市场。在此条件下形成的市场价格，引导企业对商品实施生产、流通、消费和分配。这被称为“有控制的市场价格”模式。由于运输业的运输设施是通过国家的基本建设投资建成的，运输与国民经济及人民日常生活息息相关，再加上历史的原因，我国对运输市场的运价实行控制的内容较多。虽然在整体上，我国运输市场已打破原来国有企业经营运输的一统天下，各种经济成分能在一定范围内参与市场竞争。但由于运输业体制尚未完全理顺，现代企业制度的实施还处于起步阶段，运输市场的发育不够健全，市场机制的健全较之其他行业还有不小差距。特别像铁路运价，还基本由国家统一定价。

当前，国家对运输业实行的“有控制的市场价格”管理模式，其管理原则是：统一领导，分级管理；直接管理与间接控制相结合，保护竞争，禁止垄断。

1.统一领导，分级管理的原则

运输价格管理的“统一领导”，是指涉及全国性运输价格管理工作的价格方针、价格调控计划、定价原则、调价方案与步骤、价格管理法规等内容应由国务院价格主管部门统一制定、统一部署、全面安排，并借助一定的组织程序和组织机构，采用相应的管理手段，对运输价格管理过程进行组织、监督、调节和协调。

当前，在运输价格管理过程中遇到的突出问题是，因运输市场体系不健全而造成的主体行为的不规范。例如市场交易中的地方保护主义盛行，主体竞争不公平；“地下”交易、“黑市”交易严重，主体竞争不公开；无证货运代理商比比皆是，利用非法“回扣”、中间盘剥等手段极大地扰乱了运输市场的正常运行。故必须改革现行运输市场的运作机制，进行“公平、公开、公正”的市场交易。

经过交通部和上海市有关部门的精心筹备，我国水路运输首家国家级中介交易机构上海航运交易所已于1996年11月18日正式成立。它的成立不仅能促进我国水路运输市场的有序发展，而且为市场配置资源、政府调控以及为企业经营决策提供可靠的信息，意义十分重大。

运输价格的“分级管理”，是指各级政府、运输主管部门按照各自的价格管理权限，对运输价格和收费标准实施的管理。

按我国1991年5月颁布实施的《铁路法》，铁路运价分为两级管理：国务院管理国家铁路的客货运价，铁路主管部门管理铁路运输杂费；省级价格主管部门管理地方铁路的运价和杂费。

目前对水路运输价格实行的是按运输企业隶属关系进行管理的方式。交通运输部直属水运企业的客货运价由交通运输部管理，各地方水运企业的客货运价由地方政府价格主管部门管理。有不少专家指出，现行按运输企业隶属关系对运价实施管理已不适应我国市场价格管理体制，必须进行重大改革。交通运输部作为国家水路运输主管部门，所颁布的运价管理规章，应规范水路运输全行业不同所有制的运输企业（包括个体运输者）的定价行为，以统一标准，对运价实施监督、管理，实行公平、公开、公正的市场交易。在管理权限的划分上，交通运输部应侧重在沿海、长江等主要航区（或干线）的客货运价管理；各地方政府价格主管部门则主要对所在地区（或水系）的客货运价实施管理。

目前，公路运价除国际联运、跨省集装箱、零担货物运价由国务院价格主管部门和交通运输部管理外，其余货物、旅客运价由省级价格主管部门会同交通主管部门管理。

2004 年国务院批准的《民航国内航空运输价格改革方案》中规定，航空运价实行公布运价和多种折扣运价相结合的管理方式。其中，国家发展改革委会同民航总局，确定国内航空客货运输基准价和浮动幅度。国内折扣运价由民航总局管理，并逐步扩大民航运输企业定价自主权。

2. 直接管理与间接控制相结合的原则

对运输价格的直接管理，是指国家直接制定、调整和管理运价的一种行政管理方法。这也是我国 20 世纪 80 年代以前对运输价格管理使用的一种主要方法。其基本特点是运价由国家价格主管部门或业务主管部门直接制定并调整，并采用行政手段，强制企业执行。运输价格一经制定，具有相对稳定性。

我国已确立实行社会主义市场经济体制，在一定范围内保留对价格的直接管理是有必要的，即使是实行“自由市场经济”体制的国家也不例外。就我国而言，铁路运输和航空运输基本上由国家垄断经营，目前对国家铁路的客货运价、航空运输的公布运价等实施国家直接管理。如果不这样，会导致垄断价格，使市场调节作用弱化，最终影响国民经济的正常发展。

对运输价格的间接控制，是指国家通过经济政策的制定与实施，并运用经济手段来影响市场定价环境，诱导企业定价行为的一种价格控制方法。它的基本点是国家不直接规定和调整运价，而主要采用经济政策和经济手段来诱导运输企业作出准确的价格决策。

按照前述的运输价格管理采用有控制的市场价格模式，就是要建立以市场形成价格为主体，国家宏观调控的运价形成机制。其实施途径应采用直接管理与间接控制相结合，并以间接控制为主的方式。目前，对于水路、公路运输，随着运输市场的开放，多种经济成分、多渠道的运输格局已经形成，除对少数必须列入国家指令性货物，如抢险救灾、军运物资等实行运价的直接管理外，其余货物运输价格均应采用间接控制的办法，即由企业根据市场供求的变化自主定价。而铁路、航空运输因垄断性强，市场发育程度不高，当前对其运价仍应以采用直接管理为主。但随着我国现代企业制度的建立，运输市场供求关系日趋缓和，应逐步缩小国家指令性货物运输范围，最终达到主要由企业根据市场供求情况自主定价。

为达到政府部门对运输市场交易进行监控的目的，并引导运输企业在运输市场交易中合理定价，国家应建立和完善运输价格信息网络。以水运为例，应将已经组建的航运交易所有关交易信息联网，各交易所各自对运价信息进行采集并向网内反馈。这样，运输企业可利用计算机终端及时掌握自身需要的运价信息。与此同时，交通运输部运价信息监控中心应定期或不定期地向全国水运系统发布主要航线、主要货种的运价指数，分析运价变化走向，并开展对运输价格的咨询服务。这样，运输企业便可根据自身的条件，参与运输市场的正常交易。若在某些航线发生运价指数异常，大大背离以往正常交易下的指数，运价信息监控中心在进一步确认的前提下，应亮“红灯”以示警戒，必要时应采取果断措施，责令有关航运交易所暂停交易，以保护运输企业或货主的利益。

3. 保护竞争，禁止垄断的原则

价格竞争是商品经济发展的必然产物。在客货运输质量大体相同的条件下，通过不同运输方式之间、同一运输方式各企业之间的运价竞争，达到运输资源的合理配置和提高企业的经济效益。保护竞争，实质就是实行公平、公开、公正的市场交易。而地方保护主义，“地下”交易和“黑市”交易等就是不正当竞争行为。因此，为了保护运输业的正当竞争，国家要建立并完善保护竞争、反对垄断的法规，制止任何企业和企业集团利用某些优势搞价格垄断，牟取暴利。1994 年我国已正式颁布并实施《反不正当竞争法》，在商品市场交易中已显示出良好效果。1998 年 5 月 1 日我国正式颁布并实施《价格法》，与之相配套的《反垄断、暴利法》和《运输价格管理条例》等将会陆续出台，运价管理将逐步纳入法制化轨道。

二、运输价格的管理形式

国家采取何种价格管理形式，是价格管理的最基本内容。它是由管理模式决定的。目前，我国采取三种运输价格形式，即国家定价、国家指导价、市场调节价，并限定其各自的适用范围。

1. 国家定价

国家定价是由县级以上各级政府物价部门、运输主管部门按照国家规定的权限制定并负责调整的运输价格。

目前我国对航空和国家铁路的客货运价实行国家定价。由于国家铁路和航空运输由国家直接参与经营，具有较强的垄断性，因此其价格由国家直接制定并实施管理是很有必要的，否则会扰乱正常的运输秩序。但应该看到，“有控制的市场价格”模式下的国家定价与过去计划经济体制下的“固定价格”是有所区别的。后者在制定时主要根据运输价值而很少考虑其他价格形成因素；而前者，除了反映运输价值外，还注意到市场经济条件下的客观经济规律的要求，诸如运输市场的供求关系、与其他运输方式之间的比价关系等，同时，还根据运价指数的走向，定期与不定期地对运价进行调整。

2. 国家指导价

国家指导价是县级以上各级政府物价部门、运输主管部门通过规定基准价、浮动幅度或最高、最低保护价等形式制定的运输价格。

目前我国对于水路、公路中的旅客运输以及属于国家指令性计划内的货物运输均实行国家指导价。由于我国水路、公路运输市场已基本确立，市场竞争机制也已基本形成，从理论上看可不失时机地全部实行市场调节价，但目前对于旅客票价以及属于关系到国计民生的重要物资、抢险救灾物资等列入国家指令性计划运输的价格尚未完全放开，在可能的情况下，对一般货运，国家兼顾运输企业的经济利益，容许由企业根据市场供求情况在规定的浮动幅度范围内自主定价。如交通部颁布的《直属水运企业货物运价规则》规定，承运国家下达的计划运输的货物，可在基准价基础上，上下 20％的幅度内由企业自主确定价格。

3. 市场调节价

市场调节价是运输企业根据国家有关政策和规定，主要通过市场供求情况自行确定的运输价格。除国家定价和国家指导价外，运输企业均采用市场调节价。

按照我国运输价格的管理模式，最终应实现以市场调节价为主、国家定价和国家指导价为辅的价格管理形式。这样，才有利于价值规律在市场体系中真正发挥调节运输供求，合理配置运输资源，提高运输企业生产效率等作用。只要国家所采用的调控手段运用得当，市场调节价必然会推进运输业乃至整个国民经济的健康发展。

例如，2004 年国务院批准的《民航国内航空运输价格改革方案》中规定，民航国内航空旅客运输票价实行浮动幅度管理。各航线公布票价为基准价(平均 0.75 元/人·km)。一般情况下允许浮动+25%～－45%。

铁路运价方面，2001 年 5 月，昆明铁路局率先决定从 5 月 21 日起，对在运行最后一天早上 6 点以后的空闲卧铺实行 6～7 折的优惠。这是铁路客运票价全面置于市场之中的一个信号，一些地方铁路局已成立客运服务公司，在时机成熟后，这些客运公司就可按市场情况采取适当的营销方式，包括票价优惠策略等，参与市场竞争。

三、运输价格管理的基本手段

根据有控制的市场价格模式及其相应的直接管理与间接控制相结合的管理原则，运输价格管理手段应是法律手段、经济手段和行政手段的三者结合体。

1. 以法律手段管理运输价格

价格管理的法律手段，是指国家通过制定价格法律、法规对价格进行规范化的管理。就运输价格而言，就是指规范其管理形式和管理权限、调价的基本原则、保护措施、禁止运输价格垄断和暴利行为的措施和制裁办法等。

我国尚未颁布调整运输业的统一价格管理法规，而仅制定了若干单项运价规则，如《铁路货物运价规则》、《水路直属运输企业货物运价规则》、《汽车运价规则》等。这些规则分别适用于铁路、水路和公路运输，各自为政，自成系统，相互之间不协调。另外，这些规则从其内容上看也仅包括运价的管理形式、管理权限及制定方法，而无禁止价格垄断、反暴利的措施和制裁办法等，规范运输市场秩序的条款，还有待进一步完善。

2. 以经济手段管理运输价格

以经济手段管理运输价格，是指国家利用财政、税收、货币、信贷、投资等经济手段来影响和控制运价水平，即变原来的事后价格对资源的调节为事先调整运价的形成机制，从而达到社会资源的合理配置和运输能力的最有效使用。

运输业是一个初期投资大、资本回收期长、对国民经济发展具有举足轻重作用的基础产业。除了运输企业本身应适应运输需求的变化，准确选定、实施经营决策并改善经营管理外，国家应对运输业进行必要的扶植。世界各国大都对运输业推行经济扶植政策。按我国现行实施的《营业税暂行条例》，运输业营业税率最低，为 3%，这就体现了国家对运输业的优惠政策；同时，国家在以往较长一段时间内对运输业实行较其他行业优惠的低利率贷款政策，鼓励运输企业增加基础设施。这为缓和客、货运输的紧张状况起过重要作用。但从 1996 年开始，国家不再实行对运输业贷款利率的优惠，这导致众多运输企业无力还贷，经济效益骤然下降。有的专家认为，要使运输企业走出困境，国家应恢复实施对运输业的优惠政策。

经济手段管理运输价格，是市场调节的补充。市场调节，实质上是利益机制的自动调节。

它是通过价格信号使社会资源流向需要的、效益高的部门，从而达到资源的优化配置。但它同时又有自发性和调节的滞后性。当一个部门产品供不应求，引起价格上升，从而利润率较高时，社会资源就会自动流向该部门，并由此得到有效的利用。但这种流动只有在超过供求均衡点以致造成供给大于需求、价格下跌、利润率降低时才会停止。这种情况对于固定资产投资巨大，且事关人民生活和国家经济发展的运输业来说，容易造成严重的社会资源浪费甚至社会不安定因素。采用经济手段对运输价格进行必要的管理是大多数国家通行的。

3. 以行政手段管理运输价格

行政手段是指国家运输主管机关或部门，运用行政命令，下达统一的运价和实施带强制性的措施和监督等办法，管理和协调各种价格关系的一种手段。

我国长期以来主要通过行政手段来管理运输价格，这在计划经济体制下是完全必要的。在市场经济体制下，应更注重用法律手段或经济手段来管理价格，但也并非完全取消采用行政手段。例如铁路运输由国家经营，采用行政手段来管理其价格比较有效；社会发生非常事件或生产故障而急需运输某些物资，就必须由有关部门运用行政命令的办法，责令有关运输企业按国家定价或国家指导价实施运输等。

但是，随着市场经济体制的进一步深化，以行政手段来管理运价的范围应逐步缩小，否则会损害运输企业的经济利益而影响运输市场的正常交易。当前，各地正在筹建或已经设立的运输行业协会，采用法律手段、经济手段、行政手段为一体的价格管理模式，效果明显，值得推广。例如，湖南省航运管理局于 1995 年 6 月颁发《水路运价协调管理实施办法》，对管理组织机构、运价变动及执行、运价监督及仲裁等方面作了明确的规定。其中，在管理组织机构部分中规定：省和地（州）、市均成立以企业为主体的行业运价协调组织，主要职能有：①协助水运主管部门贯彻国家关于水路运价方针、政策及规定；②根据运输成本及运输市场供求等情况，及时提出运价变动方案；③调解辖区内运价争议；④监督及督促成员单位实施公布的运价；⑤搜集和发布市场运价及相关信息；⑥协助水运管理部门查处扰乱水路运输市场的运价违章行为，定期商讨研究运价协调工作。2004 年国务院批准的《民航国内航空运输价格改革方案》中规定，“由现行民航总局统一规定代理手续费支付标准，改为实行幅度管理。允许航空运输企业与销售代理人按平等自愿原则，在规定幅度范围内协商确定代理手续费标准”；进一步“完善市场准入和约束机制，加快建立航线资源有偿使用制度，优化资源配置”，这些都体现了国家强化市场机制，逐步扩大采用经济手段管理的范围。

【例 3-6】 20 世纪 80 年代美国取消航空管制的效果（参照 Robert S. Pindyck《微观经济学》）。

在 1980 年之前，美国的航空业与现在完全不同。当时，机票价格和飞行路线都由民航委员会(CAB)严格规定。CAB 所定票价大多数高于市场通行的价格。同时，进入也受到严格限制，许多航线仅供一两家航空公司专用。然而，到了 20 世纪 70 年代末，CAB 取消了票价管制，并允许航空公司自由选择航线。到 1981 年，CAB 也宣告解散。从那以后，许多新的航空公司进入市场，也有一些公司退出市场，价格竞争变得越发激烈。

由于竞争压力造成航空公司利润锐减和破产，许多公司经理担心解除管制会带来行业混乱。毕竟，CAB 的初衷是保证“稳定”，这对于美国经济至关重要。也许有人认为将价格保持在市场出清水平以上会使其获利比在自由市场上丰厚。

取消管制并没有给航空业带来重大变化。在新航空公司不断涌入的同时，原有的一些航空公司相互兼并或退出该行业。尽管票价大幅度降低（对消费者有利），但由于 CAB 规定的最低价带来的低效率及人为的高成本，总体利润并没有大幅上升。最低价格的影响可通过图 3-24解释：P_0、Q_0 是市场出清价格和数量，P_{min}是 CAB 规定的最低限价，Q_1 是该价格对应的需求量。这里，问题出在航空公司在 P_{min}上愿意供给量 Q_2 远远大于 Q_1。尽管可能受各种因素限制，供给量没能扩大到 Q_2，但是它们确实将供给量扩大到了 Q_3，并希望以竞争为代价售出 Q_3。结果，航空公司的客座率和利润都很低(图中 G 为空座的成本)。

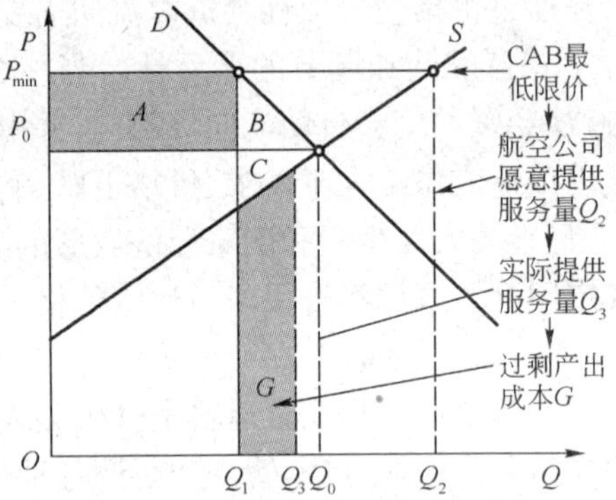

图 3-24　CAB航空管制的影响

表 3-14 给出了航空业演进的一些主要数据。取消管制后，航空公司数目及客座率激增，但 1980～1985 年间实际乘客・里程比率(剔除通货膨胀因素后每乘客・英里的飞行收入)急剧下降，然后在 1985～2000 年间也一直下降。这主要是因为竞争的加剧和机票价格的下降。成本的情况如何呢？实际成本指数表明，即使在剔除通货膨胀因素后，1975～1980 年成本仍然上升了约 20%。这主要归因于燃料成本猛涨，它由石油价格上涨造成，与消除管制无关。表 3-14 最后一行是剔除燃料成本上涨因素后的实际成本指数。该指数仅有微小的上升。自 1980 年以来，调整后的实际成本指数几乎为常数。

美国 1975～2000 年航空资料　　表 3-14

年　份(年)	1975	1980	1985	1990	1995	2000
航空公司数目	33	72	86	60	86	94
客座率(%)	54	59	61	62	67	72
乘客・里程比率(按 1995 年不变价计算)	0.218	0.210	0.166	0.150	0.129	0.118
实际成本指数	101	122	111	107	100	101
剔除燃料成本上涨因素后的实际成本指数	94	98	98	100	100	98

那么，取消航空管制给消费者和生产者带来了什么影响呢？显然，由于新公司进入行业和票价下跌，消费者受益匪浅，消费者剩余增加(少支出)了 $A+B$(图 3-24，实际的消费者剩余可能稍小，因为随着飞机变得更加拥挤、飞机误点或者航班取消，服务质量有所下降)。航空公司一方面失去了管制带来的利润 A，另一方面避免了过剩产出成本 G，并且获得生产者剩余 C，虽然 $C+G>A$，但航空公司的利润毕竟有所减少，它们被迫学会在竞争更激烈且更为动荡的环境中生存，一些厂商将无以为继。但是总的看来，航空公司变得更具成本・效率优势，获得的生产者剩余增加。消除管制带来的总福利增加为正，并且相当大。

第五节　案例：收益管理中基于 EMSR 优化的嵌套订座算法

本案例介绍航空客运售票采用收益管理时，如何通过订座策略实现航节收益最大化问题。所谓航节是指不涉及中途停经的简单航班。所讨论的订座策略不包括超售问题。

一、嵌套式舱位结构管理

舱位结构管理是指各级舱之间的关系设计。国际通行的舱位结构设计管理方法有两种：

(1)独立式舱位结构，即每个子舱位独立。其特点是各等舱之间的座位不能交互使用。

(2)嵌套式舱位结构：只要低级别舱位有剩余座位，高票价座位订座申请即不会被拒绝，而且在允许超售范围内，高等级舱位有优先权，可以占用低等级舱位座位。票价等级越高的舱位被允许的销售量就越大。这样就使航空公司有可能将更多的座位当做较高等级的舱位卖给愿意出高价的旅客。因此，"嵌套"是收益管理中常用的舱位结构管理模式。

但采用嵌套式舱位结构在机票销售中总是会遇上这样的难题——低价出卖，还是留着卖给愿意出高价的旅客？即如何使机票出售的总效益最大？

二、座位的期望边际收益(EMSR)与总收益最大化

1978年，美国麻省理工学院航空运输系的 Peter Belobaba 教授在其博士论文中采用 EMSR(Expected Marginal Seat Revenue，座位的期望边际收益)理论解决了机票出售的总效益最大问题。根据经济学原理，只要各等舱售出的总座位等于飞机总舱位数时，各等舱最后出售的座位的期望边际收益最大(相等)，就能保证总效益最大。对于有 K 个等级舱位的情况：

$$\mathrm{EMSR}_1(N_1)=\mathrm{EMSR}_2(N_2)=\cdots=\mathrm{EMSR}_K(N_K) \tag{3-14}$$

式中： N_K——航班中 K 等舱的最后售出的座位数，应满足：$N_1+N_2+\cdots+N_K=C$；

C——飞机总舱位数；

$\mathrm{EMSR}_K(N_K)$——K 等舱第 N_K 个座位的期望边际收入，它等于该座位的票价 f_K 乘以其可能出售的概率 $P_K(N_K)$。

$$\mathrm{EMSR}_K(N_K)=f_K\times P_K(N_K) \tag{3-15}$$

式中：$P_K(N_K)$——K 等舱第 N_K 个座位能够出售的概率，按下式计算。

$$P(x\geqslant N_K)=\int_{N_K}^{\infty}p(x)\mathrm{d}x=1-\int_{-\infty}^{N_K}p(x)\mathrm{d}x \tag{3-16}$$

座位出售的概率与历史销售资料及概率模型 $p(x)$ 有关，通常可采用正态分布模型，如考虑到不存在"负的乘客"的概率的话，也可采用对数正态分布。

【例 3-7】 已知某航班 Y 等舱的 12 个航节的历史出票情况为：36、41、47、42、28、39、48、44、33、52、45、58，要求计算下一航节中，Y 等舱卖出 40 张票的概率，如 Y 等舱的票价为 800 元，则相应的 $\mathrm{EMSR}_Y(40)$ 值为多少？

［解］ 应用正态分布中期望与标准差的公式，计算得到该航班 Y 等舱出票满足 $P(\mu=42.75, S=8.237, x\geqslant 40)$ 的正态分布。利用对正态分布的积分公式可求出概率：

$$P(x\geqslant 40)=\int_{40}^{\infty}p(x)\mathrm{d}x=1-\int_{-\infty}^{40}p(x)\mathrm{d}x$$

在 Excel 中键入"=1－NORMDIST(40,42.75,8.237,1)"，即可得到 $P(x\geqslant 40)=0.630\,76$。

$\mathrm{EMSR}_Y(40)=f_Y\times P_Y(40)=800\times 0.630\,76=504.6$ 元

说明，出售 Y 等舱的第 40 张机票的期望边际收益为 504.6 元。

三、高等级舱位的最小预留

由于订票者不可能按预想的顺序依次前来购票，因此需预先对最低等舱(最大折扣票)以上的各等级舱位预留部分座位，预留座位的标准有两种：

(1)按座位的总期望边际收益最大，确定各等级舱位的预留数 N。N 可按式(3-14)求出。

但实际订票时，往往愿意出低价的旅客先来预订，一旦有人预订，期望收益等于票价，与式(3-14)初始计算结果不符。因此实际上都按下面一种标准预留。

(2)无论下等舱位销售多好，也要留出的上等舱的预留座位数，用$S_{i,j}$表示j等舱订票时要考虑为i等舱保留的座位。例如，$S_{1,2}$表示2等舱订票时应预留的1等舱座位数量。$S_{i,j}$可按下式确定：

$$\mathrm{EMSR}_i(S_{i,j}) = f_i \times P_i(S_{i,j}) > f_j$$
$$(i = 1、2、\cdots、K-1; j = i+1、i+2、\cdots、K) \quad (3\text{-}17)$$

上式表示，由于较高等级舱位(i等舱)的第$S_{i,j}$座位的期望边际收益大于较低等级舱位(j等舱)的票价f_j，因此，保留该座位将来卖给愿意出高价的旅客是更优的选择。显然，i等舱的最小预留座位相对于不同等级j舱位的订票是不同的，i与j相差越大，它们的票价相差就越大，$S_{i,j}$也就越大。而相对于下一等级舱位的预留在该等级舱位预留中是最小的，即：$S_{i,i+1} \leqslant S_{i,i+2} \leqslant \cdots \leqslant S_{i,K}$，称，$S_{i,i+1}$为最小预留，简记为$S_i$；而$S_{i,K}$则为最大预留。

四、各等级舱位的允许最大预订数

如采用T表示舱位的允许最大预订数，则对于总舱位为C的航节，自然希望所有的订票全部是最高舱位的，即$T_1=C$。为确定低等级舱位的允许最大预订座位T，可利用高等舱位的最小预留，按下式计算：

$$T_1 = C、T_2 = C - S_{1,2}、T_3 = C - (S_{1,3} + S_{2,3})、\cdots$$
$$T_i = C - (S_{1,i} + S_{2,i} + \cdots + S_{i-1,i}) \qquad (i = 2、3、\cdots、K) \quad (3\text{-}18)$$

式中：$S_{1,i}+S_{2,i}+\cdots+S_{i-1,i}$——所有高于$i$等舱位针对$i$等舱位订票时的预留之和。

式(3-18)求出的舱位的允许最大预订数仅仅是不影响高价票出售的理论最大值，称为初始的舱位允许最大预订数，实际订票时还应扣除较低等级舱位已经订出的低价票和较高等级舱位已订高价票的超订数(即超过相对于i等舱应预留的数量，一般较少发生，因为通常越高价票预订越晚)。注意：如i等舱因空间限制仅有C_i个舱位，同时按式(3-18)计算的T_i大于C_i时，应取$T_i=C_i$。但嵌套式舱位结构管理模式假设，舱位替代不受空间限制。

【例3-8】 某航班总舱位$C=162$，机票预售过程中，1等舱相对3等舱的预留$S_{1,3}=8$，实际已售出11张，2等舱相对3等舱的预留$S_{2,3}=16$，现已售出5张，4等及以下舱位已合计售出85张。要求计算，此时3等舱最多能出售多少张票(假设3等舱无空间限制)。

［解］ 利用公式(3-18)，$T_3 = 162-8-16 = 138$，由于已出售低价票85张，1等舱出票11张，比应对3等舱的预留8张多售了3张，因此，此时实际最多能出售$138-3-85=50$张票。

五、基于EMSR优化的嵌套订座算法的案例

S-J航班在旅游旺季周末的航节由B737-800(图3-25)执行，该型飞机客舱总容量$C=162$座，由F、B、Y、M、K五个舱位组成。假设，嵌套式舱位管理中，各等舱的座位可自由调配，不受物理尺寸的限制。该航节各等舱的历史出票情况如表3-15所示。

图3-25 B737-800飞机客舱

S-J 航班五个舱位的历史出票情况 表 3-15

航节序号	F舱	B舱	Y舱	K舱	M舱	合计	总舱位 C	客座率
1	9	9	41	57	29	145	162	89.5%
2	10	13	42	58	27	150	162	92.6%
3	9	24	36	39	29	137	162	84.6%
4	6	21	47	46	28	148	162	91.4%
5	7	21	48	55	26	157	162	96.9%
6	8	22	52	58	20	160	162	98.8%
7	8	22	58	60	14	162	162	100.0%
8	11	17	44	63	25	160	162	98.8%
9	8	23	28	65	27	151	162	93.2%
10	12	20	45	68	16	161	162	99.4%
11	9	25	33	71	23	161	162	99.4%
12	9	28	39	51	27	154	162	95.1%

1. 各舱位历史出票的概率模型

采用正态分布假设，各舱位历史出票的概率模型参数计算，可参见[例 3-7]，得到的相应正态分布的期望与标准差见表 3-16。

2. 座位的期望边际收益 EMSR

采用数值方法，按公式(3-14)计算各等级舱订座序号 1、2、…、n 的座位的 EMSR 值。计算中各舱票价由 F 舱到 M 舱依次为：1 500 元、1 000 元、800 元、500 元、300 元。将所有 EMSR 值排序，排在总第 162 座是 Y 舱的第 48 座，$EMSR_Y(48)=209.5$。EMSR 值大于它的其他舱位的最后订座数量及相应的 EMSR 值是：$EMSR_F(10)=358.1$，$EMSR_B(24)=246.6$，$EMSR_K(59)=219$，$EMSR_M(21)=214$。这说明，F 舱 10 座、B 舱 24 座、Y 舱 48 座、K 舱 59 座和 M 舱 21 座，这 162 座构成了本航班以座位的期望边际收益最大为目标的最优组合。计算结果见表 3-16。

3. 各等级舱位预留 $S_{i,j}$ 和初始最大允许订座 T_i

按式(3-17)不等式条件可求出各个等级舱位预留 $S_{i,j}$，例如，计算 $S_{1,4}$，由于 $f_1=1\,500$，$f_4=500$，代入式(3-19)，得到：

$$P_1(S_{1,4}) \geqslant f_4/f_1 \geqslant 500/1\,500 = 0.333$$

利用 F 舱出票的正态分布函数，当期望＝8.83、标准差＝1.642(表 3-16)，$[1-P(9)]=0.4596$，$[1-P(10)]=0.2387$，可知满足大于 0.333 的出票应为 9 座，即 $S_{1,4}=9$。求出各等级舱位预留 $S_{i,j}$ 后，利用式(3-18)，可得到初始最大允许订座 T_i，计算结果见表 3-16 和图 3-26，在图 3-26 中还绘出各等级舱位的 EMSR 曲线。

各舱位的相关指标 表 3-16

舱　　位	F舱	B舱	Y舱	K舱	M舱
票价(元)	1 500	1 000	800	500	350
标准差	1.642	5.230	8.237	9.090	5.029
期望	8.83	20.42	42.75	57.58	24.25
最小预留 S_i	8	16	40	55	0

续上表

舱　　位	F舱	B舱	Y舱	K舱	M舱
相应的 EMSR(元)	1 041.1	800.8	504.6	305.9	0
按总收益最大的预留 N_i	10	24	48	59	21
相应的 EMSR(元)	358.1	246.6	209.5	219	214
预留 $S_{1,2}$	8	—	—	—	—
预留 $S_{1,3}$、$S_{2,3}$	8	16	—	—	—
预留 $S_{1,4}$、$S_{2,4}$、$S_{3,4}$	9	20	40	—	—
预留 $S_{1,5}$、$S_{2,5}$、$S_{3,5}$、$S_{4,5}$	10	23	45	55	—
初始最大允许订座 T_i	162	154	138	93	29

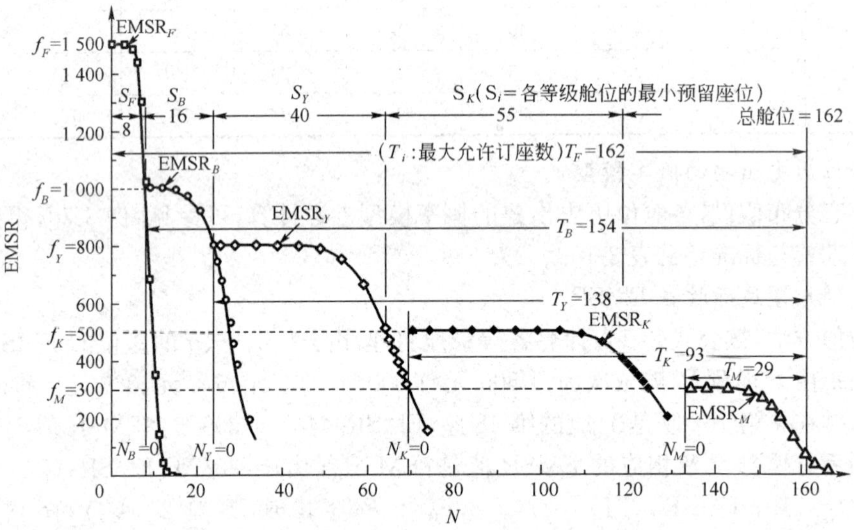

图 3-26　S-J 航班周末航节采用 EMSR 的嵌套订座算法示意图

4. 预订策略

根据以上结果，并参照以往订票办法，本航节对预订机票作如下规定(表 3-17)。

各等级舱位预订策略　　表 3-17

舱　　位	F舱	B舱	Y舱	K舱	M舱
票价(元)	1 500	1 000	800	500	350
提前购票	无限制	3d	7d	14d	21d
退票罚款	无限制	无限制	50%	100%	100%
客票更改	无限制	无限制	不可	不可	不可
初始最大允许订座	162	154	138	93	29
最小预留 S_i	8	16	40	55	0
最大预留 S_{iM}	10	23	45	55	0

5. 问题讨论

(1)本案例最大的优点在于，计算简单，不需额外的预测模型，可通过订票过程的信息，及时调整各舱位的最大允许订座，以达到座位的期望收益最大化。而且每次订票结果又可成为新的信息来校正各等级舱位的出票概率模型，有利于改进下次订票计算准确度。当然，这不是完整的收益管理系统，没有先进的超售算法、网络优化、竞争动态优化、乘客订票随机过程仿真优化和复杂的预测模型，它仅是收益管理中应用 EMSR 优化技术订座的一个算例。

(2)EMSR 最大化有利于提高订票的整体收益，但对客座率带来影响。由于 EMSR 限制，低等舱位受到严格的限售控制，导致客源流失。图 3-26 中 $EMSR_M$ 曲线并未如我们所期望的那样从 162 附近下降，主要是 M 舱限售 29 座引起的——为卖好价钱而惜售导致即使旅游旺季的周末航节也鲜有满座。所有关于超售的研究均声称超售是为减小 No-Show 引起的空位损失，从本案例分析，由于 EMSR 最大化本身已潜伏空座率危机，因此超售便成为收益管理的不可或缺的策略，而与 No-Show 比例无关。再准确的预测也有误差：当实际超出预测时，航空公司会对每个超额的高价订票都难以割舍，希望让已购低价票乘客退票(哪怕按 2 倍购票价退票)，由此造成了超售；当预测超出实际时，他们又会为了避免经常性的高价订票者的缺席，希望能尽早出票躲避风险，也会造成超售。只要高价票与低价票的差距达到 3 倍以上，"超售"便会受航空公司的青睐。

(3)为提高预测可靠度，应尽量积累较多历史数据，并利用统计检验方法对数据是否符合假设分布进行拟合优度检验。由于本案例仅提供了 12 组历史数据，大部分舱位的数据未能通过置信度 0.01 的正态分布 χ^2 检验。

习题与思考题

1. 如何理解萨缪尔森所说"在所有经济学的领域中，边际成本是最重要的概念之一"？

2. 解释为什么 MC 与 AC(ATC)和 AVC(U 形曲线)的最低点相交？

3. 请补充绘出运输服务量与成本的关系示意图(图 3-6)中的 MC 曲线。

(参考答案：见图 3-27)

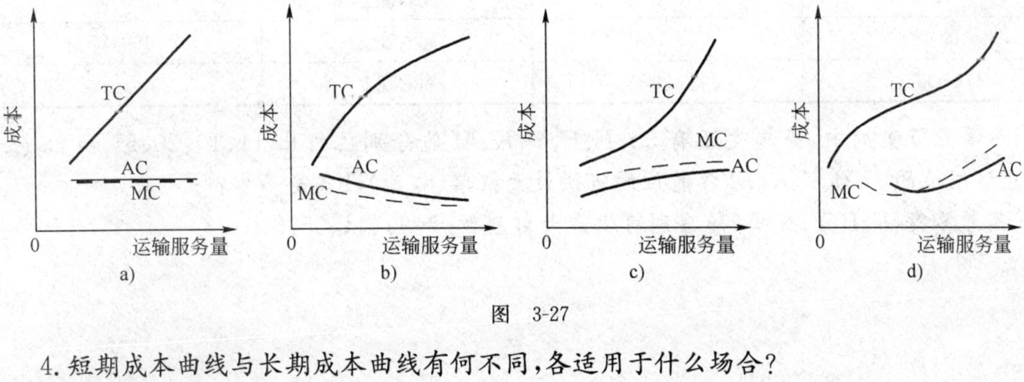

图 3-27

4. 短期成本曲线与长期成本曲线有何不同，各适用于什么场合？

5. 什么是价格歧视？请列举运输服务中的 1～2 个例子，并分析它们是否属于控制范围内所容许的价格歧视定价。

6. 简述各种定价方法的基本思路和各自的适用场合。拉姆齐定价方法与按"效用"或负担能力定价法有何相同与不同之处？

7. 如[例 3-3]中，采用 $P_G=3.0$ 和 $P_F=2.5$，试计算相应的 Q_G、Q_F、R_G、R_F、利润率 r 和高峰系数 L。

(参考答案：$Q_G=7.617$、$Q_F=6.755$、$R_G=-0.1262$、$R_F=-0.1621$、$r=0.37\%$、$L=2.255$)

8. 如[例 3-4]中，如固定成本 FC 为 1.8 亿元，平均每百万吨公里运输量的可变成本 AVC

为(1＋TQ/1 500＋150/TQ)百万元(TQ单位为百万吨公里)，计划年运输量TQ为5亿t·km，企业的预期总利润为2亿元，国家规定的定额利润为5%。其余数据不变，要求计算：

①按外加法和内加法计算企业的定价；

②计算企业年运输量为3亿t·km、4亿t·km、5亿t·km、6亿t·km、7亿t·km、8亿t·km、9亿t·km时的平均总成本和每增加1百万t·km运输量的边际成本；

③如企业定价为2.5万元/百万t·km，则要达到定额利润水平，该企业至少完成年运输量是多少。

(部分参考答案：按外加法定价 ＝ 2.397；按内加法定价＝2.417元/t·km

MC＝1.401、1.534、1.667、1.801、1.934、2.067、2.201；TQ＝446.09)

9. 运输价格管理有哪些基本手段？举例说明。

10. 1995年10月1日铁路客运大幅调价，从3.861分/t·km上调到5.961分/t·km，调价幅度为54.4%。由此导致四季度客运量周转量从880亿人·km下降到774亿人·km，减少约12%。问：①铁路的客票收入实际增加(或减少)了多少？并计算需求价格弧弹性E。

②假设，2008年周转量为7 418亿人·km，旅客需求价格弹性保持不变，2009年1月1日起再上调票价40%，则2009年铁路将完成多少旅客周转量和票价收入(不考虑增长水平)？

(部分参考答案：①收入增加＝5.961×774－3.861×880＝12.16亿元；E＝－0.299 7；

②2009年铁路完成旅客周转量＝6 528.6亿人·km、票价收入544.84亿元)

11. 联合航空公司的班机从洛杉矶飞纽约的往返票价如表3-18所示。请解释：为什么航空公司要对同样的航程收取不同的价格？为什么会存在最短驻留时间和退票罚金？

表3-18

价格(美元)	提前购票	最短驻留时间	退票罚金
418	14d以上	周六晚上	100%
683	3～14d	周六晚上	100%
1 900	3d以内	周六晚上	无

12. 第五节案例中，离起飞还有5d，F、B、Y、K、M舱分别已订出11、10、20、55和25张。问现在该航节的F、B、Y、K、M各舱位的可供最大机票(订座)数各是多少？

(参考答案：F、B、Y、K、M舱分别可供最大订座数 ＝ 41、41、35、0、0)

第四章　交通运输系统中的选择行为分析

引　子

在日常生活中，我们经常碰到有关交通运输的选择行为问题。比如：当你出行时，你会考虑选择什么样的出行方式（如公共交通工具、自驾车出行等）、什么样的出行时间（如早出发或晚出发一个时间段）、什么样的出行路径等。另一方面，在出行途中，获取了不同的交通信息后，你也将作出响应调整你的选择，如更改行车路径，或者是变化出行方式。

随着人类社会发展对这些交通选择行为研究需求的不断增加，交通选择行为的研究逐渐成为交通工程以及经济学领域中的热点这一。在传统的基于"出行而出行"的观点被否定后，"出行是活动的衍生需求"这一观点逐渐得到公认，交通运输系统中的选择行为研究也开始以经济学的消费者效用理论为基础进行深入拓展。2000 年，加州大学伯克利分校经济系的麦克法登教授更是凭借在这一领域的突破获得了诺贝尔经济学奖。

大量个体出行行为的综合结果是交通现象的各种宏观表征。通过分析出行者的微观动机来揭示交通的宏观行为，从而有利于交通特征的宏观把握。出行者的出行行为由一系列的决策组成：是否出行、何时出行、去何处、采用何种交通工具、选择哪条路线等，都需要做出选择。交通运输系统中的选择行为分析从具体个体出行行为入手研究交通现象，可以认为：出行者按照出行目的的要求，结合自身的条件、交通运输的状况、以前的或其他人的经验，建立出行决策的标准、原则和态度，然后做出理性的选择决策。

出行者以效用最大化为目标做出自己的选择决定，这也是经济学中消费者行为理论的基本观点。消费者行为是指在一定的收入和价格下消费者为获得最大满足对各种商品所作的选择活动。消费者行为理论就是用于说明消费者如何使用自己既定的收入来达到效用最大化的分析理论，是分析选择行为的基础理论。本章将以消费者效用理论为基础，介绍消费者选择行为理论以及交通系统选择分析中最为常用的离散选择分析模型。

第一节　消费者效用理论

偏好是消费者对物品的喜爱程度，在消费者行为理论中，用效用（Utility）来表示偏好。效用是消费某种物品或劳务所带来的满足程度。消费者消费某种物品获得的满足程度高就是效用大；反之，满足程度低就是效用小。如果消费者从消费某种物品中感受到痛苦，则是负效用。效用是一种心理感觉，所以消费者行为理论也就更偏重于心理分析。经济学中所说的效用指的是消费者在消费过程中获得的一种主观心理满足。因此，只要某种商品能够给某个消费者带来满足，则这种商品对这个消费者就是有效用的。比如，吃饭能够给人们带来生理上的满足，所以吃饭是有效用的；旅游能够给人们带来精神上的满足，所以旅游也是有效用的。而交通出行的效用则表现在出行所达到的目的方面，或是日常工作，或是商务活动，或是休闲娱乐。

要注意效用与使用价值的区别。使用价值是物品本身所具有的属性，它由物品本身的物理或化学性质所决定。使用价值是客观存在的，不以人的感受为转移。例如，香烟，无论对吸烟者还是不吸烟者，它都具有使用价值。但效用强调了消费者对某种物品带来满足程度的感受的主观性。当然，效用要取决于使用价值。但在研究消费者行为时，我们强调的是效用的主观性。另一方面需要注意的是，效用分析只能比较不同商品对同一个人的不同效用，而不能比较同一商品对不同人的不同效用。换而言之，在出行效用分析中，只能进行自我比较(Intra-Personal Comparison)，即比较不同出行方式对同一个人的效用差异，而不能进行互相比较(Inter-Personal Comparison)，即同一出行方式对不同人的效用差异。

西方经济学家先后用基数效用(Cardinal Utility)论与序数效用(Ordinal Utility)论来研究消费者行为。

一、基数效用论

19 世纪末和 20 世纪初，西方经济学家普遍采用基数效用论的概念。而以边际效用说明价值的思想可以追溯到 18 世纪。1750 年，意大利的加里阿尼第一次提出了基于物品效用与稀缺性的价值原理。1833 年，英国的劳埃德最早明确地以边际效用来说明价值。1854 年，德国的戈森围绕着最合理地组织消费和生产，发挥了有关人类享乐的原则，并以此为基础，阐明了价值、生产和价格等问题。19 世纪 70 年代，英国的杰文斯、奥地利的门格尔、法国的瓦尔拉斯主张边际效用价值论，加上后来的马歇尔、庞思维克、维塞尔都是基数效用价值论的主张者。

1. 总效用和平均效用

基数效用论是研究消费者行为的一种理论。其基本观点是：效用是可以计量并加总求和的，因此，效用的大小可以用基数(1、2、3、…)来表示，正如长度单位可以用米来表示一样。所谓效用可以计量，就是指消费者消费某一物品所得到的满足程度可以用效用单位来进行衡量。所谓效用可以加总求和是指消费者消费几种物品所得到的满足程度可以加总而得出总效用。

基数效用是一种对效用的度量方法。在早期的效用理论研究中一些经济学家提出，如同对物体的重量、长度可以用 1、2、3、4、…这样一种基数形式加以度量一样，对消费者在消费过程中的主观感受程度也可以用基数形式加以度量，其衡量单位称为尤特尔(Util，简记为 U)。例如，设某一物品为 X，某消费者消耗该物品的效用为 U_X，用 U_{X_1}、U_{X_2}、…、U_{X_5}。分别代表消费者消耗第一、第二、…、第五件该物品的效用，则该消费者消耗五件物品的总效用(Total Utility，简写为 TU)为：

$$\mathrm{TU}=U_{x_1}+U_{x_2}+U_{x_3}+U_{x_4}+U_{x_5} \tag{4-1}$$

上述关系用数学语言可表述为：令 X 为某种物品或劳务，x 为该种物品或劳务的消费量，则该种物品或劳务的总效用函数为：

$$\mathrm{TU}=\sum_i U_{x_i}=f(x) \tag{4-2}$$

如果一个消费者同时消费 X、Y、Z 等多种物品或劳务，则对应的总效用函数为：

$$\mathrm{TU}=f(x,y,z,\cdots) \tag{4-3}$$

有了总效用的概念，便可以得出相应的平均效用(Average Utility，简写为 AU)和边际效用(Marginal Utility，简写为 MU)的概念。

所谓平均效用，指消费者在消费若干数量的某种物品或劳务时，平均每单位物品或劳务所提供的效用为：

$$AU = TU/x \tag{4-4}$$

所谓边际效用，指消费者在消费若干数量的某种物品或劳务时，每一新增单位数量的物品或劳务所带来的总效用的变化量为：

$$MU_x = \Delta TU_x/\Delta x \tag{4-5}$$

在经济学中，一般认为物品或劳务是否具有效用是其能否形成价值的必要条件，但真正决定其价格高低的却在于物品或劳务本身的稀缺性，即取决于物品或劳务的边际效用。边际效用高则价格高，边际效用低则价格低。

2.边际效用递减规律

效用是消费者的一种心理感受，消费某种物品实际上就是提供一种刺激，使人有一种满足的感受，或心理上有某种反应。消费某种物品时，开始的刺激一定大，从而人的满足程度就高，但不断消费同一种物品，即同一种刺激不断反复时，人在心理上的兴奋程度或满足程度必然减小。19世纪的心理学家韦伯和费克纳曾作了这样一个实验：把一个孩子的眼睛蒙住，让他把臂膀平伸，手掌向上。然后把一定的重量置于他的手掌上，他肯定会感到这一重量，当你增加重量时，他也会感到重量的增加。然而，在他手掌支托的重量达到一定程度时，你再加一定的重量，他并感不到重量的增加。这就是说，他支托的重量越大，增加的或边际的单位重量对他的影响越小。这种现象被称为韦伯—费克纳边际影响递减规律。当用声音、光线和其他刺激进行类似的实验时，都有这种边际影响递减现象。因此，这一规律也可以用来解释边际效用递减规律。当然，还可以提出其他解释。但无论如何解释，边际效用递减规律的确是客观存在的。因此，也就可以作为解释消费者行为的基本规律。

在日常生活中，人们一般都有这样的经验：对于同样一种物品，随着消费数量的增加，从中得到的满足程度即效用会逐渐下降。例如，对于居民改善住房条件而言，当人均居住面积只有$4m^2$的时候，如果增加$4m^2$，那么居民从这部分新增的面积中得到的满足感是不言而喻的，然而随着住房面积的不断扩大，假定人均已达20 m^2，这时候如果再新增加$4m^2$，那么居民从这部分新增的面积中得到的满足感就不明显了。随着物品消费量的增加，边际效用的变动是正的，但在递减。边际效用之所以是正的，是因为消费者进行消费是为了获得某种满足，即获得效用，在一般情况下，消费者如果感到增加的效用已不能给他带来满足，就会停止消费。这种情况，经济学上称之为边际效用递减规律(Law of Diminishing Marginal Utility)。由于边际效用递减在日常生活中是一种普遍现象，所以它对于分析人们在消费过程中的行为选择具有重要的作用，因而是经济学中的一条基本规律。

3.效用最大化的基本条件

在理性假定的条件下，消费者参与经济活动的主要目标是争取实现满足程度的最大化，即效用最大化。在一般情况下，不仅消费者的可用资源是有限的，而且需要消费的物品也是多种多样的。这就使得消费者经常会处于一种两难的境地：有限的资源应该如何分配才能够取得最大的效用呢？消费者均衡也就是效用最大化选择，即消费者把收入用于各种物品与劳务的消费，当各种物品的组合能达到总效用最大化时，也就实现了消费者均衡。

消费者均衡假设条件：

(1)消费者的嗜好是既定的，即他对各种物品的效用与边际效用的评价是既定的，不会发生变动。

(2)消费者的收入是既定的。每1元货币的边际效用对消费者均相同，即由于货币收入是有限的，货币可以购买一切物品，货币的边际效用不存在递减问题。

(3)物品的价格是既定的。

设 $1\sim n$ 为可消费物品的种类，$x_1,x_2,x_3,\cdots,x_n$ 为各种物品的消费数量，$p_1,p_2,p_3,\cdots,p_n$ 为各种物品的价格，$\mathrm{TU}=f(x,y,z,\cdots)$ 为某个消费者的总效用函数，该消费者手中拥有的货币资源总量为 M。假定该消费者的目标是在约束条件给定的情况下追求效用最大化，即：

目标函数

$$\max\mathrm{TU}=f(x_1,x_2,x_3,\cdots,x_n) \tag{4-6}$$

约束条件

$$s.t\quad M=p_1x_1+p_2x_2+p_3x_3+\cdots+p_nx_n \tag{4-7}$$

则能使其效用最大化的必要条件(一阶条件)为：

$$\left.\begin{array}{l}\dfrac{\mathrm{MU}_{x_1}}{p_1}=\dfrac{\mathrm{MU}_{x_2}}{p_2}=\dfrac{\mathrm{MU}_{x_3}}{p_3}=\cdots=\dfrac{\mathrm{MU}_{x_n}}{p_n}\\ M=p_1x_1+p_2x_2+p_3x_3+\cdots+p_nx_n\end{array}\right\} \tag{4-8}$$

我们可以用这个公式来说明消费者 A 如何使其收入的分配实现效用最大化。上式表明，能够使该消费者效用最大化的必要条件之一是该消费者花在每种物品上的单位货币支出的边际效用彼此相等。该条件也经常称为边际效用的等边际法则。

下面用一个简单的例子来说明消费者 A 如何使其收入的分配实现出行效用最大化。

【例 4-1】 消费者 A 从第一次休闲娱乐出行中获得的边际效用 MU_x 为 50，出行交通费为 6 元，平均每元交通费支出的边际效用为 8.33。由于边际效用递减规律，类似地，以后各次休闲娱乐的 MU_x 依次为 6.33、5.5、4.83、4.17 等；而日常购物出行每次交通费为 3 元，平均每元交通费支出的边际效用 MU_g 也依次递减，数值见表 4-1。现假设消费者 A 希望以 30 元交通实现出行活动的效益最大化，问，该如何安排出行？

消费者 A 不同选择组合的效用 表 4-1

出行可能的组合	休闲娱乐出行(每次交通费 6 元)				日常购物出行(每次交通费 3 元)			
	次数	需交通费	每次出行边际效用	平均每元交通费的边际效用 MU_x	次数	需交通费	每次出行边际效用	平均每元交通费的边际效用 MU_g
a	0	0	0		10	30	15	5
b	1	6	50	8.33	8	24	17	5.67
c	2	12	38	6.33	6	18	19	6.33
d	3	18	33	5.5	4	12	28	9.33
e	4	24	29	4.83	2	6	42	14
f	5	30	25	4.17	0	0	0	

［解］ 表 4-1 所列 a、b、c、d、e、f 是消费者 A 用 30 元交通费能实现的休闲娱乐出行与日常购物出行的组合。由表可知，利用效用最大化的必要条件式(4-8)，A 应选择组合 c，即用 30 元交通费安排 2 次休闲娱乐出行和 6 次日常购物出行，因为此时用于休闲娱乐出行和日常购物出行的每元支出的边际效用相等，均为为 6.33。因此，这时 A 实现了效用最大化，即消费者均衡。

现以图 4-1 来说明为什么按边际效用相等原则作出的选择可以实现效用的最大化。

图 4-1 中，纵轴是每元支出的边际效用（MU），横轴代表在收入与物品价格既定时日常购物出行与休闲娱乐出行各种可能的组合。曲线 MU_x 代表用于休闲娱乐出行的每元支出的边际效用，曲线 MU_g 代表用于日常购物出行的每元支出的边际效用。MU_x 与 MU_g 相交于 E，这时，用于日常购物出行的每元支出的边际效用等于用于休闲娱乐出行的每元支出的边际效用，即都为 6.33，这时就实现了效用的最大化。因为，如果不选 c 种组合，例如，消费者选择组合 b，即消费 1 次休闲娱乐出行和 8 次日常购物出行。这时，用于最后一次休闲娱乐出行的边际效用为8.33，用于最后一次日常购物出行的货币的边际效用为 5.67。可见将购物出行改为娱乐出行可以增加效用（图中影印面积 B）；反之选择组合 d，也会导致效用损失（影印面积 D）。

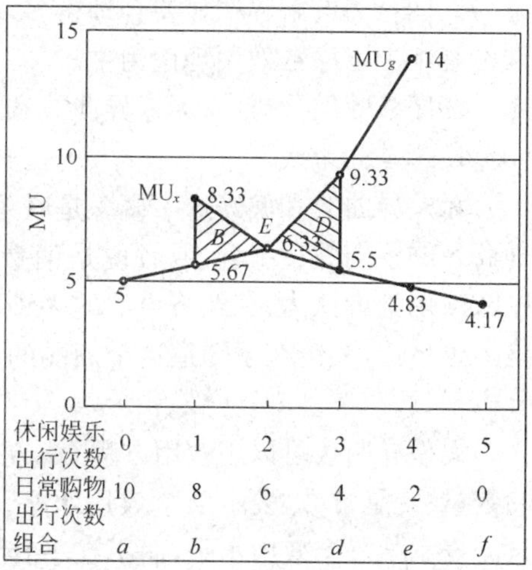

图 4-1　消费选择的边际效用分析

所以，只有在 c 种组合时，休闲娱乐出行和日常购物出行组合才能实现效用最大化。

由以上的论述还可以看出，在计算收入的效用最大化配置时，根本不用总效用的概念。只要计算边际效用和价格：使用于两种物品的每元支出的边际效用相等，就实现了效用最大化。这种评价效用最大化的方法的价值在于，它与消费者用什么单位来衡量效用无关。

二、序数效用论

基数效用理论虽然能够解释一些消费者的行为特征，但它的假设前提却存在着一定的缺陷。事实上，没有人能够用基数形式准确地表达出他的偏好结构。人们一般只能用相对效用的大小排列出他们对各种物品或行动方案选择的偏好次序。为了克服这个缺陷，经济学家在做出大量努力后证明，只要满足一定的条件，就可以用以第一、第二、第三等序数形式表达的效用理论来代替以基数形式表达的效用理论，即只要满足一定的条件，序数效用理论可以得到和基数效用理论一样好的结果。上述一定条件主要包括三条假设：

（1）偏好的次序性（Ordering）。消费者对两种物品不同数量的任意两种组合具有明确的偏好程度。即对于任何两个商品组合 a 和 b，消费者总是可以作出，而且也仅仅只能作出以下三种判断中的一种：对 a 的偏好大于对 b 的偏好，对 a 的偏好小于对 b 的偏好，对 a 和 b 的偏好相同。对 a 和 b 具有相同的偏好，也被称作为 a 和 b 是无差异的。

（2）偏好的传递性（Transitivity）。对于任何三个商品组合 a、b 和 c，如果某消费者已经作出判断：对 a 的偏好大于（或小于、或等于）对 b 的偏好，对 b 的偏好大于（或小于、或等于）对 c 的偏好。那么，该消费者必须作出对 a 的偏好大于（或小于、或等于）对 c 的偏好的判断。

（3）偏好的一致性（Consistency）。消费者对数量多的两种商品组合一定大于数量少的两种商品组合。

偏好是一种心理状态，所以，与消费者收入与物品价格无关。这就是说，在分析消费者行为时，假定偏好是既定的，不随收入与物品价格的变动而变动。序数效用论者还建立其他一些假设条件来分析消费者行为，而上述三个条件是经常提到的。显然，这三条假设与日常的生活经验是大致吻合的。将序数效用理论和基数效用理论相比，在结论相同的情况下，序数效用理论对人们行为的解释明显要合理得多，因而也强有力得多。正因为此，现代经济学中的消费者理论基本上以序数效用理论为主。

在序数效用分析中，无差异曲线和预算线是两种基本的分析工具。

1. 无差异曲线

无差异曲线和偏好这一概念是联系在一起的。它是指能给消费者带来同等满足程度的两种商品的不同数量组合，或者说是消费者偏好相同的两种商品的不同数量组合的运动轨迹。序数效用论者认为，在经济生活的多种可能性中进行选择，并不需要知道各种商品的效用到底是多少单位，关键在于知道这个商品的效用是大于还是小于另一个商品。他们用无差异曲线分析工具。

无差异曲线可以用效用方程 $U=f(x_1, x_2)$ 来表示，其中，x_1 和 x_2 分别为商品 X 和商品 Y 的数量；U 是常数，表示某个效用水平。由于无差异曲线表示的是序数效用，所以，这里的 U 只需表示某一个效用水平，而不在乎其具体数值的大小，有的西方学者称这种效用水平为效用指数。在日常生活中，各种各样的商品之间往往存在着一些基本的内在联系，如有的是互替商品，有的是互补商品。对于消费者而言，他所面临的选择常常是应该如何确定各种各样的消费组合，使其达到既定的满足程度。

假如，现在有 X 与 Y 两种商品，它们有 a、b、c、d、e、f 六种组合方式，这六种组合方式能给消费者带来同样的效用。这样，可以作出表 4-2。

效用相同的消费选择组合方式　　表 4-2

组合方式	X 商品	Y 商品	组合方式	X 商品	Y 商品
a	5	30	*d*	20	10
b	10	18	*e*	25	8
c	15	13	*f*	30	7

根据表 4-2 可以作出图 4-2。

在图 4-2 中，横轴 x 代表 X 商品的单位数量，纵轴 y 代表 Y 商品的单位数量，I 为无差异曲线，线上任何一点上 X 商品与 Y 商品不同数量的组合给消费者所带来的效用都是相同的。假设消费者消费面包和衣服这两种物品，这两种商品有各种组合方式，并且这几种商品组合的效用对消费者来说都相等，如果他要在这几种组合方式中挑选，他的偏好是无差异的。

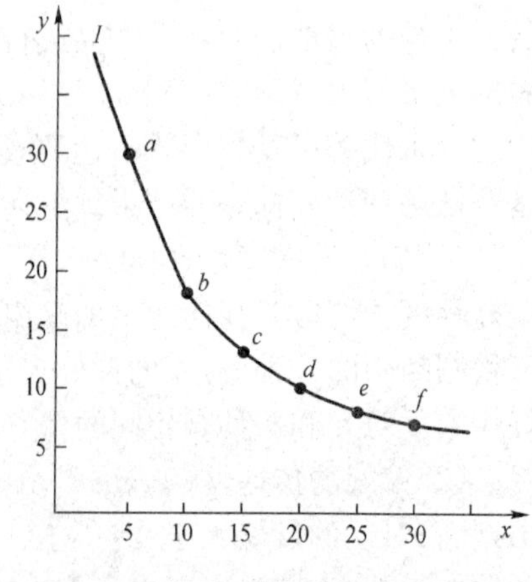

图 4-2　无差异曲线

无差异曲线具有以下特点：

(1)无差异曲线是一条向右下方倾斜的曲线，其斜率为负值。在保持消费者得到的效用水平不变的前提下，每增加一种商品的消费就必须减少另一种商品的消费。

(2)在同一坐标平面上存在着无数条无差异曲线。或者说，可以有无数条无差异曲线覆盖整个坐标平面图。离原点越近的无差异曲线代表的效用水平越低，离原点越远的无差异曲线代表的效用水平越高。

(3)同一平面上不同的无差异曲线不相交。这里，不相交并不表明它们一定彼此平行，两条无差异曲线之间的距离可以是一个变量。

(4)无差异曲线是凸向原点的，即随着商品 X 的数量的连续增加，无差异曲线的斜率的绝对值是递减的。无差异曲线的这一特点系由商品的边际替代率递减规律所决定。

2. 预算线

所谓预算线是指在消费者可支配收入和各种商品价格一定的条件下，消费者所能购买的各种商品组合在商品空间中变动的轨迹。预算线表明了消费者行为的限制条件。与无差异曲线一样，为了作图分析的方便，通常假定商品空间 Ω 是一个由商品 X、Y 组成的两维空间，用公式表示为：

$$P_xQ_x + P_yQ_y = M \tag{4-9}$$

假定 A 消费者收入为 30 元，消费 X、Y 两种商品，$P_x=6$ 元，$P_y=3$ 元，消费者的购买行为有以下几种组合方式，见表 4-3。

限制条件下的消费选择组合方式 表 4-3

消费可能	X	Y	消费可能	X	Y
a	0	10	d	3	4
b	1	8	e	4	2
c	2	6	f	5	0

根据表 4-3 可以作出图 4-3。

图 4-3 中，x 轴代表 X 物品的单位数量，y 轴代表 Y 物品的单位数量，连接 a、b、c、d、e、f 的线就是家庭的预算线。例如，在 a 点时表示 A 买了 10 单位 Y 物品，而没有买 X 物品。预算线上任何一点所购买的 X 物品与 Y 物品的组合正好用完全部收入。例如 b 点时，8 单位 Y 物品和 1 单位 X 物品，正好用完 30 元（$8\times3+1\times6=30$ 元）。

预算线是可以实现的消费与不可以实现的消费的分界线，在预算线内和线上任何一点时 X 物品和 Y 物品的组合都是可以实现的消费，在预算线以外的任何一点时面包和唱片的组合都是无法实现的消费。对家庭消费选择的限制取决于价格与收入，不同的价格与收入水平时有不同的预算线，当价格与收入水平变动时，预算线也要变动。

若收入和价格发生变动，预算线也要随之发生变动。

(1)价格不变，收入变化收入增加：预算线向右平行移动；收入减少：预算线向左平行移动，如图 4-4 所示。

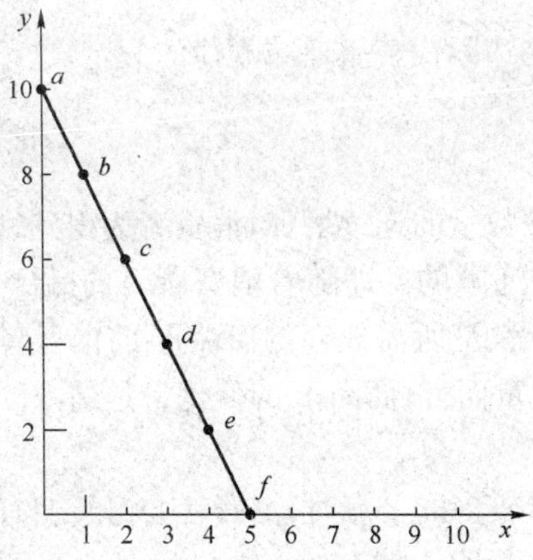

图 4-3 预算线

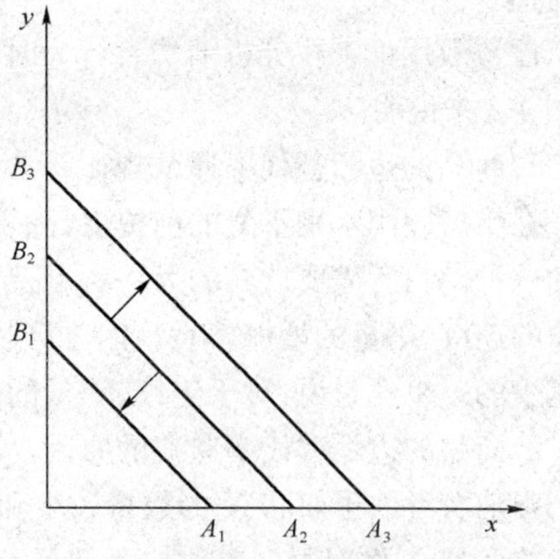

图 4-4 预算线随收入情况的变化

(2)收入不变,价格变化:若两种商品的价格同比例上升或下降,则其结果与收入变动相同。

Y 商品价格不变,X 商品价格下降(上升),则预算线与 y 轴的交点不变,而在与 x 轴的交点向右(左)移动,如图 4-5a)所示。

同理,X 的价格不变,Y 的价格上升(下降),则预算线与 x 轴的交点不变,而在与 y 轴的交点向下(上)移动,如图 4-5b)所示。

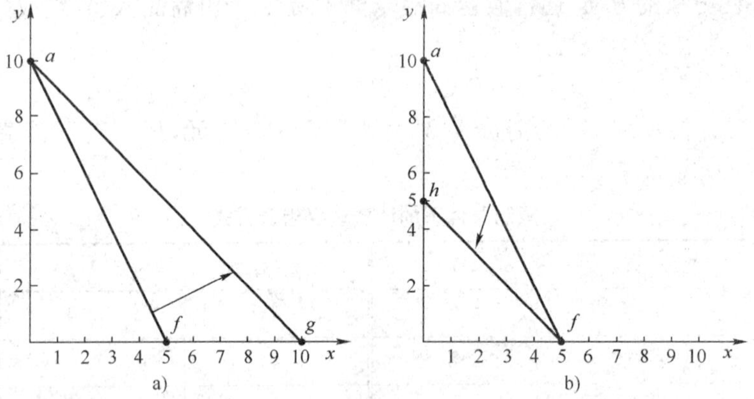

图 4-5 预算线随商品价格的变化

3.边际替代率

可以想象一下,当一个消费者沿着一条既定的无差异曲线上下滑动时,两种商品数量的组合会发生变化,但消费者所得到的效用水平却是不变的。也可以反过来说,消费者若要维持效用水平不变,则在增加一种商品的消费量的同时,必然会减少另一种商品的消费量。由此可以得到商品的边际替代率的概念:在维持效用水平或满足程度不变的前提下,消费者为了得到更多的某种商品(X)与所需放弃的另一种商品(Y)的比率,被称为商品的边际替代率。

以 Δx 代表 X 商品增加量,Δy 代表商品 Y 的减少量,MRS_{xy}代表以 X 代表 Y 的边际替代率,则有:

$$MRS_{xy}=\Delta y/\Delta x \tag{4-10}$$

Δx 与 Δy 符号肯定是相反的,因此,边际替代率是负值。无差异曲线的斜率就是边际替代率。无差异曲线向右下方倾斜就表明边际替代率为负值。但为了方便起见,我们一般用其绝对值。

序数效用论者在分析消费者行为时,提出了商品的边际代替率递减规律的假定,这里仍采用图 4-2 来说明。

1)商品的边际替代率递减规律

在维持效用水平不变的前提下,随着一种商品消费数量的连续增加,消费者为得到每一单位的这种商品所需要放弃的另一种商品的消费数量是递减的。即随着消费者对商品 X 的消费量的连续、等量的增加,消费者为得到每一单位的商品 X 所需放弃的商品 Y 的消费量是越来越少的。也就是说,对于连续、等量的商品 X 的变化量而言,商品 Y 的变化量是递减的。

2)商品的边际替代率递减的原因

当消费者处于商品 X 的数量较少和商品 Y 的数量较多的 a 点时,消费者会由于拥有较少数量的商品 X 而对每一单位的商品 X 较为偏好,同时,会由于拥有较多数量的商品 Y 而对每一单位的商品 Y 的偏爱程度较低。于是,每一单位的商品 X 所能替代的商品 Y 的数量是比较多的，即商品的边际替代率比较大。但是，随着消费者由 a 点逐步运动到 e 点，消费者拥有的商品 X 的数量会越来越多，相应地，对每一单位商品 X 的偏爱程度会越来越低；与此同时，消费者拥有的商品 Y 的数量会越来越少，相应地，对每一单位商品 Y 的偏爱程度会越来越高。于是，每一单位的商品 X 所能替代的商品 Y 的数量便越来越少。也就是说，商品的边际替代率是递减的。

从几何意义上讲，商品的边际替代率递减，表示无差异曲线的斜率的绝对值是递减的。无差异曲线的上段斜率较大，较陡峭；右下段斜率较小，较平缓。商品的边际替代率递减规律决定了无差异线的形状凸向原点。

第二节　选择与消费者行为

任何一个理性的消费者在用一定的收入购买商品时，其目的是为了从中获得尽可能大的消费满足。本节将讨论如何使用序数效用论解释消费者的选择行为。

一、消费者均衡

消费者的偏好决定了消费者的无差异曲线，一个消费者关于任何两种商品的无差异曲线组可以覆盖整个坐标平面；消费者的收入和商品的价格决定消费者的预算线，在收入既定和商品价格已知的条件下，一个消费者关于两种商品的预算线只能有一条。那么，当一个消费者面临一条既定的预算线和无数条无差异曲线时，他应该如何选择才能获得最大的满足程度呢？序数效用论的分析指出，只有既定的预算线与其中一条无差异曲线的相切点，才是消费者获得最大效用水平或满足程度的均衡点，用图 4-6 来说明这种分析。

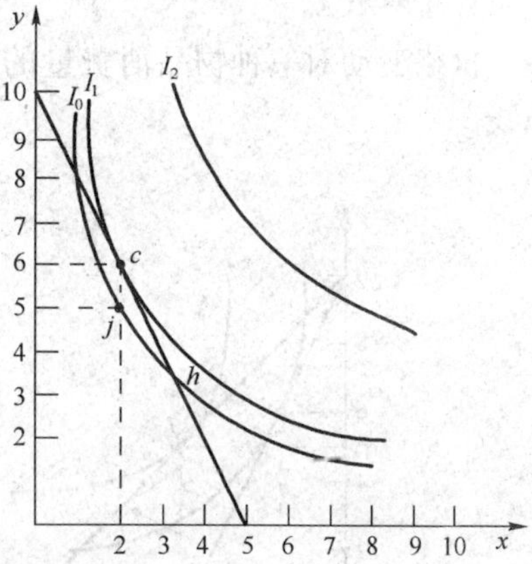

图 4-6　消费者获得最大效用水平的均衡分析

图 4-6 中的预算线与图 4-3 一样，无差异曲线与图 4-2 一样。我们首先来看无差异曲线 I_0 上的 h 点。这一点在预算线上，因此，它所需要的支出是消费者可以承担的。但是，消费者对 h 点时两种物品组合的偏好是否高于其他所有能承担得起的两种物品的结合呢？回答是否定的。例如，在 c 点时两种物品的组合是 X 物品为 2 单位，Y 物品为 6 单位。c 点也在预算线上，这一点上购买 2 单位 X 物品、6 单位 Y 物品是消费者可以承担起的。但 c 点在无差异曲线 I_1 上，I_1 高于 I_0，因此，消费者对 c 点的偏好高于 h 点。还有没有哪一个可以承担的点(即在预算线上的点)让消费者比对 c 点更偏好呢？没有了。其他消费者可以承担的点，即所有在预算线上或预算线内的点，都在低于 I_1 的无差异曲线上。无差异曲线 I_1 是消费者可以承担的、最高的无差异曲线。

最好可以承担的选择，即图 4-6 中的 c 点，有两个特点，一是在预算线上，二是在最高可以达到的无差异曲线上。在图 4-6 中就是预算线与无差异曲线的相切之点。

在切点上，无差异曲线的切线就是预算线，所以，切线的斜率就是预算线的斜率，即无差异曲线的斜率就是边际替代率。

(1)由于无差异曲线的斜率就是它的边际替代率，即 $\mathrm{MRS}_{xy}=\dfrac{\mathrm{MU}_x}{\mathrm{MU}_y}$，预算线的斜率为$\dfrac{P_x}{P_y}$，

所以消费者的均衡条件为：

$$MU_x/MU_y=P_x/P_y \tag{4-11}$$

即消费者为了实现消费行为的最优化，必须把有限的收入在不同的商品间作这样的分配，使得不同商品的边际效用之比等于它们的价格之比。

(2)消费者的均衡条件也可以表示为：

$$MU_x/P_x=MU_y/P_y \tag{4-12}$$

消费者为了实现消费行为的最优化，必须把有限的收入在不同的商品间作这样的分配，使得购买 X 商品的每单位的边际效用与 Y 商品每单位边际效用相等。这个形式和基数效用论得出的均衡条件完全一致。所不同的是，序数效用论者认为不能用基数去测量商品的效用和边际效用而已。

二、价格效应

前面我们是在假定消费者的偏好、收入和商品的价格这三个因素不变的条件下分析消费者的均衡。实际上，以上三个因素都可能发生变化。只要以上三个因素中有一个发生变化，则会导致无差异曲线或预算线的变动，最后使得消费者的均衡点的位置发生变化。

1. 价格效应

价格变动对一种物品消费量的影响称为价格效应。可用图 4-7 来分析价格效应及需求曲线。

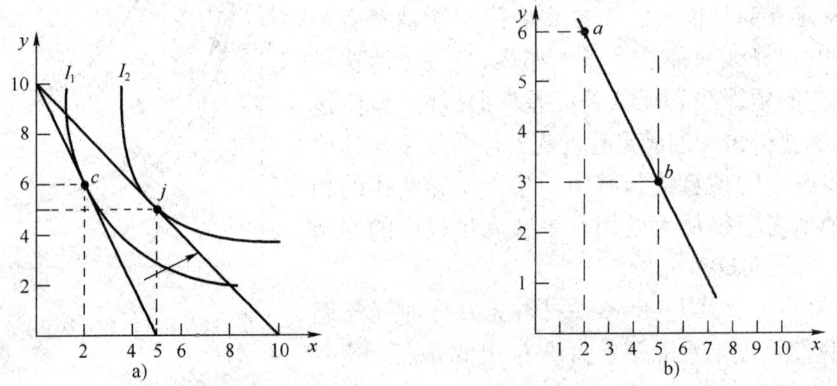

图 4-7　价格效应的分析

a)价格效应；b)需求曲线

先用图 4-7a)来分析价格效应。仍假定 X 物品价格为 6 元，Y 物品价格为 3 元，消费者 A 的收入为 30 元。这时，消费者选择是 c 点。在这一点时，预算线与无差异曲线 I_1 相切，消费 2 单位 X 物品与 6 单位 Y 物品。现在假设 X 物品的价格下降为 3 元。前面已说明了价格的变动会影响预算线。当 X 物品价格下降时，预算线向外移动，而且变得较为平坦，新预算线就是连接 x 轴上 10 与 y 轴上 10 时的直线。这时消费者的最好选择是 j 点，在这一点时，X 物品与 Y 物品消费量都为 5 单位。这就是说，这时 X 物品的消费量由 2 单位增加为 5 单位，Y 物品的消费量从 6 单位减少为 5 单位。当 X 物品价格下降时消费者用 X 物品替代 Y 物品。价格效应就是 X 物品价格下降所引起的 X 物品消费量增加与 Y 物品消费量减少。

2. 价格效应与需求曲线

用图 4-7b)来分析需求曲线。通过对 X 物品价格变动影响的分析，就可以得出消费者对 X 物品的需求曲线。需求曲线是要说明在影响需求量的其他因素都不变的条件下，某种物品需求量与其价格之间的关系的。可以通过逐步降低 X 物品的价格，并通过找出各个价格水平上消费者的最优选择点时 X 物品的购买量来得出该消费者的需求曲线。图 4-7b)中，标出了消费者需求曲线的两个价格和两个点。当 X 物品价格为 6 元时，消费者购买 2 单位，如 a 点；当 X 物品价格下降为 3 元时，消费者的购买量增加至 5 单位，如 b 点。连接这两个点(a、b)就得出了该消费者的需求曲线。这条需求曲线上也包括了其他价格时，消费者实现最优选择各点时对 X 物品的购买量。这样作出来的需求曲线向右下方倾斜，这也说明了价格效应：当价格下降时，需求量增加；反之，需求将减少。这正说明需求曲线的形状实际上是由消费者的最优选择决定的，在需求曲线背后是消费者的行为。

3. 价格变动的分析

一种物品价格变动会引起物品需求量变动。价格效应是分析其总影响。为了进一步说明价格变动的影响，可以把价格效应分为替代效应与收入效应。替代效应是一种物品价格下降引起其本身需求量增加，引起与之替代的物品需求量减少。收入效应是价格下降引起实际收入增加而使两种物品需求量增加。这种变动与收入变动引起的结果相同。

4. 不同物品的替代效应与收入效应

正常物品是收入效应与替代效应互相加强。而低档物品则是收入效应抵消替代效应。这就是说，对正常物品来说，价格变动的收入效应与替代效应是在同一方向起作用，总效应等于二者之和。对低档物品来说，价格变动的收入效应与替代效应是在相反的方向上起作用，所以，总效应等于二者之差。

三、消费者选择模型概述

消费者选择模型也就是消费者行为理论，这一理论有助于解释消费支出的行为，并预测这种行为未来的变化。这里对这一理论作一个简单的概括。

以消费者效用理论为基础，对消费者的选择行为作如下的假设：

(1)每个消费者 (即家庭)能用于各种物品的收入总是固定的。这就是说，各个消费者的收入差别很大，但无论收入多高或多低，总是一个既定的量，这也就是稀缺性概念在消费理论中的运用。如果收入是无限的，不存在稀缺性，消费者选择问题也就没有意义了。

(2)消费者不能影响各种物品的价格。这就是说，在市场上消费者是分散的，它们自己作出自己的消费选择，互相之间不存在勾结或默契，每个人的购买量在市场上占的比例微不足道，无论购买多少，都无法影响市场价格。

(3)消费者有自己的偏好，而且可以比较对不同物品组合的偏好程度。消费者的偏好可以用无差异曲线来代表，同一条无差异曲线代表了相同的偏好，不同的无差异曲线代表了不同的偏好。

(4)无差异曲线凸向原点，表示随着以 x 轴代表的物品的增加必然是以 y 轴代表的物品的减少，反之亦然，即边际替代率递减。

(5)消费者所选择的是它能达到的两种物品最大数量的组合，即使物品消费所带来的偏好的满足达到最大。

(6)当价格和收入变动时，偏好并不变，但选择会变，即新的选择是由既定的偏好和改变了的限制条件引起的。

由以上假设出发，消费者选择模型有这样一些含义：

(1)消费者所选择的最优消费点(即两种物品的组合点)一定是可以实现的，并在预算线上。

(2)消费者所选择的最优消费点一定在可以达到的最高的无差异曲线上。

(3)在所选择的最优消费点上,无差异曲线的斜率等于预算线的斜率,或者换个说法,边际替代率等于两种物品的相对价格。

(4)对于正常物品来说,收入增加,需求增加;对于低档物品来说,收入增加,需求量减少。

(5)对任何物品来说,价格上升具有减少其需求量的替代效应。

(6)对正常物品来说,价格上升会减少其需求量,即收入效应与替代效应互相加强。这就是需求定理。

消费者选择模型是在某些假设条件之下所作的逻辑推理分析,这种抽象的理论模型与现实有什么关系呢?理论模型当然不完全等于现实,但它是对现实的概括。把这一模型与现实的消费者行为相比较,有这样两点联系:第一,现实的人也要作出与理论模型中的假设人相似的选择。第二,理论模型中的支出行为与现实中的实际支出行为类似。当然,消费者选择理论并不是说,现实中的人在作出消费选择时先计算边际替代率,然后使之与相对价格相等,并以此决定每种物品购买多少。经济学也没有一种关于人们用于达到这种选择的过程的理论。但这种理论可以解释人们的现实消费行为。人们支出行为的变化,实际上正是为了进行最好的选择,而这种最好选择的变化正是收入与价格变动所引起的。

第三节　交通方式选择分析方法——离散选择模型

离散选择模型(Discrete Choice Model)也被称为非集计行为模型(Disaggregate Behavioral Model),最早起源于对交通方式的选择分析和预测。20世纪70年代,美国联邦政府准备在旧金山市投资兴建一条新的公交化铁路连接旧金山和其周边城市,以解决交通拥挤,提高出行效率。在这个项目的前期规划研究中提出了开发一种有效的交通方式需求预测模型。位于旧金山大都市区加州大学伯克利分校参与了此项研究,该校经济系麦克法登教授在这项研究中提出了多元Logit模型,为离散选择模型在交通及经济等领域中的研究和应用开辟了一条新的道路。也正是由于麦克法登教授在离散选择模型方面的突出贡献,他于2000年获得了诺贝尔经济学奖。

麦克法登对类别选择问题的分析可简单介绍如下:在类别选择问题中,不论要选的类别是什么,每一个类别对作选择的经济个体来说都有或多或少的效用(没有效用的类别当然不会被考虑),一个类别的脱颖而出必然是因为该类别能产生出最高的效用。麦克法登将每一个类别的效用分解为两部分,第一个部分受"类别本身的特质"以及"作选择之经济个体的特质"所影响(了解这些特质是如何影响各个类别的效用便是实证分析的主要目的);而第二个部分则是一个随机变数,用以总结所有其他无法观察到的影响。也就是因为效用包含了这么一个随机变数,所以每一个类别的效用本身也都是随机的,影响所及各个类别之效用的大小不是固定不变,而是随机变动的,换句话说,经济个体不会固定地选择某一类别,我们最多只能说某个经济个体选择某某类别的几率是多少,这一假设被麦克法登称之为"随机效用模型"(Random Utility Model,RUM),它让习惯于传统非随机效用理论之经济学家的眼界为之大开,更大大扩展了效用理论的适用范围。麦克法登接着对随机效用作出一些巧妙的分配假设,使得选择各类别的几率(乃至于整个概似函数)都可以用很简单的公式表示出来,因此可用标准的统计方法(最大概似估计法)将"类别特质"以及"经济个体特质"对类别选择的影响估计出来。

从那时起,离散选择模型开始了它的不断发展和应用,并出现了许多新的模型和不同的模型求解方法。这些模型可以根据对效用函数随机部分的分布函数的不同假设，而分为两大类。第一类模型假设效用函数的随机部分符合 Gumbel 分布，根据对选择项间的相关性的不同假设和理解而产生了多种多样的模型。这些模型以多元 Logit 模型为核心，包括分层 Logit 模型、组对 Logit 模型、交叉分层 Logit 模型、通用 Logit 模型、混合 Logit 模型等。第二类模型假设效用函数的随机部分符合正态分布，叫做多元 Probit 模型。多元 Probit 模型的提出和应用早于多元 Logit 模型，但由于难以采用解析的方法求解，而需要依赖于模拟的方法，因此它的应用范围一直受到很大限制。近年来，随着计算机运算效率的不断提高，费用的不断降低，多元 Probit 模型才得到了更广泛的应用。

下面重点介绍随机效用理论以及多元 Logit 模型、分层 Logit 模型和多元 Probit 模型这三类最常应用的离散选择模型。

一、随机效用理论

离散选择模型描述的是人作为主体，如何选择几个不连续的客体(选择项)的交通选择行为。微观经济学的选择理论认为，主体之所以会作出选择是因为该客体给主体带来某些效用。但是同样客体会给不同的人带来不同的效用，即使是对同一个人也会随时间、环境或其他因素的变化而不同。也就是说，作为研究者，我们并不能完全掌握某一个客体对于某一个人的实际效用值，效用值中有一部分对我们来说是不可测的。我们将效用函数中不可测的部分视为随机变量。所以，在描述人的选择行为中，效用函数包括两个可加和的部分，一部分是可观测到的部分，另一部分是随机部分，这样的效用函数被称为随机效用函数，可以表示为：

$$U_{iq}=V_{iq}+\varepsilon_{iq} \tag{4-13}$$

式中：i——作出选择的人；

q——选择集中的一个可选项；

V_{iq}——可观测到的效用部分，通常表示为 $V_{iq}=\beta^{\mathrm{T}}x_{iq}$；

ε_{iq}——随机效用部分。

这里 x_{iq} 是所观测到的变量值，可以包括两部分的信息：选择主体的特性(例如在出行方式选择的模型中可能包括家庭收入、是否有私家车等)和选择客体的性质(例如：各个交通方式的出行时间、出行费用等)。向量 β 中的每个分量 β_i 凡是要求解的模型的参数值，反映了人们的效用对相应的 x_{iq_p} 变量值的敏感性。在这里隐含一个重要的假设，就是线性效用函数的假设，这主要是为了求解的方便，所以被广为采用。

ε_{iq} 表示效用函数的随机部分，这部分就是前面提到的影响主体作出决策但不能被观测到的部分。所以认为这部分是一个随机变量。可以说整个离散选择模型的研究和发展都是围绕如何合理地假设这个随机变量的分布进行的。

二、多元 Logit 模型

多元 Logit 模型是最基础的一类离散选择模型。多元 Logit 模型的提出可以说开拓了离散选择模型这一块新领域，不仅因为它可以解决非连续的选择问题，同时也因为它可以很容易和方便地求解。直到现在，虽然离散选择模型有了很多新的发展，多元 Logit 模型在实际应用中仍然占据着重要的地位。

在多元 Logit 模型中，ε_{iq} 被假设为 IID(Identically & Independently Distributed)性质的 GumbeL 分布，这个假设起到两个主要作用。

(1)IID 分布:这是一个很强的假设条件,也是导致 IIA(Independent of Irrelevant Alternative)特性的根本原因,所有其他的模型都试图减少对这个假设的依赖。

(2)Gumbel 分布:这是一个极值分布,使用这一分布的两个主要原因是,首先利用这个分布求解模型非常简单;其次,Gumbel 分布与正态分布很相似(在特定的参量时),区别在于它的尾端处要比正态分布的尾端粗。这一分布也是将此类模型区别于其他模型的基础,因为在第二类模型中,ε_{iq}被假设为服从正态分布。

在交通方式分担预测的应用中,多元 Logit 模型用于预测选择任何一种交通方式的概率。根据效用最大化理论,任何个人都将选择对其效用最大的选择项,也就是说,个体 i 选择 q 的概率等于选择项 q 带给选择者的效用比其他任何选择项带给选择者的效用都大的概率,可以表示为:

$$P_{iq}=P(U_{iq}\geqslant U_{ir},\forall r\in C_i) \tag{4-14}$$

式中,C_i 表示人 i 所有可能的选择项的集合,也称为选择集。例如在交通方式分担问题中,选择集可能包括小汽车、公共汽车、自行车、步行等。这里要注意,并非所有人的选择集都相同,例如有的人有私家车,有的人则没有,那么与开私家车相关的交通方式(包括自己开车,先开车停到公共停车场再换乘公共交通方式等)只存在于有私家车的人的选择集里。

将式(4-13)代入式(4-14)中,可得:

$$P_{iq}=P(V_{iq}+\varepsilon_{iq}\geqslant V_{ir}+\varepsilon_{ir},\forall r\in C_i) \tag{4-15}$$

然后把随机变量移到不等号的左边,其他项移到不等号的右边可得:

$$P_{iq}=P(\varepsilon_{ir}-\varepsilon_{iq}\leqslant V_{iq}-V_{ir},\forall r\in C_i) \tag{4-16}$$

因为两个 IID 的 Gumbel 分布变量的差仍然是 Gumbel 分布,上述概率可以根据 Gumbel 分布的分布函数计算得到:

$$P_{iq}=\frac{\varepsilon Y_{iq}}{\sum_{r\in C}eY_r} \tag{4-17}$$

这里应注意两点:

(1)“加和”不变性。当 V_{iq} 和 V_{ir} 同时加上一个常数,$V_{iq}-V_{ir}$ 不变,根据式(4-16)可知,P_{iq} 也不变。所以,如果选择集里的每一个选择项的效用函数都同时加上同一个常数,并不影响选择概率的计算。也就是说任何一个选择项的绝对效用值都是没有意义的,而我们所关心的是它们之间的相对效用值。因为在离散选择模型中,我们假设人们总是选择效用最大的选择项,而并不关心真正的效用值是多少。

(2)“相乘”不变性。当 V_{iq} 和 V_{ir} 同时乘上一个常数,它们的大小顺序仍然不变。

这两条注意事项在实际应用中有两个含义:一个是模型的可解性,要求 Gumbel 分布的两个参量需要标准化为(0,1);另一个是说明了效用函数本身的绝对数值是没有意义的,只有它们之间的相对数值有意义。

式(4-17)给出了多元 Logit 模型的表达式,可以看出它的计算非常简单。同时,可以求出两个不同选择项 q 和 r 的选择概率的比值:

$$\frac{P_{iq}}{P_{ir}}=\frac{\varepsilon V_{iq}}{\varepsilon V_{ir}} \tag{4-18}$$

此比值只与 q 和 r 的效用函数值相关,与其他选择项的效用函数值不相关,这就是著名的 IIA 特性。这个特性在有些情况下是违背现实的。一个常用的反例是“红蓝公交车”的例子:假定有一半的人出行开自己的车,另外一半的人出行坐公共汽车,而且公共汽车全都是红色的。则采用上述多项 Logit 模型推导出来新的概率是,选择小汽车和红色公共汽车的概率分别各是 1/2。但如果将其中一半的红色公共汽车改漆成蓝色的公共汽车，则采用上述多项 Logit 模型推导出来新的选择概率是：选择小汽车、红色公共汽车和蓝色公共汽车的概率分别各是 1/3。但实际上，正确的选择概念结果应该是：选择小汽车的概率是 1/2，选择红色、蓝色公共汽车的概率各是 1/4。多元 Logit 模型在这个问题上之所以给出错误的结果，就是因为 IIA 特性的存在。另一方面，要意识到 IIA 特性也为模型分析带来很多方便。当选择集中可包括的选择项有很多，例如，在交通规划中有些居住地的选择问题中，选择集可能包括成百上千个选择项，根据 IIA 特性，我们可以采用选择项随机抽样的方法来求解。

在多元 Logit 模型中，我们假设随机效用 ε_{iq} 是互不相关的，这实际上是假设选择集里所有的选择项是不相关的，也就是说红色公共汽车和蓝色公共汽车是不相关的，正是因为这个违背实际的假设才导致了不合逻辑的结果。但也正是由于这个“不相关”的假设才有如此简单的多元 Logit 模型。所以在多元 Logit 模型之后，相继出现了一些模型，可以允许某些选择项之间存在相关性，某些选择项之间还是假设不相关用以保证在允许某些相关性的同时，模型依然容易求解。

三、分层 Logit 模型

为了解决类似“红蓝公交车”的问题，分层 Logit 模型最早是由 Ben-Akiva 在他的博士论文中推导出来的，现在被普遍地应用。在分层 Logit 模型中，被认为相关的几个选择项可以放在同一组，例如红色公交车和蓝色公交车可以放在同一组。举一个更常用的例子：有三个可能的选择项，小汽车、公共汽车和地铁。因为公共汽车和地铁都是公共交通方式，除了可观测到的数据（如交通时间、交通费用等）外，它们可能还有一些其他的共同点是人们在作选择时会考虑到，但却无法观测到的。例如，有些人可能对两种方式都不喜欢，因为公共交通不能有一个自己的独立空间；有的人可能愿意选择任何一种公共交通，只要不是自己开车，因为他（她）不喜欢承担任何责任和义务，包括选择合适的路径等。所以，我们可以假设公共汽车和地铁两个选择项的随机效用部分是相关的，可以把它们放在同一组里，这几个选择项之间的结构关系可以用图 4-8 表示。

在图 4-8 中，公共汽车和地铁被放在同一组里，因为我们认为它们之间是相关的，它们都是公共交通方式。然后小汽车与公共交通进行选择竞争，看最后哪一种方式被选中。

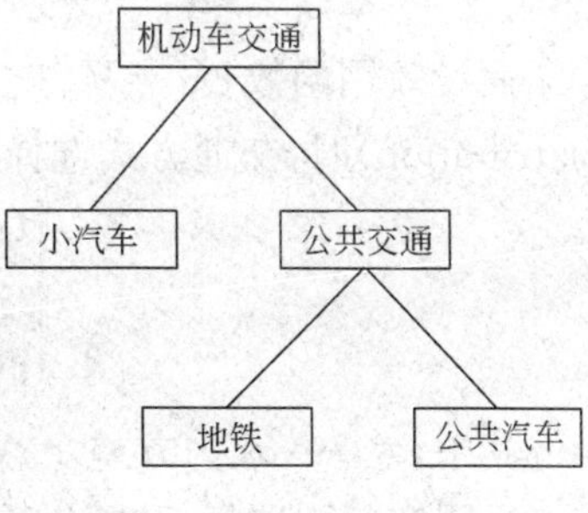

图 4-8 分层 Logit 模型示意图

这里还可以用数学表达式来研究一下在这个结构里，公共汽车和地铁的相关性是如何被考虑进来的。前面提到，可以假设公共汽车和地铁有一些相同点，它们共同影响人们作出选择，但对于交通研究人员来说这是不可观测的，因此可包含在效用函数的随机项中进行考虑：

$$\begin{aligned}\varepsilon_{Bus} &= y_{Bus} + y_{PT} \\ \varepsilon_{MT} &= y_{MT} + y_{PT}\end{aligned} \tag{4-19}$$

此处，下标 Bus 指相应于公共汽车的变量，下标 MT(Metro)指相应于地铁的变量，下标 PT(Public Transit)指相应于公共交通的变量。这两个等式可以理解为，公共汽车的随机效用包括两部分，一部分是公共汽车本身所具有的，另外一部分是作为公共交通出行方式所具有的；同样，地铁的随机效用也包括两部分，第一部分是作为地铁本身所具有的，第二部分是作为公共交通出行方式所具有的。

同时假设与 v 相关的随机变量都是不相关的，可以推导出：

$$\begin{aligned}\mathrm{cov}(\varepsilon_{\mathrm{Bus}}\times\varepsilon_{\mathrm{MT}})&=\mathrm{var}(v_{\mathrm{PT}})=\mu\\ \mathrm{cov}(v_{\mathrm{Bus}}\times v_{\mathrm{MT}})&=0\end{aligned} \tag{4-20}$$

小汽车（“个体交通”出行方式）的选择概率同多元 Logit 模型中的表达方式一样，只不过它的竞争对手既不仅是公共汽车这一种方式，也不仅是地铁这一种方式，而是它们的组合，也就是“公共交通”出行方式。

选择公共汽车或地铁出行的概率表达式略复杂一些，这也是分层 Logit 模型的层次表现所在。第一层选择是在小汽车和公共交通之间，选择公共交通的概率本身仍然像是一个多元 Logit 模型的表达式；而第二层则是条件概率，条件是在已经选择了公共交通方式的情况下，第二层的选择在公共汽车和地铁之间进行，这又是一个多元 Logit 模型。所以可以认为分层 Logit 模型是将几个多元 Logit 模型用不同的层次组合在一起。

在这一模型中需要注意的是公共交通的效用。利用这一模型可以计算任何一个实际选择项的效用，包括小汽车、公共汽车和地铁。但公共交通不是一个实际存在的选择项，而是包含两个实际选择项的“虚拟选择项”。可以定义这样一个虚拟选择项的效用为它所包含的实际选择项的最大效用的期望值。在这个例子里，首先要比较公共汽车和地铁的随机效用值，找出最大值，而这个最大值仍然是一个随机变量，它的期望值就被定义为公共交通这个虚拟选择项的效用函数值。根据 Gumbel 分布函数的特性，这个虚拟选择项的效用函数就是多元 Logit 模型的分母的自然对数的底，也就是有：

$$V_{i\mathrm{PT}}=\frac{1}{\mu}\mathrm{in}(e\mu V_{i\mathrm{eu}}+e\mu V_{i\mathrm{LRT}}) \tag{4-21}$$

式中，μ 是公共汽车和地铁的效用函数中随机部分的 Gumbel 分布的倍数参量变量。变量 $V_{i\mathrm{PT}}$ 也称为可达性（Accessibility）。所谓可达性，是因为它代表了一组选择项的效用值，可以用来表示是否这一组中任何一个选择项都可能被选择到。关于可达性的深入研究可参考交通规划和基于活动链模型的相关论文。

四、Probit 模型

假设效用函数 $U_{\mathrm{iq}}=V_{i\mathrm{q}}+\varepsilon_{i\mathrm{q}}$ 中的随机项 $\varepsilon_{i\mathrm{q}}$ 服从多变量正态分布（Multivariate Normal Distribution）时，交通方式选择模型将成为 Probit 模型，其模型形式如下：

$$\begin{Bmatrix}U_1\\ \vdots\\ U_k\end{Bmatrix}\sim MVN\left\{\begin{bmatrix}V_1\\ \vdots\\ V_k\end{bmatrix},\begin{bmatrix}\sigma_1^2 & \cdots & \sigma_{1k}\\ \vdots & \ddots & \vdots\\ \sigma_1 & \cdots & \sigma_k^2\end{bmatrix}\right\} \tag{4-22}$$

其中，$\sigma_1^2,\cdots,\sigma_k^2$ 为方差，$\sigma_{1k},\cdots,\sigma_{1k}$ 为协方差。

当固定效用项 $V_{i\mathrm{q}}$ 和随机项的方差、协方差矩阵给定时，Probit 模型的方式划分概率即可求出。

对两种方式情况，方式 1 被选择的概率：

$$p(1)=P_r[U(1)\geqslant U(2)] \tag{4-23}$$

因为，Probit 模型对 3 种以上的方式划分将非常复杂。所以，一般多使用 Logit 模型近似处理。

下面分析一下 Probit 模型和 Logit 模型的差异。假设 A、B 之间有两条交通方式可供选择，各自的固定效用和其方差、协方差分别为：

$$\begin{Bmatrix} U(1) \\ U(2) \end{Bmatrix} \sim \text{MVN}\left\{ \begin{bmatrix} 10 \\ 12 \end{bmatrix}, \begin{bmatrix} 2 & 1 \\ 1 & 2 \end{bmatrix} \right\}$$

用 Logit 模型时，划分率分别为：

$$p(1)=\frac{e^{-12}}{e^{-12}+e^{-10}}=0.119 \qquad p(2)=1-p(1)=0.881$$

使用 Probit 模型时，划分率为：

$$p(1)=\Phi\left[\frac{12-10}{\sqrt{2+2-2}}\right]=\Phi\left[\frac{2}{\sqrt{2}}\right]=0.159 \qquad p(2)=1-p(1)=0.841$$

由上述可知，Logit 模型与 Probit 模型相比，对划分概率较小的交通方式（路径），计算结果偏少；相反，对划分概率较大的交通方式（路径），计算结果又偏大。其理由为：

在 Logit 模型中假设随机项之间相互独立，而在 Probit 模型中划各自相关。

另外，在两种模型之间，还存在如下差异：在图 4-9 所示 3 种交通方式（路径）分别独立（非重叠）时，划分率都为在图 4-10 中所示的 0.33。然而，重复部分比率为 0 时，Probit 模型认为交通方式（路径）2 与交通方式（路径）3 相同，即共有两条路径，划分率各为 0.50。但是，对 Logit 模型而言，即使 2 交通方式（路径）完全重叠，也视为独立交通方式（路径），所以划分率为 0.33。

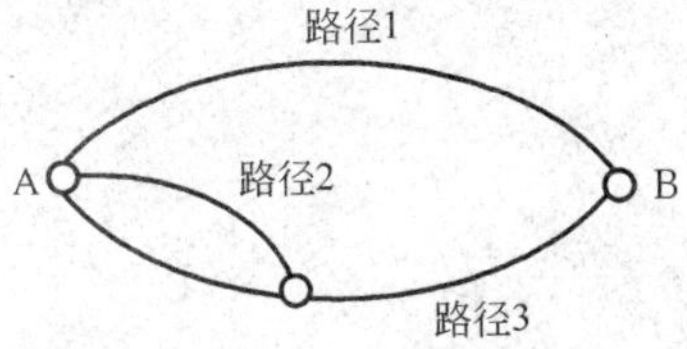

图 4-9　Logit 模型与 Probit 模型的差异

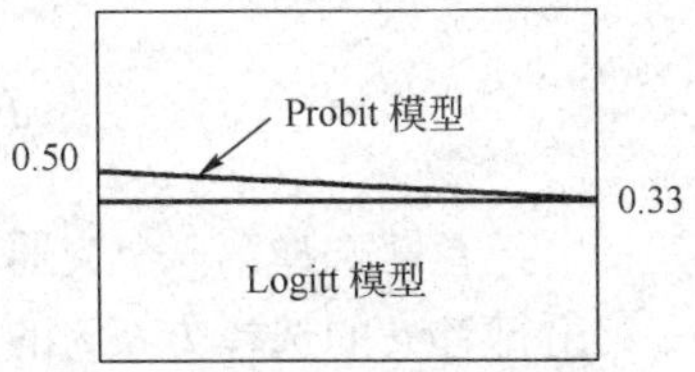

图 4-10　Logit 模型与 Probit 模型的差异示意图

由于以上理由，当交通方式（路径）重叠部分大时，应该使用 Probit 模型或分层 Logit 模型。

第四节　案例：上海虹桥综合交通枢纽出行方式选择预测

上海虹桥综合交通枢纽涵（图 4-11）盖航空港、高速公路、城际铁路、磁悬浮、城市轨道交通、公交车和出租车等多种交通方式，是轨、路、空三位一体的日旅客吞吐量 110 万人次的超大型、世界级交通枢纽。其特性体现为不同交通方式之间大量的客流换乘。如：机场—磁悬浮，机场—铁路，磁悬浮—铁路，以及所有各类交通方式共 64 种可能的连接，56 种换乘模式，规划远景年每天处理将近 110 万人次旅客吞吐量，64 000 人次换乘转运量。

为了给虹桥综合交通枢纽各交通方式基础设施和信息服务的建设提供依据，保证枢纽的运转效率，需要对旅客的选择需求作出定量的分析。利用离散选择模型，对虹桥综合交通枢纽建成后的各种离开方式的分担比率进行了预测；同时，应用该模型对信息发布情况下的旅客转移情况进行了分析，预测了在不同信息显示下的旅客在不同方式间的转移比率。

一、虹桥综合交通枢纽离开交通方式分担比率预测

1. 确定效用函数

由于离开机场的旅客在选择交通方式的时候受多方面影响，因此，选择 MNL 模型，其形式如下：

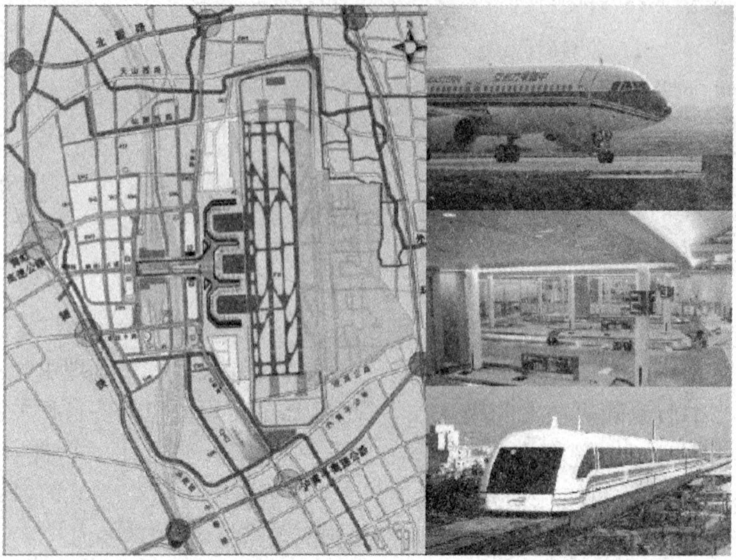

图 4-11　虹桥综合交通枢纽布局示意图

$$P_{in}=\frac{\exp(V_{in})}{\sum\limits_{i\in C_n}\exp(V_{jn})}$$

式中：P_{in}——出行者 n 选择第 i 个交通方式的概率；

V_{in}——出行者 n 的选择方案 i 的效用函数的固有项；

V_{jn}——出行者 n 的选择方案 j 的效用函数的固有项；

C_n——出行者 n 选择交通方式的集合。

假设多元 Logit 模型的效用函数为线性函数，其选择概率 p_{in} 如下：

$$p_{in}=\frac{\exp(\theta X_{in})}{\sum\limits_{i\in C_n}\exp(\theta X_{jn})}$$

2. 特性变量的选择

所谓特性变量的选择是指对影响出行者进行交通方式选择的因素的选择。由于影响因素纷繁复杂，很多学者认为可将其划分为出行者特性、出行特性和交通设施的服务水平。但考虑避免模型过于复杂，通常根据实际情况来选择具有代表性的影响因素建立模型。这里以 2008 年上海虹桥机场离开方式调查为例，所选特性变量及相应的取值方法见表 4-4。

模型参数及其取值表　　表 4-4

变　量	变 量 值
常数项	有:1;无:2
出行目地	旅客:1;送人:2;接人:3
居住地	上海本地:1;外地:0
年龄	0～22:1;23～40:2;41～60:3;61 以上:4
性别	男:1;女:2
月收入(元)	0～3 000:1;3 000～5 000:2;5 000～10 000:3;10 000 以上:4
年乘坐飞机次数	1,2,3,…

3. 数据的整理

由于每个被调查者选择离开方式为多选，因此对 289 份有效问卷进行拆分整理，并按照特征变量的特征值取值整理，整理结果见表 4-5。

原始数据整理表 表 4-5

ID	出行目的	居住地	选择方式	年龄	性别	收入	乘坐次数
1	3	0	5	1	1	1	2
2	1	0	3	2	1	2	24
3	3	0	1	3	1	1	144
4	3	0	1	3	0	1	1
5	3	1	1	3	0	2	3
6	3	0	3	1	0	1	1
7	3	0	5	1	0	1	1
8	1	0	5	2	1	1	12
9	2	1	3	2	0	1	24
10	1	0	2	2	0	2	24
……							

4. 参数标定

用于离散选择模型的分析工具有很多，这里采用社会科学统计程序 SPSS(Statistical Program for Social Sciences)，该软件也是公认的最优秀的统计分析软件包之一。SPSS 作为统计分析工具，理论严谨、内容丰富，数据管理、统计分析、趋势研究、制表绘图、文字处理等功能，几乎无所不包，这里主要应用 SPSS 软件中的多元 Logit 模块进行计算，如图 4-12 所示。

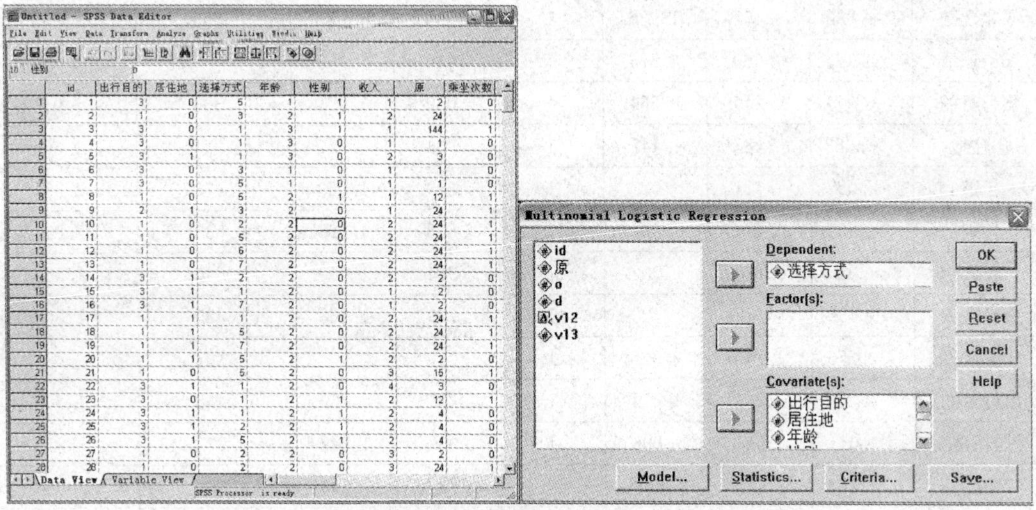

图 4-12 SPSS 数据和多元 Logit 模块计算示例

模型中取方式——磁悬浮(值为 1)作为参照类别，点击 OK 运行软件，计算后得到标定结果如表 4-6 和表 4-7 所示。

数据统计表 表4-6

		样本数	百分比
选择方式	1	74	16.4%
	2	123	27.2%
	3	61	13.5%
	4	11	2.4%
	5	130	28.8%
	6	21	4.6%
	7	32	7.1%
有效样本数		452	100.0%
无效样本数		0	
总数		452	
亚种样数		103(a)	

参数估计表 表4-7

选择方式	B	标准差	分类统计量	自由度	显著性	exp(B)	95%置性区间	
							下限	上限
1 Intercept	−1.236	1.200	1.061	1	.303			
出行目的	.537	.276	3.769	1	.052	1.710	.995	2.940
居住地	−.439	.532	.683	1	.409	.645	.227	1.827
年龄	−.033	.440	.006	1	.940	.967	.408	2.293
性别	.585	.463	1.600	1	.206	1.795	.725	4.445
收入	.213	.243	.772	1	.380	1.238	.769	1.992
乘坐次数	.663	.477	1.936	1	.164	1.941	.763	4.939
2 Intercept	2.125	1.080	3.874	1	.049			
出行目的	−.471	.249	3.561	1	.059	.625	.383	1.018
居住地	−.323	.483	.447	1	.504	.724	.281	1.865
年龄	.057	.411	.020	1	.889	1.059	.473	2.371
性别	.205	.424	.235	1	.628	1.228	.535	2.819
收入	.010	.228	.002	1	.964	1.010	.646	1.580
乘坐次数	.155	.448	.120	1	.729	1.168	.485	2.809
3 Intercept	2.278	1.149	3.928	1	.047			
出行目的	−.276	.269	1.054	1	.305	.759	.448	1.286
居住地	.041	.526	.006	1	.938	1.042	.372	2.919
年龄	−.153	.443	.119	1	.730	.858	.360	2.046
性别	.080	.460	.030	1	.861	1.084	.440	2.670
收入	−.312	.251	1.545	1	.214	.732	.447	1.197
乘坐次数	−.141	.501	.079	1	.779	.869	.325	2.320

续上表

选择方式	B	标准差	分类统计量	自由度	显著性	exp(B)	95%置性区间	
							下限	上限
4 Intercept	1.174	1.798	.426	1	.514			
出行目的	—.637	.448	2.020	1	.155	.529	.220	1.273
居住地	—.072	.798	.008	1	.928	.930	.195	4.450
年龄	—.406	.732	.308	1	.579	.666	.159	2.796
性别	.875	.792	1.219	1	.269	2.399	.508	11.338
收入	—.289	.405	.509	1	.476	.749	.338	1.658
乘坐次数	.088	.766	.013	1	.908	1.092	.243	4.899
5 Intercept	2.441	1.059	5.312	1	.021			
出行目的	—.396	.246	2.599	1	.107	.673	.416	1.089
居住地	—.030	.480	.004	1	.950	.970	.379	2.487
年龄	.073	.401	.033	1	.856	1.076	.490	2.361
性别	.293	.420	.487	1	.485	1.340	.589	3.052
收入	—.218	.226	.930	1	.335	.804	.516	1.253
乘坐次数	—.033	.448	.005	1	.942	.968	.402	2.329
6 Intercept	—.399	1.613	.061	1	.805			
出行目的	—.274	.352	.607	1	.436	.760	.381	1.515
居住地	—.208	.674	.096	1	.757	.812	.217	3.040
年龄	—.413	.633	.426	1	.514	.661	.191	2.288
性别	.447	.609	.538	1	.463	1.563	.474	5.153
收入	.444	.329	1.819	1	.177	1.558	.818	2.969
乘坐次数	.160	.617	.067	1	.796	1.173	.350	3.932

5.分担比的确定

经过非集计数据的集计化计算和整理，预测得到的虹桥枢纽旅客离开方式分担比如图4-13所示。

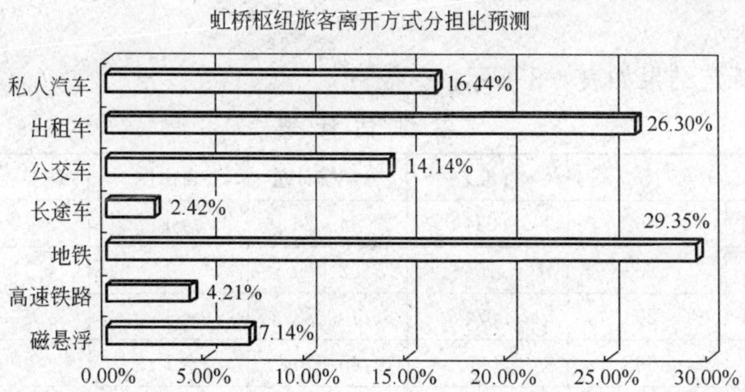

图4-13　虹桥枢纽旅客离开方式分担比预测结果

通过预测结果可以看出，私人汽车所占比例大幅度下降，从40%降为16%，而出租车和公交车比例都有小幅度下降，地铁成为比例最大的交通方式，而长途车比例基本不变，高速铁路和磁悬浮这两种新添加进来的交通方式所占比例较小。说明地铁因准时、快捷、可靠性强、服务水平高等因素而被最多数的旅客所接受。为了虹桥枢纽建成后，更快地疏散到达旅客，可考虑使通道更加利于通达地铁站。出租车所占比例仍居高不下，是因为很多旅客行李过多，路线不熟悉等原因需要选择舒适性强且能够直达的出租车方式。长途车、高速铁路、磁悬浮三种方式所占比例较少，说明此种需要的旅客数量较少。

根据预测所得的需求，可以相应地对虹桥枢纽进行适应性的设计和管理，比如对于大多数旅客选择的交通方式，在标志牌上予以突出显示，并且设施修建使旅客更容易通达，根据不同的需求建设相应的排队等待设施等。

二、虹桥枢纽旅客在交通信息供给下的转移比例

1.确定效用函数和特性变量

BL选择模型就是选择方案的集合中仅有2个选择方案，并从这2个选择方案中选择其一的Logit模型。当选择方案只有2项时，各项的选择概率分别由下式给出：

$$p_{1n}=\frac{\exp(V_{1n})}{\exp(V_{1n})+\exp(V_{2n})}=\frac{1}{1+\exp(V_{2n}-V_{1n})}$$

$$p_{2n}=\frac{\exp(V_{2n})}{\exp(V_{1n})+\exp(V_{2n})}=\frac{1}{1+\exp(V_{1n}-V_{2n})}$$

式中：p_{in}——出行者 n 选择第 $i(=1,2)$ 个交通方式的概率；

V_{in}——出行者 n 的选择方案 $i(=1,2)$ 的效用函数的固有项。

同样，效用函数为线性时，选择概率的形式如下：

$$p_{1n}=\frac{1}{1+\exp(\theta X_{2n}-\theta X_{1n})}$$

$$p_{2n}=\frac{1}{1+\exp(\theta X_{1n}-\theta X_{2n})}$$

在这一分析中，一共有两个特征变量，即旅客对于动态信息牌的接受程度和忍耐时间变量。接受程度包括“看，有帮助”、“看，没帮助”和“不看，没帮助”三个水平，忍耐时间包括“超过30min”、“超过45min”和“超过1h”三个水平。

2.整理数据和参数标定

对问卷调查的数据结果进行重新整理，并应用了SPSS软件中的Binary-Logit模块进行计算，如图4-14所示。

计算后得到标定结果如表4-8所示。

参数估计表 表4-8

	B	标准差	分类统计量	自由度	显著性	exp(B)
步骤1(*a*) 多长时间	.562	.084	44.626	1	.000	1.755
常数	.259	.164	2.489	1	.115	1.296
步骤2(*b*) 有帮助吗	−.268	.074	13.288	1	.000	.765
多长时间	.568	.085	45.016	1	.000	1.765
常数	.695	.205	11.532	1	.001	2.003

注：表中变量 a 为等候时间，变量 b 为信息是否有帮助。

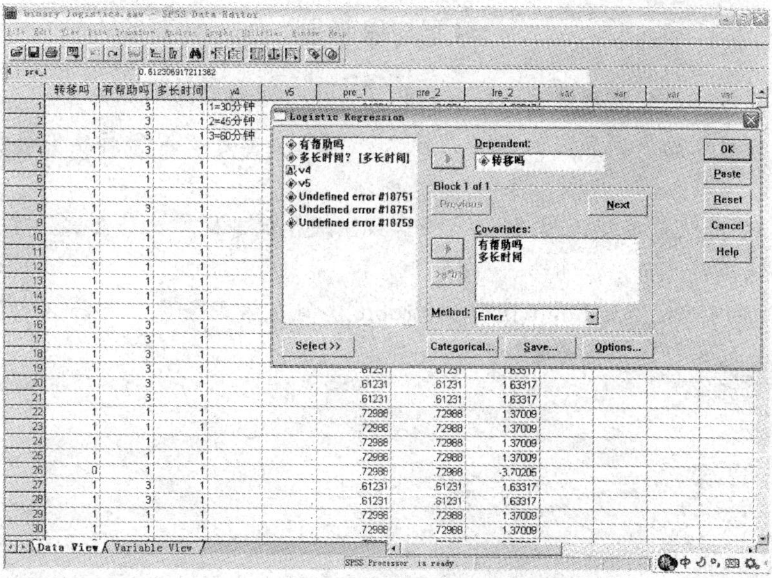

图 4-14　SPSS 数据和 Binary-Logit 模块计算示例

3. 转移比例的确定

图 4-15 为转移比例的预测结果分布图。从预测结果分布图可以看出，在提供交通信息的情况下，90%以上的旅客中有 75%以上的概率在提供交通信息的情况下会从出租车转移到公共交通上去。说明未来交通枢纽建成后，很有必要在适当的位置提供旅客此类动态交通信息，让旅客及时获取信息，作出判断，从而有效地把旅客对于个体交通方式的需求转移到公共交通方式上，在方便旅客的同时，也节约了资源，提高了交通枢纽的整体效率。

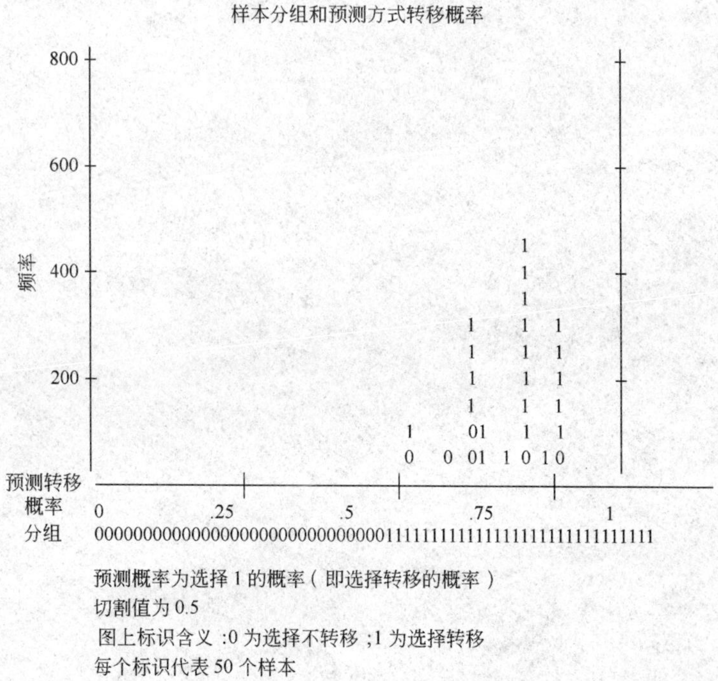

图 4-15　预测结果分布图

习题与思考题

1. 做一个无差异曲线图来描述一种低档物品价格下降时的情形。

2. 消费者效用理论中预算线的意义是什么？它受消费者收入和商品价格影响是如何变动的？

3. 怎么理解“随机效用理论”与传统消费者效用理论的不同？为什么这一理论适合于交通运输系统中的选择行为研究？

4. 多元 Logit 模型、分层 Logit 模型和 Probit 模型在假设条件上有什么不同？它们都适合于什么情况下的出行选择行为分析？

第五章　运输市场与运输企业

引　　子

英吉利海峡隧道又称英法海底隧道，是一条连接英国英伦三岛通往欧洲法国的铁路隧道，于1994年5月6日开通。它由三条长51km的平行隧道组成，总长度153km，是目前世界上最长的海底隧道。隧道横跨英吉利海峡，使由欧洲往返英国的时间大大缩短，单程只需35min。通过隧道的火车有长途列车、专载公路货车的区间列车、载运其他公路车辆（大客车、小轿车、摩托车、自行车）的区间列车。隧道未建成之前，英吉利海峡跨海运输市场的竞争包含了常规轮渡公司和快速轮渡公司，但随着海峡隧道的建成通车，欧洲隧道公司也参与到这场竞争中来。所有的运营方式都为小汽车、载货汽车、公交和行人提供服务。轮渡在分布于海峡两岸的港口之间提供不同线路的越海服务，但是主要运营的是从多佛（英国东南部的港口）到加来（法国北部港口）的航线，与欧洲隧道公司路线相同。Szymanski于1993年至1996年对该运输市场进行了分析，分别针对隧道建成前各轮渡公司间的竞争以及隧道建成后轮渡公司和欧洲隧道公司之间的竞争。在相当长的一段时间内，轮渡运输市场由两大运营商——P&O欧洲轮渡公司和SEALINK公司占据主导。前者是20世纪80年代后期公司合并的产物，后者则是国家铁路公司轮渡业务的继承者。这两者的行为可视为双寡头垄断。他们对于不同的游客团体实行不同的价格形式，但是通过对这两个运营商的运费进行比较可以看出，这些价格非常接近且变化方式也相同。

1994年起，当隧道公司加入竞争后，轮渡的费用更加统一，并且在与欧洲隧道公司的竞争中行动更趋于一致。但这时该跨海运输市场上出现了两个不同类型的运营商，欧洲隧道公司拥有低廉的边际成本，而轮渡公司（假设将所有轮渡公司看做一个运营商）的边际成本却比较高昂。这与公路运输竞争有一些相似之处，但是这一比较是在不考虑服务质量的情况下进行的。至少对乘客或汽车来说，穿越海峡的延误时间、效率、质量是不同的；同时，轮渡可以提供不同的越海路线，而隧道只有一条。

交通运输的各个部门都具有与竞争理论分析预期相符合且类似的价格形式，尤其是当竞争是以价格为基础而不是以数量为基础的时候。这不是一个纯粹的双寡头垄断模型。价格的确定很大程度上与运输各个阶段的边际成本有关，目标是涵盖固定成本以及获得的利润（不仅仅是边际利润）。

这一案例只是运输市场竞争中的一种，即同一线路上不同运输经营者之间的竞争。而运输市场的竞争取决于多种因素，并且竞争的形式多种多样。

运输需求和运输供给构成了运输市场。随着运输市场逐步向外资开放，我国运输管理体制改革加快，运输市场同其他各类市场一样，具有竞争的特征，只是运输市场的特点使得这种竞争不同于一般商品市场的竞争那样完全和充分。在运输市场中，微观经济的运行主体是多元的，但运输企业是最重要的市场主体，在我国现阶段国有运输企业扮演着重要角色。本章先介绍运输市场的概念、分类、结构及我国运输市场的发展问题，然后讨论运输市场的竞争形式及其对运输业的影响，最后阐述运输企业与运输企业制度建立，并以中国铁路引入竞争机制与运输企业重组为案例作简要分析。

第一节　运输市场概述

一、运输市场的概念

狭义的运输市场是指运输劳务交换的场所，该场所为旅客、货主、运输业者、运输代理者提供交易的空间。广义的运输市场则指运输参与各方在交易中所产生的经济活动和经济关系的总和，即运输市场不仅是运输劳务交换的场所，而且还包括运输活动参与者之间、运输部门与其他部门之间的经济关系。此外，运输市场作为整个市场体系中的一部分，同样包含资源配置手段这一深层含义。

运输市场是多层次、多要素的集合体。运输市场的参与者可分为以下四方面：

(1)需求方——客、货运输的需求者，例如居民、企业、军队等。

(2)供给方——提供客货运输服务的运输业者，如铁路运输局、航空公司等。

(3)中介方——提供各种与运输相关服务的货运代理公司、经纪人、信息咨询公司等。

(4)政府方——政府有关机构和各级交通运输管理部门。

政府方代表国家和公众利益对运输市场进行监督、管理、调控。它们包括铁道部、交通运输部、中国民航总局和省交通厅、市、县交通局等各级交通运输主管部门，以及财政、金融、税务、海关、城建、环保、工商、物价、商检、标准计量、经贸委、仲裁等部门和机构。

在运输市场系统中，需求方、供给方、中间方直接从事着客货运输生产和交换活动，属于运输市场行为主体。政府方以管理、监督、调控者身份出现，不参与市场主体的决策过程，主要通过经济手段、法律手段、必要的行政手段，制定运输市场运行的一般准则，规范运输市场上不同主体的运行，约束市场主体的行为，使运输市场运行有序化。

运输市场是重要的专业市场之一，它和其他种类专业市场相互关联、相互制约，共同参与社会经济的运行。由于运输业对国民经济发展至关重要，所以，可以把运输市场看做要素市场之一，在市场体系中占据特殊的地位。

运输市场在市场体系中的地位和作用表现在以下两方面：

(1)运输市场是市场体系的基础。运输是社会再生产得以进行的必要条件，它为实现商品使用价值在空间上的位移和时间上的延续提供保障。社会对运输的需求属派生性需求，但是运输的发展规模和水平决定了商品生产和交换的规模和程度，只有当运输市场发展到一定水平之后，商品生产和交换才能突破区域规模的限制。

(2)运输市场是提高整个市场体系运输效率的重要因素。市场体系内信息流、物流和人流能否及时、自由地流动，主要取决于运输市场及通信市场的发达程度。市场体系能否正常运转，首先看社会物流系统能否高效运转，而运输系统是物流高效运作的基础平台之一。可以说，没有运输市场便无法实现商品的流通，市场体系将无法正常运转，运输市场运转状况将直接影响到物流过程，从而影响到整个市场体系的运转效率，甚至影响整个国民经济的发展建设速度。

二、运输市场的主要特征

我国运输市场是社会主义市场经济的组成部分，所以必然在有关社会制度、价值规律、企业主体、价格机制、竞争机制、市场统一开放性、政府宏观调控作用等方面具有社会主义市场经济共同的特点。但是，运输市场作为市场体系中的一个专业市场，又有一些个性特点。

1. 运输商品的生产、消费的同步性

在其他的商品市场上，商品生产、交换和消费都是相互独立存在的，商品的生产、出售和消费构成一个整体循环过程。而运输市场则不同，运输商品的生产过程和消费过程融合在一起。在运输生产过程中，劳动者主要不是作用于运输对象，而是作用于交通工具。旅客和货物是和运输工具一起运行的，并且，随着交通工具的场所变动而改变所在位置。由于运输所创造的产品在生产过程中同时被消费掉，因此不存在任何可以存储、转移或调拨的运输“产成品”。同时运输产品又具有矢量的特征，不同的到站和发站之间的运输形成不同的运输产品，它们之间不能相互替代。因此运输劳务的供给只能表现在特定时空的运输能力之中，不能靠储存或调拨运输产品方式调节市场供求关系。

2. 运输市场的非固定性

运输市场所提供的运输产品具有运输服务特性，它不像其他工农业产品市场那样有固定的场所和区域来生产、销售商品。运输活动在开始提供时只是一种“承诺”，即以客票、货票或运输合同等作为契约保证，随着运输生产过程的开始进行，通过一定时间和空间的延伸，在运输生产结束时，才将客、货位移的实现所带来的运输劳务全部提供给运输需求者。整个市场交换行为，并不局限于一时一地，而是具有较强的广泛性、连续性和区域性。如公路运输市场是由站点和线路在很大的空间范围内组成的，其生产和交换实质上是在线路上流动完成的。

3. 运输需求的多样性及波动性

运输企业以运输劳务的形式服务于社会，服务于运输需求的各个组织或个人。由于运输需求者的经济条件、需求习惯、需求意向等多方面存在比较大的差异，必然会对运输劳务或运输活动过程提出各种不同的要求，从而使运输需求呈现出多样性的特点。

由于工农业生产有季节性的特点，因此货物运输需求也有季节性的波动，特别是水果、蔬菜等农产品的运输需求季节性十分明显。旅客运输也具有较强的波动性，春节、五一、十一等假期会出现客流高峰，客运量会达到平时的数倍甚至超过十倍。由于运输产品无法储存，运输市场供需平衡较难实现。

4. 运输市场容易形成垄断

市场容易形成垄断的特征表现在两个方面。一方面，运输业在一定的发展阶段，某种运输方式往往会在运输市场上形成较强的垄断势力。这主要是因为自然条件和生产力水平（在一定生产力水平某一运输方式具有技术上明显的优势）等原因造成的。例如，许多发达国家当年都曾有过运河的大规模建设时期，水运运量占统治地位，其后铁路又在相当长时期成为运输业的霸主。在后来多种现代运输方式并存竞争上升为运输市场运行的主要特征时，各种运输方式仍旧在自己的优势领域保持着一定的独占性。另一方面是指运输业具有自然垄断的特性，这使得运输市场容易形成垄断。通常把因历史原因、政策原因（准入限制）和需要巨大初期投资原因等使其他竞争者不易进入市场而容易形成垄断的行业称为具有自然垄断特征的行业（经济学是以具有成本的“次可加性”来定义自然垄断的，即当所有的产出只用一个企业而不是多个企业来供应时最有效率，则存在自然垄断）。图 5-1 说明了美国不同产业自然垄断的程度，其中，高速公路被认为接近极端的自然垄断。运输市场上出现的市场垄断力量使运输市场偏离完全竞争市场的要求，因此各国政府都对运输市场加强了监管。

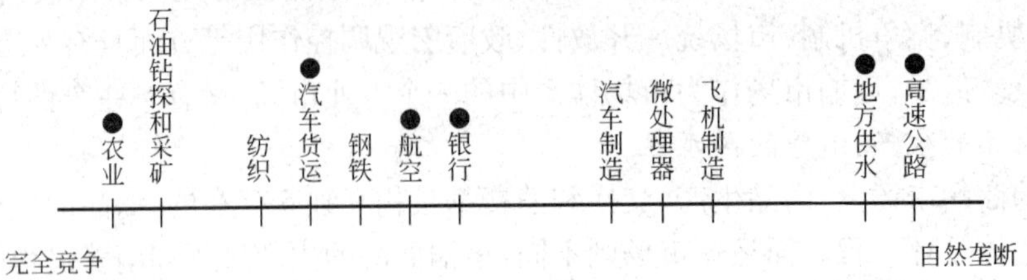

图 5-1　美国不同产业自然垄断的程度

●表示历史上曾受到严厉管制的行业

三、运输市场的功能

运输市场的功能是市场机制在一定条件下发挥出来的客观职能和作用，是运输市场自发运行的结果。运输市场的功能主要表现在以下几个方面。

1. 信息传递功能

传递信息是市场的一个基本功能。运输市场是安排运输生产服务、促成交换实现的信息网络或信息系统。市场往往通过价格信号向消费者和生产者提供有关稀缺状况的足够信息。

参与运输市场活动的市场主体，拥有和掌握着不同的信息，通过自身的表现，向市场传递着信息，如运输价格信息、运输技术装备信息、供求信息等，同时导致市场信息在不同主体间的流动，客观上起到调节和支配市场主体经济活动的职能。运输市场提供的信息流是双向的。第一个信息流向是它使运输生产的企业或个人根据市场的需求状况，来决策自己的生产规模和提供什么样的生产和服务，从而得到最理想的经济效益。第二个信息流向是它让用户充分选择运输生产者，从而使他们的支出得到最大限度的效用满足。

2. 资源优化配置功能

在特定的社会生产规模中，各行业之间以及行业内部，客观上存在着最佳的比例关系。运输市场可以发挥合理配置运输资源的基础性作用，通过运输价格，引导资源从获利较少的生产用途转到获利较多的运输生产用途上去，从不太重要的用途转到重要的用途上去。资源的合理配置表现为：第一，运输业与国民经济的其他部门协调发展。第二，运输业内部五种运输方式之间协调发展，各种运输方式在其技术经济的优势范围内提供运输服务，并在运输市场上形成适度竞争的格局。第三，各运输企业达到规模经济，并在高效的管理状况下，以较低的价格向社会提供多层次的运输产品。由于交通运输业的垄断性、公益性，因此，仅靠运输市场调节很难达到资源的合理配置要求，政府必须对运输市场采取一定的监管措施，让运输业内部保持合理的适度竞争，以使社会拥有低成本高效率的运输系统。

3. 促进技术进步的功能

市场对运输业技术进步的促进作用，主要是通过市场竞争的强制和技术自身的商品化或市场化而实现的。市场竞争可以分为两种形式，即价格竞争和非价格竞争。价格竞争是通过降低产品价格击败对手；非价格竞争则是在产品质量、品种、信誉、服务等方面进行竞争。

在价格竞争中，各运输企业为了降低价格以增强自己的竞争力就必须降低成本，因而价格竞争从根本上说是降低成本的竞争。企业竞相降低成本会推动技术进步。这种促进作用具体体现在：

(1)促进运输企业持续地采用新工艺、新技术、新设备。

(2)促使运输企业选择使生产成本达到最少的技术,以实现资源的最优组合。

在运输市场竞争中,非价格竞争十分重要。随着经济发展,人民生活水平不断提高,人们对运输产品的服务质量提出了新要求。从20世纪50年代开始,高速技术和信息技术在运输业的广泛运用,已成为各运输企业提高企业竞争力的重要途径。

第二节　运输市场的分类和结构

一、运输市场的分类

运输市场按照不同的标准,可以划分为不同类别。

按照运输过程涉及的运输方式,可分为包括两种或两种以上运输方式的多式联运市场和单一运输方式运输市场。按照运输方式划分,运输市场主要可分为公路运输市场、铁路运输市场、航空运输市场、水路运输市场和管道运输市场等。按照空间划分,运输市场可分为国际运输市场、国内运输市场、区域运输市场、市内运输市场、跨区域运输市场和城际运输市场。按照时间要求可分为定期运输市场、不定期运输市场和快捷运输市场。按运输市场客体划分,可分为客运市场、货运市场和相关市场。图5-2列出了运输市场总体分类情况。

对运输市场进行分类,有助于我们更全面地了解运输市场体系,以便对其进行分类研究,制定和实施相应的管理政策及措施。对于运输企业来说,掌握运输市场的分类,有助于企业确定目标市场和制定市场营销策略;有助于分析竞争对手的市场策略,知己知彼;有助于企业分析潜在的运输市场,发掘市场机会。

西方经济学通常按照市场竞争程度这一标准,从厂商数目、产品差别程度、厂商对产量和价格的控制程度以及厂商进入市场的难易程度这些特点,将市场划分为四类:完全竞争、完全垄断、垄断竞争和寡头垄断。这四种类型的市场和厂商的特点如表5-1所示。

四种市场和厂商的基本特征比较　　表5-1

市场结构类型	厂商数目	产品差别程度	个别厂商控制价格程度	厂商进入产业难易	现实中比较接近的运输子市场
完全竞争	很多	无差别	没有	完全自由	公路货运
垄断竞争	较多	有些差别	有一些	比较自由	城际运输
寡头垄断	几个	有或没有差别	相当有	有限	国际航空运输
完全垄断	一个	唯一产品,无替代品	很大,但常受政府管制	不能	铁路运输

假设运输企业以利润最大化为目标,那么运输企业实现利润最大的产量选择,不仅取决于它的成本条件,而且取决于它的收益状况,或者说是取决于它所面临的市场需求状况。但是运输企业所面临的市场需求曲线依不同的市场类型而存在一定差别;同样,运输企业的供给曲线不仅取决于生产函数和成本函数,也与企业所处的市场环境相关。不同的市场结构,供需曲线特征和均衡条件不同。下面将具体分析不同的市场条件下运输企业实现最大利润的均衡产量和均衡价格。

二、完全竞争的运输市场

显然,完全竞争的运输市场是一种理论上的理想市场,现实生活中并不存在。完全竞争模

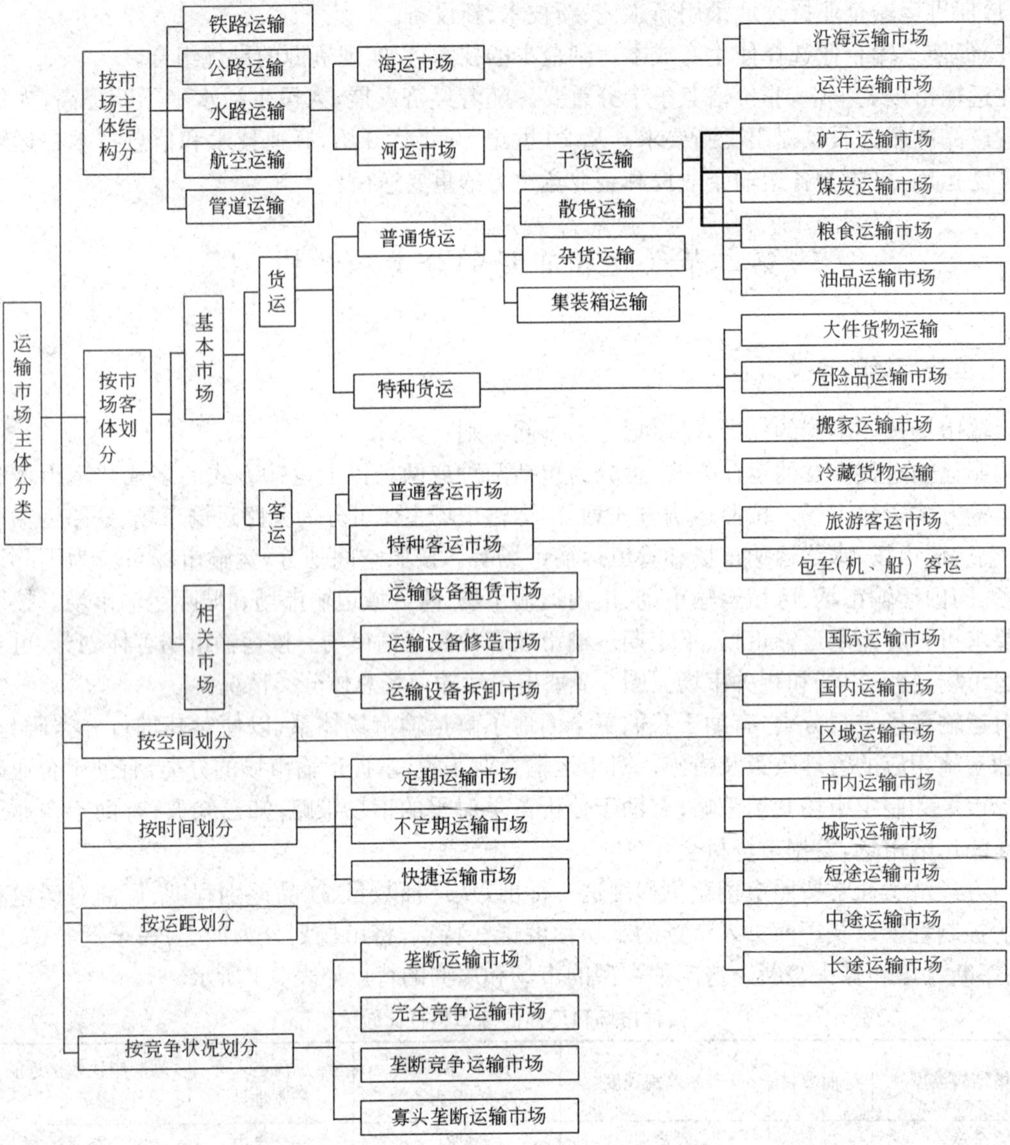

图 5-2　运输市场总体分类示意图

型在说明和预测现实的经济行为方面非常有用,它有助于对资源配置的效率作出比较准确的判断。我们可以运用完全竞争运输市场模型理论,通过对假定作出修改补充,使之更接近于现实,从而对更复杂的运输市场结构中的运输产品价格和产量决策作出更具体的描述。

1. 短期市场均衡

设完全竞争运输市场中对某一运输产品的需求为 D,短期供给为 S,假定除价格外,影响需求和供给的因素都是不变的,则市场需求与供给均衡由以下简单等式给出:

$$D(P) = S(P) \tag{5-1}$$

图 5-3 描述了整个运输市场以及市场中的某一具有代表性的厂商的短期均衡。与第四章图 3-12 不同的是现增加了整个运输市场的供给线 S。市场需求曲线和供给曲线决定了均衡价格 P^* 和均衡产量 Q^*,在价格已经被市场供求所决定的条件下,一个以利润最大化为目标的厂商将依照短期边际成本等于价格的原则来决定产量,如图 5-3a)所示,厂商的产量为 Q_1。

在这一价格水平下，厂商的收益大于其生产该运输产品的成本，价格 P^* 与短期平均可变成本的差值是该厂商生产每单位该运输产品的营业利润（出售商品获取的总收益与生产这些商品的可变成本的差值）。在短期内，营业利润为正值是厂商继续提供该运输产品的必要条件。价格 P^* 与短期平均总成本之间的差值，$P^*-\mathrm{satc}$ 是该厂商提供每单位该运输产品的经济利润，$(P^*-\mathrm{satc})q_1$ 所表示的阴影部分代表了厂商的总利润，也是厂商扣除各项投入后的纯利润。

图 5-3 还描述了市场需求曲线由 D 变化至 D' 对短期均衡的影响。需求曲线变化至 D' 后，均衡价格和产量也相映变为 P^{**} 和 Q^{**}，厂商的产量则由 q_1 下降至 q_2。此时，厂商的收益不足以弥补其成本，利润为负值，在图 5-3a）中则反映为新的均衡价格 P^{**} 低于短期平均总成本，$(\mathrm{satc}'-P^{**})q_2$ 所表示的区域代表亏损总额。但是新的均衡价格 P^{**} 仍高于短期平均可变成本，如第三章所述，因为能够回收全部的可变成本，并且还能回收一部分固定成本，厂商在短期内就不会停产。

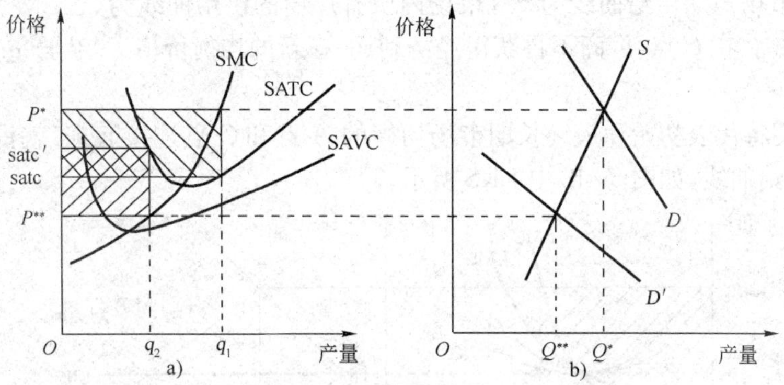

图 5-3　完全竞争市场厂商和市场的短期均衡

2. 长期市场均衡

在完全竞争的运输市场中，厂商可以根据自己的意愿自由进出市场。任何时间都存在正在提供某一运输产品的厂商和潜在的可能提供这一运输产品的厂商，即一部分厂商正在提供一定产量的该运输产品，而另一部分厂商没有生产却在观望市场形势，并且正在生产的厂商和正在观望的厂商都面临同样的生产要素价格和技术水平。当正在生产的厂商获得利润时，潜在的厂商将进入市场分享利润；相反，若现在正在生产的厂商的经济利润为负值，他们将退出这一市场，当正在生产的厂商的利润为零时，潜在的厂商不会进入，同时正在生产的厂商也不会退出。

因为厂商自由进出市场，所以当价格等于长期边际成本时才能实现市场的长期均衡。自由进出和利益最大化行为使得市场长期供给曲线是一条水平直线，如图 5-4a）和 5-4b）所示。这里假设该行业的生产要素市场为完全竞争市场，当该运输产品产量扩大时对生产要素需求的增加不会导致要素价格上升。图 5-4a）描述了短期和长期的厂商平均成本和边际成本曲线，图 5-4b）则给出了市场的需求和供给曲线。假设共有 n 个厂商在生产该运输产品，并且目前市场处于均衡状态，如图 5-4b）中的 A 点。短期市场需求曲线与短期市场供给曲线相交，均衡价格和产量分别是 P^* 和 q_1。在图 5-4a）中，该厂商接受市场供求决算的均衡价格 P^*，提供 q_1 数量的运输产品，这与短期和长期利润最大化是一致的。我们发现，当产量为 q_1 时：

$$P^* = \mathrm{SMC} = \mathrm{SAC} = \mathrm{LMC} = \mathrm{LAC} \tag{5-2}$$

此时厂商既处于短期均衡，也处于长期均衡。由于价格等于长期平均成本，实现了零经济利润，不会出现厂商进入或退出市场的行为。又因为 n 个厂商具有相同的成本函数，各厂商对应价格 P^* 的长期边际成本曲线横向之和对应着整个市场的产量 Q^*，也就是这 n 个厂商的长期供给曲线，如图 5-4b）中的（$\sum$LMC） 所示，也与市场需求曲线相交于 A 点，决定均衡价格 P^*。

假设市场需求从 D 猛增到 D'，市场均衡价格也上涨到 P_1，则厂商根据其短期成本曲线与新的市场价格的交点将产量调整到 q_1，这 n 个厂商同时调整产量的累积效应是市场上对该运输产品的供给由 A 点所示的 q_1 上升到 B 点所示的 q_2，如图 5-4b）所示。

B 点代表短期均衡而非长期均衡，原因在于当价格为 P_1 时，厂商能够获得经济利润，表示为图 5-4a）中的矩形（P_1－sac） q_1 的面积。为了分享该市场中的经济利润，潜在的厂商将进入市场，这会使短期和长期供给曲线都发生变化。只要有经济利润存在，就有厂商不断地进入该市场并使市场供给不断扩大。不断进入的厂商引起了市场短期供给曲线的变化，当价格下降能够抵消所有的经济利润时，市场重新恢复了均衡。如图 5-4b）所示，C 点代表新的市场长期均衡，此时市场短期供给曲线为 S'，市场内所有厂商的供给曲线为（$\sum$LMC）$'$，长期均衡价格又恢复为 P^*。在 C 点，厂商不再获得经济利润，在新的均衡价格 P^* 生产 q^* 数量的该运输产品。

最后，我们将代表初始和最终长期市场均衡的 A 点和 C 点连接起来，就得到了一条水平的市场长期供给曲线，如图 5-4b）中 LRS 所示。

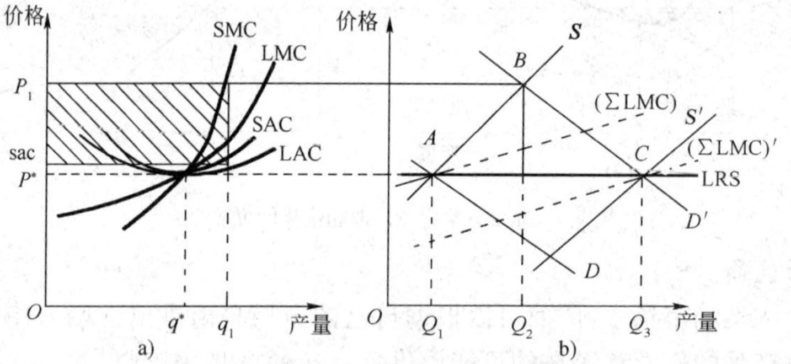

图 5-4　完全竞争市场的长期均衡

a）厂商；b）市场供给与需求

三、垄断竞争、寡头垄断和完全垄断的运输市场

现实中运输市场的结构经常表现为垄断竞争、寡头垄断，甚至是完全垄断，原因是多方面的：各运输企业的产品并非是完全同质的，只存在一定程度的替代性；运输业的资源是可以流动的，但并非完全自由流动；尽管信息泛滥，但运输企业和消费者并不能获得全部与生产、消费决策有关的信息，信息具有稀缺性并显示出一定的机会成本；市场内运输企业的数量并不多，甚至很少，从而一个运输企业的价格、产量决策对其竞争者将产生很大的影响。图 5-5 描述了各运输市场结构竞争性强弱的变化。

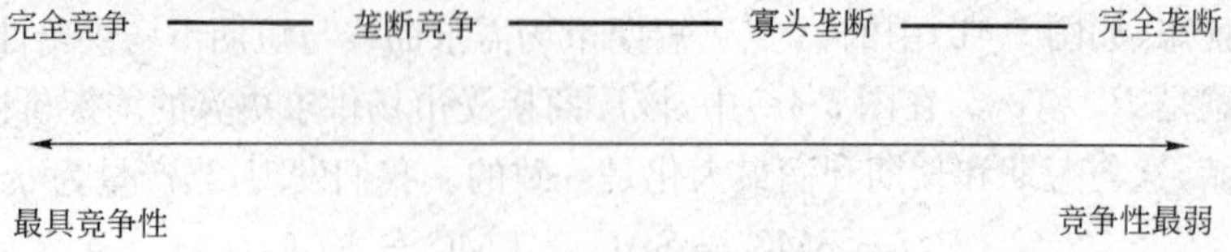

图 5-5　运输市场结构竞争性强弱的变化

垄断竞争、寡头垄断和完全垄断的市场结构不是十分"完美"。厂商面对的是向下倾斜的需求曲线，这说明厂商具有一定的市场力量（强弱程度不同），也就是说，厂商可以使价格超过其边际成本却不会丧失其全部市场份额。运输产品的需求弹性越大，厂商的市场力量越小，提高价格的能力也越小。完全竞争市场中的厂商不具备市场力量，因为其面对的是一条完全弹性的需求曲线（一条水平直线），如果一个厂商的价格高于均衡价格，他将失去全部市场份额，而处于另一极端的垄断市场结构中，唯一的厂商具有较强的市场垄断力量，因为其完全不受市场竞争的影响。

既然垄断竞争、寡头垄断和完全垄断的市场结构中的厂商都具备一定程度的市场力量，则完全垄断市场的最基本原则也适用于其他两种市场结构，因此我们将理论讨论集中于完全垄断的市场结构。

1. 完全垄断厂商的均衡产量

与完全竞争厂商不同，垄断厂商依据边际收益与边际成本相等的原则决定产量。边际收益是指多生产一个单位的产品所引起的总收益的增加值，可以表示为：

$$\mathrm{MR}=\frac{\Delta(PQ)}{\Delta Q}=P+Q\frac{\Delta P}{\Delta Q}=P\left(1+\frac{1}{E}\right) \tag{5-3}$$

其中，E 为需求的价格弹性，既然 P 与 Q 总是呈反方向变化，则 E 总为负值，也就是说 $0>E>-\infty$。从式(5-3)我们可以分析出一个完全竞争厂商和一个完全垄断厂商的不同。在完全竞争的市场中具有为数众多的厂商，任何一个单独的厂商都不能影响该运输产品的市场价格，这些厂商面对的是一条完全弹性的需求曲线，也就是说 $E\to-\infty$，即式(5-3)中的 $1/E\to 0$，所以边际收益等于价格。但是，完全垄断厂商面对的需求曲线不是完全弹性的，对于完全垄断厂商：

$$\mathrm{MR}=P\left(1+\frac{1}{E}\right)<P \tag{5-4}$$

即在完全垄断市场上，边际收益低于价格。我们还可以通过比较完全竞争厂商和完全垄断厂商在多卖出一单位的产品时的行为来得出这一结论。完全竞争市场中的厂商所生产的产品只占整个市场供给的很小的一部分，他不需要降价就可以多卖出一个单位的产品。与此相反，面对全部的市场需求，一个完全垄断市场上只有通过降价才能多卖出一个单位的产品，但是它不可能只降低最后一个单位的产品的价格，而是必须降低所有产品的价格。

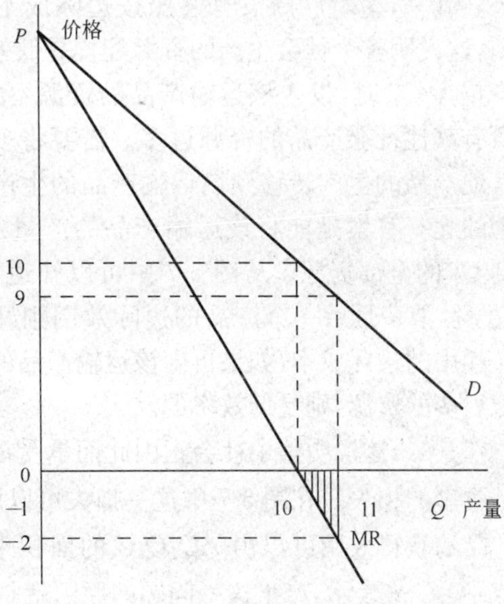

图 5-6　完全垄断厂商的需求和边际收益曲线

以图 5-6 为例，假设一个完全垄断厂商可以单价 10 元售出 10 个单位的产品，如果这个厂商想多售出一个单位的产品，即 11 个，它必须将产品的单价降至 9 元。下面来计算第 11 个单位产品的边际收益：降价后价格为 9 元，前面售出的 10 个单位的产品的每单位损失 1 元，共计损失 10 元，这样，该厂商的边际收益实际为 −1 元。如图 5-6 所示，$Q=10$时，$\mathrm{MR}=0$，$Q=11$ 时，$\mathrm{MR}=-2$，Q 从 10 增至 11，效益增加了 -1(图中影印面积)。

如第三章图 3-12b)所描述的那样，以利润最大化为目标的完全垄断厂商将持续生产直至其边际收益等于其短期边际成本，即对一个完全垄断厂商来讲，其利润最大化的条件是：

$$\mathrm{MR}=\mathrm{MC}=P\left(1+\frac{1}{E}\right) \tag{5-5}$$

图 5-7 给出了边际成本曲线为先降后升型的完全垄断厂商的利润最大化定价的示意图，厂商在 B 点实现了利润最大化，此时的产量为 Q_1。但需注意，由 B 点确定的是厂商实现利润最大化的产量，而相应的价格是依照需求曲线 D 确定的，即在图 5-7 中，完全垄断厂商将以价格 P_1 来出售其产品。

2. 需求的价格弹性和总收益

由式(5-5)可知，如果市场需求是单位弹性的，即 $E=-1$，价格的变化对总收益没有影响，因为 $1+(-1)=0$。如果对该运输产品的需求是缺乏弹性的(即，$|E|<1, E>-1$)，$1+1/E$ 是正值，则提高价格会使收益增加。当对该运输产品的需求是富有弹性时(即，$|E|>1$，$E<-1$)，$1+1/E$ 是负值，提高价格将使收益减少，降低价格反而会使收益增加。

在图 5-7 中，当销售量小于 Q_3 时，需求是富有弹性的，此时边际收益为正，总收益在增长，当销售量为 Q_3 时，需求是单位弹性的，边际收益为零，价格的微小变化不会影响总收益，但当销售量超过 Q_3 时，需求是缺乏弹性的，边际收益为负，总收益开始下降(图 3-11)。

3. 垄断对资源分配的影响

我们可以通过分析图 5-7 所示的垄断厂商的价格和产量决策来研究垄断的市场结构对资源分配的影响。在利润最大化点，垄断厂商定价 P_1，但生产第 Q_1 个单位产品的成本是 mc_1，即在垄断均衡的条件下，价格与边际收益和边际成本相分离。换句话说，每多消费一个单位产品的代价(由 P_1 表示)比每多生产一个单位该产品的成本(由 mc_1 表示)要大。

垄断均衡时价格高于边际成本这一结果说明了两个问题。

其一，垄断厂商没有遵照按边际成本定价的原则，这说明整个社会生产的资源配置是低效率的。当产量为 Q_1 时，投入该运输产品的资源不足，而投入所有其他社会产品的资源过多。需要将多少资源由其他产品的生产转移到该运输产品的生产中才是合理的呢？答案是能将该运输产品的产量从 Q_1 提高到 Q_2 的全部资源。从图 5-7 中可以知道，当产量为 Q_2 时，消费最后一个产品的边际效用刚好等于其生产耗用的边际成本，如果再向该运输产品的生产中分配更多的资源，则是低效率的。

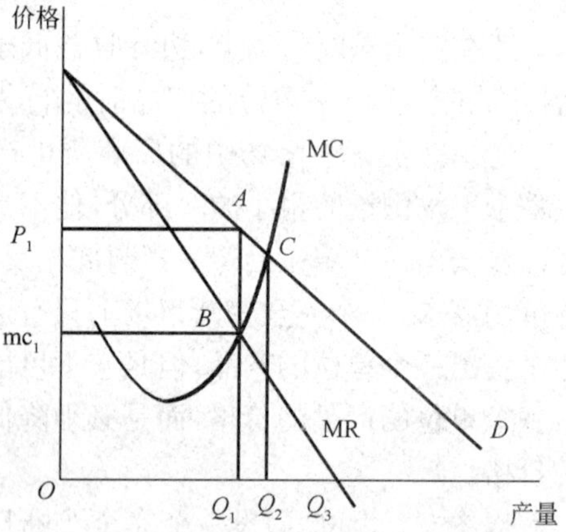

图 5-7 完全垄断厂商的利润最大化行为

其二，这说明整个社会正因此而承受福利或者说是效率的损失。在图 5-7 中这一损失可以用 ABC 的面积来表示，社会多消费 Q_2-Q_1 该运输产品的获得效用可以由 AQ_1Q_2C 的面积来表示，而生产 Q_2-Q_1 该运输产品的成本可以由 BQ_1Q_2C 来表示，产生这一问题的原因就是该市场的完全垄断结构。

4. 市场垄断的度量

竞争性不强的市场结构赋予了厂商控制市场的力量，一般说来，越接近完全垄断结构，厂商控制市场的力量越强。这引发了一个如何度量产业集中程度的问题，也就是如何测定垄断力(Monopoly Power)的标准问题，通常有以下几种测定指标。

1)产业集中指数

这种方法将重点放在产业中领先的四家(或八家)厂商的市场占有率上，将其称为四厂商集中率 CR_4(或八厂商集中率 CR_8)，并将其定义为：

$$CR_4=\sum_{i=1}^{4}(MS_i\times 100) \tag{5-6}$$

其中，MS_i 代表第 i 家厂商的市场份额。因为只注意行业内领先的四家厂商的市场份额之和，这种方法忽略了行业里的厂商总量，也忽略了市场份额在这四者之间的分布。例如，A 行业中领先的四家厂商的市场份额均为 15%，B 行业中领先的四家厂商的市场份额分别为 45%、5%、5%和 5%，这两个行业的四厂商集中率都为 60%，但 A 行业是传统的寡头垄断市场，而 B 行业却表现为一个公司主导市场的结构特征，市场份额为 45%的厂商具有远远超出其他厂商的市场力量。例如，美国汽车四厂商集中率 $CR_4=84\%$；八厂商集中率 $CR_8=91\%$(1992 年)。

应用集中程度衡量指标时需注意它有可能夸大了市场权力的集中程度，这是因为，它是按国内生产计算的。在开放的、面对国际竞争的市场中，寡头垄断市场的情况会大大减弱。显然，这有利于市场的健康发展。例如，将进口车辆包括在销售中一起统计时，20 世纪 90 年代初，美国汽车前四大公司占市场份额从 84%下降到 67%。

2)HHI 指数

另一种方法称为 Hirschman-Herfindahl 指数法(HHI)。对于一个有 n 个厂商的行业来讲，HHI 被定义为：

$$HHI=\sum_{i=1}^{n}(MS_i\times 100)^2 \tag{5-7}$$

HHI 与四厂商集中率法有两方面不同。其一，市场份额在计算时都被平方，这使得具有较大市场份额的厂商对计算结果有更大的影响。其二，HHI 的计算要考虑行业中所有的厂商，而四厂商集中率法只考虑其中的一小部分。对于完全竞争的行业，当每个厂商都生产相同数量的产品时，每个厂商的市场份额都是 $1/n$，则 HHI 为：

$$\sum_{i=1}^{n}\left(\frac{1}{n}\times 100\right)^2=\left(\frac{10\,000}{n}\right) \tag{5-8}$$

例如，行业中厂商数量为 100 时，HHI 为 100，而当厂商数量为 10 000 时，HHI 为 1。在完全垄断行业，HHI 为 10 000。

3)Lerner 指数

勒纳(A. P. Lerner)提出，以垄断厂商所定的价格比其边际成本高多少作为衡量垄断力的标准。以 I_L 作为勒纳定义的垄断力：

$$I_L=\frac{P-MC}{P} \tag{5-9}$$

因为在均衡条件下，MR=MC，而由式(5-3)，$MR=P\left(1+\frac{1}{E}\right)$，所以

$$I_L=\frac{P-MR}{P}=1-\frac{MR}{P}=1-\left(1+\frac{1}{E}\right)=-\frac{1}{E} \tag{5-10}$$

由此可见，垄断力与需求价格弹性 E 是倒数关系，E 越大，垄断力越小。在完全竞争市场条件下，$|E|\to\infty$，$I_L\to 0$。事实上，当 $|E|<1$ 时，$MR<0$，总收入递减，这样一来，垄断

厂商只会选择$|E|>1$的产品进行生产。因此，一般来说，$0<I_L<1$。显然，由于垄断竞争厂商面对的需求曲线的价格弹性大于完全垄断厂商，所以垄断竞争厂商的垄断力小于完全垄断厂商。

4)Bain 指数

贝恩(J. S. Bain)与勒纳不同，主张以垄断厂商所定的价格比其平均成本高多少作为衡量垄断力的标准。以 I_B 作为贝恩定义的垄断力：

$$I_B = \frac{P - \mathrm{AC}}{P} \tag{5-11}$$

Bain 指数的优点是在应用上比较简单，但超额利润($P-\mathrm{AC}$)与技术水平、经营水平、折旧水平等有关，它的大小并不一定反映垄断力的大小。在短期内，完全竞争厂商也可能获得超额利润，但原因并不在于垄断。在长期，完全竞争与垄断竞争厂商都不存在超额利润，但不能说不存在垄断。

第三节　运输市场的竞争形式和影响

运输市场在经营者之间的各种竞争，体现在产品和服务方面，以及运输业特有的出发时间和到达时间方面的竞争。这种竞争既促进了行业的繁荣，同时，也必须看到，运输行业中普遍存在的垄断特质，导致破坏性竞争的不良后果。它们对运输市场所造成的影响直接关系到市场运作的效益，因此，政府出面干预进行监管就具有了一定的必要性。

一、运输市场的竞争要素

运输市场的竞争发生在运输活动的各个阶段，其中基础设施建成后的运营管理阶段开始的竞争活动尤为重要，因为这正是我们所关注的运输服务的竞争。通过比较分析，可以把运输生产过程分成多层次市场结构，不同层次存在着不同市场主体和不同竞争结构，如图 5-8 所示。

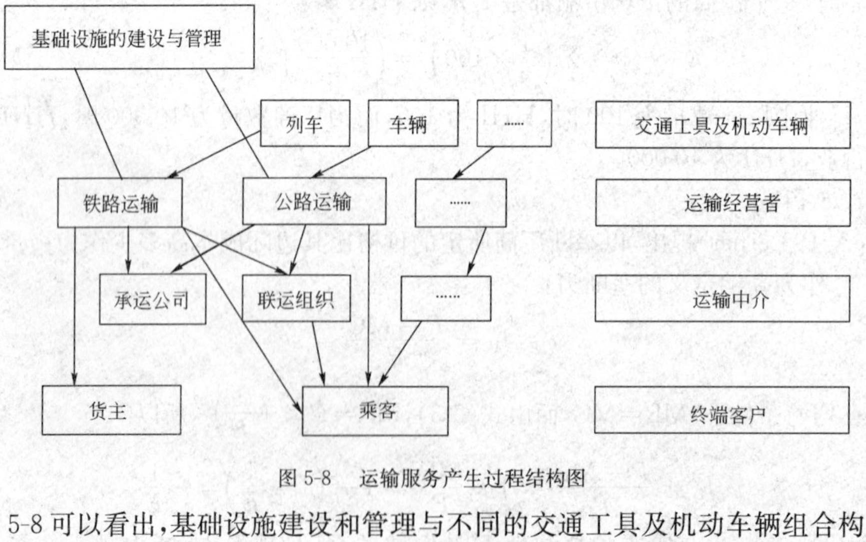

图 5-8　运输服务产生过程结构图

由图 5-8 可以看出，基础设施建设和管理与不同的交通工具及机动车辆组合构成了诸如铁路运输、公路运输等各种运输经营者。而运输经营者与不同的运输中介的结合就到达了各自的终端客户。这就是运输服务产生的过程,由此也可看出运输系统中不同层次主体间的竞争。

1.运输工具和机动车辆的市场

公路车辆制造业市场其实就是客车与载货汽车厂商的竞争。在我国,几乎全世界主要大型汽车制造厂商都加入了竞争,同时,我国自主汽车制造企业也有几十个,如考虑到相关企业的话,数量更是不计其数。这是比较接近完全竞争的市场,但确切地说,这应属于机械制造市场。

航空制造业主要是在两个制造商业飞行器的全球性公司之间进行竞争,即美国的波音公司和欧洲的空客公司。由于对产品研制和开发的投入成本巨大,虽然回报在增长,但想要进入该市场还是相当困难的。航空制造商同样也需要在市场销售和售后服务上加大投资,通过提供多种产品来确保市场份额。此外,航空制造商为了分摊巨大的研发固定成本,都会与具有相关专门技术的公司展开紧密的合作,并通过对运输市场各个阶段的渗透和为全世界主要的航空客户提供全系列、不同型号的飞机,达到不断降低成本的目标。可以说,航空制造业是典型的具有规模经济和范围经济的行业,也是典型的寡头垄断行业。

铁路车辆制造业及轮船制造业都存在少数大型企业竞争的格局,可以认为是介于汽车制造业与飞行器制造业之间的竞争状态,即具有垄断竞争的市场结构。

2.中介在运输中的地位

中介(包括辅助性公司)在运输业中有着广泛的作用。

在旅客运输方面,中介意味着一些提供辅助服务的组织,比如旅行社,通过提供关于出行方式、时间、价格等信息来满足客户出行需求。

对于货物运输,在各种各样的名称下,存在着多种类型的辅助公司。

(1)集货公司:将不同货主小批量的货物集中起来组织托运;

(2)物流服务公司:提供供应链或物流管理,将不同生产时期产品的运输需求整合并设计最佳的运转方式;

(3)国际运输咨询公司:为客户办理国际运输中的手续及其他证件等。

中间机构可以是运输经营者,他们不仅仅从事运输,同时还直接提供与运输相关的各种服务,以便保证运输全过程中的服务质量。例如,公路货运公司通常会为客户提供综合性的服务;不断扩大的旅行社在假期通过包机和包航线的方式经营自己的航空业务;铁路运营商则采用因特网技术来支持网上订票,提高服务范围和服务质量。

大多数中介商对运输业具有以下的作用。

咨询协调作用:中介商扮演着协调人的角色,他们的服务某种意义上取决于他们对市场的了解。中介商能够根据顾客需要,为他们介绍资源配置最佳的经营者;或构建一个有效的需求组织来保证供求关系的平衡。中介商可以从经营者那里,或者从顾客那里获取收益。

化解风险作用:中介的管理能够有效化解和减轻不确定性带来的风险。例如,旅行社经营许多不同的航线以保证能更好地与其他个别公司进行竞争;海上运输的无船运营商通过购买舱位分担远洋运输公司的空舱的风险。

技术服务作用:中介能为特种运输需求的发货人提供专业的运输经营知识,包括技术与组织知识,如运输工具适用类型、边境过关程序及海关手续等。

但是,中介的使用既不是必需的也不必系统化,当运输需求容易满足时,消费者就能很轻易地直接与运营商进行交易。只有当运输需求变得很复杂时,中介才会有一席之地。

二、运输业的寡头垄断市场

大多运输市场更接近于寡头垄断市场:国有铁路经营者归根结底是一个与其他运输方式相竞争的竞争者;虽然运输公司云集的公路货运接近完全竞争的市场结构,但是在局部的运输线路上,若干规模相对较小的公路运输公司也常常会利用其他企业不易超越的地域和人脉优势,获得与特定客户的优先交易能力,从而形成垄断竞争甚至寡头垄断的市场格局。因此,基本的分析框架是寡头垄断市场理论,尽管它有不同的形式和不同的程度。为此,我们将理论应用到实际运输市场之前先回顾一下寡头垄断市场的基本特征。

1. 基本寡头垄断理论

经典的寡头垄断理论有伯川德(Bertrand)模型和库诺特(Cournot)模型两种理论。在伯川德(Bertrand)提出的理论中,基本的决策变量是价格,每个公司决定自身价格的假设前提是其他公司的价格是固定的,因此对于公司而言,寡头垄断价格要低于垄断价格。库诺特(Cournot)模型将产量作为决策变量,每个公司确定产量的假设前提是其他公司的产量是确定的,这就决定了双方的要价。

这两种经典分析方法都是为了找到相对应的纳什(Nash)均衡。假设有两家公司,均寻求利润最大化,且公司的利润(用 Π_i 表示,i 表示公司,$i=1,2$,下同)取决于某种战略变量 x_i,则两家公司的利润的表达式如下:

$$\Pi_1 = \Pi_1(x_1, x_2) \tag{5-12}$$

$$\Pi_2 = \Pi_2(x_1, x_2) \tag{5-13}$$

纳什(Nash)均衡是任意一方都没有对所作决策产生后悔的情况:

$$\Pi_1(x_1^*, x_2^*) = \max_{x_1} \Pi_1(x_1, x_2^*) \tag{5-14}$$

$$\Pi_2(x_1^*, x_2^*) = \max_{x_2} \Pi_2(x_1^*, x_2) \tag{5-15}$$

在伯川德(Bertrand)双寡头垄断模型中,上述的战略变量采用的是“价格”。为了简化,我们以两家公司($i=1,2$)为例,假设每家公司的边际成本为 C_i,且 $C_1 \leqslant C_2$,每家公司选择的价格为 $p_i(i=1,2)$,产量为 $q_i(i=1,2)$。根据伯川德模型:

$$q_1 = D(p_1) \quad \text{if} \quad p_1 \leqslant p_2$$

$$\text{or} \quad p_1 = p_2 \quad \text{and} \quad C_1 < C_2 \tag{5-16}$$

$$q_1 = D(p_1)/2 \quad \text{if} \quad p_1 = p_2 \quad \text{and} \quad C_1 = C_2 \tag{5-17}$$

$$q_1 = 0 \quad \text{其他} \tag{5-18}$$

价格将被设定在 C_2 水平,并且每家公司销售的产量如上述。可见竞争是激烈的,那些经营不善的公司的利润将逐渐减少。

在库诺特(Cournot)双寡头垄断模型中战略变量是数量,公司 1 的利润可以写成:

$$\Pi_1(q_1, q_2) = q_1 p(q_1 + q_2) - C_1(q_1) \tag{5-19}$$

与之相对应的,可以写出公司 2 的利润表达式。如果假设每家公司的产量都由其单独确定,那么库诺特形式利润最大化的一阶条件是(假设 $q_1+q_2=Q$):

$$p(Q^*) + q_1^* \frac{\mathrm{d}p}{\mathrm{d}Q} - \frac{\mathrm{d}c_1}{\mathrm{d}q_1} = 0 \tag{5-20}$$

$$p(Q^*) + q_2^* \frac{\mathrm{d}p}{\mathrm{d}Q} - \frac{\mathrm{d}c_2}{\mathrm{d}q_2} = 0 \tag{5-21}$$

由此可见，每家公司都将获利。与伯川德(Bertrand)模型相比，库诺特竞争的研磨程度要低一些。

在运输系统中，竞争主要表现为价格竞争，尤其是当我们将价格理解为广义价格时。广义价格包括诸如舒适度、便捷性、时间花费等因素。伯川德模型假设运营者不受容量的限制，当公司进入市场时选择了一个适当的运能水平，那么后续的竞争就主要集中在价格上。

理论分析的一般结论是，当运输系统的运量很大，或者它可以通过从其他地方进行运能转移而扩大其产出，并且提供的服务没有差别时，竞争结果将趋于以价格竞争为基础的伯川德(Bertrand)模型分析结论，这方面的例子有公路运输和航空运输。但是，另一方面，如果运能难以扩张，竞争结果将趋向于以产量为基础的库诺特(Cournot)模型分析结论，这方面的例子有铁路运输、海运和内河运输。

2. 基本寡头理论在运输系统中的应用

1)铁路和公路的竞争

在铁路运输和公路运输中，一个值得关注的问题是公路或铁路货物运输的竞争条件。当公路运输运营者的数量很大，但彼此规模都很小时，他们之间的竞争趋向于完全竞争。当运营者数量减少时，竞争趋向于伯川德(Bertrand)寡头垄断模型，货主将选择那些报价最低的运营者。这是建立在假设边际成本不变且容量没有限制的基础上的，这种情况下，运营者进入市场比较容易，并且在一个特定的区域内，运营者通过将运输工具从一条线路转移到另一条线路上就能得以实现。此时，公路运输的价格将由公路运输的边际成本决定。

但是对于铁路而言就存在两种可能性。如果铁路运输的边际成本高于公路运输，那么铁路运输将被市场拒之门外；如果铁路运输的边际成本较低，它就能控制整个市场。但是在实际中，铁路运输价格和公路运输的边际成本大体相当。换句话说，不论哪个运营者最后支配市场，公路运输的边际成本通常是价格的最终决定因素。这些分析是基于价格是货主选择运营者的唯一变量的假设。事实上，运输时间、可靠性等因素也是相关的考虑因素，而且分析应基于对货主而言的广义成本上，而不仅仅是运输价格。另外，公路和铁路运输服务不是完全可替代的，这也降低了市场竞争程度。

2)同一线路运营商之间的竞争

这里主要介绍的是飞行航线相同的航空公司之间的竞争。Brander 和 Zhang(1996 年)通过计算每个公司的反映函数，即对手公司产量的改变对本公司产量变化影响的关系，对美国航空公司与联合航空公司之间的竞争进行了分析。结果表明，对于伯川德(Bertrand)双寡头垄断模型，反应函数斜率为－1，对于库诺特(Cournot)模型，斜率为 0。当两竞争者共谋时，斜率为 q_1/q_2。两位作者对一种动态竞争战略进行了测试，在这种动态竞争中每家公司都拥有进行合谋或不合谋以及合谋失败后惩罚对手的自由选择权。这就得出了对反应函数的评价，如果一家公司对其对手进行惩罚，则其值为－1；如果不是，其值则在－1 和共谋的值之间(由于不确定性，只有当利润开始减少时，惩罚才被接受)。在库诺特(Cournot)双寡头垄断的情况下，反应函数的斜率由－1 变为 0。

这一研究结果表明，如果假设竞争博弈是独立的，那么比起伯川德(Bertrand)模型，反应函数显示的竞争更接近于库诺特(Cournot)模型，系数值为 0.4。经过一段时间后，两竞争者动态竞争战略表现为共谋与价格战交替出现。

3)网络系统中的竞争

网络系统性是运输市场的一个固有特征。尽管这样，对运输市场竞争的传统分析还是局限于分析单一路线上的竞争。运输网络系统的兴起是因为运营商为了在开发多重地理市场时找到优势，而这些市场往往具有互相依赖的供给和需求。

(1)网络规模的效用

网络的规模影响着所提供服务连接的数量和类型。不同的结构可以通过指标的形式来定义，而指标又是通过线路的连通性等因素来衡量它们的特性(Curien 和 Dupuy，1996 年；Peeters 等，1998；Button，2001 年)，其中包括了时间表的兼容性。两条路径 AB 和 BC 可以由同一家公司服务，但是如果时间表不兼容，那么这两条路径连接对于潜在的客户来说就没有意义。网络的规模将使用户获利，它提供了一种不需要改变运营商就能获得到达更多目的地的可能性，以及更多持续的信息，更加兼容的时间表和对时间或线路更精确的把握。运输运营商想要扩大其运营网络或者增强网络兼容性的战略，通常是通过售票或互惠的票据等方式来达到提供时间表兼容的目的。

(2)最短路径网络与轴辐射式网络

将单条线路上的密度经济和不同线路的范围经济以及可利用的规模经济结合起来，将最终决定运输供给的结构。

根据提供的网络，范围经济可以理解为由一家运输商对一片区域进行服务比由多家运营商共同服务更为经济。共同经营多条线路使运营者可以使用更大的车队，达到更好的管理，实现资源更高效的利用以及更快速低成本地处理事故等。与其相类似的，规模经济包含了在任何一条线路上，成本的增加比起客货流的增加来得缓慢。使用大型货车或大型喷气式客机运输的每吨公里或人公里成本将比使用小型交通工具运输低得多。

这些特征首先能够通过网络自身的结构得以确认，尤其能够在最短路径网络与轴辐射式网络的对比中得以实现(图 5-9)。在缺乏规模经济与范围经济时，最短路径网络提供了任意两点间最短路径的系统，最短路径通过使人公里或吨公里的总和最小，从而达到成本最小。当规模经济与范围经济共存时，情况又有所不同。由于 AE、BE 段的集中式运输水平高于 AB 段直接运输水平，如果规模经济相当大，且 AE、BE 的联合成本较低，那么 AB 间的联系完全可以经由 E 点来完成，从而获得一个较低的成本。在这种情况下，最有利的结构是被称作轴辐射式的网络结构。它通过使其他节点与一个作为枢纽的节点相连，则所有的运输均经由枢纽节点来完成。

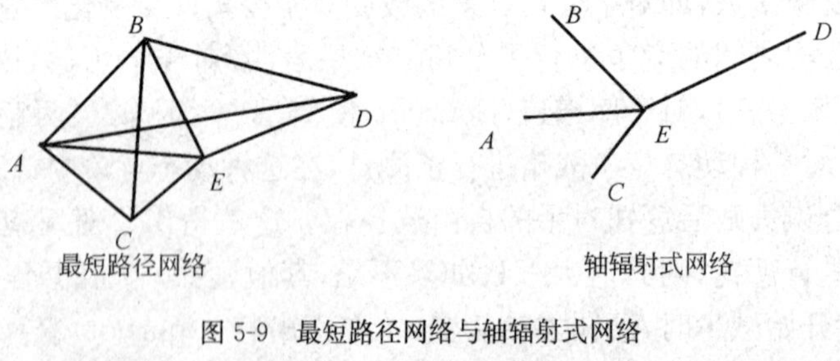

图 5-9　最短路径网络与轴辐射式网络

应该指出的是，当我们从一个最短路径网络转移到一个轴辐射型网络时，尽管成本对运营者有优势，但是对于使用者来说，在时间方面的损失以及中转所产生的成本这些方面存在劣势，因此有可能会造成社会总福利的减少。

(3)市场间的相互依赖

从对一些简单模型的分析中得出，轴辐射式网络与非固定收益的一个结果是市场间的相互依赖。假设有三个城镇(A，B，C)，由一个只有连接 AB 和 BC 的网络进行服务；从 A 到 C

的交通必须要在 B 点换乘。用 q_{ij} 表示任意城镇 i 和 j 之间的交通流；AB 的交通量可表示为：

$$Q_{AB}=q_{AB}+q_{AC} \tag{5-22}$$

运营商的成本为：

$$C(Q_{AB},Q_{BC}) \tag{5-23}$$

BC 的情况也类似。如果两个路径上的成本是分开的，那么市场是独立的，表达式：

$$C(Q_{AB},Q_{BC})=c_1(Q_{AB})+c_2(Q_{BC}) \tag{5-24}$$

需求 q_{AB} 的增长将会导致 AB 线路上单位成本的降低，进而造成（在竞争最为激烈的情况下）AB 线路上运价的降低，因此，刺激需求 q_{AC} 的增长并对 BC 线路运输市场造成影响。它可能引起 BC 线路运费下降，同时造成需求 q_{BC}、q_{AC} 的提高。

Encaoua 和 Perrot（1992 年）分析了由弧线构成的网络所组成的市场平衡条件，这些网络的运营者所处理的成本函数包含规模经济及范围经济，但其出发地到目的地之间的需求是固定的。用户选择那些提供最低广义成本的运营商。广义成本包含运费、出行时间和等待时间等因素。一定数量的运营者在这两个因素的基础上进行竞争，即网络服务的选择以及网络运输过程的价格决策。社会最理想状态是均衡，但是有一个或多个非理想状态的纳什（Nash）平衡。通过提出一些具有细微差异假设（包括机场拥挤），Hong 和 Harker（1992 年）指出了一种特殊均衡的存在，并且探索了在最佳社会平衡效果下，不同运行线分配的方案。

在一项更实际的研究中，尼禄（Nero，1996 年）用双寡头垄断理论模型对放松监管后，两个国家之间航空市场的竞争进行了模拟。在图 5-10 中，HA 和 HB 代表了国家 1 中的航线。SZ 和 SY 代表了国家 2 中的航线。HS 是两个国家之间的国际联系，假设需求函数如下：

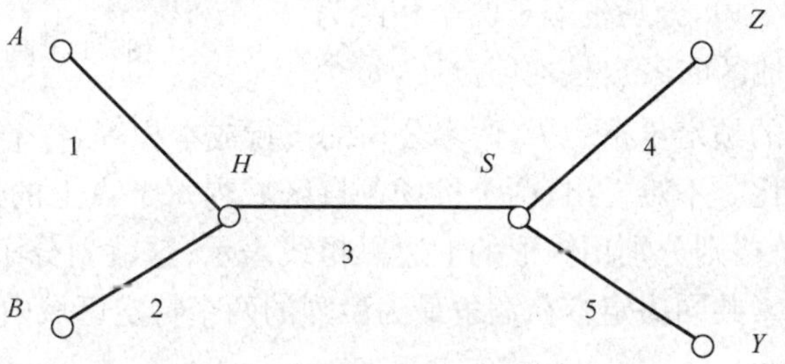

图 5-10　国际市场上的轴辐射型线路

$$P(Q_{ij})=a-Q_{ij}/2 \tag{5-25}$$

$Q_{i,j}$ 代表可能的 O-D 流量，成本函数是：

$$C=\sum_l C_l(Q_l)=\sum_l(Q_l-\theta Q_l^2/2) \tag{5-26}$$

其中，Q_l 指第 1 条航线上的交通流量（如航线 1 的流量包含 AH、AS、AB、AZ、AY 的流量）。

尼禄（Nero）分析了以下几种情况。

- 放松监管前，欧洲的情况大致如此：在国内线路上垄断以及在国际线路 HS 上共谋。
- 放松监管后，欧洲的大致情况：在国内线路上垄断以及国际线路 HS 上的库诺特（Cournot）双寡头垄断。
- 两家公司的合并。

由于不同的 O-D 市场其成本相互依赖性，可反映在参数 α 和 θ 上，尼禄（Nero）在赋予其合理的参量值（尤其是规模经济较为明显的情况）的基础上，得出以下推论：

• 共谋使得线路 HS 上产生比在国内线路更高的运价、更少的交通量。这是由于相对于国内线路的交通量来说，两条飞行线路的分离会造成密度经济无法得到充分的发挥。

• 不仅在线路 HS 上，甚至是在整个国内线路上，在线路 HS 上的竞争导致了交通量的增加以及价格的降低。这将最终导致消费者剩余和社会福利的增加。

• 对于所有的线路来说，合并比共谋更有利可图，因为在线路 HS 上它可以从规模经济中获得丰厚的收益，它同时对国内线路也是具有积极意义的。θ 代表规模经济，它的值越高，合并后的效益也就越明显。

从而可以推出两个结论：即使是对国内线路而言，竞争也优于共谋；在规模经济量足够大的情况下，合并是种不错的选择。

三、运输市场的竞争形式

1. 产品和服务的差异性

运输业里，最常见的一种竞争形式就是产品的差异化，其一体现在综合运用各种运输方式来提高企业的服务水平(特别是提高服务的速度)。这一现象可以表现在两个相互竞争的航空公司的案例中。如图 5-11 所示，航空公司为货主提供包括用载货汽车将货物集中运送到机场，通过航空运输，最后再用载货汽车将货物运送到目的地的服务，这部分的费用已经包含在航空运输总费用当中。假设有两家航空公司，分别坐落于两个相距为 $2L$ 的机场内，并且该地区的客户呈均匀分布，每个客户都希望托运货物的预定价格为 P，两家公司的飞行成本相等，各个客户到达机场的运费与其到机场的距离成正比。不难看出，两个机场各自区域内每个点上的运输成本可以分别用两个锥形下边线表示，价格则分别用锥形的上边黑粗线表示；这就划分了两个市场，价格的形成由竞争和成本两个因素共同决定。在竞争最为激烈的两个特定区域内，价格达到了最小值，但成本却不是最小值。

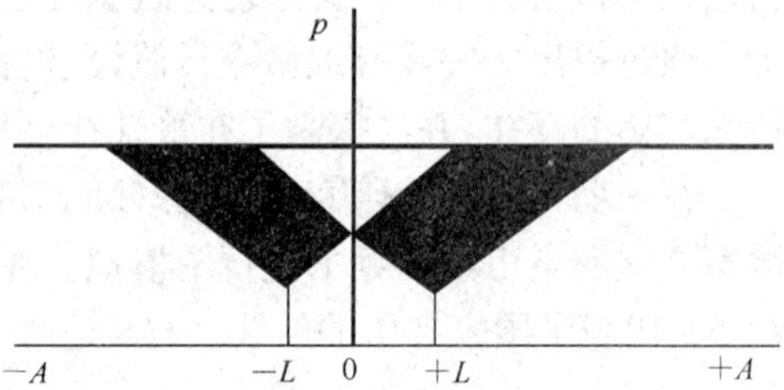

图 5-11　两个航空公司的竞争

产品差异化的另外一方面体现在服务质量的差异；它所面临的问题是当运营商把服务质量作为目标时，是否能够实现社会福利的最大化。可以通过对泰勒尔(Tirole)模型做适当的改进后来检验这个问题。假设一个垄断者，其产品成本由产量 q 和所提供的服务质量 θ 决定，需求可以写成：

$$p = p(q, \theta) \tag{5-27}$$

垄断者的利润：

$$\Pi = qp - C(q, \theta) \tag{5-28}$$

要使 Π 最大，则要求：

$$\frac{\partial \Pi}{\partial q} = p + q\frac{\partial p}{\partial q} - \frac{\partial C}{\partial q} = 0 \tag{5-29}$$

$$\frac{\partial \Pi}{\partial \theta} = q\frac{\partial p}{\partial \theta} - \frac{\partial C}{\partial \theta} = 0 \tag{5-30}$$

社会福利可以由下式得：

$$\mathrm{CS} = \int_0^q p(q,\theta)\mathrm{d}q - C(q,\theta) \tag{5-31}$$

要使 CS 取得最大值，则必须符合以下两式：

$$\frac{\partial C}{\partial q} = p \tag{5-32}$$

$$\frac{\partial C}{\partial \theta} = \int_0^q \frac{\partial p}{\partial \theta}\,\mathrm{d}q \tag{5-33}$$

当$\frac{\partial \mathrm{p}}{\partial \theta}$为常数时，这两个条件相等，即：

$$p = f(q) + a\theta \tag{5-34}$$

或

$$q = f(p + a\theta) \tag{5-35}$$

反映运输服务质量的主要指标是运输时间、安全性、舒适性等，大多数运营商都满足上述条件。当运输服务质量不产生外部性并且其用户完全掌握信息的情况下，运营商将尽可能地提供最高质量的服务。

2. 出发时间和到达时间的竞争

运输业特有的一种竞争方式就是关于出发时间和到达时间的竞争。在网络化运输中，它们对运营公司的影响是毋庸置疑的，同时在公共运输领域，很多学者对于常规运营商在关于时间表的竞争影响方面已经进行了研究，QUINET 假设用户的出发时间呈均匀分布，通常广义运输价格是等待时间的线性函数，结果显示，在出行时间的竞争上，呈现出不稳定的状态。这符合经验上的观测值，两个相互竞争的公交公司中，通过竞争通常会有一个公司处于垄断地位，但他提供的服务水平很可能只有社会最适合水平的一半。

3. 破坏性竞争

在运输市场中，存在着明显的破坏性竞争。根据博弈论和市场的稳定性分析可以得到解释。

合谋企业是指为了获得共同的利益 u_i 而聚在一起的 n 个个体。假设有一个联盟 S，其成员能够获得的利益定义为$\vec{u}$，u_i 为合谋企业 i 能获得的利益，v_i 为企业 i 不合谋时所能获得的利益，(i 从 0 到 n)。合谋博弈的核心是追求：$u_i > v_i$。

如果利益在每个个体之间是可转换的，则向量$\vec{u}$和$\vec{v}$则可以表示为：

$$v = \sum v_i;\ u = \sum u_i \tag{5-36}$$

如果成员无限多，则可以用一个区间上的点集(0,t)来表示他们。一个联盟就是一个点集，而合谋企业可以定义成为一个在(0,S)上，联盟成员满足 $V(s)$值的一个特征效用函数。可以这样描述：合谋企业有且仅有一个宗旨：

$$V(s)/s \leqslant V(t)/t \tag{5-37}$$

市场包括有限的供应者和无限的消费者。供应者的平均成本函数 $CM(q)$ 呈 U 字形，而消费者则分别具有相同的效用 μ。大部分公司会给定一个最小平均成本，使得其最小平均成本曲线 $K(q)$如图 5-12 所示。

$$K(q) = \underset{n}{\mathrm{Min}}(\mathrm{CM}(q/n)) \tag{5-38}$$

同假设一致，曲线 CM(q)呈 U 字形并且在 q_0 的两端单调递增或递减，$K(q)$是由一组 U

形线组成，并随着 q 的增大而逐渐平缓。当 q 非常大时，公司里就形成了完全竞争，表现在市场上为运营者以其最小成本运营。消费者的利益则与市场的最小成本变化相反。在这些情况下，市场与消费者之间的关系可以用一个特殊的函数来表示：

$$V(s)=sK(s) \tag{5-39}$$

只有当 $q=n^{*}q_0$ 的时候，市场与消费者之间才能达到稳定。但是由于产品的特殊价值，这种情况只有在 n 很大或很小时才能实现。这可以解释为：当市场供给(取决于最小平均成本下的产品相关度)在某一价格点上与需求不相等时，为了保证市场均衡，该价格必定会高于最小平均成本；但是如果有一部分消费者通过寻求与一些厂家的合作而以最小平均成本获得产品，势必要导致市场的不均衡。

许多成本曲线研究者都认为图 5-12 即为平均成本曲线，他们通过对大量公司进行长期研究，认为该曲线在供需平衡上是成立的。

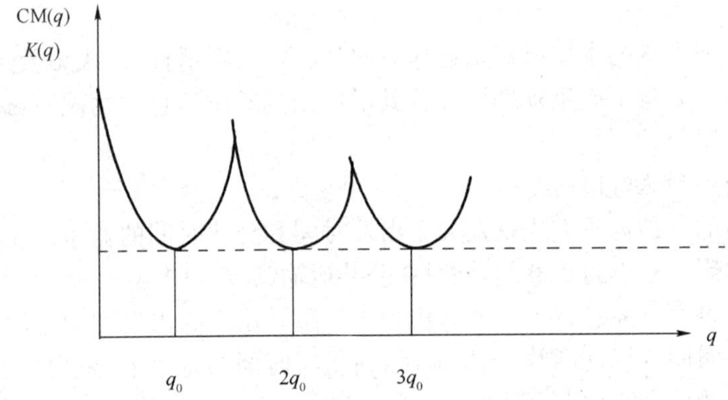

图 5-12　成本曲线图

当供需不平衡时，市场处于一个易变的境地，这时图中曲线则表示为平均可变成本，不包括固定成本在内。举例来说，如果市场需求下降(短期成本变动的主要原因)，将会有一部分厂家为了避免市场价格与最小平均成本变动的风险而被迫离开市场。但是他们也有可能会为了挽回一点固定成本上的损失而将价格降到平均可变成本和最小平均成本之间。

一般情况下，当产品需求得不到满足时，市场竞争也将得不到正常的运转。这种情况在运输市场上经常出现，供求两方面都有可能导致竞争的不正常运作。运输需求是变动的，它随着季节的变化不断循环变化。由于运输过程的特殊性，服务提供方希望减少回程空车，然而往往又都出现供不应求的情况。运输中的固定设备构成了运营成本的主要部分，但是它有较长的使用寿命和交货时间以增加新的容量。不难发现，变动的运输需求将导致不稳定的市场，因为它将有可能长期存在价格战而使得其波动幅度不断增大。

英国的一个公交管理系统已经发现了这一点。随着新公司不断加入到优势线路的竞争中来，使得价格竞争和服务竞争越演越烈，最终促成了部分公司之间的合谋，借此以消除市场的不稳定性。合谋的出现使得竞争者间可以通过租赁的形式来获取自己无法拥有的资源，从而寻求更持久的稳定。

BUTTON(1991 年)对两种不同类型的合谋(即为了寻租的合谋和为了对抗市场不稳定性的合谋)的情况进行了分析(表 5-2)，结果显示：在运输业中，以寻租为目的的合谋风险相对较小，而为了对抗市场不稳定而合谋的风险就大得多。

合谋的可能性 表 5-2

条件	寻租	对抗市场不稳定
不同的供给	弱	弱
缺乏弹性的需求	弱	强
少数公司	强	强
经济萧条	不清楚	强
不稳定的供给或需求	弱	强
法规的限制	强	弱

四、运输市场的监管

1.政府对垄断的监管

在交通运输行业，政府针对垄断的行为通常取决于垄断产生的原因。从 19 世纪末期直至 20 世纪 70～80 年代，世界各国政府普遍对交通运输业实行严格的经济监管，其着眼点是保持运输市场的稳定，以满足不断增长的客运和货运需求，而资源分配是否合理以及严格的进入和退出管制造成的低效率并未引起政府的注意。可以说，这一时期运输市场的垄断结构是政府政策的副产品，因为监管者认为过多的厂商进入运输市场将导致行业的不稳定，而不是带来更有效率的资源分配和更多的社会福利。

对由规模经济导致的垄断，监管者认为如果对垄断厂商不加以管制，他们将向其他所有垄断者一样根据边际收益等于边际成本原则决定产量，但却根据市场需求索要高于边际成本的价格，垄断厂商获得垄断租金，社会却蒙受福利损失。

事实上，政府希望垄断厂商按照边际效用等于边际成本原则决定产量，但如果政府通过权力强制执行这一原则，垄断者将马上退出市场，因为此时的收益还不足以弥补其全部的生产成本。为避免将厂商逐出市场，政府一般采取三种政策来对自然垄断行业实施监管。

(1)给予补贴并要求按边际成本定价。采用这种方法，政府要求厂商按照边际成本定价，同时利用政府税收对厂商进行补贴以弥补其损失。这既能保证资源的有效分配，同时也能保证厂商的投资能获得合理的回报。

(2)投资回报率管制。这是平均成本定价的一种形式，同时也是对自然垄断行业的最普遍的管制手段。政府允许厂商以其长期平均成本为价格，这将能够保证厂商弥补其可变和固定成本。尽管在这种条件下价格可能仍然超过其边际成本，仍会存在一部分社会福利损失，但与垄断均衡相比，价格更低，产量更高，社会福利的损失也更小。

(3)政府经营。第三种办法是政府直接经营垄断产业，最普遍的做法是国有化，最显著的例子是公共交通行业。理论上讲，这种做法与要求垄断厂商按照边际成本定价并给予其一定补贴的做法在本质上是相同，但与私营企业相比，国有国营的生产效率可能会偏低，也正是因为如此，近几十年世界上许多国家政府开始对交通运输领域的国有企业实行私有化。

但是也有一种观点认为政府的调控将带来一系列的消极影响，如阻碍技术进步、生产力发展畸变、租赁资源的浪费等，并以此作为服务水平低下和不能满足消费者需求的理由。

2.放松监管

西方国家放松运输监管的实践表明，放松监管总体上对用户是有利的。放松监管将造成价格降低(至少在开始时期是如此)、服务范围扩大和项目多样化并进一步适应用户的需要；而对于许多负面影响的担心，特别是对安全问题的忧虑却并未出现；这个行业中对于就业情况影响的表现明显，主要是因为行业竞争、交通增长、费用降低所致，这样一来就弥补了个体工资成本下降的压力。放松监管的措施也为新技术的引进提供了良好的环境，以便它们可以更好地为多元化的市场服务(多元化的市场服务是指中心辐射型网络，车辆大小的范围，还有新型的城市公共交通等)。大体上，运输成本费用是随着监管的放松而降低的，大多数是通过下调的工资率和增长的生产力带来的劳动力成本的降低而产生的。

但是，除了公路运输，其他运输行业的竞争会因为放松监管而难以维持下去。尽管价格战是通过车次流量和服务质量的改变而展开的，但是企业间经常共谋合作，少数市场控制者合并的趋势能够在一定程度上减少价格战所带来的压力。集中化的趋势具有相当的普遍性，充分展现了规模经济的角色以及网络的影响和对某些稀少资源，如机场、公共汽车站和预定系统等垄断势力削弱的能力。

因此政府在某种程度上就置身其外，通过使运输行为自由化以及允许经营者们对于用户的反应和需求，更快速、直接地做出响应，以此来进行侧面监管。然而，有时采取一种提升效率的方式也是有必要的，因为自由化取得成功的途径存在着一些弊端。

相互矛盾的是，对于政府介入和再度监管要求最强烈的竟然是在英国公共汽车上放松监管的早期阶段和来自公路竞争的失利者。具有毁坏性的竞争不仅在理论上令人迷惑不解，在实际生活中也是一个很现实的问题。现存的规模经济、网络经济体以及可使用稀少资源者在这个行业里独占主导地位，这就使得那些负责营运者们处于优先地位。这种体制从潜在意义上来说是不堪一击的。

采取有效竞争手段在某种程度上产生的结果与“放任自流”产生的结果是相反的。公共服务部门就需要从传统的供给者和主要规章制定者的角色转变为一个时刻关注发展进程的监管者，这就需要对任何可能会造成社会福利严重损失的情况做出迅捷而有效的反应。竞争自由化和放松监管已经重新定位了运输公共部门介入的方式和内容。

第四节　运输企业与现代企业

一、运输业——现代企业的摇篮

现代企业是指公司制企业，它是现代市场经济中占主导地位的经济组织形式。从企业演化的历史过程来看，古典企业或传统企业(独资企业和合伙企业)向现代企业转变，是技术创新和组织创新的结果。而这一创新首先是在运输业，具体地说是在铁路上实现的。铁路公司是最早出现的现代工商企业，它是现代工商企业管理和组织方面的先驱，也是现代企业制度的典型模式。

在企业的发展史上，19 世纪 40 年代是一个分水岭，它标志着现代企业及其制度的开端。

在 1840 年以前，美国的企业基本上属于所谓单一单位的传统企业这一类。之所以现代多单位工商企业没有在此之前出现，其原因是受当时技术和市场两个基本条件的限制。随着技术的发展和市场的扩大，现代工商企业应运而生。现代企业是如何起源的呢？首先在于技术创新，并由此导致制度创新和组织创新。无论是技术创新，还是制度和组织创新，在美国都是以铁路为起点的。19 世纪 40 年代铁路运输技术得到了迅速提高。铁路快速、准时、经济等优点使得铁路迅速取代运河及其他内陆水运，铁路运输线路借此获得长足发展。铁路运输线路的发展，有着广泛的扩散效应，带动了更大的人流和物流，刺激了经济发展。

铁路技术上的创新，是其组织上创新的基础和前提，使得迅速且全天候的运输得以实现。但是，要安全、准时、可靠地完成数量巨大的客、货运输，并要在极为广阔的地域范围内对火车机车、车皮、铁轨等设备进行长期维护与修理，没有相当规模且组织严密的管理机构是不可能做到的。历史上还从来没有别的企业或非商业性机构曾要求对这么多不同单位进行协调与控制，这些单位完成着如此繁杂且需加以仔细安排的大量工作；也从来未有任何企业处理过如此众多不同种类货物的载运和如此众多不同财务账目的记录。

铁路应付前所未有的挑战，几乎无前例可循。首先，面对这些挑战的是一种新型的人：他们都是在其服务的铁路公司支薪的职员，他们没有或仅有少许公司股份，而且大部分受过专门训练。其中，现代管理的先驱者们，在其从事管理工作以前，均是受过训练而且具有铁路和桥梁建筑经验的土木工程师。他们的生活道路和职业经营极为近似，而不同于铁路兴起以前那种拥有企业并自己经营企业的商人和制造商。他们在管理知识和能力方面与投资者相比占有明显优势。

其次，修筑铁路需要巨额资本，单独一个企业家、家族或合伙人的小集团根本不可能完成融资，因此，必须通过股份制的形式来实现。以债券、股票筹资导致了所有权的分散化，也使银行家和其他金融中介人成为主要的铁路所有者。但是，众多的股东不可能亲自去经营铁路，因为管理的复杂性决定了管理工作必须由具有专门知识的支薪人员才能胜任。于是所有权和管理权得以分开，管理企业成了支薪管理人员的专门职业。

但是，这个时代的支薪管理人员面对的是特殊的挑战，他们不仅要在既定的组织结构内进行日常管理，而且还必须致力于组织结构的创新，即致力于创新新型的管理层及组织机构。在1841年的美国，全长仅150mile的西部线的管理人员就遇到了这种挑战。这条铁路是分三段建筑的，建成后也分三段管理，各段有一组管理人员。在这条线路上，每日在两头起点站各发三辆车，相反方向的行车每天交会12次，协调的缺乏很快造成了一连串的事故。其中最严重的一次是1841年10月5日发生的客车相撞事故，伤亡19人。这场事故促使美国企业界首次建立了一套分工细密的内部组织结构，西部线因此成为美国第一家以专职支薪经理通过严密的管理系统而经营的现代企业。

19世纪中期，几条线路较长、运输量较大的铁路投入使用，它们都采用了与西部相似的组织结构。在使铁路系统日益完善化的过程中，连接东、西部四条干线中有三条干线的高层经理，在管理现代多单位企业方面做出了重要的创新。

(1)巴尔的摩和俄亥俄铁路的本杰明专门致力于财务会计理论和铁路管理所要求的精确性；

(2)麦卡勒姆提出了合适的责任划分、责任与权力相当等六条设置组织结构的基本原则；

(3)在此基础上，宾夕法尼亚铁路的总经理汤姆森以明确中央管理机构和区段管理机构中各职能部门的关系为重点，发展了西部线的结构，形成了一套分权的权力机构与职能部门分设的组织形式。

二、现代企业理论

现代西方企业理论有不同学派，观点各异，有交易费用学派的企业理论、产权学派的企业理论、委托——代理学派的企业理论等。这些学派的理论都是相互联系和交织在一起的；某一学者的理论，有时会对不同学派的企业理论有所贡献。下面主要介绍新古典经济学对企业的解释和科斯的企业理论。

1. 新古典经济学对企业的解释

新古典经济学认为，企业是生产单位。在新古典经济学理论中，只有生产函数理论，没有完整的企业理论。它的基本观点是：企业作为生产单位，其功能是把土地、劳动、资本等生产要素的投入转化为一定的产出，并用生产函数来描述投入与产出之间的转化关系。生产函数的表达式是：

$$Q = f(x_1, x_2) \tag{5-40}$$

式中：Q——某种产品的产量；

x_1、x_2——分别为两种投入品，一般视为资本和劳动两种要素。

生产 Q 的成本可表述为：

$$C = P_1 x_1 + P_2 x_2 + K \tag{5-41}$$

式中：P_1、P_2——分别为两种要素 x_1（资本）和 x_2（劳动）的价格；

K——固定成本。

因此，总成本 C 是可变成本（$P_1 x_1 + P_2 x_2$）与固定成本（K）之和。

假定产品的市场价格为 P，则利润函数 Π 就定义为销售收入与生产成本之差，即：

$$\Pi = Pf(x_1, x_2) - (P_1 x_1 + P_2 x_2 + K) \tag{5-42}$$

在每一种既定的技术条件下，都存在一个生产函数。生产函数理论仅仅把企业简单地归结为投入－产出的技术关系，研究在什么条件下产出最大化或利润最大化。它的最大缺陷在于：对于企业内部的组织结构，以及各种要素所有者（如资本所有者和劳动所有者）之间的关系，存而不论；对交易费用问题缺乏系统的论述，将之视为零费用。因而，新古典经济学派仅把企业看成是一个生产函数，将之归结为技术关系，其不能用来揭示企业的起源和演变，也不能说明企业的性质和功能。

2. 科斯的企业理论

罗纳德·科斯（Ronald Coase 诺贝尔经济学奖得主，美国芝加哥大学法学院教授）是西方企业理论（包括产权理论）的奠基者。以科斯等人为代表的经济学家对传统的经济理论进行批判性考察，从产权结构或产权制度的角度研究资源配置效率，研究如何通过界定、变更产权安排，创造或维持一个交易费用较低，从而效率较高的产权制度。

科斯的理论形成大致分为两个阶段：第一阶段是在 20 世纪 30 年代对正统微观经济学进行批判性考察，指出市场机制中存在摩擦，克服摩擦是要花费代价的，其关键在于财产制度创新——完善私有制。这一阶段的代表作是著名论文《企业的性质》（1937 年）。这篇论文被认为是西方企业理论产生的标志。第二阶段是 20 世纪 50 年代末至 60 年代中期，科斯论述了产权的经济作用，指出产权的经济功能在于克服外在性，降低社会成本，从而在制度上保证资源配置的有效性。这一阶段的代表作是《社会成本问题》（1960 年）。

1）交易费用的核心范畴

科斯在《企业的性质》中提出了交易费用范畴。这一范畴可以说是现代企业产权理论的基础。科斯在文中指出，交易费用是运用价格机制的成本，它至少包括两方面的内容：①发现贴切价格，获得准确的市场信息的成本；②谈判与履约的成本。这一范畴的提出是直接针对传统的经济理论的。其一，传统的完全竞争理论的假定是，价格信息为既定，并为所有当事人掌握。在科斯看来，价格是不确定的、未知的，要将其转化为已知，发现贴切价格，企业是要付出代价的。其二，传统的经济理论认为市场机制是一种完善的自动调节机制，交易是假定瞬间完成的。在科斯看来，市场当事人之间进行交易存在着摩擦甚至冲突，因而需要谈判、缔约，并诉诸法律，因此，要建立市场当事人间有序的联系就需要支付费用。

科斯之所以提出交易费用范畴，直接目的是论证企业制度存在的必要性。其隐含着的一个更为深刻的思想，即交易背后的产权制度问题。他实际上已意识到，在企业产权清晰的条件下，运用价格机制实现企业间联系的摩擦就会减少，交易费用就低；反之，交易费用就高。正是在这个意义上，交易费用范畴成为产权理论的核心范畴。

2)企业是价格机制的替代物

科斯指出，我们发现在经济理论中生产要素在各种不同的用途之间的配置是由价格机制决定的。然而，在现实世界中这种说法在许多地方并不适用。既然人们通常认为统筹协调能通过价格机制来实现，那么，为什么这样的企业组织是必需的呢？在企业之外，价格变动决定生产，这是通过一系列市场交易来协调的。在企业之内，市场交易被取消，伴随着交易的复杂的市场结构被企业家所代替，企业家指挥生产。可见，价格机制和企业具有可替代性。科斯的结论是：企业的显著特征就是作为价格机制的替代物。

但是，企业替代价格机制是有条件的。因为利用价格机制或市场运行是有成本的。如果通过形成一个组织，即组成一个企业，并允许一个企业家来支配资源，参与市场交易，则可以减少市场当事者的数目，减少交易摩擦，降低交易费用。但组成的企业，其内部的组织与管理也要花费一定的费用；当组成企业的费用低于其所节约的交易费用时，人们就会以企业来替代一部分市场。企业的规模取决于企业内部组织的交易费用与公开市场的交易费用的比较；企业规模扩大的极限，是其内部组织的交易费用等于所节约的市场交易费用的那一临界点。科斯进一步指出，这种交易费用的节约，推动了企业合并。当运用两个或更多的企业分别进行交易的交易费用高于由一个企业所进行交易的交易费用时，合并就会发生，并由于技术进步、管理水平提高而引起企业内部交易费用的降低，导致企业规模的进一步扩大。这样，一个原先是由生产者和消费者直接交易的原始型竞争市场，由于企业的出现与扩大，逐步成为不完全竞争市场。

3)权利界定与资源配置

科斯用于解释企业存在的是交易费用概念。后来，科斯在其《社会成本问题》中，把交易费用概念拓展为社会成本范畴。而社会成本范畴研究的核心是外在性问题。所谓外在性是指经济当事人一方的行为对另一方或对其他诸方的利益造成的损害或促进，不能通过市场加以确定，也难以通过市场价格进行补偿或支付。科斯在该文中指出，如果交易费用为零，那么，传统经济学所描绘的市场机制就是充分有效的，经济当事人之间的纠纷便可通过一般的市场交易得到解决，外在性也就根治了；只要产权界定不清，交易费用不为零，市场机制就会由于外在性的存在而失灵。

后来，G·斯蒂格勒将科斯的上述思想推崇为“科斯定理”：若交易费用为零，无论权利如何界定，都可以通过市场交易达到资源的最佳配置。显然，现实经济生活中交易费用不可能为零，由此人们推出“反科斯定理”，即在交易费用为正的情况下，不同的权利界定，会带来不同效率的资源配置。这样，实际上已经将权利安排即制度形式与资源配置效率直接联系起来。

4)交易费用与企业组织

20世纪60年代以后，威廉姆森拓展了科斯所建立的以交易费用为基础的企业调节资源配置的理论，系统地研究了交易费用，用以说明各种经济问题，从而形成交易费用经济学。

交易费用经济学所研究的基本单位是交易。所谓交易实际上可以被理解为人们之间的经济联系方式。人们之间的交往实际上被看做是交易完成和交易再发生的过程，而交易的达成是要通过契约的，契约的签订和修改都是要通过一定的经济体制去贯彻的。所以交易费用经济学着力于研究和比较什么样的经济组织体制更有利于节约交易费用，从而更有利于节约成本，提高经济效益。这里所说的经济组织体制，主要指企业组织体制和市场体制。威廉姆森从合同的订立、实施和保障必然发生费用这一点出发，详尽分析了市场交易的内在缺陷。契约的出现就是以市场交易的"内部化"来克服这些市场缺陷的。由此，契约组织就被看成是内部一体化的市场组织的替代物。

威廉姆森用来解释现代企业组织形成原因的主要因素是资产的专用性。当一项耐久性投资被用于支持某些特定的交易时，所投入的资产即具有专用性。在这种场合，假如交易过早地终止，所投入的资本将完全或部分地无法改作他用，因而，在投资所带来的固定成本和可变成本中都包含了一部分"沉没成本"。因此，契约关系的连续性意义重大，契约双方中有一方投入了专用资产，一旦另一方采取机会主义行为提前终止交易，投资一方就可能蒙受损失。资产越是专用，其潜在的交易费用就越大。所以，组织的保障可以大大降低交易费用，因而企业组织就趋于替代市场机制。

3. 学习科斯的企业理论对我国经济改革的现实意义

(1)科斯的理论强调交易费用的经济意义，这对于我们认识企业规模与运用市场机制的效率之间的关系是有启发的。交易费用思想既强调交易的界定必须清晰，还强调参加交易的当事者数量要适度，这就要求资源所有者不能高度分散地直接进入市场，而应以一定的组织状态和规模集合地进入市场。我国经济改革中应注意生产交易单位的适度规模，以减少交易摩擦，降低交易费用。因此，应以现代企业制度为基础参与市场交易活动。

(2)科斯的理论认为，企业与市场是经济运行的两个层次，它们的关系是：企业产权界定越清晰，企业进入市场的摩擦会越小，市场就越有序；反过来，市场越有序，运用市场机制的代价越小，企业的行为就越有效。据此分析我国的经济体制改革，在公有制的基础上，要构造众多的市场主体，也有一个明确产权界定的问题。企业所有制的改革与市场机制的形成，对于社会主义市场经济来说是缺一不可的。但困难往往是：一方面公有制下如何明确企业产权界定，使之既坚持公有制性质，又适应市场竞争要求；另一方面，就改革的现实而言，在既无明确的企业产权界定、又无有序的市场机制条件下进行改革，因此，如何将企业所有制改革与市场机制的培育有机地结合起来，是改革所面临的重要课题。

三、现代企业制度

企业制度发展到现代，形成了多种形式。在现代市场经济中，各国通常存在着三种基本的企业（厂商）制度，即个体业主制、合伙制和公司制（亦称为法人制）；它们与企业形式相结合构成个体业主制或独资企业、合伙制企业和公司制企业三大基本类型。此外，还存在一些联合组织形态，如集团企业、联营企业、中心卫星工厂制度和连锁店制度。

1. 个体业主制企业

个体业主制企业，又称个体企业或私人独资企业。它是由业主自己出资，自己经营，收入归自己所有，并自担风险。业主对企业负无限责任，一旦企业倒闭出现资不抵债的情况，则用自己所有财产负责赔偿。

个体业主制企业的优点在于：所有权与经营权归于一体，经营灵活，决策迅速，精打细算，开业和关闭的手续简单，产权可自由转让。其弱势在于：①企业没有独立的生命，企业随业主的死亡或未转让时放弃经营，而中断企业的运营，企业信誉有限；②企业规模小，机构简单，财力不足，发展规模受限。

由于上述特点，个体业主制企业一般适合于零售商业、服务业、手工业等。个体业主制诞生于市场经济早期，延续到今天仍普遍存在。在西方国家的企业形式中，绝大多数为个体企业，虽然它们的营业额普遍很小，但在现代市场经济中仍然必不可少，是社会化大生产的必要补充。

2. 合伙制企业

合伙制企业是由两个以上的个人或业主制企业通过签订合伙协议联合经营的组织。它可以由其中的一位合伙人出面经营，也可以由若干个合伙人共同经营。经营所得由全体合伙人分享，经营亏损由全体合伙人共同承担。合伙人承担财产的无限连带责任，即如出现企业倒闭、资不抵债的情况时，每个合伙人都要以自己的家庭财产按入股比例进行赔偿。合伙制企业虽然能够以集体名义对外签订合同，提起诉讼，但从其财产的法律关系上说，它不具有法人资格。

合伙制企业的优点在于：①资金较为充裕，能够参与一些资金规模较大的生产或经营活动；②由于负有无限连带责任，全体合伙人都必须有很强的责任心。

合伙制企业的缺点在于：①由于每个合伙人资产毕竟有限，因而企业规模一般难以达到社会化大生产的要求，局限在较小的生产和经营领域内；②合伙制企业是依照合伙人之间的协议建立起来的，合伙人与经营者没有分离，因而所有决策都需要全体合伙人一致同意，容易造成决策延误；③如果合伙人中有一位死亡或撤出，原来的合伙协议就必须修改，甚至会影响合伙企业能否继续存在。

合伙制企业的上述特点，决定了它一般只适合于资产规模较小，管理不复杂，不需设专门管理机构的生产经营行为。

3. 公司制企业

1)公司的特征

在现代市场经济中，法人的一般形式是公司，典型的形式是股份有限公司。公司作为法人企业，区别于企业的其他两种形式，即独资企业和合伙企业。独资企业和合伙企业也是企业，但不是法人，而是自然人企业。公司法人企业与自然人企业相比，有以下几个基本区别。

(1)产权主体。公司法人的财产掌握在多个所有者主体手中，企业所有者是多元化和分散化的；而自然人企业所有权却是单一的。

(2)财产边界。公司法人具有独立的、边界十分清楚的财产，即公司法人的财产与属于公司这个团体的自然人的财产是分离的；而自然人企业的财产与个人财产没有清楚的边界，或者说企业的财产在法律上仍属其成员个人所有。

(3)所有权与经营权。公司法人一般都存在所有权与经营者的分离，即公司由经营者集团直接经营；自然人企业的所有权和经营权是统一的。

(4)清偿责任。公司法人有独立的利益，承担有限责任，完全实行自负盈亏；自然人企业和业主的利益是完全一致的，承担无限责任，由企业业主自负盈亏。

(5)民事主体。公司法人享有民事权利和承担民事义务，能以自己的名义在法院起诉和应诉，而在自然人企业中，这种权利和义务全由业主直接承担。

我国《公司法》规定，只允许法人的一人公司存在，而不允许自然人的一人公司存在。这种独资公司即国家独资有限责任公司，是将所有者的财产与企业法人的财产相分离，所有者可以委托专人经营企业财产。它是一种企业，既具有法人企业的一般特征，又具有独资公司的特点，它与现行国有企业制度有着重大区别。

2）公司的形式

根据国际惯例，按照债务清偿责任和信用基础将公司划分为无限公司、有限公司与两合公司等3种形式。

（1）无限公司，即无限责任公司。股东对债务负无限连带责任，公司的信用主要建立在股东本人的信用上，亦称为"人合公司"。

（2）有限公司，它采取两种组织形式：有限责任公司和股份有限公司。它们的共同特征是股东以其出资额为限，公司以其全部法人财产为限对公司的债务承担有限责任。它们是以公司的资本为信用基础的"资合公司"。与股份有限公司相比，有限责任公司具有股东数量少，注册资金数额低，组建手续简便，不涉及募集资金和股票发行以及社会公开信息披露的方法，有利于保守商业秘密等特点。股份公司与此正好相反，其特点是募集资金的社会性和广泛性，股票的发行和可转让等，它可以在短期内筹集巨额资本，扩大企业规模。

（3）两合公司，可分为两合公司和股份两合公司。它们具有"人合"与"资合"的双重特征。一般说来，两合公司以无限公司特点为主，其法律地位与无限公司相同。英美法系（即普通法系）国家不承认无限公司和两合公司的企业法人资格。

在现代公司中，有限责任公司和股份有限公司是最普遍的形式。中小型企业及不少大企业采用有限责任公司的形式；而采用股份有限公司形式的，多是实力雄厚、资信度很高的大型公司，而其股票可以在证券交易所上市交易的公司数量更少，因为各国公司法对上市公司应具备的条件规定得很严格。

四、我国运输企业改革概况

改革开放30年来，在我国经济体制改革大背景和大框架下，我国运输管理体制改革稳步推进，政府管理职能不断转变，市场在交通运输资源配置中的基础性地位进一步加强。实践证明，深化运输管理体制改革，推进交通运输体制创新，增强交通运输市场活力和竞争力，构建健康、有效的现代运输体系，是促进运输业又好又快发展的根本保障。

1. 我国运输管理体制改革的三个重点

1）政企分开

政企分开就是明确界定政府的职能，并尽可能减少政府对企业的干预，扩大企业经营管理的自主权，使企业成为自主经营、自负盈亏、自我约束、自我发展的商品生产者和经营者。

交通领域最早实施政企分开的是公路行业。1979年由贵州省开始，到1987年10月《公路管理条例》实施，全国公路实行统一领导、分级管理，1995年开始"管养分离、事企分开"的改革，1998年，交通部与直属企业完全实现政企分开。

港口管理体制的改革从1984年开始，除秦皇岛港仍由交通部管理外，至1987年所有部属港口全部下放地方，实行中央和地方政府双重领导，以地方政府管理为主。到2002年3月，与秦皇岛港一起全部下放地方管理，实行政企分开，用了18年的时间。水运企业，中远、中海、长航、中外运等，1999年与主管部门脱钩。

民航方面，1987年初步政企分开，组建管理局、航空公司、机场。1994年，虹桥机场下放地方，2002 年，除首都国际机场和西藏机场，其余机场全部下放地方，基本实现政企分开，用了 15 年时间。

至 2002 年，交通运输行业中，公路、水运、港口、民航全部实现政企分开。

铁路方面，2000 年，中国铁路工程总公司、中铁铁路建筑总公司、中国铁路机车车辆总公司、中国铁路通信信号总公司和中国土木工程集团公司等 5 大公司与铁道部脱钩，实现政企分开。2003 年开始实施主辅分离，将中铁物资公司、铁通公司、设计院、施工企业移交国资委，学校、幼儿园、医院全部移交地方政府管理，实现政企分开。

2)事权划分，理顺中央和地方政府在交通发展方面的责权利关系

在市场经济条件下，市场应对资源的配置起基础性作用。市场经济具有效率高、效益高的优点，但也有很大的不足：经济增长跌宕起伏，通货膨胀经常出现，收入分配不公。市场的这些不足，要由政府去补充，因此决定了政府具有调控宏观经济发展的方向、维持市场秩序、保障公共产品以及提供服务的职能。这三大职能如何在中央政府和地方政府之间进行分配，是当今市场经济条件下中央与地方权力分配的基本内容。

市场经济要求中央政府具有国民经济宏观调控和维护市场秩序的职能。由于市场经济是高度社会化的经济，它要求在最大范围内实现资源的最优配置。这个要求是地方政府做不到的，只有中央政府才能调控，也只有中央政府才有权力、有条件对全国的经济进行统一的宏观调控。

市场经济要求地方政府在国家法制规范下主要负责实施本地区的各种保障职能，承担本地区的规划、建设管理和公共服务等任务。

在运输领域，行业主管部门主要行使中央政府在宏观调控和维护市场秩序、保障公共产品服务的职能，对基础设施的建设、养护、管理则应区分情况交由地方政府管理。

运输方面是如何解决这一问题的呢？在运输领域下放中央权力，最早开始于公路方面，而且是一步到位。到 1987 年，公路运输企业全交由中心城市管理。国道、省道由省级政府公路主管部门负责修建、养护和管理，县乡道分别由县乡人民政府负责修建、养护和管理。

港口是分两步走，到 1987 年，实行中央和地方政府双重领导，以地方政府管理为主；2002 年，实施属地化管理。

民航方面，属地化管理开始于 1994 年上海虹桥机场下放地方；2002 年，除首都机场、西藏机场外，已实现全部属地化。

铁路方面，近几年，地方投资铁路的积极性空前高涨，但责权利关系还不明确，因此，铁路领域的改革才刚刚开始。

3)国企改革

我国运输领域国有企业改革大致分两步。第一步是扩大企业自主权，激发企业生产经营积极性，这一步主要在 1992 年我国实行社会主义市场经济之前；第二步是转换企业经营机制，实行两权分离，建立现代企业制度，起始于 1992 年实行市场经济之后，这一步改革是国企的实质性改革。

交通领域第二步国企改革主要有两大举措。举措一，打破国企垄断，引入竞争机制，从而增强国有企业活力，培育出有竞争力的优势行业，主要包括三个方面：

(1)地方资本进入。1984 年允许地方政府投资港口、民航，到 2002 年实现属地化，1992 年允许地方政府合资建铁路。

(2)外国资本进入。1985 年允许外资建港口，2002 年允许外商控股和独资建港口。

(3)民营资本进入。主要在1993年十四届三中全会后。

举措二,实行国有企业的公司制、股份制改革,推动有条件的国企上市。

为支持交通行业的发展,国家采取了一系列扶持政策,其中建立建设基金政策为交通行业的发展发挥了巨大的作用。

2. 我国运输体制改革的三大成就

(1)除个别领域外,运输业基本实现了政企分离、政事分离和政资分离,行业主管部门的职能基本实现了由行政管理、微观管理向行业管理和公共服务的转变。

这是运输管理体制改革取得的最重要的成就,也是其他改革措施得以顺利推行的重要制度保障。通过政企分离、政事分离和政资分离,运输行业主管部门的职能由计划经济体制下的行政管理、微观管理逐渐回归行业管理和公共服务职能,政府在公益性交通基础设施投资、维护运输市场竞争秩序、提供基本运输公共服务等方面的职能逐步得到强化,从而有效弥补了运输领域存在的"市场失灵"。与职能转变相适应,政府的管理手段也从以指令性计划为主的行政化管理手段逐渐转向以经济手段、法律手段为主,同时辅之以必要的行政手段,交通法律法规体系、运输产业政策和发展规划、各种财政税收杠杆已成为配置交通运输资源、调节运输市场供求关系、规范交通运输市场行为的有力手段。

(2)逐步理顺了中央和地方政府在交通运输投资、运输管理、交通安全管理等各方面的责权利关系,既确保了中央政府在交通发展上的宏观调控职能,又充分调动了地方政府在运输建设和管理上的积极性。

改革以来,交通运输取得长足发展的重要原因之一,就是充分调动了地方政府在交通建设投资和运输管理上的积极性,推动了交通投资渠道的多元化。改革30年来,中央集权的管理体制逐渐向分权演化,通过"赋权",地方政府在交通发展中的责任和权利得到明确,从而大大提高了地方政府的积极性,港口管理体制改革就是很好的例证。另一方面,通过明确中央政府和地方政府之间的管理权限,使得一些领域长期存在的政令不一、多头管理、责权不明的问题得到根本解决,既确保了中央政府在行业管理上宏观调控职能和权威性,又充分体现了地方政府的管理自主权和重要补充作用,在这方面,海事管理体制则是又一个成功的例证。

(3)完成了国有运输企业公司制、股份制改革,基本建立了交通运输市场体系,运输企业的市场主体地位得到确立,企业管理制度逐步走向规范化。

实现交通运输业从计划经济转轨到市场经济,最主要的任务就是按照市场经济的要求建立健全交通运输市场体系,而作为市场主体的运输企业又是构建运输市场体系最为关键的环节。改革30年来,运输国有企业从依附于行政管理机构的生产单元逐渐演变为具有独立生产经营自主权的市场主体,企业管理制度逐步走向规范化,基本建立了"产权清晰,权责明确,政企分开,管理科学"的现代企业制度,从根本上促进了企业的发展壮大。目前,一批具有较强国际竞争力的交通运输企业已成为我国运输业快速发展、参与国际竞争的生力军。

第五节　案例:中国铁路引入竞争与运输企业重组

一、中国铁路改革的历程

从20世纪90年代开始,铁道部在铁路市场化改革方面做了大量工作,取得了一些成绩,但是铁路运输企业重组方案酝酿已久，却迟迟不能出台，仍处于研究探讨阶段。与电信、电力、民航等垄断行业相比，我国铁路改革讨论较早，推进最晚，争议最多，难度最大。与国外铁路相比，我国铁路具有地域跨度大、运输密度高、运输能力短缺、全路微利等特点，因此，中国铁路改革更加复杂，任务更加艰巨，但这不应该成为铁路改革停滞不前的理由。我国垄断行业改革的实践表明，早改革，早发展，早主动。世界铁路改革实践表明，尽管各种改革重组方案都有其利弊，存在风险，但是只有推进改革，铁路才有出路。铁路改革长期议而不决，必将使我国铁路丧失改革和发展的良机，成为最昂贵的选择。

改革开放以前，由于受原苏联体制的深刻影响，我国铁路运营和管理的特点是以高度集中、大联动机和半军事化，是缺乏有效竞争的传统计划经济体制的典型。改革开放以来，在中国经济体制改革不断深入的大背景下，铁路运输业的改革可以划分为6个阶段。

1.计划经济阶段(1978年以前)

改革开放以前，运能的短缺和相对薄弱的物质基础使国家将分散的、各自为政的铁路局合并，统一管理，实行统筹统支、统一调度、统一补贴、统一拨付、统一运价的一体化经营管理模式。国家既是运营企业财产所有者又是企业直接经营者，运营企业几乎没有自主经营权，仅仅充当生产组织者和计划执行者。运营企业生产所需的资金、设备、原材料等由国家统一调拨，产品由国家统一销售，劳动力由国家统一分配，工资由国家统一规定，企业收入由国家统一进行分配。铁道部代表国家行使政府的管理责任，铁路局则基本上充当生产的组织者和计划的实施者，运营企业的经营自主权极其有限。

运输收入上缴铁道部，铁道部按照一定的清算办法分配给各铁路局，再由路局按类似的清算办法分配给分局。改革开放以前，我国运输收入分配改革主要是对运输收入清算办法的微调，没有涉及分配程序的改革。

2.放权让利的改革起步阶段(1978～1985年)

这一阶段的改革目标是:合理核算运输成本、分配运输收入，使铁路局成为比较完整的经济核算单位，强化其经营责任，进一步解决国家、企业、个人三者之间的利益关系。采用的方式主要是国家委托铁道部与各路局签订业绩合同，表现为“企业基金”、“全额利润留成”和“税后利润递增包干”三种形式，每种形式只实行两三年，变更频繁。1978～1982年，国家实行“工商统一税”，铁路运输实现的利润，除了按照企业基金制或利润留成制提取一部分留利外，其余全部上缴国家；1983～1985年，“利改税”后，工商税改为营业税，铁路实行“税后利润递增包干”，铁路运输部门除了向国家上缴营业税和所得税外，以一定的利润基数，每年向国家递增上缴。

在这一阶段，尽管铁路留利和铁路自主权不断扩大，但并没有产生实质性的改变。铁路把积累的绝大部分资金以利税的形式上缴国家，剩余的少量资金用于职工福利和技术改造；铁路所需要的建设资金由国家财政下拨，超支包补，铁路的经营状况与铁路的发展建设不发生直接联系。这种在投资上实报实销的财政管理体制不利于处理投入与产出的关系，使铁路部门缺乏自我改造和自我发展的能力和活力，从站段到路局层层吃“大锅饭”的状况，影响了企业改进经营的积极性，形成争投资、争项目、敞口花钱的不良倾向。可见，“放权让利”式的改革并没能摆脱国家与铁路之间的“行政管理”关系，铁路运输业也没有实现自主经营、自负盈亏、政企分开等改革目标。

1)企业基金制(1978～1980年)

1978年，国家对铁路运输部门实行企业基金制，铁道部相应制定了《铁路运输企业试行企业基金的规定》，企业如果能完成8项经济技术指标，就可以按照工资总额的5%提取企业基金；如果超额完成业绩指标，可按超额利润的 10%提取企业基金。这 8 项指标分别为：换算吨公里、煤炭发送量、货车周转时间、运输进款收入、机车万吨公里耗煤(油)量、运输全员劳动生产率、每万换算吨公里运输成本和每万换算吨公里占用流动资金，1979 年颁布的《运营企业基金法》将这 8 项指标改为 4 项：换算吨公里、煤炭发送量、货车周转时间和运输收入。

2)全额利润留成制(1981～1982 年)

全额利润留成是按实现利润和核定的比例提取留成基金，财政部核定铁路的留成率为 21%，用于建立职工福利基金和职工奖励基金。实行利润留成制度是国家经济管理体制和财政体制改革的一个重要步骤，是扩大企业财权的一种形式，它改变了铁路在利润分配上根据全产业工资总额和超计划利润的一定比例提取企业基金的方法。

按照国务院的要求，运营企业内部也全面推行了各种形式的经济责任制：在纵向上实行各种形式的“包、保、核”经济责任制；在横向上实行各种形式的经济联保责任制。

试行利润留成制以后，铁路运输业完成的利润越多，留成也就越多。不像企业资金那样，完成或超额完成利润，最多只能提取工资总额的 5%和超计划利润的 10%，而是可以从实现的利润中提取 21%的留利，因而有利于鼓励企业多创利润。

实行铁路利润留成制度，进一步扩大了铁路的财务自主权。强化了激励和约束机制；然而，在铁路内部“收支两条线”的财务管理体制下，不同铁路局利润的形成取决于铁路内部收入分配方式，企业利润基数和分配比例不好确定，以致年年争基数，争比例，使铁道部与铁路运输企业的分配关系难以合理确定。

3)利改税后的利润分配制度(1983～1985 年)

1983 年国务院批准的《国营企业利改税试行办法》规定，凡是有盈利的国有大中型企业，均根据实现利润缴纳所得税，即“利改税”。企业缴纳所得税后的利润，一部分上缴国家，一部分按照国家核定的留利水平留给企业。上缴利润部分，可根据不同情况，分别采取递增包干上缴、固定比例上缴、缴纳调节税、定额包干 4 种办法。

税后利润递增包干自 1983 年 1 月 1 日起实行，到 1985 年期满，承包期为 3 年，这是铁路全行业经济承包责任制的开始。与利润留成制相比，税后利润递增包干促进了铁路与国家的关系从经济责任制向经营承包制方向发展，改变了利润留成制度下企业上缴国家利润的“软约束”。

3.经济承包责任制(1986～1992 年)

1986 年，国家批准铁道部实行“投入产出、以路建路的经济承包责任制”，即所谓的“包投入、包产出、包以路建路”的“大包干”制度。该制度规定，运营企业(指铁路局)应缴的所得税和税后利润均留在铁道部，不再上缴国家，用于抵拨铁路预算内基本建设投资和技术改造，运营企业按当年完成的运量、运输进款比上年增长的比例和运输实际单位成本比对国家承包目标、成本口径、节约额的税后节余三项之和，进行利润分配，结算企业留利。

1987 年，铁路局运输进款清算采用了“双挂钩”的方法，目的是合理确定铁路局税后上缴利润和留利水平，并在 1988 年，各局(除广州、柳州、乌鲁木齐三局)开始实行“全面承包”制。

该制度明确了铁道部承担的责任，并将税后利润用于全部的基建项目投资和机车车辆的生产，把铁路局运输清算收入与所完成工作量相挂钩，实行换算周转量基础上的奖励制度等。同时国家也明确了对运营企业承担的责任以及给予的优惠政策，将铁路营业税率从 15%降到 3%，将“六五”计划期间国家直接分配给铁道部的资金改为免除本息作为铁路的资产等。

该制度改变了铁路“收支两条线”分配机制，在一定程度上达到了激励企业提高运输效率的目的。但由于该制度治理结构本身的天然缺陷，使得在政府干预铁路运营，经营者不承担风险，承包指标没有随外界环境变化而做出相应调整，较短的承包期限诱发短视行为，难以保证监督的有效进行这些方面没有得到理想的改善。

1991 年各铁路局根据国家“八五”计划纲要对铁路继续实行全行业包干的总体要求，在“七五”承包方案的基础上，进行了适当调整，实行滚动承包制。滚动承包方案是以适度增加激励机制，健全约束机制为目标，建立部、局间包保关系，对增强企业运输活力诸多因素进行改进和完善。

滚动承包的主要做法包括：合理确定承包基数，调动运输企业增产增收的积极性；调高清算单价，扭转铁路局收支倒挂局面；明确成本管理包保责任，稳定企业外部经营环境；提高排空车清算单价，推进局部联合劳动的发展；提高铁路局留利水平，增强企业活力。

为改善铁路全行业承包的外部环境，1992 年 7 月 1 日起，国家允许铁路建设基金的征收水平在原来每吨公里 0.2 分的基础上增加了 1 分；从 9 月 1 日起 7 对全列空调客车实行优质优价；10 月 1 日起，怀化—大龙、兰州—武威两条铁路实行新路新价；12 月起的春运期间，广州铁路局管内旅客列车实行浮动运价。国家继续保留“七五”期间对铁路优惠的税收政策，并对线路大修免征营业税，对施工企业减征所得税。

4.以市场为导向的改革试点阶段(1993～1998 年)

20 世纪 90 年代，我国铁路加快了适应市场经济需要的改革步伐。1992 年，国家发布了《国有企业转换经营机制实施办法》，并在 1993 年 7 月实行了全国统一的财税制度，取消了“大包干”制度。

1993 年，广州铁路集团成立，标志着我国铁路局改制为铁路公司的开始。此后几年，陆续有 20 多家铁路企业进行建立企业制度试点工作。

1991 年，铁道部对“双挂钩”的清算方法进行修改完善，重新用统一的办法确定各铁路局的留利基数，超基数留利按 3∶7 的比例划分。1993 年取消了企业留利制度，建立了新的核算规则。1994 年，全部运输企业全面实行“管内归已、直通分配”的运输收入分配办法。“管直方案”实行全路统一单价，各铁路局按“管直”收入的一定比例向铁道部上缴“调节收入”。1995 年按照“管直清算，一次到位”的思路设计收入清算办法。1996 年，对“管直方案”的收入清算办法作了重要的完善和修改，概括为“管直清算，系数调节”。1997 年，对“管直清算，系数调节”作了进一步的完善。1998 年，又进行了微调。

1994～1998 年对“管直”的一系列改革，使运输收入分配逐步趋于公平、合理，更能反映本局真实业绩，提高了对经营者业绩测量的准确性，改善了对经营者的奖罚机制，有利于各局控制成本，提高经营效率。但该方案采用未经任何修正的历史成本作为制定调节系数的基础，无法回避历史成本的不科学性及其对收入分配的影响。

5.资产经营责任制(1998～2002 年)

资产经营责任制是以落实国有资产保值增值责任为核心，以提高国有资产经营效益为目的的经营责任制度。铁路局实行资产经营责任制的基本原则：一是明确界定铁道部与铁路局的权责边界，确立运输企业的市场主体地位，促进铁道部职能转变；二是落实铁路局经营自主权，维护运输集中统一指挥；三是讲究投入产出，促使企业经营转向以提高经济效益为中心；四是对资产经营责任考核公开化、制度化、定量化，实施有效监督；五是从实际出发，突出重点，平稳过渡，逐步完善。

1998 年，铁道部制定《铁路国有企业资产经营责任制暂行办法》(铁财[1998]18 号)，并与工业、工程、建筑、物资、通号五大公司签订了《1998～2000年资产经营责任书》；还对呼和浩特、南昌、柳州、昆明四个直管站段的铁路局试行资产经营责任制；年末，铁道部正式发布《铁路资产经营责任制实施办法》(铁政法[1998]148号)，决定对铁路运输企业实施资产经营责任制。至此，铁路将全面实施资产经营责任制。

1999年，铁道部首先选择呼和浩特、南昌、柳州、昆明四个直管站段铁路局组建内部客运公司。铁道部专门印发了《直管站段铁路局组建内部客运公司指导意见》(铁政法[1999]97号)，经过半年多的实践，铁道部又印发了《深化客运公司改革试点若干意见》(铁政法[2000]151号)。客运公司的组建界定了铁路局与客运公司之间的资产和管理关系，确立了客运公司在客运业务上的经营管理责任主体地位。

从2001年起开始实行新一轮资产经营责任制，对运输财务体制进行了重大改革，实行客运与货网分账核算，铁路局分客货网资产，负债和所有者权益，客运收入来自市场，货网收入合并清算，提供服务相互清算。打破了长期以来铁道部对各铁路局客运收入实行“系数调节”的大锅饭核算体制，在中国铁路历史上首次实现了客运独立核算。此外，进一步扩大了铁路局的经营自主权，调整完善了考核办法，进一步促进企业加强经营管理，提高企业经济效益。

2002年9月28日，北京铁路局客运公司的正式成立标志着全路14个客运公司组建工作顺利完成。客运公司改革取得了“确立客运经营管理责任主体、初步形成适应市场的内部组织机构、增强参与市场竞争意识、实现三项制度改革的新突破、保持安全质量稳定的良好局面”5个方面的主要成果。当然，客运公司改革仍存在问题和不足。铁道部于2002年12月印发《关于深化铁路局内部客运公司改革的意见》(铁政法[2002]90号)。

2000年5月31日，傅志寰在铁道部研讨班开班时讲话指出：以“网运分离”作为我国铁路运输体制改革的基本模式，把具有自然垄断性的国家铁路网基础设施与具有竞争性的铁路客货运输经营区分开，组建一个统一的国家铁路路网公司及若干个有较强实力的客运公司和货运公司，实行分类管理，可以比较全面而合理地解决长期困扰铁路发展的体制性弊端和结构性矛盾。

2001年3月5日，九届人大四次会议《中华人民共和国国民经济和社会发展第十个五年计划纲要》提出，“加快以政企分开为核心的交通运输管理体制和经营机制改革，铁路实行‘网运分离’，民航机场和港口下放地方管理，航空运输企业实行重组，形成大集团。”铁路改革的总体思路是“政企分开，网运分离，引入竞争，加强监管”，具体的改革目标是：铁路主管部门与铁路运输企业脱钩，确立运输企业的市场主体地位，引入多元投资主体，建立现代企业制度；组建路网公司和若干个客、货运公司及专业公司，向社会开放客、货运市场，引入竞争；打破运输财务核算上的“大锅饭”体制，运输企业实行独立核算，自主经营，自负盈亏；成立政府监管机构，对运输市场和路网公司实行监管。2003年3月5日，九届人大五次会议的《政府工作报告》明确：“推进垄断行业改革。通过政企分开和企业重组，打破行业垄断，引入竞争机制。尽快实施电信、电力、民航管理体制改革，抓紧研究制定铁路管理体制改革方案。”

2002年年底重新修改制订了资产经营责任制办法，进一步深化完善了资产经营责任制，主要体现在以下方面：一是调整了线路使用费标准；二是进一步扩大了铁路局投资决策自主权、客车购置招标自主权以及贷款付息责任；三是进一步完善了铁路局工效挂钩办法；四是在考核制度上进一步强化了铁路局确保旅客列车安全的责任，奖惩更趋合理。

6.跨越式发展思路下的铁路改革(2003年～今)

2003年6月28日，铁道部召开铁路跨越式发展研讨会，刘志军部长系统提出了铁路跨越式发展的内涵和目标，并明确我国铁路跨越式发展的重点任务是：建设发达的铁路路网，实现技术装备现代化，加快实现铁路信息化，推进管理体制改革，创造运输经营的良好效益，确保运输安全和铁路稳定，推进党的建设和精神文明建设。跨越式发展下，铁路管理体制改革主要体现在：深入研究铁路管理体制改革总体方案，实现主辅分离，推进运输主业减员，改革铁路投融资体制，推进专业运输公司体制改革。

2003年，按照政企分开和社企分开的原则，将中国铁路物资总公司和铁道通信信息有限责任公司移交国资委管理，4个部属铁道勘察设计院和14个铁路局的局属17家甲级设计资质、21家一级铁路施工资质企业分别移交国资委所属的中国铁路工程总公司、中国铁道建筑总公司，并于2003年11月24日制定了《关于推进铁路主辅分离辅业改制和做好再就业工作的指导意见》，为全路主辅分离辅业改制和再就业工作的深化提供了政策保证。2004年3月16日，中铁二十二局集团有限公司的成立，标志着作为全国铁路基础性改革重要组成部分的铁路设计、施工企业与铁路运输业结构性分离进行完毕。

2003年12月28日，中铁集装箱运输有限责任公司（中铁集运）、中铁特货运输有限责任公司（中铁特货）以及中铁行包快递有限责任公司（简中铁行包）的揭牌成立，标志着我国铁路专业运输管理体制改革取得了突破性进展。铁道部组建成立的3个专业运输公司是建立现代企业制度、推进政企分开的积极探索，改变了过去铁路内部多个利益主体经营同一业务、资产分散、利益分割、无序竞争，形不成合力的局面，确立了专业运输市场的主体地位，形成了对专业运输发展战略、投资建设、运行效率、经营效益承担责任的经营实体。

2006年2月7日，中铁行包快递有限责任公司与中铁快运股份有限公司完成合并，重组为中铁快运股份有限公司。中铁快运股份有限公司由中国铁路建设投资公司（作为铁道部出资人，占总股份的52.6%）、18个铁路局（公司）、北亚实业股份有限公司和广深铁路股份有限公司共21家股东组成，拥有18个较大车站行包房和接管了原由铁路局经营的全路14对行包专列，并形成铁路干线运输网、区域公路运输网、配送服务网、主要城市经营网、开放式计算机信息网"五网合一"的核心优势。

2005年3月18日，全国15个铁路局（含青藏铁路公司）中设有分局的10个铁路局撤销铁路分局，并新成立太原、西安、武汉3个铁路局。全国铁路系统共设立18个直接管理站段的铁路局（公司），各铁路局将成立适应直接管理站段的调度指挥机构，对铁路局管辖范围内的运输工作统一指挥、集中调度，机车交路、客车担当、乘务制度、列车安全技术检查区段按现状维持不变。

二、中国铁路改革的目标、主要任务及制度条件

1. 中国铁路改革的主要目标

1）提高铁路运输企业的市场竞争力和财务活力

铁路是最符合可持续发展战略要求的交通运输方式，我国要吸取西方发达国家铁路"发展—衰退—复兴"的教训，通过改革提升铁路运输企业的市场竞争力和财务活力，使铁路运输企业在市场经济环境中，通过参与运输市场竞争实现铁路运输业的发展和壮大。这就要求铁路运输业能够快速回应市场运输需求的变化，能够提高运输生产效率，为社会提供低成本、高质量的运输服务。

2）构建开放的铁路产业结构并形成有效的投资激励机制，快速拓展路网和提高铁路运输装备水平

当前铁路运输能力短缺，已成为国民经济发展的瓶颈。国家已制定《中长期铁路网规划》，加快铁路运输发展已成为共识。现有铁路运输管理体制和单一的国家投资渠道已不足以支撑铁路跨越式发展的资金需求，只有通过体制改革才能实现铁路快速发展。铁路改革必须要构建开放的铁路产业市场结构，吸引民间资本投资于铁路运输可盈利的领域和环节。有效的投资激励机制首先要有足够的国内外资本流向铁路运输业，实现铁路跨越式发展目标，其次使资本投向铁路瓶颈环节和发挥最大的投资效用。

2. 中国铁路改革的主要任务

(1)改革政府管理体制和方式，实现政企分开、政资分开、政监分开，并组建运输部和铁路运输监管委员会。

(2)产业重组，构建开放的铁路产业结构，成立多元化的运输市场主体。对于可竞争环节，要引入竞争；对于垄断环节，要加强监管。

(3)建立公平、高效、透明的政策和制度环境。

3. 中国铁路改革的制度条件

(1)铁道部政企分开。政企合一的铁路运输管理体制，使得铁路企业难以成为自主经营的市场主体，企业的预算约束软化，生产组织缺少活力和灵活性。只有将铁道部政企分开，铁路企业才能真正成为市场主体，"行业管理"才能公平有效，有效的监管体系和办法才能逐步确定，各项改革措施才能建立和落实。

(2)要明确公益性线路由政府投资建设，公益性运输服务由政府补贴。欧盟铁路改革的经验表明，铁路政企分开的前提是政府承担铁路公益性责任，政府可以通过购买公益性服务或引入竞标制度提高公益性服务的补贴效率。我国铁路运输担负着大量公益性运输任务，路网规划中也存在大量公益性线路，政府应把有限的资金集中于公益性铁路方面。地方政府对公益性铁路建设和公益性服务补贴是欧盟各国普遍的做法。近年来，随着我国经济的快速发展，地方财政已具有相当的实力，铁路应该以符合可持续发展要求和铁路对地方经济的基础性、促进性作用等优势，积极为地方经济服务，同时取得地方政府对铁路新线建设投资和公益性运输服务的补贴。中央和地方两级政府对公益性铁路投资和补贴到位了，商业性铁路运输服务和建设项目才有可能剥离出来，实现市场化运作，政企才能真正分开。另外，随着铁路改革的深入，政府还应该部分承担铁路历史债务和职工安置补贴等。

(3)要逐步放松铁路运价监管。现有的运价管理办法已使铁路运输企业在运输市场竞争激烈的区域和运输项目上丧失竞争力。全路统一运价和由此造成的大量交叉补贴和复杂的运输收入清算办法，是阻碍铁路引入新进入者的重要因素之一，必须要适当提高短缺的铁路运输服务和环节的价格，发挥价格信号引导投资的作用，以利于社会资本流入铁路运输业；必须放松或取消对已经受到其他运输方式竞争的铁路运输服务价格，使铁路运输企业能够灵活运用价格手段参与市场竞争；必须逐步缩小公益性低运价铁路运输服务的范围，以扩大商业性铁路运输的范围。

(4)要建立清晰、透明的铁路运输成本核算办法。公益性运输的界定和运价制度都依据于准确、及时的铁路运输成本数据，我国铁路运输成本核算办法尚不能满足要求。分账核算需要外力推动，分拆铁路运输企业有助于建立清晰、透明的成本核算体系，法国的经验值得借鉴。

(5)运输能力分配规则和线路使用费政策。引入新投资者或将既有铁路系统拆分成多个市场主体，必然会产生运输道路的开放和收费问题，我国在这方面的理论和实践尚处于起步阶段。

三、中国铁路引入内部竞争

与发达国家的一个显著差异是，总体来说，中国铁路在运输市场中仍具有较强的市场垄断力。东部发达地区，中短途客货运输已受到高速公路的激烈竞争；主要城市间中长途铁路客运已受到民航的挑战，但由于中国人口众多，而且收入不高，总体上说铁路仍然是中长途客运的骨干力量，除此以外的其他运输市场中，铁路具有相当的市场垄断力。因此，提高铁路运输效率的重要途径是引入内部竞争。

1. 铁路网特点及对引入竞争的影响

我国铁路网是经过周密规划建设的路网，尚处于快速发展和建设阶段。除了大秦线等煤炭专用通道外，我国铁路网均是客货混跑。高速铁路和区域性客运专线正处于规划和建设阶段。从路网形状看，路网密度不高，两个城市之间基本没有平行径路，基本没有区域性运输子网。因此中国铁路不可能引入像美国那样的平行线路竞争方式，也不大可能像欧洲国家那样对区域性客运引入特许经营权竞争。由于中国铁路客货流平均运距远远大于西方发达国家，全路主要干线运输能力紧张，客货车辆不足，近期在运营层面不宜分割国家铁路主干线网，所以引入标杆竞争比较困难。根据我国铁路干线运输能力全面紧张的状况，全国范围内网运制度分离时机尚不成熟。

2. 现阶段引入竞争的可能方式

中国引入竞争的可能方式是特许经营和线上竞争。特许经营权招标可以分为特定列车运行线特许经营权、特定线路特许经营权以及特定区域特许经营权。我国目前的行包专列、集装箱专列承包经营就是特定列车运行线特许经营权的实际运作方式，它可以扩展到煤炭、粮食、矿产品专列运输上，也可扩展到 $O\text{-}D$ 间客流量较大且稳定的客运运行线或某些市郊列车的商业化运作上。对一些支线也可采用特许经营权招标制度。

对上海—北京这样的高密度长距离干线，也可能引入线上竞争，形成双寡头垄断的市场结构。考虑到铁路具有密度经济特性，在此类线路上双寡头的市场结构并不会增加很大的成本。这是因为：如果在双寡头情况下客流不减少，路网的高密度运行没有改变，一般认为引入双寡头会增强列车运输服务的效率和市场吸引力，客流会因此提升，路网的使用效率因此而提高，在双寡头市场结构下，对高密度长运距客流而言，每个列车运营公司尚能够达到规模经营的要求，那么列车运营公司的单位成本也不会提高。在双寡头情况下，两家公司会对各自所在地区的客流信息比较了解，在协商列车开行方案时可共享信息。当然双寡头市场结构还具有很大程度的垄断性，线上竞争并不充分，还必须要对双寡头进行监管，但监管下的双寡头市场结构效率会高于独家垄断经营的效率，标杆竞争是对双寡头市场结构的常用监管手段。中国主要干线运输能力紧张是引入线上竞争的制约因素，鉴于目前京沪线已有上海和北京两局对开列车的现状，笔者认为双寡头的市场结构是可以尝试的一种办法，关键是建立合理的运能分配和线路使用费规则，并以运输指挥措施作保障。

开放通路，引入新的进入者，构成适度线上竞争格局，是另一种引入竞争的方法。新进入者的加入可以带来社会资金，缓解铁路发展资金不足的压力，而且可以形成铁路运输内部竞争的格局，促进国铁提高经营业绩，进而提高铁路运输业的竞争力。目前，中铁集装箱公司、中铁特货公司、中铁快运公司的格局就是这种方法在实践中的运用。今后可以继续将铁路运输业务中盈利性比较好、运输组织相对独立的业务和环节，从既有铁路管理体制中剥离出来，吸纳社会资本，组建股份公司。路网还可以直接向新进入者开放，鼓励社会资本参与铁路运输。公平开放通路，需要由足够的运输能力和有力的监管体系作支撑。我国应尽快建立公平开放通路的监管体系和办法，并加快铁路建设步伐，不断提高铁路运输能力，为线上竞争创造条件。

3. 未来引入竞争的可能方式

根据《铁路中长期发展规划》，到 2020 年中国将形成 12 万 km 的铁路线路。届时将形成由干线铁路网、地区性铁路网和城市轨道交通网三个网络组成的轨道交通网。干线铁路是指跨越省界和连接省内主要城市并和全国各城市相通的国家级客货运输铁路，地区铁路是以跨省的经济区域内或省内重要城市为中心连接各县级市，并为发展新城镇而建设的铁路。

未来中国轨道交通网应包括干线铁路网、地区铁路网和城市轨道交通网，三网层次结构如图 5-13 所示，具有的两大特征是：

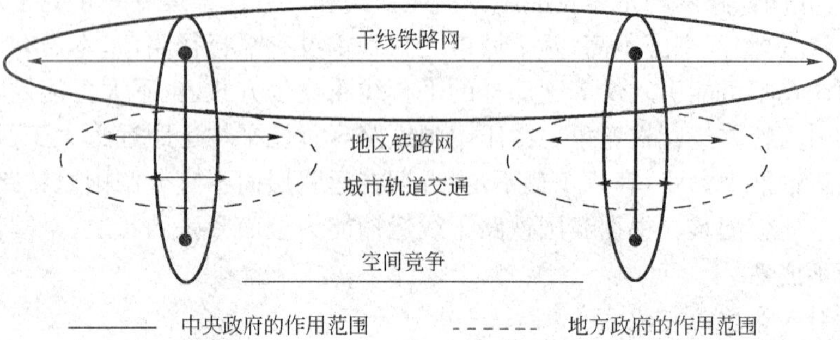

图 5-13　轨道交通网的层次结构

（1）干线铁路主要由中央政府负责规划、协调，公益性铁路由中央政府投资建设；地区铁路网由地方政府负责规划、协调，公益性的地区铁路以地方政府为主投资，公益性的地区运输服务由地方政府补贴。

（2）干线网与地区网形成相互“依附”关系。首先在硬件上三网在枢纽车站无缝隙连通，实行零换乘。其次干线运输组织、地区运输组织、城市轨道交通运输组织系统优化，实现列车合理衔接。

随着一批客运专线的逐步形成，与客运专线相平行的既有线路将以货运为主，到 2010 年运输能力紧张的局面将得到局部缓解。同时，国家综合交通体系也将逐步完善，铁路运输外部竞争更加充分。铁路运输引入内部竞争改革可供选择的空间进一步扩大。

（1）世界银行将交通运输业特许经营权分为租赁经营、特许经营和 BOT 三类。对新建的有效益且相对独立的运输项目，如高速铁路和繁忙区域城际客运专线，应采用 BOT 等方式吸纳民间资本参与，在铁路运输增量领域形成对既有铁路运输系统的竞争。

（2）当高速铁路和繁忙区域城际客运专线投入使用后，既有线将以货运为主，可以考虑将既有主干铁路网系统按照区域或干线重组成 3～4 家从事大宗货物运输的货网一体的铁路公司，他们之间互相开放通路并向其他专业货运公司、客运公司开放通路。形成兼有平行线竞争、线上竞争、标杆竞争和特许经营权竞争的多元竞争格局。

四、中国铁路运输企业重组方案建议

中国铁路近期重组方案要以现有的“铁道部—铁路局”的管理框架为起点，近期至少在运营层面不宜分割国家铁路主干网，不宜分离大宗货物运输与主干铁路网。根据现阶段中国铁路面临的主要问题及可能引入竞争的方式，近期中国铁路重组可行方案如下。

方案一:网运资产分离,运营合一

组建国家铁路主干网公司,拥有国家铁路主干网资产,负责国家铁路主干网的投资和建设,编制全路列车运行图和货物列车编组计划,分配限制区段通过能力,统筹安排春运、军运、特运、专运等特殊运输。国家铁路主干网的日常运营管理、维护委托给各铁路局,并向各铁路局支付委托管理费用。国家铁路主干网向全体铁路运营商(包括铁路局、货运专业公司及新的客货运服务商)开放通路,运营商向国家铁路主干网公司支付线路使用费。

优点:

(1)网运核算透明,有利于成本信息公布。

(2)既开放通路形成适度线上竞争格局,又把网运协调成本降至最低。

缺点:铁路主干网公司垄断。

方案二:组建中国铁路运输总公司,实现政企分开

中国铁路运输总公司,下设区域性的运输子公司、客运公司和货运专业公司(图 5-14)。

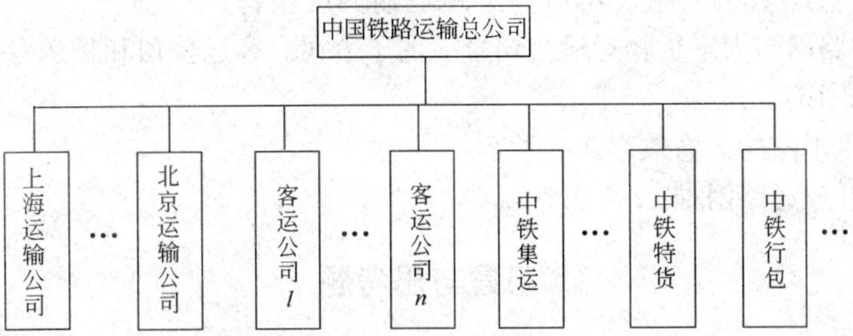

图 5-14　中国铁路重组方案二

中国铁路运输总公司负责全路运输调度指挥;区域性公司网运合一,路网对外开放通路;客运公司、专业货运公司及新进入者可以租用区域性公司的线路。

优点:操作简便,改革成本最低。

缺点:

(1)既有铁路的体制弊端难以消除。

(2)引入铁路内部竞争比较困难。

方案三:控股公司模式

组建国家铁路控股公司,下设若干个客货网合一的区域性铁路公司(图 5-15)。

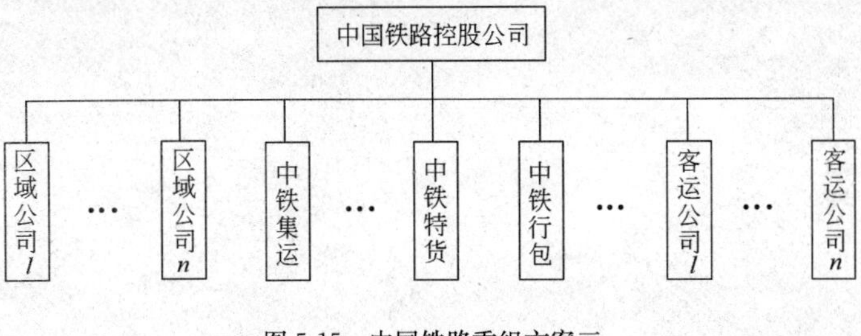

图 5-15　中国铁路重组方案三

国家铁路控股公司行使全路运输调控职能,对区域性公司之间的客货运输能力安排进行协调;负责落实国家要求的运输调控任务,保证各区域公司公平提供路网服务,确保国家铁路干线畅通;负责国家干线路网的规划与建设;对区域性公司行使国有资本出资人权能。

构建两级铁路运输调度指挥单位：

(1)国家铁路控股公司运输调控中心，组织编制全路列车运行图，确定货物车流和货物列车编组计划，分配限制区段通过能力，统筹安排春运、军运、特运、专运等特殊运输。

(2)区域公司组建区域运输指挥中心，负责管内运输集中统一指挥。

优点：

(1)可以通过控股公司来协调网运关系和跨区域运输。

(2)有利于吸纳社会资本投资铁路。

缺点：区域公司仍然垄断经营，竞争不充分。

方案四：国家主干网与大宗货物运输合一，开放通路

一个国家铁路主干网公司，若干客运公司、若干货运专业公司和新进入者。国家主干网公司负责全路运输调度指挥，下辖若干区域性路网与大宗货物运输公司合一的子公司。客运公司和货运专业公司租用路网公司的线路(图 5-16)。

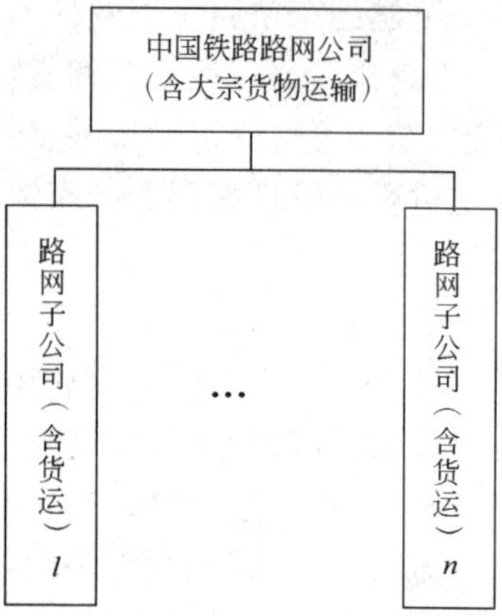

图 5-16　中国铁路重组方案四

优点：保证主干网的运输效率。

缺点：货运开放通路困难。

习题与思考题

1. 什么是运输市场？运输市场有哪些主要特征？
2. 如何对运输市场进行分类？
3. 运输市场的竞争结构有哪些？
4. 简述你对当前我国运输企业存在的问题及其解决途径的看法。
5. 试述现代企业理论的主要内容。
6. 运用科斯的企业理论分析我国运输业改革。
7. 简述我国运输体制改革的重点与成就。
8. 中国铁路改革的主要目标、任务和制度条件是什么？

第六章　运输基建项目投资、融资与经营

引　子

京沪高速铁路是我国《中长期铁路网规划》中投资规模最大、技术含量最高的一项工程，也是我国第一条具有世界先进水平的高速铁路，正线全长约 1 318km，与既有京沪铁路的走向大体并行，全线为新建双线，设计时速 350km/h，初期运营时速 300km/h，共设置 21 个客运车站。该项工程预计 5 年完成，2010 年投入运营。届时，北京至上海高速列车全程运行时间只需 5h，比目前京沪间特快列车缩短 9h 左右，年输送旅客单方向可达 8 000 余万人，大大释放既有京沪铁路的能力，使既有京沪线单向年货运能力达 1.3 亿吨以上，使其成为大能力货运通道，从而满足京沪通道客货运输需求，从根本上解决京沪通道运输能力紧张的状况，真正实现"人便其行、货畅其流"。

在京沪高速铁路项目长达 10 年之久的论证期间，其数千亿元的资金来源问题一直是各方关注的焦点。根据国务院对京沪高速铁路的设计批复，包括已经开工的北京南站，南京大胜关枢纽大桥，项目的总投入将高达 2 209.4 亿元，这是新中国成立以来一次投资规模最大的建设项目。2007 年 12 月 27 日京沪高速铁路股份有限公司在北京创立，该公司的创立也标志着京沪高速铁路工程依法建设的条件已经具备，也解开了京沪高铁巨额投资来源之谜。京沪高速铁路股份有限公司是在铁道部和京、津、冀、鲁、皖、苏、沪等省市的协调推进下，由中国铁路建设投资公司、平安资产管理有限责任公司、全国社会保障基金理事会、上海申铁投资有限公司、江苏交通控股有限公司、北京市基础设施投资有限公司、天津城市基础设施建设投资集团有限公司、南京铁路建设投资有限责任公司、山东省高速公路集团有限公司、河北建投交通投资有限责任公司、安徽省投资集团有限责任公司共同发起设立的。京沪高速铁路股份有限公司的资本金总计达 1 150 亿元，占到京沪高速项目总投资的一半以上。它的构成包括：一是沿线的京、津、冀、鲁、皖、苏、沪等七省市以土地折价入股，根据初步设计批复额为 234 亿元，占到了 1 150 亿元资本金的 20.3%左右；平安资产有限责任公司出资 160 亿元，以股权投资计划的方式投资京沪高速铁路项目，占到总资本金的 13.9%左右；全国社保基金会出资 100 亿元的资金入股，占到总资本金的 8.7%左右；中国铁路建设投资公司代表铁道部出资 654 亿元，占到总资本金的 57%左右。

按照国务院"积极探索市场化融资方式，吸纳民间资本、法人资本及国外投资，构建多元投资主体，拓展多种投资渠道"的要求，京沪高速铁路在建设资金的筹措中充分调动各方面积极性，采用货币、实物、知识产权、土地使用权等多种出资方式，利用国内外资本市场进行权益、债务融资，实现多元投资主体、多种筹资渠道、多样融资方式，在运输基建项目的投融资上实现了重大突破。

事实上，作为国民经济基础设施的一个重要组成部分，运输基建项目的投资实施属于国家

基本建设范畴，必须按国家规划与建设程序要求进行。此外，从经济学意义上看，它具有很强的外部性特征，对国民经济、区域环境与经济发展、人民生活可能产生的影响要远远大于一般竞争性项目投资。由此可见，运输基础设施的投资、融资与经营是有其明显的特点的。

第一节　运输基建项目的建设程序管理与项目管理

一、基础设施及其分类

运输基建项目是指各种运输方式的基础设施建设项目，包括：铁路路线和车站、公路和城市道路、地铁和轻轨、港口、机场、输油管线等。基础设施是一个国家国民经济的社会管理资本，是国家全部经济活动、社会活动赖以存在和正常运行的基础条件。这些基础条件决定着该国的经济活力和人民的生活水平。世界银行在《1994年世界发展报告：为发展提供基础设施》中，将基础设施划分为经济基础设施和社会基础设施。所谓经济基础设施是指永久性工程构筑、设备、设施和它们所提供的为居民所用和用于经济生产的服务。这些基础设施涉及共用事业、公共工程以及其他交通部门。社会基础设施是指文教和医疗保健等。据此，运输基础设施可归入经济基础设施范畴，它是国民经济基础设施的一个重要部分。

基础设施的共同点是为国民经济提供公共性的服务。然而，随着市场经济在各领域的渗透，人们逐渐认识到，基础设施营建中的巨大资金运作也可以而且也应该遵循资金运作的一般规律和规则：谁投资谁担险，谁投资谁得益。而且这不影响它们国家所有的属性。1993年十四届三中全会《中共中央关于建立社会主义市场经济体制若干问题的决定》将我国的投资分为三个大的类别：竞争性项目投资、基础性项目投资和社会公益性项目投资。其中竞争性项目投资由企业自主决策，自担风险，所需贷款由商业银行自主决定，自负盈亏；基础性项目投资由中央政府负责国家重大项目，地方政府负责本地的基础性建设项目，所需资金，由国家开发银行等政策性银行，通过国家财政投融资，也可通过金融债券等渠道筹资，可采取控股、参股和政策性优惠贷款等形式进行。基础性投资项目必须建立企业法人制度，企业法人对项目筹划、筹资、建设直至生产经营、归还贷款本息以及资产保值增值全过程负责。社会公益性项目建设由政府负责，由政府通过财政统筹安排。

运输业提供的某些产品是公共品，带有较强的社会公益性，但作为投资项目，则不宜列为社会公益性项目，也不宜列为竞争性投资项目。运输基础设施项目投资的性质应属于基础性项目投资。在具体建设过程中，为取得项目建设权，运输基础设施项目可以在施工企业中进行竞争性招标、投标，也可以培育和构造运输基础设施建设投入要素的市场。

二、基本建设

基本建设（Capital Construction）是国民经济中投资进行建筑、购置和安装固定资产以及与此相联系的其他经济活动，该词汇来源于俄文。20世纪20年代初期，苏联开始使用这个术语，说明社会主义经济中基本的、需要耗用大量资金和劳动的固定资产的建设，以区别流动资产的投资和形成过程。中华人民共和国建立以后，在社会主义经济建设中，也采用这一术语。

基本建设在经济建设中占重点地位。基本建设的内容主要有：

(1)建筑安装工程。包括各种土木建筑、矿井开凿、水利工程建筑、生产、动力、运输、实验等各种需要安装的机械设备的装配，以及与设备相连的工作台等装设工程。

(2)设备购置。即购置设备、工具和器具等。

(3)勘察、设计、科学研究实验、征地、拆迁、试运转、生产职工培训和建设单位管理工作等。

基本建设的类型主要包括：

(1)按建设的性质分为新建项目、扩建项目、改建项目、迁建项目和恢复项目。新建项目是从无到有、平地起家的建设项目；扩建和改建项目是在原有企业、事业、行政单位的基础上，扩大产品的生产能力或增加新的产品生产能力，以及对原有设备和工程进行全面技术改造的项目；迁建项目是原有企业、事业单位，由于各种原因，经有关部门批准搬迁到另地建设的项目；恢复项目是指对由于自然、战争或其他人为灾害等原因而遭到毁坏的固定资产进行重建的项目。

(2)按建设的经济用途分为生产性基本建设和非生产性基本建设。生产性基本建设是用于物质生产和直接为物质生产服务项目的建设，包括工业建设、建筑业和地质资源勘探事业建设和农林水利建设；非生产性基本建设是用于人民物质和文化生活项目的建设，包括住宅、学校、医院、托儿所、影剧院以及国家行政机关和金融保险业的建设等。

基本建设是形成固定资产的生产活动。固定资产是指在其有效使用期内重复使用而不改变其实物形态的主要劳动资料，它是人们生产和活动的必要物质条件，是一个物质资料生产的动态过程，这个过程概括起来，就是将一定的物资、材料、机器设备，通过购置、建造和安装等活动将其转化为固定资产，形成新的生产能力或使用效益的建设工作。

三、基本建设程序

基本建设程序(Procedure of Capital Construction)，也就是现行基本建设工作程序，是指基本建设项目从决策、设计、施工到竣工验收整个工作过程中各个阶段及其先后次序。它反映工程建设各个阶段之间的内在联系，是从事建设工作的各有关部门和人员都必须遵守的原则。基本建设涉及面广，内外协作配合的环节多，完成一项建设工程，需要进行多方面的工作，其中有些是前后衔接的，有些是左右配合的，有些是互相交叉的。这些工作必须按照一定的程序，依次进行，才能达到预期效果。科学的基本建设程序，客观地总结了基本建设的实践经验，正确地反映了基本建设全过程所固有的先后顺序的客观规律性。对生产性基本建设而言，基本建设程序也就是形成综合性生产能力过程的规律的反映。对非生产性基本建设而言，基本建设程序也就是顺利地完成基本建设全过程，满足人民物质生活和文化生活的需要，获得最大的社会经济效益的工程建设的科学方法。

基本建设程序管理是国家对基本建设项目进行管理的手段。在社会主义市场经济条件下，政府不一定直接介入工程建设，但可通过在建设程序上的管理达到宏观调控的目的。基本建设程序是多年建设项目管理经验的积累，是人们对建设规律的总结，是建设项目科学决策和顺利进行的重要保证。随意忽略基本建设程序中的某个阶段或改变其顺序，不仅会造成资源的浪费，而且将导致或是盲目发展或是贻误地区经济的开发时机，从而危及国民经济的健康发展。

随着市场经济体制的逐步建立，我国的基本建设程序也发生了一些重大的变化。其中主要的变化有以下三点：

(1)在项目决策阶段，增加了可行性研究程序。

(2)在项目建设市场的培育中，建立了招标投标制度。

(3)在项目实施(主要是建设施工环节)阶段,实行了监理制度。

这使我国的工程建设进一步顺应了市场经济的要求,并与国际惯例基本趋于一致。

基本建设程序主要强调对建设过程的管理,并体现国家行政的管理与计划属性。我国现行的基本建设程序可分为四个阶段:决策阶段、设计阶段、施工阶段、验收运营阶段。对于不同的基本建设项目,由于其归口管理的部门不同,基本建设程序的内容要求有所差异。图 6-1 所示为运输工程基本建设程序流程,其主要步骤规定如下:

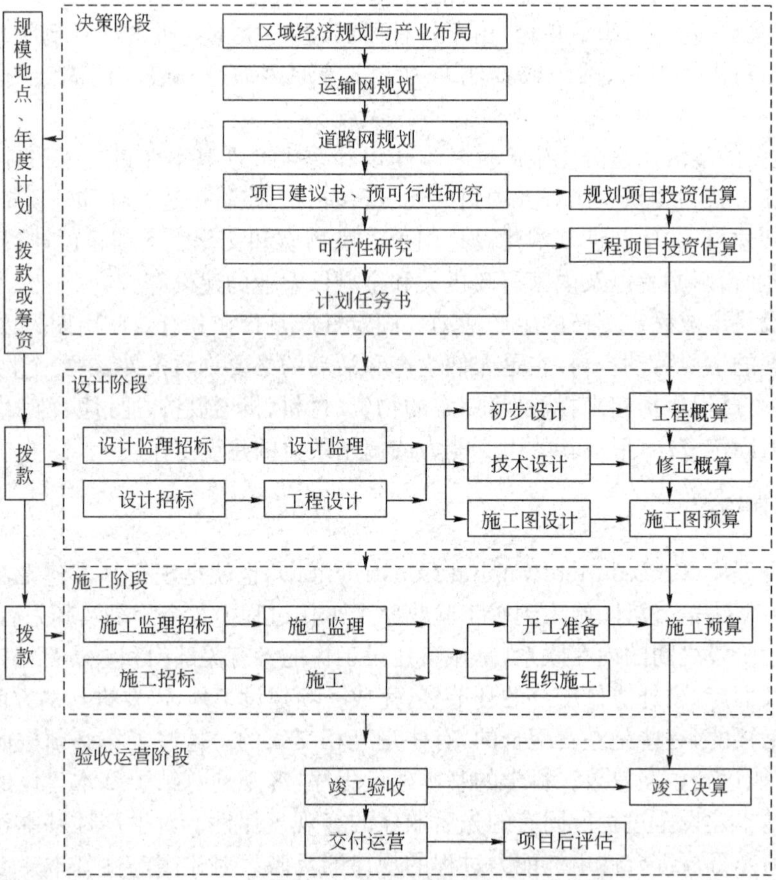

图 6-1 (道路)运输工程基本建设程序示意图

(1)根据公路建设的中长期规划,进行项目的预可行性研究,编制项目建议书。

(2)进行工程可行性研究,编制可行性研究报告。

(3)编制初步设计文件。

(4)编制施工图设计文件。

(5)编制项目招标文件。

(6)根据批准的项目招标文件、资格预审结果和公路建设计划,组织项目招标投标。

(7)根据国家有关规定,进行征地拆迁等施工前期准备工作,编制项目开工报告。

(8)根据批准的项目开工报告,组织项目实施,并按施工图设计进行施工。

(9)项目完工后,编制竣工图表和工程决算,办理项目验收。

(10)竣工验收合格后,组织项目后评价。

以上程序在符合审批制度的前提下,可根据具体情况,进行合理的交叉;小型项目根据具体情况，可以适当合并或减免一些程序。

基本建设程序中重要的步骤包括：

(1)项目建议书。项目建议书是要求建设某一具体项目的建议文件，是基本建设程序中最初阶段的工作，是投资决策前对拟建项目的轮廓设想。项目建议书的主要作用是为了推荐一个拟进行建设的项目的初步说明，论述它建设的必要性、条件的可行性和获得的可能性，供基本建设管理部门选择并确定是否进行下一步工作。

(2)可行性研究。项目建议书一经批准，即可着手进行可行性研究。可行性研究是指在项目决策前，通过对项目有关的工程、技术、经济等各方面条件和情况进行调查、研究、分析，对各种可能的建设方案和技术方案进行比较论证，并对项目建成后的经济效益进行预测和评价的一种科学分析方法，由此考查项目技术上的先进性和适用性，经济上的盈利性和合理性，建设的可能性和可行性。可行性研究是项目前期工作的最重要的内容，它从项目建设和生产经营的全过程考察分析项目的可行性，其目的是回答项目是否必要建设，是否可能建设和如何进行建设的问题，其结论为投资者的最终决策提供直接的依据。因此，凡大中型项目以及国家有要求的项目，都要进行可行性研究，其他项目有条件的也要进行可行性研究。

(3)初步设计。初步设计的内容依项目的类型不同而有所变化，一般来说，它是项目的宏观设计，即项目的总体设计、布局设计，主要的工艺流程、设备的选型和安装设计，土建工程量及费用的估算等。初步设计文件应当满足编制施工招标文件、主要设备材料订货和编制施工图设计文件的需要，是下一阶段施工图设计的基础。

(4)施工图设计。施工图设计的主要内容是根据批准的初步设计，绘制出正确、完整和尽可能详细的建筑、安装图纸。施工图设计完成后，必须委托由施工图设计审查单位审查并加盖审查专用章后使用。审查单位必须是取得审查资格，且具有审查权限要求的设计咨询单位。经审查的施工图设计还必须经有权审批的部门进行审批。

(5)后评价工作。建设项目后评价是工程项目竣工投产、生产运营一段时间后，再对项目的立项决策、设计施工、竣工投产、生产运营等全过程进行系统评价的一种技术经济活动。通过建设项目后评价以达到肯定成绩、总结经验、研究问题、吸取教训、提出建议、改进工作、不断提高项目决策水平和投资效果的目的。

运输基建项目可能会耗费国家巨大资金和资源，特别是可能对地区的环境和人们生活带来影响，因此各国对运输基建项目的实施管理均较为谨慎。例如，在英国，新建公路项目要经过大约 12 年的论证准备阶段然后才能施工实施。

第 1～4 年：项目方案调查阶段；

第 4～5 年：交通大臣第一次决策和公众商议阶段；

第 5～5.5 年：交通大臣第二次决策阶段；

第 5.5～7.5 年：法定审批程序阶段；

第 7.5～9.5 年：对公众做进一步的公开咨询阶段；

第 9.5～10 年：将监察长的报告交各有关政府部门进行审议，写出报告并提出决定草案；

第 10～10.5 年：交通大臣第三次决策阶段，确信不会有司法审查风险时，将发布此项指令；

第 10.5～12 年：施工前的准备和交通大臣第四次决策阶段，这一阶段将完成施工图设计，进行工程招标，交通大臣对工程预算等进行决策等。

四、项目管理概要

项目的概念以及把它作为一个管理对象，引起人们越来越多的注意。项目管理集中关注工作的过程、结果以及取得结果的方法。从时间结构上说，项目管理包括了开始、中间及结尾三个部分。当一个项目成功完成的时候，一些新东西（如新的产品、新的装置或改进的工艺方法等）将会在以前它们不曾存在的地方出现。

项目管理主要是对项目的计划、组织和控制。广义的项目管理包含很多内容，如项目评价与决策；项目的招标、投标；项目的计划与组织管理；项目实施中的指挥、协调、控制，如项目合同管理，项目的投资、进度、质量与成本控制等；项目的竣工验收与项目后评价。此外，项目融资、项目采购、项目风险管理等也是项目管理研究的重要内容。本章研究的项目管理主要是项目在运作过程中组织和控制的具体问题。

项目管理的方法长期以来被认同为如何安排一系列任务的有效途径，如耗费了大量人力、时间及资源的新产品开发工作。最近，项目管理的方法被人们广泛应用并解决了许多难题，特别是在提高质量和让顾客满意方面带来了明显的变化和突破，项目管理的有效性得到了更充分的显示。美国著名质量管理专家朱兰将项目描述为"制定解决问题的进度表"。

项目管理在第二次世界大战后被越来越多的人重视，项目管理的理论研究与实证研究也发展很快，项目管理的应用给社会经济的发展带来巨大的影响。无论是大型项目，还是中小型项目，无论是军事、国防项目，还是一般民用项目，项目管理的理论和方法都得到了广泛的使用。

项目的特征可具体归纳为如下几点：

(1)具有具体的起始和终止日期；

(2)具有严格定义的最终目标；

(3)只发生一次；

(4)包含成本和时间计划；

(5)可产生具体的结果。

1. 项目的目标

在进行项目目标分解时，首先需要了解项目的最终目标和阶段目标。

项目的最终目标从总体上描述了最后结果。最终目标就是项目的最终结果，即项目最后"交付"的结果。在你确定了目标需求后，通常也就是确定了最终目标。但最终目标并没有表明为了得到最终的"结果"需要采取哪些步骤。

项目的阶段目标具体说明了为达到最终目标需要采取哪些行动。阶段目标主要回答以下问题：

(1)要采取哪些行动？

(2)什么时候采取这些行动？

(3)需要哪些资源？

(4)项目成本是多少？

项目目标可进一步细分，细分时可用 5 个字母来代表，即 S、M、A、R、T。

S——明确性(Specific)，最终目标是否明确了应该做到哪一步以及何时完成？

M——可度量性(Measurable)，你能够在多大程度上了解最终目标的完成情况？

A——可完成性(Achievable)，在一定时间内最终目标是否合理，或者是否能够达到？

R——相关性(Relevant),最终目标是否值得进行下去,它是否很重要、很有价值?

T——可跟踪性(Trackable),你能够跟踪整个项目过程吗?

项目的直接与主要管理者一般是项目经理。项目经理制自1941年在美国产生以来,在工业发达国家得到普遍推广。我国在1983年3月由国家计委颁布的《关于建立健全前期工程项目经理的规定(草案)》中提出建立项目经理负责制,大大加强了我国的项目管理。项目经理在项目管理中起决定性作用,其好坏及能力强弱直接关系到项目组织能否高效运行和项目目标能否实现。项目经理受有关方面委托,对项目实行全面领导,统一指挥,全面负责项目目标的实现。项目经理必须严密组织、灵活协调,对项目资金、进度、质量和其他方面进行控制,才能使项目最终按期、按质完成有关方面提出的目标。项目经理在项目管理中处于中心地位,起决定性作用。

项目管理者(即项目经理)担任的主要角色如下:

(1)领导与决策者,即要确定项目的最终目标、阶段目标以及完成时间;

(2)计划者与分析家,即对主要活动和任务进行计划,对所需资源进行估算;

(3)组织者与协调者,即安排工作并分配任务;

(4)管理者与评估人,监督并评估整个计划过程。

2.项目的组织

在项目开始以前,高层管理者必须确定采用何种组织机构,以便能将该项目的活动与企业的经营活动紧密结合。组织结构的主要类型有:纯项目小组、职能项目组和矩阵制。

1)纯项目小组

纯项目小组由一个装备齐全的项目小组负责该项目的全部工作。其优点为:

(1)项目经理拥有充足的权力;

(2)小组成员只向一个上司负责。他们不必担心必须分出部分精力向职能部门管理者负责;

(3)联系线路短,可以迅速作出决策;

(4)小组成员的自豪感、士气和信誉都很高。

缺点是:

(1)资源重复配置,设备和人员都不能跨部门共享;

(2)忽视了组织目标和企业政策,小组成员无论在精神上还是在实质上都与组织发生了偏离;

(3)由于削弱了职能部门的权利使组织在新技术和新知识方面落后了;

(4)因为小组成员没有职能部门的"家",因此他们缺乏安全感,他们会为项目结束后的生计而担忧,并由此导致项目结束时间的迟缓。

2)职能项目组

与纯项目小组相对的组织形式是职能项目组。职能项目组的职能部门为项目提供了一个"家"。

职能项目组的优点是:

(1)每个小组成员都可以参加几个项目;

(2)即使技术专家们离开了项目,他们仍留在职能部门中;

(3)职能部门是小组成员在项目结束后的"家",职能专家可以垂直发展;

(4)特殊领域的职能专家组成一个关键部门,以协同解决项目存在的技术问题。

缺点为：

(1)与职能部门不直接相关的项目各部分缺乏必要的变革；

(2)小组成员的士气经常变得很低落；

(3)顾客的需求被放在了第二位，对顾客需求的反应速度减慢。

3)矩阵制

矩阵制是最专业化的项目管理组织形式，它综合了职能项目组和纯项目小组的优点。

每个项目执行时可从不同的职能部门抽调人员。项目经理决定执行什么任务以及何时执行，而职能部门管理者则控制可以使用哪些人和技术。

矩阵制项目组织结构的优点是：

(1)加强了不同职能部门的联系；

(2)项目经理对项目的成功负责；

(3)资源的重复配置实现最小化；

(4)项目完成后小组成员还有一个职能部门的"家"；

(5)遵循了企业的政策，增强了对项目的支持。

缺点：

(1)存在两个上司，经常出现对职能管理者的命令比项目经理的命令执行优先的情况；

(2)除非项目经理具有很强的谈判能力，否则项目注定要失败；

(3)本位主义乘虚而入，经常出现项目经理为自己的项目囤积资源的现象，并由此损害了其他项目的利益。

对于项目管理来说，无论采用哪种组织形式(结构)，与顾客接触的最主要的人是项目经理。当项目经理对一个项目的成功完全负责时，项目的沟通能力和柔性都极大地加强了。因此，项目经理除了对项目本身负责外，还要对顾客的满意、对项目小组成员的发展负责，并要对下属进行适当培训。

工作安排是根据项目的总体目标和阶段性目标做出的对具体工作先后关系进行布置，并利用各种组织工作的工具进行表述，为项目的有效控制打下基础。

工作安排常用的组织的工具有：

(1)网络图。通过制订网络计划的步骤，绘制网络图，找出关键线路，指明项目的主要瓶颈(Bottle Neck)何在，有利于项目的顺利进行。

(2)项目进度表(Gantt Chart)。项目进度表是组织项目时能够使用的另一个非常有用的工具。从项目进度表可以看出完成项目中某项工作需要花费的实际时间。与网络图类似，项目进度表显示了各个事件之间的独立性。

(3)行动计划(Acting Plan)。行动计划也是一种基本的项目管理工具，它以表格的形式明确地确定了待做的工作、分工、所需资源(人力)、开始日期以及完成日期。

3.项目的控制

项目的控制包括建立对项目完成情况的监督、汇报以及纠错等方法。项目计划一旦实施，就需要开始密切注意计划的进展情况。

在项目计划中，要专门安排出对进展的监督工作及对计划的检查工作。一般通过收集数据并将数据整理成"现状"报告来对计划进行监督。小组成员定期开会，讨论这些报告并评估计划的进展情况。

控制计划的进展情况。控制计划时需要使用的主要资料有：

(1)项目时间表；

(2)项目预算。

对计划进行适当控制的目的在于在工作进行中能够了解计划的各个方面或特征。一般要跟踪工作业绩表现、成本以及时间表，主要目的有以下几个方面。

(1)跟踪进程。跟踪进程时，项目经理需要建立定期(至少每隔两周，但是一周一次最好)汇报制度。汇报应包括项目中各项工作自上次汇报以来的进展情况。这些汇报应该总结出目前的项目进展情况以及到现在为止整个项目的进度。

(2)检测项目进程与计划的偏差。为了检测项目进程与计划的偏差，就需要将预算与实际支出进行比较。汇报可以为管理人员的决策提供有用的情况，汇报形式应该简洁。

(3)采取改正措施。在采取改正措施时，需要找出问题所在，同时及时获取有助于处理这些问题的信息。一旦发生了与计划不符的重大偏差，下一步就应该决定是否需要改正，然后采取相应的措施。

一旦项目开始实施，就希望确保它按计划运行。为了做到这一点，需要建立起汇报制度。汇报制度具有以下特征：

(1)提供及时、完整以及准确的现状情况；

(2)不增加过多的时间，从而提高效率；

(3)易于被项目小组成员以及高级管理人员接受；

(4)及时提醒悬而未决的问题以便采取措施；

(5)对需要阅读报告的人来说易于理解。

第二节　运输基建项目筹资方式

一、运输基建项目筹资

根据项目筹资中能否让市场发挥作用，可将我国运输基础设施建设分成两类。

第一类为非经营性项目，这类项目建设完全是为了获得社会效益，如提高公众生活水平和改善环境条件等，因此也称为完全公益性项目。它的主要特征是使用过程中无收费机制，因而也就无现金流入。这是市场失效而政府有效的部分，不可能靠市场调节，只能由代表公共利益的政府来承担所有投资。

第二类为经营性项目，此类项目有收费机制，但又以其有无利润而分为纯经营性项目和准经营性项目两类。纯经营性项目可通过市场进行资源的有效配置，吸纳投资。它以利润最大化为目的，其投资形成是价值增值的过程；准经营性项目虽有收费机制，但因其附带部分公益性，经济效益不足以收回成本和获得基本利润，是市场失效或低效的部分，市场运行的结果将不可避免地形成资金供给的诸多缺口，需要政府支持，如政府补贴或政策扶持。

项目建设具有的经营性特点是指，对其投资所形成的项目实行有约束条件的有偿使用，即项目建成后，通过收费进行有偿使用，再利用所收费用偿还原先的投资。例如，我国目前的高速公路建设，都采用这种形式。

1.运输基础设施投资主体

各类交通运输基础设施建设，都要采取市场竞争的办法，进行建设和运营管理。纯经营性建设项目，可以进入市场，直接招标，择优选择投资者；准经营性建设项目，政府给予必要的资助或特许条件，招标选择投资者；完全公益性建设项目，在政府明确其承担投资并提出有关条件后，通过市场招标，择优选择建设者。

1)非经营性项目的投资主体

(1)中央政府：这是运输基础设施的最高层次的投资者与管理者，由铁道部、交通运输部、民航总局等部门为主管单位，负责本部门职责范围内运输基础设施发展规划的制定、实施、协调与管理，并对重点运输基础项目进行直接投资。

(2)地方政府：地方各级政府对本地区运输基础设施项目进行投资。例如省、市(地)、县、乡政府对本地区管辖的非经营性公路投资建设，对已有公路投资大修和维护等。

地方政府，特别是县、乡级政府，通常采用民工建勤、“以工代赈”的方法修建或维护公路，这种投资一般是由县、乡政府组织，也可归为地方政府投资。

(3)企业、公司、个人：主要是他们的捐资。

2)经营性项目的投资主体

对于有偿使用的运输基础设施，其投资主体向着多元化方向发展，主要包括以下几方面。

(1)政府(包括部委和地方)：现阶段政府投资的主要来源是预算内投资、政府性建设基金、政府财政债券等。随着市场经济的完善，政府基金将逐渐减小。经营性的建设项目中，政府投资可同其他投资一起作为经营性投资资金，全部实行有偿使用。

(2)国内企业公司：随着经济的发展、企业实力的增强，再加上国家对运输基础设施投资的优惠政策，使一些企业把运输基础设施作为一个投资方向。

(3)外商和外国政府：近几年来，他们对我国运输基础设施的投资发展很快。投资项目涉及公路、桥梁、港口、机场、隧道、管道和城市道路等。加入 WTO 后我国政府加大力度改革外商投资的有关规定，采取更灵活的政策，扩大外商直接投资的范围，调整外商投资股比的限制，使外资逐渐成为补充运输基础设施资金的重要力量。

(4)个体：通过筹集资金等方式，一些个体也成为投资主体。

2.运输基础设施的建设资金渠道

运输基础设施建设项目的资金可通过(表 6-1)所列方式筹集，其中投资和捐资筹资方式主要用于公益性建设项目，其余均适用于经营性的建设项目。

运输基建项目的筹资方式 表 6-1

资金渠道 筹资方式	国家财政	部属基金	地方财政	商业银行	非银行金融机构	企业公司		个体	外国政府	国外金融机构
						非上市	上市			
吸收投资和捐资	☆	☆	☆			☆		☆	☆	
自有资金						☆	☆			
贷款	☆	☆	☆	☆	☆				☆	☆
发行债券	☆		☆	☆	☆	☆				☆
发行股票	☆		☆	☆	☆		☆			☆
发行可转换债券	☆		☆	☆	☆		☆			☆
转让经营权				☆	☆					☆
组建产业投资基金					☆					☆
项目融资				☆	☆	☆				☆

各种运输方式的基建项目建设中，以道路建设项目的筹资最为开放和活跃。1986 年以来，我国高速公路建设从无到有，总建成里程 1.9 万公里(2001 年底)，很大一部分是靠社会集资和融资来建设的，今后还会进一步加大社会融资的比重。例如，上海在“十五”期间计划修建高速公路所需的总费用达 400 亿元，而上海市政府每年对各类公路建设的总投资仅为 3 亿元，如按传统方式，靠国家投资建造，需一二百年才能完成。我国在“十五”期间计划公路建设投资需求近一万亿元，有五千多亿元的资金缺口需要通过市场筹资解决。随着融资体制的改革，公路建设资金从主要依靠国家投资、拨改贷、贷款到主要依靠社会筹资和项目融资，闯出了一条靠社会资金搞建设的路子，现在已经基本做到“贷款修路，收费还贷，滚动发展”，几乎不需国家财政投入就可以实现公路建设的快速发展。表 6-2 列出国家资金(国家投资和部专项资金)在公路建设资金来源所占比例中，1997 年和 1998 年分别为 10.17%和 13.4%。

1997 年、1998 年公路建设资金来源表 (单位:亿元) 表 6-2

年份		国家投资	部专项资金	利用外资	国内贷款	企事业自筹	地方自筹	以工代赈	其他资金	合计
1997	资金(亿元)	9.5	119.6	82	168	10.9	655.9	5.6	204.2	1 256.1
	比例(%)	0.76	9.5	6.6	13.4	0.87	52.2	0.45	16.3	100
1998	资金(亿元)	168.3	117.7	109.9	773.4	38.5	786.7	11.7	125.7	2 131.8
	比例(%)	7.9	5.5	5.1	36.3	1.8	36.9	0.5	5.9	100

“七五”和“八五”期间，我国公路建设总投资分别为 228 亿元和 1 600 亿元。其中，国家投资(包括中央财政和交通部投资)占 43.1%和 12.49%，地方政府投资占 40%和 72.5%，其他来源(包括地方政府向银行的借款、发行股票和债券、引进外资等)占 16.9%和 15%。投资结构与国外有些相似，例如日本，1992 年中央政府投资、地方政府投资和其他投资分别占总投资的 25.3%、50.7%和 24%。我国公路建设利用外资的情况见表 6-3。

1997 年底之前我国公路建设各种方式利用外资情况表 (单位:亿元) 表 6-3

外资方式	H股	外商独资	中外合资	中外合作	转让经营权	合计
项目个数	5	5	10	91	10	121
投资额:亿元(%)	13.87(23.6)	0.33(0.6)	0.74(1.3)	35.65(60.8)	8.07(13.8)	56.8

注:资料来自交通部财务司。

以下简要介绍运输基建项目(以高速公路项目为主)的主要筹资方式。

1)债券

发行债券是筹集公路建设资金较为便利的一种方式，它不改变投资主体，也不必对现有的建设和管理方式进行改革，容易被公众接受。债券的种类包括国债、政策性金融债券和企业债券。目前公路建设债券均纳入企业债券的管理范畴。企业债券以其手续简便、成本低、期限长等优势，成为一些信誉、资质良好的大型企业集团参与资本市场运作的重要手段，非常适合于作为交通基础设施项目的融资手段。企业债券与银行贷款相比，无需每季付息，只需到期一次还本付息(附息债券为每年付息一次)，在目前银行利率处于历史低谷水平的情形下，债券锁定票面利率有利于规避利率风险，总的融资成本相对较低。

例如，杭州交通投资有限公司为筹集杭州绕城高速公路建设资金，于 1999 年 10 月，发行了 1 亿元企业债券，期限 5 年，年利率为 4.03%，比同期银行贷款利率低了两个百分点。虽然发行伊始，恰逢国家有关征收利息税的措施出台，对债券的销售造成一定影响，但最终在规定的期限内还是顺利地完成了销售。2006年，重庆市为城市轨道交通建设筹款发行了10亿元规模债券，期限10年，年利率为4%，结果不到三天被认购一空。交通基建类型的债券票面因其回报的可靠性，在利率处于历史低位的情况下，在投资者的投资视野中具有较高的价值。

发行企业债券最大的问题是受额度的限制，融资额总量有限，同时，债券融资也存在一些其他困难。首先，从发行企业方面看，因我国企业尚未建立起成熟的约束机制，债务规模及成本与其偿债能力不匹配，有可能造成还本付息的困难。从投资者方面看，发行公路建设债券，需要大量愿意购买债券的投资者，在资本市场成熟的国家，这类债券投资者一般为退休养老金、保险基金和共同基金，相对而言，我国机构投资者少，能够提供的资金不多。最后，融资市场与二级市场紧密相关，要扩展债券一级市场就必须发展二级市场。目前国债月交易量只有50亿～300亿元，国债以外的企业债券基本没有流通。流通性差的债券二级市场不能满足投资交易的需要，限制了资金的投入，也阻碍了债券的发行。其次，1999年10月以来，企业债券征收利息所得税，使企业债券相对于国债的利率优势顿失。为保证顺利发行，债券的发行企业纷纷承诺在债券到期时，代投资人交纳利息所得税。这样，虽然保护了债券购买者的利益，却加重了发行企业的财务负担，融资成本明显提高。

2)股票

目前，我国高速公路通过股票市场筹集资金主要有两种形式，一是境内上市A股和境内上市B股，B股是境外投资者用外汇买卖的境内上市股票。另一种是直接在香港股票市场上市的H股。截至1998年底，我国在香港股市上市的高速公路股份有限公司有五家(表6-4)，共计融资115.7亿元人民币。截至2001年底，在我国国内上市的公路股份公司共有12家(表6-5)，共计融集资金87.7亿元人民币。17家在境内、外成功上市的高速公路股份公司共融资近203.4亿元，标志着股票融资成为我国高速公路筹集建设资金的方式之一。

公路上市公司有关情况(H股) 表6-4

上市公司名称	总股本(万股)	中央投资折股本(万股)	中央投资占股比例(%)	上市后募集资金数额(亿元)	募集资金投资项目(个)
安徽皖通高速公路股份有限公司	140 861	37 686	26.75	8.8	3
深圳高速公路股份有限公司	201 570	9 100	4.51	16.85	2
浙江沪杭甬高速公路股份有限公司	434 311.45	47 676	10.98	35.24	4
江苏宁沪高速公路股份有限公司	488 774.75	59 747.1	12.22	40.65	2
四川成渝高速公路股份有限公司	255 806	65 745	25.7	14.136	2

注：资料来自交通部财务司。

A股(B股)公路上市公司情况表 表6-5

股票代码-上市公司	发行时间	发行后总股本(万股)						筹集资金(亿元)
		国家股	法人股	其他股	流通A股	流通B股	合计	
200429 粤高速B 000429 粤高速A	1996.7 1998.1	47 478.05	20 405.65		27 453.08	30 375.00	125 711	5.280 0
000776 延边公路	1997.5	4 892.16	4 200.45		9 318.40		18 411	1.020 0

续上表

股票代码 - 上市公司	发行时间	发行后总股本(万股)						筹集资金(亿元)
		国家股	法人股	其他股	流通 A 股	流通 B 股	合计	
600106 重庆路桥	1997.6	22 000.00			9 000.00		31 000	4.736 7
000886 海南高速	1997.12	23 352.12	50 749.47		24 781.24		98 882	4.414 4
000900 现代投资	1998.11		18 480.00		21 436.59		39 916	8.170 0
000905 厦门路桥	1999.2	20 000.00			9 500.00		29 500	5.071 7
600003 东北高速	1999.7	91 320.00			30 000.00		121 320	11.793 5
000916 华北高速	1999.7	75 002.59			33 997.41		109 000	12.764 5
600269 赣粤高速	2000.4	23 176.40	123.60		11 500.00		35 300	12.993 8
600548 深高速	2000.11	65 478.00	61 342.00	6 052.10	10 447.90	74 750.00	218 070	5.871 6
600326 西藏天路	2000.12		6 000.00		4 000.00		10 000	2.625 2
600033 福建高速	2001.1	48 336.63	163.37		20 000.00		68 500	12.963 4
合计		468 514.00	181 870.18	6 052.10	238 887.69	135 500.00	1 031 324	87.704 8

注:①“现代投资”原为“湖南高速”;深高速中 74 750.00 是境外 H 股。

②资料来自《中国证券报》公开披露的 2001 年中期财务报表。

根据高速公路新建和已建成两种情况,实施高速公路股份制及上市发行股票的方法和基本程序有两种。对于新建高速公路,其具体操作步骤是:按照《公司法》的要求,由几个发起人共同拟定发起人协议、章程等,经有关部门批准和工商登记即可成立有限责任公司或股份有限公司。资本金一般应在整个公路项目总造价的 30%或以上,也可以按分期建设分段投资的 30%作为首期资本金,以后按工程进展分期追加资本金。这样高速公路就可以按股份制进行筹资、建设和营运。而对于已建成的高速公路进行股份制改造则比新建项目要复杂,但原则上也必须按照《公司法》的规定进行。

股票融资与债券融资比较而言,对企业的业绩要求更严。发行股票的股份公司,若想维护公司的公众形象以及能够从证券市场持续融资,则需要公司业绩能有与股本扩张趋势相匹配的成长性,要做到这点对一般公司来说是比较困难的。另外,从申报程序、监管、信息披露等方面来看,股票融资也比债券融资严格得多。对高速公路项目而言,股票融资的难点还在于:证券市场的规模太小,而高速公路建设的资金需求量非常大,二者的差距悬殊,大量安排高速公路项目上市筹资在现阶段尚不现实。

3)可转换债券

可转换债券是指发行人依照法定程序发行,在一定时期内依据约定的条件可以转换成股份的公司债券。即可转换债券的持有人除可获得债券的固定利息(一般低于普通债券的利息)外,还可以在指定时间以约定条件将债券转换为发行公司的股票,通过出售股票获取资本利。可转换债券兼有股票和债券的双重性质,是一种综合的高级融资工具。随着我国经济的持续增长和资本市场的积极稳妥发展,发行可转换债券的条件已经成熟。经国务院批准,于 1997 年发布的《可转换债券管理暂行办法》,标志着中国可转换债券的发行正式走上正轨。发行可转换债券至少要满足两个条件:一是处于成长阶段,有比较可靠的业绩增长基础与比较看好的增长机会；二是财务结构比较稳健，能够承受新增债务。我国相当多的企业债务负担沉重、经营风险大，对债务规模的增加相当敏感而不适合运用可转换债券融资。而高速公路公司成长性好，收益稳定，比较适合运用可转换债券的融资方式。

可转换债券的发行主体一般应为上市公司或拟上市公司（包括重点国有企业），这样才能在发行后的适当时间有股可转。这点决定了可转换债券的实施范围是比较窄的。

4）转让经营权

通过转让经营权融资的方法主要适合公路建设。这里是指由政府将运输基础设施建成之后，再把经营权有偿转让给受让人。利用经营权转让可将投资和未来的部分收益提前收回用于新的项目建设。经营权转让可能会减少一部分利润，但可以解决当前公路（或基础设施）建设资金严重不足问题。同时可以为国外资金和私人资本参与公路（或基础设施）建设项目创造条件。转让经营权融资的有关理论问题将在下一节中专门讨论。

5）组建产业投资基金

产业投资基金是西方发达国家惯用的一种金融工具。主要是通过发行基金收益券筹集资金，交由专家组成的投资管理机构运作，投资收益按资分配。产业投资基金是对实业项目进行长期投资的一种投资基金。它的主要优点是：

（1）它不同于债券等债务性融资方式，在项目建设中不必集中偿付大量本息，有利于降低项目的负债率，起到降低项目融资成本的目的。

（2）产业投资基金具有专家理财的特点，可以避免项目投资的盲目性和重复性。产业投资基金在实施具体的项目投资前，通常需要经过严密细致的效益评价程序，有利于保证项目预期的投资收益。

（3）产业投资基金由投资管理机构分散投资于不同的实业项目，有利于规避资金风险。

产业投资基金的主要运作方法和思路：

（1）以公募为主筹集资金，有利于组建规模较大的基金，也有利于基金的上市。

（2）以公司型基金为组织形式，可按《公司法》运作。另可制定《产业投资基金管理办法》，对产业投资基金作出具体规范，以防范风险。

（3）产业投资基金的发起人应选择从事产业投资、资本运营的各类投资公司。由于产业投资基金主要从事实业投资，收益来自于投资后的长期分红，因此具备实业投资经验和资本运营经验的实业投资机构和金融投资机构作为发起人，有利于产业投资基金的运作。

（4）政府在产业投资基金的发展中应发挥导向作用。例如，根据产业政策和区域发展特点，对基金的设立审批和基金的基本投资限制作出规定；对国家鼓励发展的产业定向投资的基金在项目税收、信贷、基金退出等方面给予优惠政策。

（5）应借鉴国外先进经验，设计较为完善的管理、监督机制，使基金经理人能够有效监督被投资企业的经营行为，最大限度地减少基金投资风险，保证其收益。

（6）基金形式应采取封闭式，规定明确的存续期限，以保证其投资的长期性，其规模应比证券投资基金大，以减轻其投资风险，也避免被投机炒作。

6）项目融资

项目融资是一种新型的社会融资方式，其雏形出现于20世纪60年代，70年代初被运用于建矿融资，后来逐渐在一些大型基础设施建设项目中得到广泛运用。目前，项目融资已受到世界上许多国家的重视，并被许多国家采用。在发展中国家，项目融资的适用范围主要集中在基础设施建设方面，如公路及其配套设施、港口设施、机场建设、发电配电及有关设施、电信设施等。

在我国，项目融资一开始是作为一种引进外资进行基础设施建设的重要手段。我国公路建设利用外资的主要来源是国际金融组织和外国政府。到1998年底，我国已在100多个公路项目建设中利用国外资金，建设(包括建成后转让经营权)公路近5 000km，利用外资超过50亿美元。国际金融组织贷款虽然期限长、利率低，但来源毕竟有限，且有汇率风险。因此，要扩大公路建设利用外资规模必须增加外资来源渠道，比较可行的方法是开展项目融资。早期的项目融资是以合资合作方式为主的。通过合资合作可以引进一部分外资，缓解我国目前交通运输基本建设资金不足的矛盾，同时也有利于分散政府对基础设施投资的风险。国内不少公路项目采取了这种合作方式，基本上是成功的。但有些项目为吸引外资，在合资、合作期内，脱离项目收益情况，给予外方较高的保底收益率，是不可取的，现已被国家明令禁止。目前，公路项目融资主要以BOT融资方式为主。

所谓BOT融资方式，即政府就拟建的基础设施项目与私人企业和国外企业签订特许权协议，授予签约方投资成立的项目公司来承担该项目的筹资建设(Build)、经营(Operate)、特许经营期满后无偿移交给政府(Transfer)。这种投资方式的主导思想是所有权与经营权分离。投资商的投资通过项目建成后的收益逐年收回，项目风险由多方承担，政府不承担债务责任，只是确定收费价格与特许经营期限。1998年11月，为了促进BOT投资方式在我国公路建设领域的应用，交通部与香港政府在北京举办了公路BOT投资方式国际研讨会，国内外一百多家单位和企业参加了会议，几家成功实施公路BOT项目的政府(包括香港公路署)和企业介绍了他们的经验，几个省级政府交通主管部门介绍了本省公路建设的形势，推出了他们愿意招商引资实施BOT投资方式的公路项目。此后，我国公路BOT投资方式的应用进入实质性阶段。东南亚金融危机后，我国公路建设利用外资的进程受到较大影响。而国内民间资本经过改革开放20年来的积累，实力越来越雄厚。随着国内银行利率的多次下调，宏观经济形势欠佳，民间资本寻求安全、稳定的投资渠道的内在驱动力越来越强烈。基于高速公路项目具有稳定回报的特点，就现阶段而言，实施内资BOT方式投资高速公路建设是一条可行之路，既解决了高速公路建设资金之需，又为民间资本提供了投资场所。

3.几种典型筹资方式的资金成本

资金成本是指为筹措并使用资金而支付的费用，即它包括资金筹措成本和资金占用成本。资金筹措成本主要有：发行股票和债券支付的印刷费、发行手续费、律师费、注册费、代办费、资信评估费和公证费等。资金占用成本主要有：股票的股息、银行借款利息和发行债券利息等。资金成本除了与筹资方式有关外，还与项目的投资风险、筹资数额、还贷期限、财务信誉等因素有关。在基本建设中，资金成本是评价一个项目筹资方案是否合理的评价标准之一，只有投资收益率高于资金成本的项目才能被接受。

资金成本是项目建设中的费用支出，属于资金的耗费。为了便于分析比较，资金成本通常用相对数——资金成本率表示。所谓资金成本率是指资金使用费率与实际筹集资金的比率，简称资金成本，可用以下公式计算：

$$\text{资金成本} = \frac{\text{资金占用费率}}{1-\text{筹资费率}} \tag{6-1}$$

项目筹资中几种基本的资金成本有：商业贷款资金成本，债券资金成本，股票资金成本，项目融资资金成本和综合资金成本，它们的计算公式如下。

1)商业贷款资金成本 K_L

$$K_L = \frac{I_L(1-T)}{1-F_L} \tag{6-2}$$

式中:I_L——商业贷款年利率;

T——所得税率;

F_L——商业贷款筹资费率。

2)债券资金成本 K_B

$$K_B = \frac{I_B(1-T)}{1-F_B} \tag{6-3}$$

式中:I_B——债券年利率;

F_B——债券筹资费率。

3)普通股票资金成本 K_S

$$K_S = \frac{D}{P_S(1-F_S)} + g \tag{6-4}$$

式中:D——预计第一年股利率;

P_S——普通股发行的价销比的倒数(每股发行价/股价);

F_S——普通股筹资费率;

g——预测普通股股利平均年增长率。

4)项目融资资金成本 K_P(BOT 方式)

$$K_P = I_P(1-T_P) \tag{6-5}$$

$$\sum_{t=0}^{n}[C_t - P_t(1-F_P)](1+I_P)^{-t} = 0 \tag{6-6}$$

式中:T_P——项目融资的平均所得税率,外资应考虑存在双边协议国等优惠待遇时的减免;

I_P——项目融资的税前资金成本,可通过式(6-6)求出:

P_t——t 年收到的融资贷款;

F_P——项目融资筹资费率;

n——资金偿还期,年,等于建设期加上特许经营期;

C_t——t 年支付的资金占用费(利息、股息、本金等的偿还)。

5)综合资金成本 K_W(加权平均资金成本)

$$K_W = \sum_{J=1}^{N} K_J W_J \tag{6-7}$$

式中:K_J——第 J 种资金成本;

W_J——第 J 种资金占全部资金的比重;

J——可以是 L、B、S、P 中任意几个的组合。

【例 6-1】 某一高速公路建设估算造价 22.1 亿元,筹资方式为:①银行贷款 20%,利率 15.3%,筹资费率 0.2%;②发行债券 20%,利率 12%,筹资费率 1%;③发行普通股 20%,每股一元的发行价为 1.5 元,预计第一年股利率 10%,以后每年增长 0.8%,筹资费用率为 2%;④另外 40%采用 BOT 项目融资,融资筹资费率 4%,根据可行性研究报告和合同,经营期内可供还贷的收益盈余(已扣除项目管理的期望利润)为:第一年 1.0 亿元,以后每年递增 4 千万元,建设期 2 年,特许经营期为 15 年,其中前 10 年盈余款还贷,第 10 年还清,后 5 年每年盈余款中二分之一归投资者所有、二分之一上缴国家,之后项目收归国家有;所得税率统一取 33%。

融资分三年到款，建设前一年 2.84 亿，建设期内每年 3 亿元。资金成本计算如下。

①贷款资金成本 K_L：$K_L=\dfrac{15.3\%\times(1-33\%)}{1-0.2\%}=10.2715\%$

②债券资金成本 K_B：$K_B=\dfrac{12\%\times(1-33\%)}{1-1\%}=8.1212\%$

③股票资金成本 K_S：$K_S=\dfrac{10\%}{1.5\times(1-2\%)}+0.8\%=7.6027\%$

④项目融资资金成本 K_P（BOT 方式）：

先计算项目融资的税前资金成本 I_P（计算单位：亿元）。

$$-2.84\times(1-0.04)+[-3\times(1-0.04)]\times(1+I_P)^{-1}+[-3\times(1-0.04)]\times(1+I_P)^{-2}$$
$$+1\times(1+I_P)^{-3}+1.4\times(1+I_P)^{-4}+\cdots+4.6\times(1+I_P)^{-12}+2.5\times(1+I_P)^{-13}\cdots$$
$$+3.3\times(1+I_P)^{-17}]=0$$

这是一高次方程，只能通过试算求解 I_P。现采用列表方法计算（表 6-6），先设 $I_{P1}=0.20$，方程左侧=0.313 385；再设 $I_{P2}=0.21$，方程左侧=−0.125 026，则 I_P 可通过内插求出：

$$I_P=0.20+(0.21-0.20)\times0.313385/(0.313385+0.125026)=0.207148$$

代入项目融资资金成本 K_P 计算式，得到：

$$K_p=0.207148\times(1-0.33)=13.8798\%$$

⑤综合资金成本 K_W（加权平均资金成本）：

$$K_W=0.2\times(10.2715\%+8.1212\%+7.6027\%)+0.4\times13.8798\%$$
$$=10.751\%$$

运输基建建设项目的筹资方式　　表 6-6

年序 t	融资款 $P_T=P_t(1-0.04)$	付给投资人款（亿元）		$I_{P1}=0.20$		$I_{P2}=0.21$	
		年盈余款	C_t	$(1+I_{P1})^{-t}$	$(C_t-P_T)(1+I_{P1})^{-t}$	$(1+I_{P2})^{-t}$	$(C_t-P_T)(1+I_{P2})^{-t}$
0	2.726 4			1	−2.726 40	1	−2.726 40
建设年 1	2.88			0.833 333	−2.400 000	0.826 446	−2.380 165
2	2.88			0.694 444	−2.000 000	0.683 013	−1.967 079
经营年 3		1	1	0.578 704	0.578 704	0.564 474	0.564 474
4		1.4	1.4	0.482 253	0.675 154	0.466 507	0.653 110
5		1.8	1.8	0.401 878	0.723 380	0.385 543	0.693 978
6		2.2	2.2	0.334 898	0.736 776	0.318 631	0.700 988
7		2.6	2.6	0.279 082	0.725 612	0.263 331	0.684 661
8		3	3	0.232 568	0.697 704	0.217 629	0.652 887
9		3.4	3.4	0.193 807	0.658 943	0.179 859	0.611 520
10		3.8	3.8	0.161 506	0.613 721	0.148 644	0.564 846
11		4.2	4.2	0.134 588	0.565 270	0.122 846	0.515 953
12		4.6	4.6	0.112 157	0.515 921	0.101 526	0.467 018
13		5	2.5	0.093 464	0.233 660	0.083 905	0.209 764

续上表

年序 t	融资款 $P_T=P_t(1-0.04)$	付给投资人款(亿元)		$I_{P1}=0.20$		$I_{P2}=0.21$	
		年盈余款	C_t	$(1+I_{P1})^{-t}$	$(C_t-P_T)(1+I_{P1})^{-t}$	$(1+I_{P2})^{-t}$	$(C_t-P_T)(1+I_{P2})^{-t}$
14		5.4	2.7	0.077 887	0.210 294	0.069 343	0.187 227
15		5.8	2.9	0.064 905	0.188 226	0.057 309	0.166 195
16		6.2	3.1	0.054 088	0.167 672	0.047 362	0.146 824
17		6.6	3.3	0.045 073	0.148 742	0.039 143	0.129 170
合计(方程左侧)					0.313 385		−0.125 026

二、项目融资概要

项目融资(Project Financing)是一种与公司融资(Corporate Financing)方式相对应的,以项目公司为融资主体,以项目未来收益和资产为融资基础,由项目的参与各方分担风险的具有有限追索权性质的特定融资方式。

图 6-2 是一个项目融资的简单示意图。在项目融资中,至少有项目发起人、项目公司和贷款人三方参与。

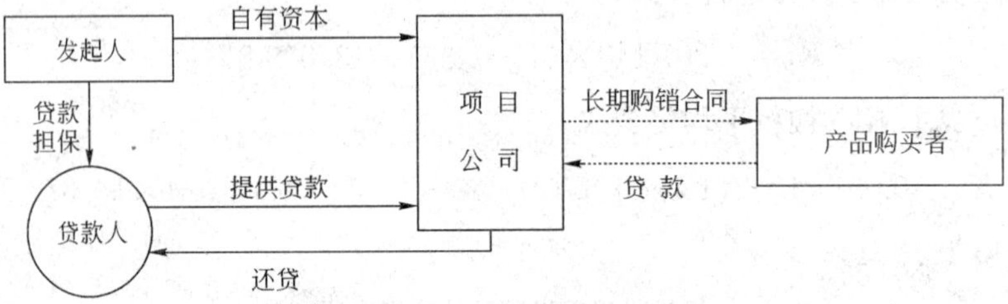

图 6-2　项目融资简单示意图

项目发起人是项目的实际投资者,也称为项目投资者,它可以是单独一家公司,也可以是由多家公司组成的投资财团。项目融资中一个普遍的做法是成立一个单一目的的项目公司,发起人可能在公司中拥有股份,其性质类似于控股公司。项目发起人是项目融资中的真正借款人,它一般需要以直接担保或间接担保的形式为项目公司提供一定的信用支持。

项目公司由项目投资者根据股东协议(或称合资协议)创建,并依据《中华人民共和国公司法》及其他法律的有关规定在中国境内设立和注册,项目公司的主要法律形式是有限责任公司和股份有限公司。项目公司作为一个独立的法人,拥有公司资产和处置资产的一切权利,并承担一切有关的债权债务,在法律上具有起诉权和被起诉的可能。投资者通过持股拥有公司,并通过选举任命董事会成员对公司的日常运营进行管理。项目公司以公司法人身份进行融资并承担相关责任,它是项目的直接主办人,直接参与项目投资和项目管理,直接承担项目债务责任和项目风险。

项目融资中的贷款人主要是商业银行、租赁公司、财务公司、投资基金等非银行金融机构、企业和一些国家政府的出口信贷机构,承担项目融资责任的银行可以是单独的一家商业银行,但一般是银团贷款,参与的银行可达几十家,甚至上百家,其参与数目取决于贷款的规模和项目的风险。银行一般希望通过组织银团贷款的方式减小和分散每一家银行在项目中的风险。贷款人为项目公司提供贷款,贷款人主要依靠项目本身的资产和现金流量作为偿贷保证,原则上对项目发起人拥有的项目之外的资产没有追索权或只有有限追索权。

探讨现代项目融资的起源就要探讨与有限追索融资相关的其他两个产品的发展:收购融资和证券化(图 6-3)。项目融资是这三种产品中最早出现的,美国金融市场早在“二战”后就引进了这一产品,推动债务融资发展,这已经在全球范围内各种各样的经济行为中得到了广泛的应用。

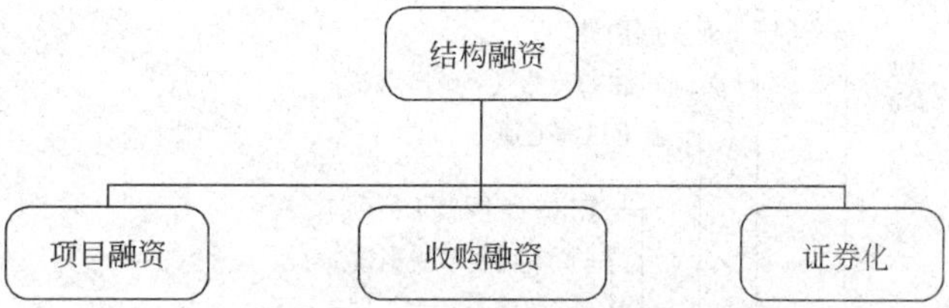

图 6-3 结构融资的三种方式

这三种产品除了有限追索权这个共同属性之外,还有许多共同的特征。比如为了有效促使发起人与项目实体之间的法律分离,同时保留融资有效追索权的属性,所有这些融资形式都会创建新的壳公司。通常情况而言,与传统的产业融资标准相比,项目实体的资本负债比率很高,也就是说,债务金额与承诺权益有着密切关系。这三种产品也存在着差异性。每种产品所服务的目的不同,所采用的方式也不同。项目融资为了新建项目而将债务和无投票权股本融通过来,建设期间,利息被资本化;收购融资是将债务或准股本的形式融资购买别人剥离的或兼并正在运营的公司;证券化是通过债务或准股本的形式融资购买票据、账款以及贷款等应收账款。对于后两种产品来说,不存在建设期以及在这一时期中的利息资本化。

1. 项目融资的发展情况

第一次使用项目融资这个产品可能要追溯到公元前 1800 年,根据《汉谟拉比法典》,船主为造船进行筹资所使用的形式是抵押融资,也就是所说的船舶抵押合同。贷款由商业贸易产生的收入进行偿还。如果在贷款还清之前,船只在旅途当中毁坏了,那么欠贷款人的剩余债务将一笔勾销。

几个世纪以来,尽管发放债务资金的规则有所变动,但是不同的经济活动进行融资在 325 年前就成了银行业务的原则。以远洋贸易为例,货物和船只在每一次行程末尾都会进行清算,利润在投资者之间进行分成。每一次新的行程都需要努力恳求老的投资者或者新的投资者参与进来。一些投资者可能会愿意以这种特有的形式进行融资,并准备将来还进行投资。然而,他们也有可能在对下一次远洋贸易的融资目标以及对贸易回报进行全面评估之后做出一次性决定。

但是,一旦贸易变成一种连续不断的行为,而不是一次性的决定,那么对于资金的永久性需求就变成了正常需求而不是特例行为。对于公司或者个人来说,如果他们的船只和货物经常漂在海上,那么他们就不能总是按照投资者的意愿给他们带来资金回报。荷兰东印度公司和英国东印度公司这两家公司开始做生意时规定投资者有随意抽回资金的权利。50 年以后,股权证的购买以及职业经理人控制永久性资本回报的权利才重新得到市场认可。

永久性资本概念出现后,项目融资就从官方记载中隐退了。项目融资的再一次出现就到了 19 世纪中叶,即 1858 年苏伊士运河的融资(图 6-4)。苏伊士运河融资是今天基础设施项目融资的先驱,尽管苏伊士运河的融资与当今的项目融资有明显的不同之处。比如,英国—法国特许经营商是苏伊士运河的发起人,从埃及政府获得了长达 99 年对运河进行建设、营运和维修的特许权,而今天这种长过 30 年的特许权是非常罕见的。到 1869 年 11 月 17 日,苏伊士运河从融资结束到投入使用花费了 11 年的时间。今天,对于建设期这么长的重大基础设施项目,发起人是否还能成功地融资是值得探讨的。

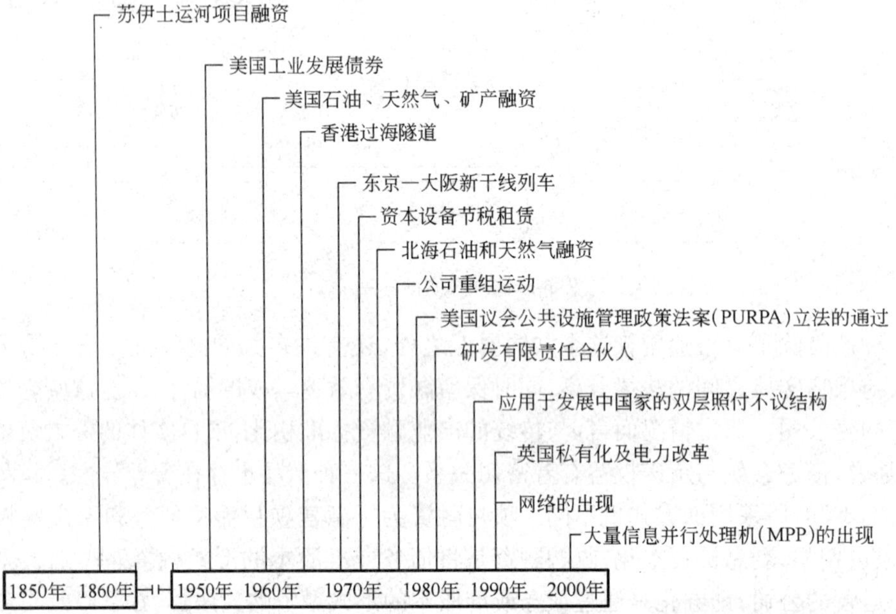

图 6-4 项目融资发展时间表

2. 项目融资的特征

与传统的公司融资相比,项目融资有其特定融资方式,他们之间的区别见表 6-7。

项目融资与传统公司融资的比较 表 6-7

内　　容	项 目 融 资	公 司 融 资
融资主体	项目公司	发起人
还款基础	项目的未来收益和资产	发起人和担保人的信用
贷款银行对项目发起人的追索权	有限追索	全额追索
风险承担者	项目参与各方	发起人
对发起人债务的影响	不进入资产负债表,不影响信用度	进入资产负债表,影响信用度
贷款技术	复杂	比较简单
项目周期	长	比较短
融资成本	较高	较低
贷款人对项目的管理权	参与项目管理	不参与项目管理
典型负债率	70%～90%(*)	40%～60%

注:* 交通运输基建项目一般要求资本金不低于 50%(我国规定不低于 30%),即负债率小于 50%。

项目融资具有以下主要特征。

1)有限追索

项目贷款是“有限追索权”的筹资方式。追索是指借款人未按期偿还债务时,贷款人要求借款人用除抵押资产之外的其他资产偿还债务的权力。对于一个工程项目而言,如果采用传统融资方式,贷款人为项目借款人提供的是完全追索形式的贷款。在这种情况下,借款人的资信等级是贷款人最为关心的事情。而项目融资,贷款人的贷款回收主要取决于项目的经济强度,除了在有些情况或有些阶段,贷款人对借款人有追索权之外,在一般情况下,无论项目成功与否,贷款人均不能追索到项目借款人除该项目资产、现金流量以及所承担的义务之外的任何形式的财产。在项目融资中,项目本身的效益是偿还债务最可靠的保证,因此,项目贷款人更加重视对项目效益的考察,注重对项目本身的债务追索。

2)项目导向

项目导向是指投资人仅根据项目优劣来决定投资与否,即项目融资不依赖项目发起人的信用和资产,而是以项目本身的未来现金流量和项目资产作为举债的基础。对于一个典型的项目融资,通常需要建立一个单独的项目公司来筹集资金并持有项目资产,由于这个新设公司没有以往的营业记录,除项目以外也并无其他资产,只能依靠这个项目本身的未来收益和资产来筹措资金;项目贷款人的基本保障是项目未来的现金流量和资产,而不是项目发起人以往的财力和资产。因此,项目贷款人出于对自身安全的考虑,需要对项目的谈判、建设、运营进行全程的监控。

3)风险分担

风险分担是指项目融资普遍建立在多方合作的基础之上,项目参与各方均在自己力所能及的范围内承担一定的风险,避免了由其中的任何一方独自承担全部风险。

项目发起人通过项目融资可以达到利用外部债务融通项目大部分资金的目的,从而可以把项目的大部分风险转移给项目贷款人,以减少项目发起人所承担的项目风险。对于项目贷款人而言,其风险也只能维持在可接受的水平上,因而只有将项目风险合理地分配给项日的参与各方:原材料及设备的供应商、产品买主和服务用户、承保人和项目东道国政府机构,以及设备供应商所在国的进出口银行。项目的不同参与方对风险的承受能力可能有很大区别,承受风险的大小,取决于他们所希望得到的回报及其风险承受能力,从而形成了项目公司对偿还贷款承担直接责任、项目发起人提供有限担保、由第三方向贷款人提供信用支持的风险分担结构。

4)债务屏蔽

债务屏蔽是指在项目融资中通过对投资结构和融资结构的设计,可以把项目债务的追索权限制在项目公司中,从而对项目发起人的资产负债表没有影响。项目融资是一种非公司负债型融资,也称为资产负债表外的融资,即项目的债务不表现在项目发起公司的资产负债表中。项目融资的非公司负债型融资特征使得项目发起公司能够以有限的财力从事更多的投资,且达到将投资风险分散和限制在多个项目之中的目的。非公司负债型融资有利于公司进行其他的融资活动,因为项目的贷款安排不反映在公司的资产负债表上,项目融资的这一特点体现在不会给项目发起人造成不利的资产负债结构,从而不会造成公司的资产负债比例失衡而超出银行所能接受的安全警戒线。

5)项目周期长

由于项目融资所涉及的资金量和风险都比较大,所以,项目评估由于慎重而延长。在项目谈判中，由于要协调项目参与各方的不同利益，而有关风险分担的每一一细节又必须在合同中加以详细规定，因而谈判的时间也会延长；项目实施由于规模庞大而相应地延长。项目周期比较长，一般都需要经历几年甚至十几年时间。项目融资耗时长短对项目的成败有着重要的影响。如果耗时过长，会徒增直接成本，还有可能错过市场和其他机会，造成更为严重的经济损失。由于许多大型项目需要许多年才能建成，因而项目融资一般是随着项目建设的进程，在项目的生命周期内分阶段、多渠道地筹集资金。这种分阶段融资的办法，适应项目不同阶段的需要而选择不同的融资形式。

6)融资成本高

因为在项目融资中，贷款方承担了较高的风险，所以项目融资贷款所要求的利率要高于普通贷款，而融资过程中繁琐的程序、各种担保与抵押等因素都增加了项目融资的费用。在实施项目期间，可能还得花费额外的费用来监控施工进展及贷款的使用，这些因素都令项目融资的成本大大上升。

7)负债能力强

项目融资可以增强项目的债务承受能力。通过建立复杂的多边担保体系，可以提高债务承受能力；通过对项目融资结构的设计，可以排除许多风险因素和不确定因素，对项目潜在的风险也会有较为清醒的认识。

由于项目融资主要依赖于项目的现金流量和资产而不是依赖于项目的投资者或发起人的资信来安排融资，故而有些对于投资者很难筹措到的资金可以利用项目融资来安排，难得到的担保条件可以通过组织项目融资来实现。因此，采用项目融资一般可以获得比传统方式更高的贷款比例。项目资本金的比例取决于贷款人对项目风险和现金流量的分析。一般而言，项目风险越大，资本金比例应越高。

3.项目融资的结构及其主要形式

每个项目融资都具有自己的特殊结构，但基本结构通常可分为两类：①依靠项目现金流量来还款的无追索权贷款或仅有有限追索权贷款；②先支付一定数量的资金来购买未来项目收益(或销售收益)的"预先购买"或"产品支付"。项目融资的主要形式有以下几种。

1)产品支付法

产品支付法是项目融资的早期形式之一，起源于20世纪50年代美国的石油、天然气和矿产品项目开发，并被证明是行之有效的无追索权贷款或仅有有限追索权的融资方式。它完全以产品和销售收益的所有权作为担保(而不是采用转让或抵押)的方式来实现融资的信用保证。贷款银行从项目中购买到全部或一个预定产量份额的产品，这部分产品的收益就是项目融资偿债资金的主要来源。

典型产品支付方式的结构特点是：

(1)项目的产品是还本付息的唯一来源；

(2)融资期限短于项目的实际经济生命期；

(3)贷款人不提供运营成本所需资金。

2)预先购买协议

预先购买协议具有产品支付法的许多特点，是更为灵活的项目融资方式。其灵活性表现在贷款人可以成立专设公司，这个专设公司不仅可以购买规定数量的未来产品，还可以直接购买这些产品未来的现金收益。项目公司交付产品或收益的进度，将被设计成与规定的分期还款、偿债计划相配合。

3)融资租赁

融资租赁是一种以资产为基础的租赁。与一般的融资方式相比,融资租赁项目发起人能利用一些国家对工厂和机器的资本性投资的减税政策来降低成本。它的另一个优点是,利用融资租赁获得固定资产使用权可以不必在使用初期支付其全部资本开支。涉及轮船和飞机制造的融资租赁在美国和英国已极为普遍。在发达国家中,相当多的大型项目是通过融资租赁方式来筹措资金的。

融资租赁的一般形式为:当项目公司需要筹资购买设备时,由租赁公司向银行融资并代表企业购买或租入其所需设备,然后租赁给项目公司。项目公司在项目营运期间以营运收入向租赁公司支付租金,租赁公司以其收到的租金向贷款银行还本付息。租赁期结束后,出租人基本上可以收回全部成本并取得预期的商业利润,租约也通常在最低租金水平上延续相当长的一段时间,租约一般不会规定项目公司具有购买权,而很有可能规定项目公司作为唯一代理人在租约期满时以出租人同意的价格销售资产,大部分销售收入将返还给项目公司作为销售代理费。

4)建设—运营—转让(BOT 方式)

BOT 项目融资方式的特点是借助私人投资建设原来要由政府开发的基础设施。BOT 的一般做法是:政府部门与投资者签订投资项目的特许权协议,使投资者具有建造经营的权利。项目公司在项目经营特许期内,利用项目收益偿还投资及营运支出,并获得利润。特许期满后,投资者将该项目无偿交还给当地政府。

对于筹资者来说,采用 BOT 方式筹资的主要优点是:①可以利用外部资金发展国家重点建设项目;②提高项目的管理效率,可以引进国外先进的生产与管理技术;③方式灵活,能产生一些衍生产品,如 BOO(建造—经营—拥有),BOOT(建造—经营—拥有—转让),BLT(建造—租赁—转让),BTO(建造—转让—经营)等。

图 6-5 是 BOT 方式的融资结构图,其过程简述如下。

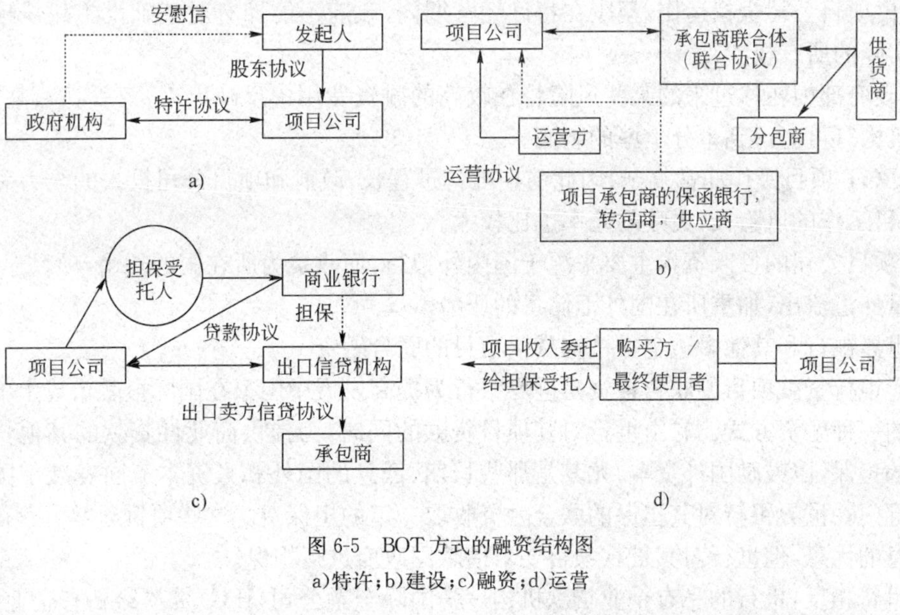

图 6-5 BOT 方式的融资结构图

a)特许;b)建设;c)融资;d)运营

a)特许:项目发起人成立一家专设股份有限公司,即项目公司。它被政府授予特许权,并由政府出具给股东安慰信。安慰信(Letter of Comfort)通常是项目主办方政府写给贷款人,表示支持其对项目公司贷款的信，信中一般表明三个方面对贷款人的支持，即经营支持、不剥夺资产(没收或国有化)及提供资金等。安慰信的条款一般不具有法律约束力，是担保人不愿接受法律约束的情况下所采用的一种担保形式。

b)建设：项目公司与承包商签订建设施工合同，接受保函，同时接受分包商、供货商的保函权益转让，并与经营者签订经营协议。

c)融资：项目公司与商业银行签订贷款协议，并与出口信贷机构签订买方信贷合同；商业银行以项目资产作抵押为出口信贷机构的贷款担保。

d)运营：项目公司向担保受托人转让收入(如销售合同下的收益，或道路、桥梁、隧道的过往收费等)。

采用BOT方式建设基础设施，对所在国政府来说，主要有以下优点：

(1)通过BOT方式，吸引国内外私人投资，可以缓解政府建设资金来源不足，并且免去了政府借贷和还本付息的责任，减轻了政府的财政负担。

(2)由于公路等基础设施项目投资额巨大，整个建设和营运过程中都存在着较大的风险，采用BOT方式可将项目的风险转移到私营机构。

(3)国有大型基建项目建设超支是各国政府常常碰到的普遍现象。由私营机构以BOT方式承担项目运作，会比政府部门效率更高，尤其是发达国家的大公司参与项目，所在国不仅能获得先进技术、设备和管理经验，而且可以提高建设项目的设计和施工质量，还可以缩短施工期限，降低各种费用。

(4)BOT方式可以吸引国内外投资者向公路等基础设施产业合理化过渡，使之真正取得规模经济效益，实现基础产业发展的良性循环。

(5)项目公司可以集中具有一定实力的国际大公司共同完成项目，有利于缓解基础设施部门承担某些项目能力不足的矛盾。

但BOT方式也有一些不足之处：

(1)由项目公司全权运作，至少在特许经营期内，政府不能拥有对基础设施建设项目的经营权和实际的所有权。

(2)政府部门转移过来的某些风险将在较高的融资费用中反映出来，“高风险、高回报”将使私营机构有可能得到十分丰厚的利润。

(3)BOT项目操作非常复杂，因此前期准备过程长，政府和项目公司投入的人力和费用比较多，项目运作的风险大，失败的几率也比较大。

(4)项目公司的投入资本主要来源于国内外银行，而收费为所在国的货币，项目建成后，会导致大量外汇流出，加重所在国外汇储备的压力。

5)世界银行和其他多边金融机构贷款项目的联合融资

世界银行贷款项目的联合融资是世界银行为提高发展中国家在国际金融市场上的筹资能力推出的一种融资方式。它由世行对其项目贷款的同时，为提供商业性贷款的其他贷款人提供必要的担保，以鼓励国外资本，尤其是那些长期、低息的国外私人资本流向发展中国家的基础设施部门。世界银行对其担保的联合融资收取一定的担保费。这些项目通常可获得较低的贷款利息的优惠，但世行对其贷款项目要求借款国政府进行担保。

与世行相反，世行的私有企业贷款机构——国际金融公司(IFC)贷款给私有企业，并且不要求政府担保。但IFC贷款不是低息的，而且费用较高。

前述我国公路建设中的合资合作融资方式基本属于这一类项目融资。

4. 项目融资程序

虽然不同项目的融资活动千差万别，但是项目融资的基本程序一般都要经过以下阶段。

1)项目提出阶段

项目融资是由两类项目主体提出的：一类是政府，尤其是以国有经济为主导的国家，根据政治、经济、社会、军事等多方面需要，提出项目，特别是大型基础设施项目和高风险的新技术项目；另一类是企事业或外商经过对各种因素的分析，根据政府、社会的需要，向政府部门提出项目建议。

2)项目融资可行性研究与项目风险分析阶段

项目可行性研究是通过分析项目在其经济生命期内的经济效益，来判断项目在经济上是否合理和技术上是否可行。项目可行性研究的主要内容包括项目本身的财务评价、项目发起人的财务评价、国民经济评价和项目风险分析等工作。

项目融资的风险分析是在项目可行性研究报告获得通过后，从项目债务资金提供者的角度，侧重考察和分析项目融资期内的项目风险，从而判断项目债务资金本息偿还的可靠性和安全程度。项目融资可行性分析为项目融资工作开展提供最重要的依据。

项目风险存在于项目的各个阶段。因此，在项目可行性研究的基础上，有必要按照项目融资的要求，对项目风险作出进一步详细的分类研究。不仅要对项目风险作定性分析，而且更要注意系统的定量分析，分析各种风险因素对项目现金流量的影响，以便设计出可为各出资方所接受的共同承担风险的项目融资方案。

3)项目融资决策阶段

项目融资决策是在项目融资可行性研究和项目风险分析的基础上，项目投资者对一些根本性问题，诸如融资方式、融资结构、投资结构、聘请融资顾问等重大问题作出判断和决定。

(1)选择项目融资方式

项目公司可以通过发行股票、债券、融资租赁、投资基金、BOT 和参与多边合作及利用外国直接投资等方式筹措资金。选择何种项目融资方式，取决于项目的投资规模、投资性质和项目自身的技术经济要求，还取决于投资者对债务责任分担和债务资金数量、时间、融资成本等方面的要求，以及诸如税务结构和债务会计处理等方面要求的综合评价。

(2)选聘项目融资顾问

项目投资者选择项目融资方式作为筹资手段，需要选择和任命融资顾问，通常聘请投资银行、财务公司或者商业银行中的项目融资部门来担任融资顾问。项目融资顾问的主要任务是：协助项目投资者全面地分析和判断项目的风险因素，确定项目的债务承受能力和风险，设计和选择能够准确反映出投资者融资战略要求，并有助于实现项目投资目标收益率的项目融资结构及其相应的资金结构，分析和比较可能的融资方案，综合考虑各类项目融资参与者的意见或建议后，再作出融资方案决策。

(3)设计项目融资结构

项目融资结构是设计项目融资方案的关键之一。在设计项目融资结构时，必须考虑选择何种项目融资方式或几种融资方式在项目资金使用的不同阶段上的组合，安排股本资金和债务资金的比例关系，并统筹考虑资金使用进度和计划安排项目所需资金的筹措时间和偿还时间，争取实现项目资金结构和资金进出项目的最佳时间组合。

项目融资必须确定恰当的项目股本资金与债务资金的比例。安排项目融资结构的一个基本原则是，在保证项目公司不会因为借债过多而降低项目的经济强度的条件下，尽可能地降低项目的综合资金成本。由于大多数国家的税法都规定公司的贷款利息或债券利息的支出可以计入公司成本冲抵所得税，项目使用债务资金可以降低项目资金成本，但是，项目的财务状况和抗风险能力会随着债务的增加而相对地减弱。因此，确定项目的股本资金和债务的比例应主要依据该项目的经济强度和项目的债务承受能力。

(4)设计和选择项目融资方案

设计和选择项目融资方案，主要是在确定项目的投资结构和项目的融资方式前提下，依据项目融资的可行性分析，并考虑项目股本资金和债务资金的来源及资金成本，运用现金流量模式及其敏感性，来确定最佳的股本资金水平并满足项目投资者和项目债权人对相应风险的要求，从而实现预期的项目投资收益率并据此安排项目融资活动。

4)项目融资合同谈判阶段

项目融资谈判是项目发起人或政府部门，在提出项目并进行了可行性研究和风险分析的基础上，通过各种渠道、多种形式选择候选合作伙伴，并与他们就融资总额、融资期限、提款方式、还款方式、融资条件和资金提供方的其他要求等重大问题进行会谈，最后选定合作伙伴，并与之进一步协商各方面的条款，形成法律文件，签订合同。

项目融资谈判结束后，谈判双方在正常情况下都要签署融资协议。在与贷款银团的谈判中，为了满足贷款银团的要求，有时需要调整融资结构和资金结构，甚至修改相应的法律文件。谈判结束后，双方根据谈判中达成的共识，在项目融资顾问和法律顾问的协助下，双方共同起草贷款协议和担保文件，并对贷款银团正式介入之前已经签署的协议根据谈判内容作必要修改。

5)项目融资实施阶段

在正式签署项目融资的法律文件之后，项目融资就进入实施阶段。此阶段应做好以下工作：根据项目合资协议(或叫股东协议)和项目融资协议等，筹措和运用资金，实现融资项目的开发建设、项目公司在项目建设期完成项目投资计划的执行管理、项目融资中的风险控制与管理、项目融资中的融资文件的执行管理。

在项目融资中，项目投资者、项目公司及其他参与方之间通常需要签署大量的具有合同性质的融资文件，并通过一系列的融资文件及其信用担保协议，实现项目风险在项目各参与方之间进行合理分担。例如，项目投资者或项目公司多在项目融资协议签订之前，通过招标投标确立项目施工单位，并与施工单位签署项目建设承包合同，项目公司依据项目建设承包合同对项目建设开发阶段的全过程进行管理，即对项目建设阶段的质量、工期和费用进行监督、控制和管理。在项目融资中，贷款人将会通过其经理人(一般是由项目融资顾问担任)经常性地监督项目的进展，根据融资文件的规定，管理和控制项目的贷款资金投入和部分现金流量，帮助项目投资者加强对项目风险的控制和管理。

对含特许期运营还贷的项目，如 BOT 方式，项目融资实施阶段还应包括项目营运和移交。对于高速公路项目，在项目营运期间，项目公司的主要任务是收取车辆通行费，对项目设施进行正常的养护维修及定期的大中修，并将收费收入按供款方的优先次序进行还债，收回股本，获得预期收益。

在特许期结束后，项目公司应将项目经营权移交给当地政府。移交也可能发生在其他一些情况下，例如：①项目公司在特许期限内违约；②由于不可抗力使项目建设或运营不现实；③由于政府违约或运营环境发生突变，使项目建设或运营不可行；④政府决定对项目进行实质性改造、扩建等。特许期结束的正常移交，政府要向项目公司支付费用，这种支付不是基于项目移交时的公平价格，而是基于项目建成的技术规格。根据对项目性能的检查情况，确认项目是否恰当地维护且仍在正常工作，可以对支付额进行调整。如果在特许期内项目公司成员所获的收入足以提供合理的产权投资利润，而项目维护得当，运作正常，那么移交时的支付是象征性的。如果在移交时，项目设施损坏较多，则视修复费用从项目公司的履约保证金中加以扣除。移交标志着一个 BOT 类融资项目的结束。

5. 我国项目融资现状及主要问题

1)我国项目融资现状

自改革开放以来，我国允许开办有外资参与的合资公司，国家鼓励外商投资和贸易，引进外国资本和技术。项目融资作为一种重要的国际金融工具，在 20 世纪 80 年代中期被介绍到了我国的企业界和金融界。

1983 年，位于深圳的投资 42 亿港元的沙角 B 电站项目是我国第一个完成的有限追索的 BOT 项目。这个项目在国际上产生了比较大的影响，使得国际上看好中国项目融资发展的前景。而在国内，当时还未能明确提出建立市场经济，所以并没有引起多大的注意。直到十年之后，项目融资才在我国的社会经济发展中引起人们的兴趣。1994 年 5 月和 11 月，原国家计委分别与世界银行、亚洲开发银行、世界银行外国投资咨询服务中心联合召开了两次关于吸引外资参与我国基础设施建设的国际研讨会，并派员对印度、泰国、菲律宾、中国香港、澳大利亚、英国、挪威、奥地利、匈牙利等国家和地区吸引私人资本投资基础设施，特别是对 BOT 建设方式的政策导向、操作方式、管理办法、经验教训等问题进行了考察研究。在此基础上，国家计委拟定了 BOT 法，以此指导项目融资的顺利实施。

目前，我国许多项目建设都已采用项目融资的方式，而且大多为 BOT 方式。仅交通项目就有：北京长城轻轨铁路、广州轻轨铁路、武汉城市铁路、广东和上海等地的高速公路、桥梁和隧道等项目。其中，我国首条 BOT 隧道——宁波常洪隧道于 2002 年通车。工程总投资 4 亿元，由上海城建集团、隧道股份、宁波中天投资有限公司按 45%、45%、10%比例投资成立宁波常洪隧道发展有限公司作为该工程的项目公司，注册资金 1.4 亿元，项目公司将获得 20 年隧道专营权，预测投资回报率 10%。类似工程还有投资 16.5 亿的上海大连路隧道工程等。

在高速公路项目融资中，中方的入资并不局限于向国内银行借款一种形式，还有将辖区原有公路作价抵充入资资金，这一般用于对这条旧公路的改造或同方向新路建设的项目；也有地方政府将公路建设与土地开发相结合，指定出让公路沿线或某特定土地开发权与外商合作建设高速公路，这实际上是以土地使用权抵充资金入股。有的地方把这种办法称为“以地换路”。

2)我国项目融资中存在的主要问题

尽管我国利用项目融资方式来发展基础设施和基础产业已有十多年的历史，但是在项目融资的过程中，仍然存在一些问题。

(1)目前我国对项目融资所涉及的行业限制、项目条件、指导原则、项目收益分配原则、政府担保的范围与界限等具体问题还没有统一的管理和制订出相应的政策来规范和指导项目融资的实施。项目融资要求有健全的法律体系和金融市场作为保证。

(2)项目成本比较高。造成项目成本较高的原因是多方面的，其中除了项目融资本身的原因之外，还有一些外部原因造成了项目成本的上升。如冗长的审批体系，招标过程中的不公开性所造成的投标方、参与方及可能提供支持的银行在前期工作方面的大量重复劳动所产生的成本。另外，项目融资是一个复杂的系统工程，涉及面广、参与部门多，由于缺乏经验，部门之间的协调难度大，也造成成本上升。

(3)项目融资在鼓励引进国外的新技术、管理经验等方面与预期仍有差距。我国通常是通过私下谈判而很少采用竞争的招标方式来挑选最合适的外国投资者。在没有采用竞争招标的项目中，往往缺少评估外国投资方报价的基准点。在费用谈判方面，采用成本加回报率估价，并过于强调的是谈妥的股本回报率。这不利于项目公司引进新技术与新的管理经验，对项目业绩缺乏促进作用。

对此，一些国外投资公司建议我国政府可以采用一些方式积极地承担更多的责任，以此来支持项目融资的发展。例如：

(1)缩短计划和调查所需时间。对收费公路项目建议采用新的审批程序，以缩短项目从计划到开始建设的时间，降低项目开工前的高成本。

(2)降低高额投标费用。典型的BOT项目的一个投标方需要花费100多万美元来通过资格预审，如果中标，还要花费几百万美元。加上评标标准的不公开性造成重复劳动引起的成本提高，如此高额费用减少了投标者，不利于市场的竞争择优。建议通过投标文件标准化、向未中标公司支付补偿费等方法减轻投标方负担。

(3)尽早(在项目可行性研究阶段)查明项目风险和确定合理的风险分担方式。公共部门应该承担更多一点的风险，对公共基础设施领域(如收费道路和铁路)采用税收优惠政策。

(4)增加商业自由度。应给予项目发起人更大的商业灵活性，如确定道路收费标准等，以加强他们的信心。

(5)备用的融资支持。需提供从属贷款保证主要债务的偿还，或者提供用于支持项目的某一阶段的贷款。在不可抗力发生产生索赔时，就可使用紧急贷款资金，减小项目的风险。

综上所述，为了更好地利用项目融资，需要建立健全法律体系和有效的金融市场，加强项目融资中政府部门的协调。只有这样才能有效维护国家、使用者和项目投资者多方的权益。

第三节　运输基础设施的经营管理

一、运输基础设施的收费管理

在我国，运输基础设施的收费项目实现社会化的主要是公路项目。

1.收费公路的产生和发展

公元前1950年，曾经出现过一条由亚述人建造的从叙利亚通往巴比伦的收费公路。从1281年开始，英国对通过伦敦桥的车辆和行人、船只收费；500年后不列颠国会通过了一项法律，允许各郡建收费亭征收过路费用于公路养护。1706年收费栅信托机构开始建立，负责收费公路的筹资、建设维护与经营。英国的工业革命使得收费制得到较快的发展。到1820年为止，英国已拥有32 000km的收费公路，年收入超过125万英镑。在美国，第一条由私人建造的收费公路于1794年在宾夕法尼亚建成并投入使用。公路全长100km，建造成本465 000美元。19世纪的澳大利亚具有与英国相类似的公路收费制度，到1870年，维多利亚州共建成收费亭123座，年收入90 680英镑。

公路建设资金的相对短缺是导致公路收费制度在20世纪又得以重新发展的根本原因。据国际路联(IRF)统计，到1995年底，全世界高速公路共有19.3万公里；其中收费高速公路约占25%。表6-8列出了部分国家和地区对高速公路收取车辆通行费的情况。

部分国家和地区对高速公路收取车辆通行费的情况 表6-8

对高速公路收取车辆通行费情况	国家和地区
全部收费	中国、新加坡、泰国、马来西亚
部分收费	美国、加拿大、法国、意大利、英国、澳大利亚、日本、韩国、台湾
全部不收费	德国、比利时、丹麦、挪威、卢森堡、荷兰、香港

我国的公路通行收费制度是在不断深化公路管理体制改革的新形势下产生与发展起来的。为了解决公路交通设施严重滞后于交通需求的问题，广东省顺德市容奇镇公路桥等一批基础设施建设，突破了公路建设靠国家投资的传统体制，率先进行贷款建桥、收费还贷的改革尝试，并于1984年开始对过往车辆实行收费制度。国家充分肯定了这一改革尝试，并于1984年12月在国务院第54次常务会议上将“贷款修路、收费还贷”作为促进公路事业发展的四项优惠政策之一。1987年10月13日国务院发布的《中华人民共和国公路管理条例》第一次明确规定，公路主管部门对利用集资、贷款修建的高速公路、一级公路、二级公路和大型的公路桥梁、隧道、轮渡码头，可以向过往车辆收取通行费，用于偿还集资和贷款。1994年7月18日，交通部、财政部、国家计委联合颁布的《关于在公路上设置通行收费站(点)的规定》和1997年7月3日发布的《中华人民共和国公路法》进一步规定了公路的收费条件：①封闭(包括部分封闭)型的汽车专用公路；②平原微丘区超过40km和山岭重丘区超过20km的一般二级公路；③长度超过300m的公路桥梁；④长度超过500m的公路隧道；⑤上述公路、桥梁和隧道必须是由：县级以上地方人民政府交通主管部门利用贷款及向企业、个人集资建成的公路；或是国内外经济组织依法受让收费还贷公路收费权的公路；或是国内外经济组织依法投资建成的公路。实行公路收费制度扩大了公路建设的资金来源，调动了全国各地建路筑桥的积极性，加快了公路设施的发展步伐。到2001年，全世界20多个建有收费公路的国家与地区共有收费公路14万km，其中约80%即近11万km在我国。我国公路收费站已多达3 299个。2009年，随着燃油税的实施，我国将逐步取消政府还贷二级公路收费后，全国收费公路里程将减少一半以上。

2.收费公路的经济学理论

1)公路的经济学属性

现代经济学中把物品划分为私人品(Private Goods)和公共品(Public Goods)。萨缪尔森曾利用数学表达式给出它们精确和深刻的定义，其基本概念是：私人品的社会总消费量等于每个消费者消费量的总和；而公共品的社会总消费量等于任何一个消费者的消费量。这就是说，私人物品具有消费上的排他性和占有性，而公共物品则具有非排他性(共享性)和非占有性。然而在现实生活中完全满足上述定义的纯公共品实在太少，由此经济学家又将不完全满足定义条件的那部分公共品称为准公共品。表6-9列出了纯公共品、准公共品和私人品的区别，表6-10列出了公共品的分类及特点。准公共品的主要特点是：一般是部分付款购买，政府与市场皆可提供，具有广泛的外部经济性，具有拥挤性。公路(运输系统)属于自然垄断型准公共品。

公共品与私人品的区别表　　表 6-9

特　点	纯公共品	准公共品	私人品
1.消费时能否分割	不可以(只可共享)	部分可以	可以
2.购买时能否独享	不可以	基本不可以	可以
3.购买方式	间接支付(税收)	部分直接部分间接	自己直接支付
4.分配原则	公共选择(投票)	公共选择与市场购买	市场价格
5.个人有无选择自由	没有	几乎没有	有
6.不购买可否享用	可以	部分可以	不可以
7.是否可以鉴定好坏	不容易	不太容易	容易
8.使用时的浪费	不容易浪费	浪费较多	较少浪费
实例	国防、警察、灯塔	公路、义务教学等	理发、衣服

公共品分类及特点　　表 6-10

<table>
<tr><td rowspan="2">分类</td><td colspan="2">纯公共品</td><td colspan="2">准公共品</td></tr>
<tr><td>1类：
特殊意义上的公共品</td><td>2类：
现实意义的公共品</td><td>3类：
自然垄断型准公共品</td><td>4类：
优效型准公共品</td></tr>
<tr><td>典型例证</td><td>收入分配、政府经济措施</td><td>国防、外交、法律法规、警察、免费共用设施</td><td>运输系统、通信系统、电力系统、供水系统</td><td>邮政服务、义务教学、预防性保健措施、文化娱乐设施</td></tr>
<tr><td>主要特点</td><td colspan="2">不能直接购买，只能通过纳税的间接方式实现；一般地只能由政府提供；具有广泛的外部经济性</td><td colspan="2">一般是部分付款购买；政府与市场皆可提供；具有广泛的外部经济性；具有拥挤性质</td></tr>
</table>

2)公路应由谁来建设与经营

萨缪尔森认为：公路(网)是“不宜私人生产的公共品”，“因为这些物品的好处在居民中间分散得太广，以致没有一个企业或消费者具有提供它们的积极性”[《经济学》(第十四版)]。这就是说，由于公路项目具有巨大的外部效益，出于自利原则(这是经济学的一个基本假设)除非作出某种制度、政策和技术上的安排，否则市场竞争将不会导致有限资源的最优配置。这意味着，公共物品不能由个体生产供给；只能由政府来承担建设的义务。同样是由于自利原则的驱使，人们希望将把不必付费(只需交税)的纯公共品的范围扩大到所有的社会福利部门，如失业保险、公共交通等。这种福利“刚性”是一般的人类社会产品消费的心理取向(经济学上将人们希望由他人提供公共品，自己免费使用的行为称为“搭便车 Free Ride”)，说明人们普遍要求政府提供和扩大更多的纯公共品的消费趋势。这在西方福利国家更为明显。在经济条件许可时，政府有责任重视大部分人的意愿，出资建造更多、更好的道路(网)，满足人们越来越高的出行要求。

但是，传统的理论将私人部门完全排斥在公共产品的生产之外，在今天看来并不全面。

一方面客观现实存在非直接经济原因的私人赞助。作为私人和厂商，为了非盈利目的而生产公共品的现象尽管不能说是主流，但也已相当普遍。这是因为一些厂商在经济上有了成就后希望回报社会和赢得人们尊重，满足精神上的需求，或是出于间接和长远利益的一种考虑。

另外一方面是为了筹措资金与提高效率，政府将一些原本免费使用项目改为收费后，使这些项目成为准公共品，并鼓励私人向这些准公共品投资。如我国目前在建的大部分高等级公路和前述著名的穿越多佛尔海峡的欧洲隧道项目等。公有企业效率低下一直是西方经济界学者推动政府将公共品转由私人企业投资经营的主要理由。西方产权理论的奠基人科斯(Coase)在《经济学上的灯塔》一文中对英国早期的灯塔制度进行研究后指出，1610～1675 年间英国政府公营 24 个灯塔未新建一个灯塔，而私人却建了 10 个，使私营灯塔数达到 22 个。因此认为灯塔等公共品并非一定要由政府经营，让私人经营，效益会更好，并指出，1842 年全部收归公营是因为私人灯塔收费过高，是为了限制垄断。1984 年美国一工业家领导的专门调查小组对公有企业（包括政府部门）的效率进行的调查表明，美国国防部用 9 美元购买在自由市场可用 3 美元买到的标准螺钉；在非制造业，政府雇员比私营部门雇员多花 64% 的病假时间；政府部门计算机的使用寿命是私营部门的一半；政府总务管理局所雇用人员是相应业务量的私营部门的 17 倍，管理成本则为 14 倍。虽然也有反面的例子，如加拿大一家私营与一家公营铁路公司在经营效率上并没有多大差别；尽管英国的国有企业亏损严重，但是大多数法国的国有化企业则盈利丰厚。但总体而言，西方经济学家公认公有企业效率较低。这促使西方一些国家将铁路等运输业转交私人企业经营。

以上情况说明，公路，当它作为公共品时（普及的各等级不收费公路）应由政府建设，当它作为准公共品时（收费的高等级公路）应由政府组织，吸纳私人企业参与建设与经营。

3）公路是否应该收费

公路使用过程中的增量成本（如养护费等）较之沉没成本要小得多，且在交通量变动时保持相对稳定。所以在政府投资能力许可时，除非交通量饱和，不收取公路车辆通行费不仅不会导致公路资源的过度消费，而且有助于最有效率地向全社会提供公路效用。因此公路作为公用基础设施时，其公共品属性占优，不应对使用者收费。

但是，一旦公路由私人投资建设和经营，其私人品成分增大，成为自然垄断型准公共品。准公共品的支付应由私人还是政府负担，可用图 6-6 的模型加以分析。由于私人品使用时每个人都是价格的接受者，他能调整消费数量来使自己的边际效用等于既定的市场价格，或者说，在价格 P_0 时，总需求等于 A 组人群与 B 组人群各自能够承受该价格的需求之和，因此需求曲线是水平相加，$Q_0=Q_1+Q_2$（图 6-6a），而公共品使用时，每个人所能支配的是同样数量的公共品，但他所愿意支付的价格量（纳税）是根据社会成员获得的平均收益程度，即社会平均的边际效用决定的，或者说，在使用量 Q_0 时，总价格等于 A 组人群与 B 组人群对这些公共品各自分担的价格（纳税）之和，因此需求曲线是垂直相加，$P_0=P_1+P_2$（图 6-6b）。从私人品和公共品的加总中我们可以获得两种产品的总需求，然后以 D_S 和 D_G 的形式导入准公共品的模型中，并引入供给曲线 S（图 6-6c）。这样我们就可以找到两个均衡点 E_1 和 E_2。在均衡点 E_1，由于供给曲线与需求曲线 D_S 相交，是该产品中纯私人品的成分，这时其均衡价格为 P_1，均衡产量为 Q_1。通过政策干预，均衡点将移至 E_2 点，这一点可以理解为私人支付加公共支付后形成的总需求与总供给的平衡点。在这个既有私人支付，又有公共支出的均衡点上，均衡产量为 Q_2，均衡价格为 P_2，但是，Q_2 消费量水平上，私人支付的总能力仅为 $OPEQ_2$，余下 PP_2E_2E 成为公共支出，只能由政府补贴。以上分析表明，准公共品的支付既不能全由私人承担，也不能靠政府包办，应由政府和个人共同负担比较合适。

准公共品的另外一个特点是具有拥挤性。当使用者集中某一时段偏好使用某一路段，就会发生拥挤。就像每天上下班时，一些大中城市的入城经常发生拥堵给行人带来不便那样。一旦产生拥挤，道路的效益就不能充分发挥，道路使用者的边际成本就迅速上升。如果限于建设周期的原因，或限于资金和土地资源等原因，在一段时间内政府不能提供新的道路来缓解交通拥堵，那么采取包括收费在内的交通管制措施缓解交通应该是政府的行政职责。从经济学角度看，在这种情况下采用收费是较好的选择，它不仅可缓解交通，还可提供部分资金用于交

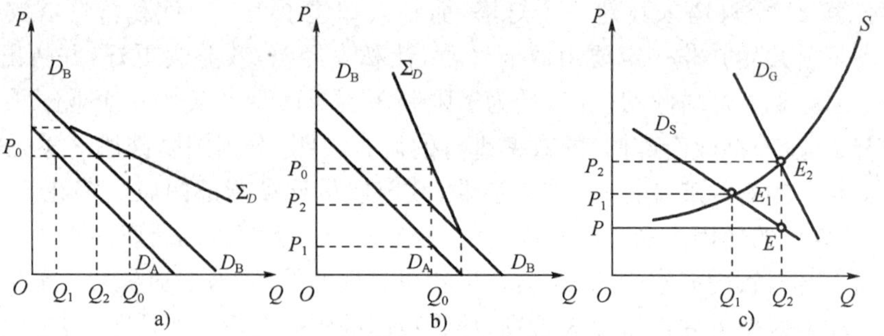

图 6-6　准公共产品的均衡

a)私人产品的需求叠加;b)公共产品的需求叠加;c)准公共产品的总需求

通管理。图 6-7 表明,通过征收过路费使交通量从原 Q_M 下降至 Q_L 水平,从而达到减轻道路拥挤的目的。

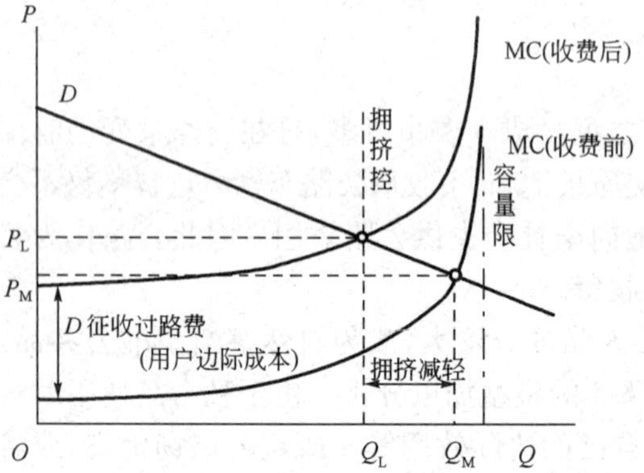

图 6-7　征收过路费可减轻道路拥挤

4)如何对公路的使用实施收费——收费原则

作为权宜之计,在部分高等级道路上收费解决道路建设资金短缺问题时,应符合消费者"支付意愿"原则。

准公共品的使用具有部分免费部分付费的双重特征,在实践上,国家经营的公共交通基础设施(例如城市公共汽车、轮渡、地铁等)所需的开支,一般靠票款收入来补偿是远远不够的。但从使用交通基础设施比不使用交通基础设施需支付更多的费用这一事实来看,"谁受益、谁负担"这一公平原则得到了较好的贯彻实施。根据这一原则,世界上的大多数国家都采取按耗用燃料的一定比率征税来筹措道路(网)建设、维修、管理等资金。我国也正在进行将公路养路费、公路货运附加费、公路客运附加费和公路运输管理费纳入燃油税的"费改税"改革。如果政府以征税形式筹措的公路资金能够满足公路网建设与维护的需要,除非为避免过分拥挤,就没有理由再让公路用户为使用公路缴纳公路车辆通行费。但是,在采用集资融资方式建设道路时,还是需要通过收费来还贷。

实施公路收费制度可能带来对这些公路使用者进行双重收费的问题:除了支付一般公路使用者必须支付的费用(燃油税或养路费等)以外,还必须支付超额费用(公路车辆通行费)。为了有利于公路车辆收费制度的健康发展,有必要对公路收费制度作出科学的解释。由于实行公路车辆通行费制度的根本原因是公路建设资金的相对短缺,所以公路使用者面临的选择是以支付公路车辆通行费为代价来换取增加运输量、降低运行成本、缩短运行距离、减少交通拥挤和节约运行时间等道路使用效益,还是以忍受交通不便为代价,来换取在公路上免费通行的权利,这应由使用者自己作出决定。这就要求在实施收费时贯彻"支付意愿"的原则。

从维护公路使用者合法权益的角度出发,收费费率应以收费公路的级差效益为上限(即收费不能大于使用收费公路带来的超额效益);为了维护公路经营者的合法权益,收费标准应以车辆对道路的占用与破坏程度为下限,并保证贷款本息或投资本息按期收回。但不同使用者对公路级差效益的理解和体会是不同的。如果要使收取车辆通行费的行为真正反映公路使用者的“支付意愿”，在对新建或改建的高等级公路实施收费制的同时，有必要设置不收费的辅道或其他平行的线路设施供使用者选择。这样的公路属于竞争性公路。对于竞争性的收费公路，国家除了根据维护公路使用者合法权益需要，确定其收费上限以外，应当允许经营者拥有定价自主权，根据不同车型的需求弹性来确定分车型收费标准，以促使其收入最大化或利润最大化。作为所在地区唯一通道、别无选择的公路，属于垄断性公路。如果垄断性公路由私人投资修建并实行收费经营，私人财团为追求垄断利润有可能使车辆通行费偏高从而影响了公路用户的利益，这将导致公路的社会福利和消费者剩余减小(在第三章图 3-12b)中已说明，与完全竞争市场相比，垄断性公路由私人经营的社会福利损失为三角形 *bde*)。在这种情况下，政府有必要强化对私人财团收费行为的有效监控。只有如此，实施公路收费制度才会使公路使用者受益，而不会使其蒙受经济损失。对于低等级公路，它不可能相对其他道路有明显的级差效益，所以实施收费制的结果或者将导致交通量减少，或者将增加公路使用者的负担，对提高道路使用效益是无益的。因此，同时提供收费公路与不收费公路，并且收费公路具有明显的级差效益优势，这是实现“支付意愿”原则的前提。

随着地区公路网的发展和道路质量的普遍提高，高等级公路级差效益将逐渐减弱，收费赖以实施的条件将逐步消失，因而收费也应当是有期限的。将贷款本息已基本收回的收费还贷公路的收费权再有偿转让给国内外经济组织实行较长时期收费经营的做法，实质上是在侵犯公路用户的合法权益。从这一意义来看，征收公路车辆通行费只是一种公路融资的权宜之计，不应当作为公路融资的长远发展方向。有助于证明这一理论的事实是，西方国家在经历了19 世纪的公路国有化进程以后，至今为止尚无充分的证据证明曾出现过公路所有权交易事项。即使在推行私有化最为彻底的英国，公路仍属于国有基础设施。所谓的私有公路实质上是经国家特许由私人建造和经营的公路。当特许经营期终了，公路产权将交还国家。这里，公路的公共品(社会公益性)基本特征依然发挥了重要的作用。

3. 收费分类

由于收费目的不同，收费公路可划分为收费还贷公路、收费经营公路和收费控制公路三种类型。

1)收费还贷公路

如果某公路是靠贷款修建的，那么收费目的是为了在规定的期限内(贷款偿还期)筹措足够的资金以用于偿还贷款本息。贷款本金、贷款利息、还贷期限以及预期该公路未来的交通量对收费标准确定都具有重要的影响。为了维护公路使用者的合法权益，贷款修建的一般应为高等级公路并具有明显的级差效益。级差效益越大，公路用户对收费的敏感性越小，因而收费对交通量的影响也就越小。由于修建公路所需的贷款一般由政府出面筹措或政府担保并指定某事业单位进行，因而贷款收费实质上是政府行为。所收取的通行费收入，补偿收费公路所需的养护与收费管理开支后的余额，只能用于偿还贷款本息，不应当用于其他公路的建设与改造，更不应用于非公路项目。这是实行公平负担原则的需要。贷款收费的时间应严格局限于贷款偿还期以内。一旦还清全部贷款本息，应立即停止收费。

2)收费经营公路

经营性收费公路是指由国家特许某法人组织负责建造和经营、以获利为目的的收费公路，也反映了经国家特许将某已建成公路一定时期内的经营权有偿转让给某法人组织负责经营、以获利为目的的收费公路。在西方国家，早在 20 世纪 30～40 年代就曾经进行过实行公路特许经营制度的尝试，例如于1940年在美国宾夕法尼亚州建成并投入使用的收费公路。我国也已推广以BOT方式建设公路。由于公路具有公益性资产的性质，西方经济学家一般不主张公路由私人经营或实行收费制，因为私营企业以获利为目的，在存在着市场缺陷的情况下，不适当地收费将影响公路网作用的充分发挥。这意味着，在西方国家，公路由私人经营并实行收费制仅是权宜之计，而不是长远的发展方向。为了维护公路使用者的合法权益，提高公路网的使用效益，政府有义务通过制订有关的法规来有效地规范公路经营企业的收费经营行为。

3)收费控制公路

此类公路上对车辆通行进行收费的目的，是为最大限度地提高现有道路的使用效益，利用收费来提高车辆通行的成本，有效地控制拥挤公路的交通量(图6-7)。因此，此类公路对车辆的收费通常称为拥挤费。例如，英国伦敦、爱丁堡等交通十分拥挤的城市考虑采取道路收费制的主要目的就是为了控制交通量对有限公路的需求，减缓拥挤状态。据报道，荷兰计划在其主要城市阿姆斯特丹、海牙、鹿特丹和乌得勒支四周设立总共110个自动收费站，通过向进城的机动车收取一定费用的方式，劝阻驾车者尽量减少不必要的进城交通，以减少在荷兰城市四周道路上时有发生的阻车现象以及因车辆过多而造成的城市空气污染。

新加坡是世界上第一个对城市道路全面定价收费的国家(1975年)。在新加坡城市中心区周围设有一系列收费站。要开车进入城市，每辆车必须根据所行驶的道路与当时的时间和污染(拥挤)水平交费。据称，新加坡是地球上唯一没有道路拥挤、没有汽车引起污染问题的城市。目前，我国上海等大城市也在计划实行以控制交通量为主要目的的公路收费制度。

本章主要讨论前两类公路的收费问题，有关拥挤费的征收将在第九章作详细论述。

4.收费标准

收费标准包括标准车(小汽车)的收费标准和不同车型的收费标准。

目前，我国公路收费标准尚未统一，一般确定公路收费标准的依据有以下几点。

(1)财务依据，即对于还贷收费公路以规定期限内偿还全部贷款的本息为依据；对经营收费公路以经营期内的实现预期投资收益率为依据。这是收费的下限依据。

(2)消费者收益价值依据，即按有无比较原则分析各种车辆行驶费用的节约额，以此作为收费的上限依据。这是实现道路建设社会效益最大化的效益公平原则。

(3)引发成本依据，即以不同车辆在不同道路上行驶所引发的费用为依据，例如行车对路面的损坏程度、车辆占据道路的空间大小、与此向对应的不同等级道路的建造成本和养护管理成本等。这是实现道路建设社会效益最大化的引发费用公平原则。

(4)使用者承受能力依据，即以道路使用者承受能力为依据来考虑不同地区、不同经济水平下不同车型使用者的支付标准。这是实现道路建设社会效益最大化的支付能力公平原则。

(5)效益最大化依据，即以经营者能获取收益的最大化为依据。

以上依据有时是相互矛盾的，例如，引发成本依据要求扩大小汽车与重型货车的收费价差，因为重车造成道路的损坏程度远远大于小汽车；而效益最大化却要求经营者缩小两者的差距，因为小型车具有较小的收费弹性，交通量基本不受收费高低的影响；大型车具有较大的收费弹性，收费提高会导致交通量明显下降。为确定一个较合理的、容易为大家接受的收费标准，一些省级人民政府在核准道路收费标准时提出了“与相关省市标准相适应”的要求。表6-11是部分高速公路车辆分类汇总表，表6-12是部分高速公路车辆收费标准汇总表。

部分高速公路车辆分类汇总表 表 6-11

高速公路	类别	一类	二类	三类	四类	五类	六类
沪杭甬	客车	20 座以下	21～40 座	40 座以上，32 座以上卧铺			
	货车	2t 以下	2～5t	5～10t	10～20t	20～50t	
成渝	客车	10 座以下	11～30 座	31～50 座，30 座以下卧铺	三类以上		
	货车	1t 以下	1～3t	3～5t，国际标准集装箱	5～10t	10～15t	15～25t
广深 深圳	客车	轿车、吉普车、摩托车	面包车 小型货车 轻型货车	小型客车、中型客车、大型普通客车	大型豪华客车	双层大客车	
	货车			中型货车	大型货车*	重型货车**	
沪宁	客车	6 座以下	7～20 座	21～50 座	50 座以上		
	货车		不大于 2t	2～5t	5～10t	10～20t	>20t
吉林省	客车	7 座以下	7～28 座	28 座以上			
	货车	2.5t 以下	2.5～7t	7～14t	>14t		
河南省	客车	9 座以下	10～30 座	30 座以上			
	货车	2t 以下	2～5t	5～8t	8～20t	20～40t	40t
西临、西宝 西铜、临渭	客车	19 座以下	20～49 座	50 座以上			
	货车	2.5t 以下	2.5～8t	8～12t	12t 以上		

注：*包括大型拖（挂）车、20ft 集装箱车；**包括重型拖（挂）车、40ft 集装箱车。

部分高速公路车辆收费标准汇总表（单位：元/车公里） 表 6-12

高速公路	一类	二类	三类	四类	五类	六类	高速公路	一类	二类	三类	四类	五类	六类
沪杭甬	0.45	0.80	1.20	1.60	2.00		河南	0.28	0.35	0.46	0.74	0.93	2.00
成渝	0.32	0.64	1.28	2.40	4.00	5.00	泉夏	0.45	0.90	1.35	1.80	2.25	
广深	0.60	1.20	1.80	2.40	3.00		新疆	0.20	0.30	0.40	0.80		
沈大	0.25	0.30	0.35	1.00	2.00	4.00	渝长	0.50	1.00	1.50	2.00		
沪宁	0.40	0.60	0.80	1.00	1.20	1.60	长沙绕城	0.30	0.60	0.90	1.20	1.50	1.80
吉林省	0.25	0.30	0.40	1.20			京津唐	0.25	0.35	0.45	0.6		
广州环城	0.70	1.35	2.25	3.20			西宝	0.26	0.45	0.64	0.96		
江西	0.33	0.75	1.05	1.40			临渭	0.41	0.68	0.81	1.08		
西临	0.50	0.75	1.00	1.25			深圳	0.60	1.20.	1.80	2.40	3.60	

除此以外，在我国的公路通行费收费实践中，有些地区（例如河南省）或路段对大吨位货车还采取了按核定吨位收费的方式；有些道路（例如山西省石太高速公路）还采取按车轴数或者轴重来收费的方式。

5. 公路收费方式

目前我国采取的公路车辆通行费收费方式主要有以下两种。

1）开放收费方式

开放收费方式是指，根据需要在收费公路上的不同位置设多处主线收费站，而不是在各个立交匝道的出入口处设收费站。这样，车辆可以不受控制地自由出入收费公路，收费公路对外呈现“开放”状态。采用开放收费方式，一般分车型确定每车次收费标准；车辆每经过一次主线收费站缴一次费。我国有些高速公路（例如新疆吐乌大高速公路）通过设置若干主线收费站实行开放式收费。

2)封闭收费方式

封闭收费方式是指，在收费公路主线起止点以及所有的立交匝道出入口设置收费站；除收费公路主线起止点以外的主线上不再设任何收费站。这样，可控制所有收费公路的进出口，使收费公路对外呈现“封闭”状态。车辆则可以在收费公路内部自由通行；使用收费公路只需缴一次费。采用封闭收费方式，一般分车型确定车公里收费标准。目前，我国绝大多数高速公路均采取封闭收费方式，即在入口处领取通行券，在出口处交款。

6.我国公路的收费管理系统

1)人工收费管理系统

人工收费系统是指对进入高速公路网络的车辆发给通行卡以及出口处验卡收费等程序，全部由手工操作完成的收费管理系统。在收费管理过程中还可以辅以人工稽查和监督以及各种规章制度，以达到强化管理的目的。我国高速公路的收费管理系统，不少属于人工收费管理系统。

2)半自动化收费管理系统

半自动收费管理系统是指由人工完成收费和找零工作，由计算机或人工完成车型判别，由计算机完成计算费额、打印票据、数据积累汇总等工作所形成的收费管理系统。半自动收费系统是在人工收费管理系统基础上发展起来、向全自动收费管理系统发展过程的一个阶段性产物。1995年以来，我国越来越多的高速公路开始采用半自动收费管理系统。

3)全自动化收费管理系统

全自动收费管理系统是指利用微波技术的不停车电子收费系统。道路两旁的信标装置通过与安装在车辆上的类似电话磁卡的装置发生数据交换，来完成对行驶车辆的收费工作。目前我国一些地区如广东等省市正在积极研究和探讨全自动收费管理技术，相信在不远的将来，这种高度自动化、高效率、能杜绝目前各种不良现象的现代化收费系统将在我国高速公路收费管理上发挥更重要的作用。

二、运输基础设施的经营权有偿转让和特许经营管理

1.基础设施特许经营的出现与发展

获准在一定范围内经营、生产、销售某种商品(劳务)的权力称为特许经营权，也叫特许权或专营权。运输设施专营权属于无形资产的范畴，无形资产是指长期使用而没有实物形态的资产，主要包括专利权、著作权、商标权、专有技术、土地使用权、租赁权、商誉及特许经营权等。运输设施专营权具有无形资产的一些基本特征，例如高效性，即有可能取得高于一般水平的效益；独占性，即受让人独家垄断权；无形性，即运输设施专营权自身没有物质实体性等。但是，运输设施专营权也有一些特殊性，例如，作为商品的价值构成：$c+v+m$中(c为固定设施工具c_1和燃料c_2等转移过来的物化劳动的价值；v为劳动力自身的价值；m为增值了的价值)，物化劳动消耗比重与专利权、著作权相比要大得多，而后者脑力劳动消耗所占比例较大。运输设施专营权的不确定性相对专利权要小得多，专利权有可能随着科学技术的迅猛发展被迅速淘汰，而运输设施专营权的经济收益则相对稳定。

特许经营的出现至少已有近200年的历史。在产业革命之后，资本主义市场经济发展的过程中，就已经出现了特许经营。当时的特许经营大多数发生在商业、饮食及轻工业产品制造等行业。例如美国有名的“肯德基”炸鸡店，就是一个比较成功的特许经营饮食产业。一开始它是由美国的一名退伍军人创建的，在有了一些名气之后，许多地方经营者获得了制造经营肯

德基品牌炸鸡的权力，以致形成目前遍布世界各地的肯德基炸鸡店。20 世纪初，有些资本主义国家开始出现了对公共基础设施的特许经营(Chartered Business)，即把地方城镇的一些公共福利事业的经营权由政府授权委托一些私人企业来经营。在英国、法国、西班牙等国的一些中小城镇把自来水供给、公共交通、邮政电信业等公共事业授权给一些私人公司经营。第二次世界大战以后，有些国家政府在凯恩斯主义政策指导下，将特许经营权的经营范围从公共福利事业进一步扩大到交通基础设施，其中有公路、机场、港口、车站等。其目的主要有两个方面，一是为了调动私人资本投入交通基础设施，以解决政府资金不足的问题；二是为了提高经济效率和管理水平，为社会提供更优良的服务。

我国从 20 世纪 80 年代开始在大量引进外资的同时，也引进了有偿转让经营权的融资思路。1988 年建成的深圳沙角 B 电厂是第一个外方公司获得特许经营权的基础设施项目。由香港合和实业公司、日本兼松商社和深圳特区电力开发公司各出资 50%、5%和 45%组建成电力(中国)有限公司并在香港注册。该公司负责组织项目建设并获得电厂的十年经营权。在特许经营期，该公司占有在扣除项目经营成本、煤炭成本和支付给中方管理费后的全部项目收益。之后，我国在基础设施建设中，特别是电厂、水厂和公路建设中运用了经营权有偿转让的方式。

交通部在 1994 年 7 月发布的《关于转让公路经营权问题的通知》中规定："为了筹集公路建设资金，加快公路建设发展速度，国家允许外商或国内非交通管理部门独资、合资建设和经营公路，对已建成的收费公路允许有偿将经营权转让给外商或国内非交通管理部门。"这是我国政府首次正式规定同意实施公路经营权的有偿转让。1997 年 7 月 3 日第八届全国人民代表大会第二十六次会议通过的《中华人民共和国公路法》第六十条规定："有偿转让公路收费权的公路，收费权转让后，由受让方收费经营。收费权的转让期限由出让、受让双方约定并报转让收费权的审批机关审查批准，但最长不得超过国务院规定的年限。"(这里使用的称呼是公路收费权，其含义与公路经营权是一致的)。这就是在我国通过经营权转让进行公路建设融资的法律依据。

从 1994 年到 1998 年 6 月，我国已实施公路经营权有偿转让项目 85 个(包括大型桥梁经营权有偿转让)，解决了许多省、市公路建设资金短缺的燃眉之急，逐步成为国内高等级公路建设融资的一个重要方法。表 6-13 是我国从 1994 年到 1998 年公路收费经营权转让情况。表中所列上述 85 个项目分布在全国 25 个省、市、区。其中外商独资 7 个，中外合资 4 个，合作经营 74 个，转让合同(协议)达 260 亿元。从转让的路桥类别来看，有高速公路项目 22 项，占全部项目的 25.9%；一级公路 28 项，占 32.95%；二级公路 24 项，占 28.2%；桥梁隧道有 11 项，占 12.95%。

公路收费经营权转让情况 表 6-13

项　目	1994 年	1995 年	1996 年	1997 年	1998 年(1～8 月)
转让项目数	8	5	21	45	6
占全部转让项目的比例	9.4%	5.9%	24.7%	52.9%	7.1%

注：资料来自交通部财务司。

2. 运输基础设施特许经营的形式

目前，我国运输基础设施特许经营的形式主要有两种：第一，采用 BOT 方式等项目融资营建运输基础设施；第二，是政府将运输基础设施建成之后把经营权有偿转让给受让人。

第一种形式在国内外已有多个成功范例，有关 BOT 方法等前面已经介绍，不再赘述。

第二种形式，就是运输基础设施的经营权有偿转让。在我国各种运输方式的基础设施中，实行经营权有偿转让比较多的是公路，尤其是高速公路。而在铁路、机场、港口等基础设施方面还没有出现经营权有偿转让的事例。高速公路建成后，将经营权有偿转让给外商。这样地方政府马上可以得到一大笔资金投入其他公路的建设，而外资集团则用自己的多余资金购到公路经营权，通过收取过路费得到较丰厚的利润。根据目前情况来看，这种形式还有迅速增加的趋势。

3. 经营权有偿转让的条件和范围

除了前面提到的我国政府规定的有公路有偿转让经营权要满足条件之外，为了保证选择营建的收费公路能收到足够的钱来还贷和让投资的国内外客商获取合理的利润，在选择和确定有偿转让经营权公路时，还应充分考虑公路的技术经济特性、地理环境和区域经济发展水平等因素。一般符合下列条件的公路才有转让经营权的可能性：

(1)唯一的公路通道，或虽然有并行道路但选定公路的技术经济特性(如距离、车速、运行时间、安全性等)明显优于并行道路。这样既有利于经营者对道路收取垄断价格的过路费(具体收费标准应经有关部门批准)，又可保证使用者即使缴费也能通过收费道路而获得明显的经济效益。

(2)通行量很大，单位时间收入很高，容易通过收费回收成本并获得高额利润。

(3)当地政府对公路建设有很大的积极性，对投资者许诺以其他优惠条件，例如划出一片土地，将其开发权同时授予受让人等。目前，国家规定可以转让经营权的基础设施除公路、桥梁、隧道外，还包括高速公路和一级汽车专用公路服务区的饮食、加油、维修、旅馆及商店等，这些项目比公路自身更具有商品属性，也在可转让之列。

4. 公路经营权转让期限和价格

目前世界各国对公路经营权转让期限尚无统一的确定方法。由于各个国家公路设施的具体情况不同，各国确定的转让期限也差异较大。表 6-11 所列为一些国家和我国香港、台湾的公路特许经营期限。

由表 6-14 看出，各国的特许经营期从 9 年到 40 年不等。香港 1980 年投入使用的港九海底隧道 5 年还清全部债务，其余年份，受让人取得了异乎寻常的超额利润。主要是因为交通流量大。而澳大利亚因为人口少，车辆相对较少，故而特许经营期限长达 40 年。我国政府规定公路的特许经营期最长不得超过 30 年，例如成渝高速公路重庆段、陕西西安到临潼高速公路转让期限都定为 25 年。

部分国家和地区经营期比较表　　表 6-14

国家(地区)	项　目	特许经营期限(年)
中国香港	海底隧道	1980 年投入使用 5 年收回全部成本
马来西亚	南北高速	30
马来西亚	主干路(相当一级)	9
中国台湾	台湾高速	30
英　国	Severn Road Bridge	20(1966～1985 年，已收归国有)
澳大利亚	Gate Way Bridge	30
澳大利亚	West Gate	40(1987 年开始)
澳大利亚	Hornibook Highway	40(1931～1970 年，已收归国有)

公路的等级不同、规模不同，更主要的是交通流量不同，确定的转让期限也有差异，但它们大体上都遵循相同的经济标准，即以转让公路测算的投资回收期为主要参考的经济指标，同时参照资产评估机构对该公路的评估价格等参数进行确定。一般来说，确定公路经营权转让年限，可采用两种方法，一是计算投资回收期再加商定的盈利期作为转让期限的方法；另一个是双方达成共识的合宜投资收益率计算法。

1)计算投资回收期加盈利期法

以公路项目可行性论证研究中计算的财务投资回收期再加上一个盈利期(如 5 年)作为特许经营转让期。例如，公路投资回收期为 13 年，盈利期 5 年，则特许经营期可定为 18 年。

2)合宜投资收益率法

以一个合宜的、双方都接受的投资收益率为折现率，把投入使用后的各年预测收费收入向基年折现，计算动态投资回收期，并以此作为特许经营期限。这里的所谓合宜投资收益率一般高于同期金融市场利息率。对 BOT 方式和经营权有偿转让两种情况，特许经营期 T 可按下式求得：

$$\sum_{t=0}^{J+T}(B_t - C_t - P_t)(1+i)^{-t} = 0 \tag{6-8}$$

式中：i——双方认可的合宜投资收益率；

B_t——第 t 年的收费收入；

C_t——第 t 年的经营成本；

P_t——受让方为得到特许经营权而在第 t 年应支付的费用；

J ——如为 BOT 方式，J=建设期，年，否则取 $J=0$；

T——特许经营期，年。

利用上述计算方法算得的经营期只是提供参考依据，实际确定特许经营期时情况要复杂得多，每一个公路经营权有偿转让项目，几乎都要经过反复协商，最后才能达成协议。

公路经营权的转让价格是转让活动中的核心问题之一。我国一些收费公路项目曾经与国内外经济组织多次协商谈判，最终仍未成交，其中不能取得一致意见的主要问题就是转让价格。我国《公路法》第六十一条规定："…前款规定的公路收费权出让的最低成交价，以国有资产评估机构评估的价值为依据确定。"一般来说，我国劳动力较便宜，投入要素中大多数的原材料价格也相对不高，因此，我国高速公路造价相应也低于其他发达国家。另外，我国各级政府为了鼓励公路事业发展，制定了不少优惠政策，如免交相应税费、征用土地优惠等，这些因素也直接影响了高速公路的成本，所以公路经营权出让价格一般高于高速公路的实际财务造价。《公路法》规定经营权的最低成交价，要以国有资产评估机构的评估价格为主要参考依据是合适的。

三、运输基础设施的综合经营与开发

近年来，我国公路建设带动沿线区域经济发展的经验使人们对公路建设的观念逐步发生了变化，人们渐渐对公路特别是高速公路的潜在的巨大商业价值有了新的认识，高速公路带来的综合经营和开发的商机被重视起来，成为近年来国内公路主管部门十分关注的新兴事业。但是，由于高速公路经济开发既无明确的界限，也无统一的规定，更没有相应的行政法规和法律，其内容、形式、界限、外延、管理都尚在探索之中，因此高速公路综合经营开发应该说是一个急待完善的新事物。

高速公路综合经营开发的内容主要如下。

1.广告开发业务

广告作为一种有效的沟通形式和改进生活的手段，在人们生活和社会生产中日益受到重视并得以发展。高速公路沿线及桥梁、隧道有很大的广告利用价值。高速公路的广告业务，可便捷地沟通、指导人们的经济活动和旅游活动。一些省市的高速公路管理部门及其经营者，利用本身拥有的大众传播媒介和便利条件，在收费站、加油站、服务区、收费票据以及路两侧可供开发的地方，经营广告业务，收取一定的报酬，加快资金回收，同时还增加了高速公路的景观效果。如南京长江大桥上广告牌的兴起，北京三环路上以企业命名的立交桥，就是广告业务兴起的表现。这方面，国外也有许多成功的实例，如意大利国家公路管理局每年费用支出的10%来自道路沿线的广告收入。

高速公路经营管理部门从事广告开发业务主要有以下几类：①广播广告，即高速公路广播电台除发布交通、天气信息外，可发布一些广告宣传，活跃驾乘人员旅途生活，提供指导信息；②户外广告，即在高速公路收费站、停车场、车站、匝道附近、服务区等地，树立广告牌、路牌、电子显示屏，张贴广告字画等，能形成重复性强、容易注目的良好效果，还可调节驾驶员视线，缓解疲劳，有利于安全；③印刷广告，在高速公路上利用收费票据做宣传也是广告的重要形式。经营开发部门从事广告业务，应符合公路管理和有关法规的规定，统一规划、审批、管理，要从服务于高速公路安全行车和美化景观出发，在人们心理接受范围内从事经营。

2.仓储开发

高速公路仓储开发主要指通过向客户提供货物装卸、堆放、储存、理货、包装、发货等服务，从而收取费用并获得经济效益的一种经营活动。高速公路网的建成开通，将连接我国45个大型公路主枢纽及各省市的重要枢纽，成为客货运输通道。如何利用高速公路便捷的交通条件与各类主枢纽相衔接，提高货物周转速度，是经营开发部门关注的问题。高速公路收费站、服务区、立交桥下及周边有许多可供经营仓储开发的空间，这些地域与高速公路互通性好，通过加工、改造整理，可以作为向客户提供货物仓储的场地，获得不少收益。广深高速公路、广州市北环高速公路经营开发部门，在通车前后，就着力于改建立交桥下和其他可利用的土地，以租赁方式交给承租方，用作货物仓储场地和停车场等，效益很好，其他省市高速公路管理及经营部门也纷纷仿效，将这一业务开展起来。高速公路的仓储开发应该保证高速公路的安全、畅通、舒适，并且合理规划，因地制宜。

3.旅游开发

在运输市场上，高速公路客运是其中一个最活跃、最有潜力的增长点。高速公路以其安全、舒适、快速等特性，并有完善的服务设施吸引着大量客流。随着我国经济发展，人民物质文化水平的提高，以旅游为目的的出行在客运量中所占比重在不断提高。高速公路不仅区域通达性高，而且有服务区为依托，使高速公路有关部门进行旅游开发成为可能。目前，我国高速公路管理部门和经营部门对旅游资源的开发多以服务区为突破口。如辽宁省高速公路管理部门在沈大高速公路的鞍山、甘泉服务区，利用温泉和其他天然资源，开发旅游宾馆，环境优美，价格优惠，集旅游、疗养、休息于一体，颇受欢迎，效益很好。高速公路经营开发部门对旅游资源的开发，满足了人民群众的需要，提高了高速公路的经济效益。旅游开发应坚持保护环境和生态平衡的原则，保障道路畅通。具体开发形式、规模还要结合当地旅游资源条件。

4.土地开发

土地是国土资源的重要组成部分，是一个国家最宝贵的自然资源和最基本的生产资料。

高速公路的修建一方面使沿线土地增值，另一方面又引起土地紧张。这一矛盾的两方面决定了土地开发的方向，一种是沿线土地合理开发利用，一种是空间开发利用。两者有不同的适用环境和意义。比如在土地比较开阔离大城市稍远的地域可进行沿线开发，穿过城市或在工业、人口密集地宜进行空间开发。

许多省、市、自治区人民政府为了筹措资金，加快高速公路建设，从政策上给予公路主管部门以优惠，允许在新建高速公路两侧的一定范围内从事经营性土地开发和其他业务。有的允许划出一定地块由交通建设部门进行土地开发，所得收益用于交通建设；或者指定交通建设任务，由土地开发经营者建设。有的把当地资源开发和修建道路紧密结合起来，资源开发和道路建设项目同时立项，资金同时筹措，形成交通投资多渠道、多元化的格局。有的则规定在高速公路沿线开征土地交通增值费，在汽车专用公路立交桥旁划出部分土地作为交通开发使用。还有的规定凡在国、省道干线公路两侧500m范围内从事工商、服务、生产经营性业务的单位和个人，按占地面积每亩征收5 000～10 000元土地增值费，用于重点公路建设等。从国内的情况来看，目前土地开发项目主要有：房地产业务、场租、收取土地增值费、生地开发等。

在国外，道路用地的综合利用已成为高速公路建设的一个重要问题。城市高速公路大都采用高架桥的形式，桥上、桥下都有大量空间，具有很高的利用价值。1968年美国政府向国会提出了一项呼吁有效利用高速公路空间的报告。后来美国国会通过立法对有效利用公路土地作了规定，要求公路建设与住宅、商业设施、停车场、汽车站、公园、娱乐设施等从城市规划、设计、施工到费用分担都一起综合考虑，逐步使道路用地计划变成路内路外、路上路下的多目的综合计划。这就使高速公路的空间利用越来越活跃，并出现了许多成功的事例。纽约富兰克林兹贝托双层高速公路上方建起的高速公路大厦、高速公路上的芝加哥邮局、挪威高速公路上的国立图书馆和高级饭店、日本成田国际机场东京营业大楼利用箱崎立交建成的四层建筑物等都是成功利用高速公路空间的实例。我国人多地少，由于资金短缺，对高速公路空间资源的大规模开发利用还不多，但有关部门也应做好规划，鼓励投资和经营商开发利用高速公路的空间资源。

5.其他开发

高速公路综合经营开发内容随着各地的开发实践在进一步拓展。一些经营公司利用高速公路交通条件便利、管理人才丰富、设备精良、服务设施完善等优势，对外进行信息咨询、技术服务、商贸等多种形式的经营活动，取得了较好的效果。

随着经营开发的兴起，高速公路综合经营开发管理已成为高速公路管理的重要组成部分。作为管理服务的手段，它要有利于吸引更多的公路使用者上路，达到提高高速公路效益的目的，并且激发投资者热情，筹措更多建设资金。作为具体经营活动项目，它应发挥“靠路生财”的作用，通过各方面的开发，增加收入，为公路建设、养护、管理开辟资金渠道，确保高速公路的可持续发展。

高速综合公路的经营开发管理应服从于高速公路的管理和运营，只有这样才能真正落实“集中、统一、高效、特管”的管理原则，保证政令统一。高速公路主管部门及管理机构应与城建、土地等部门协调一致，总体负责高速公路的综合经营开发工作。根据政企分开的要求，经营开发具体实施公司化运作。高速公路管理部门应贯彻宏观调控、微观搞活的指导思想，统筹规划、合理布局，并对项目的经营管理实施行政监督、指导，防止偏离保证高速公路安全、舒适、畅通的轨道。经营开发项目的企业或公司，要开拓创新，走“自主经营、自负盈亏、自我约束、自我发展”的道路。

第四节 案例：国内外运输基建工程项目的资金运作

【例 6-1】 马来西亚南北高速公路项目融资

1. 项目背景

马来西亚南北高速公路项目全长 900km，最初是由马来西亚政府所属的公路管理局负责建设，但是在公路建成 400km 之后，由于财政方面的困难，政府无法将项目继续建设下去，采取其他融资方式完成项目便成为了唯一可取的途径。在众多方案中，马来西亚政府选择了 BOT 融资模式。

经过历时两年左右的谈判，马来西亚联合工程公司（UEM）在 1989 年过年完成了高速公路项目的资金安排，使得项目得以重新开工建设。BOT 项目融资模式在马来西亚高速公路项目中的运用，在国际金融界获得了很高的评价，被认为是 BOT 模式的一个成功的范例。

2. 项目融资结构

从 1987 年初开始，经过为期两年的项目建设、经营、融资安排的谈判，马来西亚政府与马来西亚联合工程公司为此成立了一家项目子公司——南北高速公路项目有限公司。以政府的特许权合约为核心组织起来项目的 BOT 融资结构（图 6-8）由三个部分组成。

（1）政府的特许权合约。马来西亚政府是南北高速公路项目的真正发起人和特许权合约结束后的拥有者。政府通过提供一项为期 30 年的南北高速公路建设经营特许权合约，不仅使得该项目由财政困难未能动工的 512km 得以按照原定计划建设并投入使用，而且通过项目的建设和运营带动周边经济的发展。

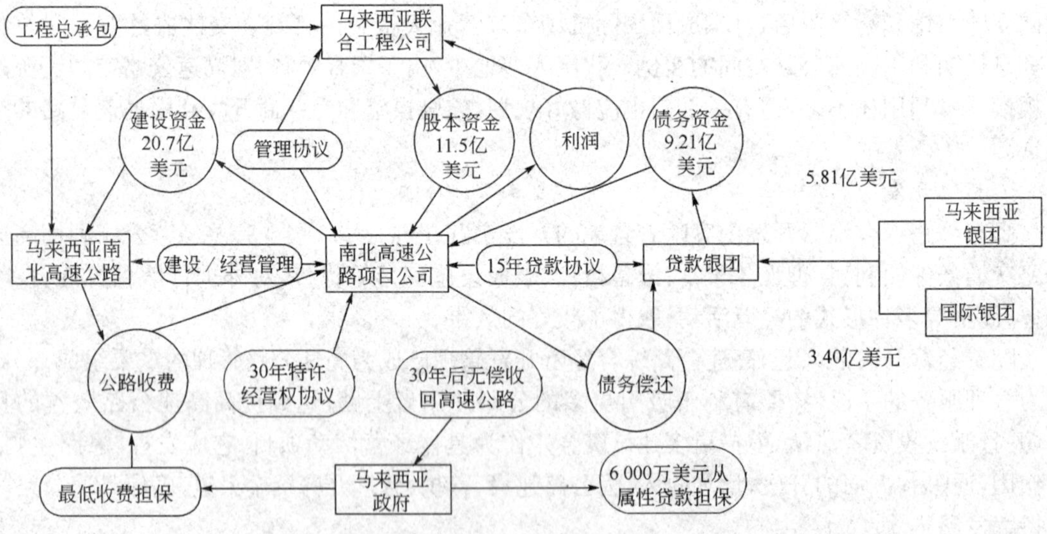

图 6-8 马来西亚南北高速公路 BOT 项目融资结构

对于项目的投资者和经营者及项目的贷款银行，政府的特许权合约是整个 BOT 融资的关键。这个合约的主要内容包括以下几个方面：

①南北高速公路项目公司负责承建 512km 的高速公路，负责经营和维护高速公路，并有权根据一个双方商定的收费方式对公众收取公路的使用费。

②南北高速公路项目公司负责安排项目建设所需要的资金。但是，政府将为项目提供一项总金额为 1.65 亿马来西亚元（6 000 万美无）的从属性备用贷款，作为对项目融资的信用支

持，该项贷款可在 11 年内分期提取，利率 8%，并具有 15 年的还款宽限期，最后的还款期是在特许权协议结束的时候。

③政府将原已建好的 400km 高速公路的经营权益在特许权期间转让给南北高速公路项目公司。但是，项目公司必须根据合约对其公路设施加以改进。

④政府向项目公司提供最低公路收费的收入担保，即无论在任何情况下，如果公路交通流量不足，公路的使用费收入低于合约中规定的水平，政府负责向项目公司支付其差额部分。

⑤特许权合约期为 30 年。在特许权合约的到期日，南北高速公路项目公司将无偿地将 900km 的南北高速公路的所有权转让给马来西亚政府。

政府的特许权合约不仅构成了 BOT 项目融资的核心，也构成了项目贷款的信用保证结构核心。

(2)项目的投资者和经营者。项目的投资者和经营者是 BOT 模式的主体，在这个案例中，是马来西亚联合工程公司所拥有的马来西亚南北高速公路项目公司。

在这个总造价为 57 亿马来西亚元(21 亿美元)的项目中，南北高速公路项目公司作为经营者和投资者除了股本资金投入之外，还需要负责项目建设的组织，与贷款银行谈判安排项目融资，并在 30 年的时间内经营和管理这条高速公路。

马来西亚联合工程公司作为工程总承包，负责组织安排由 40 多家工程公司组成的工程承包集团，在为期 7 年的时间内完成 512km 项目的建设。

(3)项目的国际贷款银行。英国投资银行——摩根格兰福(Mor-gan Grenfell)作为项目的融资顾问，为项目组织了为期 15 年总金额为 25.35 亿马来西亚元(9.21 亿美元)的有限追索项目贷款，占项目总建设费用的 44.5%，其中 16 亿马来西亚元(5.81 亿美元)来自马来西亚的银行和其他其金融机构，是当时马来西亚国内银行提供的最大的一笔项目融资贷款，9.35 亿马来西亚元(3.4 亿美元)来自由十几家外国银行组成的国际银团。对于 BOT 融资模式，这个金额同样也是一个很大的数目。

项目贷款是有限追索的，贷款银团被要求承担项目的完工风险和市场风险。然而，由于实际上政府特许权合约中所提供的项目最低收入担保，项目的市场风险相对减轻了，并在某种意义上转化成为一种政治风险，因而贷款银行所承担的主要商业风险为项目的完工风险。项目的延期将在很大程度上影响到项目的收益。但是，与其他类型项目融资的完工风险不同，公路项目可以分段建设、分段投入使用，从而相对减少了完工风险对整个项目的影响。项目建设所需要的其他资金将由项目投资者在 7 年的建设期内以股本金形式投入。

3. 融资结构评析

(1)采用 BOT 模式为马来西亚政府和项目投资者以及经营者均带来了很大的利益。从政府的角度看，由于采用了 BOT 模式，可以使南北高速公路按原计划建成并投入使用，对于促进国民经济的发展具有很大的好处，并且可以节省大量的政府建设资金，可以在 30 年特许权合约结束以后无条件收回这一公路。

从项目投资者和经营者的角度看，BOT 模式的收入是十分可观的。马来西亚联合工程公司可以获得两个方面的利益：①根据预测分析，在 30 年的特许权期间，南北高速公路项目公司可以获得大约两亿美元价值的净利润。②作为工程总承包商，在 7 年的建设期内从承包工程中可以获得大约 1.5 亿美元价值的净税前利润。

(2)对 BOT 融资模式中的风险问题的分析。采用 BOT 模式的基础设施项目，在项目的风险方面与工业或矿业项目有所不同，具有一定的特殊性。这些特殊性对 BOT 模式的应用具有相当的影响。

①基础设施项目的建设期比一般的项目要长得多。如果采用净现值的方法(NPV 计算项目的投资收益),则会由于建设期过长而导致项目期长得多,经营成本和维修成本按照单位使用量计算也比工业项目要低,从而经营期的资金要求量也相地比较低。因此,从项目融资的角度看,项目建设期的风险比较高,而项目经营期的风险比较低。

②对于公路项目建设,有关风险因素的表现形式和对项目的影响程度与其他采用 BOT 融资模式的基础设施项目也有所不同。首先,公路项目的完工风险要低于其他采用 BOT 融资模式的基础设施项目,如桥梁、隧道、发电厂等,这是因为公路项目可以分段建设、分段投入使用、分段取得收益。如果项目的一段工程出现延期,或由某种原因无法建设,虽然对整个项目的投资收益会造成相当的影响,但是不会像桥梁、隧道等项目那样颗粒无收。正因为如此,在马来西亚南北高速公路的 BOT 项目融资中,贷款银行同意承担项目的完工风险。其次,公路项目的市场风险表现也有所有不同。对电厂、电力输送系统、污水处理系统等基础设施项目,政府的特许权协议一般是承担百分之百的市场责任,即负责按照规定的价格购买项目生产的全部产品。这样,项目融资的贷款银行不承担任何市场需求方面的风险,项目产品的价格也是根据一定的公式(与产品的数量、生产、成本、通贷膨胀指数等要素挂钩)确定的。然而,对于公路、桥梁等项目,由于市场是面对公众的,收益是由使用者的数量以及支付一定的使用费构成,所以面临着较大的不确定因素。项目使用费价格的确定,不仅仅是与政府谈判的问题,也必须考虑到公众的承受能力和心理因素。如果处理不好,类似收费加价这样的经济问题就会演变成为政治问题。因此,在公路建设这样的项目中,政府在特许权合约中关于最低收益担保的条款,成为 BOT 融资模式中非常关键的一个条件。

③项目所在国金融机构的参与对于促成大型 BOT 融资结构起着很重要的作用。毋庸讳言,在 BOT 融资结构中,由于政府的特许权合约在整个项目融资结构中起着举足轻重的关键性作用,从项目贷款银团的角度考虑,项目的国家风险和政治风险就变成了一个十分重要的银行的金融风险。通常认为所在国银行对于本国政治风险的分析判断比外国银行要好得多和准确得多。从而,在大型的 BOT 融资结构中,如果能够吸引到若干家本国的主要金融机构的参与,可以起到事半功倍的作用。在马来西亚南北高速公路的项目融资安排中,这一点被国际金融界认为是十分成功的。

【例 6-2】 英法海峡隧道工程项目融资

1. 项目概况

1984 年,英、法两国政府正式签订协议,决定在英吉利海峡建设一条连接两国的隧道(图 6-9)。隧道建设规模宏大,技术复杂。从英国的佛克斯通(FOLKSTONE)到法国的爱斯佛德(ASG—FORD)全长 50km,其中海底部分 38km,建成后从英国到法国的时间可缩短 35min。英、法两国政府决定建设隧道工程后,就对项目建设的“特许权”进行了招标。当时,有 4 个专门为建设隧道而组织起来的公司参加了投标。它们分别向政府报送了隧道的筹资和建设方案。最后,由欧洲隧道公司(EUROTUNNEL,它由英国的海峡隧道工程集团——一个由英国银行和承包商共同组建的财团联合组成)中标,取得了建设的“特许权”,成为隧道工程项目的业主单位。

该项目特许经营期为 55 年(其中包括计划为 7 年的施工期)。它是目前世界上特许经营期最长的一个 BOT 项目,长达半个世纪以上。特许经营权协议是在 1987 年由英、法两国政府签订的。

承发包方式:固定总价和目标造价合同。欧洲隧道公司承担了海峡隧道的全部建设风险,

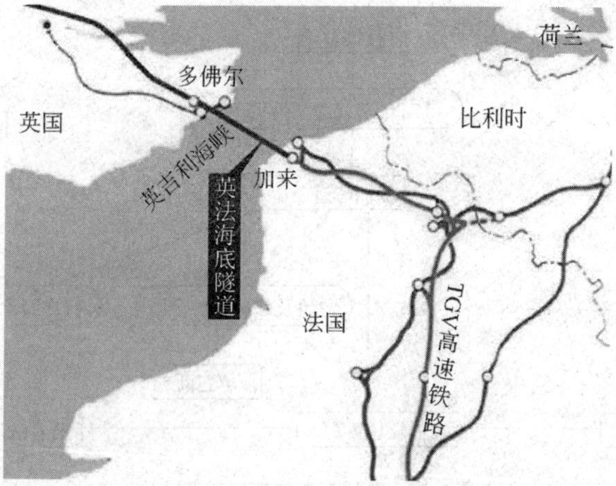

图 6-9　英法海峡隧道位置

并为造价出超准备了一笔 17 亿美元的备用贷款。这就为其承包商提供了签订建设承包合同的有利条件，而这些承包商同时又是股东发起人。49 亿美元的陆上建筑工程的一半按固定价格（即总价）承包，隧道自身则按目标造价承包，欧洲隧道公司将把实际费用加固定费（目标值的 12.36％）支付给承包商，此项费用估算为 25 亿美元。如果隧道以低于目标造价完成，承包商将得到全部节约额的一半；如果实际造价超出预定目标值，承包商必须支付规定的违约金。此外，由于不可预见的水底状况，投计及技术规格的变更以及通货膨胀，其合同将受到价格调整的影响。

项目计划总投资 92 亿美元（在施工过程中已增加到 120 亿美元），建设工期从 1988 年开工到 1995 年竣工。建设工期的风险在于，施工工期加长会使经营期相对缩短，并且将会直接影响到该项目的收益和债务的偿还。这就有可能将欧洲隧道公司置于风险之中，因为该公司到期若不能偿还银行规定的额度时，银行可以行使自己的权力对该公司进行清理并出售其资产。

2. 融资情况

英国的经济与一些发展中国家相比，具有比较大的国内投资市场，包括较大的股票市场和资本市场。在英国，依靠项目公司在股市发行股票，或者筹集私营投资者的资金的办法，在国内市场上就可以从投资者手中为 BOT 项目筹到足够的资金。正常的做法是提供较高的回报率，以补偿该项目的风险和投资期过长的损失。因此，该项目就地融资，英、法两国政府不做外泄风险担保。

为 BOT 项目筹款是项目发起人最重要的业务之一。如前所述，筹资总额达 92 亿美元，使该项目成为到目前为止由私营团体筹款最大的基础设施建设项目。在海峡隧道工程投资过程中，关于融资工作，欧洲隧道公司坚持向政府提出三个条件：①政府对贷款工作担保。②该项目将按有限的追偿权，100％地由私营团体筹资，交付发起人使用，债务由完成的项目收益来偿还。③该团体必须筹集约 20％的股票投资，即 17.2 亿美元的现金。

除此之外，74 亿美元贷款将从 209 家国际银行（历史上最大的地区性私营银行联合体）筹措。筹款之初，14 家初期项目的承包商和银行首先赞助 8 000 万美元。同时，在 4 个发行地点成功地筹集到大批以英国英镑和法国法郎计算的股票投资。图 6-10 为该项目的组成结构，表 6-15 列举了该项目的资金来源。

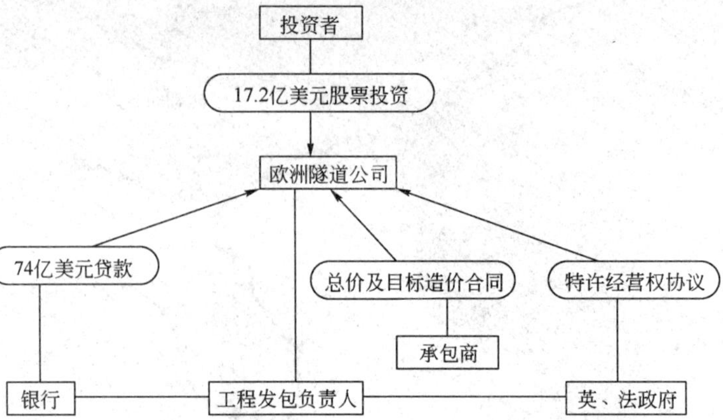

图 6-10　英法海峡隧道的项目结构

英法海峡隧道项目资金来源　　表 6-15

资金来源		金额(亿美元)	备　注
股票投资	银行与承包商	0.8	股东发起人
	私营团体	3.7	第 1 部分(1986 年末)
	公众投资	8.0	第 2 部分(1987 年末)
	公众投资	2.75	第 3 部分(1988 年末)
	公众投资	2.75	第 4 部分(1989 年末)
借款	商业银行	68	主要贷款
	商业银行	17	备用贷款
总计		103	

3. 政府担保情况

与其他的 BOT 项目发起人相比，欧洲隧道公司从英、法两国政府得到的担保是最少的。这是由于英国政府要求建设、筹款或经营的一切风险均由私营部门承担。除特许期较长外，政府没有向该公司提供支持贷款、最低经营收入担保、经营现有设施特许经营权、外汇及汇率担保，仅仅提供了商务自主权和“无二次设施”的担保。

在现有的 BOT 项目中，唯一为欧洲隧道公司提供的是充分的商务自主权担保，包括自主地确定其税率。因而，欧洲隧道公司的一般收入来自它的铁路协议，即利用隧道的国家铁路将伦敦同目前尚未充分开发的欧洲主要铁路网连接起来。其他收入将来自对过往隧道铁路商业车辆的收费。此外，欧洲隧道公司要求政府许可的一个条件就是，33 年内不设横跨海峡的二次连接设施。

【例 6-3】　成渝高速公路经营权有偿转让

成渝高速公路重庆段是我国第一条实行经营权有偿转让的高速公路。该路段全长 114.2km，在 1994 年 10 月 18 日通车。整体工程造价按 1989 年价格计为 15.8 亿元，经过以重庆会计事务所、重庆市土地估价事务所和四川省公路勘察设计院专家进行的评估，以 1993 年12 月 31 日为基准价格评估资产价值为 25.49 亿元。该价格评估后，经外商聘请的台湾、美国、香港资产评估专家进行核实，认为评估合理。重庆市评估专家与美国评估专家私下交谈，美国专家认为从国际评估水准衡量，我方评估价格偏低了一些。

在资产评估的基础上，重庆市交通局代表市政府与多批外商先后商谈十几次，由于对方条件过于苛刻，均未达成协议。例如，某港商要求我方保证资金回报率 18%，而且要求具有自行调整过路费费率权。这实际上已不存在“共担风险”这一原则，况且我国规定不允许中外合资项目向外方保证回报率。由于成渝公路交通流量大，预期盈利颇丰，吸引外商接踵而来，最后与香港益兴公司达成经营权转让协议，主要内容如下：

(1)益兴公司完全接受我方对公路资产的评估结果，承担全部资产的49%，即12.49亿元，分期在50d内将资金付给我方。

(2)经营转让期限为25年。25年期间的净收入按双方投入资金的比例进行分成，25年后将公路经营权返还重庆市政府。

(3)由于中国尚未制定特许经营法规，双方主要依据“中外合资企业法”来申办，成立中外合资公司。为了对等，重庆不能以政府名义出面组建，而必须首先组建具有独立法人资格的“重庆市高速公路开发总公司”。

从上面成渝高速公路(重庆段)经营权有偿转让的实例来看，这个转让项目基本上是成功的，它贯彻了风险共担、互惠互利的原则。该项目资产评估、转让价格、转让条款和转让期限都比较合理，符合国家有关政策法规的规定。虽然评估价格比发达国家相同级别高速公路价格偏低了些，但仍然略高于该公路的实际造价，这主要是因为我国土地价格、劳动力价格及其他原材料价格都普遍低于世界发达国家同类投入要素价格的缘故。

习题与思考题

1. 基本建设程序有何特点？它有什么作用？
2. 基本建设程序中的主要步骤有哪些？其具体的工作内容是什么？
3. 现代项目管理的目标是什么？其组织结构的主要类型有哪些？
4. 简述我国以高速公路项目为主的运输基建项目的主要筹资方式。
5. 项目融资产生的背景是什么？其与公司融资有何区别？主要特征包括哪些？
6. 转让经营权和BOT方式有何异同？从融资角度分析，哪个资金成本高？为什么？
7. 我国收费公路有哪几类？公路收费标准如何确定？
8. 高速公路综合经营开发包括哪些内容？

第七章　运输基建项目经济评价

引　子

交通运输基础建设项目(以下简称运输项目),包括铁路、水运、公路、民航和管道等基础设施的新建和改扩建项目。其特点是为社会提供运输服务,而不是生产实物产品。

项目经济评价是运输项目可行性研究的有机组成部分和重要内容,是项目决策科学化的重要手段。经济评价的目的是根据国民经济和社会发展战略和运输发展规划的要求,在做好运输需求预测及项目建设工程技术研究的基础上,计算项目的效益和费用,通过多方案比较,对拟建项目的财务可行性和经济合理性进行分析论证,做出全面的经济评价,为项目的科学决策提供依据。

经济评价根据可行性研究的要求进行,在我国,铁路、水运、公路、民航和管道等基础设施分属铁道部、交通运输部、国土资源部等管辖,各部门都有自己的可行性研究编制办法。这些办法有共同点,但也有不同点,例如,参数符号、评价指标、效益的内容和计算方法等均存在较大差异。本章从三个层次来介绍项目经济评价的有关知识:一是包括资金的时间价值和经济评价指标等的经济评价基础知识;二是主要适用于一般运输项目的经济评价方法;三是以道路工程建设项目为主介绍的可行性研究。最后提供两个运输项目的经济评价案例[79]:AM 新建高速公路经济评价案例和 QZ 线新建铁路经济评价案例。

第一节　项目经济评价基础

一、资金的时间价值及计算

资金具有时间价值是一种常识:现在的一元钱可能不如十年前的一元值钱,十年前在银行存入的一元,现在可取出远远多于一元的钱。资金具有时间价值是因为:①通货膨胀、货币贬值,现在的一元钱比将来一元钱价值高;②承担风险,将来可能获得一元钱没有现在拿到一元钱稳妥可靠;③货币增值,人们通过一些经济活动(例如,银行储蓄或股票等投资活动)能使一笔钱在将来获得比现在还要多的金额。经济活动的目的就是增值,通过投入资金来获得更多的收益。在评价工程项目的投资效果时,要对它的建设时期和使用时期长达数十年计算周期内的资金进行分析,首先会遇到资金与时间的关系问题。

1. 单利和复利

1)单利

当个人或企业向银行贷款时,都要支付利息。资金利息的大小取决于利率的高低和资金占用的时间。当支付的利息和占用资金的时间、本金及利率成正比时,此利息就是单利。用 I

表示利息，P 表示本金，单利计算式为：

$$I = P \cdot n \cdot i \tag{7-1}$$

如以 F 代表本利之和，则：

$$F = P + I = P(1 + n \cdot i) \tag{7-2}$$

式中：F——本利之和；

P——本金；

n——计息期数（如年数、月数），即占用资金的时间；

i——单位计息期的利率（如年利率）。

2)复利

计算单利时，利息是在计息期末一次计算的，而在复利计算中，是在计息期内每一计息期（一般为一年或更短些）计算一次利息，并把这期的本利之和作为下一期计算利息的本金。复利也就是通常所说的“利滚利”。为了以后叙述方便，除非特殊说明，利息指的都是复利，利率指的都是复利率。用复利计算本利之和 F 的公式为：

$$F = P(1 + i)^n \tag{7-3}$$

2.常用的复利计算公式

通常将式(7-3)简写成 $P[F/P,i,n]$ 的形式，即：

$$F = P(1+i)^n = P[F/P,i,n] \tag{7-4}$$

称符号 $[F/P,i,n]$ 为复利因子，表示在利率 i 和计利的利息期数 n 确定下，已知本金 P，要求本利之和 F。同样，如已知本利之和 F，要求本金 P，可记作 $[P/F,i,n]$，它称为现值因子。表 7-1 中列出了常用的复利计算公式和简单的示例。

复利计算公式汇总表

表 7-1

支付方式	因子名称	求	已知	符号	公式	示例（假设 $n=3$ 年，年利率 $i=10\%$）
一次支付	复利因子	F	P	$[F/P,i,n]$	$F=P(1+i)^n=P[F/P,i,n]$ (7-5)	现存入 30 元，求 3 年后本利之和 F： 30[F/P,0.1,3]=39.93
	现值因子	P	F	$[P/F,i,n]$	$P=F\left[\frac{1}{(1+i)^n}\right]=F[P/F,i,n]$ (7-6)	3 年后要 30 元，现应一次存入多少元： 30[P/F,0.1,3]=22.54
等额多次支付	复利因子	F	A	$[F/A,i,n]$	$F=A\left[\frac{(1+i)^n-1}{i}\right]=A[F/A,i,n]$ (7-7)	每年存入 10 元，求第 3 年本利之和 F： 10[F/A,0.1,3]=33.1
	偿还基金因子	A	F	$[A/F,i,n]$	$A=F\left[\frac{i}{(1+i)^n-1}\right]=F[A/F,i,n]$ (7-8)	3 年后要 30 元，现在开始应每年存入多少元： 30[A/F,0.1,3]=9.06
	现值因子	P	A	$[P/A,i,n]$	$P=A\left[\frac{(1+i)^n-1}{i(1+i)^n}\right]=A[P/A,i,n]$ (7-9)	3 年内每年需用 10 元，现应存入多少元： 10[P/A,0.1,3]=24.87

续上表

支付方式	因子名称	求	已知	符号	公式	示例（假设 $n=3$ 年，年利率 $i=10\%$）
等额多次支付	资金回收因子	A	P	$[A/P,i,n]$	$A=P\left[\frac{i(1+i)^n}{(1+i)^n-1}\right]=P[A/P,i,n]$ （7-10）	现借用 30 元，3 年还清，每年需存多少元：$30[A/P,0.1,3]=12.06$
等差支付	等差支付因子	A	G	$[A/G,i,n]$	$A=G\left[\frac{1}{i}-\frac{n}{(1+i)^n-1}\right]=G[A/G,i,n]$ （7-11）	今年取用 5 元，以后每年递增 10 元，3 年内平均每年需存多少元：$5+10[A/G,0.1,3]=14.37$

注：i——每一计息期的利率，无特别说明均指年利率；

n——计息期数，一般均以年为单位，n 即为计息年；

P——资金的现值，即计息期开始时的本金；

F——资金的未来值，也称终值，即计息期结束时的本利之和；

A——表示每一计息期期末等额支出或收入的金额，一般一期的时间为一年，故称为年金、年值；

G——等差值，也称为梯度、等差额，其含义是，当各期(年)的支出或收入是均匀递增或均匀递减时，相邻两期资金支出或收入的差额。

【例 7-1】 某公路项目的经营权转让中，公路建设公司提出四个转让价方案：

①总价 4 000 万元，要求项目经营的前一年一次性付款 4 000 万元；

②总价 4 800 万元，要求项目经营的第一、二、三年每年等值付款 1 600 万元；

③总价 5 100 万元，第一年付款 700 万元，第二年 1 700 万元，第三年 2 700 万元；

④总价 5 300 万元，要求第三年一次性付款 5 300 万元。

如某承包公司可获得银行贷款的利率为 $i=10\%$(复利)，则应采用哪个付款方案？

[解]

(1)采用式(7-5)一次支付复利因子计算方案，①在计息期结束时的本利之和为：

$$F = 4\,000[F/P,0.1,3] = 5\,324 \text{ 万元} > \text{方案④的 } 5\,300 \text{ 万元}$$

——方案④优于①。

(2)采用式(7-11)，方案③中 $i=0.10$，$n=3$，$G=100$，等差支付相当于年等值支付：

$$A = 700 + 1\,000[A/G,0.1,3] = 1\,637 \text{ 万元} > \text{方案②的 } 1\,600 \text{ 万元}$$

——方案②优于③。

(3)再对比上述两个优胜的方案②和④，利用式(7-7)，方案②借款到第三年的还款：

$$F = 1\,600[F/A,0.1,3] = 5\,296 \text{ 万元} < \text{方案④的 } 5\,300 \text{ 万元}$$

——方案②优于④。

由此得出结论：应采用方案②。

3. 名义利率和实际利率

以上讨论中计息期都是以年为计算单位的，但实际上计息期可以规定为半年、三个月、一个月等。在这种情况下就出现了名义利率和实际利率。

当给出的是月利率、季利率时，可通过乘 12 或 4 来转换成年利率。这时得到的利率就叫做名义利率。

如果采用复利公式进行转换，即通过乘$[(1+I)^{12}-1]$或$[(1+I)^4-1]$来转换成年利率，所得到的利率就叫做实际利率。显然，名义利率和实际利率的差别在于，名义利率未考虑年内的利息的利息，在年内采用了单利计算。表 7-2 给出了名义利率为 12%时，按不同计息期计算的实际利率与名义利率的偏差。

名义利率为12%时不同计息期的实际利率与名义利率的偏差 表7-2

复利周期	每年计息期	各期实际利率	名义年利率	实际年利率	实际年利率÷名义利率
一年	1	12%	12%	12.000 0%	1.000 0
半年	2	6%	12%	12.360 0%	1.030 0
一季	4	3%	12%	12.550 9%	1.045 9
一月	12	1%	12%	12.682 5%	1.056 9

4.现金流量及其计算

动态分析法对投资方案的经济效益进行计算，首先需要列出方案计算期内各年现金流动的情况。现金流动是指当年资金的支出和收入，现金流出和流入的代数和称为净现金流量。

现金流量所包括的内容，因具体投资项目性质不同而异，例7-2是一般项目的资金内容。

【例7-2】 某运输项目投资额2 600万元，建设期1年，使用年限为6年，若使用年限终了时固定资产的残值为200万元，每年折旧费400万元、年运营收入2 400万元、经营成本1 000万元、所得税率25%，使用期(第2～6年)内每年的现金流入和现金流出计算如下：

每年的现金流入＝运营收入＝ 2 400万元

每年的现金流出＝经营成本＋所得税 ＝1 000＋250 ＝ 1 250万元

其中：所得税＝(运营收入2 400－经营成本1 000－折旧费400)×税率25% ＝ 250万元

第7年(使用期末年)的现金流入＝ 2 400万元＋残值的回收200万元 ＝ 2 600万元

求得的各年净现金流量如表7-3所示。

净现金流量计算表(单位：万元) 表7-3

年序 t	现金流出	现金流入	净现金流量
1	2 600	0	－2 600
2	1 250	2 400	1 150
3	1 250	2 400	1 150
4	1 250	2 400	1 150
5	1 250	2 400	1 150
6	1 250	2 400	1 150
7	1 250	2 600	1 350

二、项目经济评价指标

由于项目的复杂性，任何一种具体的评价指标都只是反映项目某一侧面或某些侧面，却忽略了另外的因素。因此，单一指标难以达到全面评价项目的目的。况且，各个项目要达到的目标不尽相同，也需要通过不同的指标予以反映。国内外提出的经济评价指标与方法很多，但最为常用的只有几个。本章主要介绍投资回收期、净现值和净现值率、内部收益率等指标。在介绍经济指标前先解释动态分析法和静态分析法的概念。

动态分析法是考虑资金的时间价值的一种经济分析方法。通常采用折现法将各年费用效益折算成同一年份币值，然后进行分析。即，先确定一个基年，基年的年序$t=0$，基年的资金(货币)称为现值。非基年($t\neq 0$)的资金需转换成基年的现值，称为折现，折现标准取决于折现率i，折现率的概念与银行的利率相似，所不同的是工程项目经济分析中，折现率总是以年为时间换算单位并且无存款与贷款之区别。在动态分析法中，n 年（$t=n$）的资金折现成现值的计算式为：

$$V_0 = V_n \cdot (1+i)^{-n} \tag{7-12}$$

式中：V_0、V_n——分别为现值（年序 $t=0$ 时的资金）和 $t=n$ 年的资金。

静态分析法是不进行折现（不考虑资金的时间价值）的分析方法。静态分析法认为，n 年以后的钱等于现在同币值的钱，即：

$$V_0 = V_n \tag{7-13}$$

【例 7-3】 对[例 7-1]中某公路项目的经营权转让各方案采用现值法（$i=0.1$）进行比选。

［解］ 通过列表计算（表 7-4），方案②的总现值 3 979 万元，为最小，应采用方案②。该结论与[例 7-1]结果相同。

用现值法分析 4 个方案的优劣 表 7-4

年序 t	各支付方案的现金流量（万元）				折现系数 $(1+0.1)^{-t}$	各支付方案现金流量的现值（万元）			
	方案 1	方案 2	方案 3	方案 4		方案 1	方案 2	方案 3	方案 4
0	4 000	0	0	0	1	4 000	0	0	0
1	0	1 600	700	0	0.909 1	0	1 454.5	636.4	0
2	0	1 600	1 700	0	0.826 4	0	1 322.3	1 405.0	0
3	0	1 600	2 700	5 300	0.751 3	0	1 202.1	2 028.5	3 982.0
合计	4 000	4 800	5 100	5 300		4 000	3 979.0	4 069.9	3 982.0

1. 投资回收期（P_t、P_t'）

投资回收期是以项目的净收益抵偿全部投资所需的时间，是反映项目财务上投资回收能力的重要指标。与此相似的指标是财务上借款偿还期，它是按国家财政规定及项目具体财务条件下，项目投产（运营）后可以用于还款的利润、折旧及其他收益来偿还固定资产投资借款本金和利息所需要的时间，是反映项目财务清偿能力的重要指标。

1）静态投资回收期 P_t

P_t 是在不考虑资金时间价值条件下，以项目净收益抵偿项目全部投资所需要的时间。投资回收期一般从建设开始年算起，其计算式为：

$$\sum_{t=1}^{P_t}(\mathrm{CI}-\mathrm{CO})_t = 0 \tag{7-14}$$

式中：CI——现金流入量；

CO——现金流出量；

$(\mathrm{CI}-\mathrm{CO})_t$——第 t 年的净现金流量。

投资回收期可根据财务现金流量表（全部投资）中累计净现金流量计算求得：

$$P_t = \left[\begin{matrix}\text{累计净现金流量开}\\\text{始出现正值年份数}\end{matrix}\right] - 1 + \left[\frac{\text{上年累计净现金流量的绝对值}}{\text{当年净现金流量}}\right] \tag{7-15}$$

在财务评价中，求出的投资回收期 P_t 与行业的基准投资回收期 P_c 比较，当 $P_t \leqslant P_c$ 时，表明项目投资能在规定的时间内收回。

P_t 的最大优点是经济意义明确、直观，计算简便，便于投资者衡量项目承担风险的能力，同时在一定程度上反映了投资效果的优劣，因此 P_t 获得了广泛的应用。

P_t 是也存在缺点与局限性：

①P_t 只考虑投资回收之前的效果，不能反映收回投资之后的情况，无法说明盈利水平。

②P_t 未考虑资金的时间价值，难以正确识别项目的优劣。如是财务评价，当贷款利率较大时，一定要计入贷款的利息，否则将可能产生巨大偏差。

【例 7-4】 某项目需 5 年建成，每年投资 40 亿元，全部国外贷款，年利率 11%。项目投产后每年可回收净现金 15 亿元。项目使用寿命 50 年。计算投资回收期 $P_t = 5+(40\times5)/15=18$ 年。由于只用 18 年(其中生产期 13 年)就可回收全部投资，以后的 37 年可净赚 555 亿元(15×37)，用 P_t 指标衡量，这不能不说是一个相当不错的投资项目。但是其实不然，如果考虑利息因素，情况将令人大吃一惊：

投产时欠款 $= 40\times[(1+0.11)^5-1]/0.11 = 249.1$ 亿元，投产后每年利息支出$= 249.1\times 11\% = 27$ 亿元。可见每年回收的 15 亿元只能偿还利息的 55.5%，余下 44.5%的利息将变成新的借款。50 年后项目累计净现金流量(估算)$= 15\times[(1+0.11)^{50}-1]/0.11-249.1\times(1+0.11)^{50} = -20\,943$ 亿元。也就是说，50 年后将欠款 2 万多亿元，这几乎是个天文数字！

2)动态投资回收期 P_t'

为克服 P_t 的缺点，可采用改进的动态投资回收期 P_t'：

$$\sum_{t=1}^{P_t'}(CI-CO)_t(1+i)^{-t}=0 \tag{7-16}$$

式中：i ——资金的年折现率。

【例 7-5】 某道路项目需 2 年建成，每年投资 4 亿元，经预测，道路运营期内每年效益为 1.6 亿元，经营成本 0.1 亿元。经济评价中取社会折现率 8%。要求计算 P_t 和 P_t'。

[解] 采用列表方式计算(表 7-5)。

投资回收期计算表(单位：亿元) 表 7-5

年序 t	现金流出量 CO_t	现金流入量 CI_t	静态投资回收期 P_t		动态投资回收期 P_t'		
			$(CI-CO)_t$	累计	$(1+0.08)^{-t}$	$(CI-CO)_t(1+i)^{-t}$	累计
0	0	0	0	0	1	0	0
1	4	0	−4	−4	0.925 9	−3.703 7	−3.703 7
2	4	0	−4	−8	0.857 3	−3.429 4	−7.133 1
3	0.1	1.6	1.5	−6.5	0.793 8	1.190 7	−5.942 3
4	0.1	1.6	1.5	−5	0.735 0	1.102 5	−4.839 8
5	0.1	1.6	1.5	−3.5	0.680 6	1.020 9	−3.818 9
6	0.1	1.6	1.5	−2	0.630 2	0.945 3	−2.873 6
7	0.1	1.6	1.5	−0.5	0.583 5	0.875 2	−1.998 4
8	0.1	1.6	1.5	1	0.540 3	0.810 4	−1.188 0
9	0.1	1.6	1.5		0.500 2	0.750 4	−0.437 6
10	0.1	1.6	1.5		0.463 2	0.694 8	0.257 2
计算			$P_t=8-1+0.5/1.5=7.33$ 年		$P_t'=10-1+0.437\,6/0.694\,8=9.63$ 年		

由表内计算可知，静态投资回收期 P_t 和动态投资回收期 P_t' 分别为 7.33 年和 9.63 年。

2.净现值(NPV)和净现值率(NPVR)

1)净现值(NPV)

净现值 NPV 是目前国内外评价工程项目经济效果的最普遍、最重要的评价指标之一。这里的“现值”不一定是“现在”的价值，而是经济评价所采用的基准点(即动态评价法中的基年)时的货币值。把不同时期发生的现金流量按规定的折现率折现为基年的现值，并求其代数和，即为净现值。基年的年序 $t=0$，一般是指项目开工（投资）的前一年。净现值的计算公式为：

$$NPV=\sum_{t=1}^{n}(CI-CO)_t(1+i)^{-t} \tag{7-17}$$

式中：n——经济评价计算期，等于建设期加上计算运营期；

i——折现率（或基准收益率），财务评价时，一般取行业财务基准收益率或项目贷款利率；国民经济评价时，应统一取国家规定社会折现率。

当 NPV≥0 时，项目可以接受。

净现值的主要优点是：考虑了资金的时间价值并全面计算了项目整个寿命（计算）周期内的经济状况；直接以货币额表示项目的净收益，经济意义明确直观。净现值实际应用中的一个问题是必须事先确定一个比较符合经济现实的折现率，而折现率的选取是一个比较复杂的困难问题，取的过高，会失掉一些经济效益好的项目；定得过低，则可能会接受一些经济效益并不理想的项目。另外，采用净现值评价项目会引导人们接受较大的项目或方案。一般说来，投资越大，收益就越多。

【例 7-6】 某建设项目有 A、B 两个方案，折现率 10%，现金流量（投资和收益）如表 7-6 所示。要求计算各方案的净现值，并推荐较优方案。

［解］ 采用列表计算，由表 7-6 计算得到：

方案 A 净现值 NPV_A＝2 074.12 万元

方案 B 净现值 NPV_B＝2 377.92 万元

$NPV_B > NPV_A$，因此方案 B 优于方案 A，故采用方案 B。

A、B 方案现金流量表及净现值计算表（单位：万元） 表 7-6

年序 t	折现系数 $[P/F,10,n]$	方案 A					方案 B				
		费用	收益	净现金流量	净流量现值	累计净现值	费用	收益	净现金流量	净流量现值	累计净现值
0	1	1 000		−1 000	−1 000	−1 000	2 000		−2 000	−2 000	−2 000
1	0.909 1	1 000		−1000	−909.10	−1 909.10	2 000		−2 000	−1 818.20	−3 818.20
2	0.826 4		900	900	743.76	−1 165.34		1 400	1 400	1 156.96	−2 661.24
3	0.751 3		900	900	676.17	−489.17		1 400	1 400	1 051.82	−1 609.42
4	0.683 0		900	900	614.70	125.53		1 400	1 400	956.20	−653.22
5	0.620 9		900	900	558.81	684.34		1 400	1 400	869.26	216.04
6	0.564 5		900	900	508.05	1192.39		1 400	1 400	790.30	1 006.34
7	0.513 2		900	900	461.88	1654.27		1 400	1 400	718.48	1 724.82
8	0.466 5		900	900	419.85	2074.12		1 400	1 400	653.10	2 377.92

2）净现值率（NPVR）

为克服净现值的缺点，在净现值的基础上提出了净现值率（NPVR）的评价指标。净现值率是用净现值除以总投资现值 I_P 得到，表示单位投资现值的净现值，即：

$$NPVR = NPV/I_P \tag{7-18}$$

【例 7-7】 采用净现值率评价［例 7-6］的方案。

［解］ $NPVR_A$＝2 074.12/1 909.10＝108.64%

$NPVR_B$＝2 377.92/3 818.20＝62.28%

显然，$NPVR_A > NPVR_B$，方案 A 优于方案 B，应采用方案 A。这一结论与前面相反。究竟应该采用哪一方案，需根据投资者的喜好决定。如果具有许多且比较好的投资机会，则应采用方案 A，因为投资者的每一单位投资额可以得到更多的回报。

3. 内部收益率(IRR)

内部收益率是我国项目经济评价中第一位的评价指标，也是国际上运用最多的评价指标之一。它是使项目在计算期内现金流量的净现值等于零的折现率，用 IRR 表示。计算公式如下：

$$\sum_{t=1}^{n}(\mathrm{CI}-\mathrm{CO})_t(1+\mathrm{IRR})^{-t}=0 \tag{7-19}$$

一般投资项目，总是初期投资，后期获利。因此通过大于零的折现率 i 将计算期内现金流量折现为现值并累计，所求得的净现值 NPV 具有随 i 增大而减小的变化规律(图 7-1)。图中 NPV 曲线与 i 水平轴相交点就是 IRR 值。实际应用中，利用式(7-19)一般难以直接求出 IRR，而是采用试算方法解算。

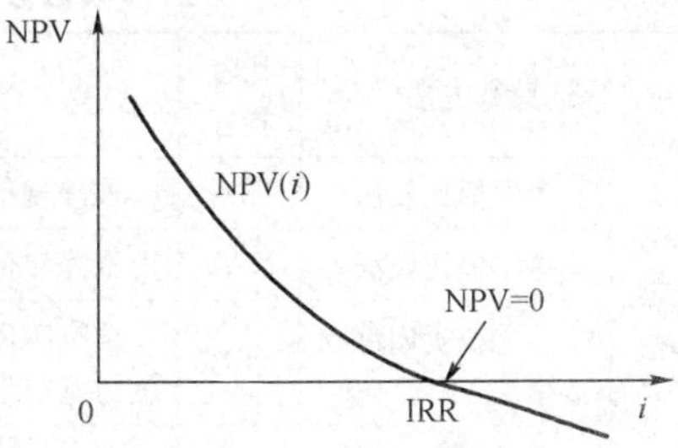

图 7-1 IRR 与 NPV 的关系

先根据 NPV 值的大小假设一个 $\mathrm{IRR_1}$(NPV 越大，应假设的 $\mathrm{IRR_1}$ 越大)，代入式(7-19)求出一个 $\mathrm{NPV_1}$；如大于零，则再假设一个更大 $\mathrm{NPV_2}$，再求 $\mathrm{NPV_2}$；如为负，且 $\mathrm{IRR_1}$ 与 $\mathrm{IRR_2}$ 相差不大于 2%，则可按下式计算 IRR：

$$\mathrm{IRR} = \mathrm{IRR_1}+(\mathrm{IRR_2}-\mathrm{IRR_1})\times \mathrm{NPV_1}/(\mathrm{NPV_1}-\mathrm{NPV_2}) \tag{7-20}$$

式中：$\mathrm{IRR_1}$、$\mathrm{IRR_2}$——较小的试算折现率、较大的试算折现率；

$\mathrm{NPV_1}$、$\mathrm{NPV_2}$——与 $\mathrm{IRR_1}$ 对应的正净现值、与 $\mathrm{IRR_2}$ 对应的负净现值。

【例 7-8】 计算[例 7-6]中 A 方案和 B 方案的 IRR 值。采用列表计算(表 7-7)。

［解］ 显然，$\mathrm{IRR_A}>\mathrm{IRR_B}$，方案 A 优于方案 B。

A、B 方案现金流量表及净现值计算表(单位：万元) 表 7-7

年序	方案 A					方案 B				
	净现金流量	IRR₁=0.33		IRR₂=0.34		净现金流量	IRR₁=0.24		IRR₂=0.25	
		$\mathrm{IRR_1}=0.33$	$\mathrm{NPV_1}$	$\mathrm{IRR_2}=0.34$	$\mathrm{NPV_2}$		$\mathrm{IRR_1}=0.24$	$\mathrm{NPV_1}$	$\mathrm{IRR_2}=0.25$	$\mathrm{NPV_2}$
0	−1 000	1	−1 000	1	−1 000	−2 000	1	−2 000	1	−2 000
1	−1 000	0.751 880	−751.88	0.746 269	−746.27	−2 000	0.806 452	−1 612.90	0.800 000	−1 600.0
2	900	0.565 323	508.79	0.556 917	501.23	1 400	0.650 364	910.51	0.640 000	896.00
3	900	0.425 055	382.55	0.415 610	374.05	1 400	0.524 487	734.28	0.512 000	716.80
4	900	0.319 590	287.63	0.310 156	279.14	1 400	0.422 974	592.16	0.409 600	573.44
5	900	0.240 293	216.26	0.231 460	208.31	1 400	0.341 108	477.55	0.327 680	458.75
6	900	0.180 672	162.60	0.172 731	155.46	1 400	0.275 087	385.12	0.262 144	367.00
7	900	0.135 843	122.26	0.128 904	116.01	1 400	0.221 844	310.58	0.209 715	293.60
8	900	0.102 138	91.92	0.096 197	86.58	1 400	0.178 907	250.47	0.167 772	234.88
合计			20.14		−25.49			47.78		−60.00
计算	$\mathrm{IRR_A}=0.33+(0.34-0.33)\times 20.14/(20.14+25.49)=0.3344=33.44\%$					$\mathrm{IRR_B}=0.24+(0.25-0.24)\times 47.78/(47.78+60.00)=0.2444=24.44\%$				

IRR 正确的经济含义是：项目在这样的收益率下，在计算期末，正好把投资全部收回。它反映了项目对贷款利率的最大承受能力。由于 IRR 不是用来计算初期投资的收益的，并不说

明单位投资的收益性，因此，不宜简单采用 IRR 对多个独立项目进行排序。

4. 差额投资内部收益率(ΔIRR)和项目的多方案比选

运输设施工程多方案比选面对的通常为只能选其一的互斥型方案，进行比选一般要求备选方案满足以下三个条件：

(1)各方案的整体功能均达到目标要求；

(2)各方案的经济效益均达到可以被接受的水平；

(3)各方案的工程范围、效益和费用计算口径应一致，计算时间也应尽可能一致。

互斥型工程项目方案经济比选可采用表 7-8 所列的效益比选法、费用比选法。

工程项目多方案经济比选常用计算方法汇总表 表 7-8

比选计算方法		比较指标	评价标准	适用场合	注意事项
效益比选法	净现值比较法	NPV	取净现值 NPV 较大的方案	计算时间一致的方案比选	各方案应采用相同的折现率
	净年值比较法	NAV	取净年值 NAV 较大的方案	计算时间不一致的方案比选	
	差额投资内部收益率法	ΔIRR	当 $\Delta IRR < i$ 时，取投资较小的方案；反之，取投资大的方案	计算时间一致的方案比选	应按投资大小排序并两两比较
费用比选法	费用现值比较法	PC	取费用现值 PC 较小的方案	计算时间一致的方案比选	各方案应采用相同的折现率
	费用年值比较法	AC	取费用年值 AC 较小的方案	计算时间不一致的方案比选	

采用差额投资内部收益率比较的实质是，分析投资大的方案相对与投资较小方案，其增加的投资能否被其增量的收益所抵偿，如果财务评价中 $\Delta FIRR > i_c$（或经济评价中 $\Delta EIRR > i_s$），则表明增量投资是有效益的，应取投资大的方案。否则应放弃投资大的方案。

表中所列比较指标中除 NPV 和 IRR 外，其余指标计算公式如下：

净年值
$$NAV=\left[\sum_{t=0}^{n}\frac{(CI-CO)_t}{(1+i)^t}\right]\frac{i(1+i)^n}{(1+i)^n-1} \tag{7-21}$$

差额投资内部收益率
$$\sum_{t=1}^{n}\left[(CI-CO)_{tg}-(CI-CO)_{ts}\right](1+\Delta IRR)^{-t}=0 \tag{7-22}$$

费用现值
$$PC=\sum_{t=1}^{n}(CO)_t\left(\frac{1}{(1+i)^t}\right) \tag{7-23}$$

费用年值
$$AC=\left[\sum_{t=1}^{n}(CO)_t\cdot\frac{1}{(1+i)^t}\right]\cdot\frac{i\cdot(1+i)^n}{(1+i)^n-1} \tag{7-24}$$

式中：$(CI-CO)_{tg}$——t 年投资大的方案的财务净现金流量；

$(CI-CO)_{ts}$——t 年投资小的方案的财务净现金流量；

ΔIRR——差额投资内部收益率。

方案比选应注意以下问题：

(1)同时进行财务评价和国民经济评价时，应以经济费用效益分析的结论为主选择方案。

(2)备选方案的经济指标的取值比较差异不大时，不能以此判定方案的优劣，只有经济指标值存在足够大差异，且估算和测算的误差不足以使评价结论出现逆转时，才能认定比较方案有显著的差异，并据此判定方案的优劣。

(3)备选方案的计算时间不同时，宜采用净年值法和费用年值法。如采用差额投资内部收益率计算，应利用最小公倍数作为统一的计算周期。

【例 7-9】 某三级公路大修决策面临 A、B、C 三种路面加固方案的选择，它们每公里的造价、使用成本和按有无对比法预测的效益如表 7-9 所示(不计残值,社会折现率 $I=0.08$),请按差额投资经济内部收益率 ΔEIRR 选择最佳方案。

三种路面加固方案的效益对比表 表 7-9

路面类型	使用年限(年)	建设费(万元)	年均养护费(万元)	年均效益(万元)
A	3	50	5	26
B	4	77	4	29
C	6	130	3	33

[解] (1)由于三个方案的使用年限不一致,采用最小公倍数 12 年作为统一的计算周期。将各方案按投资大小排序并计算每年的净现金流量、NPV 和 IRR 见表 7-10。

统一计算周期后对比表 表 7-10

路面类型	A、B两方案各年净现值计算													NPV	IRR
	0	1	2	3	4	5	6	7	8	9	10	11	12		
C	−130	30	30	30	30	30	−100	30	30	30	30	30	30	14.2	0.102
B	−77	25	25	25	−52	25	25	25	−52	25	25	25	25	13.2	0.113
A	−50	21	21	−29	21	21	−29	21	21	−29	21	21	21	12.0	0.125

利用以上的年净现金流量表,在 Excel 中可直接利用函数 NPV 和 IRR 计算净现值和内部收益率,但注意:由于 Excel 总是将数据表中第一个现金流量看做是第 1 年发生的,而非表中所列的在第 0 年发生,因此计算结果小于表中列出的 NPV 值,但不影响 IRR 的结果。

(2)计算表明,三个方案均满足 NPV>0 和 IRR>I 的可行条件。其中,方案 C 的 NPV 最大,方案 A 的 IRR 最大,而方案 B 均居中(注:当 NPV 和 IRR 同时最优时,该方案肯定最优,不必分析 ΔEIRR)。为选择最佳方案,按规定先对投资最大两个方案作对比,参照差额投资财务内部收益率 ΔFIRR 公式,可列出 C-B 的差额年净现金流量并求出差额投资经济内部收益率 ΔEIRR,计算结果如表 7-11 所示。

结 果 对 比 表 7-11

对比的路面类型	A、B两方案各年净现值计算													ΔEIRR
	0	1	2	3	4	5	6	7	8	9	10	11	12	
C-B	−53.0	5.0	5.0	5.0	82.0	5.0	−125.0	5.0	82.0	5.0	5.0	5.0	5.0	0.083 8
C-A	−80.0	9.0	9.0	59.0	9.0	9.0	−71.0	9.0	9.0	59.0	9.0	9.0	9.0	0.085 6

由于 $\Delta EIRR_{C\text{-}B}=0.838>I$,应取投资大的 C 方案。再将 C 与 A 两方案作对比,计算 C-A 的差额投资经济内部收益率 ΔEIRR 已列在表 7-11 的最后一行中,由于 $\Delta EIRR_{C\text{-}A}=0.856>I$,应取投资大的 C 方案。结论:经对差额投资经济内部收益率 ΔEIRR 的分析,C 为最佳方案。

5. 关于评价指标的小结

(1)上述指标均可视为关于项目的筛选指标,按项目“通过—不通过”原则加以应用。这时,当采用基准收益率作为计算折现率时,NPV、P_t'、IRR 得到的结果是一致的。

(2)选择哪一个指标更好,取决于国家或评价机构的偏好。世界银行选用 IRR 作为评价指标,美国国际开发署却规定只能用 NPV。我国目前以 IRR 为第一评价指标,其次是 P_t、NPV 和资产负债率。国外对一些大公司的调查表明,89%的公司经常使用这些动态的评价指标，65%的公司将它们作为基本的方法。其中，P_t 使用最为普遍，有 60%的公司经常使用它。表 7-12 列出了一些金融机构采用的评价指标。

一些金融机构采用的评价指标 表 7-12

机构名称	世界银行	亚洲开发银行	美国国际开发署	英国国际开发厅
评价指标	IRR	IRR、NPV	NPV	NPV

三、项目不确定性分析

项目实施前所进行经济评价所依据的基础数据，大部分来自预测和估算，存在许多不确定因素。随着客观情况的发展，这些数据肯定会与实际有所差别。例如，投资估计的偏差、建设周期的延长、物价上涨、政府政策的变化等，均可能导致原经济评价结论的偏差。不确定性分析就是计算分析不确定性因素的假想变动对项目经济评价结论的影响程度，明确项目可能承担风险的大小，确保项目在财务上的可靠性。

常用的不确定性分析方法有盈亏平衡分析、敏感性分析和概率分析。

1. 盈亏平衡分析

盈亏平衡分析是研究项目投产后产量、成本、销售收入变化对盈亏影响的分析方法，关键是求出盈亏平衡点 BEP(Break-even Point)，然后用该点分析项目承受经营风险的能力。

盈亏平衡分析模型，按成本、销售收入与产量之间是否成正比关系，可分为线性模型和非线性模型，以线性模型应用较为普遍，这里只讨论线性模型。

设投资项目生产单一产品，Q 为产量，P 为单价，F 为年固定总成本，V 为单位产品可变成本，则有：

年销售收入 $B = P \cdot Q$

年总成本 $C = F + V \cdot Q$

年利润 $$E = B - C = P \cdot Q - F + V \cdot Q \tag{7-25}$$

如年生产总成本等于年销售收入，则 $E=B-C=0$，称此时的产量为盈亏平衡点产量 Q_0：

$$Q_0 = F / (P - V) \tag{7-26}$$

实际产量高于 Q_0 项目就盈利，产量低于 Q_0 项目就亏损（图 7-2）。

也可用生产能力利用率表示盈亏平衡点：

$$BEP_Q = Q_0 / Q_C = F / (P - V) / Q_C \tag{7-27}$$

式中：BEP_Q——采用生产能力（运输能力等）利用率表示的盈亏平衡点；

Q_C——建设项目的设计年生产能力（或为运输能力、交通量通行能力）。

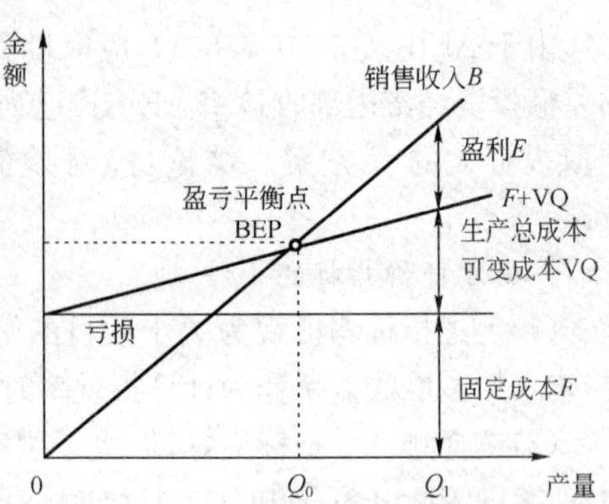

图 7-2 线性盈亏平衡分析图

根据经验，当 BEP_Q 小于 70%时，项目一般比较安全，可以承受较大的风险。对于道路工程项目，通常需分析预测交通量与 BEP 的关系，预测交通量应大大超过盈亏平衡点 Q_0。

【例 7-10】 某项目的年设计运输能力 810 000 万 t·km，平均每万吨公里运费收入（单价）521.45 元，平均每万吨公里的油耗和人工等可变成本为 60.64 元，年固定总成本 18 740 万元，营业税及附加按运输收入的5.35%计算。

求：按运输能力利用率表示的盈亏平衡点 BEP_Q 和盈亏平衡点运输量 Q_0。

［解］ F=18 740万元(已知)，Q_C=810 000万t·km(已知)，P=521.45元/每万t·km(已知)，单位运输量可变成本 V= 60.64元(已知)，营业税及附加 = 0.053 5×521.45 = 27.90元。

根据式(7-27)可求出运输能力利用率表示的盈亏平衡点：

$$BEP_Q = Q_0 / Q_C = F / (P - V) \times 10\,000 / Q_C \times 100\%$$
$$= 18\,740 / (521.45 - 27.90 - 60.64) \times 10\,000 / 810\,000 \times 100\%$$
$$= 53.44\%$$

BEP_Q 小于70%，说明本项目可以承受较大的风险。从财务上分析，当项目运输能力利用率达到53.44%时，项目可以保本。此时相应的运输量：

$$Q_0 = 53.44\% \times 810\,000 = 432\,864 \text{万 t·km}$$

2.敏感性分析

敏感性分析是通过分析、预测项目主要因素发生变化时对经济评价指标的影响，从中找出敏感因素，并确定其影响程度。在项目计算期内可能发生变化的因素有：产品产量(生产负荷)、产品价格、产品成本或主要原材料与动力价格、固定资产投资、建设工期及汇率等。敏感性分析通常是分析这些因素单独变化或多因素变化对内部收益率的影响。项目对某种因素的敏感程度可以表示为该因素按一定比例变化时引起评价指标变动的幅度(列表表示)，也可以表示为评价指标达到临界点(如财务内部收益率等于财务基准收益率或经济内部收益率等于社会折现率)时允许某个因素变化的最大幅度，即极限变化。为求此极限，可绘制敏感性分析图。敏感性分析的步骤如下：

(1)确定分析指标。国内建设项目主要是分析IRR，其次也可对NPV、P_t 等参数作分析。

(2)选定需要分析的不确定因素，设定这些因素的变动范围。不确定因素可选总投资、运输(交通)量、物价等，也可直接对总效益和总费用进行分析，国内一般对各种影响因素的变动范围取为±10%和±20%。

(3)计算因素变动导致经济指标变动的结果。可采用单参数值的分析法，每次只变动一个参数，逐一分析各因素；也可采用多参数的综合分析法，同时改变各因素，计算多因素同时变化导致经济指标变动的结果。

(4)确定敏感因素和判断项目不确定因素可能带来的风险水平。

【例7-11】 如假设［例7-5］中道路项目的经营期为20年，请对该项目进行敏感性分析。

［解］ 分别按投资费用增加10%、效益降低10%、投资费用增加10%并效益降低10%、投资费用增加20%并效益降低20%等四种情况进行敏感性分析，所得到的各评价指标的计算结果列于表7-13。

敏感性分析的四种情况 表7-13

项　目	投资增加10%	效益降低10%	投资+10%、效益-10%	投资+20%、效益-20%
NPV(亿元)	4.125 6	3.633 7	2.840 0	0.760 8
IRR(%)	14.41	14.22	12.54	9.18
P_t'(年)	10.79	10.92	12.40	17.16

表中第四种情况"投资费用增加20%并效益降低20%"的列表计算的过程列于表7-14。

从表中看出，经济指标变化幅度较小，即使投资+20%、效益-20%的最不利情况，各指标均达到可接受水平，说明风险小。

敏感性分析计算表（投资费用增加20%并效益降低20%）（单位：亿元） 表7-14

t	CO_t	CI_t	CI_t-CO_t	$I=0.08$			$IRR_1=0.09$		$IRR_2=0.10$	
				$(1+0.08)^{-t}$	现值	累计	$(1+0.09)^{-t}$	现值	$(1+0.1)^{-t}$	净现值
1	4×1.2		−4.8	0.925 9	−4.444	−4.444	0.917 4	−4.404	0.909 1	−4.364
2	4×1.2		−4.8	0.857 3	−4.115	−8.56	0.841 7	−4.04	0.826 4	−3.967
3	0.1×1.2	1.6×0.8	1.16	0.793 8	0.920 8	−7.639	0.772 2	0.895 7	0.751 3	0.871 5
4	0.1×1.2	1.6×0.8	1.16	0.735	0.852 6	−6.786	0.708 4	0.821 8	0.683	0.792 3
5	0.1×1.2	1.6×0.8	1.16	0.680 6	0.789 5	−5.997	0.649 9	0.753 9	0.620 9	0.720 3
6	0.1×1.2	1.6×0.8	1.16	0.630 2	0.731	−5.266	0.596 3	0.691 7	0.564 5	0.654 8
7	0.1×1.2	1.6×0.8	1.16	0.583 5	0.676 8	−4.589	0.547	0.634 6	0.513 2	0.595 3
8	0.1×1.2	1.6×0.8	1.16	0.540 3	0.626 7	−3.962	0.501 9	0.582 2	0.466 5	0.541 1
9	0.1×1.2	1.6×0.8	1.16	0.500 2	0.580 3	−3.382	0.460 4	0.534 1	0.424 1	0.492
10	0.1×1.2	1.6×0.8	1.16	0.463 2	0.537 3	−2.845	0.422 4	0.49	0.385 5	0.447 2
11	0.1×1.2	1.6×0.8	1.16	0.428 9	0.497 5	−2.347	0.387 5	0.449 5	0.350 5	0.406 6
12	0.1×1.2	1.6×0.8	1.16	0.397 1	0.460 7	−1.886	0.355 5	0.412 4	0.318 6	0.369 6
13	0.1×1.2	1.6×0.8	1.16	0.367 7	0.426 5	−1.46	0.326 2	0.378 4	0.289 7	0.336
14	0.1×1.2	1.6×0.8	1.16	0.340 5	0.394 9	−1.065	0.299 2	0.347 1	0.263 3	0.305 5
15	0.1×1.2	1.6×0.8	1.16	0.315 2	0.365 7	−0.699	0.274 5	0.318 5	0.239 4	0.277 7
16	0.1×1.2	1.6×0.8	1.16	0.291 9	0.338 6	−0.361	0.251 9	0.292 2	0.217 6	0.252 4
17	0.1×1.2	1.6×0.8	1.16	0.270 3	0.313 5	−0.047	0.231 1	0.268	0.197 8	0.229 5
18	0.1×1.2	1.6×0.8	1.16	0.250 2	0.290 3	0.243 1	0.212	0.245 9	0.179 9	0.208 6
19	0.1×1.2	1.6×0.8	1.16	0.231 7	0.268 8	0.511 9	0.194 5	0.225 6	0.163 5	0.189 7
20	0.1×1.2	1.6×0.8	1.16	0.214 5	0.248 9	0.760 8	0.178 4	0.207	0.148 6	0.172 4
合计（NPV）					0.760 8			0.104 8		−0.468 1
计算			NPV = 0.760 8(亿元) $P_t'=17+0.047/0.290\,3=17.16$ 年				IRR = 0.09+0.01×0.104 8/(0.104 8+0.468 1) =0.918 = 9.18%			

3.概率分析

在计算期内，各不确定性因素应发生某种变化幅度的概率是不同的，例如，两个具有同样敏感性的因素，在一定的不利变动幅度内，一个发生的概率很大，另一个发生的概率却很小，以至于可以忽略不计。对此，需要求助于概率分析（风险分析）技术。

概率分析法的具体方法很多，这里只介绍确定当量法和概率法。

1）确定当量法

所谓确定当量法就是把不确定的现金流量用一个确定当量系数 d（完全确定时 $d=1$，完全不确定时 $d=0$）折算成确定型现金流量，然后进行经济评价的方法。

如果某年的不确定净现金流量期望值为 $E(N_t)$，确定当量系数为 d_i，则该年的不确定净现金流量可以用 $d_t \cdot E(N_t)$ 这个确定的净现金流量来代替，而项目的净现值的期望应为：

$$E(\text{NPV})=\sum_{t=0}^{n} d_t \cdot E(N_t)(1+i)^{-t} \tag{7-28}$$

式中：$E(\mathrm{NPV})$ ——项目的期望净现值，当 $E(\mathrm{NPV}) \geqslant 0$ 时，可以接受项目。

方法是否可靠取决于确定当量系数 d 的确定。通常可以根据每年净现金流量的取值及其出现的概率求出净现金流量的变异系数 CV，然后，查约定的 CV-d 换算表。

$$\text{变异系数 } \mathrm{CV}_t = \sigma_t / E(N_t) \qquad (7\text{-}29)$$

式中：σ_t——t 年净现金流量的标准差。

【例 7-12】 某公司评价的一项目之可能的各年净现金流量和该公司约定的 CV-d 换算表分别如表 7-15 和表 7-16 所示，若 $i=8\%$，试求项目的期望净现值 $E(\mathrm{NPV})$，并判断其可行性[1]。

净现金流量分布表 表 7-15

t(年)	0	1			2			3		
N_{tj}(元)	−11 000	4 000	5 000	6 000	4 500	6 000	7 500	3 500	6 000	8 500
概率 P_{tj}	1.0	0.3	0.4	0.3	0.4	0.2	0.4	0.25	0.50	0.25

CV-d 换算表 表 7-16

$\mathrm{CV}_t=\sigma_t/E(N_t)$	0.00～0.07	0.08～0.15	0.16～0.23	0.24～0.32	0.33～0.42	0.43～0.54	0.55～0.70
d	1.0	0.9	0.8	0.7	0.6	0.5	0.4

［解］ 第一步先计算各 d 值，为此需求出各年的 $E(N_t)$：

$E(N_0) = -11\,000\times1.0 = -11\,000$

$E(N_1) = 4\,000\times0.3+5\,000\times0.4+6\,000\times0.3 = 5\,000$

$E(N_2) = 4\,500\times0.4+6\,000\times0.2+7\,500\times0.4 = 6\,000$

$E(N_3) = 3\,500\times0.25+6\,000\times0.5+8\,500\times0.25 = 6\,000$

$\sigma_0 = 0$

$\sigma_1 = [(4\,000-50\,000)^2\times0.3+(5\,000-5\,000)^2\times0.4+(6\,000-5\,000)^2\times0.3]^{1/2} = 774.6$

$\sigma_2 = [(4\,500-60\,000)^2\times0.4+(6\,000-6\,000)^2\times0.2+(7\,500-6\,000)^2\times0.4]^{1/2} = 1\,341.64$

$\sigma_3 = [(3\,500-60\,000)^2\times0.25+(6\,000-6\,000)^2\times0.5+(8\,500-6\,000)^2\times0.25]^{1/2}$
$= 1\,767.77$

然后利用 $\mathrm{CV}_t=\sigma_t/E(N_t)$ 求出各年的 CV_t

$\mathrm{CV}_0 = 0$

$\mathrm{CV}_1 = 774.6/5\,000 = 0.15$

$\mathrm{CV}_2 = 1\,341.64/6\,000 = 0.22$

$\mathrm{CV}_3 = 1\,767.77/6\,000 = 0.29$

最后利用式(7-24)求出 $E(\mathrm{NPV})$

$$\begin{aligned}E(\mathrm{NPV}) &= \sum_{t=0}^{3} d_t \cdot E(N_t)(1+i)^{-t}\\ &= -11\,000\times1.0+5\,000\times0.9\times(1+0.08)^{-1}+6\,000\times0.8(1+0.08)^{-2}\\ &\quad +6\,000\times0.7\times(1+0.08)^{-3}\\ &= 615.99(\text{元}) > 0\end{aligned}$$

---

[1] 为使后面公式书写简便，［例 7-12］和［例 7-13］中时间 t 均从 0 年开始，与通常 t 从 1 开始有所不同。

结论:即使考虑到可能存在的风险,项目还是可以接受的。

2)概率法

概率法是在假定投资项目净现值的概率分布为正态的基础上,通过正态分布图像面积计算净现值小于零的概率,来判断项目风险程度的决策分析方法。该方法适用的前提条件是项目每年现金流量独立,即各年之间的收益水平相互不受影响。概率法首先要计算期望净现值:

$$E(\mathrm{NPV})=\sum_{t=0}^{n}E(N_t)(1+i)^{-t} \tag{7-30}$$

其次,要计算项目的现金流量的标准差 σ,公式为:

$$\sigma=\sqrt{\sum_{t=1}^{n}\left[\frac{\sigma_t}{(1+i)^t}\right]^2} \tag{7-31}$$

最后,计算 NPV 小于零的概率,并判断项目风险大小和项目的可行性。

【例 7-13】 试计算[例 7-12]中的 NPV 小于零的概率,并分析其可行性。

[解]$\because E(N_0)=-11\,000, E(N_1)=5\,000, E(N_2)=6\,000, E(N_3)=6\,000$

$\therefore E(\mathrm{NPV})=5\,000\times(1+0.08)^{-1}+6\,000\times(1+0.08)^{-2}+6\,000\times(1+0.08)^{-3}-11\,000$

$=3\,536.66$ 元

又$\because$[例 7-11]已求出 $\sigma_0=0, \sigma_1=774.6, \sigma_2=1\,341.64, \sigma_3=1\,767.77$

$\therefore \sigma=\{[774.6\times(1+0.08)^{-1}]^2+[1\,341.64\times(1+0.08)^{-2}]^2+[1\,767.77\times(1+0.08)^{-3}]^2\}^{1/2}$

$=1\,951.09$

利用转换为标准正态分布的方法(推导从略),可知,由期望净现值与现金流量标准差的比值:$Z=E(\mathrm{NPV})/\sigma=3\,536.66/1\,951.09=1.81$

可从正态分布表 7-17 中查 $P(X\geqslant Z=1.81)$得 NPV<0 的概率为 $0.035\,1=3.51\%$。可以认为项目风险很小。

正态分布表 $P(X\geqslant Z)$ 表 7-17

Z	.00	.01	.02	.03	.04	.05	.06	.07	.08	.09
0.0	.500 0	.496 0	.492 0	.488 0	.484 0	.480 1	.476 1	.472 1	.468 1	.464 1
0.1	.460 2	.456 2	.452 2	.448 3	.444 3	.440 4	.436 4	.432 5	.428 6	.424 7
0.2	.420 7	.416 8	.412 9	.409 0	.405 2	.401 3	.397 4	.393 6	.389 7	.385 9
0.3	.382 1	.378 3	.374 5	.370 7	.366 9	.363 2	.359 4	.355 7	.352 0	.348 3
0.4	.344 6	.340 9	.337 2	.333 6	.330 0	.326 4	.322 8	.319 2	.315 6	.312 1
0.5	.308 5	.305 0	.301 5	.298 1	.294 6	.291 2	.287 7	.284 3	.281 0	.277 6
0.6	.274 3	.270 9	.267 6	.264 3	.261 1	.257 8	.254 6	.251 4	.248 3	.245 1
0.7	.242 0	.238 9	.235 8	.232 7	.229 6	.226 6	.223 6	.220 6	.217 7	.214 8
0.8	.211 9	.209 0	.206 1	.203 3	.200 5	.197 7	.194 9	.192 2	.189 4	.186 7
0.9	.184 1	.181 4	.178 8	.176 2	.173 6	.171 1	.168 5	.166 0	.163 5	.161 1
1.0	.158 7	.156 2	.153 9	.151 5	.149 2	.146 9	.144 6	.142 3	.140 1	.137 9
1.1	.135 7	.133 5	.131 4	.129 2	.127 1	.125 1	.123 0	.121 0	.119 0	.117 0
1.2	.115 1	.113 1	.111 2	.109 3	.107 5	.105 6	.103 8	.102 0	.100 3	.098 5
1.3	.096 8	.095 1	.093 4	.091 8	.090 1	.088 5	.086 9	.085 3	.083 8	.082 3
1.4	.080 8	.079 3	.077 8	.076 4	.074 9	.073 5	.072 1	.070 8	.069 4	.068 1

续上表

Z	.00	.01	.02	.03	.04	.05	.06	.07	.08	.09
1.5	.066 8	.065 5	.064 3	.063 0	.061 8	.060 6	.059 4	.058 2	.057 1	.055 9
1.6	.054 8	.053 7	.052 6	.051 6	.050 5	.049 5	.048 5	.047 5	.046 5	.045 5
1.7	.044 6	.043 6	.042 7	.041 8	.040 9	.040 1	.039 2	.038 4	.037 5	.036 7
1.8	.035 9	.035 1	.034 4	.033 6	.032 9	.032 2	.031 4	.030 7	.030 1	.029 4
1.9	.028 7	.028 1	.027 4	.026 8	.026 2	.025 6	.025 0	.024 4	.023 9	.023 3
2.0	.022 8	.022 2	.021 7	.021 2	.020 7	.020 2	.019 7	.019 2	.018 8	.018 3
2.1	.017 9	.017 4	.017 0	.016 6	.016 2	.015 8	.015 4	.015 0	.014 6	.014 3
2.2	.013 9	.013 6	.013 2	.012 9	.012 5	.012 2	.011 9	.011 6	.011 3	.011 0
2.3	.010 7	.010 4	.010 2	.009 90	.009 64	.009 39	.009 14	.008 89	.008 66	.008 42
2.4	.008 20	.007 98	.007 76	.007 55	.007 34	.007 14	.006 95	.006 76	.006 57	.006 39
2.5	.006 21	.006 04	.005 87	.005 70	.005 54	.005 39	.005 23	.005 08	.004 94	.004 80
2.6	.004 66	.004 53	.004 40	.004 27	.004 15	.004 02	.003 91	.003 79	.0036 8	.003 57
2.7	.003 47	.003 36	.003 26	.003 17	.003 07	.002 98	.002 89	.002 80	.002 72	.002 64
2.8	.002 56	.002 48	.002 40	.002 33	.002 26	.002 19	.002 12	.002 05	.001 99	.001 93
2.9	.001 87	.001 81	.001 75	.001 69	.001 64	.001 59	.001 54	.001 49	.001 44	.001 39
Z	.0	.1	.2	.3	.4	.5	.6	.7	.8	.9
3	.001 35	.000 968	.000 687	.000 483	.000 337	.000 233	.000 159	.000 108	.000 072	.000 048

第二节　运输项目经济评价

一、建设项目经济评价体系和运输项目评价特点

1. 经济评价的目的

经济评价是项目可行性研究的有机组成部分和重要内容，是项目决策科学化的重要手段。工程项目经济评价的目的是：根据国民经济和社会发展战略及运输发展规划的要求，在做好运输需求预测及项目建设工程技术研究的基础上，计算项目的效益和费用，通过多方案比较，对拟建项目的财务可行性和经济合理性进行分析论证，做出全面的经济评价，为项目的科学决策提供依据。

2. 经济评价体系

建设项目的经济评价分为经济评价（也称国民经济评价）和财务评价（财务分析）。财务评价是在国家现行财税制度和价格体系的条件下，从项目财务角度分析、计算项目的财务盈利能力和清偿能力，据以判别项目的财务可行性。国民经济评价是从国家整体角度分析、计算项目对国民经济的净贡献，据以判别项目的经济合理性。

项目经济评价以动态分析为主，静态分析为辅。项目计算期包括建设期和经营期。建设期根据项目的实际情况确定；经营期一般取 20 年，特殊情况可适当延长至 25～30 年。

财务评价与国民经济评价的结论均可行的项目，应予通过。国民经济评价结论不可行的项目，一般应予否定。对某些国计民生急需的项目，如国民经济评价合理，而财务评价不可行，应重新考虑方案，必要时也可向主管部门提出采取相应经济优惠措施的建议，使项目具有财务上的生存能力。

国内项目财务评价使用财务价格，即以现行价格体系为基础预测价格。对于价格变动因素，在进行项目财务盈利能力分析和清偿能力分析时，可作不同处理，分别计算：进行财务盈利能力分析时，计算期内各年采用的预测价格，是在基年（即开始建设的前一年，$t=0$）物价总水平的基础上预测的，只考虑相对价格的变化，不考虑物价总水平的上涨因素；在进行清偿能力分析时，计算期内各年采用的预测价格，除考虑相对价格的变化外，还要考虑物价总水平的上涨因素，物价总水平上涨因素一般只考虑到建设期末。

为简化计算，经主管部门同意时，两种分析在计算期内各年也可都采用以基年物价总水平为基础，仅考虑相对价格变化而不考虑物价总水平上涨因素的价格。但须就可能的物价总水平变动因素对项目盈利能力和清偿能力的影响，认真地进行敏感性分析。

国民经济评价使用影子价格，在计算期内各年均不考虑物价总水平上涨因素。

用于项目国民经济评价的重要参数，如社会折现率、影子汇率换算系数、影子工资换算系数及部分货物的影子价格等，由国家发展改革委和建设部共同测定发布，并定期予以调整。用于财务评价的重要参数，如基准收益率、基准投资回收期等，分别由行业测定，经有关部门综合协调后发布应用。表7-18列出了国民经济评价和财务评价的相同点与不同点，表7-19列出了评价内容的选择参考。

国民经济评价和财务评价的对比 表7-18

评价体系		国民经济评价	财务评价
相同点	1.评价目的	为项目经济的可行性提供判据	
	2.理论依据和方法	货币时间价值理论，用现值法进行动态分析为主	
不同点	1.分析角度	以国家利益为出发点	从投资者角度分析项目的财务可能性
	2.效益	计算直接效益和间接（社会）效益	只计直接效益，如公路收费收入
	3.损失	计算直接损失和间接（社会）损失，不计：折旧、税收、国内借款利息	只计财务支出，计入：折旧、税收、国内借款利息
	4.折现率	社会折现率	项目或行业基准折现率
	5.采用价格	影子价格	现行市场价格
	6.综合评价指标	经济内部收益率、经济净现值	财务内部收益率、净现值、投资回收期

运输设施建设项目经济评价内容选择参考表 表7-19

分析内容	财务分析			经济费用效益分析	费用效果分析	不确定性分析	风险分析	区域经济与宏观经济影响分析
	生存能力分析	偿债能力分析	盈利能力分析					
经营性	☆	☆	☆	☆	△	☆	△	△
非经营性	☆	△		☆	☆	△	△	△

注：本表要求是参考性的。☆代表要做；△代表根据项目的特点，有要求时做，无要求时可以不做。

3.交通运输项目经济评价的特点

交通运输基建项目（以下简称"运输项目"）包括铁路、水运、公路、民航和管道等基础设施的新建和改扩建项目。其经济评价具有以下特点：

（1）运输项目前期投资大、建设期长、网络效益强、收益主体广、外部效果显著。

（2）运输项目经济评价应以经济费用效益分析为主，有经营收入的项目需进行财务分析；重大交通运输项目必须进行区域经济与宏观经济影响分析。

(3)运输项目的经济效益主要体现在改善网络结构、扩大网络运输能力而产生的正常运输量、转移运输量和诱增运输量所引起的节约运输费用、节省运输时间、减少交通事故、降低设施设备维护养护费用、改善运输服务质量等方面。

(4)运输项目的财务效益为收取的道路、桥梁、港口、机场使用费或通行费等。

(5)运输项目的区域经济或宏观经济影响效益主要体现在改善路网结构、促进资源利用开发、推动区域社会经济发展等方面。

(6)运输项目的费用主要包括:征地拆迁安置费、线路和枢纽建设费、相关配套设施设备投资、项目运营费用及维护养护费等。

二、财务评价

财务评价是根据国家现行财税制度和价格体系,分析、计算项目直接发生的财务效益和费用,编制财务报表,计算评价指标,考察项目的盈利能力、清偿能力以及外汇平衡等财务状况,据以判别项目的财务可行性。

1.财务评价中收入与费用的项目与计算

项目的财务效益主要表现为运输经营收入或道路过路费收入;项目的财务支出主要表现为运输项目总投资、经营成本和税金等各项支出。下面对有关费用项的计算作一说明。

1)运输项目总投资

运输项目总投资包括:

(1)固定资产投资

固定资产投资是指项目按拟定建设规模、建设内容进行建设所需的费用,它包括建筑工程费、设备购置费、安装工程费、工程建设其他费用和预备费用。

以公路项目为例,固定资产投资可按《公路工程投资估算编制办法》和《公路工程估算指标》估算。预可行性研究阶段的投资估算应采用《公路工程估算指标》中规划项目估算指标计算,工程可行性研究阶段的投资估算应采用《公路工程估算指标》中工程项目估算指标进行估算。

(2)建设期借款利息

$$t\text{ 年建设期借款利息} = (t\text{ 年初借款本息累计} + t\text{ 年借款额}/2) \times \text{年利率}$$

为简化计算,可将建设期利息全部计入固定资产原值。

【例 7-14】 AM 高速公路项目案例中,4 年的建设投资共 266 842 万元,逐年贷款依次为:53 368 万元、80 053 万元、80 053 万元、53 368 万元,如 65%为银行贷款,贷款年利率为6.12%,且建设期无其他流动资金贷款,则要求计算建设期末年(第 4 年)的累计借款利息之和及建设总投资。

[解] 按 65%比例贷款,每年的贷款数分别为:34 689.2 万元、52 034.5 万元、52 034.5 万元、34 689.2 万元,列表计算(表 7-20),得到建设期末年(第 4 年)的累计借款利本之和为22 328 万元。

$$\text{建设期总投资} = 266\,842 + 22\,328 = 289\,170\text{ 万元}$$

(3)流动资金

流动资金是指为维持生产所占用的全部周转资金,是流动资产(应收账款+存货+存有现金)与流动负债(应付账款)的差额。流动资金利息应计入财务费用,项目计算期末回收全部流动资金。

建设期贷款利息估算表(单位:万元)　　表 7-20

序号	项　目	合　计	建　设　期			
			1	2	3	4
1	建设期利息	22 328	1 061.5	3 780.2	7 196.1	10 290.2
1.1	年初借款余额		0	35 750.7	91 565.3	150 795.8
1.2	当年借款	173 447.3	34 689.2	52 034.5	52 034.5	34 689.2
1.3	当年应计利息(=(1.1+1.2/2)×0.0 612)		1 061.5	3 780.2	7 196.1	10 290.2
1.4	年末借款余额(=1.1+1.2+1.3)		35 750.7	91 565.3	150 795.8	195 775.2

2)总投资形成的资产

根据资本保全原则,项目总投资完成后形成的资产分为:

(1)固定资产。使用期超过一年,规定单位价值以上,并且在使用过程中保持原有物质形态的资产,如路线、机场和港口等的建筑物、房屋、运输设施和设备等。

(2)无形资产。能长期使用但是没有实物形态的资产,包括专利权、商标权、土地使用权、非专利技术、商誉等。

(3)递延资产。不能全部计入当年损益,应当在以后年度内分期摊销的各项费用,包括开办费等。

(4)流动资产。应收账款、存货和存有资金的总和。

3)经营成本及总成本

经营成本是指经营期内的日常性支出,总成本是指在运营期内为生产产品或提供服务所发生的全部费用,通常包括运营成本与折旧费、摊销费和财务费用。用公式表示为:

$$经营成本 = 外购原材料、燃料及动力费 + 工资及福利费 + 修理费(养护及大修费) + 其他费用 \tag{7-32}$$

$$总成本 = 经营成本 + 折旧费 + 摊销费 + 利息支出 \tag{7-33}$$

公式中其他费用是指从建设费用、管理费用和营业费用中扣除了折旧费、摊销费、修理费、工资及福利费以后的其余部分;固定资产折旧费、无形及递延资产摊销费等计算如下。

(1)固定资产折旧费

固定资产随其在使用过程中的磨损和损耗而将其价值逐次转移到产品(服务)中,计入产品(服务)成本并从中提取折旧,是对这种磨损和损耗的补偿。常用折旧法公式如下。

①年限平均法

$$年折旧额 = 固定资产原值 \times (1-预计净残值率) / 折旧年限$$

运输工程项目的净残值率一般按3%~5%确定,折旧年限按有关规定选取。

②工作量法

$$年折旧额 = 原值 \times (1-净残值率) \times 年行驶里程 / 总行驶里程$$

也可将公式中"年行驶里程/总行驶里程"改为"年工作小时 / 总工作小时"。

③双倍余额递减法

$$年折旧额 = 固定资产账面净值 \times 2 / 折旧年限$$

④年数总和法

$$第 t 年折旧率 = (n-t+1)/[n(n+1)/2](n 为折旧年限)$$

$$年折旧额 = (固定资产原值-预计净残值) \times 当年的折旧率$$

双倍余额递减法和年数总和法均称为加速折旧法，折旧年限最后两年的折旧额有时需单独处理。折旧一般采用年限平均法或工作量法计算。如符合有关规定，也可采用加速折旧法。例如，《高速公路公司财务管理办法》规定："公司固定资产的折旧方法一般采用平均年限法。对公路及构筑物，可以采用工作量法。对通信、收费、监控设施，可以采用双倍余额递减法或者年数总和法。"

如取折旧年限 $n=20$ 年，固定资产原值＝100 万元，净残值率＝10％，总行驶里程＝100 万 km，年行驶里程＝6(前 10 年)万 km 和 4(后 10 年)万 km，则运营期内按各种折旧法计算的累计折旧额如图 7-3 所示。

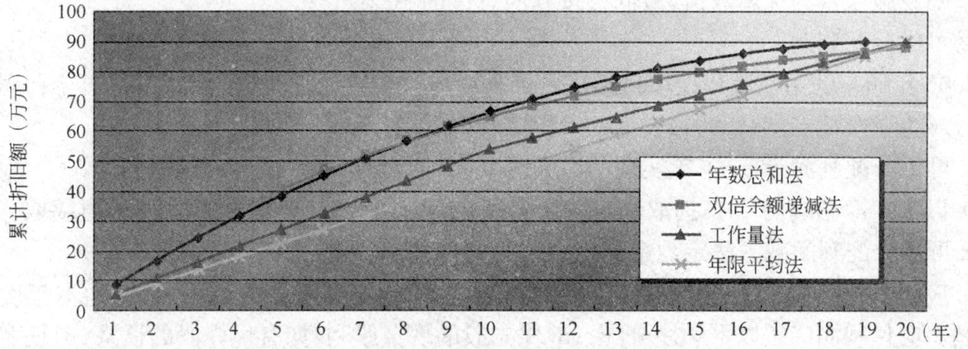

图 7-3 不同折旧方法的累计折旧额曲线示意图

(2)无形及递延资产摊销费

无形资产按规定期限分期平均摊入管理费，没有规定期限的，按不少于 10 年，或按经济评价经营年数分期摊销；递延资产中开办费按不少于 5 年的期限分期摊入管理费，以经营租赁方式租入固定资产的改良支出在租赁有效期内分期摊入管理费。

(3)税金与利润

对于项目财务评价来说，政府税收是一项不小的费用。现行税收制度中主要有五大类税种：流转税、资源税、财产税、所得税、特定目的税。其中公路项目财务评价涉及的主要是：流转税中的营业税、所得税，特定目的税中的城市维护建设税和教育费附加等。营业税、城市维护建设税和教育费附加构成经营税金从经营收入中扣除，所得税从利润中扣除。

①营业税

不同行业按 0％～20％征收。交通运输业按营业额的 3％～5％征收。根据《财政部、国家税务总局关于公路经营企业车辆通行费收入营业税政策的通知》的规定，自 2005 年 6 月 1 日起，对公路经营企业收取的高速公路车辆通行费收入统一按 3％的税率征收营业税。

②城市维护建设税

城市维护建设税实行地区差别比例税率：纳税人所在地在市区的税率为 7％，在县城、镇的税率为 5％，不在县城或镇的税率为 1％(以营业税为基数)。

③教育费附加

教育费附加的费率为 5％(以营业税为基数)。

营业税、城市维护建设税和教育费附加通常合称为营业税金及附加。如营业税 5％，城市维护建设税 5％，教育费附加 5％，则营业税金及附加$=5\times(1+0.05+0.05)\%=5.5\%$。

(4)所得税和可供分配利润和未分配利润计算

项目产品销售(营业)收入扣除营业税及附加和总成本费用后,即为项目利润总额。利润总额按国家规定作相应调整后,应依法缴纳所得税。缴纳所得税后的利润,若按国家规定需要缴纳特种基金的,应从中扣除后,方为可供分配利润。可供分配利润在盈余公积金、应付利润、未分配利润三项之间分配。其中盈余公积金按规定计取;未分配利润主要用于偿还借款本金;应付利润为向项目投资主体分配的利润。以前年度的未分配利润可以并入本年度向项目投资主体分配。

①所得税

内资企业税率为25%。符合一定条件的企业可执行优惠税率。例如,国家对西部开发的交通基础设施项目的优惠政策,最低可按利润总额的15%执行。

②可供分配利润

2006年颁布的第三版建设项目经济评价方法与参数中计算利润的附表"利润与利润分配表"是按《企业会计制度》(2001)设计的,计算规则如下。

a.可供分配利润等于:本年实现的净利润减去(加上)年初亏损(未分配利润)。

b.以当年净利润的10%提取法定盈余公积金,累计达到注册资金的50%不再提取。

c.可供分配利润减去法定盈余公积金后为应付利润(可供投资者分配的利润)。

d.应付利润为向项目投资主体分配的利润,如前年度有未分配利润,可并入本年度的应付利润。应付利润应按以下顺序分配:(a)优先股的现金股利(如有优先股的话);(b)任意盈余公积金;(c)普通股股利及投资各方利润;(d)经过上述分配后的剩余部分为未分配利润。

4)经营收入、成本和利税的关系

公路工程经营收入一般是指收取的过路费收入,经营收入减去经营税金和成本后即为税前利润。运输工程一般的经营收入、成本和利税的关系见图7-4。

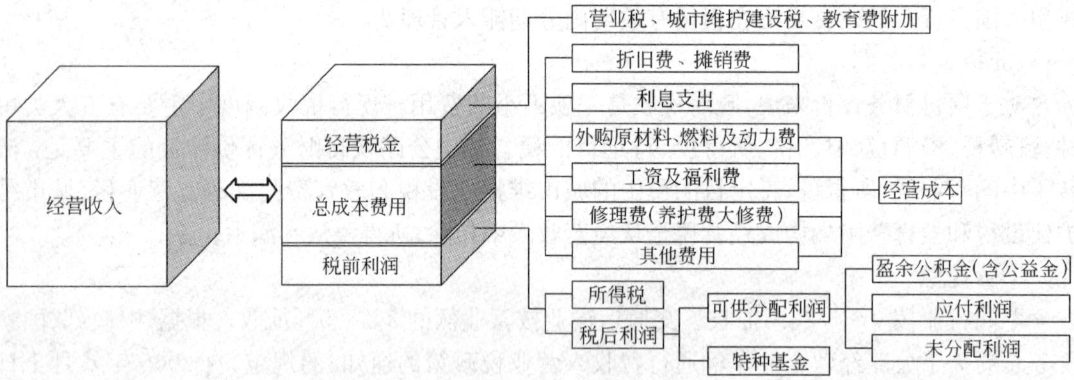

图7-4　经营收入、成本和税金的关系图

2.财务评价的盈利能力分析

财务评价的盈利能力分析主要是考察投资的盈利水平。道路建设项目的财务评价需要计算财务内部收益率、财务净现值、项目资本金财务内部收益率、财务投资回收期、总投资收益率、项目资本金净利润率等评价指标。可根据项目的特点及财务分析的目的和要求等选用。

1)财务内部收益率(FIRR)

财务内部收益率是指项目在整个计算期内各年净现金流量现值累计等于零时的折现率,它反映项目所占用资金的盈利率,是考察项目盈利能力的主要动态评价指标,其表达式为:

$$\sum_{t=1}^{n}(CI-CO)_t(1+FIRR)^{-t}=0 \tag{7-34}$$

式中：　CI —— 现金流入量(财务收益)；

CO——现金流出量(财务支出)；

$(CI-CO)_t$——第 t 年的净现金流量；

n——计算期,年；

FIRR——财务内部收益率。

财务内部收益率可根据财务现金流量表中净现金流量用试算法计算求得。在财务评价中,将求出的财务内部收益率(FIRR)与设定的财务基准收益率 I_c 比较,当 $FIRR \geqslant I_c$ 时,即认为其盈利能力已满足最低要求,在财务上是可以考虑接受的。FIRR 值一般需通过试算求出。交通运输设施项目财务基准收益率测算[78]资料见表 7-21。

交通运输设施项目财务基准收益率测算(%)　　表 7-21

财务基准收益率	铁路线网		民航机场		市政、公路、水运交通				房产
	原线改造	新线	支线机场	干线机场	公路、桥隧	城轨	港口	航道	
融资前税前指标	—	—	1	5*,7	5	6	8	4	12
项目资本金税后指标	6*	3*	—	4*,8	6	7	8	6	13

注:带*值为行业测算及协调结果,无*值为专家调查结果。

2)投资回收期(P_t)

投资回收期是指以项目的净收益抵偿全部投资所需要的时间。它是考察项目在财务上的投资回收能力的主要静态评价指标。投资回收期一般从建设开始年算起,其静态表达式为:

$$\sum_{t=1}^{P_t}(CI-CO)_t=0 \tag{7-35}$$

投资回收期可根据财务现金流量表(全部投资)中累计净现金流量计算求得:

$$\text{投资回收期 } P_t=\begin{bmatrix}\text{累计净现金流量开}\\\text{始出现正值年份数}\end{bmatrix}-1+\left[\frac{\text{上年累计净现金流量的绝对值}}{\text{当年净现金流量}}\right] \tag{7-35a}$$

在财务评价中,求出的投资回收期 P_t 与行业的基准投资回收期 P_c 比较,当 $P_t \leqslant P_c$ 时,表明项目投资能在规定的时间内收回。

3)财务净现值(FNPV)

财务净现值是指按行业的基准收益率或 定的折现率,将项目计算期内各年净现金流量折现到建设期初的现值之和。它是考察项目在计算期内盈利能力的动态评价指标,其计算式为:

$$FNPV=\sum_{t=1}^{n}(CI-CO)_t(1+i_C)^{-t} \tag{7-36}$$

式中:FNPV——财务净现值;

i_C——设定的财务折现率,根据项目具体确定或参照表 7-15。

财务净现值可根据财务现金流量表计算求得。财务净现值大于或等于零的项目是可以考虑接受的。

4)总投资收益率(ROI)

总投资收益率是指项目达到设计运输(通行)能力后的一个正常年份的年息税前利润或运营期内年平均息税前利润(EBIT)与项目总投资(TI)的比率,它是考察项目单位投资盈利能力的静态指标,其计算公式为:

$$ROI=\frac{EBIT}{TI}\times 100\% \tag{7-37}$$

式中：EBIT——项目正常年份的年息税前利润或运营期内年平均息税前利润；

TI——项目总投资。

总投资收益率应大于同行业投资收益率的参考值。根据专家调查，道路、桥隧建设的财务基准收益率(融资前税前指标)为6%。

5)项目资本金净利润率(ROE)

资本金净利润率是指项目达到设计运输(通行)能力后正常年份的年利润或运营期内的年平均净利润(NP)与资本金(EC)的比率，它反映投入项目的资本金的盈利能力，计算公式为：

$$\mathrm{ROE}=\frac{\mathrm{NP}}{\mathrm{EC}}\times 100\% \tag{7-38}$$

式中：NP——项目正常年份的年利润或运营期内的年平均净利润；

EC——项目资本金。

项目资本金净利润率应大于同行业的经营利润率的参考值。根据专家调查，道路、桥隧建设的财务基准收益率(项目资本金税后指标)为7%。

3.财务评价中的清偿能力分析

项目偿债能力分析主要是考察计算期内各年的财务状况及偿债能力。需要计算利息备付率、偿债备付率和资产负债率等指标。

1)利息备付率(ICR)

利息备付率是指在借款偿还期内的息税前利润与应付利息的比值，它从付息资金来源的充裕性角度反映项目偿付债务利息的保障程度，按下式计算：

$$\mathrm{ICR}=\frac{\mathrm{EBIT}}{\mathrm{PI}} \tag{7-39}$$

式中：EBIT——息税前利润；

PI——计入总成本费用的应付利息。

利息备付率应按年计算，并应当大于1。利息备付率高，表明利息偿付的保证程度高。

2)偿债备付率(DSCR)

偿债备付率是指在借款偿还期内用于计算还本付息的资金与应还本付息的金额的比值，它表示可用于计算还本付息的资金偿还借款本息的保障程度，按下式计算：

$$\mathrm{DSCR}=\frac{\mathrm{EBITDA}-T_{\mathrm{AX}}}{\mathrm{PD}} \tag{7-40}$$

式中：EBITDA——息税前利润加折旧和摊销；

T_{AX}——企业所得税；

PD——应还本付息金额，包括还本付息和计入总成本费用的全部利息；融资租赁费用可视为借款偿还，运营期内的短期借款本息也应纳入计算。

如果项目在运行期内有维持运营的投资，可用于还本付息的资金应扣除维持运营的投资。

偿债备付率应按年计算，并应当大于1。偿债备付率高，表明用于还本付息的资金保证程度高。

3)资产负债率(LOAR)

资产负债率是反映项目各年所面临的财务风险程度及偿债能力的指标。

$$\mathrm{LOAR}=\frac{\mathrm{TL}}{\mathrm{TA}}\times 100\% \tag{7-41}$$

式中：TL——期末负债总额；

TA——期末资产总额。

适度的资产负债率是企业经营安全、稳健、具有较强的筹资能力的表现；过高则风险增大。项目财务分析中，在长期债务还清后，可不再计算资产负债率。

4. 财务生存能力分析

财务生存能力分析是指，通过考察项目计算期内的投资、融资和经营活动所产生的各项现金流入和流出，计算净现金流量和累计盈余资金，分析项目是否有足够的净现金流量维持正常运营，以实现财务可持续性。通常可通过两个方面具体判断项目的财务生存能力。

(1)拥有足够的经营净现金流量是财务可持续的基本条件，特别是在运营初期。一个项目具有较大的经营净现金流量，说明该项目方案比较合理，实现自身资金平衡的可能性大，不会过分依赖短期融资来维持运营。反之，就有可能要靠短期融资来维持运营，项目运营容易遇到财务上的困难，项目方案缺乏合理性。

(2)各年累计盈余资金不出现负值是财务生存的必要条件。在整个运营期间，容许个别年份的净现金流量出现负值。但累计盈余资金不能出现负值，一旦出现负值应适时进行短期融资，该短期融资应体现在"财务计划现金流量表"中，同时短期融资的利息也应纳入成本费用和其后的计算。较大或较频繁的短期融资有可能导致以后的累计盈余资金无法实现正值，致使项目难以持续运营。

"财务计划现金流量表"和它的编制基础"利润与利润分配表"是财务生存能力分析的基本报表。

5. 财务分析流程与主要报表

财务分析涉及的报表较多，不一一列出。仅在图 7-5 中列出财务评价流程与主要报表，图中括号中的附表序号是本章公路项目经济评价案例后的附表号。请结合案例和图 7-5 学习和理解财务评价的计算方法和过程。

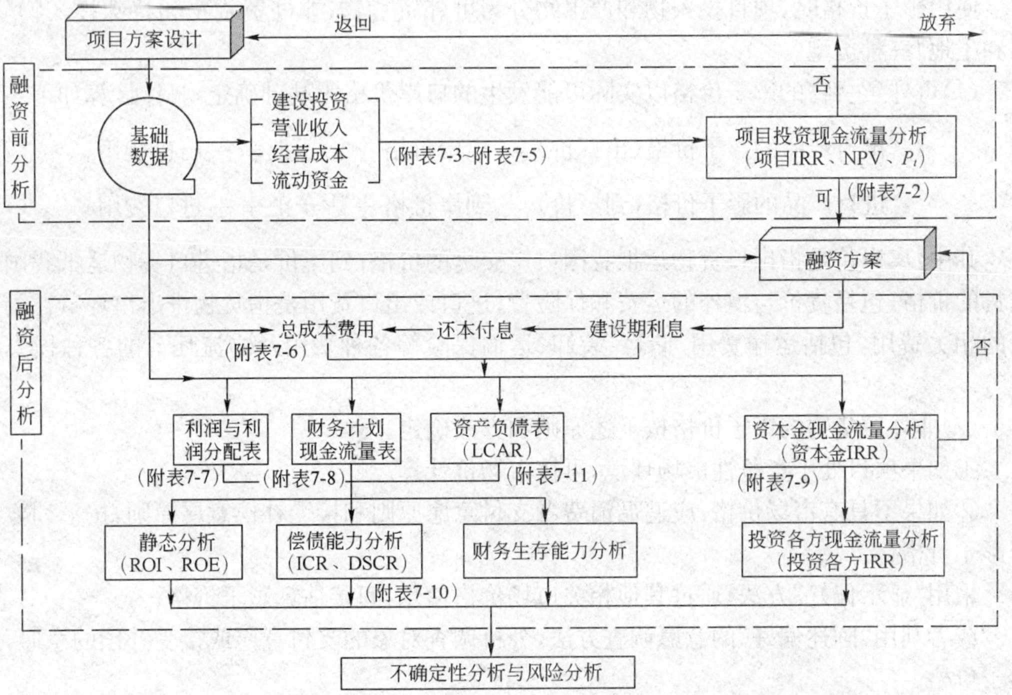

图 7-5 财务评价流程与主要报表

三、项目经济评价

项目经济评价也称项目国民经济评价(简称经济评价)是按照资源合理配置的原则,从国家整体角度考察项目的效益和费用,用货物影子价格、影子工资、影子汇率和社会折现率等经济参数分析、计算项目对国民经济的净贡献,评价项目的经济合理性。

1.影子价格及经济评价的计算参数

1)影子价格的概念

影子价格比市场交换价格更能反映资源的真实经济价值和社会经济处于某种最优状态下时的资源稀缺程度,采用影子价格进行经济评价有利于促进资源合理利用和最优配置。通常,资源稀缺程度与影子价格成反比,资源越稀缺,资源单位效益增量值就越大,影子价格也就越高;反之,当资源可以满足全社会需求时,资源单位效益增量价值就越小,当供大于求且几乎取之不尽时,该物品的影子价格接近于零。

为了正确计算项目对国民经济所作的净贡献,在进行国民经济评价时,原则上都应该使用影子价格。作为简化计算,在不影响评价结论的前提下,可只对其价值在效益或费用中占比重较大,或者国内价格明显不合理的产出物或投入物使用影子价格。大多数运输建设项目(如道路建设项目)的国民经济评价一般只涉及使用投入物影子价格。以道路项目为例,以下两类投入物必须使用影子价格。

(1)建设及养护所涉及的主要投入物,包括钢材、木材、水泥、沥青等一般投入物和劳动力及土地两种特殊投入物。

(2)维持车辆营运服务的投入物,即车辆营运成本的构成要素,如驾乘人员、工人、燃料、轮胎、零配件、折旧等。

2)确定影子价格的一般方法

使用影子价格时,项目投入物和产出物分为可外贸货物、非外贸货物和特殊投入物(劳动力和土地)三种类型。

(1)可外贸货物的影子价格以实际可能发生的口岸价格为基础确定,具体计算如下:

$$\text{出口产品的影子价格(出厂价)} = \text{离岸价格} + \text{影子汇率} - \text{出口费用} \tag{7-42}$$

$$\text{进口产品的影子价格(到厂价)} = \text{到岸价格} + \text{影子汇率} + \text{进口费用} \tag{7-43}$$

其中:离岸价是指出口货物运抵我国口岸交货的价格;到岸价是指进口货物运抵我国口岸交货的价格,包括货价与境外的运费和保险费;进口或出口费用是指货物进出口环节在国内发生的相关费用,包括运输费用、储运、装卸、运输保险等各种费用及物流环节的各种损失和损耗等。

(2)非外贸货物的影子价格按下述原则和方法确定。

①如果项目处于竞争性市场环境,可按市场价计算。

②如果不具有市场价格,应遵循消费者支付意愿原则和接受补偿意愿原则,按下列方法测算影子价格:

采用“显示偏好”方法,通过其他相关市场价格信息,间接估算影子价格;

或者利用“陈述偏好”的意愿调查方法,分析调查对象的支付意愿或接受补偿的意愿,推断影子价格。

3)特殊投入物的影子价格计算

(1)劳动力的影子工资

影子工资应能反映该劳动力用于拟建项目而使社会为此放弃的效益，以及社会为此而增加的资源消耗。影子工资可通过财务评价时所用的工资与福利费之和乘以影子工资换算系数求得。影子工资换算系数由国家统一测定发布。根据我国劳动力的状况、结构以及就业水平，在建设期内使用大量民工道路建设项目，其民工的影子工资换算系数可取小于1的系数(0.25～0.8)；对于占用大量短缺的专业技术人员的情况，影子工资换算系数可等于1。

(2)土地的影子费用(经济成本)

土地是国家重要的经济资源，项目占用的土地无论是否需要实际支付财务成本，均应根据土地用途的机会成本原则或消费者支付意愿的原则计算其影子费用。

①生产性土地，主要指农业、林业、牧业、渔业及其他生产性用地，应按照这些土地用于拟建项目而使社会为此放弃的效益，以及社会为此而增加的资源消耗计算土地的影子费用。

$$\text{土地影子费用} = \text{土地机会成本} + \text{新增资源消耗费用} \tag{7-44}$$

其中，土地机会成本按照土地未来可以提供的消费产品的支付意愿价格进行计算，一般按照项目占用土地在“无项目”情况下的“最佳可行替代用途”的生产性产出的净效益现值进行计算。

新增资源消耗应按照在“有项目”情况下土地的征用造成原有土地上附属物财产的损失及其他资源消耗来计算。

②非生产性土地，如住宅、休闲用地等，应按照支付意愿的原则，根据市场交易价格测算其影子价格。

(3)外汇的影子汇率

影子汇率是反映外汇的真实价值，用于国民经济评价中外汇与人民币之间的换算，同时也用作经济换汇或节汇成本的判据。影子汇率可通过国家外汇牌价乘以影子汇率换算系数求得，影子汇率换算系数由国家统一测定发布，可取1.08。例如，1美元国家外汇牌价(买入卖出中间价)为7.10元，则美元的影子汇率为：1美元＝7.25×1.08 ＝ 7.83元人民币。

4)社会折现率

社会折现率反映国家对资金时间价值的估量，是计算经济净现值等指标时所采用的折现率，同时用它作为经济内部收益率的判据。

社会折现率作为一个重要的通用参数由国家统一测定发布。2006年后规定按8%计算。

5)贸易费用率

国民经济评价中的贸易费用是指物资系统、外贸公司和各级商业批发站等部门花费在货物流通过程中以影子价格计算的费用(长途运输费用除外)。贸易费用率是反映这部分费用相对于货物影子价格的一个综合比率，一般均取6%，少数高价物品可适当降低取值，不经商贸部门流转而由生产厂家直供的货物，不计贸易费用。

由贸易费用率计算货物的贸易费用时，使用下列公式：

$$\text{进口货物的贸易费用} = \text{到岸价} \times \text{影子汇率} \times \text{贸易费用率} \tag{7-45}$$

$$\text{出口货物的贸易费用} = (\text{离岸价} \times \text{影子汇率} - \text{国内长途运费}) \div (1 + \text{贸易费用率}) \times \text{贸易费用率} \tag{7-46}$$

$$\text{非外贸货物的贸易费用} = \text{出厂价} \times \text{影子汇率} \times \text{贸易费用率} \tag{7-47}$$

2.经济评价中费用效益的识别与计算

1)经济评价效益与费用的识别

在经济评价中,应尽可能全面地识别建设项目的效益和费用。应对项目涉及的所有社会成员的有关费用和效益进行识别计算,包括:项目建设与运营所耗用资源的真实价值,以及项目为社会成员福利的实际增加所作的贡献;项目的近期、中期和远期的影响造成的费用效益;项目建设运营直接和间接的费用效益;具有物资载体的有形的和各种无形的费用效益。

效益与费用的识别应遵循以下原则:

(1)增量分析的原则。应按照“有无对比”增量分析的原则,通过项目的实施效果与无项目情况下可能发生的情况进行对比分析,作为计算机会成本或增量效益的依据。

(2)考虑关联效果原则。应考虑项目投资可能产生的其他关联效应。

(3)剔除转移支付的原则。税负、补贴、利息等转移支付对国民经济只是从一个口袋放到另一个口袋,并未产生实际的收益与损失,因此不应予以计算。

上述“有无对比”增量分析的原则是指,项目的效益应通过“有项目情况”与“无项目情况”(作为“基准情况”)对比的方法(简称“有、无比较法”)来确定。“有项目情况”是指实施拟建项目后,相关路网将要发生的情况;“无项目情况”是指不实施拟建项目,相关路网将要发生的情况。例如,经测算,2010 年未建新路前的原路单位运输成本为 159 元,并每年以 1 元递增;新路建成后,2010 年的单位运输成本 132 元,并每年以 0.5 元递增。则按“有无对比法”计算,2020 年每单位运输成本节约:

$$(159+10\times1)-(132+10\times0.5)=32\text{元}$$

国民经济评价只计算项目直接效益和直接费用,同时对项目外部效果进行定性分析和描述(财务评价还应计算与项目有关的服务、开发等经营性设施所发生的间接收益和间接费用)。

项目的外部效果只计算一次性相关效果。要注意防止外部效果的重复计算或漏算。

运输量(交通量)是计算运输项目效益和费用的基础。为便于计算项目的效益,将运输量分为正常的运输量、转移的运输量和诱发的运输量三种。

正常运输量是指无项目时在现有运输系统上也会发生的运输量,包括正常增长的运输量。

转移运输量是指项目实施后从其他线路或其他运输方式转移过来的运输量。

诱发运输量是指由项目实现而发生,否则便不会发生的运输量(也可不单独计算)。

2)经济评价中费用的计算

在计算项目建设产生的经济费用和效益时应遵循以下原则:

(1)支付意愿原则。项目产生的正面效果的计算遵循支付意愿原则,用于分析社会成员为项目产生的效益而愿意支付的价值。

(2)受偿意愿原则。项目产生的负面效果的计算遵循接受补偿意愿原则,用于分析社会成员为接受这种不利影响所得到补偿的价值。

(3)机会成本原则。项目投入的经济费用效益的计算应遵循机会成本原则,用于分析项目所占用资源的机会成本,即按资源最有效利用能产生的效益来计算资源价值。

(4)实际价值计算原则。即应采用能反映资源真实价值的实际价格计算经济费用效益。计算期内不考虑通货膨胀因素的影响,但应考虑相对价格变动。

运输建设项目的费用一般可分为两部分:

第一部分是建设投资,应采用影子价格对原工程投资估算进行修正,并计入承诺费和报告编制年至开工前一年的物价上涨费用,同时扣除国内银行贷款利息和税金等。

第二部分是运营期的经济费用,包括日常养护费用、管理费用、大修费用、国外贷款利息等。

国民经济评价中项目的费用是指国民经济为项目所付出的代价,应在财务费用的基础上采用影子价格计算。

对于公路项目还需计算残值,规定残值取建设投资的50%,以负值计入计算期末年。

有关费用计算可参考后面案例,本节不另作详细介绍。

3)经济评价中效益的计算

项目的效益是指项目对国民经济所作的贡献,分为直接效益和间接效益。一般只计算直接效益,并通过"有、无比较法"来确定,例如通常公路建设可包括:降低营运成本的效益、旅客时间节约效益、减少交通事故效益等效益项。

运输项目的国民经济效益有些能够定量,有些则难以定量。2006年国家发展改革委和建设部《建设项目经济评价方法与参数》(第三版)中并未列出运输项目经济效益的计算公式,读者可参照本章第三节可行性研究中所列公式和公路与铁路案例中的公式对项目经济效益进行计算。

项目的实施还将提高人民的生活福利,改善经济、社会和自然环境,创造新的就业机会和促进沿线地区经济的发展。对于这些难以量化的效益,应作定性描述。

3. 经济评价的分析指标

国民经济盈利能力分析需要计算经济内部收益率和经济净现值等指标。此外,还可对难以量化的外部效果进行定性分析。

1)经济内部收益率(EIRR)

经济内部收益率是反映项目对国民经济净贡献的相对指标,它是项目在计算期内各年经济净效益流量的现值累计等于零时的折现率,其表达式:

$$\sum_{t=1}^{n}(B-C)_t(1+\mathrm{EIRR})^{-t}=0 \tag{7-48}$$

式中:B——效益流入量;

C——费用流出量;

$(B-C)_t$——第t年的净效益流量;

n——计算期。

经济内部收益率等于或大于社会折现率时,应认为项目是可以考虑接受的。

2)经济净现值(ENPV)

经济净现值是反映项目对国民经济净贡献的绝对指标。它是指用社会折现率将项目计算期内各年的净效益流量折算到建设期初的现值之和,其表达式为:

$$\mathrm{ENPV}=\sum_{t=1}^{n}(B-C)_t(1+i_s)^{-t} \tag{7-49}$$

式中:i_s——社会折现率。

经济净现值等于或大于零时,认为项目是可以考虑接受的。

3)经济效益费用比(R_{BC})。

经济效益费用比是计算期内效益流量的现值与费用流量的现值之比,其表达式为:

$$R_{BC}=\frac{\sum_{t=1}^{n}B_t(1+i_s)^{-t}}{\sum_{t=1}^{n}C_t(1+i_s)^{-t}} \tag{7-50}$$

式中:B_t、C_t——第t年的经济效益和经济费用。

经济效益费用比大于1时,认为项目是可以接受的。

4. 经济评价的程序及基本报表

以公路项目为例的国民经济评价的程序见图7-6。铁路等其他项目基本与之相似。

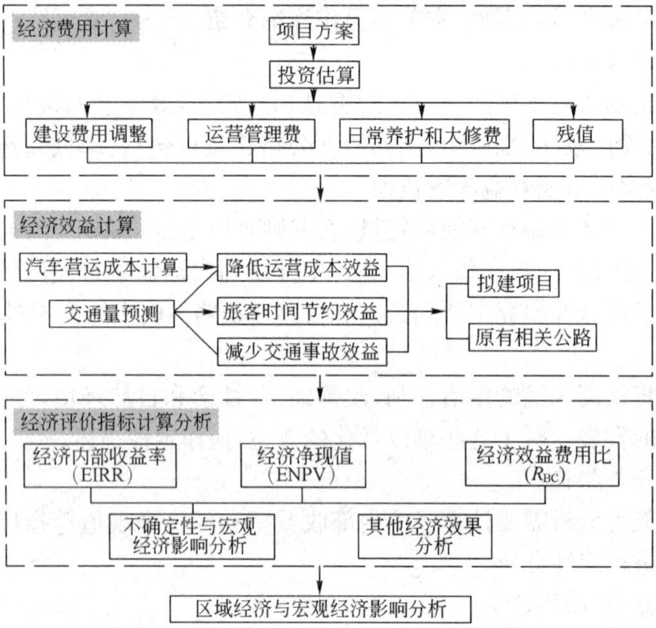

图7-6 经济评价程序简图

经济评价的基本报表是"经济效益费用流量表"以及用于估算经济费用和效益的计算辅助表。效益费用流量表反映项目计算期(建设期+经营期)内各年的经济现值的流量(效益流入和费用流出),用以计算各项动态评价指标,以考察项目经济的盈利能力。

"效益费用流量表"的样式和运用参见本章第四节案例1和案例2。

四、不确定性分析

项目评价不确定性分析包括敏感性分析、盈亏平衡分析和概率分析。运输基建项目国民经济评价一般采用敏感性分析,财务评价采用敏感性分析和盈亏平衡分析。

在运输项目计算期内可能发生变化的因素有项目建设投资、建设工期、运输(交通)量、项目收益(收费)等。敏感性分析通常是分析这些因素单独变化或多因素变化对内部收益率的影响。项目对某种因素的敏感程度可以表示为该因素按一定比例(±10%、±20%)变化时引起评价指标变动的幅度(列表表示),也可以表示为评价指标达到临界点(如财务内部收益率等于财务基准收益率或经济内部收益率等于社会折现率)时允许某个因素变化的最大幅度,即偏差极限。为求此极限,可绘制敏感性分析图。

盈亏平衡分析是通过盈亏平衡点(BEP)分析项目成本与收益的平衡关系的一种方法。运输项目盈亏平衡点通常根据达到设计能力年份的交通(运输)量、可变成本、固定成本、营运税金及附加等数据计算,用运输能力利用率表示。可按式(7-26)和式(7-27)计算。

不确定性分析计算实例见本章第四节的案例1和案例2。

第三节　道路工程项目可行性研究

一、概述

1.什么是可行性研究

道路工程可行性研究是从“需要”和“可能”两个方面，运用可行性研究（Feasibility Study）这一科学的、完整的工作方法体系，深入、具体地研究一个道路建设项目建设的必要性、技术的可行性、经济的合理性、实施的可能性，同时推荐最佳方案。这是建设项目投资决策前进行技术经济论证的一件综合性工作，是基本建设前期工作的重要环节。

道路工程基本建设项目通常是投资巨大的工程，它的筹划及实施过程，必须符合其本身的客观规律要求。为了提高投资效益，避免工程项目投资决策失误，在总结新中国成立以来经验教训的基础上，吸取国外有益的经验，1988年交通部颁布了《公路建设项目可行性研究报告编制办法》（以下简称《编制办法》），提出大中型高等级公路及重点工程建设项目均应进行可行性研究。

2.可行性研究在项目建设中的作用

1)建设项目前期工作程序

公路建设前期工作是指建设项目实施前的一系列决策工作。它包括两个部分：一是属于宏观决策方面的全行业发展战略，总体布局规划，中长期建设规划和计划；二是属于具体建设项目决策方面的以可行性研究为中心的项目建议书、设计任务书。建设前期工作是公路建设科学管理的重要组成部分，是为实现长远发展战略目标服务的，是建设项目立项和决策的基础和依据。

一个具体公路建设项目通过前期工作后，应形成以下两文件。

(1)项目建议书

根据国民经济和社会发展的长远规划、行业规划、地区规划的要求，结合各项自然资源与生产力布局和需要情况，分析建设的必要性和可行条件，提出项目建议书。项目建议书是在预可行性研究基础上提出的，它是国家选择建设项目和进行可行性研究的依据。

(2)设计任务书

在项目建议书的基础上，进一步对建设项目在技术及经济上是否可行、是否必要，对建设规模、标准及重大技术方案进行多方案比较，推荐最佳方案，估算所需投资并进行经济评价，提出工程可行性研究报告。在此基础上，经专家评估、审查，从经济发展和公路建设全局观点确定建设方案和工期，落实建设资金来源，编制设计任务书，为项目的初步设计提供依据。

2)可行性研究在项目建设中的作用

(1)作为项目建设投资决策和编制设计任务书的依据

决定是否采用一个项目，主要看可行性研究的结果。因为可行性研究报告已对此项目可能遇到的各种问题做了分析、论证，提出了结论性的意见，故可作为编制设计任务书的依据。

(2)作为向银行申请贷款的依据

目前，世界银行等许多国际性的金融机构都把可行性研究报告作为建设项目能否给予贷款的先决条件。我国银行也在对可行性研究报告进行审查后，确认经济效益好，承担风险小，并具备了偿还能力，才给予贷款。

(3)作为建设项目初步设计的基础

在可行性研究中，对修建标准、建设规模、起讫点、主要控制点、主要构造物的设置和选型、总体布置及重大技术措施等都进行了方案比选和论证，确定原则，推荐建设方案。可行性研究和设计任务书批准下达后，初步设计工作必须以此为基础。

(4)作为新技术、新设备的采用，研制计划的依据

建设项目采用新技术、新设备必须慎重，经过可行性研究后，证明这些新技术、新设备是可行的，才能拟订研制计划。

3. 公路建设项目可行性研究的工作阶段

公路可行性研究分为两个阶段，即预可行性研究阶段和工程可行性研究阶段。

编制预可行性研究报告，需根据国民经济与社会发展规划和公路网布局规划，通过踏勘和调查，重点研究项目建设的必要性，对建设规模、投资可能性、技术标准、经济效益等作粗略的分析，审批后作为编制项目建议书的依据。预可行性研究的深度大体相当于外国的机会可行性研究，或介于机会研究和初步可行性研究之间。表 7-22 是国外可行性研究各阶段的基本情况。

国外可行性研究的三个阶段

表 7-22

研究阶段	任务	投资估算精度(%)	研究经费(%)	研究时间(月)
机会研究	投资组合中寻求最佳项目	±30	0.2～1.0	1～3
初步可行性研究	筛选项目方案、初步估算	±20	0.25～1.25	3～6
可行性研究	深入技术经济比较	±10	0.8～3.0	6～24

预可行性研究可以以公路网规划为依据，但当编制详细的公路网规划或实施性公路网规划时，对其主要线路可进行预可行性研究，使公路规划工作建立在科学论证的基础上，以增强规划的精度，两者互为补充。

工程可行性研究阶段是根据批准的项目建议书，通过必要的测量和地质勘探，进行充分调查研究，对不同建设方案从经济上、技术上进行综合论证，提出最佳方案，作为编制设计任务书的依据。两个阶段可行性研究的工作要求与区别见表 7-23。

4. 可行性研究报告的编制办法

《编制办法》详细规定了(预)可行性研究报告的内容要求(表 7-24)。

预可行性研究报告，应重点阐明建设项目的必要性，通过踏勘和调查研究，提出建设项目的规模、技术标准，进行简要的经济效益分析。

工程可行性研究报告，应通过必要的测量、地质勘探，在认真调查研究，占有必要资料的基础上，对不同建设方案从经济上、技术上进行综合论证，提出推荐建设方案，工程可行性研究的投资估算与初步设计概算之差应控制在±10%以内。

5. 可行性研究的工作步骤

编制公路建设项目可行性研究报告一般工作步骤如下：

(1)组成可行性研究组。研究组包括以下人员：项目负责人、公路经济人员、交通工程人员、公路路线工程人员、桥隧工程人员、地质及水文人员、工程概预算人员等。

(2)拟定工作计划和进度表。编写外业调查勘测提纲和外业分工、可行性研究章节目录和执笔分工、报告编写统一格式等。

(3)外业踏勘和调查。包括经济调查、交通量调查、路况调查、地形图或航测照片定线、线路桥隧踏勘、地质调查、建筑材料调查以及必要的线路桥隧测量和地质勘察钻探等工作。

两阶段可行性研究的工作要求与报告格式的区别 表 7-23

项　目		预可行性研究	工程可行性研究
总体要求		1.以地区经济发展规划公路网规划为依据 2.偏重研究建设的必要性 3.概略研究,结论是初步的 4.二级或更高级公路,工程作业以1∶500 000比例尺图为基础,辅以踏勘、调查 5.对项目的建设规模、技术标准、建设资金和经济效益等进行必要的分析论证,是项目建议书的依据	1.应以批准的项目建议书为依据 2.全面研究建设的必要性、技术的可行性、经济的合理性、实施的可能性,是设计任务书的依据 3.要求研究结论建立在定性、定量充分论证的基础之上 4.高等级公路工程作业基础为万分之一图,根据具体情况选用更大比例尺图 5.需进行必要的测量和钻探 6.投资估算与概算误差控制在10%以内
提供的主要图表要求		1.路线方案示意图1∶500 000～1∶1 000 000 2.二级或更高级公路平纵面图1∶500 000	1.路线方案示意图1∶500 000～1∶1 000 000 2.路线缩图1∶500 000,平纵图万分之一
资料要求	社会经济调查	资料要求简要、概略,内容及范围参见《编制办法》,未来年份社会经济资料可以由经济计划和规划为基础	资料要求全面、系统,内容及范围参见《编制办法》,未来年份要求进行社会经济发展预测
	交通状况调查	范围:五种运输方式 内容:容许推算OD表	范围:五种运输方式 内容:必须进行OD调查
	路况运输调查	路网及相关公路状况,公路部门运输效率指标,不要求进行车速、出行目的、货类、交通事故等专项调查	路网状况,其他交通线路及相关公路路况,全社会公路运输效率指标;要求宜进行车速、出行目的、货类、交通事故等专项调查
交通量预测		1.不要求分车型、分时段预测交通量 2.诱增与转移交通量和收费对交通量影响等可结合专家经验确定 3.只要求做推荐方案的交通量预测	1.要求分车型等预测,同时进行互通立交转向交通量预测 2.诱增与转移交通量和收费对交通量影响等定性与顶量相结合预测 3.推荐方案和备选方案的交通量预测都做
经济评价		1.影子价格或换算系数可直接选用国家最新《建设项目经济评价参数》中统一测定值 2.不要求分车型计算效益 3.只要求对推荐方案进行经济评价	1.影子价格或换算系数应根据项目具体条件自行测定 2.要求分车型计算效益 3.推荐方案和备选方案均要进行经济评价
报告格式		主报告297mm×210mm(A4)、附件297mm×420mm(A3),淡黄色	主报告297mm×210mm(A4)、附件297mm×420mm(A3),墨绿色

(预)可行性研究报告内容与图表要求 表 7-24

预可行性研究	工程可行性研究
1　概述	1　概述
1.1　编制依据	2　现状及发展
1.2　研究过程及内容	3　交通分析及预测
1.3　主要结论	4　技术标准
2　现状、发展及建设的必要性	5　备选方案拟定
2.1　研究区域概况	6　工程环境影响分析
2.2　项目影响区域社会经济状况及发展	7　投资估算及奖金筹措
2.3　项目影响区域交通运输现状及发展	8　经济评价
2.4　建设的必要性	9　节能评价
3　交通分析及预测	10　综合选定
3.1　公路交通调查及分析	11　实施方案
3.2　其他运输方式相关线路的调查与分析	12　问题及建议
3.3　预测思路与方法	附件及图表
3.4　交通量预测	地理位置图(1∶500 000～1∶2 000 000)
4　建设条件、技术标准、初步方案及建设规模	1　工程部分
4.1　建设条件	1.1　路线平纵面缩图(1∶50 000～1∶200 000)
4.2　工程环境影响	1.2　路线平纵面图(1∶10 000)
4.3　技术标准	1.3　路线方案比较图(1∶10 000～1∶50 000)
4.4　建设方案	1.4　主要技术经济指标表
5　投资估算及资金筹措	1.5　路基标准横断面图　1.6　路基土石方数量估算表
5.1　投资估算	1.7　不良地质地段表　1.8　路面结构方案图
5.2　资金筹措	1.9　路面工程量估算表　1.10　桥梁工程量估算表
6　经济评价	1.11　涵洞数量估算表　1.12　典型大桥桥型布置图
6.1　国民经济评价	1.13　隧道方案比较图　1.14　隧道工程数量表
6.2　财务评价	1.15　互通立体交叉表　1.16　分离立交表
7　问题与建议	1.17　典型互通立体交叉平面布置图
7.1　存在主要问题	1.18　路基路面排水及防护工程估算表
7.2　建议	1.19　公路用地估算表
附件及图表	1.20　筑路材料料场调查表
地理位置图(1∶500 000～1∶2 000 000)	1.21　筑路材料运距示意图
1　工程部分	1.22　总估算表
1.1　路线方案示意图(1∶50 000～1∶200 000)	1.23　各方案主要工程数量比较表
1.2　主要技术经济指标表	2　经济评价及交通量预测部分
1.3　路基标准横断面图	2.1　项目影响区划分图
1.4　主要工程数量估算表	2.2　××省(市)历年社会经济发展状况表
1.5　投资估算汇总表	2.3　××省(市)历年社会经济发展主要指标预测结果表
2　经济评价及交通量预测部分	2.4　项目影响区交通运输现状表
2.1　影响区域示意图	2.5　相关公路技术状况表
2.2　××省(市)历年主要社会经济指标表	2.6　相关公路历年交通量表
2.3　××省(市)历年主要社会经济指标预测结果表	2.7　项目影响区公路网现状示意图
2.4　现有相关公路技术状况表	2.8　项目影响区 OD 布点图
2.5　历年相关公路交通量表	2.9　××年(基年)项目影响区现状 OD 表
2.6　项目影响区公路网现状图	2.10　××年(基年)项目影响区现状距离 OD 表
2.7　项目影响区 OD 布点图	2.11　××年(基年)项目影响区汽车出行希望路线示意图
2.8　××年(基年)项目影响区现状 OD 表	2.12　××年(未来各特征年)有、无拟建项目路网图
2.9　××年(基年)项目影响区汽车出行希望路线示意图	2.13　××年(未来各特征年)项目影响区距离 OD 表
2.10　××年(未来各特征年)有、无拟建项目路网图	2.14　××年(未来各特征年)项目影响区 OD 表
2.11　××年(未来各特征年)项目影响区距离 OD 表	2.15　××年各路段交通量与互通立交匝道交通量预测
2.12　××年(未来各特征年)项目影响区 OD 表	结果示意图
2.13　××年(未来各特征年)分路段交通量预测结果表	2.16　主要投入物影子价格调查表
2.14　车辆运营成本要素经济价值测算表	2.17　车辆运营成本及构成要素影子价格测算表
2.15　国民经济评价效益费用流量表(全部投资)	2.18　国民经济评价效益费用流量表(全部投资)
2.16　国民经济评价效益费用流量表(国内投资)	2.19　国民经济评价效益费用流量表(国内投资)
2.17　国民经济评价敏感性分析表	2.20　国民经济评价敏感性分析表
2.18　财务评价现金流量表(全部投资)	2.21～2.24　财务评价现金流量表(全部投资、自有投资、
2.19　财务评价现金流量表(自有投资)	中方投资、外方投资)
2.20　财务评价现金流量表(中方投资)	2.25　财务评价敏感性表　2.26　资产负债表
2.21　财务评价现金流量表(外方投资)	2.27　借款还本付息表　2.28　投资计划和资金筹措表
2.22　财务评价敏感性表	2.29　损益表

注：为了便于说明，上述图表可插入报告正文中，或附在最后，亦可视需要增加必要的图表，限于篇幅，本表对原《编制办法》相应内容作了删减和归并。

机动车起讫点调查(OD调查)的布点应在准备工作阶段初步拟好,外业阶段先与项目所在地区公路管理部门商定,然后布置到各调查点,组织交通、路政等部门协同完成。

(4)调查资料的整理、计算与分析。

(5)主要问题研究,包括公路运输量、交通量预测和评价、工程规模与技术标准研究、路线和隧道方案、环境保护工作、工程量估算、投资估算与资金来源研究、经济评价、建设安排。

(6)编写报告文本及绘制附表、附图。

(7)出版、送审。

二、交通量预测

1.远景交通量的组成

远景交通由以下三部分组成。

(1)正常交通量　道路按以往发展规律,自然增长可能达到的交通量。

(2)转移交通量　拟建道路建成后,从其他道路或从其他交通方式转移过来的交通量。

(3)诱增交通量　因新路建成而产生的新的交通量,也称新增交通量,包括三个方面:

①时间和距离的缩短,引起市场范围的变化,比如原来与甲地做生意,由于新路建成,改变了经济可接近性,而转向新路沿线的乙地,由此产生的新增交通量。

②由于新路,特别是高速公路的建设,经济结构、产业布局发生变化,引起新的产业布局和开发项目,道路的兴建将起到区域开发的促进作用,新路沿线可能建立起许多新的工厂企业,由此也诱增了交通量。

③新路改善了交通条件,诱发了原来潜在的交通量。这部分交通量是原来想出行而由于原道路交通条件差而未出行的。

2.远景交通量的预测

可行性研究中,远景交通量的预测方法大致可以分为两类。

一类是四阶段推算(预测)法,即根据起讫点调查,研究区域内路网交通量发展规律,进而推算路网中拟建公路的远景交通量。这种方法考虑因素较周全,比较符合交通流量发展变化的客观规律,是可行性研究中预测远景交通量的最常用的预测方法。另一类是增长率(增长曲线)预测法,即用简单数学模型,例如定基或定标模型,来预测拟建道路的交通量增长规律。这种方法一般用于预可行性研究,或用作为四阶段预测法中交通量发生模型。

1)增长率(增长曲线)预测法

增长率或增长曲线预测远景交通量的常用数学模型见表7-25。

常用交通量预测数学模型表　　表7-25

<table>
<tr><th colspan="2">类别与线形</th><th>模　型</th><th>符　号　含　义</th></tr>
<tr><td rowspan="3">定基预测</td><td>平均增长曲线</td><td>$Y_t=Y_0(1+r)^t$</td><td rowspan="6">Y_t——待求 t 年的交通量;
t——自变量,年份,可取基年 $t=0$;
r——交通量平均增长率;
e——自然数,$e=2.718\,281\,8$;
K——渐近值,可理解为极限饱和交通量;
E_t、E_{t_1}、E_{t_2}、E_{t_3}——自变量,t 年的各种经济指标;a、b、b_1、b_2、b_3、——待定(回归)系数,可利用占有的数据,通过最小二乘原理求出</td></tr>
<tr><td>指数曲线</td><td>$Y_t=ae^{bt}$</td></tr>
<tr><td>S曲线</td><td>$Y_t=K\cdot a^{b^t}$</td></tr>
<tr><td rowspan="3">定标预测</td><td>一元回归曲线</td><td>$Y_t=aE_t^b$</td></tr>
<tr><td>多元回归曲线</td><td>$Y_t=b_0E_{t1}^{b_1}E_{t2}^{b_2}E_{t3}^{b_3}\cdots$</td></tr>
<tr><td>S曲线</td><td>$Y_t=K/(1+ae^{bEt})$</td></tr>
</table>

所谓定基预测法是指直接从交通量自身的变化规律进行预测，一般以基年（$t=0$）交通量为起点开始推算，基年和更早以前的交通量可通过调查和实测得到，对于新建公路，基年交通量可根据邻近公路能够转移到新路的交通量来确定。

所谓定标预测法是指从其他经济指标与交通量的关系来进行交通量预测，定标预测法考虑的经济指标通常有：人口、汽车保有量、国民生产总值、工农业生产总值以及人均经济指标等，可通过调查和实测得到。这两种预测方法殊途同归，可结合资料占有情况选择使用。

以下仅通过表 7-25 中两种 S 曲线的应用来介绍定标和定基预测法。

(1)冈柏兹(Gompertz)曲线

表 7-25 定基预测的 S 曲线称冈柏兹曲线，其公式为(符号含义见表 7-25)：

$$Y_t = K \cdot a^{b^t} \qquad (0 < a < 1, 0 < b < 1) \tag{7-51}$$

冈柏兹曲线模型的特点是，在时间数列中，每年发展水平对数的增长量成等比例递减，曲线先有凹形的加速上升，后转为减缓的上升，呈非对称的 S 形，两端无限延伸时，有 Y 趋于 K 和 Y 趋于 0 的渐近线；$t=0$ 时，$Y=K_a$（图 7-7）。

为求系数 a 和 b，可令 $b=e^{-\mu}(\mu>0)$，代入上式，经整理得到：

$$K/Y_t = a^{e^{-\mu m}} \tag{7-52}$$

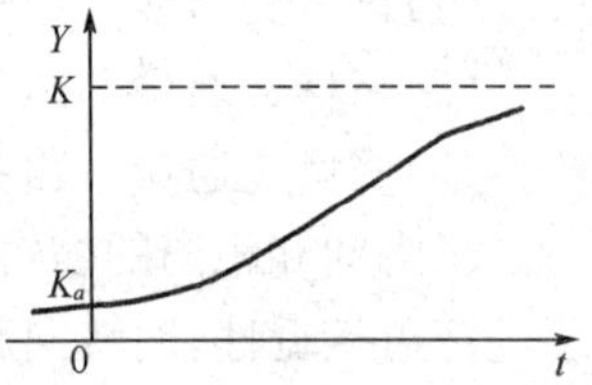

图 7-7　S 曲线模型(冈柏兹曲线)

对公式两边取对数二次，得到：

$$\ln\ln(K/Y_t) = -\mu m + \ln(-\ln a)$$

令：$Y=\ln\ln(K/Y_t)$、$A=\ln(-\ln a)$、$B=-\mu$、$X=m$，得到直线形回归公式：

$$Y = A + BX \tag{7-53}$$

利用一元线性回归求出 A、B 后，即可利用以上公式推算 a 和 b。

【例 7-15】 某公路实测历年平均日交通量如表 7-26 所示，试用定基预测法推算远景交通量(2010 年和 2020 年的交通量)。

冈柏兹曲线计算表　　表 7-26

序号	年份(年)	年序 $X=t$	实测交通量 Y_t (辆/日)	$Y=\ln\ln 1\,800/Y_t$	X^2	Y^2	$X \cdot Y$
1	1977	−10	1 280	0.972 11	100	0.944 99	−9.721 08
2	1979	−8	1 510	0.907 56	64	0.823 66	−7.260 46
3	1980	−7	1 720	0.853 58	49	0.728 61	−5.975 09
4	1982	−5	2 100	0.764 74	25	0.584 83	−3.823 70
5	1983	−4	2 530	0.674 04	16	0.454 33	−2.696 17
6	1984	−3	2 640	0.652 11	9	0.425 25	−1.956 34
7	1985	−2	2 790	0.622 90	4	0.388 01	−1.245 80
8	1986	−1	2 900	0.601 94	1	0.362 33	−0.601 94
9	1987	0	3 010	0.581 34	0	0.337 96	0.000 00
合计		−40		6.630 33	268	5.049 97	−33.280 58

［解］ 根据分析，交通量年变化散点呈非对称S形分布，故采用S形曲线模型进行预测。

①确定交通量发展的极值 K，即道路饱和交通量。按道路理想车速和通过条件下计算得到的通行能力，并考虑一些实际影响的修正，确定该路段的饱和交通量为18 000辆/日。

②列表求出回归计算公式中需用到的中间量（表7-26）。

③计算直线回归系数 A 和 B：

$$A=(\sum X^2\cdot\sum Y-\sum X\cdot\sum XY)/(n\cdot\sum X^2-(\sum X)^2)$$

$$=(268\times6.630\,33-(-40)\times33.280\,58)/(9\times268-40^2)$$

$$=0.548\,90$$

$$B=(n\cdot\sum XY-\sum X\cdot\sum Y)/(n\cdot\sum X^2-(\sum X)^2)$$

$$=(9\times33.280\,58-(-40)\times6.630\,3)/(9\times268-40^2)$$

$$=-0.042\,26$$

④计算S形曲线回归系数 a 和 b，求出S形曲线：

由 $\ln(-\ln a)=A=0.548\,90$ 得到 $-\ln a=e^{0.548\,90}=1.731\,34$，$a=e^{-1.731\,34}=0.177\,05$

由 $\mu=-B=0.042\,26$ 得到 $b=e^{-\mu}=e^{-0.042\,26}=0.958\,62$

由此，S曲线的方程为（有关方程的相关系数 r 检验和 t 检验等从略）：

$$Y_t=18\,000\times0.177\,05^{0.958\,62^t}$$

⑤预测2010年和2020年的交通量：

2010年 $t=2010-1987=23$，则交通量为：

$$Y_{23}=18\,000\times0.177\,05^{0.958\,62^{23}}=9\,349\text{ 辆 / 日}$$

2020年 $t=2020-1987=33$，则交通量为：

$$Y_{33}=180\,00\times0.177\,05^{0.958\,62^{33}}=17\,717\text{ 辆 / 日}$$

(2)逻辑斯蒂(Logistic)曲线

表7-25定标预测的S曲线称逻辑斯蒂曲线，其公式为（符号含义见表7-25）：

$$Y_t=K/(1+ae^{bE_t})\qquad(a>0,b<0)\tag{7-54}$$

逻辑斯蒂曲线模型的特点也是呈S形，两端无限延伸时，有 Y 趋于 K 和 Y 趋于0的渐近线；但 $E_t=0$ 时，$Y=K/(1+a)$。

为求系数 a 和 b，需对公式作如下整理：

$$K/Y_t-1=ae^{bE_t}\tag{7-55}$$

两边取对数：$\ln(K/Y_t-1)=\ln a+bE_t$

令： $Y=\ln(K/Y_t-1)$，$A=\ln a$，$B=b$，$X=E_t$ 得到：

$$Y=A+BX\tag{7-56}$$

利用一元线性回归求出 A、B 后，即可利用以上公式推算 a 和 b。

【例7-16】 某公路调查和观测得到历年平均日交通量与该地区人均工业产值如表7-27所示，试用定标预测法预测2020年规划人均工业产值为1 000元/人时，该道路的交通量。

逻辑斯蒂曲线计算表　　表 7-27

序号	年份（年）	实测交通量 Y_t（辆/日）	人均工业产值 E_t（元/人）$X=E_t$	$Y=\ln(19\,200/Y_t-1)$	X^2	Y^2	$X \cdot Y$
1	1990	1 995	98	2. 154 56	9 604	4. 642 11	211. 146
2	1991	2 437	105	1. 928 41	11 025	3. 718 75	202. 483
3	1992	2 890	116	1. 730 52	13 456	2. 994 71	200. 741
4	1993	3 548	129	1. 484 21	16 641	2. 202 89	191. 464
5	1994	4 166	145	1. 283 36	21 025	1. 647 01	186. 087
6	1995	4 400	161	1. 213 02	25 921	1. 471 42	195. 297
7	1996	4 740	170	1. 115 35	28 900	1. 244 00	189. 609
8	1997	5 100	178	1. 016 93	316 84	1. 034 16	181. 014
合计			1 102	11. 926 36	158 256	18. 955 05	1 557. 841

［解］ 根据分析，交通量年变化散点呈非对称S形分布，故采用S形曲线模型进行预测。

①确定 K 值，道路饱和交通量按极限通行能力 1 200 辆/h，并按每天以 16h 计，则，$K=19\,200$ 辆/日。

②列表求出回归计算公式中需用到的中间量（表 7-27）。

③计算直线回归系数 A 和 B：

$$A=(\sum X^2 \cdot \sum Y-\sum X \cdot \sum XY)/(n \cdot \sum X^2-(\sum X)^2)$$

$$=(158\,256\times 11.926\,36-1\,102\times 1\,557.841)/(8\times 158\,256-1\,102^2)$$

$$=3.304\,90$$

$$B=(n \cdot \sum XY-\sum X \cdot \sum Y)/(n \cdot \sum X^2-(\sum X)^2)$$

$$=(8\times 1\,557.841-1\,102\times 11.926\,36)/(8\times 158\,256-1\,102^2)$$

$$=-0.013\,170$$

④计算S形曲线回归系数 a 和 b，求出S形曲线：

由 $A=\ln a=3.304\,90$ 得到 $a=e^{3.304\,90}=27.245\,77$

而 $B=b=-0.013\,170$

由此，S曲线的方程为（有关方程的相关系数 r 检验和 t 检验等从略）：

$$Y_t = 19\,200/(1+27.245\,77e^{-0.013\,17E_t})$$

⑤预测 2010 年规划人均工业产值为 1 000 元/人时的交通量：

$$Y_{2010} = 192\,00/(1+27.245\,77e^{-0.013\,17\times 1\,000})$$

$$=191\,99 \text{ 辆 / 日}$$

2）四阶段预测法

以起终点（OD）调查为基础的交通量预测技术，在发达国家的交通运输系统的规划，特别是城市的交通运输规划以及运输网可行性研究中得到广泛采用。这种方法的工作步骤可概括成四个阶段：小区划分和社会经济调查预测→小区交通量的发生量和吸引预测→各小区间交通量分布预测→交通量在路网上的分配。因此称为四阶段预测法。

四阶段主要工作见图 7-8。详细方法可参考交通工程方面的著作。

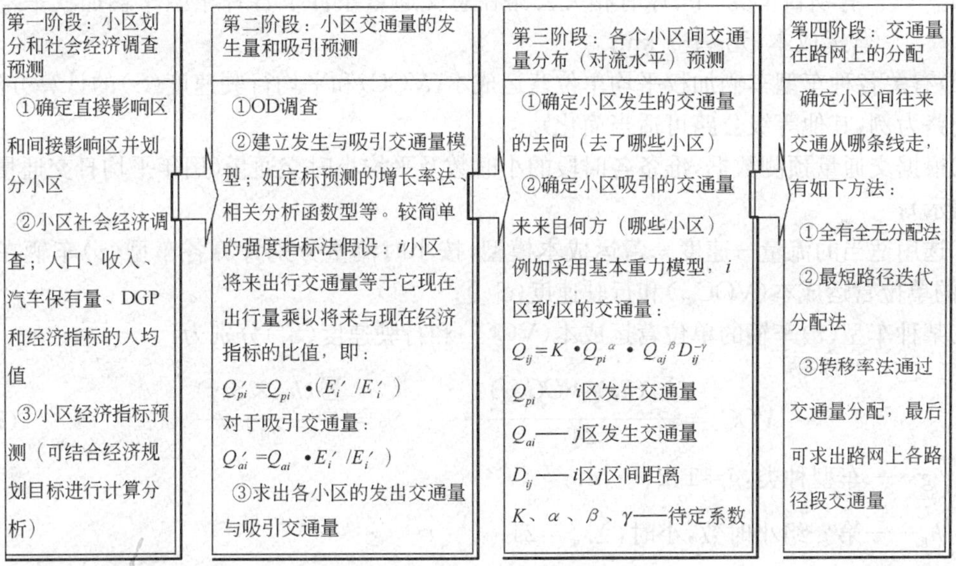

图 7-8　交通量四阶段预测法主要工作

三、公路工程国民经济评价中效益的计算

公路建设项目直接经济效益系指全社会公路使用者所获得的直接效益。根据 1996 年交通部《公路建设项目经济评价方法(讨论稿)》,这些效益及计算方法如下。

1. 降低营运成本的效益 B_1

$$B_1 = B_{11} + B_{12} \tag{7-57}$$

式中：B_{11}——拟建项目降低营运成本的效益,元;

B_{12}——原有相关公路降低营运成本的效益,元。

(1)B_{11}的计算公式

$$B_{11} = 0.5\times(T_{1p}+T_{2p})(\mathrm{VOC}'_{1b}\times L' - \mathrm{VOC}'_{2p}\times L)\times 365 \tag{7-58}$$

式中：T_{1p}——"有项目情况"下,拟建项目的正常交通量,自然数,辆/日;

T_{2p}——"有项目情况"下,拟建项目的总交通量,自然数,辆/日,总交通量应包括正常、诱增和转移三部分交通量;

VOC'_{1b}——"基准情况"下,原有相关公路在正常交通量条件下各种车型车辆加权平均单位营运成本,元/车·km;

VOC'_{2p}——"有项目情况"下,拟建项目在总交通量条件下各种车型车辆加权平均单位营运成本,元/车·km;

L'——原有相关公路的路段里程,km;

L——拟建项目的路段里程,km。

(2)B_{12}的计算公式:

$$B_{12} = 0.5\times L'\times(T'_{1p}+T'_{2p})(\mathrm{VOC}'_{1b}-\mathrm{VOC}'_{2p})\times 365 \tag{7-59}$$

式中：T'_{1p}——“有项目情况”下，原有相关公路的正常交通量，自然数，辆/日；

T'_{2p}——“有项目情况”下，原有相关公路的总交通量，自然数，辆/日；

VOC'_{2p}——“有项目情况”下，原有相关公路在总交通量条件下各种车型车辆加权平均单位营运成本，元/车·km；

(3)有关各种车型车辆加权平均单位营运成本(VOC)和平均行驶速度(S)的计算方法(以高速公路为例，其他等级公路可适当简化)。

①根据交通量预测数据，准备各时段的小时数及平均小时交通量(用年平均日交通量的百分比表示)；

②选用适当的流量—速度—营运成本模型，按小时流量分别计算各车型(v)车辆在各路段(g)的单位营运成本(VOC_{vg})和行驶速度(S_{vg})；

③某种车型(v)车辆的单位营运成本(VOC_v)和行驶速度(S_v)分别为：

$$VOC_v=\frac{\sum_{g=1}^{n}(h_g \times VOC_{vg})}{24} \qquad S_v=\frac{\sum_{g=1}^{n}(h_g \times S_{vg})}{24} \tag{7-60}$$

式中：g——车型种类，$g=1、2、\cdots、n$；

h_g——第g组小时数，小时，$\sum_{g=1}^{n} hg=24$；

S_{vg}——第g组、车型v的行驶速度，km/h；

VOC_{vg}——第g组、车型v的单位营运成本，元/车·km。

④各种车型车辆加权平均单位营运成本(VOC)和行驶速度(S)分别为：

$$VOC\sum_{v=1}^{k}(VOC_v \times d_v) \qquad S=\sum_{v=1}^{k}(S_v \times d_v) \tag{7-61}$$

式中：v——车型种类，$v=1、2、\cdots、k$；

d_v——第v种车型占总交通量(自然数)的比重，$\sum_{v=1}^{k} h_v=1$。

2. 旅客时间节约效益 B_2

$$B_2 = B_{21} + B_{22} \tag{7-62}$$

式中：B_{21}——拟建项目旅客时间节约效益，元；

B_{22}——原有相关公路旅客时间节约效益，元。

1)B_{21}的计算公式

$$B_{21} = 0.5 \times W \times E \times (T_{1pp} + T_{2pp})(L'/S'_{1b} - L/S_{2p}) \times 365 \tag{7-63}$$

式中：W——旅客单位时间价值(元/人·h)，W的测算应同时考虑工作时间和闲暇时间价值；

E——客车平均载运系数，人/辆，E的测算应以各种车型客车交通量为权数，进行加权平均；

S'_{1b}——“基准情况”下，原有相关公路在正常交通量条件下各种车型车辆加权平均行驶速度，km/h；

S_{2p}——“有项目情况”下，拟建项目在总交通量条件下各种车型车辆加权平均行驶速度，km/h；

T_{1pp}——“有项目情况”下，拟建项目客车正常交通量，自然数，辆/日；

T_{2pp}——“有项目情况”下，拟建项目客车总交通量，自然数，辆/日。

2)B_{22}的计算公式

$$B_{22} = 0.5 \times W \times E \times L' \times (T'_{1pp} + T'_{2pp})(1/S'_{1b} - 1/S'_{2p}) \times 365 \tag{7-64}$$

式中：T'_{1pp}——"有项目情况"下，原有相关公路客车正常交通量，自然数，辆/日；

T'_{2pp}——"有项目情况"下，原有相关公路客车总交通量，自然数，辆/日；

S'_{2p}——"有项目情况"下，原有相关公路在总交通量条件下各种车型车辆加权平均行驶速度，km/h。

3. 减少交通事故效益 B_3

$$B_3 = B_{31} + B_{32} \tag{7-65}$$

式中：B_{31}——拟建项目减少交通事故效益，元；

B_{32}——原有相关公路减少交通事故效益，元。

1）B_{31}的计算公式

$$B_{31} = 0.5 \times (T_{1p} + T_{2p})(r'_{1b} \times L' \times C'_b - r_{2p} \times L \times C_p) \times 365 \times 10^{-8} \tag{7-66}$$

式中：C'_b——"基准情况"下，原有相关公路单位事故平均经济损失，元/次；

C_p——"有项目情况"下，拟建项目单位事故平均经济损失，元/次；

r'_{1b}——"基准情况"下，原有相关公路在正常交通量条件下的事故率，次/亿车·km；

r_{2p}——"有项目情况"下，拟建项目在总交通量条件下的事故率，次/亿车·km。

2）B_{32}的计算公式

$$B_{32} = 0.5 \times L' \times (T'_{1p} + T'_{2p})(r'_{1b} \times C'_b - r'_{2p} \times C'_p) \times 365 \times 10^{-8} \tag{7-67}$$

式中：C'_p——"有项目情况"下，原有相关公路单位事故平均经济损失，元/次；

r'_{2p}——"有项目情况"下，原有相关公路在总交通量条件下的事故率，次/亿·km。

4. 其他经济效益 B_4

跨越江（河、海）的独立工程项目（大桥、隧道等）所产生的效益可分为两部分。

一部分是"无项目情况"下，为满足日益增长的过江交通需求，需对现有过江设施进行改造和维护所需的投资和费用，而在"有项目情况"下，这些投资和费用则可以节约，即作为拟建项目所产生的效益。节约的费用包括：

(1)轮渡和装卸作业区的购置、建造费用的节约。包括轮渡购置费、泊位（两岸）码头工程和附属构造物的投资；两端的引道新建或改造的投资。

(2)轮渡和装卸作业区营运、维护费用的节约。包括轮渡营运费和码头维护费用。

(3)养河费的节约。

另一部分是原来绕行的过江交通在"有项目情况"下，节约车辆营运成本和旅行在途时间所产生的效益。这部分效益的计算与 B_1 相同，但为简化计算，不考虑相关道路的节约项（B_{12}）。此外，计算时要注意以下两点：

(1)确定 L 和 L' 时，应分别根据"有项目情况"和"基准情况"下主要相同起讫点间最有可能选择或习惯线路的距离，计算其平均值。

(2)平均单位营运成本 VOC'_{1b} 与 VOC_{2p}、平均行驶速度 S'_{1b} 与 S_{2p} 的差别主要是由于交通量水平的不同引起的，而非道路条件的不同所致。计算时，应分别先根据"基准情况"和"有项目情况"的主要相同起讫点间同等道路条件下、不同交通量水平进行，然后以各条线路的行驶量（车·km）为权数，确定其加权平均值。

上述各项效益应视项目情况有选择地按各年运输量逐年计算。

除上述各项效益外，项目的实施还将提高人民的生活福利，改善经济、社会和自然环境，创造新的就业机会和促进沿线地区经济的发展。对于这些难以量化的效益，应做定性描述。

5. 全社会公路使用者所获得的效益

全社会公路使用者所获得的直接效益是以上各项效益之和：

$$B=\sum(B_{1y}+B_{2y}+B_{3y}+B_{4y}+\cdots) \tag{7-68}$$

式中：y——计算年份；

$\sum$——对全部计算年累计。

四、经济评价指标及计算方法

本章介绍的公路经济评价指标及计算方法与以往其他版本相比，在应用中需注意以下的改进。

(1)国民经济评价中，费用计算需要在计算期末年($t=n$)将建设总投资的50%按负的支出计入费用项，以此作为工程的残值(参见附表7-1经济费用效益流量表中的"回收余额")。

(2)国民经济评价的效益计算中：

①诱增和转移部分交通量的效益计算公式未单独列出，一般与正常增长的交通量合在一起计算，如需要专门计算时可单独计列。

②公路经济评价中，除需要计算相关线路的减少拥挤效益外，还要计算相关线路降低的营运成本效益和减少的事故效益等。

③货物在途时间节约效益不另计列，也未考虑包装费用节约的效益等。

(3)财务评价(财务分析)中的效益，仅指过路过桥的收费收入。

读者在道路工程可行性研究中，可参照本章的案例，并结合《编制办法》，尽可能合理科学地对项目进行经济评价。

第四节　案例：高速公路经济评价和新建铁路经济评价

一、【案例1】　AM新建高速公路经济评价

提要：本案例模拟了在交通部门现行的"政府投资、统收(费)统还(贷)"管理模式下项目的财务生存能力分析过程。在这种模式下，尽管采取了收费收入纳入财政管理、免收各种税费、不计固定资产折旧等措施，项目还贷资金仍然短缺，要依赖短期借款或其他项目收入来弥补，财务风险较大。案例利用市场化运作方式，通过选择新的融资方案，由政府补贴部分投资、吸引企业投资、采用企业经营管理的运行模式等措施，解决项目的财务生存能力问题。

1. 概况

项目工程概况：拟建项目是国家高速公路网规划中西部A城至M县段上的特大控制性工程，项目全长21.185km，为一次建成四车道高速公路，计算行车速度80km/h。其中主隧道长18.02km，分上、下行线双洞共四车道，隧道内设人字形纵坡，最大纵坡1.1%，最大埋深1 640m。工程总投资26.684 1亿元，项目建设技术标准如下。

公路等级：一次建成四车道高速公路，计算行车速度80km/h。

道路宽度：整体式路基24.5m，路面20.5m，行车道2×7.5m，硬路肩2×2.75m。

最大纵坡：5%。

桥隧标准：设计荷载为汽车—超20级，挂车—120；隧道净宽10.5m，限高5m，双洞四车道。

本项目建设必须同时配套建设的"关联项目"为主隧道两端口的接线高速公路，长

43.8km。项目经济评价中财务主体为拟建项目 21.185km，经济费用效益分析的主体包括拟建项目 21.185km 和关联项目 43.8km。

现有 A 城至 M 县城公路翻越崇山峻岭，技术标准低，行车条件差，交通事故多，运输效率低。特别是冬季积雪严重，经常阻断交通，引发事故。拟建隧道使道路行驶里程缩短了 50km，技术标准大幅度提高，受自然条件影响的程度大为降低，显著提高了运输效率。

编制依据：《建设项目经济评价方法与参数》（第三版）（国家发改委、建设部，2006.8）；《公路建设项目可行性研究报告编制办法（讨论稿）》（交通部，1996）；《高速公路财务管理办法》（财工字[1997]59 号）；国家现行相关财税政策。

本项目建设期 4 年，经营期 20 年，合计经济评价的计算期为 24 年。

2. 交通量预测

采用四阶段法在区域公路网总体背景下进行交通量预测，包括拟建道路的趋势交通量、诱增交通量和相关道路的交通量。交通量预测的主要成果汇总于表 7-28 和表 7-29。为约束篇幅，在不影响阅读理解的情况下，以下大多数表格均简略了部分连续年份的数据。

拟建项目及相关平行道路交通量预测（单位：标准小客车/日） 表 7-28

年份（年）		2006	2007	2008	2009	2010	2011	2012	…	2024	2025
拟建项目	趋势	5 383	6 028	6 751	7 560	8 466	9 267	10 143	…	24 311	25 996
	诱增	297	346	403	469	546	616	696	…	2 271	2 488
	合计	5 680	6 374	7 154	8 029	9 012	9 884	10 841	…	26 582	28 484
相关的平行道路	道路 1	1 608	1 778	1 965	2 173	2 402	2 582	2 775	…	5 664	5 986
	道路 2	1 316	1 451	1 599	1 763	1 944	2 030	2 119	…	4 360	4 656
"无项目"平行道路	道路 1	6 427	7 213	8 095	9 086	10 197	11 152	12 196	…	28 914	30 889
	道路 2	6 135	6 887	7 730	8 677	9 740	10 607	11 552	…	27 603	29 556

车型比例预测（单位：%） 表 7-29

年份（年）	2006	2007	2008	2009	2010	2011	2012	…	2024	2025
小客	26.00	26.07	26.15	26.22	26.30	26.34	26.38	…	26.86	26.90
大客	19.00	19.05	19.10	19.15	19.20	19.22	19.24	…	19.66	19.70
小货	19.30	18.86	18.43	18.01	17.60	17.27	16.94	…	13.00	12.70
中货	19.90	20.05	20.20	20.35	20.50	20.62	20.74	…	22.09	22.20
大货	15.70	15.87	16.05	16.22	16.40	16.54	16.68	…	18.35	18.50

3. 拟建项目费用估算

1）建设投资估算

根据工程技术方案的比选，提出拟建项目投资估算和投资的年度使用计划，见表 7-30 和表7-31。

拟建项目投资估算表　　表 7-30

序　号	投资分项	投资估算(万元)	占建设投资百分比(%)
1	建筑安装工程费	204 674	76.72
2	设备及工具器具购置费	25 906	9.71
3	其他工程建设费用	14 129	5.28
4	预备费用	22 132	8.28
	建设投资合计	266 841	100.0

拟建项目建设期年度投资比重附　　表 7-31

年份(年)	2002	2003	2004	2005	合计
投资比例(%)	20.0	30.0	30.0	20.0	100.0

2)经营成本费用

经营成本费用由管理费用、养护费用、机电系统运营费用、大中修费用等组成

(1)管理费用：项目设管理人员 115 人(公司管理、收费、路政等人员)，含工资和办公费用等的人均综合管理成本按 2 万元/年计，则通车年管理费用为 230 万元；之后每年以 2%递增。

(2)养护费用：特长隧道部分包括机电维修的养护费 20 万元/年·km，两端高速公路 3 万元/(年·km)。通车年养护费为 370 万元(18.02×20+3.165×3)；之后每年以 2%递增。

(3)机电系统运营费用：根据估算，2015 年之前隧道通风和照明为 4 776 万 kW·d，之后交通量增长导致通风设备开启的数量增加，耗电也每年递增，到 2025 年达到 8 746 万 kW·d。按国家核定电价 0.5 元/(kW/d)计算相应的用电费用。

(4)大中修费用：按 5 年一中修，10 年一大修计，2010 年和 2020 年为中修年份，2015 年和2025年为大修年份。根据《高速公路公司财务管理办法》以及其他财务相关文件规定，大中修费用可以按照预提或分摊方式计入成本，也可在大中修年份集中处理。按道路工程惯例，现采用后一种方式，2010 年、2015 年、2020 年、2025 年大中修费用分别为 2 403 万元、5 306 万元、2 929万元、6 468 万元。

经营成本费用计算结果列于表 7-32。

各年总运营经济费用(单位：万元)　　表 7-32

年份(年)	2006	2007	2008	2009	2010	2011	2012	…	2024	2025
电量(万 kW·h)	4 776	4 776	4 776	4 776	4 776	4 776	4 776	…	7 966	8 746
机电费	2 341	2 341	2 341	2 341	2 341	2 341	2 341	…	3 936	4 326
管理费	230	235	239	244	249	254	259	…	328	335
养护费	370	377	385	393	400	409	417	…	528	539
大中修	0	0	0	0	2 403	0	0	…	0	6 468
合计	2 941	2 953	2 965	2 978	5 696	3 003	3 017		4 793	11 668

4.经济评价

1)主要参数

经济费用效益分析采用"有无对比法"。"有项目"是指实施本项目后,相关路网费用与效益;"无项目"是指不实施本项目,相关路网费用与效益,计算中主要参数取值如下。

(1)社会折现率:根据《接受项目经济评价方法与参数》(第三版)取8%。

(2)影子工资:技术工种影子工资换算系数为1,非技术工种影子工资换算系数取0.5。

(3)影子汇率:1.08×8.1=8.75。

2)经济费用的识别与计算

项目经济费用包括路网范围内拟建项目和关联项目的建设费用和运营费用,养护及大中修费用含在运营管理费用中。必须配套的关联项目(43.8km高速公路)未列入拟建项目的投资中。

(1)建设经济费用

①转移支付调整:剔除建设费用中的税金、建设期贷款利息等转移支付项目。

②人工经济费用调整:非技术工种占30%,人工影子价格按85%计算。

③主要投入物经济费用调整:因投入物中的主要材料为市场价格,因此不再调整。

④土地经济费用调整:拟建项目的土地净产值较低,经济费用效益分析中土地机会成本按照财务价格扣除耕地占用税等转移支付后的总费用计算;新增资源消耗按照"有项目"情况下土地的征用造成原有土地附属物财产损失及其资源消耗计算。调整后的土地机会成本为2 346万元,新增资源消耗为132万元。

经过调整后的建设期经济费用结果表7-33。

建设期经济费用表(单位:万元) 表7-33

序 号	投 资 分 项	数 量	调整原则	投资估算	经济费用
1	建筑安装工程费		调整	204 674	193 504
1.1	人工		调整	30 510	25 933
1.2	税金		调整	6 593	0
2	设备及工具器具购置费		不调整	25 906	25 906
3	其他工程建设费用		调整	14 129	14 056
3.1	土地费用	393亩	调整	2 431	2 346
3.2	资源消耗		调整	120	132
4	预备费用		不调整	22 132	22 132
5	建设投资合计			266 841	255 598

另外,关联项目建设经济费用也按上述原则调整,为197 192万元。

项目建设的经济费用总计为255 598+197 192=452 790万元。

(2)运营经济费用

运营费用中材料和人工均以市场价为基础,因此不再调整。拟建项目与关联项目的运营经济费用汇总于表7-34。其中,关联项目运营费用是按它们的程度和运营特点计算得到。

各年总运营经济费用(单位:万元)　　表 7-34

年份(年)		2006	2007	2008	2009	2010	2011	2012	…	2024	2025
费用合计		4 060	4 094	4 129	4 165	9 449	4 239	4 277	…	6 391	20 955
拟建项目主线工程	机电费	2 341	2 341	2 341	2 341	2 341	2 341	2 341	…	3 936	4 326
	管理费	230	235	239	244	249	254	259		328	335
	养护费	370	377	385	393	400	409	417		528	539
	大中修	0	0	0	0	2 403	0	0		0	6 468
关联项目	机电费	131	134	136	139	142	145	148		187	191
	管理费	550	561	572	584	595	607	619		786	801
	养护费	438	447	456	465	474	484	493		626	638
	大中修	0	0	0	0	2 845	0	0		0	7 657

注:表内除拟建项目机电费外,均按每年 2%的速度递增。

3)经济效益的识别与计算

项目经济效益包括路网范围内趋势交通量和诱增交通量在运输成本节约、旅客时间节约和交通事故减少三个方面的效益,计算公式与前节相似,简要说明如下。

(1)趋势交通量的效益

①成本节约效益 B_1

$$B_1=(\sum_{i=1}^{n}\sum_{j=1}^{5}V'^i_j\mathrm{Voc}'^i_j l'^i-\sum_{i=1}^{m}\sum_{j=1}^{5}V^i_j\mathrm{Voc}^i_j l^i)\times 365\times 10^{-4} \tag{7-69}$$

式中:V'^i_j、V^i_j——“无项目”、“有项目”情况相关公路第 i 路段 j 车型的交通量;

Voc'^i_j、Voc^i_j——“无项目”、“有项目”情况相关公路第 i 路段 j 车型的运输成本;

l'^i、l^i——“无项目”、“有项目”情况相关公路第 i 路段的路段长度;

i——指评价范围路段序号,n 和 m 代表无、有项目情况的路段总数;

j——车型序号,1～5 分别代表:小客车、大客车、小货车、中货车、大货车。

趋势交通量汽车运输成本节约效益是指,项目建成运营导致区域内该部分车辆出行运输成本降低所产生的效益,等于路网内“无项目”汽车运输成本和“有项目”汽车运输成本之差。汽车运输经济成本包括两部分:一部分是与汽车行驶距离有关的燃油、润滑油、轮胎等消耗和维修及汽车运距折旧费等;另一部分是与汽车使用时间有关的人工工资、管理费和汽车使用年限折旧费等。不同车速和道路状况下的成本计算,参照了《Study of Prioritizatiom of Highway Investments and Improving Feasibility Study Methodologies》(World Bank,1995),同时根据本项目具体的地形条件、路况和交通特征对系数作调整,根据经济价值确定特征年的汽车运输成本。经计算得到的项目运营期内 5 种车型经济运输成本见表 7-35。

②旅客时间节约效益 B_2

$$B_2=\sum_{j=1}^{2}[\sum_{i=1}^{n}V'^i_j T'^i_j\mathrm{Vot}_j-\sum_{i=1}^{m}V^i_j T^i_j\mathrm{Vot}_j]\times 365\times 10^{-4} \tag{7-70}$$

式中:T'^i_j、T^i_j——“无项目”、“有项目”情况相关公路第 i 路段 j 车型的行驶时间;

Vot_j ——j 车型的旅客时间价值,仅计算 2 种车型:小客车、大客车。

有、无拟建项目和相关道路汽车运输成本(单位:元/车·km)　　表 7-35

车型	年份(年)	拟建项目及关联项目(65km)		相关道路 I(80km)		相关道路 II(45km)	
		有项目	无项目	有项目	无项目	有项目	无项目
小客	2006	1.17		1.25	1.32	1.25	1.32
	2010	1.17		1.25	1.34	1.25	1.33
	2015	1.18		1.27	1.65	1.26	1.52
	2025	1.20		1.31	2.55	1.29	2.24
大客	2006	2.45		3.95	4.24	3.94	4.22
	2010	2.45		3.96	4.30	3.94	4.27
	2015	2.48		4.02	5.02	3.98	4.85
	2025	2.56		4.20	7.55	4.11	6.88
小货	2006	1.33		1.45	1.54	1.48	1.53
	2010	1.33		1.45	1.55	1.48	1.54
	2015	1.34		1.47	1.85	1.49	1.75
	2025	1.38		1.47	2.84	1.50	2.55
中货	2006	2.00		3.24	3.51	3.22	3.49
	2010	2.00		3.24	3.56	3.23	3.54
	2015	2.03		3.30	4.39	3.26	4.13
	2025	2.11		3.47	7.05	3.39	6.23
大货	2006	2.54		4.03	4.25	4.02	4.24
	2010	2.55		4.03	4.30	4.02	4.28
	2015	2.58		4.08	5.00	4.05	4.75
	2025	2.69		4.22	7.09	4.15	6.43

趋势交通量旅客时间节约效益是指,项目建成运营导致运输距离缩短和速度提高,使得旅客出行时间缩短而获得的效益。出行时间价值根据工作时间和闲暇时间分别计算。

工作出行时间节约的价值应从企业角度分析计算,等于单位时间的工资,扣除个税,加上与就业有关的其他费用,如社会福利等(按工资 40%计)。

非工作出行时间价值按消费者对出行者的支付意愿计算。测算休闲时间的支付意愿应充分考虑不同的出行目的和时间选择对支付意愿的影响。根据本项目公路出行人员构成和出行目的等的特点,综合分析确定非工作出行的时间价值按工作出行时间价值的 30%计算。

两种客车特征年份的时间价值见表 7-36,各年份的节约时间和时间价值见表 7-37。

③交通事故减少的效益 B_3(每一事故损失按全部车型的平均值计算)

$$B_3=(\sum_{i=1}^{n}y'^iV'^il'^iA'^i-\sum_{i=1}^{m}y^iV^il^iA^i)\times 365\times 10^{-4} \quad (7\text{-}71)$$

式中:y'^i、y^i——“无项目”、“有项目”第 i 路段每公里事故数,次/(亿车·km);

A'^i、A^i、——“无项目”、“有项目”第 i 路段平均一次事故费用,万元/次。

特征年份客车的时间价值 表 7-36

年份(年)	车型	工作时间价值(元/h)	休闲时间价值(元/h)	平均乘车人数(人/辆)	工作出行比例(%)	工作时间利用系数	时间价值[元/(辆·h)]
2006	小客	12.8	3.8	2.5	60.0	0.5	16.3
	大客	10.7	3.2	18.5	55.0	0.5	97.1
2010	小客	18.7	5.6	2.5	55.0	0.5	23.0
	大客	15.6	4.7	18.5	50.0	0.5	137.0
2015	小客	27.5	8.2	2.5	50.0	0.5	32.7
	大客	22.9	6.9	18.5	45.0	0.5	193.9
2025	小客	49.2	14.8	2.5	45.0	0.5	56.3
	大客	41.0	12.3	18.5	40.0	0.5	334.0

客车节约时间和时间价值 表 7-37

年份(年)		2006	2007	2008	2009	2010	…	2024	2025
节约时间(h/d)	小客	2 477	2 665	2 873	3 101	3 352	…	36 003	44 273
	大客	1 429	1 531	1 643	1 765	1 898		16 999	20 962
时间价值(元·辆·h)	小客	16.30	17.98	19.67	21.36	23.04		39.75	56.32
	大客	97.05	107.05	117.05	127.04	137.04		235.97	334.03

趋势交通量事故减少的效益是根据不同公路等级在不同交通量水平下的平均事故率进行推算的。计算中,采用了以下公路交通事故模型(N:亿车事故数/年;V:交通量/d)。

高速公路:$N=0.005V-40$　　平均事故损失费 1.4 万元

一级公路:$N=0.003V+37$　　平均事故损失费 1.0 万元

二级公路:$N=0.007V+133$　　平均事故损失费 0.65 万元

根据计算,本项目"有、无项目"各年份交通事故减少的效益见表 7-38。

项目各年份交通事故减少的效益(单位:万元) 表 7-38

运营年份(年)	2006	2007	2008	2009	2010	2011	…	2024	2025
无项目交通事故费用	198	211	225	240	256	273	…	1458	1799
有项目交通事故费用	38	40	42	43	46	48		349	470
交通事故减少效益	160	171	183	196	210	226		1108	1329

(2)诱增交通量的效益

诱增交通量是由于项目的建设使相关产业的发展而产生的交通量,考虑到相关产业效益估算十分困难,因此,在采用如上述前三种效益的计算方法估算时,以诱增交通量代替趋势交通量,并乘以 50%后作为本项效益。由运输成本节约、旅客时间节约和交通事故减少而产生的诱增交通量的效益计算公式如下:

$$B_{41}=\frac{1}{2}\sum_{j=1}^{5}(C'^{*}_{j}-C^{*})\times \mathrm{IV}_{j}\times 365\times 10^{-4} \tag{7-72}$$

$$B_{42}=\frac{1}{2}\sum_{j=1}^{2}(T'^{*}_{j}-T^{*})\times \mathrm{IV}_{j}\times 365\times 10^{-4} \tag{7-73}$$

$$B_{41}=\frac{1}{2}(A'^{*}-A^{*})\times \mathrm{IV}\times 365\times 10^{-4} \tag{7-74}$$

式中：IV_j、IV——j 车型诱增交通量、诱增交通量合计，辆/d；

C^*、T^*、A^*——运输成本、单车行驶时间、单车事故费用，元/车、h/车、元/车。

(3)其他影响效果

忽略不计。

4)经济费用效益分析

(1)经济费用效益指标

由经济费用、效益计算结果编制项目经济费用效益流量表，见附表7-1，经济费用效益指标计算结果见表7-39。项目经济内部收益率为14.34%，大于8%的社会折现率，说明从经济费用效益分析角度看，本项目是可行的。

经济费用效益指标

表7-39

指标	经济净现值ENPV(万元)	经济内部收益率EIRR	经济效益费用比 R_{BC}
评价结果	466 973	14.34%	2.2

(2)敏感性分析

考虑建设费用和运营效益未来变化幅度，得到经济效益的敏感性分析结果，见表7-40。由该表可见，在效益减少15%，同时费用增加15%的不利情况下，经济内部收益率仍能达到11.7%，大于8%的社会折现率，具有较强的抗风险能力(表中未列出效益增加部分)。

经济费用效益敏感性分析结果

表7-40

效益变动 \ 费用变动		-15%	-10%	0%	10%	15%
-15%	ENPV(万元)	396 927	377 830	339 636	301 442	282 345
	EBCR	2.22	2.10	1.89	1.72	1.64
	EIRR(%)	14.34	13.83	12.91	12.11	11.74
-10%	ENPV(万元)	439 373	420 276	382 082	343 888	324 791
	EBCR	2.35	2.22	2.00	1.82	1.74
	EIRR(%)	14.68	14.34	13.40	12.58	12.21
0%	ENPV(万元)	524 364	505 167	466 973	528 779	409 682
	EBCR	2.61	2.47	2.22	2.02	1.93
	EIRR(%)	15.85	15.31	14.34	13.49	13.10

注：本表中效益增加部分未列出。

5.财务评价

1)项目融资前财务基准收益率

项目融资前财务基准收益率是以国家对交通基础设施项目最低资本金比例35%、项目贷款65%的规定，计算的资金成本3.98%(税前)作为本项目融资前财务基准收益率。

2)营业收入

根据本项目特点，营业收入只计通行费收入，不计服务区与广告等的收益。

收费标准：考虑到目前消费者的承受能力、公路主管部门与地方政府对公路收费标准的倾向性意见，本案例按小客车38元/车次、大客车76元/车次、小货车38元/车次、中货车76元/车次、大货车114元/车次收费，并在整个计算期内不作调整。

收费收入：参考区域高速公路免费车所占比重在1%～3%之间，本项目按97%收费率计算收费收入，同时不考虑大中修对收费的影响。收费收入计算结果见表7-41。

各年收费收入表(单位:万元/年)　　表 7-41

年份(年)	2006	2007	2008	2009	2010	2011	2012	…	2024	2025
小客车	2 283	2 509	2 757	3 029	3 328	3 657	4 017	…	10 050	10 785
大客车	2 221	2 441	2 683	2 948	3 240	3 559	3 911	…	9 796	10 513
小货车	1 658	1 787	1 926	2 075	2 236	2 406	2 588	…	4 874	5 104
中货车	2 335	2 576	2 842	3 135	3 459	3 815	4 208	…	11 015	11 864
大货车	2 083	2 305	2 550	2 821	3 122	3 452	3 818	…	10 292	11 112
合计	10 580	11 617	12 757	14 009	15 386	16 889	18 542	…	46 027	49 377

3)税费及公积金计提

营业税及附加:高速公路公司营业税税率为 3%,城市维护建设税按营业税的 7%计征,教育费附加按营业税的 3%计征,营业税及附加综合税率为 3.3%。

所得税:由于有西部开发国家对交通基础设施项目的优惠政策,本项目所得税按利润总额的 15%计算,按税法规定如发生亏损时,进行税前补亏。

公积金计提:法定盈余公积金按税后利润的 10%计提。

4)运营成本及费用

运营管理费、养护费、机电运营费及大中修费见表 7-32。

公司开办费:根据《高速公路公司财务管理办法》,公司开办费用分 5 年(或以上)分摊入管理费。本案例中公司开办费按 200 万元计算,按 5 年分摊入管理费。

固定资产折旧费:以总投资原值减去净残值后,在使用期内,按照车流量计算的工作量法计提。

5)资金筹措

项目资金筹措的初步方案为政府出资 35%,银行借贷 65%,借款由政府统借统还。长期借款利率 6.12%,借款年限 20 年。

6)财务分析

(1)融资前财务盈利能力分析

为了体现与融资方案无关的要求,融资前财务盈利能力分析需要剔除利息的影响,因此总投资中未计入建设期贷款利息,建设投资为 266 842 万元。

编制融资前财务现金流量表(附表 7-2),计算财务指标。所得税前财务内部收益率为 3.75%,小于项目财务基准收益率 3.98%(税前),说明项目财务收益较差。

由于排除了项目融资方案的影响,融资前财务盈利能力分析是初步投资决策与融资方案研究的基础。

(2)政府还贷模式下项目财务生存能力分析

政府还贷模式下,计入 65%银行贷款的建设期贷款利息后,建设投资为 289 374 万元。

我国西部欠发达地区交通量不大,类似本案例的项目,在实施中通常按照政府还贷公路进行运作。根据《收费公路管理条例》(中华人民共和国国务院令第 417 号),政府还贷公路项目应依法设立专门的不以盈利为目的的法人组织,其收费票据由省、自治区、直辖市人民政府财政部门统一(监)制,收费期限最长不得超过 20 年,不计营业税及附加、所得税,不计提折旧费、不计提公积金。本项目按政府还贷公路运作,收费年限按照 20 年计。

总投资的 35%作为项目资本金(运输项目规定资本金不低于 35%),由政府贷款;65%银行贷款。贷款偿还按照 15 年等比本金递增偿还方式计算,见附表 7-5 项目财务计划现金流量表(政府还贷模式),运营期现金流量不足时,需借短期贷款,借款利率 5.58%。

政府还贷模式下财务分析的重点是分析现金流量的平衡，考察项目的还贷能力。本项目政府还贷模式下总成本表见附表 7-3，利润与利润分配表见附表 7-4。按照上述资金筹措方案，项目运营期现金流短缺，需要连续 17 年筹措大量的短期借款来偿还银行贷款。即使采用全省统贷统还的政府还贷模式运作，省交通主管部门还需要从其他政府还贷公路项目的收费收入中调剂资金偿还本项目的贷款。

(3)市场化融资分析

市场化融资模式下，计入 38.2%银行贷款的建设期利息后，建设投资为 279 932 万元。

项目所处区域经济欠发达、居民收入较低，未来收费标准上调的可能性很小，为了改善项目运营期资金紧缺的情况，参与政府还贷模式唯一可行的办法就是提高政府资金投入的比例，而项目所处西部地区资金稀缺。考虑到项目经济效益很好，为了减少政府投资压力，建议对项目采用政府投资补助的市场化融资方案，这样可以解决项目资金短缺，提高财务效益。以下是本案例假设的财务可行方案。

资本金收益率：通常按照资本资产定价模型计算，由于公路行业风险较小，本案例的资本金收益率按照最低期望收益率计——即按长期社会无风险投资收益率计算。取目前 10 年期国债利率作为项目资本金的最低期望收益率，约 4%。根据投资者对项目投资回报期望值，政府对项目的补贴幅度大约在项目投资的 20%以上才能吸引投资者。

融资方案设定：根据该项目交通部补助资金安排，同时考虑到市场化投资期望收益率要求，融资方案设计中按照交通部补助的 7.49 亿元作为政府投资补助，具体方案见表 7-42。

融资方案设定表 表 7-42

项　目	政府投资补助	企业资本金	国内贷款	合　计
金额(亿元)	7.49	9.8	10.694 2	27.993 2
比例(%)	26.80	35.00	38.20	100.00

注：建设期贷款利息包含在资本金中，国内银行贷款利率按 6.12%计。

资本金盈利能力分析：按上述融资方案，计算资本金财务内部收益率为 5.88%，大于资本金收益率 4%，说明资本金盈利水平是可行的。市场化运作模式下总成本表见附表 7-6，利润与利润分配表见附表 7-7，项目财务计划现金流量表见附表 7-8，资本金财务现金流量表见附表 7-9。

项目贷款偿还能力分析：采用 15 年等比本金递减偿还方式偿还建设投资的长期借款(详见附表 7-10 贷款偿还能力分析表)，贷款利息按年支付。

敏感性分析：在收费收入减少 10%，或者投资增大 10%时，财务内部收益率均大于(或接近)4.0%的最低期望收益率，说明项目具有一定的抗风险能力(表 7-43)。

资本金财务敏感性分析结果 表 7-43

收入变动 \ 投资变动		−15%	−10%	0	10%	15%
−15%	FNPV(万元)	25 520	12 451	−13 688	−39 828	−52 897
	FBCR(%)	1.11	1.05	0.95	0.86	0.82
	FIRR(%)	5.88	4.90	3.05	1.33	0.51
−10%	FNPV(万元)	40 091	27 022	882	−25 257	−38 327
	FBCR(%)	1.18	1.11	1.00	0.91	0.87
	FIRR(%)	6.86	5.88	4.06	2.37	1.57
0	FNPV(万元)	69 233	56 163	30 024	3 885	−9 185
	FBCR(%)	1.31	1.24	1.11	1.01	0.97
	FIRR(%)	8.65	7.68	5.88	4.23	3.45

财务分析结论:项目财务计划现金流量表(附表 7-8)的计算结果表明,长期借款可按贷款条件偿还银行。但是由于项目运营期交通量少,现金流量不足出现资金短缺,需要筹集短期借款平衡项目资金。评价期累计财务净现值流量为 25.11 亿元。根据资产负债表(附表 7-11)的计算,在建设期及运营期初,本项目的资产负债率在 37%～40%之间,属于可接受范围。总体上看,通过政府适当补贴,市场化的融资方案进行经营性方式运作项目财务上是可行的,但存在一定的风险(建设项目的风险分析及评价结论等请参考:建设部标准定额研究所《建设项目经济评价案例》[案例十二],2006 年)。

6. 风险分析

1)风险分析的目标

拟建项目是 A 城至 B 城高速公路的重要控制性工程,是我国公路史上前所未有的重大建设项目。工程涉及工程地质、水文地质、气象学、土木工程、机械、电力、通信信号、安全监控及救援、环境保护、工程经济、运营管理、财务管理等多个领域,是一项复杂的系统工程,国内外尚无现成的经验可借鉴,也无完善的规范可循,项目建设和运营将面临较复杂的风险。本项目风险分析的目标是:分析风险因素对项目财务生存能力的影响,为规避和控制风险提出对策建议。

2)风险分析采用的方法

参照《建设项目经济评价方法与参数》(第三版)第七章提出的方法体系为主,并根据项目的具体特点进行相应的选择。风险分析过程包括风险识别、风险估计、风险评价与风险应对。风险分析的主要方法包括专家调查法、层次分析法、CIM 模型等分析方法,结合本项目的具体情况,几种方法组合使用。

3)风险分析的内容

本项目组织了国内权威的工程设计、施工、运营管理、运量预测、投资、财务与经济、环境与社会影响风险等专业 28 位专家,在认真研究项目方案等资料的基础上,围绕项目的建设目标,即投资 26.684 1 亿元,项目工期 4 年,对项目投资与财务上存在的主要风险因素进行系统的研究。进行两个方面的风险分析:

(1)建设投资增加的风险分析——CIM 模型。

(2)财务可持续发展的风险分析——风险等级。

限于篇幅,具体分析计算过程和风险防范对策建议等内容从略。

7. 结论与建议

(1)拟建项目内部经济收益率 14.34%,大于 8%社会折现率,经济效益好且抗风险能力强。

(2)在拟定的收费标准以及资金筹措情况下,项目融资后的财务内部收益率均能够满足大于相应基准收益率的要求,项目财务是可行的;但财务敏感性分析表明,项目财务抗风险能力较弱;拟建项目可按设定的条件偿还银行贷款。

(3)项目在运营收入、运营成本、投资增加以及工期方面具有风险,财务可持续性综合风险等级为 3 级,为一般风险。需要通过修改设计或采取补偿措施等规避与控制风险,通过短期贷款来解决运营期资金短缺。

8. 经济评价与财务评价的计算附表

附表 7-1

经济费用效益流量表(单位:万元)

序号	项目	合计	建设期(年)				运营期(年)									
			2002	2003	2004	2005	2006	2007	2008	2009	2010	2011	2012	…	2024	2025
			1	2	3	4	5	6	7	8	9	10	11	…	23	24
1	费用流量	359 839	90 558	135 837	135 837	90 558	4 060	4 094	4 129	4 165	9 449	4 239	4 277		6 391	−20 544
1.1	建设费	452 790	90 558	135 837	135 837	90 558										
1.2	运营管理费	18 952					780	796	812	828	844	861	878		1 114	1 136
1.3	日常养护费	19 632					808	824	841	857	875	892	910		1 154	1 177
1.4	机电运营费	57 502					2 472	2 475	2 477	2 480	2 483	2 486	2 489		4 123	4 517
1.5	大修费	37 357									5 248					14 125
1.6	回收余值	−226 395														−226 395
2	效益流量	3 494 875					38 535	41 891	45 571	49 615	54 067	58 784	64 186		536 142	772 443
2.1	降低运营成本效益	2 071 348					29 105	31 040	33 131	35 395	37 850	42 196	45 209		300 868	366 996
2.2	旅客时间节约效益	1 185 005					6 533	7 733	9 082	10 602	12 315	12 445	14 486		198 654	346 591
2.3	减少交通事故效益	9 251					160	171	183	196	210	226	242		1 108	1 329
2.4	诱增交通量效益	229 271					2 737	2 947	3 175	3 422	3 691	3 919	4 248		35 511	57 527
3	净效益流量	3 135 036	−90 558	−135 837	−135 837	−90 558	34 475	37 797	41 442	45 450	44 618	54 546	59 909		529 750	977 882

计算指标：经济内部收益率 EIRR=14.34　(%)

经济净现值 ENPV=466 973　(万元，$i_s=8\%$)

效益费用比 $R_{BC}=2.2$

附表 7-2

融资前财务现金流量表(单位:万元)

序号	项目	合计	建设期(年)				运营期(年)									
			2002	2003	2004	2005	2006	2007	2008	2009	2010	2011	2012	…	2024	2025
			1	2	3	4	5	6	7	8	9	10	11	…	23	24
1	现金流量	552 071					10 580	11 617	14 009	15 386	16 889	18 542	20 357		46 027	51 381
1.1	收费收入	550 067					10 580	11 617	14 009	15 386	16 889	18 542	20 357		46 027	49 377
1.2	回收资产余值	2004														2004
1.3	其他收入	0														
2	现金流出	371 199	53 368	80 053	80 053	53 368	3 330	3 376	3 468	3 525	5 991	3 615	3 688		6 312	13 298
2.1	建设投资	266 842	53 368	80 053	80 053	53 368										
2.2	流动资金	0														
2.3	经营成本	86 204					2 981	2 993	3 005	3 018	5 433	3 003	3 017		4 793	11 668
2.4	营业税及附加	18 152					349	383	462	508	557	612	672		1 519	1 629
2.5	其他现金流出	0														
3	现金流量	0														
3.1	净现金流量	180 873	−53 368	−80 053	−80 053	−53 368	7 250	8 241	10 542	11 860	10 899	14 926	16 669		39 715	38 084
3.2	累计净现金流量	0	−53 368	−133 421	−213 474	−266 842	−259 593	−251 352	−240 810	−228 950	−218 052	−203 125	−186 457		142 789	180 873

所得税前计算指标：　财务内部收益率 FIRR=3.75　(%)

财务净现值 FNPV=−7 066　(万元，i_c=3.98%)

投资回收期 P_t>24　(年)

总成本表（政府还贷模式）（单位：万元） 附表 7-3

序号	项　　目*	合　计	运营期（年）							
			2006	2007	2008	2009	2010	…	2024	2025
			5	6	7	8	9	…	24	24
1	经营成本	86 204	2 981	2 993	3 005	3 018	5 433		4 793	11 668
1.1	运营管理费	5 788	270	275	279	284	289		328	335
1.2	养护费	8 990	370	377	385	393	400		528	539
1.3	大修费	17 107	0	0	0	0	2 403		0	6 468
1.4	机电运营费	54 319	2 341	2 341	2 341	2 341	2 341		3 936	4 326
2	折旧费用	0	0	0	0	0	0		0	0
3	摊销	0	0	0	0	0	0		0	0
4	借款利息	131 765	11 473	11 449	11 340	11 168	10 995		0	0
4.1	长期借款利息	119 040	11 266	11 048	10 795	10 502	10 162		0	0
4.2	短期借款利息	12 725	207	401	544	666	833		0	0
5	总成本费用＝1＋2＋3＋4	217 969	14 454	14 442	14 345	14 186	16 429		4 793	11 668

注：*项目栏中"＝"号右边的 1＋2＋3＋4，表示为第 1～4 项之和，以下同。

利润与利润分配表（政府还贷模式）（单位：万元） 附表 7-4

序号	项　　目*	合　计	营运期（年）						
			2006	2007	2008	2009	2010	…	2025
1	营业收入	550 067	10 580	11 617	14 009	15 386	16 889	…	49 377
2	营业税金及附加	0	0	0	0	0	0		0
3	总成本及费用	217 969	14 454	14 442	14 345	14 186	16 429		11 668
4	补贴收入	0	0	0	0	0	0		0
5	利润总额＝1－2－3＋4	332 098	－3 874	－2 826	－336	1 200	461		37 709
6	弥补上年度亏损	0	0	0	0	0	0		0
7	应纳税所得额＝5－6	339 134	0	0	0	1 200	461		37 709
8	所得税	0	0	0	0	0	0		0
9	净利润＝5－8	332 098	－3 874	－2 826	－336	1 200	461		37 709
10	期初未分配利润	1 490 419	0	－3 874	6 700	－7 036	－5 836		294 389
11	可供分配的利润＝9＋10	1 822 517	－3 874	－6 700	7 036	－5 836	－5 375		332 098
12	提取法定盈余公积金	0							0
13	可供投资者分配的利润＝11－12	1 822 517	－3 874	－6 700	7 036	－5 836	－5 375		332 098
14	应付优先股股利	0							0
15	任意盈余公积金	0							0
16	应付普通股股利＝13－14－15	1 822 517	－3874	－6 700	7 036	－5 836	－5 375		332 098
17	投资各方利润分配	0	0	0	0	0	0		0
	其中：甲方	0	0	0		0	0		0
	乙方	0	0	0		0	0		0
	丙方	0	0	0		0	0		0
18	期末未分配利润＝16－17	1 822 517	－3 874	－6 700	－7 036	－5 836	－5 375		332 098
19	息税前利润＝5＋4/3	463 863	7 599	8 624	11 004	12 368	11 456		37 709
20	息税折旧摊销前利润＝19＋2/3＋3/3	463 863	7 599	8 624	11 004	12 368	11 456		37 709

注：*项目栏中"＝"号右边 2/3、3/3、4/3 表示附表 7-3 的第 2、3 和 4 项。

项目财务计划现金流量表(政府还贷模式)(单位:万元)　　附表 7-5

序号	项　目*	合　计	建设期(年)				运营期(年)			
			2002	2003	2004	2005	2006	2007	…	2025
1	经营活动净现金流量	463 863	0	0	…		7 599	8 624	…	37 709
1.1	现金流入	550 067	0	0			10 580	11 617		49 377
1.1.1	营业收入	550 067					10 580	11 617		49 377
1.1.2	增值税销项税额	0					0	0		0
1.1.3	补贴收入	0	0	0			0	0		0
1.1.4	其他流入	0					0	0		0
1.2	现金流出	86 204	0	0			2 981	2 993		11 668
1.2.1	经营成本	86 204					2 981	2 993		11 668
1.2.2	增值税进项税额	0					0	0		0
1.2.3	营业税金及附加	0					0	0		0
1.2.4	增值税	0					0	0		0
1.2.5	所得税	0					0	0		0
1.2.6	其他流出	0								
2	投资活动净现金流量	−289 374	−54 495	−83 996	−87 375	−63 508	0	0		0
2.1	现金流入	0	0	0	0	0				
2.2	现金流出	289 374	54 495	83 996	87 375	63 508	0	0		0
2.2.1	建设投资	289 374	54 495	83 996	87 375	63 508	0	0		0
2.2.2	维持运营投资	0	0	0	0	0	0	0		0
2.2.3	增加流动资金	0	0	0	0	0	0	0		0
2.2.4	其他流出	0								
3	融资活动净现金流量	−26 474	54 495	83 996	87 375	63 538	−7 599	−8 624		0
3.1	现金流入	745 482	54 495	83 996	87 375	63 538	7 434	14 389		0
3.1.1	资本金投入	105 291	17 678	28 771	32 151	26 691	0	0		0
3.1.2	建设投资借款**	184 083	36 817	55 225	55 225	36 817	0	0		0
3.1.3	流动资金借款	0	0	0	0	0	0	0		0
3.1.4	债券	0	0	0	0	0	0	0		0
3.1.5	短期借款	456 108	0	0	0	0	7 434	14 389		0
3.1.6	其他流入	0	0	0	0	0	0	0		0
3.2	现金流出	771 956	0	0	0	0	15 033	23 013		0
3.2.1	利息及融资费用支出	131 765	0	0	0	0	11 473	11 449		0
3.2.2	偿还长期债务本金	184 083	0	0	0	0	3 560	4 130		0
3.2.3	偿还流动资金借款	0	0	0	0	0	0	0		0
3.2.4	偿还短期借款	456 108	0	0	0	0	0	7 434		0
3.2.5	股利分配	0	0	0	0	0	0	0		0
3.2.6	其他流出	0	0	0	0	0	0	0		0
4	净现金流量=1+2+3	148 015	0	0	0	0	0	0		37 709
5	累计盈余资金		0	0	0	0	0	0		148 015

注:*项目栏中"="号右边,1+2+3 表示本表的第 1、2、3 项之和。

**建设期借款 184 083 万元在营运期以 15 年等比本金递增偿还方式偿还,至 2020 年全部还请。

总成本表(经营性模式)(单位:万元)　　附表 7-6

序号	项　目*	合　计	营 运 期 (年)							
			2006	2007	2008	2009	2010	…	2004	2025
1	经营成本	86 204	2 981	2 993	3 005	3 018	5 433	…	4 793	11 668
1.1	运营管理费	5 788	270	275	279	284	289	…	328	335
1.2	养护费	8 990	370	377	385	393	400		528	539
1.3	大修费	17 107	0	0	0	0	2403		0	6 468
1.4	机电运营费	54 319	2 341	2 341	2 341	2 341	2 341		3 936	4 326
2	折旧费用	277 993	7 056	7 741	8 492	9 317	10 221		18 428	19 743
3	摊销	0	0	0	0	0	0		0	0
4	借款利息	69 367	6 584	6 475	6 287	6 101	5 904		0	0
4.1	长期借款利息	69 156	6 545	6 418	6 271	6 101	5 904		0	0
4.2	短期借款利息	112	39	57	16	0	0		0	0
5	总成本费用	433 465	16 621	17 209	17 785	18 436	21 558		23 221	31 411

利润与利润分配表(经营性模式)(单位:万元)　　附表 7-7

序号	项　目*	合　计	营 运 期 (年)						
			2006	2007	2008	2009	2010	…	2025
1	营业收入	550 067	10 580	11 617	14 009	15 386	16 889	…	49 377
2	营业税金及附加	18 152	349	383	462	508	557		1 629
3	总成本及费用	433 465	16 621	17 209	17 785	18 436	21 558		31 411
4	补贴收入	0	0	0	0	0	0		0
5	利润总额＝1－2－3＋4	98 450	－6 390	－5 975	－4 238	－3 558	－5 226		16 337
6	弥补上年度亏损	7 627	0	0	0	0	0		0
7	应纳税所得额＝5－6	122 664	0	0	0	0	0		16 337
8	所得税	18 400	0	0	0	0	0		2 450
9	净利润＝5－8	80 051	－6 390	－5 975	－4 238	－3 558	－5 226		13 886
10	期初未分配利润	0	0	－6 390	－12 366	－16 604	－20 161		56 364
11	可供分配的利润＝9＋10	0	－6 390	－12 366	－16 604	－20 161	－25 388		70 250
12	提取法定盈余公积金	0	0	0	0	0	0		1 389
13	可供投资者分配的利润＝11－12	0	－6 390	－1 2366	－16 604	－20 161	－25 388		68 861
14	应付优先股股利	0	0	0	0	0	0		0
15	任意盈余公积金	0	0	0	0	0	0		0
16	应付普通股股利＝13－14－15	0	－6 390	－12 366	－16 604	－20 161	－25 388		068 861
17	投资各方利润分配	0	0	0	0	0	0		0
	其中:甲方	0	0	0	0	0	0		0
	乙方	0	0	0	0	0	0		0
	丙方	0	0	0	0	0	0		0
18	期末未分配利润＝16－17	0	－6 390	－12 366	－16 604	－20 161	－25 388		68 861
19	息税前利润＝5＋4/6	0	194	500	2 049	2 543	677		16 337
20	息税折旧摊销前利润＝19＋2/6＋3/6	0	7 250	8 241	10 542	11 860	10 899		36 079

注:*项目栏中"＝"号右边 2/6、3/6、4/6 表示附表 7-6 的第 2、3 和 4 项。

项目财务计划现金流量表(经营性模式)(单位:万元)　　附表 7-8

序号	项　目*	合　计	建设期(年)				营运期(年)			
			2002	2003	2004	2005	2006	2007	…	2025
1	经营活动净现金流量	427 311	0	0	0	0	7 250	8 241		33 629
1.1	现金流入	550 067	0	0	0	0	10 580	11 617		49 377
1.1.1	营业收入	550 057					10 580	11 617		49 377
1.1.2	增值税销项税额	0								
1.1.3	补贴收入	0								
1.1.4	其他流入	0								
1.2	现金流出	122 756	0	0	0	0	3 330	3 376		15 748
1.2.1	经营成本	86 204					2 981	2 993		11 668
1.2.2	增值税进项税额	0					0	0		0
1.2.3	营业税金及附加	18 152					349	383		1 629
1.2.4	增值税	0					0	0		0
1.2.5	所得税	18 400					0	0		2 450
1.2.6	其他流出	0								
2	投资活动净现金流量	−279 932	−54 023	−82 343	−82 343	−59 259	0	0		0
2.1	现金流入	0	0	0	0	0	0	0		0
2.2	现金流出	279 932	54 023	82 343	82 343	59 259	0	0		0
2.2.1	建设投资	279 932	54 023	82 343	82 343	59 259	0	0		0
2.2.2	维持运营投资	0								
2.2.3	增加流动资金	0								
2.2.4	其他流出	0								
3	融资活动净现金流量	103 722	54 023	82 343	82 343	59 259	−7 250	−8 241		0
3.1	现金流入	283 935	54 023	82 343	82 343	59 259	1 402	2 036		0
3.1.1	资本金投入(企业投资)	98 090	17 654	27 791	29 754	22 890	0	0		0
3.1.2	建设投资借款	106 942	21 388	32 083	32 083	21 388	0	0		0
3.1.3	流动资金借款	0	0	0			0	0		0
3.1.4	债券	0	0	0			0	0		0
3.1.5	短期借款	4 003	0	0	0	0	1 402	2 036		0
3.1.6	其他流入(政府补贴)	74 900	14 980	22 470	22 470	14 980	0	0		0
3.2	现金流出	180 213	0	0	0	0	8 652	10 276		0
3.2.1	利息及融资费用支出	69 267	0	0	0	0	6 584	6 475		0
3.2.2	偿还长期债务本金*	106 942	0	0	0	0	2 068	2 399		0
3.2.3	偿还流动资金借款	0	0	0	0	0	0	0		0
3.2.4	偿还短期借款	4 003	0	0	0	0	0	1 402		0
3.2.5	股利分配	0	0	0	0	0	0	0		0
3.2.6	其他流出	0	0	0	0	0	0	0		0
4	净现金流量=1+2+3	25 1101	0	0	0	0	0	0		33 629
5	累计盈余资金		0	0	0	0	0	0		251 101

注:* 建设期借款 106 942 万元在营运期以 15 年等比本金递增偿还方式偿还,至 2020 年全部还请。

资本金财务现金流量表(经营性模式)(单位:万元) 附表 7-9

序号	项　目*	合　计	建 设 期 (年)				营 运 期 (年)			
			2002	2003	2004	2005	2006	2007	…	2025
1	现金流量	552 006					10 580	11 617		51 316
1.1	收费收入	550 067					10 580	11 617		49 377
1.2	补贴收入	0					0	0		0
1.3	回收资产余值	1 939					0	0		1 939
1.4	回收流动资金	0					0	0		0
2	现金流出	397 055	17 654	27 791	29 754	22 890	11 982	12 251		15 748
2.1	资本金	98 090	17 654	27 791	29 754	22 890				
2.2	借款本金偿还*	106 942					2 068	2 399		0
2.3	借款利息支付	69 267					6 584	6 475		0
2.4	经营成本	86 204					2 981	2 993		11 668
2.5	营业税及附加	18 152					349	383		1 629
2.6	所得税	18 400					0	0		2 450
2.7	其他现金流出	0					0	0		0
3	现金流量	0								
3.1	净现金流量	154 951	−17 654	−27 791	−29 754	−22 890	−1 402	−634		35 568
3.2	累计净现金流量		−17 654	−45 445	−75 199	−98 090	−99 492	−10 012		154 951

所得税后计算指标：　财务内部收益率 FIRR=5.88　(%)

财务净现值 FNPV=30 024　(万元,i_c=4.0%)

投资回收期 P_t>21.91　(年)

注:* 建设期借款 106 942 万元在营运期以 15 年等比本金递增偿还方式偿还,至 2020 年全部还请。

贷款偿还能力分析表(经营性模式)(单位:万元) 附表 7-10

序号	项　目*	合　计	建 设 期 (年)				营 运 期 (年)			
			2002	2003	2004	2005	2006	2007	…	2025
1	借款偿还								…	0
1.1	年初借款本息累计		0	21 388	53 471	85 554	106 942	104 874		0
1.1.1	本金		0	21 388	53 471	85 554	106 942	104 874		0
1.1.2	建设期利息		0	0	0	0	0	0		0
1.2	本年借款	10 942	21 388	32 083	32 083	21 388	0	0		0
1.3	本年应计利息	82 246	654	2 291	4 254	5 890	6 545	6 418		0
1.3.1	计入建设期利息	13 090	654	2 291	4 254	5 890	0	0		0
1.3.2	计入生产期利息	69 156	0	0	0	0	6 545	6 418		0
1.4	本年还本付息	189 188	654	2 291	4 254	5 890	8 613	8 817		0
1.4.1	还本	106 942	0	0	0	0	2 068	2 399		0
1.4.2	付息	82 246	654	2 291	4 254	5 890	6 545	6 418		0
1.5	年末借款本息累计		21 388	53 471	85 554	106 942	104 874	102 475		0
2	利息备付率(%)=ICR*		0	0	0	0	3	8		0
3	偿债备付率(%)=DSCR*		0	0	0	0	84	93		0

注:* ICR=附表 7-7 的"19"项÷本表"1.4.2"项;DSCR=附表 7-7 的"20"÷本表"1.4.1"项。

资产负债表(经营性模式)(单位:万元) 附表 7-11

序号	项　　目	建 设 期 (年)				营 运 期 (年)			
		2002	2003	2004	2005	2006	2007	…	2025
1	资产	54 023	136 366	220 673	279 932	272 876	265 135		253 040
1.1	流动资产总额	0	0	0	0	0	0		251 101
1.1.1	货币资金	0	0	0	0	0	0		251 101
	现金								
	累计盈余资金	0	0	0	0	0	0		251 101
1.1.2	应收账款	0	0	0	0	0	0		0
1.1.3	预付账款	0	0	0	0	0	0		0
1.1.4	存货	0	0	0	0	0	0		0
1.1.5	其他								
1.2	在建工程	54 023	136 366	220 673	279 932				
1.3	固定资产净值					272 876	265 135		1 939
1.4	无形及其他资产净值								
2	负债及所有者权益	54 023	136 366	220 673	279 932	272 876	265 135		253 040
2.1	流动负债总额	0	0	0	0	1 402	2 036		0
2.1.1	短期借款	0	0	0	0	1 402	2 036		0
2.1.2	应付账款								
2.1.3	预收账款								
2.1.4	其他								
2.2	长期负债	21 388	53 471	85 554	106 942	104 874	102 475		0
2.2.1	建设投资借款	21 388	53 471	85 554	106 942	104 874	102 475		0
2.2.2	流动资金借款	0	0	0	0	0	0		0
2.3	负债小计	21 388	53 471	85 554	106 942	106 277	104 511		0
2.4	所有者权益	32 634	82 895	135 119	172 990	166 599	160 624		253 040
2.4.1	资本金	17 654	45 445	75 199	98 090	98 090	98 090		98 090
2.4.2	资本公积金	14 980	37 450	59 920	74 900	74 900	74 900		74 900
2.4.3	累积盈余公积金	0	0	0	0	0	0		11 189
2.4.4	累积未分配利润	0	0	0	0	−6 390	−12 366		68 861
	资产负债率(%)	40	39	39	38	39	39		0

二、【案例2】QZ线新建铁路经济评价

提要：本项目为国家重要基础设施，公益性特征明显，按现行铁路运价率估算，项目不具备财务生存能力，财务效益与经济效益存在较大差异。为此，探讨了维持项目正常运营可能采取的几种政策措施，包括适度提高运价率、以不完全成本作为财务运营成本、提供运营期财政补贴等。本案例是项目在经济上合理、财务上不具备生存能力，通过国家优惠政策使项目能保持正常运营的典型案例。

1.概况

新建的QZ铁路全长1 000多公里，是政府投资的公益性铁路建设项目，组建QZ铁路公司作为出资人代表，实行建设项目法人责任制，全面负责该铁路建设和运营。

沿线地处海拔3 000m以上高原，工程地质复杂，多处为长年冻土地段，自然条件恶劣，施工艰难，工期压力大(每年有效施工期仅6个多月)；工程面临重大技术难题，建设投资大，但运营期客货运量少，运营成本高。工程主要技术标准和建设期安排如下。

铁路等级：I、II级混合标准，线下工程I级标准。

正线数目：单线。

最大坡度：20%。

设计车速：旅客列车120km/h，冻土区减为100km/h。

最小半径：800m，个别困难地段600m。

牵引种类：内燃机车，预留电化条件。

设计年度：近期2010年，远期2015年。

计算周期：建设期6年，运营期24年，计算期共计30年。

评价范围：经济评价范围为路网范围，即项目OD调查范围，包括直接与间接吸引区财务评价范围为本线路，财务评价的主体为QZ铁路公司。

2.运量预测

线路跨越我国西部两省，运量直接吸引范围为铁路沿线地区，间接吸引范围为西北和西南等地区。该地区原运输方式有公路、航空和管道，其中公路占90%以上，是主要运输方式。铁路建成后交通条件的大大改善将促进西部两省经济发展，诱发区域交通量。通过项目OD范围"有项目"、"无项目"运输量预测，整理归纳代表年份的运输量见表7-44。

有无项目的运量对照表

表7-44

有无项目	运输方式	货运-2010年(万t)		货运-2015年(万t)		客运-2010年(万人)		客运-2015年(万人)	
		上行	下行	上行	下行	上行	下行	上行	下行
无项目	公路	65	160	85	190	78	78	100	100
	民航	0.44	0.56	0.67	0.89	66	66	85	85
有项目	铁路	80	210	120	280	61	63	84	85
	公路	36	60	50	79	58	57	78	77
	民航	0.4	0.5	0.6	0.8	61	61	79	78
诱增运量		51	109	85	169	36	36	55	55
公路转移运量		29	101	35	111	20	22	22	23
民航转移运量		0.04	0.06	0.07	0.09	5	5	7	7

3. 费用估算和资金筹措

1)建设投资估算

拟建项目的建设投资估算总额为 3 316 900 万元，其中工程投资 2 906 900 万元，机车车辆购置费 410 000 万元，具体费用项见表 7-47。

2)经营成本及费用估算

为正确估算本线路的经营成本，对类似线路经营成本进行分析对比。

某线路 A 与本工程类似，线路长度 683km，平均海拔 3 200m；线路 B 长 427km，最高海拔 2 985m。相对而言，本线路的运营特点如下：

(1)客货运量小，沿线人烟稀少，经济很不发达。

(2)海拔高，沿线高寒缺氧，生活和生产条件更为艰苦。

(3)海拔高，因此，同牵引力条件下的燃油消耗将更高。

(4)3 500m 以上高寒与冻土地带，设备维修效率低，费用增高。

(5)本线路两端的最大坡度 20%，列车需多机牵引，增大了机车需求和维修成本。

根据以上分析，参照 A、B 线实际运营成本，测算本线路经营成本为 1 364 元/万换算 t·km，见表 7-45。

类似线路经营成本与本线路的预测经营成本表(单位：元/万换算 t·km)　　表 7-45

内　容	A 线 路	B 线 路	本线路预测
经营成本	1 244.45	1 307.15	1 364.60
其中：工资	389.196	346.967	92.07
材料	179.658	286.192	248.99
燃料	271.028	269.335	482.27
电力	18.519	23.671	18.42
其他	386.045	380.987	522.86

3)流动资金

流动资金按客货运总换算周转量估算，结合本项目特点，按平均每万换算吨公里占用流动资金 103 元计算，计算期内流动资金总额为 10 594 万元。

4)资金筹措

作为特殊的公益性铁路建设项目，全部投资由政府安排，其中 75%为国债资金，25%为铁路建设基金。流动资金的 30%由运营单位自筹，70%向银行贷款，贷款利率 5.58%。建设投资用款与资金筹措见附表 7-13。建设期的投资分年度计划见表 7-46。

建设期的投资分年度用款计划　　表 7-46

年份(年)	2001	2002	2003	2004	2005	2006
投资比例(%)	3.6	16.1	19.7	20.6	18.8	21.2

4. 经济费用效益分析

1)评价主要参数

社会折现率：8%。

影子汇率：1.08×8.0＝8.64。

影子工资换算系数：1.0。

2)经济费用的识别与计算

(1)经济费用构成

经济费用效益分析应从消耗社会资源的角度分析拟建项目的费用，按照经济费用效益计算口径对应一致的原则，在经济费用与效益分析中增加以下费用项：

①其他相关交通设施及附属设施的运营维护及更新投资等费用。

②因建设铁路而引起的环境维护费用。

(2)经济费用计算

①建设期经济费用。根据经济费用效益分析原则，建设期经济费用需在投资估算基础上对主要投入物(主材、土地、人工等)按照机会成本原则进行换算调整，剔除税金、进口设备关税、增值税等转移支付项目。本项目共用外汇 3.125 亿美元，需用影子汇率调整。

a. 土地费用调整。本工程占用土地多为闲置土地，土地影响价格不另调整。

b. 转移支付调整。剔除国家对项目的补贴、营业税、进口设备关税等。

c. 外汇调整。根据影子汇率对外汇进行调整，并剔除 10%的关税和 17%的增值税。进口部分的机车车辆影子价格为：

$$到岸价(CIF)×影子汇率＋贸易费用＋国内运杂费$$
$$=250\,000×1.08+25\,000×2‰+0=270\,500\ 万元$$

调整后的机车车辆购置费为：

$$410\,000-250\,000+27\,050-250\,000×10\%-250\,000×1.1×17\%=358\,750\ 万元。$$

经过调整后的建设期经济费用 3 207 769 万元(表 7-47)。另外，还需计列由于建设本项目而引起的相关交通设施维护费用，按建设期每年 8 000 万元计，共计 48 000 万元。

建设投资估算及经济费用调整表(单位：万元) 表 7-47

序号	工程及费用名称	调 整 原 则	投资估算	经济费	增 减
1	第一部分：工程投资		2 906 900	2 849 019	－57 881
1.1	其中：拆迁及征地费用	不调整	23 146	23 146	0
1.2	建筑安装工程费	剔除营业税	1 785 680	1 727 799	－57 881
1.3	设备购置费	不调整	456 800	456 800	0
1.4	工具器具及生产家具费	不调整	12 500	12 500	0
1.5	其他费用	不调整	532 591	532 591	0
1.6	基本预备费	不调整	96 183	96 183	0
2	第二部分：机车车辆购置费	按影子汇率对外汇作调整	410 000	358 750	－51 250
3	总额＝1＋2		3 316 900	3 207 769	－109 131

②运营期经济费用。运营期经济费用包括运营费用、环境维护费用等，考虑到估算中各项费用均以市场价为基础，对经营费用不再调整，分年度各项费用详见经济费用效益流量表(附表 7-14)。

③流动资金。流动资金采用财务价格，不作调整，为 10 594 万元。

3)经济效益的识别和计算

(1)转移客货运输量的效益

拟建项目是QZ两省第一条铁路，主要运输量来自公路与民航的转移客货运输量。

①运输时间节约的效益 B_1

a. 旅客出行时间节约价值分为工作时间价值 $P_{客工作时间}$ 和闲暇时间价值 $P_{客闲暇时间}$。其中，工作时间价值 $P_{客工作时间}$ 按收入法计算，闲暇时间价值 $P_{客闲暇时间}$ 按支付意愿计算(简化)：

$$P_{客工作时间}=[工资收入(扣除个税)+社会福利(按工资40\%计)] \tag{7-75}$$
$$=年平均工资收入\times1.4\div252\div7.5\ 元/h$$

$$P_{客闲暇时间}=工资收入\times50\%=年平均工资收入\times1.4\div252\div7.5\times50\%元/h$$

公式中，工作时间每年按252d、每天按7.5h计算。

经调查，预计项目沿线旅客构成中本地区的占30%，外地进出旅客占70%。从统计年鉴查得，当地年平均工资30 973元，全国平均工资16 024元，且旅客中50%为工作时间，50%为闲暇时间，则平均每位旅客的综合时间价值 $P_客$ 为：

$$P_客=50\%\times(30\,873\times0.3+16\,024\times0.7)\times1.4\div252\div7.5\times(1+0.5)$$
$$=11.377\ 元/h$$

b. 货物运输时间节约价值 $P_{货时间}$ 按货物被占用时间的资金价值计算：

$$P_{货时间}=在途货物价值\times(1-不受在途时间长短影响物资比例)\times8\%社会折现率 \tag{7-76}$$

以上是一年的货物时间价值，计算中扣除了不受在途时间长短影响的正常储备物资的运量。如货物在途影响时间一年按365d、每天按24h计算，在途货物影子价格平均按2 500元/t计算，不受在途时间长短影响的部分物资按总运输物资的30%计算，则平均每t货物综合时间价值 $P_货$ 为：

$$P_货=2\,500\times(1-0.3)\times8\%\div365\div24=0.015\,982\ 元/h$$

c. 时间节约。根据项目运行图及其他运输方式运输时间的调查估算，各种运输方式运输时间见表7-48。

各种运输方式运输时间表(单位：h)　　表7-48

运输方式 / 时间	铁路		公路		航空	
	客运	货运	客运	货运	客运	货运
出发地至车站时间	1	4	0.5	1	2	4
运行时间	12.5	14	24	29	2	2
车站地至目的地时间	1	2	0.5	0.5	1	1
合计运输时间	14.5	20	25	30.5	5	7
转移运输平均节省时间	—	—	10.5	10.5	−9.5	−13

d. 节时效益的计算公式：

$$B_{1客公转铁}=Q_{客公转铁}\times\Delta T_{客公转铁}\times P_客+Q_{货公转铁}\times\Delta T_{货公转铁}\times P_货 \tag{7-77}$$

$$B_{1航公转铁}=Q_{客航转铁}\times\Delta T_{客航转铁}\times P_客+Q_{货航转铁}\times\Delta T_{货航转铁}\times P_货 \tag{7-78}$$

式中：$B_{1客公转铁}$、$B_{1航公转铁}$——旅客运输的节时效益；

$\Delta T_{客公转铁}$、$\Delta T_{客航转铁}$——公路转铁路和民航转铁路节省的时间，见表7-48；

$Q_{客公转铁}$、$Q_{客航转铁}$——公路转铁路和民航转铁路的客运量，万人/年；

$Q_{货公转铁}$、$Q_{货航转铁}$——公路转铁路和民航转铁路的货运量，万 t/年。

B_1^{2010} 为 2010 年的客运的节时效益，例如，2010 年由公路和民航转铁路的客运量节约的经济效益为：

$$B_{1客公转铁}^{2010}=42\times10.5\times11.377+130\times10.5\times0.015\,982=5\,039\text{ 万元}$$

$$B_{1客公转航}^{2010}=-10\times9.5\times11.377-0.1\times13\times0.015\,982=-1\,081\text{ 万元}$$

式中 42、130 表示 2010 年公路转移到铁路的客运量(万人)、货运量(万 t)，10 和 0.1 表示 2010 年民航转移到铁路的客运量(万人)、货运量(万 t)。

②运输成本降低的效益 B_2、B_3

a. 旅客运输成本降低的效益 B_2

$$B_2=Q_{客公转铁}\times(L_{公}\,C_{客公}-L_{铁}\,C_{客铁})+Q_{客航转铁}\times(L_{航}\,C_{客航}-L_{铁}\,C_{客铁}) \tag{7-79}$$

式中：　B_2——旅客运输成本降低的效益；

$L_{航}$、$L_{公}$、$L_{铁}$——民航、公路和铁路的运输里程，km；

$C_{客公}$、$C_{客铁}$、$C_{客航}$——公路、铁路和民航客运的经营成本，元/人·km。

B_2^{2010} 为 2010 年的客运质量提高效益；计算中取 $L_{航}$、$L_{公}$、$L_{铁}$ 等于 1 000km、1 155km 和 1 140km；如 2010 年的 $C_{客公}$、$C_{客铁}$、$C_{客航}$ 取公路运输成本 0.34 元/人·km、民航运输成本 0.65 元/人·km、铁路运输成本 0.14 元/人·km，则该年：

$$B_2^{2010}=42\times(1\,155\times0.34-1\,140\times0.14)+10\times(1\,000\times0.65-1\,140\times0.14)$$

$$=14\,694\text{ 万元}$$

b. 货物运输成本降低的效益 B_3

$$B_3=Q_{货公转铁}\times(L_{公}\,C_{货公}-L_{铁}\,C_{货铁})+Q_{货航转铁}\times(L_{航}\,C_{货航}-L_{铁}\,C_{货铁}) \tag{7-80}$$

式中：　B_3——货物运输成本降低的效益；

$C_{货公}$、$C_{货铁}$、$C_{货航}$——公路、铁路和民航货客运的经营成本，元/tkm。

B_3^{2010} 为 2010 年的货运质量提高效益；计算中取 $L_{航}$、$L_{公}$、$L_{铁}$ 等于 1 000km、1 155km 和 1 140km；如 2010 年的 $C_{货公}$、$C_{货铁}$、$C_{货航}$ 取公路运输成本 0.27 元/t·km、民航运输成本 545 元/t·km、铁路运输成本 0.1 元/t·km，则该年：

$$B_3^{2010}=130\times(1\,155\times0.27-1\,140\times0.1)+0.1\times(1\,000\times5.45-1\,140\times0.1)$$

$$=26\,254\text{ 万元}$$

③运输质量提高的效益 B_4

a. 旅客运输舒适度提高的效益可通过旅客的支付意愿来测算，或借用现成的经验值或模型来计算。本次研究因缺乏可靠的参考数据，未予计算。

b. 货物运输损失减少的效益 B_4 仅考虑公路转移来的货运：

$$B_4=Q_{货公转铁}\times(U_{公}-U_{铁})\times P_{货影子} \tag{7-81}$$

式中：B_4——运输质量提高的效益；

$P_{货影子}$——铁路货运物资的平均影子价格，元/t；

$U_{公}$、$U_{铁}$——公路、铁路的运输货损率，%

B_4^{2010} 为 2010 年的运输质量提高的效益；同前，2010 年公路转移到铁路的货运量 $Q_{货公转铁}$ 为 130 万 t，在途货物影子价格平均按 2500 元/t 计算，并取公路、铁路的运输货损率分别为 2%和 0.3%，则有：

$$B_4^{2010}=130\times(0.02-0.003)\times2\,500=5\,525\text{ 万元}$$

④运输安全提高获得的效益 B_5

运输安全提高获得的效益 B_5 仅考虑公路转移来的客、货运量：

$$B_5=(Q_{客公转铁}\div n_{客}\div S_{客}+Q_{货公转铁}\div n_{货}\div S_{货})\times L_{客}\times P_{事故}\times j_{铁}\times10^{-4} \tag{7-82}$$

式中：B_5——运输安全提高的效益；

$n_{客}$、$S_{客}$——公路客运的平均座位（座/车）和实载率，%；

$n_{货}$、$S_{货}$——公路货运的平均吨位（t/车）和实载率，%；

$P_{事故}$——交通事故平均损失费，元/次；

$j_{铁}$——相对公路运输，铁路运输减少的综合交通事故率，%。

B_5^{2010} 为 2010 年的运输安全提高的效益；根据相关公路客货运输指标的调查，取 2010 年 $n_{客}$、$S_{客}$（43.2 人、56.4%）、$n_{货}$、$S_{货}$（6.4t、62.3%）、$P_{事故}$（1.44 万元/次，年递增 5%）、$j_{铁}$（0.05 次/万车·km），则得到：

$$B_5^{2010}=(42\div43.2\div56.4\%+130\div6.4\div62.3\%)\times1\,155\times1.44\times0.05=2\,855\text{ 万元}$$

(2)诱增运量的效益

诱增运量是由于拟建项目建成而引发的运量。主要是区域经济提速发展和铁路相关产业的发展引发的运输需求。现于预测的困难性，采用简化的计算方法。

①诱增客运量的效益 B_6。近似按年转移运量单位效益的 50%计算，公式如下：

$$B_6=Q_{客诱}\times S_{客平}\times50\% \tag{7-83}$$

代表年份 $B_6^{2010}=72\times554.70\times50\%=19\,969$ 万元

式中：B_6——诱增客运量的效益，B_6^{2010} 为 2010 年的诱增客运量的效益；

$Q_{客诱}$——诱增客运量，万人/年；

$S_{客平}$——趋势客运量单位效益，万元/万人。

②诱增货运量的效益 B_7。近似按生产这些货物所产生的生产者剩余或国民生产净值进行估算，简化公式如下：

$$B_7=Q_{货诱}\times P_{货影子}\times40\% \tag{7-84}$$

代表年份 $B_7^{2010}=160\times2\,500\times40\%=159\,960$ 万元

式中：B_7——诱增货运量的效益，B_7^{2010} 为 2010 年的诱增货运量的效益；

$Q_{货诱}$——诱增货运量，万 t/年。

(3)环境影响效益

人迹罕至的高原因铁路建设大军和运营管理人员的到来，流动人口、设备、设施和施工等原因，都会对铁路沿线的生态环境造成影响，项目中计列了日常环境维护费 1 000 万元/年。其余环境负效益目前没有公认一致的量化方法，因此不予计算。

4)经济费用效益分析结论

由经济费用效益流量表(附表 7-14)计算结果可见，经济内部收益率为 9.52%，大于社会折现率 8%，经济净现值为 644 363 万元(i_s=8%)，说明项目具有良好的经济效益。对项目内部收益率的敏感性分析表明(表 7-49)，当费用增大 20%时，EIRR=8.13>8%，但当效益减少 20%时，EIRR 为 7.83，略低于社会折现率 8%。说明项目具有一定的抗风险能力。

EIRR 的敏感性分析表 表 7-49

变动因素	-20%	-10%	0	10%	20%
效益	7.83%	8.71%	9.52%	10.26%	10.95%
费用	11.28%	10.34%	9.52%	8.79%	8.13%

5.财务评价

1)总成本费用

总成本费用包括经营成本、土建工程折旧费、机车车辆折旧费、财务费用等。本项目线路固定资产残值率为 5%，年折旧率 3.96%；机车折旧率 3.84%。根据表 7-45 的经营成本预估，编制的总成本费用表见附表 7-15、代表年份的运输财务成本见表 7-50。由表 7-50 可见，本线路 2010 年单位经营成本达 0.136 5 元/换算 t·km，单位总成本 0.443 2 元/换算 t·km，随着运营年度的增加，客货运量逐渐增加，单位成本逐渐降低。

运输财务成本表 表 7-50

年 度 (年)	2010	2015	2020
单位经营成本(元/换算 t·km)	0.136 5	0.119 7	0.107 4
单位总成本(元/换算 t·km)	0.443 2	0.342 2	0.026 86
总成本费用(万元)	189 317	201 512	218 443

2)营运收入和税费估算

根据国铁平均运价率，货运单价为 0.08 元/t·km，其中含铁路建设基金 0.033 元/t·km。

根据运量预测，近期客车 4 对/日，其中特快 1 对，快速 2 对，普快 1 对，客车编挂 14～16 辆。参照现行客运运价率和列车的性质和构成，客运单价为 0.16 元/人·km，具体情况见表 7-51。

现行客运运价率表(单位:元/人·km) 表 7-51

项 目	硬 座	软 座	硬 卧	软 卧	平 均
特快	0.115	0.182	0.201	0.320	0.190
快速	0.113	0.179	0.198	0.314	0.187
普快	0.097	0.162	0.180	0.294	0.154

其他收入率客货运综合考虑为 10%。

代表年份的运营收入及税金等见表 7-52。按有关规定，营业税按运输收入的 3%计征，城市维护建设税按营业税的7%计征，教育费及附加按营业税的3%计征，所得税15%。

营业外净支出率为70%元/万换算 t·km。

运营收入及税金表(单位:万元)　　表7-52

年　度　(年)	2010	2015	2020
运营收入	40 292	55 649	76 965
铁路建设基金	9 261	12 738	17 568
营业税及附加	1 330	1 836	2 540
营业外净支出	2 990	4 122	5 693

3)项目财务生存能力分析

(1)盈亏分析

根据基本运价编制的利润及利润分配表(附表7-16)，运营期各年全面亏损，年均亏损额达151 381万元。代表年份盈亏分析见表7-53中"完全成本"数据。

代表年份盈亏分析(单位:万元)　　表7-53

项　目	完全成本			只提取移动设备折旧			特殊运价并只提移设折旧		
	2010年	2015年	2020年	2010年	2015年	2020年	2010年	2015年	2020年
运营收入	40 292	55 649	76 965	40 292	55 649	76 965	63 098	87 077	120 362
营业税及附加	1 330	1 836	2 540	1 330	1 836	2 540	2 082	2 874	3 972
总成本费用	189 317	201 512	218 443	74 252	86 447	103 378	74 252	86 447	103 378
营业外净支出	2 990	4 122	5 693	2 990	4 122	5 693	2 990	4 122	5 693
利润总额	−153 345	−151 821	−149 711	−38 280	−36 756	−34 646	−16 226	−6 366	7 319
息税前利润	−153 145	−151 580	−149 411	—	—	—	−16 026	−6 124	7 619
息税折旧摊销前利润	22 336	−20 771	−18 602	—	—	—	−282	9 620	23 363
返还铁路建设基金	—	—	—	9 261	12 738	17 568	9 261	12 738	17 568
铁路建设基金返还后利润	—	—	—	−29 019	−24 018	−17 078	—	—	—
铁路建设基金返还、息税折旧摊销前利润	—	—	—	—	—	—	8 978	22 358	40 931

(2)现金余缺分析

根据编制的财务计划现金流量表(附表 7-17),项目运营期长期处于资金短缺状态,累计现金短缺 501 138 万元,年均 20 881 万元,财务上不具备生存能力。

(3)盈亏平衡分析

本项目投资大,运输成本高。经测算,若要使项目不亏损,盈亏平衡的货运价为 0.30 元/(t·km),盈亏平衡的客运价为 0.65 元/(人·km)。但本项目地处西部不发达地区,铁路建设本身是作为公益性很强的基础设施,过高的运价率是不合适的。

(4)财务效益与经济效益的差异分析

经济费用效益分析表明,项目经济效益较高。财务分析则显现出运营期净现金流量严重短缺,财务上不具备生存能力。究其主要原因是,项目工程艰巨、投资大,运输成本高,而运输需求不足,是典型公益性主导项目。因此,如何通过政策措施,改善项目财务状况,使之财务上可持续发展,是财务分析的重要目标。

4)项目财务可持续性分析

为使项目财务上可持续发展,建议采用相应的政策措施,针对项目特点,制定相应的财务与会计制度;从项目使用者的角度分析,由于客货运时间和费用大幅度降低,舒适性和安全性大幅度提高,可考虑适当结合消费者支付意愿,通过提高运价率来提高运营收入。

(1)采取相应的政策措施

①减提固定资产折旧费。只提移动设备折旧费,用于移动设备更新换代。这样,可使年均亏损减至 36 316 万元。代表年份的盈亏计算见表 7-53 的“只提取移动设备折旧”一列。

②全额返还铁路建设基金。公益性主导项目,建议全额返还铁路建设基金,由此可使年均亏损减至 18 976 万元。

③政府适度补贴。在以上基础上,建议政府适度补贴,弥补 18 976 万元/年的亏损。

(2)适当提高运价率分析

①按市场化原则,适度提高运价。目前公路、民航、管道运价与铁路的对比见表 7-54,由表可见,民航客运运价率是铁路的 5 倍,公路客运运价率接近铁路的 2 倍,这大大超出合理的比价范围。货运的比价更是大得离谱。因此,完全可以适度提价,解决部分财务亏损。

沿线公路、航空、管道及铁路运价表 表 7-54

运输方式	公路	管道	航空	铁路
客运[元/(人·km)]	0.30	—	0.97	0.16
货运[元/(t·km)]	0.45(政府指导价)	0.39	6.76	0.080

②采用特殊运价的财务分析。建议采用:客运 0.2 元/(人·km),货运 0.1 元/(t·km)(不含铁路建设基金)。在只提移动设备折旧费时,实施特殊运价的财务状况分析如下。

a. 盈亏分析。编制的利润及利润分配表(特殊运价并只提移动设备折旧费)见附表 7-18,代表年份的盈亏分析见表 7-53 的“特殊运价并只提移设折旧”一列。

计算结果表明,运营期前 11 年亏损,第 12 年(即计算期第 18 年)利润总额为+1 301 万元,以后年份全部盈利,年均利润额达 3 579 万元。息税前年均利润 3 918 万元,息税折旧摊销前年均利润 19 662 万元,铁路建设基金返还和息税折旧摊销前年均利润 36 713 万元。

b. 现金流余缺分析。编制的财务计划现金流量表(特殊运价并只提移动设备折旧费)见附表 7-19,计算结果表明,只有运营期第 3 年发生资金短缺,需要借助短期贷款平衡净现金流量，其余年份现金流均较充裕(第4年净现金流量已达到+6 870万元)，企业在财务上不仅具备生存能力，而且可持续稳定地发展。

5)财务评价结论

鉴于本项目的特殊性，即投资大、运量小、运输成本高，当采用基本运价并按完全运营成本计算时，运营期各年全面亏损，资金严重短缺，财务上不具备生存能力。为此，建议实施以下措施：

(1)采取相应的政策措施，如只提计移动设备折旧费，降低运营成本，全额返还铁路建设基金，适度财政补贴等，使财务状况得到改善，实现财务上可持续发展。

(2)在此基础上，为避免财政补贴，可按市场化原则适度提高运价，实现财务自立。

6.项目对区域经济影响的定性分析

本项目铁路建设将明显改善沿线地区交通网络的结构布局，有效提高相关城市的链接度和通达度，大幅度提高进出该省运输通道的输送能力，将大大缩短该省与内地之间的人流、物流、资金流和信息流的交流时间，推动该省实现经济跨越式发展，具体表现在以下方面。

(1)投资环境改善，促进区域发展。运输条件改善将极大完善项目影响地区的投资环境，有利于加快引进先进技术、人才、资金和管理经验，促进西部的开发建设。

(2)降低产品价格，开拓企业商机。铁路运输的高效低成本将有效降低项目影响地区的物资运输成本，提高产品竞争力，为该省产品进入国内外市场提供廉价运输通道，为区域企业的技术进步和市场开拓带来商机。

(3)提高人民生活水平。铁路建设将提供大量直接和间接就业岗位，铁路本身就可以接纳数千人就业。廉价的运输还将有效降低物价总水平，这都会有效提高地区的生活水平。

(4)促进旅游业发展。运输对区域旅游资源的开发将产生巨大影响，这可以使当地得天独厚的自然、地理和生态的优美环境成为吸引游客的聚宝盆。铁路运输的方便、快捷、安全、低价等特点将会吸引更多区外游客，大大促进该省的旅游业发展。

(5)有利于文化交流。项目影响区几千年的文明史和民族文化特色将随运输的便捷而得到宣传和交流，这将从整体上促进我国文化的发展。

(6)有利于加强民族团结，维护祖国统一。

7.结论与建议

拟建项目是我国一条具有重大战略意义的铁路线，对开发我国西部、保卫边防、稳定疆域、增强民族团结、维护国家统一、改善当地交通条件、促进区域经济发展、创造就业机会、促进经济繁荣，对项目沿线地区的工农业、经济与社会发展等均具有十分重要的意义。

(1)经济费用效益分析表明，项目的经济效益是可行的，具体指标为：

经济内部收益率EIRR=9.52%，对于社会折现率8%；

经济净现值ENPV=644 363万元(i_s=8%)，大于零。

(2)鉴于本项目的特殊性，当采用基本运价并按完全运营成本计算时，运营期各年全面亏损，资金严重短缺，财务上不具备生存能力。为此，建议实施以下措施：

①采取相应的政策措施，如只提计移动设备折旧费，降低运营成本，全额返还铁路建设基金，适度财政补贴等，使财务状况得到改善，实现财务上可持续发展。

②在此基础上，为避免财政补贴，可按市场化原则适度提高运价，实现财务自立。本财务评价中尝试采用：客运0.2元/(人·km)，货运0.1元/(t·km)(不含铁路建设基金)。计算结果表明，只有运营期前3年发生资金短缺，其余年份现金流均较充裕，企业在财务上不仅具备

生存能力，而且可持续稳定地发展，可供政府决策时参考。

8. 经济评价与财务评价的计算附表

分年度运输周转量表(单位：万人·km、万 t·km)　　附表 7-12

序号	项　目	合　计	7	8	9	10	11	12	…	30
1	货物周转量	12 400 803	116 022	247 199	263 370	280 626	299 043	318 700		905 770
	其中：转移	4 711 725	52 010	110 813	118 062	125 798	134 054	142 866		330 606
	诱增	7 689 078	64 012	136 386	145 308	154 828	164 989	175 834		575 164
2	旅客周转量	6 100 895	60 282	128 650	137 282	146 497	156 334	166 836		365 120
	其中：转移	2 211 657	25 280	53 950	57 570	61 434	65 559	69 963		127 468
	诱增	3 889 238	35 002	74 700	79 712	85 063	90 775	96 873		237 652

建设投资用款与资金筹措表(单位：万元)　　附表 7-13

序号	项　目	合　计	1	2	3	4	5	6
1	总投资	3 316 900	120 000	530 000	650 000	680 000	620 000	716 900
1.1	建设投资	3 316 900	120 000	530 000	650 000	680 000	620 000	716 900
1.1.1	土建工程投资	2 906 900	120 000	530 000	650 000	662 000	620 000	324 900
1.1.2	机车车辆购置费	410 000				18 000		392 000
1.2	建设期利息							
1.3	流动资金							
2	资金筹措	3 316 900	120 000	530 000	650 000	680 000	620 000	716 900
2.1	项目资本金	3 316 900	120 000	530 000	650 000	680 000	620 000	716 900
2.1.1	国债资金	2 487 675	90 000	397 500	487 500	510 000	465 000	537 675
2.1.2	铁路建设基金	829 225	30 000	132 500	162 500	170 000	155 000	179 225
2.2	债务资金							
2.2.1	用于建设投资							
2.2.2	用于建设期利息							
2.2.3	用于流动资金							

附表 7-14

经济费用效益流量表(单位:万元)

序号	效益与费用	合计	建设期						运营期				
			1	2	3	4	5	6	7	8	…	29	30
1	效益流量	19 722 697							224 015	222 170	…	2 247 575	2 801 305
1.1	运输时间节约的效益	197 344							4 834	4 902		14 820	15 928
1.2	转移客运量成本节约的效益	453 883							13 528	13 906		24 803	25 496
1.3	转移货运量成本节约的效益	248 684							62 384	46 750		109	82
1.4	提高运输安全的效益	141 866							2 303	2 474		11 115	11 939
1.5	提高运输质量的效益	163 619							5 153	5 274		8 588	8 790
1.6	诱发客运量的经济效益	1 163 597							15 485	16 855		99 951	108 792
1.7	诱发货运量的经济效益	17 194 640							121 250	132 982		2 091 117	2 431 051
1.8	从民航转移运量的时间损失	−43 249							−923	−973		−2 929	−3 087
1.9	回收土建固定资产值	145 000											145 000
1.10	回收机车车辆残余值	46 720											46 720
1.11	回收流动资金	10 594											10 594
2	费用流量	6 305 951	125 095	525 667	642 761	670 849	613 701	677 696	43 935	56 770		119 410	121 905
2.1	土建固定资产投资	2 849 019	117 095	517 667	634 761	646 727	605 701	327 067					
2.2	机车车辆购置费	358 750				16 121		342 629					
2.3	流动资金	10 594							3 465	1 315		202	218
2.4	运营费用	2 015 588							39 471	54 455		118 208	120 688
2.5	环境维护费用	24 000							1 000	1 000		1 000	1 000
2.6	建设期相关交通设施维护费用	48 000	8 000	8 000	8 000	8 000	8 000	8 000					
3	净效益流量(1−2)	14 416 746	−125 095	−525 667	−642 761	−670 849	−613 701	−677 696	180 080	165 400		2 128 165	2 679 400

总成本费用表(单位:万元)

附表 7-15

序号	项目	合计	7	8	9	10	11	12	…	29	30
1	经营成本	2 015 588	39 471	54 455	56 319	58 309	60 432	62 699		118 208	120 688
1.1	工资	135 992	2 663	3 674	3 800	3 934	4 077	4 230		7 976	8 143
1.2	材料	367 772	7 202	9 936	10 276	10 639	11 027	11 440		21 569	22 021
1.3	燃料	712 339	13 950	19 245	19 904	20 607	21 358	22 159		41 776	42 653
1.4	电力	27 207	533	735	760	787	816	846		1 596	1 629
1.5	其他	772 293	15 124	20 865	21 579	22 341	23 155	24 024		45 292	46 243
2	基本折旧	3 139 411	130 809	130 809	130 809	130 809	130 809	130 809		130 809	130 809
2.1	土建工程折旧	2 761 555	115 065	115 065	115 065	115 065	115 065	115 065		115 065	115 065
2.2	机车车辆折旧	377 956	15 744	15 744	15 744	15 744	15 744	15 744		15 744	15 744
3	无形及递延资产摊销费										
4	财务费用	6 911	135	187	193	200	207	215		405	414
4.1	短期贷款及流动资金借款利息	6 911	135	187	193	200	207	215		405	414
4.2	投资借款利息										
5	总成本费用(完全成本)	5 161 910	170 415	185 450	187 321	189 317	191 448	193 723		249 422	251 910
6	总成本费用(只计提机车车辆折旧)	2 400 355	55 350	70 385	72 256	74 252	76 383	78 658		134 357	136 845

利润及利润分配表(基本运价)(单位:万元)　　附表 7-16

序号	项　目	合计	7	8	9	10	11	12	…	29	30
1	营业收入	1 714 879	16 608	35 423	37 778	40 292	42 975	45 840		109 266	111 089
2	营业税金及附加	56 591	548	1 169	1 247	1 330	1 418	1 513		3 606	3 666
3	总成本费用	5 161 910	170 415	185 450	187 321	189 317	191 448	193 723		249 422	251 910
4	营业外净支出	129 512	1 234	2 631	2 805	2 990	3 188	3 399		8 649•	8 896
5	补贴收入										
6	利润总额	−3 633 134	−155 589	−153 827	−153 594	−153 345	−153 079	−152 795		−152 411	−153 383
7	弥补以前年度亏损										
8	应纳税所得额	−3 633 134	−155 589	−153 827	−153 594	−153 345	−153 079	−152 795		−152 411	−153 383
9	所得税										
10	净利润	−3 633 134	−155 589	−153 827	−153 594	−153 345	−153 079	−152 795		−152 411	−153 383
11	期初未分配利润			−155 589	−309 416	−463 010	−616 355	−769 434		3 327 340	−3 479 751
12	可供分配利润		−155 589	−309 416	−463 010	−616 355	−769 434	−922 229		−3 479 751	−3 633 134
13	提取法定盈余公积金										
14	可供投资者分配的利润		−155 589	−309 416	−463 010	−616 355	−769 434	−922 229		−3 479 751	−3 633 134
15	应付优先股股利										
16	提取任意盈余公积金										
17	应付普通股股利										
18	未分配利润		−155 589	−309 416	−463 010	−616 355	−769 434	−922 229		−3 479 751	−3 633 134
19	铁路建设基金	409 226	3 829	8 158	8 691	9 261	9 868	10 517		28 727	29 890
20	息税前利润	−3 626 223	−1 554 554	−153 641	−153 401	−153 145	−152 872	−152 580		−152 005	−152 969
21	息税折旧摊销前利润	−486 812	−24 645	−22 832	−22 592	−22 336	−22 063	−21 771		−21 196	−22 160
22	铁路建设基金返还、息税折旧摊销前利润	−77 586	−20 816	−14 674	−13 901	−13 076	−12 194	−11 254		7 530	−7 730

附表 7-17

财务计划现金流量表(基本运价)(单位:万元)

序号	效益与费用	合计	建设期						运营期				
			1	2	3	4	5	6	7	8	…	29	30
1	经营活动净现金流量	−77 586							−20 816	−14 674		7 530	7 730
1.1	现金流入	2 124 106							20 437	43 580		137 993	140 980
1.1.1	营业收入	1 714 879							16 608	35 423		109 266	111 089
1.1.2	增值税销项税额												
1.1.3	补贴收入												
1.1.4	其他流入	409 226							3 829	8 158		28 727	29 890
1.1.4.1	铁路建设基金	409 226							3 829	8 158		28 727	29 890
1.2	现金流出	2 201 691							41 253	58 254		130 463	133 250
1.2.1	运营成本	2 015 588							39 471	54 455		118 208	120 688
1.2.2	增值税销项税额												
1.2.3	营业税金及附加	56 591							548	1 169		3 606	3 666
1.2.4	增值税												
1.2.5	所得税												
1.2.6	其他流出	129 512							1 234	2 631		8 649	8 896
1.2.6.1	营业外净支出	129 512							1 234	2 631		8 649	8 896
2	投资活动净现金流量	−3 327 494	−120 000	−530 000	−650 000	−680 000	−620 000	−716 900	−3 465	−1 315		−202	−218
2.1	现金流入												

续附表

序号	效益与费用	合计	建设期						运营期				
			1	2	3	4	5	6	7	8	…	29	30
2.2	现金流出	3 327 494	120 000	530 000	650 000	680 000	620 000	716 900	3 465	1 315		202	218
2.2.1	建设投资	3 316 900	120 000	530 000	650 000	680 000	620 000	716 900					
2.2.1.1	土建工程投资	2 906 900	120 000	530 000	650 000	6 662 000	620 000	324 900					
2.2.1.2	机车车辆购置费	410 000				18 000		392 000					
2.2.2	维持运营投资												
2.2.3	流动资金	10 594							3 465	1 315		202	218
2.2.4	其他流出												
3	筹资活动净现金流量	3 313 167	120 000	530 000	650 000	680 000	620 000	716 900	3 329	1 129		−203	−7612
3.1	现金流入	3 327 494	120 000	530 000	650 000	680 000	620 000	716 900	3 465	1 315		202	218
3.1.1	权益资金投入	3 320 078	120 000	530 000	650 000	680 000	620 000	716 900	1 039	395		61	65
3.1.2	建设投资借款												
3.1.3	流动资金借款	7 416							2 425	921		141	152
3.1.4	债卷												
3.1.5	短期借款												
3.1.6	其他流入												
3.2	现金流出	14 326							135	187		405	7 829
3.2.1	各种利息支付	6 911							135	187		405	414
3.2.2	偿还债务本金	7 416											7 416
3.2.3	应付利润(股利分配)												
3.2.4	其他流出												
4	净现金流量	−91 912							−20 952	−14 861		7 125	−99
5	累计盈余资金								−20 952	−35 812		−91 813	−91 912

利润及利润分配表(特殊运价并只计提移动设备折旧)(单位:万元)

附表 7-18

序号	项目	合计	7	8	9	10	11	12	…	29	30
1	营业收入	2 706 285	26 024	55 495	59 173	63 098	67 288	71 761		176 082	179 961
2	营业税金及附加	89 307	859	1 831	1 653	2 082	2 221	2 368		5 811	5 939
3	总成本费用	2 401 56[illegible]	56 011	70 829	72 357	74 252	76 383	78 658		134 357	136 845
4	营业外净支出	129 512	1 234	2 631	2 805	2 990	3 188	3 399		8 649	8 896
5	补贴收入										
6	利润总额	85 905	−32 080	−19 797	−17 941	−16 226	−14 503	−12 664		27 265	28 281
7	弥补以前年度亏损	17 278									
8	应纳税所得额		−32 080	−19 797	−17 941	−16 226	−14 503	−12 664		27 265	28 281
9	所得税	31 936								4 090	4 242
10	净利润	36 690	−32 080	−19 797	−17 941	−16 226	−14 503	−12 664		23 176	24 039
11	期初未分配利润			−32 080	−51 876	−69 817	−86 044	−100 547		−10 524	12 652
12	可供分配利润		−32 080	−51 876	−69 817	−86 044	−10 0547	−113 211		12 652	36 690
13	提取法定盈余公积金										
14	可供投资者分配的利润		−32 080	−51 876	−69 817	−86 044	−100 547	−113 211		12 652	36 690
15	应付优先股股利										
16	提取任意盈余公积金										
17	应付普通股股利										
18	未分配利润		−32 080	−51 876	−69 817	−86 044	−100 547	−113 211		12 652	36 690
19	铁路建设基金	409 226	3 829	8 158	8 691	9 261	9 868	10 517		28 727	29 890
20	息税前利润	+94 022	−31 283	−19 166	−17 647	−16 026	−14 296	−12 449		27 671	28 695
21	息税折旧摊销前利润	471 878	−15 539	−3 422	−1 903	−282	1 448	3 295		4 3415	44 439
22	铁路建设基金返还、息税折旧摊销前利润	881 104	−11 710	4 736	6 788	8 978	11 316	13 812		72 141	74 329

财务计划现金流量表(特殊运价并只计提移动设备折旧)(单位:万元)

附表 7-19

序号	效益与费用	合计	建设期						运营期					
			1	2	3	4	5	6	7	8	9	…	29	30
1	经营活动净现金流量	881 104							−11 710	4 736	6 788		72 141	74 329
1.1	现金流入	3 115 512							29 853	63 653	67 864		204 809	209 852
1.1.1	营业收入	2 706 285							26 024	55 495	59 173		176 082	179 961
1.1.2	增值税销项税额													
1.1.3	补贴收入													
1.1.4	其他流入	409 226							3 829	8 158	8 691		28 727	29 890
1.1.4.1	铁路建设基金	409 226							3 829	8 158	8 691		28 727	29 890
1.2	现金流出	2 234 408							41 564	58 917	61 076		132 668	135 523
1.2.1	运营成本	2 015 588							39 471	54 455	56 319		118 208	120 688
1.2.2	增值税销项税额													
1.2.3	营业税金及附加	89 307							859	1 831	1 953		5 811	5 939
1.2.4	增值税													
1.2.5	所得税													
1.2.6	其他流出	129 512							1 234	2 631	2 805		8 649	8 896
1.2.6.1	营业外净支出	129 512							1 234	2 631	2 805		8 649	8 896

续附表

序号	效益与费用	合计	建设期						运营期					
			1	2	3	4	5	6	7	8	9	…	29	30
2	投资活动净现金流量	−3 327 494	−120 000	−530 000	−650 000	−680 000	−620 000	−716 900	−3 465	−1 315	−164		−202	−218
2.1	现金流入													
2.2	现金流出	3 327 494	120 000	530 000	650 000	680 000	620 000	716 900	3 465	1 315	164		202	218
2.2.1	建设投资	3 316 900	120 000	530 000	650 000	680 000	620 000	716 900						
2.2.1.1	土建工程投资	2 906 900	120 000	530 000	650 000	662 000	620 000	324 900						
2.2.1.2	机车车辆购置费	410 000				18 000		392 000						
2.2.2	维持运营投资													
2.2.3	流动资金	10 594							3 465	1 315	164		202	218
2.2.4	其他流出													
3	筹资活动净现金流量	3 311 962	120 000	530 000	650 000	680 000	620 000	716 900	15 175	−3 420	−6 624		−203	−7 612
3.1	现金流入	3 350 310	120 000	530 000	650 000	680 000	620 000	716 900	15 971	9 717	2 072		202	218
3.1.1	权益资金投入	3 320 078	120 000	530 000	650 000	680 000	620 000	716 900	1 039	395	49		61	65
3.1.2	建设投资借款													

续附表

序号	效益与费用	合计	建设期						运营期					
			1	2	3	4	5	6	7	8	9	…	29	30
3.1.3	流动资金借款	7 416							2 425	921	115		141	152
3.1.4	债卷													
3.1.5	短期借款	22 817							12 507	8 402	1 908			
3.1.6	其他流入													
3.2	现金流出	38 349							796	13 138	8 696		405	7 829
3.2.1	各种利息支付	8 117							796	631	294		405	414
3.2.2	偿还债务本金	30 232								12 507	8 402			7 416
3.2.3	应付利润(股利分配)													
3.2.4	其他流出													
4	净现金流量=1+2+3	865 572							0	0	0		71 736	66 500
5	累计盈余资金												799 072	865 572

习题与思考题

1. 什么是名义利率？什么是实际利率？它们之间的关系如何？

2. 为什么不宜简单采用 IRR 对多个独立项目进行排序？ 你认为 IRR 和 NPV 哪个指标更能反映项目的经济效益？

3. 简述国民经济评价和财务评价在考虑问题的角度、效益与费用的内容、评价指标及适用场合等方面的区别。

4. 简述国民经济评价的效益计算内容。

5. 折旧费在财务评价中属收入还是成本？残值在国民经济评价和财务评价中的含义有何不同，各自如何计算？

6. 财务评价中效益与费用包含哪些项目？

7. 预可行性研究和工程可行性研究在总体要求、提供图表要求、资料要求、交通量预测、经济评价要求以及报告格式等方面有何不同？

第八章 运输政策

引 子

运输政策对运输业发展具有重要作用。1987 年，瑞士通过全民公决制定了被称为“交通政策里程碑”的铁路发展规划。这项规划规定，在现有穿越阿尔卑斯山脉的 4 条公路隧道、2 条铁路隧道的基础上，再修建新的铁路隧道，工程结束后可使年货运量从 2 500 万 t 提高到 5 000 万 t。1998 年，瑞士又进行了第二次全民公决，通过了提高公路收费标准用作铁路建设资金的决议案。这项“限制公路、发展铁路”的决议成了瑞士国家运输政策的基石，它还波及欧洲以及世界的许多国家和地区。

运输政策是国家宏观经济政策的重要组成部分，对交通运输业的发展，对国民经济的发展都会产生重要影响。运输政策直接决定运输经济发展战略，影响运输产业结构和运输市场结构。运输政策还对国土资源利用、区域经济开发、生产力合理布局、人口地理分布、环境保护等多方面产生深刻影响。本章首先提出运输政策的一些基本概念，其次探讨了其编制程序以及评价体系，然后从运输与经济的角度介绍了两种具体运输政策即运输投资政策和运输财政政策，以及从运输与环境角度出发的可持续交通环境政策，最后介绍了最新的欧盟运输政策。其中运输政策系统构架、编制程序与评价体系的部分内容参考了王庆云主编的《交通运输发展理论与实践》中的相关章节。

第一节 运输政策的定义、作用和内容

一、运输政策的定义

政策是指政府为实现一定时期的目标而制定的具有鼓励或限制各经济主体活动、协调各个经济主体利益关系的行为准则。运输政策则是在有限资源调节的制约下，为实现运输创造最大空间及时间效用的目标，政府作为社会公共利益的主要代表按照一定时期内经济与社会发展对运输的需要，选择综合运输体系的目标和重点，综合运用行政、法律、经济以及思想等手段调节运输参与者的行为而制定的前瞻性决策方案。

二、运输政策的作用

运输政策作为国家宏观经济政策的一部分，对于促进国民经济和运输业的健康发展具有重要作用。

1. 实现资源的合理配置及产业的合理布局

资源的布局是大自然赋予的，往往与国民经济发展不相适应，运输是地区间资源调配的前

提条件。合理的运输政策往往鼓励和支持在原材料产地和生产基地之间建立大型的运输干线,保证资源配置的及时、合理。为了使某些欠发达地区与外界联系起来,许多国家都不惜巨资建立公路或铁路等运输通道。通过运输政策可以实现国家在政治、社会和文化方面的目标,也有利于促进资源在地区间的合理配置。运输政策还对一个国家或一个地区的产业布局产生重要而深刻的影响,如日本就是通过大力发展海运政策,而成为世界主要的钢铁生产和出口国。发展中国家可以借鉴发达国家交通运输发展经验,遵循运输结构的演变规律,选择正确的交通运输发展道路。如果具备这种后发优势,后起国家可以采用比发达国家更广泛和力度更大的运输政策。

2.促进运输合理化

运输合理主要包括运输布局的合理化、运输结构的合理化和运输组织的合理化。运输布局应服从于资源分布和服务于工业布局。但多数运输方式和运输线路均需依靠一定的自然地理条件。合理的运输布局就必须在自然地理条件基础上,规划出能满足国民经济发展和广大旅客出行的运输系统。运输结构是指各种运输方式的运输能力和实际运输量在总运输能力和运输量中所占的比重。运输政策对运输结构在宏观上的管理,可以充分有效地利用各种运输方式优势和地理地形优势,最经济地为国民经济和人民生活提供服务。运输组织的合理化是指在现有运输布局基础上最有效地利用各种运输方式,减少或避免运输的不合理性。政府可以通过政策性的措施来管理运输需求,实现运输组织的合理化。

3.保护环境

运输对环境的负面影响正日益受到人们的关注。各国都在制定可持续的交通运输发展政策以实现国家经济的可持续发展。运输政策对一个国家或地区的环境保护作用正变得越来越重要。

三、运输政策的主要内容

由于地理条件、资源状况、经济发展水平不同,各个国家的运输政策内容是不同的。同一个国家在国民经济和运输化的不同发展阶段,其运输政策的目标及产生背景、调整的重点对象和政策手段等,也是有差异的。但是许多国家出台的运输政策一般常常会包括如下几项内容。

1.政策目标

说明制定该项政策所要解决的主要问题。例如,为促进运输业发展筹集充足的资金、改善运输服务水平、推广新的运输技术、提高交通安全水平、缓解交通拥堵状况、节约能源、降低交通运输造成的污染、促进地区开发、促进运输业合理竞争等,都可能是某运输政策所要实现的目标。例如,美国运输部1940年就宣称制定联邦运输政策“是为了承认并保护各种运输方式的优势,以便对所有运输方式提供公正和不偏袒的管理;促进安全、充足、经济和有效率的运输服务,并促使运输企业保持健全的财务状况;鼓励制定和实行合理运价,制止任何歧视、不正当的优惠以及不公正或毁灭性的竞争;……运输政策的总目标是要发展、协调和保护由水运、公路、铁路及其他方式组成的国家运输体系,以充分满足商业、邮政及国防的需要。”

2.政策的背景

对不同时期或不同经济发展阶段所面临的不同运输问题应制定不同的运输政策,为使公众和政策执行者对政策能有更好的了解并愿意配合执行,以保证其顺利实施,一般应对该项政策制订的原因、时机及其他背景情况加以说明。

3. 政策手段

制定运输政策要根据当时的社会、经济、政治、技术条件选择实现政策目标的手段。运输政策的手段是多种多样的，概括来说，主要分为行政手段、法律手段、经济手段和思想诱导手段这四类，而具体的方式可以表现为调整运价、税收改革、政府补贴、购买运输服务、建设运输设施、投融资体制和机制的创新、制定运输工具的废气排放和噪声标准、实行运输监管或放松监管、运输业重组、对某种运输方式实行国有或私有化、经营许可等。

4. 实行政策的区域范围

有些运输政策是全国普遍通用的，有些是区域性的运输政策。政策要说明政策的实施范围。

5. 保证政策实施的法规

运输政策与交通运输法规有十分密切的关系。很多国家并无运输政策的正式文件，运输政策本身是通过一系列交通运输法规体现出来的，而成文的运输政策有时也只是原则性的抽象的政策。必须根据该政策制定可以具体实施的交通运输法规，以便实际贯彻。用法律的形式肯定一些重要的运输政策目标，也有利于保证它的权威性和一定程度的稳定性。因此交通运输法规已成为各国运输政策的重要组成部分。一些国家目前已越来越明确地用立法的形式制定和颁布其运输政策，甚至具体时间期限内的运输建设规模、筹款方式和数额、政府补贴方式以及专门负责机构等，都用法律固定下来，以保证运输政策目标的实现。

6. 运输建设规划

很多运输政策涉及交通运输建设规划，而且非通过建设规划付诸实施不可；而每一个国家的交通规划，也都必然会反映其政府的运输政策。因此，运输建设规划也是运输政策的重要组成部分。

7. 政策的执行机构

各国都有交通运输主管部门，它们一般是国家运输政策的制定和执行机构。但有些国家在交通立法中往往还对一些具体的运输政策目标或事项，规定或设立特殊的执行机构，使其负有相应特殊的责任和权力。

第二节　运输政策的特性与系统构架

一、运输政策与产业政策的关系与比较

产业政策是指政府通过相应的政策手段，对资源配置和利益分配进行干预，对企业行为进行某些限制和诱导，从而对产业发展的方向施加影响的一系列政策。在市场经济条件下，市场机制在资源配置过程中发挥着基础性作用，即市场供求关系与价格杠杆调节投资方向和投资规模，竞争机制决定企业的进退和存亡。但是，由于存在“市场失灵”的现象，需要政府对经济进行干预，产业政策就是政府干预经济的重要工具之一。

从产业政策的性质和作用范围看，可以将其分为两类：一类属于政府的规制，具有共性，所有的经济主体都必须遵循，例如市场准入标准、竞争规则、关税政策、国际贸易规则等；另一类是带有特殊性的、针对个别产业制定的发展规划、投融资和税收等政策。前者属于广义的产业政策，后者属于狭义的产业政策。

作为针对运输业发展的产业政策，运输政策属于后一种产业政策。由于运输业自身独特

的产业特性，运输政策与一般的产业政策比较表现出自己的特点。

1.运输政策的首要目标在于满足“派生性”需求

运输业具有经济先导性，运输需求是一种“派生”需求，这就决定了运输业政策的首要目标是要满足经济、社会发展需求，为人员、商品流动提供保障。

2.政府在运输产业中的作用更大

由于运输业具有自然垄断性，政府对运输业市场的干预不是采用反垄断政策这样的间接方式，而是采用公共规制政策直接干预市场，直接对企业的市场行为和市场绩效加以规制。另外，为了保障运输政策目标的实现，运输政策更注重从国家、区域、地区层面采取保障措施，如把运输纳入区域发展规划中，强化政府在运输发展中的责任。

3.运输政策的直接作用对象包括企业和相关政府结构

运输业作为一种以运输网络为基础的产业，不仅包括运输服务企业，而且包括交通网络基础设施的建设等。由于交通基础设施的社会公益性以及在经济发展中的先导性作用，各个国家都由政府承担起了大部分运输基础设施建设的任务，在这种情况下，运输政策的直接作用对象就不仅包括运输企业，而且包括了相关政府机构。

4.运输政策涉及范围更为广泛

一般产业政策包含产业组织政策、产业布局政策和产业技术政策等。运输政策除了以上这些方面之外还包括：

(1)运输方式结构政策。运输业是一个由五种运输方式组成的系统，五种运输方式之间存在着相互依存、相互制约的关系，如何建成五种方式之间优势互补、一体化的运输体系是各国运输政策的重点内容之一。

(2)运输安全政策。运输发展的最终目标是为了促进人的全面发展，而运输又是一个具有高事故发生率的产业，如何促进运输安全，降低事故发生和事故伤亡率成了各国运输政策突出的重点之 。

(3)可持续发展政策。运输业资源占用、消耗比较大，并会引起噪声、废气等环境污染问题，建设与自然、社会、经济协调发展的运输系统是实现可持续发展的必由之路。各国运输政策都将可持续发展问题作为一个重点问题加以关注。

(4)将投融资政策放在更重要的地位。运输业是资金密集型产业，而且其建设周期长，投资回收比较慢。为了促进运输业的发展，各国在运输政策中将投融资政策放在突出地位，除了由政府投资运输业，还注意通过运输政策拓宽融资渠道。

二、运输政策的特性

1.运输政策具有前瞻性

在运输产业中，从制定政策到筹集资金、形成项目、建设完工往往需要较长的实施周期，这就造成运输政策收益的回收期较其他产业更长。对于运输政策来说，除了应引导运输资源的分配，保障运输能满足可预测的或不可预测的未来需求外，还应从更长期的视角反映未来运输需求的趋势，提高中长期预测的科学性和灵活性，做到适度超前。同时还必须从长远发展的角度，破除一些领域中如政企不分、结构僵化、行政垄断以及监管缺位等在管理制度、组织结构和创新机制上所存在的不适应综合运输体系、协调发展的障碍，使各种运输系统能在未来发挥应有的作用。

2. 运输政策具有引导性

运输政策的引导性是指运输政策在根本上是作为一种积极引导运输发展所需要的资金、土地、人力、能源等各种资源要素的配置，具有显著目标导向作用的政策。作为运输政策作用对象的运输供给和需求之间的关系其实是十分具体而繁复的。运输政策不仅要解决抽象意义上的有限资源的配置问题，而且还需要在相当具体的形态下，在更广泛、更经常并更深入的意义上引导资源的合理配置。

3. 运输政策具有显著的供给指向性

运输政策对于运输服务的供给具有特别显著的调节作用。特别是在当前我国交通运输仍然滞后于经济发展的现实背景下，运输政策的一项主要任务就是快速提高运输的服务供给能力，满足经济社会发展对于运输的需求。因此运输政策在具体内容上主要着眼于交通投资条件的改善、运输服务水平的提高、交通技术的进步以及交通方式结构的协调，这些政策都服务于资源配置的优化和运输产业效率的提高，从而有利于运输供给能力的增强。

4. 运输政策必须符合国家整体战略和利益

运输作为社会经济活动中实现空间位移的载体，关系到国家经济能否繁荣昌盛，人民生活水平能否显著提高，如今已经成本衡量一国整体竞争能力的重要指标。然而，由于运输自身的基础产业特性，决定了运输政策的实施所产生的收益难以从纯市场的角度运用财务分析的方法进行计量，而必须从国家利益的角度来考虑，并与国家不同阶段的整体发展战略相配合。在不同的战略发展阶段，运输政策的目标和手段也都要进行调整。

5. 运输政策具有复杂性和协调性

在运输产业中，五种运输方式都有着各自不同的技术经济特点，每种运输方式内部也存在着基础设施、运输装备以及各种硬件软件等相互衔接配合的问题，因此综合运输体系是一个复杂的巨系统，方式间、方式内、城市间、城市内的交通系统都有着千丝万缕的联系。运输政策也是一个复杂的政策体系，包含多层次、多方面的内容。运输政策应不仅仅着眼于解决单独运输方式的发展问题，而应从全面系统的视角来审视。有效的运输政策体系本身应该是互相协调的，运输政策应能使每一种运输系统发挥其最大效用，彼此互相协调配合，并且分工协作，以达到均衡与整合运输系统的目标。不仅如此，运输政策与财政、货币、能源和环境等政策之间也是协调一致、互相促进、相辅相成的。

6. 运输政策应具有一贯性

每一种运输方式从规划到建设再到运营都涉及巨额的资金投入，特别是交通基础设施一旦投入往往就不能转移而构成沉没成本，因此运输政策在影响资源配置的决策过程中一旦发生偏差，纠正失误所需付出的成本将十分巨大。所以，运输政策的一贯性尤为重要，故必须在政策制定阶段审慎研究，保证政策的稳定及长久性。同时不同层次的运输政策制定和实施主体也必须保持上下一致，将运输政策正确地贯彻落实到运输发展的实践中。

7. 运输政策的市场功能弥补性

运输政策之所以成为必要，主要在于与其他产业相比，市场机制在运输领域中存在着大量"市场失灵"的现象。因此，在任何时候，任何国家、政府不参与运输的发展是不可能的。运输政策是弥补运输领域市场机制缺陷和不足的重要政策，它能有效解决市场的失灵问题，全面提高运输的运行质量，然而，运输政策的核心功能在于弥补和纠正市场的缺陷和失败，而不是排斥和取代市场功能。

三、运输政策的系统构架

运输政策是由一系列政策要素所构成的具有一定内在结构的有机整体。由于运输政策涉及对象的复杂性以及运输与其他经济活动密不可分的性质，运输政策的政策元素之间、元素与结构之间以及结构与环境之间的复杂与协调性十分明显，因此运输政策的系统构架是由各单项政策所构成的一个有机整体。单项政策是构成运输政策体系的元素，在各自的范围内相对独立地发挥对运输的导向、约束和协调功能。各单项政策整体效果的发挥是以一定的结构为基础的。运输政策的系统构架即是指各项政策在时间和空间上的排列顺序和组合方式，这种排列顺序和组合方式决定了各单项政策相互联系、相互作用，而形成运输政策的整体合力。

运输政策的系统构架可以从纵向子系统和横向分系统两个角度划分(图 8-1)。所谓纵向子系统，是指构成运输政策体系的要素，包括总政策、基本政策、具体政策三个等级，它说明了政策之间的纵向关系。所谓横向分系统，是指各运输政策子系统按具体内容划分的有关领域，包括投融资政策、市场规制政策、技术促进政策、安全政策等，它说明了运输政策之间的横向关系。

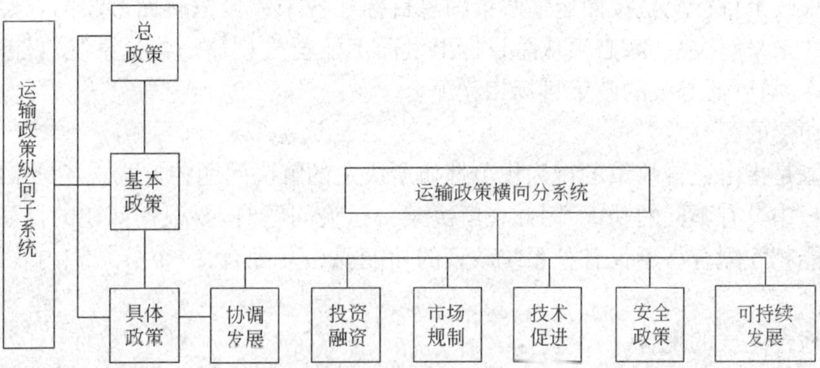

图 8-1 运输政策的纵向子系统、横向分系统矩阵示意图

1. 交通运输政策体系的纵向结构

交通运输政策系统的纵向结构可分为总政策、基本政策、具体政策三个层次，它们构成交通运输政策体系的三级子系统。

1)总政策

总政策是运输政策的制定主体在一定历史阶段为实现一定的运输发展任务而规定的指导全局的总原则。其构成要素主要包括总目标和实现总目标的途径与保证。总政策的内容具有高度的概括性和综合性，因此在实际贯彻过程中，需要把总政策的要素逐步分解，空间上分解为各个方向的目标和原则，在时间上分解为若干发展阶段。总政策处于政策体系的最高级，是基本政策和具体政策制定和运行的基础，具有提纲挈领、总揽全局的指导地位和较长历史时期内的稳定性。

2)基本政策

基本政策是政策主体用于指导某一领域或方面工作的指导原则，它是总政策在某一领域或方面的具体化，构成运输政策的主轴。基本政策与总政策的区别主要在于总政策是跨领域的、指导全局的综合性政策，在一定历史阶段内是稳定不变的，基本政策则只有局部性和阶段性的特点。

基本政策在运输政策体系中处于总政策和具体政策之间，处于承上启下的环节，一方面，基本政策是总政策的具体化，从属于总政策，是构成运输政策体系的基本要素；另一方面，基本政策又以若干具体政策为要素，构成从属于运输政策体系的分体系。

3)具体政策

具体政策是运输政策主体针对某一具体问题而制定的具体措施、准则、界限性规定等。具体政策在运输政策体系中居于最低层次，它是基本政策的具体化。在运输政策体系中，具体政策数量较多，涉及面广。由于它所涉及的都是较为具体的问题，因此在政策目标、政策对象、行为界限等方面的规定必须是明确、具体、易操作的。

2. 交通运输政策体系的横向关系

运输政策体系的横向结构是指政策体系内各分系统之间的关系。运输政策的不同领域和方面的政策是相互联系、相互作用的，它们各有不同的调控对象，功能各异，在实际运行过程中，应当彼此协调、相互配合、形成合力，才能促进整个综合运输体系的协调发展。各分系统政策之间的协调、配合关系主要表现在以下三个方面。

1)政策目标的协调

各分系统政策目标应是按照运输政策的总目标在各个领域分解而形成的，分系统政策所规划的问题的未来解决程度，必须从总目标出发而不能与之相悖。各分系统目标之间也应彼此相互协调，并与更低等级的政策目标相互配合。

2)政策功能的配合

政策功能是指由运输政策的行为规范性质所决定的解决问题的方式。各分系统的政策在实际运作过程中具有不同的功能，因此在解决某一运输问题时，要根据问题的性质，使各分系统政策的功能相互配合。不仅各分系统政策的功能要相互配合，一个分系统内政策的功能也要相互配合。

3)政策地位主次的配合

在一定时期内，各项运输政策分系统必然存在当期解决的重点，当主要政策制定和实施时，也不能忽视相关次要政策的制定和实施。因此，必须统筹兼顾、综合平衡。

第三节　运输政策编制程序及评价

运输政策的系统构架是政策制定主体根据所获得的信息，遵循一定的程序和逻辑思路而进行的，政策的系统构架和制定模式与政策编制的程序和思路是高度相关的有机整体。

运输政策评估是运输政策理论框架中的一个重要组成部分，在运输政策发展较为成熟的国家，政策评估贯穿于运输政策的确定、执行和完结的全过程。科学、系统的评估可以对运输政策的可行性、实施效果等进行客观的分析、指导和反馈，并能科学地总结政策影响的经验，是整个运输政策框架体系健康持续实施的有力保障。政策评估是“寻找能够解决深层次矛盾和问题并且逐步消除其根源的重要切入点”，因此，研究运输政策评估方法既是丰富和完善运输政策理论框架的重要内容，同时也是解决运输发展深层次矛盾和问题的一种切实可行的选择。

一、运输政策的编制程序

编制运输政策首先必须明确在整个国民经济的政策体系中制定运输政策的目的、运输政策所要解决的基本问题以及它对应国家发展战略体系中的哪些战略目标和策略。运输政策要解决的发展问题、发展目标和发展措施，应根据国家发展战略体系的一致性和相容性原则，直接从综合计划与政策中继承而来。在综合计划与政策和各部门专项计划与政策的预测研究工作之间，也会存在多次反馈和修正。运输政策根据国家综合计划与政策，确定了将要解决的主要发展问题和基本目标后，应通过适当的途径组织专家征集相关提案，并听取公众代表与专家小组的审议。由政府组织的决策小组在充分听取专家学者和社会各界公众意见和建议的基础上，本着科学、公平、公正的态度，对重点政策领域达成共识，并确定政策编制主体。第二步工作是对具体的政策领域进行分析，按照战略管理的工作流程编制政策。运输政策的程序过程如图 8-2 所示。

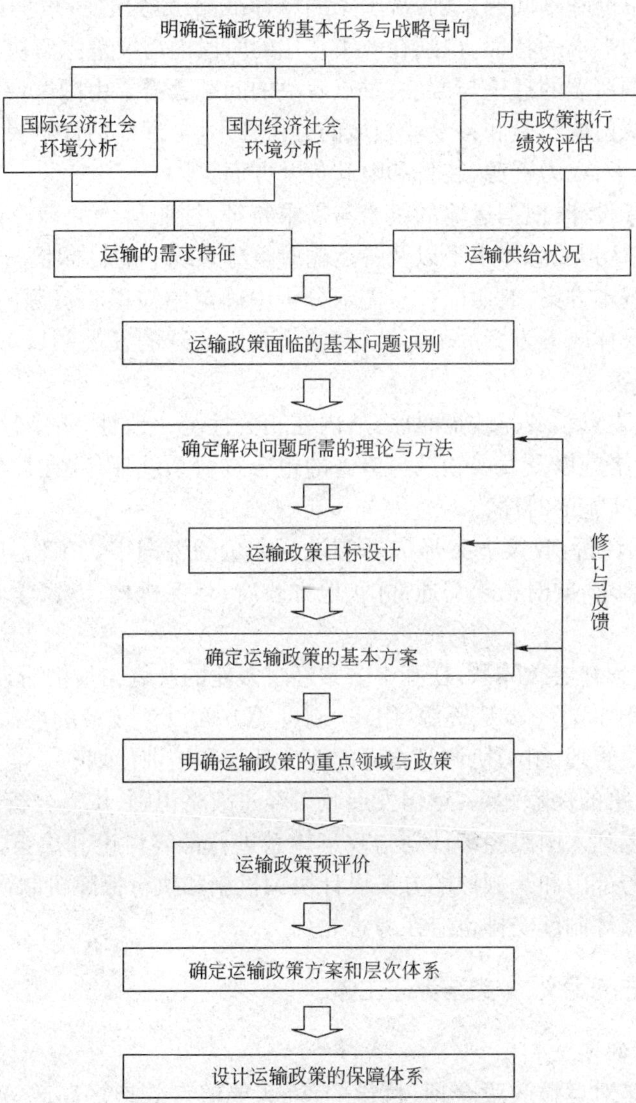

图 8-2　运输政策编制的程序过程

（资料来源：王庆云，《交通运输发展理论与实践》，2006 年）

(1)明确运输政策基本任务与战略导向：即按照国民经济发展的整体战略，识别在运输领域中具有战略意义的重大问题，明确综合运输政策所服务的国家战略目标，在整个国民经济计划与政策体系中，安排综合运输政策服务于相应的问题和目的。

(2)国际经济社会环境分析:分析国际社会、经济、技术、环境以及政治关系方面的变化因素和变化趋势。

(3)国内经济社会环境分析:识别、分析、预测国内经济未来一段时期内的增长与社会的发展趋势,确定我国面临的机会、威胁、优势与挑战。

(4)历史政策执行绩效评估:主要指评估上一个计划的执行绩效,并预测按目前的趋势发展下去可能产生的结果。

(5)运输供给与需求特征:确定我国运输领域目前所能达到的水平,识别我国综合交通系统的优势资源和未来的发展潜力。

(6)运输政策面临的基本问题识别:从国家的整体战略考虑出发,根据国内外环境的发展趋势,按照运输供给与需求的特征,识别在政策作用的时段内需要重点解决的基本问题。

(7)确定解决问题所需的理论与方法:重点解决的问题是需要由国家集中相关的资源来解决的,必须借助专家队伍的经验和各专业领域的分析技术,合理地估计解决问题所需要的知识和资源,包括时间、技术、人力资源、装备和财政各个方面。

(8)运输政策目标设计:根据运输的供给与需求特征,按照科学的理论依据和预测方法设定未来运输发展所应达到的总体水平以及各运输政策分系统下的目标状态。

(9)确定政策的基本方案:对照前一步需求分析中确定的知识和资源门类,根据国内外资源的可获得性,设计具体政策方案的可行性,并最终确定入选的发展领域和重点对策措施,设定若干个备选计划方案。

(10)明确政策的重点领域与政策时序:从内在相关性与一致性(平衡性)的角度对每一个发展领域与重点对策措施以及发展领域与措施的组合进行系统评价,在评价的基础上确定若干个重点领域与政策实施的时序。

(11)运输政策预评价:政策方案形成后应进行大量的咨询审议工作,广泛了解运输使用者、供给者的意见和需求,同时征求交通部门、地方政府、环保机构、专家学者以及其他社会团体的意见。

(12)确定执行方案和层次体系:在基本方案经过多轮的修订与反馈后,最终确定政策的具体执行方案与实施细则,进一步从资源、组织、制度等方面设计政策的层次体系与执行过程。其中最重要的是技术、管理、组织协调等方面的能力开发和培训计划。

(13)设计运输政策的保障体系:运输发展政策经过战略识别、供需分析和资源分析等过程的考察后,原则上可以列入国民经济计划与政策体系进行最终讨论和决策。为保障政策得以按预定计划实施,对跨部门和跨领域的方案设计协调机制和执行保障机制,包括政治支持在内的支持系统、监督体系等制度安排也应在考虑之列。

二、运输政策评估的定义、分类与评估主体

1.运输政策评估的定义

运输政策评估,是对运输政策合理、科学的诊断,能够有效地提高政策效率,降低政策成本,也是合理配置政策资源、不断推进政策创新的基础。

2.运输政策评估的分类

根据评估的不同目标阶段,我们可以把运输政策评估分为预评估、执行评估和后评估三类。

运输政策的预评估又称政策制定评估,是指运输政策实施之前,对拟实施的运输政策方案

的目标、可行性和未来可能的影响进行预测性质的评估工作，它同时也是运输政策制定过程中必不可少的组成部分。

运输政策的执行评估又称政策实施评估，是指运输政策在实施过程中，对运输政策实施路径、阶段效果、发展方向的分析与监督。合理的执行评估包括运输政策的全程效果监测以及阶段性的中期评价，对政策的执行有重要的参考与引导作用。

运输政策的后评估又称政策效果评估，是指在运输政策执行期结束以后，对该项政策的效益和影响所做的全面深入的评估，后评估的结论是对政策价值的最终反映。运输政策的后评估是运输政策评估的核心，也是评估理论综合性、科学性的集中体现。

运输政策评估是科学制定、执行运输政策的必不可少的环节。三种评估类型针对各个阶段的评估目的不同，评估方法也有所不同，但对一项运输政策而言，只有将三者评估类型相辅相成地结合在一起，在运输政策制定过程中自始至终地进行选择、引导与总结，才能构成科学地实行运输政策评估的综合体系。

3.运输政策评估的主体

所谓运输政策评估主体，也就是对政策进行评估的人或集体。由于制定政策、执行政策与接受政策所处的位置不同，看待政策的角度也不同；不同的政策接受者受运输政策的影响不同，作出的评价也不同。但总体上，我们可以把政策评价的主体分为两类，即内部评估者和外部评估者。

1)内部评估者

内部评估是指政策系统内部人员完成的评估。一般来说，这部分评估者主要就是政策的制定者和执行者，也可能是政府机构内部的专职评估人员。

2)外部评估者

政策制定、执行的直接决策以外的评估主体都可以称为外部评估者。外部评估者以评估目的划分，可以分为自发评估者与委托评估者；以专业程度分，可以分为专业评估者与大众评估者；以社会构成分，通常又有高校、咨询公司、专家等。

对政策的制定与施行起决定作用的是政府，但由于运输政策往往直接影响到基层民众与执行机构的利益，从宏观上左右地区经济的健康运行，因此在运输政策出台之前，就必须从多角度充分评估政策对社会各方面的影响，也就特别需要强调运输政策评估主体的多样性。科学的运输政策评估，应当做到内部评估者与外部评估者相结合，由高校和专业咨询机构协助拟定方案和监督运行，重视政策对象的呼声，由政府部门合理公正地进行决策，以确保政策持续有效。

三、运输政策评估内容框架

对一项运输政策而言，完整的评估体系应当贯穿从政策制定到政策结束的始终，持续作用于政策本身。无论是宏观的综合运输发展政策，还是单项的目的明确的交通建设或改善政策，政策的制定与实施过程都具有周期长、不确定性强的特征，因此其政策的评估体系也是一个长期内持续、动态作用的系统。在不同的运输政策评估阶段，评估内容侧重不同方面，以保证政策运行过程的合理性与持续性。对每一种运输政策评估内容而言，应当有针对性地选择评估途径，广泛地从多种角度用定性与定量方法综合评估结论，这是整个运输政策评估体系科学性与完整性最重要的体现。评估结束以后，还应当参考各项评估的结论给出相应的政策建议，按照不同的政策阶段指导运输政策的运行。图 8-3 给出了一个完整的评估体系所包含的主要评估内容及其对政策的作用机制。完整的运输政策评估体系包括预评估、执行评估与后评估三个主要评估阶段，涵盖运输政策从制定到完成的全过程。

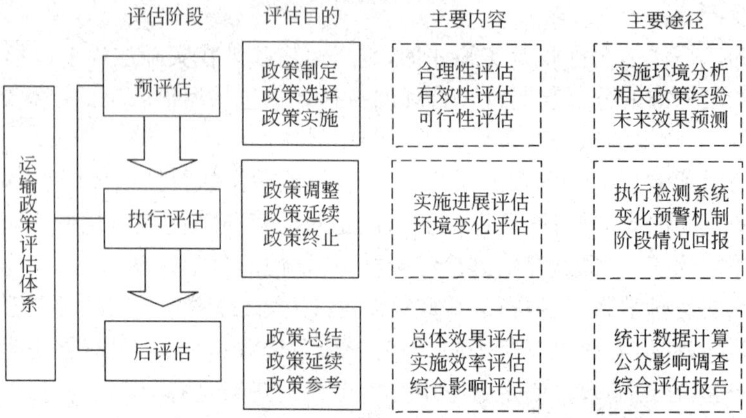

图 8-3　运输政策评估内容框架

四、运输政策评估一般步骤

运输政策评估过程就是政策评估主体有计划、有步骤地对评估客体进行评价的一系列活动，它包括评估规划设计、评估规划实施和评估终结三个阶段。

1. 评估规划设计阶段

评估规划设计是政策评估的准备阶段，它主要包括四个方面的工作，即确定评估对象、分析评估对象、设计评估方案和建立评估组织制度。

(1)确定评估对象。不是任何政策在任何时候都可以而且有必要进行评估，评估是对具有“可评估性政策”进行的评估。政策评估是贯穿政策全过程的活动，但具体到某一项运输政策，是进行全方位的评估，还是有选择的评估(如政策要素的评估或政策过程的评估)，要根据政策的特点和评估的可行性来综合考虑。

(2)分析评估对象。评估对象分析，包括政策所要解决的社会问题、政策利益相关者、政策目标、政策过程的情况、政策工具和政策保障制度等。

首先，分析“政策所要解决的社会问题”，要求对以下问题做出回答：该问题能够构成政策问题吗？该问题是如何进入政策议程的？政策议程是怎样的？其次，分析“政策利益相关者”，就是要搞清与政策运行有直接或间接利益关系的个人、团体或组织以及他们对政策的态度。再次，分析“政策目标”，就是明确政策所要达到的目标是什么？从理论上讲，每一项运输政策都应有明确具体的目标，这是政策形成和执行的前提和基础。政策目标分析必须弄清楚政策的真正目标是什么，主要目标和次要目标是什么，直接目标和间接目标是什么。再次，分析“政策过程”，就是分析政策从制定到终结的整个过程的情况。最后，分析“政策工具和保障政策制度”，就是弄清为实现政策目标所采用的具体途径、方式和手段；弄清政策过程的保障制度，包括政策制定制度、执行制度、监控制度和评估制度等。

(3)设计评估方案。评估方案是指导评估方案的蓝图，是评估实施的依据和内容。评估方案设计是否科学合理，直接关系到评估的质量和评估工作的成败，因此，评估方案设计是评估规划中最重要的工作。一个完整系统的评估方案主要包括：评估对象和主体，评估目的和目标，评估标准和方法，评估程序和制度等。

(4)建立评估组织和制度。评估组织工作，主要是人、物、财等评估资源的配备和组织结构的建立。评估制度是评估工作顺利进行的保障，一般包括评估的组织制度、程序制度、监控制度、激励制度等。

2.评估规划实施阶段

评估规划实施是评估主体实施评估方案的过程，主要有两个阶段:第一阶段，政策信息的收集。信息收集是政策评估的基础，政策评估的实质就是政策信息的收集与处理。第二阶段，政策的评估分析。政策的评估分析包括由具体到抽象、由分析到综合的三个方面，即统计分析、逻辑分析和理论分析。

3.评估终结阶段

评估终结就是处理评估结果、撰写评估报告的过程。政策评估的最后一个阶段是写出评估报告，除了对政策效果进行客观陈述，对政策进行价值判断，提出政策建议外，还应对评估过程的优缺点作必要的总结。其中，政策建议要对政策是否继续、修改、变更或终止作出说明，并陈述相关理由。得出评估结论是整个评估过程的精髓，是全部评估工作成果的集中反映。完整的运输政策评估结论应包括三方面内容:

(1)概括地评价运输政策的优劣，并明确给出取舍或成败论证意见。

(2)详细地从评价内容的各个角度阐述运输政策的作用机制与作用效果。

(3)指出该项运输政策的价值与意义，用以指导下一步工作。

评估报告是评估结论的书面表现形式，应当有规范的格式，记录评估者从评估筹备阶段开始的详细进度与结论得出过程。运输政策的周期较长，评估也是长期系统的过程，随着政策和政策环境的变化，评估程序的进展对评估结论有明显的影响，评估运输政策同时分析评估的过程，对未来的政策制定有重要的借鉴意义。

第四节　运输投资政策与财政政策

运输政策内容丰富，涉及面广泛。具体政策中包含安全政策、投资融资政策、技术改进政策、市场规制政策、可持续发展政策等等。下面就从运输与经济关系角度着手，简要介绍一下运输投资政策与运输财政政策。

一、运输投资政策

运输投资政策是政府为了使运输业适应国家经济发展，形成合理的运输布局和结构而制定的有关运输投资总量占国有经济投资总量的比例和国家投资在各种运输方式中的分配，以及引导或限制社会资本投向运输业而制定的相关的法规、政策或采取的措施。

1.运输投资政策与投资规模

投资是经济主体为获取经济效益而垫付货币或其他资源于某事业的经济活动。运输投资可以简单表述如下:为运输部门设备的增多而投入的财源。国家对运输投资，尤其是对运输基础设施的投资，是各国运输业发展的重要保证。

投资规模，又称投资总量，是一定时期内为形成资产而投入的活劳动和物化劳动总量，它包括用于固定资产再生产的资金或劳动量以及一次性铺底流动资金的总量。发达的交通运输业可为各行各业提供优质服务。因国家经济财力有限，研究如何确定合理的投资规模以获得最佳投资效益，就成为目前加速发展交通运输业的关键问题。各国一般是根据本国国民经济对运输的需要，以及本国运输发展水平，来制定对运输的投资总量。各国在确定运输投资占国民经济投资总量比例时，主要遵守以下一些原则。

1)运输投资与本国经济发展需要相适应的原则

由于一般运输基础设施较长的投资建设期，以及国民经济发展的不同阶段对运输要求的不同，导致运输投资必须具有一定的超前性。这个超前性需要对国民经济各部门的发展具有比较准确合理的预期，以及国民经济各部门发展对运输需求的准确合理预期。只有正确地预测国民经济发展对运输发展的需求和运输基础设施形成预期生产能力所需的投资时间和投资数额，才能得出政府在不同阶段对运输业的投资规模。因而各国政府在制定投资政策时都将适应国民经济发展的需要看成是运输发展政策制定的最重要的原则。

2)运输投资与社会交通需求相适应的原则

在市场经济条件下，投资活动是投资需求和投资供给的统一。这种统一，不仅表现在投入阶段需求和产出阶段供给的统一，还表现在投入阶段耗用大量的投资所产生的供给与相应的货币购买力所增加的需求之间的统一。投资一方面意味着大量物质资料、无形资产和活劳动的投入，形成投资供给；另一方面，在货币化程度很高的条件下，既定的投资总量都必须以货币垫付的形式而形成投资需求。

要增加交通运输的供给，首先在于加大运输业的固定资产投资。当国家财政拨款有限，满足不了运输业的投资需要时，有必要开辟新的集资渠道，加快运输业的发展。

3)运输投资与运输技术相适应的原则

当今，科学技术迅猛发展，运输技术也随之日新月异。铁路运输电气化、公路运输高速化、船舶运输的大型化以及出现在各种运输方式中的自动化等都为运输业提高效率，提高服务水平提供了技术保障。国家运输投资政策，一方面鼓励和支持运输高速技术的发展，另一方面运输政策也要求本国的各项投资项目能够充分利用现有的科学技术成果，尽早地使科技成果转化为生产力。

根据以上三条原则，各国政府应从现实出发，根据本国经济整体发展规划来确定规定运输投资在国民经济总投资种所占比例和投资总额。

2.国家投资在各种运输方式间的分配

投资在各种运输方式间的分配又称投资结构，是指一定的投资量在不同时期、不同运输方式间的最佳投资方向和投资重点，以便据此确立合理的投资结构，保证在投资分配比例、时间排序、空间布局上的合理化。国家投资的分配结构是政府发展合理的运输结构，满足国民经济各部门对不同运输方式需要的重要手段。一般地说，政府应将资金投向运输网络的瓶颈环节或最薄弱环节，以及那些国民经济最需要的运输方式。

合理的运输投资分配结构对交通运输的发展有着重要的意义。合理的运输投资分配结构有利于形成合理的运输结构，促进运输业及社会经济的协调发展。投资结构的合理，能促使各产业之间和交通企业内部各层次之间协调合理配置，使生产能力得到充分有效的发挥。合理的运输投资分配结构，有利于控制固定资产投资规模，促进运输总供给与总需求的平衡。合理的运输投资分配结构，还有利于社会资源的最佳配置，提高投资效果和各企业经济效益，加速交通运输建设和促进沿线地带的经济发展，使现有的人力、物力、财力和自然资源以及一些先进的技术得到充分合理的利用。

各国的运输投资往往更倾向于支持与国民经济发展密切相关的新兴运输方式的发展。在路网初步形成以后，伴随着社会发展目标的变化及产业结构的调整，运输投资开始向提高运输质量及安全方面倾斜。德国运输投资的变化很有代表性。19世纪开始，得益于铁路技术进步,工业化的欧美国家相继进入铁路建设高潮。20世纪中叶,德国修复了受二战重创的铁路之后,一直奉行重公路、轻铁路、轻水运的交通运输政策。1960～1992年,投入公路主干道的公共基金达4 500亿马克,而投入铁路运输网建设的资金为560亿马克,仅占前者的1/8。直到20世纪90年代,颁布联邦交通网发展规划,调整了运输重点,铁路的投资额才首次位于长途公路之上。可见,随着经济及社会问题的推陈出新,运输投资流向经历了以"铁路—公路—铁路及公共运输"为主的历程。

3. 各种不同项目的资金来源

运输项目可分为公益性、基础性和竞争性的项目。公益性项目包括入港航道、引航设施、防波堤等。这些设施具有非盈利性以及公共产品的性质,社会效益高,但投资回收困难,甚至无法收回投资成本,因而在世界各国多数是由国家和地方政府出资建造。对于基础性设施包括公路、码头、车站等从事运输不可缺少的设施,虽然其投资回收期一般较长,但仍可望收回投资甚至获得利润,因而对企业具有一定的吸引力。国家大力投资的同时,可以采取比较灵活的优惠政策,引导企业资金投向这些领域。但是由于这些设施的经营容易形成垄断,国家在吸引企业进行投资的同时,一定要采取适当的措施,防止垄断造成收费过高,实际运输流量受到限制等弊端。运输投资中还有另一类具有很强的竞争性的投资,如运输工具的投资。由于其具有一定的盈利性,有些甚至具有较高的盈利性,因而对企业是具有吸引力的。对于这类投资,国家除了必要的审批手续外,应该全面地对企业开放,由市场来调节供需的平衡,国家无须将过多的资金投向这些项目。

20世纪80年代以前,我国交通投资建设国家拨款投资占80%以上,仅有少量的自筹资金,投资渠道单一,资金短缺。20世纪80年代以后,国家投资政策发生了变化,大部分转为"拨改贷",并引进外资,鼓励自筹。从运输业资金来源的绝对金额看,投资主体逐步走向多元化;从自筹来源的构成比例看,基本上形成了全社会、各部门、各行业、各地区大办交通和"国家投资、地方筹资、社会融资、引进外资"的格局。

二、运输财政政策

国家财政政策是用来调节社会资源再分配的一个重要手段。国家财政政策的总目标就是要达到"经济增长"。除了这个总目标,各国还为财政政策设立了子目标。这些子目标中有产业政策、扶贫政策、公共工程支出政策、发展教育政策等。运输财政政策实际是国家财政政策的一部分。国家为了发展运输,使其达到或控制在一定的水平上,会利用各种财政手段来调节运输业的发展。国家为达到其财政目标可以使用多种多样的手段或措施,其中主要是政府支出手段、税收手段、补贴手段和公债手段等。下面从税收政策、补贴政策和信贷政策这三个方面说明国家的财政政策对运输业发展的影响和作用。

1. 税收政策

税收是国家财政收入的主要来源,它是国家对社会产品和国民收入所进行的一种强制性的分配,是国家财政政策的最主要的工具。税收体现了国家主权和国家权力。通过税收不仅可以增加财政收入,而且可以通过税收的增免以及税种、税目、税率和纳税人的变化实现资源在不同行业之间的分配。适度的税收水平,科学合理的税收结构和税收制度,规范的税收政策,可以有效地调节国民收入再分配,促进生产要素流动,引导资源优化配置,推动经济增长和产业升级,促进充分就业和社会稳定。

在国家的税收政策中,税种、税目、税率和纳税人是政策控制的主要变量。政府也是通过这些变量的变化来达到不同时期国家财政政策的目标的。对于运输业而言，政府税收政策调节，可以是直接的，也可以是间接的，调节的税种可以是普遍的税种，也可以是特别税种。不少国家为促进运输业的发展，对其进行专门征税。比如我国曾于1983～1996年期间征收能源交通基金，旨在集中资金，尽快改变我国能源和运输发展的落后状况。这充分反映了我国对交通能源发展的重视。同时，各国政府还实行对一些税收的减免，因地制宜，因时制宜，以实现效率与公平的和谐统一。

税收政策与财政政策、货币政策、进出口政策相关，并存在税收优惠、税收负担、税收转嫁形式。在交通运输领域，国家也很重视税收的调节作用。运输业的相关税收政策应以经济、社会、生态的目标三角形进行综合考虑，确保畅其行、利其流，并把其负面影响限制在可承受的限度内。

当前，国外运输税收方面采用较多的政策，是利用税收杠杆的导向作用，使每种交通工具的外部成本逐步实现内部化，即谁引起的外部成本由谁承担，来限制公路运输，以大幅度降低公路运输对不可再生能源的使用数量和对生态环境的破坏。

2.运输补贴政策

运输补贴政策是各国政府为了维护某种运输方式能够正常经营所给予的优惠。各国政府之所以给予运输业以不同程度的补贴，是基于运输业项目往往投资额巨大，具有较大的风险，国家补贴可以使风险减少，从而保证运输业能够得到健康的发展，鼓励和刺激企业和私人对运输业投资的兴趣和勇气。政府对运输业的补贴也可以是出于对运输业发展的特殊目的而设定的，或者是从保证国防安全和保护公民福利的角度出发考虑的。总之，由于运输业或某种运输方式对一国国民经济和社会发展的贡献，多数国家的政府对运输业给予这样或那样形式的补贴。尽管政府对运输的补贴形式多种多样，但归纳起来，补贴可以分为直接补贴和间接补贴。直接补贴是指政府(中央政府和地方政府)的财政支持，而间接补贴是指政府对运输业的财政减免。

根据这个定义，直接补贴包括营运补贴、运输工具(尤其是船舶)的建造补贴和折旧补贴。营运补贴是指政府对运输企业经营的亏损给予补贴。间接补贴包括投资津贴、投资保证、建造储备金、关税免除、通胀补贴、海员福利补贴以及运输研究补贴等。

3.信贷政策

运输信贷政策是国家给运输企业的资金使用政策。其政策的优惠性主要体现在资金使用的时间和利息等条件上。由于运输业对国民经济发展的重要作用以及运输业投资具有投资量大，回收期长，社会效益较高而企业的财务效益不明显的特点，各国政府对运输业普遍给予优惠的信贷政策。

世界各国的信贷政策具有明显的保护主义倾向，即保护本国运输业使其在国际竞争中处于有利的地位。同时，各国政府的信贷政策对本国不同的运输方式有时采取不同的信贷政策，以体现政府明确扶植和支持某种运输方式的态度。对于同一种运输方式，不同的经营者又采取了不同的政策。例如，对港口中的港口当局，因其具有行政管理当局的性质，在多数国家里属于政府的一部分，加之其投资对象又多是投资数额大，对运输影响大的基础设施项目，如港口水下工程设施、码头设施等，而多数国家又明文规定港口当局不得直接从事码头业务，因而其投资只能靠码头及其设施的租赁费来回收，而租赁期往往长至几十年，所以各国政府对这些投资项目都给予了一定的优惠信贷。

另外，为了发展运输业，一些国家还设立了专业的信贷机构来专门负责运输业的资金筹措。

第五节　案例：欧盟的运输政策

欧洲联盟（简称欧盟）正式成立于1993年1月1日，随着《马斯特里赫特条约》的生效，原欧洲共同体正式更名为欧洲联盟，如今已经成为拥有27个成员国（2008年）的最强大的地区性国际组织。欧盟委员会是代表欧盟全体利益的最高机构，随着欧盟的不断扩大，资源要素流动范围的扩大和联系的加深，欧盟很快认识到运输是欧盟得以存在和运转的一个重要基石。

一、欧盟运输政策的制定背景

在21世纪初，随着社会经济条件的变化和交通运输的发展，欧盟的交通运输部门出现了一系列的问题，主要表现为四个方面。

1. 运输方式间发展不协调

在过去的10年中，欧盟在开放运输市场方面虽然取得了成功，但由于财政政策与社会发展政策之间缺乏有效协调，欧盟内部市场的一体化仍出现竞争扭曲问题，各种运输方式间处于非协调发展状态。

2001年，在货物运输市场中，公路运输占整个运输市场份额的44%，短途海运占41%，铁路运输占8%，内河运输占4%；在客运市场，公路运输占整个市场份额的79%，铁路运输占6%，航空运输占5%。

相对而言，有些运输方式能够较好地适应现代经济发展的需要，然而，即使是这些运输方式也难以将所有外部成本全部纳入到运输价格之中。一个主要的问题表现为某些社会和安全管制政策并未受到应有的重视，这在公路运输方面尤其突出，其结果是公路运输的发展相对过快，其他交通方式（尤其是铁路运输和河内运输）发展则相对不足。

2. 交通拥挤问题大量存在

20世纪90年代，欧洲的某些区域和某些线路开始出现交通拥堵现象。现在这个问题已经开始威胁到经济竞争力。从表面上看，中心城市的拥堵与外围地区的过度偏僻是分不开的，外围地区需要改善与中心市场的交通联络，以保证欧盟范围内各地区之间的紧密联系。

虽然大部分拥堵现象集中在市区，但泛欧运输网遭受的拥堵困扰也在逐渐加强：大约有7 500km（占10%）的公路网每天都受到交通拥堵的困扰，16 000km（占20%）的铁路线被列为瓶颈。根据欧盟16个主要机场的记录，晚点15min以上的航班占航班总数的30%，这些晚点额外损失了19亿升燃油，占每年燃油消耗的6%。

由于交通拥堵，欧洲面临着失去经济竞争力的严重威胁。关于这一问题的最新研究表明，仅公路交通拥堵所产生的外部成本，就占共同体GDP的0.5%。根据对下一个10年的交通预测，如果还不采取行动，在2010年公路拥堵现象将更严重，交通拥堵造成的成本将增加142%，每年达800亿欧元，大约是共同体GDP的1%。

造成这一现象的部分原因是运输服务的用户没有为他们所造成的全部成本支付费用，实际上，运价结构通常不能反映基础设施、拥堵、环境损害和事故所造成的所有成本。欧洲运输体系结构不完善，不能以最优的组合合理利用各种运输方式与运输新技术，也是造成这一现象的原因。

一些干线拥堵的部分原因是泛欧运输网基础设施没有及时建立起来。另一方面，在外围地区和边远地区，交通流量太少，建设新的基础设施没有市场，因此其基础设施建设缓慢，这些地区就很难与外界相连。

欧洲委员会认为，在共同体范围内通过借款是不可能满足这些投资需求的。因此有必要通过基础设施收费和融资方面创新性的政策来解决公共和私人资金不足的问题。公共投资必须更有选择性，并集中在改善欧盟整体性所需的大项目上，集中投资以提高基础设施能力，消除瓶颈。

尽管用于泛欧运输网的投资每年约有5亿欧元，并明确规定铁路具有优先权，但是，在欧盟成员国的要求下，用于运输基础设施投资的一半以上，包括来自欧洲投资银行的用于增强欧洲地区之间联系的投资与贷款，都把公路优先权置于铁路之上。但是根据可持续发展的新要求，共同体的共同投资应该调整方向，优先考虑铁路、海运和内河水路运输。

3.欧盟扩大后的运输增长

在21世纪开始之际，欧盟正在进入信息社会和虚拟贸易时代，但这并不能减少运输需求。面对欧盟经济体的逐渐扩大，如果没有一个有效的可充分利用内部市场和全球贸易体系的运输系统，创造就业机会、实现经济的强有力增长是难以保障的。

在运输需求不断增加的背后有两个关键因素。对于客运来说，决定因素是汽车使用的显著增加。过去的30年，汽车的数量增加了2倍，每年增加300万辆。虽然汽车保有量在欧盟大多数国家都是稳定的，但在候选成员国，拥有汽车被看做是自由的象征。到2010年，扩大后的欧盟汽车拥有量将会急速增长。

就货运而言，由于欧盟经济体的扩大和生产体系的变革，在过去的20年间，欧盟经历了经济增长方式的转变，这可以从产业的发展变化中得以反映。全球化的发展和准时化(JIT)生产体系的逐步建立，使得生产场地距最终装配厂或最终用户可能有几百千米甚至几千千米的距离。因而，到2010年，除非欧盟采取新措施，使成员国可以更合理地使用各种运输方式，否则重型运输工具将会比1998年增长50%左右，这意味着本来已经很拥挤的城市中心地区和主干道上将不得不容纳更多的交通工具。

候选国也将出现强劲的经济增长趋势，这些国家以及与边远地带联系较便利的地区中的运输需求亦将有所增长，这主要体现在公路运输方面。

欧盟应当采取有力措施来优化运输方式间的组合，而这将影响到整个运输体系，并可能会对候选国家的经济增长产生负面影响。如何整合这些国家的运输体系，是欧盟面临的一个重大挑战。

4.适应可持续发展的需要

可持续发展为整个欧盟体系采取共同运输政策提供了一个机遇。《阿姆斯特丹条约》中提到，可持续发展目标必须通过融入欧盟共同体政策来实现。以可持续发展为目标，哥德堡欧盟委员会对运输方式间的组合和协调进行了调整，这一雄伟目标的实现必须再经过10年的努力。欧盟运输政策提出的措施只是面向可持续发展的一个初步的实质性步骤，完全实现可持续发展运输体系的目标还需要30年的时间。

2000年12月，欧盟委员会在绿皮书中提到，从造成温室效应的CO_2气体释放来源方面看，仅运输部门就占28%。按照最新估计，如果不能采取有效措施来抑制运输增长趋势，至2010年，运输部门产生的CO_2释放量占整个运输体系的84%。

要实现预定目标，即减少对石油的依赖性，争取使石油需求量降低到现有水平的98%，需要使用替代燃料、提高运输工具的能源使用效率，这是生态发展的必然，也是对现有技术的一个重大挑战。

在促进可持续发展方面，欧盟已经付出了一定努力，并取得了不小成效，这在公路部门保证空气质量和减少噪声污染方面表现得尤为明显。如何实现可持续发展目标，仍然是欧盟运输政策的一个重要任务。

5.与其他政策体系的战略协调

运输政策目标的实现，还需要与其他政策相协调。运输政策只能实现部分最终目标，要有效地实现所有目标，在其他领域采取配套措施是必不可少的，例如预算政策、产业政策、地区政策、社会政策等。

(1)经济政策的制定要考虑到可能会增加运输服务需求的特定因素，尤其是那些与准时化(JIT)生产模式相关联的因素。

(2)城市规划和土地使用政策要尽可能降低机动性。

(3)社会和教育政策应当对工作方式和教育时间进行更好的组织，以避免拥挤。

(4)主要大城市的运输政策应努力保持公众服务现代化和小汽车合理使用之间的协调，这主要是考虑到 CO_2 释放物的影响。

(5)在预算和财政政策中，要努力实现外部环境成本内部化。

(6)在竞争政策中，要确保市场开放，特别是铁路部门，不能由目前市场上正在经营的企业所垄断，并应确保运输服务质量逐步改善。

(7)运输科研政策应与欧盟整体的科技研究方向保持一致，并尽可能保持政策的连续性。

针对以上背景，欧盟提出将在共同运输政策方面作出重大变革，时不待我，欧盟将立即确定新的政策目标：在运输方式发展与解决拥挤问题之间把握平衡，提供高质安全的服务，同时尽可能保持灵活性。欧盟运输体系所面临的最大挑战之一是确定不同运输方式公平收费的共同政策，这一收费新框架应当能够保证在满足社会经济运输需求的同时，对环境的污染更小，减少拥挤，并能为新型的交通基础设施融资制度奠定基础。

二、欧盟运输政策特点

欧盟运输政策的指导思想是：首先要协调运输与社会经济之间的关系，然后协调运输体系内部的关系，提供符合社会经济发展需要的运输服务，其具有以下特点。

1.由欧盟成员国共同制定

欧盟运输政策由各成员国共同制定，具有法律地位，是指导各成员国的政策性文件。这是欧盟运输政策区别于其他国家运输政策最为突出的特点。除欧盟外，世界其他地区还没有类似的运输政策文件。因此，欧盟运输政策被称为“共同运输政策”。

欧盟的共同运输政策，符合运输的“网络特性”和规模经济特性。共同运输政策，不仅在政治上促进了联盟内部的统一，而且也改善了内部联系，降低了经济发展中的物流成本，方便了成员国公民的出行，增加了欧盟各国公民的效用，提高了社会的总体福利水平。

2.涵盖所有运输方式

欧盟运输政策不是仅仅针对某一种运输方式，而是涵盖了所有运输方式，包括城市交通，并将市内交通与城间交通统筹考虑，将边远地区的交通与繁华地区的交通统筹考虑，以提高边远地区与繁华地区之间的通达性。

3.通过各种经济和非经济手段调整运输结构

欧盟各成员国都实行市场经济体制，但它们对运输结构的调整并不完全采用经济或市场手段。在研究或实践证明某运输方式、运输活动更为有利以后，也采用一些非经济手段，如技术标准、运输安全措施、环境影响标准等来促进该运输方式的发展。这一方面说明欧盟需要将运输体系调整到一个理想状态，同时也表明运输问题不可能完全依靠市场力量来解决。

4.运输政策的核心是可持续发展和以人为本

欧盟已经认识到集中力量解决一个或几个运输问题（如拥堵、污染、市场化不足等），并不能从根本上解决运输与社会经济发展之间的矛盾，一个运输矛盾的解决可能意味着另一个矛盾的激化或新矛盾的出现。在这一次的共同运输政策中，并没有完全以解决运输拥堵为核心，而是希望以解决拥堵为突破口，实现各运输方式协调发展，提高社会经济发展的可持续性。

5.着力建设发挥各种运输方式比较优势的综合运输体系

在欧盟运输政策中，非常强调不同运输方式的比较优势，尤其是强调了水运、铁路应占有更大的市场份额，打破公路的强势局面，建设各种运输方式协调发展的综合运输体系，解决面临的各类运输问题。

欧盟希望将运输增长与经济增长之间的正相关关系脱钩。虽然铁路是欧盟所极力推崇的运输方式，但其并没有简单地扶持铁路，而是通过一系列的研究，进一步发挥各种运输方式的优点和改进不足，通过针对不同运输方式的政策调整，实现某一种运输方式（铁路）的更快发展。欧盟以实现可持续发展和社会公平为目标，支持有助于实现这一目标的运输方式，并随着对运输、社会经济发展规律认识的不断深入而逐步调整运输政策。

三、欧盟面向2010年运输政策的主要内容与措施

1.复兴铁路业

毫无疑问，铁路运输是重要的战略部门，铁路是运输结构调整是否成功的关键，特别是在货运领域。恢复铁路的活力意味着铁路公司之间的竞争。新铁路公司的进入将有助于促进该部门的竞争，同时也要出台一些政策鼓励公司重组，当然这些重组要考虑社会影响和工作条件。首先要做的是开发市场，不仅开放国际运输市场，同时开放国内市场的经营权（以避免空车运营）以及国际客运市场。这种市场的逐步开放，必须与互通性和安全性进一步协调配合。

欧洲委员会还将提交一揽子措施，恢复从经营者角度要求的规范性和正点率方面的可信度，特别是货运的可信度问题。今后将逐步形成货运专用铁路线，这样，从商业角度出发，铁路公司对货运服务的重视程度将可以做到与客运一样。

2.提高公路运输质量

公路运输的最大实力在于它具有在整个欧洲范围内运输货物的能力，以及无可比拟的灵活性和低价位。公路运输是无法被取代的，但是其实际经济地位比表面情况要弱一些。因为公路运输企业相当多，并且由于货主和企业在价格上施加压力，使得公路运输公司利润空间较狭窄，必须凭借价格倾销，同时规避社会和安全法规来加以弥补。

欧盟对公路运输部门进行重构的实质计划尚未出台，在当前的情形下，对企业行为进行整顿，通过促进兼并和多样化经营来使公路运输企业走向健康的发展道路，是比较可行的选择。欧盟必须采取扶持措施，鼓励小型公路运输企业或个体运营者进行联合，使之能够提供更高质量的服务。

欧洲委员会将提交一项立法，允许灵活处理合同中的某些条款，在承运人与货主的分歧中为承运人提供保护，使其在油价暴涨时可以修改运价，将要进行的变革还包括要求公路运输服务经营方式实现现代化，符合政策法规和员工权利方面的要求。同时还需要配套措施进行协

调与严格规定，防止有碍公平竞争现象的发生。

3. 促进海运和水运的发展

海运和水运是欧盟联合运输方式的两个重要组成部分，在公路运输拥挤和铁路运输基础设施缺乏的情况下，这两种运输方式发挥着重要作用，然而，直至今天，这两种方式并未得到充分利用。

复兴这两种运输方式的途径，就是在跨欧洲运输网络的主计划下建设“海上高速公路”，提供高效、快捷的服务，这些都需要港口、铁路和内河运输网络的共同支持，其中，港口服务质量的提高尤为重要。为了建造这一跨欧洲的运输网络，必须加强港口建设，使水运网络形成良好衔接。

为了促进海运和水运的发展，欧盟必须在运输安全方面加强控制。另外，还需要强化管理，发展完善欧盟海运和水运管理系统，改革税费体系，降低运输成本，为此，欧盟委员会还提出一项按吨位直接征税的措施。

4. 空运发展应考虑生态环境的承受能力

欧盟的航空运输管理体系尚存在一定缺陷，导致航班延误次数有所增加，燃料浪费严重，从而使欧洲航空业的竞争能力有所削弱。

进一步发展欧盟的航空运输业，需要进行组织重构，并确立新的目标，减少航空器的噪声和其他污染。为了促进空运业的发展，欧盟委员会已于 2004 年颁布了一系列特定政策，完善航空立法，加强与军事部门和欧洲空中管制机构的合作。

5. 建立泛欧运输网

对于欧盟而言，在主要路线运输能力饱和以及环境污染严重的情况下，建设跨欧洲的运输网络这一工程项目具有非常重要的意义。欧盟委员会提出，该项目建设应集中于消除铁路网络的瓶颈问题和改善主要运输线路工程，在区域分布上，应加强边远地区建设。

为了保证跨欧洲网络工程能够顺利进行，欧盟委员会提议修正筹资规则，优化筹资组合。在国家预算资金有限和公共、私人投资受限的情况下，跨欧洲运输网络的建设应使用一种和基础设施收费体系相结合的创新型解决方案。在新的基础设施开始运行、产生运营收益之前，基础设施的资金来源应当是国家、地区的税收资金和整个地区(整个线路)的使用者收费。欧盟委员会将改革现有法规，使所收取的费用可以用于修建环保型基础设施。

6. 提高公路运输安全性

虽然运输对社会是必不可少的，但人们越来越认识到它的潜在危险。每年会有 41 000 起公路死亡事故，这相当于一个中等城镇的人口总数。欧盟应当树立一个新的目标：到 2010 年将死亡人数减少一半。为实现这一目标，保证城镇的公路运输安全是一个前提条件。

欧盟委员会指出，成员国很不情愿在欧盟经济体层面上采取行动，在很多方面存在较大分歧，不仅在儿童安全带、公共汽车运输方面存在分歧，而且在血液酒精含量方面也存在分歧，对这一问题的争论已持续 12 年之久，但仍未达成共识。

近期，欧盟委员会还将针对跨欧洲网络单独提出两项措施：首先是统一交通事故频发地段的标志；其次是统一对国际商业运输中的超速和酒后驾车行为的处罚措施。

7. 制定有效的运输收费政策

目前情况是，每种运输方式并不能承担全部成本，亦即外部成本并未完全实现内部化，这种情况在某些成员国或某种运输方式间表现得尤为突出。这就造成了国内市场的失调以及运输系统内部竞争的扭曲，导致没能对使用最环保运输方式或最不拥挤路网的行为产生真正的鼓励。

要使外部成本内部化需要改革现行的运输税费标准。首先,应对商业用户(尤其是公路运输部门)的燃油税进行调整;其次,还要对基础设施使用收费政策进行调整。外部成本的核算必须能鼓励使用对环境影响较少的运输方式,并且利用运输基础设施收入及外部成本方面的收入投资于新的基础设施建设。

这种改革要求平等地对待各种运输经营者和各种运输方式,不论机场、港口、公路、铁路还是水路,使用基础设施的价格应该根据相同的模式变化,如根据所使用的基础设施的类别,使用的时段、距离,车辆的大小和质量,以及其他影响拥堵、影响对基础设施或环境损害程度的因素。

在相当多的情况下,计入外部成本所带来的收入大于使用基础设施的成本。为了使运输部门产生最大的效益,有必要将可用的收入分配列入国家和地区专项基金,以便为抵消外部成本提供资金。对有利于发展多式联运的基础设施建设,尤其是铁路线及更加环保的运输方式的建设,应该更优先。

在一些敏感地区,即使考虑外部成本,基础设施使用收费可能也不足以弥补其使用成本,例如要跨越自然屏障的基础设施。应该尽可能让新的基础设施在开始获得经营收入之前,就开始有"收入"。也就是说,将利用在整个地区收取过路费和其他费用来资助将来的基础设施建设。

最后要考虑的一点是,对不同运输方式(如铁路和民航)使用的能源征收不同税率的能源税,会使两种运输方式在某些线路上的竞争发生扭曲。

8.强化使用者的权利和义务

欧洲公民有权使用高质量而且在经济上承受得起的联合运输服务,这种权利应该得到加强。

以往几年中运输价格水平的下降,并不代表能以丧失最基本的权利为代价,民航制订了民航乘客权利规则,欧洲委员会以此为范例,将在其他运输方式中推广。特别是民航乘客有知情权,并能得到因机票超员预订造成乘客不能登机的补偿和事故补偿,这些规定可向其他运输方式推广。共同体的立法是帮助运输用户了解和行使其权利的基础,民航乘客权利保护中就体现了这一点。对等地,也清晰地规定了乘客需遵守的有关安全义务。

9.发展高质量的城轨运输

面对欧洲公民由于日益加剧的城镇交通拥堵而每况愈下的生活质量,欧盟根据补充条款的原则提议主要表现在交流优秀惯例和成功做法方面,以更好地利用公共交通和现有基础设施。地方公共部门需要采取更好的措施来协调公共服务现代化与合理使用汽车之间的关系。这些措施对于实现可持续发展是很有必要的,当然也是最难付诸实践的。

10.促进清洁高效的运输技术发展

在过去的几年中,在优化运输方式组合、研制清洁运输工具和运输信息化应用等领域,欧盟委员会已经投入巨资来促进相关研究和技术的发展,1997~2000 年间已有超过 10 亿欧元的投资。目前欧盟运输体系所面临的主要问题是减少混凝土地、提高交通智能化程度。

将采取具体的行动实现更清洁和更安全的公路及海洋运输,并且使所有运输方式的智能系统实现一体化,以便进行有效的基础设施管理。在这方面,电子—欧洲行动计划提出了一些供成员国和欧洲委员会实施的措施,如在泛欧路网和城镇实施创新的信息和监视服务,在车辆内引入主动安全系统。

根据最新的结果，欧盟将推出关于协调某些基础设施收费方法的指令，特别是针对公路收费，另外还将推出隧道安全标准指令。

在航空运输方面，首先要改善发动机噪声和排放造成的环境污染问题——这是采纳更严格标准的必要条件，同时还要改善航空安全和飞行器的燃油消耗。

11.提高欧盟在全球运输体系中的地位

运输管制早已经成为国际宪章必不可少的组成部分，国际规则的主要目标是商业贸易、环境保护和安全性。几年来，一些国家如美国已经开始实施区域运输协定，以保护其特定利益，这在海运和航空部门表现得尤为明显。欧盟紧随其后，相关行动主要体现在防止海上灾难性事故、废除关于航空噪声方面的不合理规则、发生事故时对旅客的赔偿等方面。

随着欧盟范围的扩大，共同运输政策和跨欧洲网络将很快延伸到整个欧洲大陆，欧盟需要重新考虑其国际规则是否能够实现可持续发展运输体系、防止交通拥挤和污染等方面的目标。作为世贸组织协议的成员，欧盟将继续开放主要运输市场。欧盟委员会提议应进一步加强委员会在国际组织中的地位，特别是国际海运组织、国际民用航空组织和多瑙河委员会，以维护欧洲在全球的利益。扩大的欧盟必须能够应对全球化带来的影响，并应在解决国际争端方面发挥作用。

欧盟在全球贸易中发挥着重大作用，然而，在采纳国际运输管制规则方面则显得微不足道，其原因是欧盟被绝大多数的政府间组织排除在外，在大多数相关组织中，欧盟至多处于观察员地位，这一状况应当立即予以扭转。

习题与思考题

1.什么是运输政策？举例说明。

2.简述运输政策的特性。

3.运输政策的编制程序是什么？每一步的主要功能是什么？

4.运输政策评估的具体内容有哪些？

5.评估一项运输政策的一般步骤有哪些？

6.简述运输投资政策与运输财政政策。

7.通过对欧盟运输政策的介绍，我们可以从中借鉴哪些经验？

第九章　运输与可持续发展

引　　子

近年来，清洁能源汽车的研发和应用得到了世界各国的重视，发达国家方面纷纷投入大量的资金和研发力量。从 2003 年底到 2005 年底，欧盟给予 1 850 万欧元财政补助，在阿姆斯特丹、巴塞罗那、汉堡、伦敦、卢森堡、马德里、波尔图、斯德哥尔摩、斯图加特等城市开展了燃料电池公交客车示范运行。欧盟计划到 2015 年在氢能利用方面投入 28 亿欧元的财政支持，其中到 2007 年投入 5 亿欧元，2007～2012 年投入 12 亿欧元。计划了为期 4 年在 4 个城市的 5 辆燃料电池客车示范运行。在美国，由汽车公司、燃料公司、燃料电池开发者和政府机关组成了强大的研究团队。包括了来自世界各地的 30 多家公司、企业，主要包括戴姆勒—克莱斯勒、福特、通用汽车、本田、现代、日产、丰田、大众、巴拉德、燃料电池联合技术公司、BP、ExxonMobil、Chevron Texaco、加利福尼亚州环境资源委员会、加利福尼亚州能源委员会、南部沿海空气质量检测委员会、美国能源部、美国运输部和美国环保署等，另外还有氢气供给系统、加氢站、甲醇燃料供给系统供应商和车辆运输公司等共同协作。2003 年有 43 辆燃料电池车进行试验运行，到了 2003 年底，试验车辆增加到了 60 辆。由联邦运输部支持，2004～2005 年有 7 辆燃料电池公共运输汽车进行运营服务。有调查显示，在加利福尼亚州，对燃料电池电动汽车技术了解的人数大大增加。从 2002 年底到 2005 年底，日本组织了 8 个汽车制造商(包括丰田、日产、本田、通用、三菱、戴姆勒—克莱斯勒等)和能源与供气设施提供商(包括日本石油公司、克斯莫石油有限公司、昭和壳牌石油株式会社、东京天然气有限公司、日本岩谷国际公司、日本液化空气公司、日本酸素株式会社、新日本制铁株式会社等)开展了氢燃料电池示范计划，2002 年投入 6 种车(丰田、日产、本田等 4 种高压氢轿车，1 种液氢轿车，1 种高压氢大客车)，2003 年增加了两种高压氢轿车(9 辆轿车和 2 辆公交客车)。我国也积极实施了相关的研究计划。我国也十分重视清洁能源汽车领域的技术研发。2001 年起，科技部开始实施“十五”863 电动汽车(包括纯电动汽车、混合动力汽车和燃料电池汽车)重大专项和“十一五”863 节能与新能源汽车重大项目，成果显著，技术逐步成熟。今天，车辆在环保方面的表现已成为了汽车厂商在广告方面的宣传重点，即使像宝马这样的豪华轿车也以此为卖点(图 9-1)。

图 9-1　宝马汽车的环保性能广告

在清洁能源汽车研发热潮的背后，正是人类

对交通运输环境影响的反思和可持续发展的重视。交通运输系统在给人类社会发展带来巨大推断力的同时，其对自然缓解和生态系统的干扰、破坏、污染等各种负面影响也在不断加大，而这种影响长期以来被人类社会所忽视。作为人类活动的重要组成部分，交通运输系统是人类生产生活的基础条件，是经济发展的命脉所在，因此交通运输在可持续发展中占有重要地位。按照可持续发展的要求，交通运输应在注重促进经济增长的同时，还要谋求社会文明的同步发展，正确处理和协调人口、资源、环境、生态、经济以及社会之间的相互关系。

第一节　可持续发展思想概述

一、可持续发展思想的产生

可持续性的概念源远流长。早在远古时期，中国就有了朴素的可持续性思想。古书《逸周书·大聚篇》记有大禹的话："早春三月，山林不登斧，以成草木之长。夏三月，川泽不入网罟，以成鱼鳖之长。"春秋战国时期，著名思想家孔子主张"钓而不纲，弋不射宿"(《论语·述而》)。1975年，湖北云梦发掘出1 100多枚竹简，其中的《田律》清晰地体现了可持续性的思想："春二月，毋敢伐树木山林及雍堤水。不夏月，毋敢夜草为灰，去生荔，毋……毒鱼鳖，置阱罔，到七月而纵之"，这是目前世界上已发现的最早的环境法律之一。总之，"与天地相参"可以说是中国古代生态意识的目标与理想。

现代西方可持续发展思想的最早研究可上溯到马尔萨斯和达尔文。马尔萨斯在1789年发表的《人口原理》中，第一次强烈地提出人口和其他物质一样，具有一种迅速繁殖的倾向，这种倾向受到自然环境(主要指土地和粮食)的限制。达尔文在1859年发表的《物种起源》里，在论述生物和环境的关系时也与马尔萨斯保持一致，并发展了马尔萨斯的观点。

但是，"可持续发展"这个概念的出现则是近40年的事，其背景是人类正面临的人口、资源、环境生态的严峻形势。人们逐渐认识到，把经济、环境和社会割裂开，只顾谋求自身的、局部的、暂时的经济性，带来的必然是他人的、全局的、后代的不经济性甚至灾难性，为寻求一种建立在环境和资源可承受基础上的长期发展模式，学者们先后提出了"零增长"、"有机增长"、"全面发展"、"同步发展"、"协调发展"等各种构想。然而，真正的可持续发展的科学思想的形成与成熟，却是体现于联合国等国际组织在20世纪70～90年代发表的四个报告之中。

1972年，联合国在斯德哥尔摩召开了114个国家参加的第一次"人类与环境会议"，会议期间出版了经济学家B·沃德和微生物学家R·杜博斯为会议准备的背景报告《只有一个地球：对一个小小行星的关怀与维护》并通过了著名的《人类环境宣言》，提出了"只有一个地球"的口号。

1980年，国际自然资源保护联合会(IUCN)、联合国环境规划署(UNEP)和世界自然基金会(WWF)共同发表了《世界自然保护大纲》，指出："强调人类利用对生物圈的管理，使生物圈既能满足当代人的最大持续利益，又能保持其满足后代人需求与欲望的能力。"

1987年，世界环境与发展委员会发表了《我们共同的未来》(Our Common Future)的报告，正式提出了"可持续发展"(Sustainable Development)的模式，该报告从理论上阐述了可持续发展是人类解决环境与发展问题的根本原则，并且在实践上提出了比较全面的具体建议，认为："可持续发展是在满足当代人需求的同时，不损害人类后代满足其自身需求的能力"。至此，可以说形成了一个比较系统的可持续发展观和可持续发展战略。

1992年,联合国在里约热内卢召开了“环境与发展”大会,183个国家和70多个国际组织到会,会议通过了《里约热内卢环境与发展宣言》、《21世纪议程》等重要文件,会议提出一个重要的口号:“人类要生存,地球要拯救,环境与发展必须协调”。这既标志着可持续发展思想已被世界上绝大多数国家和组织所接受,又标志着可持续发展已从理论开始走向实践。

二、可持续发展的定义与内涵

不同的机构和专家对可持续发展作了不同的定义,被大家广泛接受的主要有以下几种。

(1)希克斯·林达尔从经济方面提出了可持续发展的定义:在不损害后代人的利益时,从资产中可能得到的最大利益。

(2)1987年世界环境和发展委员会在其《我们共同的未来》的报告中的定义为:既满足当代人的需求,又不危及后代人满足其需求的发展。

(3)世界自然保护同盟、联合国环境署和世界野生生物基金会的定义为:在生存不超过维持生态系统涵容能力的情况下,改善人类的生活品质。

(4)普朗克和哈克所作的定义是:为全世界而不是为少数人的特权而提供公平机会的经济增长,不进一步消耗世界自然资源的绝对量和涵容能力。

(5)世界银行的定义为:建立在成本效益比较和审慎的经济分析基础上的发展和环境政策,加强环境保护,从而导致福利的增加和可持续水平的提高。

(6)1992年联合国环境与发展大会在其《里约宣言》中的定义为:人类应享有以与自然和谐的方式,过健康而富有成果的生活的权利,并公平地满足今世后代在环境和发展方面的需要,求取发展的权利必须实现。

以上这些定义虽表述不同,但大体方向一致,包含了以下4点基本内涵:其一,可持续发展是一种特别从环境和资源角度提出的关于人类长期发展的战略和模式;其二,可持续发展在国际公平和国内公平方面是一个综合的概念,它不仅涉及当代的、一国的人口、资源、环境与发展的协调,还涉及与后代的、与其他国家地区之间的人口、资源、环境与发展之间矛盾的冲突;其三,可持续发展是一个涉及经济、社会、文化、技术和自然环境的综合概念,可持续发展主要包括自然资源与生态环境的可持续发展、经济的可持续发展和社会的可持续发展这三方面,即以自然资源的可持续利用和良好的生态环境为基础,以经济可持续发展为前提,以实现社会全面进步的目标;其四,可持续发展还是一个动态的目标,并非是要求某一经济活动永远持续下去,而是要求其不断地进行内部和外部变革,即利用现行经济活动剩余利润的适当部分再投资于其他的生产活动,而不是盲目地被消耗掉。

第二节　交通运输的可持续发展

交通运输业在可持续发展中占有重要地位,欧盟在推进可持续发展战略时就将重点放在了工业、能源、农业和旅游业等4个部门之上。1996年世界银行出版了一本题为《可持续运输:政策变革的关键》的著作,明确提出了可持续运输这一概念,指出在交通运输上要实现经济与财务的可持续、环境和生态的可持续以及社会的可持续。所谓经济与财务的可持续是指交通运输必须具有持续发展的能力并适应人们日益提高的生活水平;环境和生态的可持续是指交通运输不能仅仅服务于旅客和货物的位移,而是要最大限度地提高人们的整体生活质量;而社会可持续则指交通运输所带来的收益必须为社会各阶层公正地享有,而非为一部分人所享有。

经济、环境和社会的可持续性三者之间应该是互为条件、相辅相成的,但是这种三者之间相互促进的理想状态并非总能保持,有时还会发生严重的矛盾冲突。不断提高的交通量,特别是私人汽车交通,刺激了经济的增长却严重危害了环境;制造业的全球资源共享和物流业的迅猛发展降低了产品的制造成本,但因为很多原料和产品比以前运输距离更长,花费在运输上的费用却又有增加的趋势;这些时间频繁、路途遥远的运输无疑对环境有不利的影响。所有这些现象都说明,交通运输发展的决策者——政府必须经常面对"鱼与熊掌不可兼得"的问题,要产生"双赢"的结果,需要一些适应可持续性各个角度的政策和技术工具,包括对外部性的收费、提高交通安全性、提高交通工具的技术效率、公众管理等,可持续的交通运输发展政策就是利用各种工具以寻求三者综合效益的最大(图 9-2)。

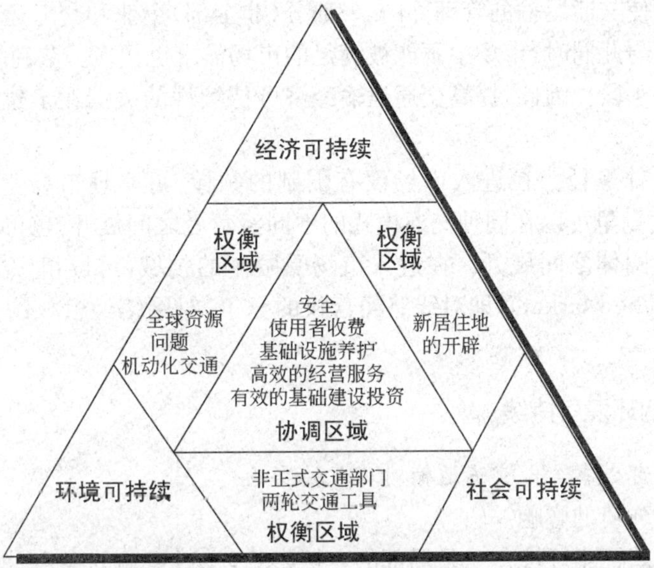

图 9-2 经济、环境、社会可持续性三者的关系

一、交通运输的经济可持续

1. 传统交通运输组织方式的弊端

传统的交通运输是建立在政府对企业微观的管理之上的。从世界范围看,对交通基础设施来说,政府直接提供是主要的模式,对运输服务的提供来说,政府往往控制着市场的进入、经营性质、价格水平以及利润规模。政府实现上述管理目标的途径主要是设立管理机构和对国有企业的直接控制。这种组织形式导致了对垄断经营者的保护,尤其是在公共交通领域,国有企业(当然并非所有国有交通企业都是低效率)只要能够维持经营便没有积极调整以适应市场需求的动力,私营企业也受累于政府过多过细的干预,目标模糊且经营被动。从整个行业来讲,这种组织方式产生了三个严重的后果。

(1)交通设施无法得到维护和保养。公共交通方面,善意的用以保护低收入阶层的低水平票价导致了交通工具的严重老化,汽车公司和国有铁路公司所提供的服务不断减少;在非洲和拉丁美洲,公路已恶化到报废的边缘,世界银行的一项报告指出,未来 10 年拉丁美洲和加勒比海地区 45%的路网需要重建或修复,预计每年需投入 25 亿美元。

(2)交通部门提供的服务不能满足市场的需求。被保护的垄断部门难以有效的提高服务质量和开发新产品以满足市场的新需求，例如交通行业中的垄断企业往往不能有效地为不断增加的城市边缘的低收入阶层服务，而同时又令为这一阶层服务的非正式交通部门发展很困难；同样，被保护的货运企业在发展综合高效的物流系统方面也收效甚微。

(3)养护和运营费用过高。阿根廷铁路私有化之前维持系统正常运转的劳动力消耗是私有化之后的2倍；在英国，政府削弱管理职能和实行私有化之后，汽车运输业每车公里的运营费用平均降低了30%～40%；资料还表明，政府部门所雇用的道路养护人员的工作效率明显低于竞争环境中的私营企业，在巴西，日常的道路养护费用私营企业较政府部门低25%，而在哥伦比亚这一数字竟为50%。

2.建立交通运输的市场体制

传统交通经营模式的致命弱点在于缺乏一种使经营者兼顾私人利益和公众利益的激励机制。缺乏竞争往往使交通运输的管理部门、一部分(非全部)企业和交通运输从业人员获取了潜在的垄断利润。与此同时，市场中不能被满足的市场需求也代表了获利的可能性，这正是刺激经营者的最有力手段。因此，提高交通运输经济可持续性的关键在于建立一个以竞争市场为基础的体制。

引入竞争有多种途径。在进入市场没有限制的领域，可实现市场竞争(Competition in The Market)，这种竞争可以在同种交通模式的不同经营者之间展开，也可以在不同模式之间或不同模式的经营团体之间展开。在进入市场受限制的领域，可以组织“进入市场的竞争”(Competition for The Market)，即对线路经营权的竞争、对网络经营权的竞争或对承担某项特定服务的竞争。

二、交通运输的环境可持续

1.运输业的外部成本——交通运输对环境的影响

1)交通运输对环境的影响

运输以三种方式污染环境。一是局部的直接影响，交通运输的噪声、视觉侵扰、局部空气污染(一氧化碳、铅和颗粒物等)以及废弃车辆堆积造成的局部环境污染，对在主要运输基础设施附近生活、工作或娱乐的人们施加了许多局部环境成本。二是存在超越界限的影响，例如，氧化氮等排放物会引起酸雨，海运溢出物会影响航线范围以外一定范围的水域。三是对全球环境的影响，例如大量二氧化碳的排放引起全球变暖，氯氟碳化合物等过量排放破坏了大气的臭氧层等。

设计不当的交通运输系统会破坏人们生活、工作的环境。一些发展中国家的大城市尽管汽车保有量不高，但空气质量已经像发达国家一样差，甚至更差。从表9-1所列的部分城市空气质量对比中看，墨西哥城、圣保罗、雅加达和开罗等发展中国家的城市污染情况至少与洛杉矶和纽约等发达国家城市同样严重。

部分城市空气质量对比　　表9-1

污染物	Pb	Co	NO_2	O_3
来源于交通运输的比例(%)	90～100	80～100	60～70	
曼谷	▲	●	●	●
北京	●		●	▲
孟买	●	●	●	

续上表

污染物	Pb	Co	NO_2	O_3
开罗	◆	▲		
雅加达		▲	●	▲
伦敦	●	▲	●	●
洛杉矶	●	▲	▲	◆
墨西哥城	▲	◆	▲	◆
莫斯科	●	▲	▲	
纽约	●	▲	▲	▲
圣保罗	●	▲	●	◆
汉城	●	●	●	●
东京		●	●	◆

其中：◆ 两项或多于两项指标超出世界卫生组织公布的正常标准；
▲ 一项指标超出世界卫生组织公布的正常标准；
● 符合世界卫生组织公布的正常标准。

公路交通虽不是大气污染的唯一原因，但却是几类主要大气污染物的主要来源。在大城市中心，铅和碳化合物90%～95%来源于城市公路交通，60%～70%的氮氢化合物也来源于城市公路交通，这些排放物对人体健康是有害的，尤其是对那些在主要干道附近的开放场所工作和生活的人。在墨西哥城，大量的汽车尾气每年导致12 500人死亡；开罗一些地区铅聚合物浓度比世界卫生组织公布的正常标准高出5～6倍，这导致开罗儿童血液中的铅含量比埃及农村儿童高出3～5倍。另外，交通工具运行引起的噪声和振动对行驶地点附近的环境也有较大的危害。表9-2列出的数据在一定程度上反映了工业化国家中运输对环境的影响。

运输对环境的影响 表9-2

项　目		北美	OECD(欧洲)	日　本	OECD
空气(运输排放物占总排放物的百分比 %)	氧化氮(NO_x)	47	51	39	48
	一氧化碳(CO)	71	81	无资料	75
	氧化硫(SO_x)	4	3	9	3
	颗粒物	14	8	无资料	13
	碳氢化合物(HC)	39	45	无资料	40
受道路交通65dB(A)以上噪声侵扰的人口数(百万)		19	53	36	110

注：OECD为经济合作与发展组织。

从地区角度看，交通运输将会造成对生物栖息地和多样性的影响。例如，海洋运输造成沿岸海域的严重污染，机动车尾气可引起酸雨和森林恶化。在开辟新的居住地、开发新资源、在森林或生态敏感区建立新的经济地带的过程中，交通设施的修建对森林、生物栖息地和文化古迹的影响是目前争论最广泛的问题，当然，这主要是地区发展政策问题，而非仅仅是交通政策问题。问题的关键在于，这种大的经济举措必然使一个地区在一个长时间段内充满了发展的不确定性，其中也包括对环境的不确定影响。在经济开发计划实施之前必须充分考虑所有可能会出现的结果，在修建道路或其他的交通基础设施之前，必须建立能够弥补或减轻可能引起的环境负面影响的配套设施，以保证对环境的危害最小。从目前的情况看来，落后的发展中国家最容易受到这些长期的、累积的负面效应的危害，因此这是这些国家在经济发展过程中最应警惕的问题。

目前全球变暖的主要责任应由 OECD 国家的工业化和机动化承担，但发展中国家的态势也不容乐观，按目前的发展趋势，到 2010 年这些发展中国家将成为产生二氧化碳最多的国家，目前唯一能限制这些国家二氧化碳排放量的因素是其支付的沉重的石油进口负担。

除以上交通环境问题外，交通运输的环境可持续面临的另一个问题是拥挤，主要是道路拥挤问题。道路交通的严重拥挤与通常的环境污染有所不同，它一方面加剧了业已存在的环境污染，这是因为拥挤道路上汽车停起频繁和空转等造成的（表 9-3 和表 9-4），另一方面给道路使用者（包括每个驾车者本人）造成时间和燃料的浪费。后者也称为纯拥挤成本。

驾驶周期中不同阶段引起的空气污染　　表 9-3

污染物		废气成分（每百万的含量）			
		空转	加速	慢行	减速
汽油机	一氧化碳	69 000	29 000	27 000	39 000
	烃	5 300	1 600	1 000	10 000
	氧化氮	30	1 020	650	20
	乙醛	30	20	10	290
柴油机	一氧化碳	微量	1000	微量	微量
	烃	400	200	100	300
	氧化氮	60	350	240	30
	乙醛	10	20	10	30

车速对污染的影响　　表 9-4

车速 (km/h)(mile/h)	排放量(g/mile)		
	一氧化碳	碳氢化合物	氮氧化合物
40.23(25)	34.47	5.44	3.19
64.37(40)	23.14	4.39	3.64
88.5(55)	19.67	3.91	4.26

交通运输的环境可持续还面临的一个问题是事故。运输是危险的活动，事故不仅涉及运输的参与者本身，还会涉及第三方。从纯统计的角度来看，危险主要与公路运输有关，在公路运输中每天都有许多致命的和严重的事故发生。火车、轮船和飞机的事故虽然不那么频繁，但因其事故一旦发生就是灾难性的，因此更能引起公众的关注。

2）运输业的外部成本

经济学中的外部成本是指存在于市场体系以外的成本，它属于社会成本的范围。社会成本包括私人成本和外部成本，通常在市场体系中体现的成本称为私人成本，是内部性的。例如，旅客乘车，旅客为旅行支付的成本是车票，旅行社的成本是提供车辆、汽油、驾驶员和旅途服务，这些都是市场体系内的"私人成本"。但是，对整个社会来说，成本不仅仅是这些。例如，在旅客与旅行社的交易中不可能自觉包含行车噪声侵扰路边人群生活造成的社会成本，简单的例子是，道路沿线居民为减少噪声侵扰将窗户的单层玻璃改成双层玻璃的成本。因此，交通运输对环境的影响所产生的社会成本均属于交通运输的外部成本。

控制或消除外部成本首先要对外部成本有个定量分析(估价)。因为只有知道它的危害有多大,才能确定应花多大的代价去控制它。经济学讲的是效益,为了控制较小的外部成本而不惜投入巨大的资源成本,其结果只能是给社会带来更大的伤害。因此,经济学家希望在了解交通运输环境污染的成本和控制污染成本之后,找到尽可能降低污染水平的效率平衡点(即有效率的污染水平)而不是彻底地"净化"环境。这可以通过图 9-3 来说明。

在图 9-3 中,某项目可能产生的污染共计 400t。具有正斜率的 MC 是控污的边际成本曲线。具有负斜率的曲线是减少污染的边际收益曲线。上面 MSB 线是减少污染的社会边际收益线,下面的 MPB 线是净化污染的私人边际收益线。

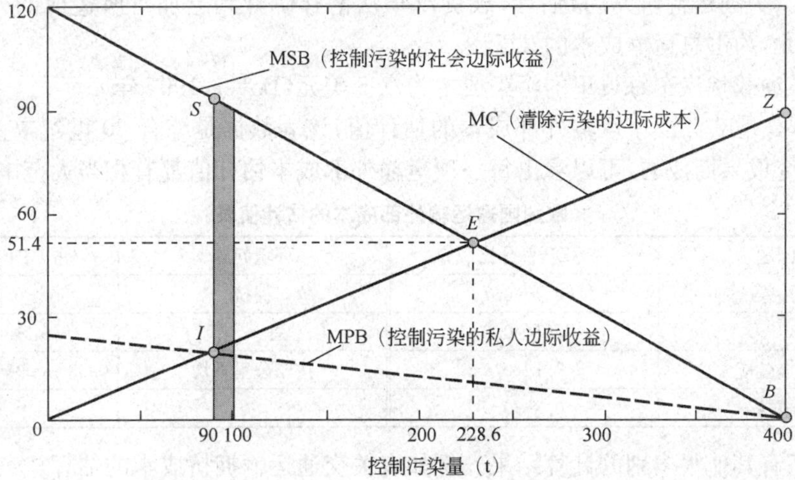

图 9-3　有效的污染控制水平

没有管制的市场均衡点为 I,在 I 点私人边际成本和收益是相等的。在这一点,只有 90t 污染被控制,每吨的边际成本和边际收益为 20 元。但没有管制的市场是缺乏效率的。如果通过一个实验设备将控污量提高 10t,这一变化在图中通过 I 点右侧的条状部分表示。对于增加的净化量,边际收益是 MSB 曲线下的整个条状区域,而边际成本是 MC 曲线下的区域。净收益是两条曲线之间的条形阴影部分。由图可看出,在 E 点实现了效率污染水平:该点控污的社会边际收益等于边际成本,即 MSB=MC(等于 51.4 元,有 228.6t 污染被控制)。此时,增加微量的控污量在两条曲线之间并无差异,因此在 E 点,对额外的污染控制来说既没有净收益,也没有净成本。相对于无管制的情形,区域 ISE 代表了有效控污后的收益。

但是,如考虑将每一点污染都排除的话(即实现污染零风险),它要求控制全部的 400t 污染。在这种情况下,社会边际收益为零,边际成本在点 Z 处,因此需要花费大量额外的控污成本,图中零风险方案的净成本为区域 EZB。

对运输的外部成本进行估价是一件不容易的事,为了尽可能得到准确的估价,近年来引用的计算方法越来越复杂。主要方法有判例法、规避行为法、显示性偏好法、旅行成本法、既定偏好法、损失产量法、消费损失法以及估算运输环境成本的一般公式(Button,1993 年;Kenneth D. Boyer,1997 年)。

使用上述各种方法的一个主要问题是,这些方法的理论基础不同,其结果难以对比和相加求和,所以很多时候会引起人们对其真实程度的怀疑。例如,是否能够把按规避行为法研究得出的噪声污染价值与按既定偏好法研究得出的空气污染价值相比较呢?显然存在明显的问题。不同国家对交通运输的外部成本的估计是不同的,目前这一问题仍处于争论之中。从下面列举的相互对比差距在较大范围内变动的事实来看，似乎有关运输外部成本评估方法还不完全成熟。

(1)OECD国家的调查表明，保守的估计用于噪声污染的费用约占GDP的0.3%。

(2)美国对交通大气污染造成的费用(表现为汽油税)的估计是一个跨度较大的区间，其低端——国内平均水平为不足10美分/加仑，而高端——大都会地区则较高，如洛杉矶为62美分/加仑。

(3)英国皇家环保委员会给予了更高的估计，认为用于大气污染、噪声、振动以及气候改变的费用至少占GDP的4.6%。

(4)TRB(美国运输研究局)估计，载货汽车从洛杉矶开到芝加哥所造成的外部污染成本是63.65美元，约占总运输成本的2.5%。

(5)重柴油载货汽车每英里的污染成本为0.5美元(Boyer，1997年)。

(6)表9-5是欧洲国家运输外部成本的估计值，该表数据是综合20世纪末前后十余次不同学者的研究成果而成的，可以看出每一项运输外部成本估计值都有相当大范围的差别。

欧洲国家运输外部成本的估计值表　　表9-5

环境问题	占GDP百分比(%)	环境问题	占GDP百分比(%)
空气污染	0.4～0.7	拥挤	0.1～0.5
噪声	0.1～0.6	总　计	1.0～3.2
其他环境效应	0.1～0.5	按车公里平均	0.03～0.06欧元/(车·km)
交通事故	0.3～0.9		

此外，还有其他很多别的计算结果。例如有关交通运输拥挤成本的估算：

(1)据有人计算，仅交通拥挤成本就占西方国家GDP比重的1.3%～3.2%。

(2)表9-6是英国不同类型公路的拥挤成本，可以看出，乡村公路的拥挤成本与城市中心交通高峰时的道路拥挤成本相差近千倍(39.97/0.05)。

英国不同类型公路的拥挤成本(估计值)　　表9-6

道路类型	边际成本(便士/km)	道路类型	边际成本(便士/km)
高速公路	0.26	小镇非交通高峰期的道路	4.20
市中心交通高峰期的道路	39.97	其他城市道路	0.08
市中心交通非高峰期的道路	29.23	乡村双车道公路	0.07
非市中心交通高峰期的道路	15.86	其他主干道	0.19
非市中心交通非高峰期的道路	8.74	其他乡村公路	0.05
小镇交通高峰期的道路	6.89		

注：一便士约等于0.14元人民币。

(3)表9-7是美国城市交通拥挤的社会成本，有研究认为(Khisty和Kaftanski，1986年)，1982年美国城市交通主要的环境成本是各自非拥挤情况下的2倍多。

美国城市道路交通拥挤的社会成本　　表9-7

项　目	每英里的社会成本(1982年价格，美元)	项　目	每英里的社会成本(1982年价格，美元)
通过时间	0.1152	过度的燃料消耗	0.1105
空气污染	0.0256	交通事故	0.1365
噪声污染	0.0037	共计	0.3865

(4)1988年英国工业联盟对拥挤造成的时间浪费总成本做了定期的粗略估计，仅商业交通大约每年为150亿英镑纽伯瑞(Newbery)，后经分析加总得出英国1989～1990年每年的拥挤成本约为127.5亿英镑。

(5)美国尝试采用交通建模技术(Hanks和Lomax，1990年)为39个城市地区的拥挤估计货币价值(旅行时间和多用的燃料成本)，得出拥挤成本的货币价值范围每年从52.4美元(洛杉矶市)到2.9美元(明尼阿波利斯—圣保罗市)，每辆有牌照汽车拥挤成本最高的城市是华盛顿，每年为920英镑。

2.不同交通模式对环境的影响

不同的交通模式对环境的影响明显不同。公路机动化交通是造成地区和全球环境影响的尾气排放的主要源头，占交通系统对全球污染总量的3/4以上；航空运输主要引起大气污染和噪声污染，尽管飞机发动机技术有所改进，但由于航空业消耗的燃料每年以3个百分点的速度递增并有可能在20年内翻一番，因此航空运输有可能变成未来的一个主要污染源；海运方面，船舶驾驶燃油在过去十多年内已被降低了60%，海运造成的污染只占海洋油类污染的1/4，但巨大的海洋污染灾害仍来源于海运事故；铁路是相对环保的交通模式，仅仅是燃煤(油)和噪声对线路周边地区有一定影响；内河水运燃料效率较高，对环境很少产生不利影响；非机动化交通对环境基本无影响。

在拥挤方面，主要问题是道路交通拥挤。

在交通事故方面，主要问题同样是道路交通事故。表9-8是1980～1985年美国各种交通方式引起的事故情况。要知道，道路上无人员伤亡的车辆碰撞事故要远远超过表列数值。

1980～1985年美国各种交通方式引起的事故情况(单位：千人)　　表9-8

年份(年)	汽车(死亡数/受伤数)	火车(死亡数/受伤数)	民航(死亡数/受伤数)	轮船(死亡数/受伤数)
1980	51.1/2 000	0.584/62.246	0.143/0.074	0.206/0.176
1981	49.3/1 900	0.556/53.003	0.132/0.082	0.154/0.141
1982	43.9/1 700	0.512/37.638	0.320/0.098	0.223/0.271
1983	42.6/1 600	0.498/32.196	0.089/0.049	0.289/0.209
1984	44.3/1 700	0.598/35.660	0.102/0.067	0.113/0.134
1985	43.8/1 700	0.454/31.617	0.638/0.073	0.069/0.057

3.控制交通环境污染的手段

关注交通所造成的环境负面影响是非常重要的，特别是在一些机动化迅速发展的发展中国家。实现环境可持续的关键是如何将环境因素有效融于经济激励之中，使能够将环境影响内部化的经济手段充分发挥作用。

在图9-2中已经表明，“污染应该降低到这样的程度，也就是消除污染的边际成本能被减少污染所带来的边际效益所抵消”(英皇家环境污染委员会，1972年)。为达到此目的，可采用基于市场的激励手段和基于行政的监管措施。表9-9列出了可用于限制道路运输外部成本的各种措施。其中许多措施也适用于其他运输方式中对外部成本的控制。从表9-9可以看出，尽管只考虑了对道路运输污染排放和拥挤外部成本的控制，可以用于减少运输外部性的政策措施也是多种多样的。以控制汽车尾气排放为例，可以采用制定排放标准、强制性推行底污染汽车或强制报废旧汽车等直接或间接的基于行政的监管措施，也可以采用收取排放费、可交易的许可证、不同类别汽车的差别税收或补贴新型汽车等直接或间接的基于市场的激励措施。

控制道路运输对环境影响的各种措施 表 9-9

控制对象	基于市场的激励措施		基于行政的监管措施	
	直接措施	间接措施	直接措施	间接措施
车辆尾气	排放收费	可交易的许可证	制定排放标准	强制性对排放系统作检查和保养
		汽车的差别税收		强制性推行低污染汽车
		补贴新型环保汽车		强制报废旧汽车
燃油类型		燃油的高税收	制定燃料成分标准	制定燃料节能标准
		燃油的差别税收	逐步淘汰高污染燃油	限制车速
交通拥挤	拥挤收费	停车收费	划定汽车禁行区	对汽车使用的限制
		对公共交通实行补贴	限定行驶路线	设定公交专用道和其他优先权

下面在详细讨论若干具体措施时，重点先讨论传统的“庇古式解决方法”，也就是向产生外部成本的那些人收费，使外部成本内部化的方法。

4. *污染者付费*

1)“污染者付费”原则

人们可以自己解决外部成本问题，“如果私人各方可以无成本地就资源配置进行协商，那么，他们就可以自己解决外部性问题”。这一科斯定理(Coase，1960 年)向公众表明，私人经济主体可以解决他们之间的外部性问题。无论最初分配如何，有关各方总可以达成一种协议，在这种协议中每个人的状况都可以变好，其结果是更有效率的。但在实际实施时有一个难以解决的问题，即如何来管理和监督这个制度。人们也许会问：是受害者应当得到保护获赔偿，还是受益者因为停止当前的交通活动而应得到补偿？从效率的观点看，尚无一个清晰的答案，但是，一些国际机构，如经济合作与发展组织采取这样的原则，即从道义上说，污染者应该为他们给环境造成的过分破坏付费。

“污染者付费”原则并非是新的想法，1920 年庇古(Arthur Pigou)的开创性著作《福利经济学》就已提出：政府当局应对环境负有责任，对环境使用者征收适当的使用费(税)。为纪念这位最早提出这种税收的经济学家，现通常将用于纠正负外部性影响的税收统称为“庇古税”。

现以居民区附近的机场上起落飞机的噪声为例，说明庇古税和科斯定理的应用。在交通的外部成本没有被内部化的情况下，假设机场的边际净私人效益会随交通量增加而下降，如图 9-4 中的 MNPB 曲线，则交通水平为 Q_0 时，机场的净私人效益达到最大。它明显超过社会最优的交通量水平 Q_1，在 Q_1 点 MNPB 等于居民所遭受的噪声的边际环境成本 MEC。如果对每单位交通量征收 P 的税，则机场的边际净私人效益会随之下降到图 9-4 中的 MNPB_{-P} 曲线，这样，机场的净私人效益达到最大时的交通量正好等于社会最优的交通量水平 Q_1。

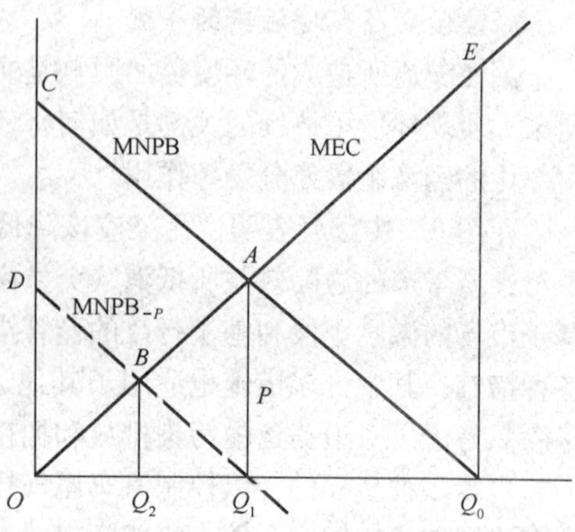

图 9-4 对机场噪声征收庇古税

这种税种尽管还不普遍，但在运输中正被越来越多地使用。人们认为，征收庇古税的政府是主要的受益者。在上面的例子中航空公司受到损失(图中 Q_0AQ_1)，受干扰的居民因噪声水平降低而受益(图中 Q_0EAQ_1),但又不能完全摆脱噪声干扰,以福利标准计算等于图中 OAQ_1。但是,政府当局通过征税获得了如图中 $DCAQ_1$ 的收益。

上例中似乎隐含假设:航空公司应该购买在这个区域制造噪声的权利(或许可证)。在产权的理论上(科斯,1960 年),可以对该例中是否正确运用了"污染者付费"原则提出疑问:为什么应该由航空公司购买制造噪声的权利,而不是让当地居民购买相对安宁的权利呢?也就是说,是否应该付给航空公司一笔补贴(即图中的 P)以减少他们的活动?这个问题实质上是涉及财产权利的道德与法律问题。对"污染者付费"原则的另一种疑义认为(Sharp,1979 年),在一些情况下,征收累进税可以同样有效地获得环境的改善,而且不会出现征收污染费的累退效应(累退效应不符合税收原则中的"支付能力原则")。这是因为,从任何环境改善中得到的利益都与收入密切相关,穷人可能比富人(富人收入的边际效用较低)更愿意不征收污染费。从分配的观点来看,用从累进税制中获得的资金向机场提供补贴(图中的 P)以抑制飞机的噪声,将有同样的环境效果,而且并无征收污染费的累退特征。

但是,"污染者付费"原则毕竟得到了大多数经济学家和政府当局的支持,成为运输环境管理者的共识。这里有必要对道路交通的"污染者付费"原则应用作进一步说明。

道路交通运作过程的污染者也就是使用者,是那些运输公司和私人汽车主人(驾驶员)。污染者付费也就是向使用者收费。因为他们的行为产生三方面的外部性,而使这种收费变得十分必要(当然在具体收费项目和收费标准上还是可能发生疑义),这三方面的外部性是:其一,拥挤外部性,主要出现于汽车的速度明显低于其他交通工具的城市地区,其产生既源于机动化交通也源于非机动化交通;其二,环境外部性,主要是指机动化交通的尾气排放对地区甚至全球环境和生态的影响,而噪声和振动等其他影响则只存在于行驶地点的周边地区;其三,道路损耗外部性,当车辆的行驶对道路有损害作用时,这种外部性就会发生,进而这种损害又会降低其他车辆的行驶速度,研究表明,路损程度与车辆轴重的四次方成正比,因此这种外部性主要由重型车辆引起。

为了将运输与环境的可持续结合起来,使用者收费除了成本回收之外(这已在第六章作了讨论),通过收费还应达到以下目的:

(1)更有效地利用已有交通能力(包括道路空间等);

(2)有利于促使交费人选择更加符合可持续要求的交通工具和燃料;

(3)有利于不同交通方式之间交通量的合理分配;

(4)能够为交通基础设施维护及管理提供足够费用。

从社会可持续角度看,在向使用者收费的同时,还必须负责提供一些能让使用者支付低于成本价的交通设施和服务,以确保低收入阶层利用交通设施的机会。

使用汽油的轻型车辆对道路损伤的程度、对拥挤状况的加剧、对环境产生的污染与其用途和所处的时间地点关系不大,却与其累计行驶的距离和时间成正比,大致上与其消耗的汽油量成正比,因此收取汽油税是使轻型车辆外部性内部化的有效方法。柴油税主要向重型车辆收取,但不能反映不同种类、用途的车辆对道路损伤程度的不同。车辆年税与车辆类型有关,能一定程度上弥补汽油税、柴油税的不足。只有少数几个国家,如瑞典和新西兰,设立有既与车辆类型有关又与行驶距离有关的重型车税,虽然其征收依据更加科学,但政府必须为此支付高额的管理费用。

下面主要介绍表 9-9 中可利用的对使用者的收费(税),有燃油税、拥挤费、停车费、噪声费(污染费)等。其中燃油税总税额大、涉及面广(汽车运输、空运、水运和轨道运输),因此讨论先从油价开始。

2)油价(燃油收费)

目前,包含于油价的汽油税仍是政府向使用者收费的主要工具。虽然各国国情不同,没有一个适合所有国家和地区的单一的汽油零售价格(各国及地区汽油价格见图 9-5),但阐明汽油价格的制定原则、价格组成,以及税款的合理流向是很有意义的。

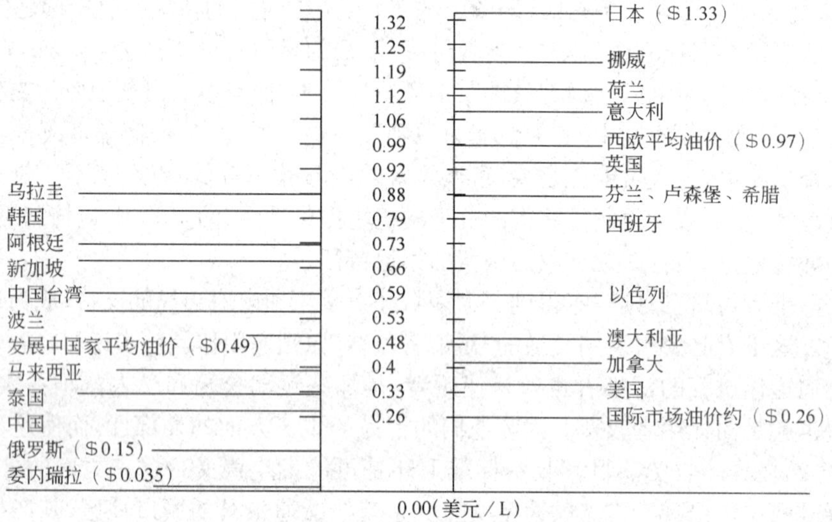

图 9-5　各国及地区汽油价格示意图

确定油价的原则是:

(1)使用者应承担汽油的资源价格,即国际市场价格;

(2)使用者应承担汽油消耗所引起的社会、环境费用,如前面提到的三种外部性;

(3)任何超出资源价格和外部性税收的部分都应由消费品汽油来承担,而不应该由生产的投入品汽油来承担;

(4)任何规定个人消费水平的税收必须以消费类型扭曲的最小化为目标。

这些原则表明,在缺乏直接的对使用者收费方法的情况下,油价应包含汽油的资源价格,加上其消耗所带来的环境费用,再加上道路使用费用(包括对道路的损害和对有限道路空间的占用),尽管汽油税不是拥挤收费的理想代理收费,但在整个路网上长时段出现拥挤情况时,汽油税的代理效果还是可以接受的。

油价的第一个部分是汽油的资源价格。对这种国际贸易物品来讲,其价格主要以进口价(纯进口国)和出口价(纯出口国)来反映。低于国际贸易价格(如俄罗斯)甚至低于本国生产成本(如委内瑞拉)的价格是不正常的。

油价的第二个部分是非直接收取的环境费用,主要是大气污染收费。环境费用是难于估计的,因此这部分收费的水平应根据各国各地区的具体情况而定。大多数国家对含铅汽油征收的消费税最高,无铅汽油次之,柴油最低。表 9-10 所列 1990 年 1 月 1 日欧共体燃料消费税中不同类型燃料的税收差为:含铅汽油∶无铅汽油∶柴油 ＝ 100∶88.1∶54.2。如果将来的研究表明柴油的消耗与更大的环境费用相关,柴油税高于汽油税便是合理的。事实上近年来人们已把越来越多的注意力转向柴油汽车所产生的悬浮粒子上,已有研究表明,柴油物质比同样大小的一般灰尘物质要毒得多,直接影响死亡率和罹病率的 PM10(小于 $10\mu m$ 的悬浮粒子)是直接由车辆产生的(尤其是柴油车)。例如 TRB(美国运输研究局)估计,如果柴油的悬浮颗粒远比来自路面的不固定灰尘要毒得多，那么载货汽车从洛杉矶开到芝加哥所造成的外部污染成本会从 63.65 美元提高到 315 美元。因此一些国家已提高柴油税率，截至 2000 年，全世界至少有美国、英国、荷兰和南非等四个国家的柴油税率高于汽油税率(表 9-11)。

欧共体汽油和柴油燃料增值税和消费税(1990 年 1 月 1 日，每 1 000L 欧元)　　表 9-10

国　家	含铅汽油		无铅汽油		柴　油	
	增值税(%)	消费税	增值税(%)	消费税	增值税(%)	消费税
比利时	25	325	25	291	25	190
丹麦	22	424	22	343	22	223
德国	14	321	14	281	14	218
希腊	36	198	36	152	6	4
西班牙	12	331	12	316	12	190
法国	18.6	448	18.6	397	18.6	231
爱尔兰	25	395	25	373	25	290
意大利	19	580	19	538	19	279
卢森堡	12	234	6	140	12	101
荷兰	18.5	346	18.5	342	18.5	158
葡萄牙	8	424	8	380	8	213
英国	15	277	15	240	15	234
12 国平均水平 (相对值)	18.8 (100.0)	358.6 (100.0)	18.3 (97.3)	316.1 (88.1)	16.3 (86.7)	194.3 (54.2)

部分国家和地区汽车燃料消费税率　　表 9-11

国家和地区	年份 (年)	汽　油			柴　油		
		总消费量 (万 t)	汽车消费量 (%)	汽油税率 (%)	总消费量 (万 t)	汽车消费量 (%)	柴油税率 (%)
中国香港	1999	37.3	100.0	61.2	810.4	10.1	33.4
以色列	2000	198.5	100.0	63.6	219.0	94.6	20.7
日本	1997	4 073.9	99.7	60.9	3 691.5	95.0	45.2
韩国	1998	720.9	94.5	59.4	1 600.9	53.9	35.3
蒙古	2000	20.2		32.3	46.7		18.1
土耳其	1999	460.7	99.0	71.0	1 008.0	64.0	63.0
南非	1999	1 086.1	100.0	42.6	599.3	75.0	46.0
美国	1997	3 499.0	96.7	32.0	9 651.4		36.0
阿根廷	1999	520.9		52.7	1 166.3		0.12
厄瓜多尔	1999	1 061.8	97.0	10.5	1 381.8	88.0	10.5
法国	2000	1 381.3	98.0	73.0	2 730.7	98.0	50.0
德国	1999	2 910.0		67.0	2 680.0		63.0
意大利	1999	1 810.0	100.0	64.0	1 800.0	100.0	54.0
哈萨克斯坦	2000	244.1	92.1	20.0	256.1	40.5	20.0
荷兰	1999	414.0	96.0	55.0	672.6	98.0	64.0

续上表

国家和地区	年份(年)	汽油			柴油		
		总消费量(万 t)	汽车消费量(%)	汽油税率(%)	总消费量(万 t)	汽车消费量(%)	柴油税率(%)
瑞典	2000	537.3		67.0	351.3		55.0
英国	1999	2 158.0	99.0	82.0	1 656.0	92.0	83.0
加权平均税率				56.2			43.4

注:德国的总消费量为1996年数据。

油价的第三个部分是对使用者征收的代理收费。在没有直接的使用者收费的情况下,这一部分应能反映出道路等交通基础设施引起的成本,美国的研究认为这一部分费用为1.86～4.35美分/km,英国的研究结果与此相近,假设每升汽油平均使车辆行驶10.63km,则每升汽油的这部分支出至少为0.26美元。

在宏观经济政策中,必须要确定油价各个组成部分的合理水平。如汽油的国际市场价格为0.26美元/L,使用者收费(主要是道路损害费用而非拥挤收费)会追加0.26美元,环境外部性费用再追加0.26美元,这时0.78美元/L的价格已接近未考虑拥挤收费和限制数量的消费税的欧洲较低水平,并且还尚未考虑交通事故和全球环境影响的费用,若将这些费用全部考虑在内,目前欧洲的汽油价格只占其合理价格(使其外部性全部内部化的价格)的40%～70%。如果汽油价格是用以弥补公路交通所产生的费用的唯一手段,那么发展中国家应实行较高的欧洲油价水平,而非较低的美国油价水平,但目前还没有一个发展中国家的油价高到如此程度。当然,以上只是笼统的分析,确定油价水平必须要联系本国的具体国情,但上述原则必须要体现于宏观的经济计算之中。

由低油价向高油价的转变可能会引起政治和社会的动荡,特别是在像委内瑞拉和尼日利亚这样的石油生产国,在这些国家低价的国产汽油被认为是一种公平分配国有财产的方式。部分国家的发展过程为顺利实现这一合理的转变提供了经验:①提高油价与提高改善基础设施相结合,如在玻利维亚,汽油税的提高被指定用于道路养护和公路基金;②分阶段提高汽油价格,如尼加拉瓜,在一段时间内每月进行一次小规模的提价;③避免汽油价格的提高被转嫁给公共交通票价,这可以通过管制和降低公交部门的油价来实现,1988年,委内瑞拉的巴士经营者以油价提高1倍为由将票价提高1倍而获得暴利,原因在于油耗只占全部运营成本的10%。

价格理论的一个基本原则是,一旦收入高于成本就会产生供给的扩大。当国家财政对汽油税产生某种依赖时,政府的税收行为便会与其使用者收费全部用于基础设施的承诺有所违背,此时,作为替代收费的汽油价格的增量必然将与基金的建立和使用发生密切的联系。这有三方面的原因:其一,因为路损主要是由柴油驱动的重型车辆引起的,柴油税和其他以轴重为标准的税收应划归道路养护部门使用;其二,城市拥挤程度与城市交通系统支出的费用相关,因此拥挤收费应划归城市交通基金,适用于有助于提高城市交通系统水平的任何支出,包括对公共交通的投资和财政支持;其三,汽油的消耗量与大气污染程度有关,汽油价格的一部分是环境收费的代替收费,因此这部分汽油税应划归环境保护基金。另外,必须保证纳税人和公众对政府部门和基金使用的有效监督。

3)拥挤费

征收拥挤费可以减轻道路或机场的交通拥挤,这点已达成共识(图6-7)。但如何收费,特别是收取多少费用，即如何确定最优道路价格问题并无统一答案。

最优道路价格应能反映出旅行的边际成本和平均成本之间的差值，即通过收取拥挤费能够合理地将不同拥挤情况下拥挤外部成本转化成内部成本。这一工作成为许多环境运输经济学研究的一项主要课题之一。表 9-12 列出了一些主要的研究成果。

一些主要道路的最优道路价格估计 表 9-12

研究者	地点	高峰时刻的道路价格
Walters(1961 年)	美国一般高速公路	0.06～0.09 美元/(辆·km)
英国交通部(1963 年)	英国城市地区	5.6 便士(旧便士)/(辆·km)
大伦敦市政会(1974 年)	伦敦中心	0.60 英镑/(辆·d)
Elliott(1975 年)	洛杉矶	0.02～0.09 美元/(辆·km)
Kraus 等(1976 年)	双子城高速公路，1970 年	0.02～0.09 美元/(辆·km)
Keeler 和 Small(1977 年)	海湾地区高速公路，1972 年	0.02～0.21 美元/(辆·km)
Dewees(1978 年)	多伦多，1973 年	0.02～0.24 美元/(辆·km)
Cheslow(1978 年)	伯克利，1977 年	2.0 美元/(辆·行程)
Spielberg(1978 年)	麦迪森，1977 年	1.0 美元/(辆·行程)
Mohring(1979 年)	双直城	0.41 美元/(辆·km)
Gomezz-Ibanez 和 fauth(1980 年)	波士顿，1975 年	0.31～0.62 美元/(辆·km)
Viton(1980 年)	海湾大桥，1972 年	0.1 美元/(辆·km)
Starrs 和 Starkie (1986 年)	艾德蕾德干道，1982 年	0.025～0.22 美元/(辆·km)
Cameron (1991 年)	洛杉矶高速公路	0.09 美元/(辆·km)

虽然最优道路价格的定价理论比较简单，但是人们对实施该理论的详细方案却经历了长时间的争论。一些主要的争议领域有以下几个方面。

(1)难以设计出征收拥挤费的可行方法

不同时段城市内各条道路拥挤程度各不相同，要对路网中不同拥挤程度的道路收取不同的费用是很难实现的。给车辆安装自动计量器，根据交通状况的变化来收费，由于驾驶员只能在事后知道旅行成本，不利于及时有效的控制拥挤。采用预购进入特定区域的许可证(不同拥挤区域分类牌照)办法，也同样无法利用拥挤收费实时调控道路拥挤程度。

(2)可能会对分配产生不良影响

对道路定价后，道路的使用便会取决于潜在的使用者支付拥挤费的能力。这是否会对社会福利产生不良的递减效应，是个难以用理论论证的问题。例如，假设穷人因公交运输工具能更畅通地在全城运行而实际上获得了更好的服务(社会福利)，中等收入阶层不得不放弃私人汽车转向他们并不情愿的公交运输，乘拥挤的公交车旅行他们甚至感到福利水平下降了。当然，如果从道路拥挤收费中用部分资金来改善公共交通，那么对中产阶层的不利影响会大大减少。

(3)难以处理所征得的收入

没有现成的法律，有人认为收入应用于改善公共交通，有人提出应直接返回道路的使用者，也有人建议用于建设更多的道路，作为公共运输投资。也许都有道理，应按比例分摊。但应是怎样的比例，又有人说，可通过公开的辩论来决定。

(4)可能导致货运成本上升而引起通货膨胀

道路收费的负担落在最终消费者身上，那么货运成本的影响可能会引起通货膨胀，这是部分经济学家担心的问题。另一部分经济学家认为，对通货膨胀的影响不可能像有些人说得那么大，因为道路拥挤费造成的财务成本上升会因为道路畅通分送货物便利而部分被抵消。这已被英国考文垂运输研究资料所证实。

(5)道路使用的需求函数(实际的交通流)要比简单分析的结论更复杂

在交通工程学中假设的道路空间的需求(交通流)可以用一个连续的函数来表示，但实际上，它可能是纠缠的和不连续的。这样一来，所谓的最优道路定价实际上并不存在。

(6)道路定价是在"次佳"世界中的"最佳"解决办法

如果经济中的所有其他货物也按边际成本定价，那么道路空间的边际成本定价就是唯一严格的最优方法。然而客观世界中的市场不可能这么纯净，好在城市公交运输的总需求趋向于独立于其他商品的需求，所以如果城市公交运输部门采取边际成本定价政策，在运输部门内部就不会出现严重的扭曲。

大致说来，区域性收费可采用两种电子道路定价系统。第一种系统采用车辆自动识别器(AVI)，它集中记录每辆车在行驶中的拥挤成本。第二种方法不识别车辆，而是利用条码(磁卡)技术，一个城市可以在不同地点安装读卡机。当车辆经过时就可以根据时间、路况和地点从驾驶员的结算卡账户上扣除一定数额的道路使用费。在车内，驾驶员有一个仪表，马上可显示被收了多少费和卡上还剩余多少钱。当然，理想情况是，通过卫星定位和无线网络技术，随时向驾驶员提供各条道路实时的拥挤情况和拥挤费收取标准(即各路段动态实时的最优道路定价)，以便让驾驶员决定是用金钱换时间还是用时间换金钱。

但是，到目前为止尚未见成熟的区域性电子道路定价系统大规模实施，因为上述较理想的按最优道路价格收费的系统运作成本将很高。

另一方面，最优道路定价收费制度应该不是为给城市带来额外的税收收入，而是为了在缓解城市交通拥挤和行车污染的同时，给那些愿意住在工作地附近的人和使用公共交通工具的人的一种收入补贴。在汽车普及的国家，由于穷人开车比富人少，这种制度结果是一种把富人收入给予穷人的平等化再分配。具体地说，拥挤费收入可用于以下三个方面，并且，作为拥挤费时，为避免双重收费(税)，应把重点放在第一项开支：①平均补贴给每个驾驶员，城市的每个驾驶员的结算卡账户上都预支相同定额的通行费，超支自己补足，节余可提现或交易；②补贴公共交通，使公共交通价格更具竞争力，吸引更多乘客，缓解道路拥挤；③投资城市交通基础设施建设。

4)停车费

在某些情况下，经常由于政治原因或便于实施、操作成本低、效率高等技术原因，将停车收费政策作为限制拥挤外部性的一种方法，似乎比道路定价更加可取。在1990年，洛杉矶市长Bradley曾经推荐用停车费代替道路使用费。

如果许多车流的终点是在较小区域范围内，那么收取停车费就更有效了。而且，虽然城市汽车交通最为广泛地涉及停车问题，其他运输方式中也同样有类似停车费的问题，如机场和海港。在航空终点向飞机收取高额停机费和向泊港船舶收取高额泊港费，能够促使飞机和轮船规模和交通集中(拥挤)情况发生变化。

可以通过图9-6对停车费的作用作一简单的分析。

象限A有边际成本曲线MC和平均成本曲线AC，除此之外还有停车成本(反映停车空间的机会成本，为简单起见，假设每辆车都需要停车且停车时间相同，并假设在支付适当费用后进入研究区域的所有车辆都能找到停车位置)。这样就有了联合的总成本曲线 TMC。实际收费额应为相应的交通密度下最优道路价格 ij 加上停车费 jk,就是图中的 RP。现假设,出于某种原因(例如技术难以实现),道路价格 RP 无法收取。那么通过收取停车费是否能达到类似的减缓拥挤的效果呢?这实际上就是把"愿意支付拥挤费才能通行"变成"愿意支付停车费才能停车"。在象限 B 作一条 45°线,它表示交通密度与停车场占用率的关系;在象限 C,当收取 F_a 停车费时将会有 P_a 交通量(实际相对于不收停车费和道路拥挤费时的交通密度 D_a),当收取较高停车费 F_0 时将会有 P_0 交通量(相对于收取停车费和道路拥挤费 RP 时的交通密度 D_0)。具体停车费 F_a 和 F_0 及需求曲线应根据实际停车场容量进行调整。

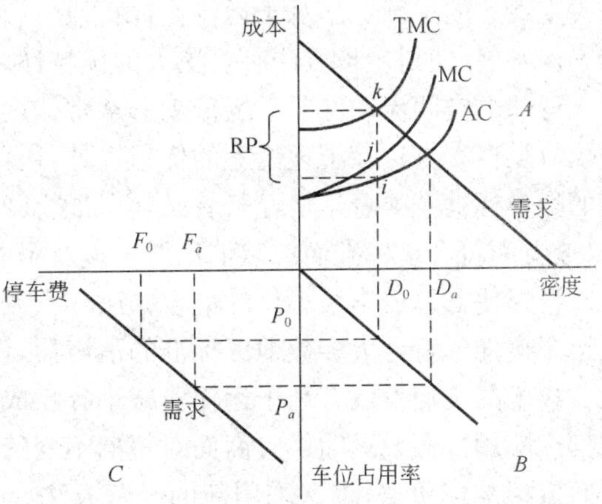

图 9-6 停车费作用的简单分析

当然,停车收费代替道路拥挤费的政策有其自身的局限性。首先它对过境交通无法约制,并且对远程车辆影响有限,因为相同的停车费占长途旅行的总成本份额要比占短途旅行小得多,因此停车费可能对实际拥挤水平不那么敏感;其次,实际上许多停车场是私人拥有的,如英国部分主要城市中私人停车场占 22%～60%(表 9-13),这样就很难进行价格控制,虽然通过对停车场加征土地税等一些间接措施可作部分弥补。

英国部分城市中心非居民区停车场的分类(1976 年,%) 表 9-13

城　　市	街道上的停车场	公营的不在街道上的停车场	私营的不在街道上的停车场	总 计
布里斯托尔	21	19	60	100
剑桥	16	24	60	100
哈德斯菲尔德	21	42	37	100
伦敦	17	30	53	100
诺丁汉	25	37	38	100
牛津	26	16	58	100
雷丁	22	56	22	100
南安普顿	34	22	44	100
伍尔费汉普顿	9	59	32	100

5)噪声费(污染费)

限制运输外部性很重要的一个方面是减小噪声,通常有两类方法,一是用行政限制对噪声直接控制(如实施噪声标准,英国 1970 年规定 147.1kW(200 马力)以上或以下发动机的车辆噪声不得超过 91dB 和 89dB,1983 年又将标准提高到 88dB 和 86dB)和有关噪声的立法等;二是按"污染者付费"原则收取噪声费(排放费),即通过将外部环境成本转化为运输者(企业)的内部成本,用经济手段达到降低噪声的目的。

经济学家普遍认为,收取噪声费(通常称为定价方法)可以为解决外部性问题提供更好的解决办法。这主要是信息不充分情况下不可能确定最优的限制标准,而定价方法可以让市场来决定最后的平衡点。对于运输业，由于它具有两方面动态特征：空间（区域）的流动性和技术的飞速发展，使得定价方法有着更大的优越性。

运输的空间流动性要求运输工具常常往返于各地区和国家，由于收入水平和偏好不同，采用收取噪声费方法除了理论上的优越性外，还可减少运输企业降噪成本。在每个地区实施不同的噪声标准意味着运输经营者必须保证行驶于各地区之间的车辆能够遵守其中最严格的标准，或者为符合该标准而加装消声器。这对企业也许是较浪费的。采用收取噪声费，经营者就可以选择使其总成本最小化的混合办法——或加装消声器、或支付噪声费，或是两者的组合，如给车辆加一符合大多数地区标准的消声器，仅在个别标准特别高地区交费。

技术的飞速发展有利于运输业减小降噪成本，而收取噪声费比噪声限制更有利于新技术的推广应用。假设运输供应商面对短期不变的限制噪声标准或收取噪声费价格，他们会经常对照该标准或价格，设法采用新的经营方法或技术来增加自身利益。图 9-7 表明了面对现有技术（MC_1）和新技术（MC_2）的公路运输者减少噪声的边际私人成本。MC_2 曲线在 MC_1 的内侧，因为在所有噪声水平上，采用新技术使汽车安静的代价都比较便宜。假设当局有降噪成本的充分信息，因而能够确定交通噪声的最佳水平，则无论是最佳噪声收费 OP 还是最佳噪声标准 OC 都可以确定和执行。而且在原有技术情况下，如按单位噪声水平收取费用为 P，则企业为避免 $OPFD_1$ 的财务支出，会选择用 CD_1B 来减少噪声，然后再支付 $OCBP$ 噪声费。并且，只要新技术成本小于 D_2D_1BA，则采用新技术将是有利可图的。如实施噪声标准，企业不必支付噪声费，只需花费 CD_1B 的降噪措施费。但是，只有当新技术成本小于 D_2D_1BE，采用新技术才有利可图，即在运用新技术方面，噪声收费比实施噪声标准能提供更大的激励（增加 ABE）。

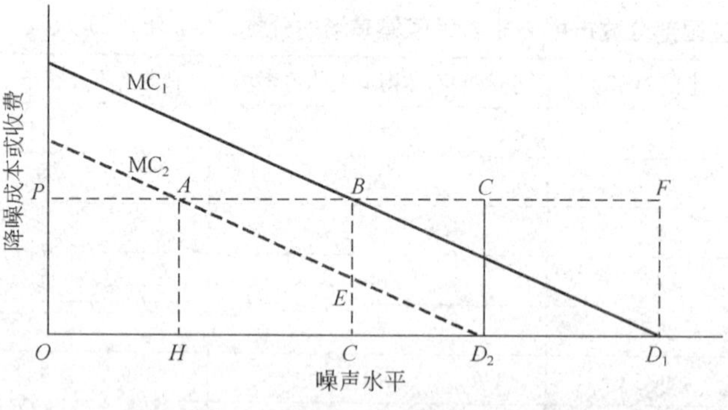

图 9-7　噪声费、噪声标准和技术变化

有关噪声费的讨论完全适用于其他各种污染收费。下面是美国可买卖污染许可证的例子，虽然它不是针对运输污染的，但是，有朝一日可能会在运输领域出现类似的“许可证”。

【例 9-1】　经济创新：买卖污染许可证

大多数环境管制利用命令—控制法限制个体（如能源制造厂或者汽车）对于污染物的排放。这种方法不适合所有的排放，更重要的是，它使得所有的计划都会产生非效率，因为它不满足所有排放量应等于控污的边际成本这个条件。

1990 年，美国政府在它的环境控制计划中，宣布了一种用以控制二氧化硫这一最有害的环境污染物的全新方法。在 1990 年空气洁净修正法案中，政府发行了一定数量的许可证控制全国每年二氧化硫的排放量。到 20 世纪 90 年代结束，排放量应当减少到 1990 年的 50%。这一计划的创新之处就在于许可证可以自由交易。电力产业得到污染许可证，并被允许拿它像猪和小麦一样地进行买卖。那些能以较低成本降低硫化物排放的厂商会这样做，卖出他们的许可证；另外一些需要为新工厂争取更多额度许可证的，或没有减少排放余地的厂商会发现，比起安装昂贵的控污设备或是倒闭来说，购买许可证或许更经济一些。

环境经济学家相信，激励的增强有助于实现雄心勃勃的目标，而且其成本要比传统的命令——控制型管制要低。缅因州科尔比学院的经济学家汤姆・蒂藤伯格(Tom Titenberg)的研究表明：传统方法的成本要比有成本效益的管制(如买卖排污许可证)高出2～10倍。

排污许可证市场的运行产生了令人惊奇的结果。最初，政府计划在开始几年许可证的价格应在二氧化硫300美元/t左右。然而，到了1997年，市场价格下降到仅60～80美元/t。成功的原因之一是这一计划给了厂商足够的创新激励，厂商发现使用低硫煤比早先预想的要容易，而且更便宜。这个重要的实验为那些主张环境政策应以市场手段为基础的经济学家们以强有力的支持。

5.运输补贴与对受害者保护

1)运输补贴

采用另外一种方法也可以直接影响产生的外部性的运输企业，那就是为运输使用者提供好处(补贴)，使他们转向更合乎社会需要的(如更清洁、安全、安静的)运输方式。这一直是广泛用来为向铁路和城市运输服务部门提供大量补贴作辩护的理由。例如，英国1974年的铁路法允许政府将高达成本50%的补助金支付给英国铁路公司，用于铺设侧线和购置机车车辆，如果进行这种投资，就能避免载货汽车行驶造成的环境污染。1968年的运输法创造了一套由中央和地方出资的公共运输运营补贴和资本补贴制度(后来放弃了后者)，其目的是在大城市地区限制私人汽车的增长。在完全竞争的世界中，是没有理由采取这种措施的。但如果边际成本定价并不普遍和政治上的权宜之计反对采取像道路定价这样的措施，补贴便可以为解决外部性问题提供可行的次佳方法。

如果运输和其他商品之间的交叉需求弹性微不足道，而运输的总需求又完全没有弹性(对于许多大城市地区的上下班交通来说，这并非不是实际情况)，那么，提供给不产生外部性的运输方式的最佳补贴，就会起到对使用产生外部性的运输方式收取污染费用相同的效果。假设在固定的总需求下，旅客有两种运输方式可选择：无外部性的轻轨和私人小汽车，轻轨的社会边际成本等于轻轨边际成本 $MSC_{LRT}=MPC_{LRT}$；私人小汽车存在外部成本，因此社会边际成本高于轻轨边际成本，如图9-8的 MSC_C 和 MPC_C。为了简单起见，假设轻轨的边际成本与乘客数无关，是个常数，图中为一水平线。如果任一旅行者总是选择经济的运输方式，那么，在既无补贴也无收费的情况下，选择私人小汽车的人数为 Q_0，其余人将选择轻轨。而当对私人小汽车收取最优道路定价RP后，选择私人小汽车的人将下降为 Q_1，因为在 Q_1 处，$MSC_C=MSC_{LRT}$，私人小汽车数量下降了 Q_0-Q_1 辆，污染和拥挤水平减弱了；但如果改为对轻轨补贴RP，选择私人小汽车的人也同样将下降为 Q_1，也就是说，可达到相同的减小外部性的效果。可见RP即为最佳补贴。

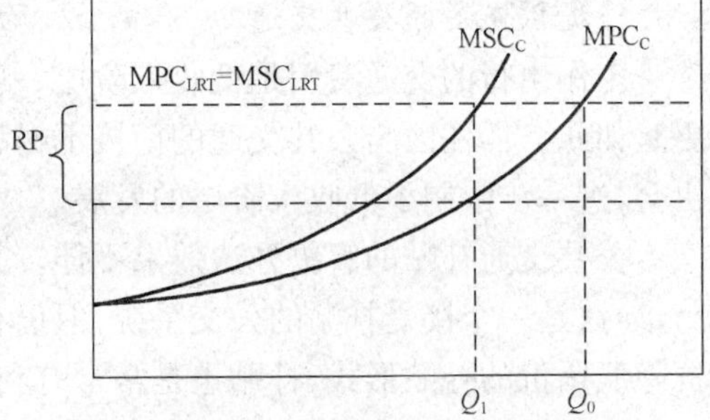

图9-8　旅行总需求固定情况下的最佳补贴

如果总的需求不是完全无弹性的，那么确定最佳补贴要困难一些，但还是有计算方法的。从理论上说，如果各种运输方式间的交叉需求弹性较低(比如,上例中减低轻轨票价很难让另一部分人放弃私人轿车改乘轻轨),则计算的最佳补贴可能极大,甚至可能导致负票价。正因为如此,发达国家中城市使用公共运输补贴一直受到质疑。人们认为对上下班者来说,更为重要的是服务的质量,也就是车辆的次数、可靠性、安全性和舒适性等。

2)对受害者的保护

英国运输部《阿米泰奇报告》(1980 年)建议设立"载货汽车行驶区"以保护备受公路货运影响的居民。保护措施包括:

(1)房子安装双层玻璃,以减少屋内的噪声干扰;

(2)对被载货汽车(或受载货汽车运输影响)而损坏的房屋给予维修补贴金;

(3)维持路面良好行车条件,减少行车的振动;

(4)对道路进行减噪声(如吸收噪声路面)和事故方面的小改进;

(5)修建人行道和护栏,以减少车辆冲撞街角和通过碰擦损坏建筑物;

(6)对那些严重侵害环境的载货汽车和运输公司,当局应停止其在该地区的运营或减少其运营并予罚款。

世界各国都有类似的条款,比较普遍的是设定交通安静区域。交通安静的概念包括:不得鸣号、使用强制减速的道路凸起、缩小车道宽度及改变道路表面等。在欧洲,交通安静往往是一揽子环境计划的一部分,经常与法定限速 30km/h 联系在一起。在荷兰,它还与步速的限制联系在一起,并作为该国沃纳芬计划的一部分——按照该计划,道路使用者对道路空间享有平等权利。在英国,交通安静计划属于为安全而减低交通速度政策的一部分,大约 70%的计划以此作为主要目标。来自德国的证据表明,在引入这种计划的地区,严重事故下降了 50%。例如在海德堡,下降了 44%。

三、交通运输的社会可持续

交通运输的发展应该作为一种减少贫困的工具。社会低收入阶层在获取教育、医疗、工作和其他机会时要承受时间和金钱两方面的消耗,减少这些消耗直接有助于减少贫困。狭隘的以经济收入增长为指向的交通战略提高了对机动化交通的依赖性,反过来又削弱了低收入阶层所依赖的非机动化交通,并且减少了适合于低收入阶层的公共交通的种类。另外,土地使用规划中对未来道路用地的保留往往会迫使低收入阶层离开其原居住地,公共交通部门的商业化也可能会令低收入阶层负担不起票价。由于上述现象的存在,在制定交通政策和规划时必须注意保护低收入阶层的利益,尤其要避免交通发展中威胁低收入阶层生活状况的恶性循环的出现。

1.提供充足的公共交通

工作出行的交通费用是低收入阶层一项占相当比重的支出,在一些发展中国家的大城市更是如此。居住区与公共交通的衔接不畅、较高的公共交通票价都会使低收入阶层丧失工作机会,进一步限制了低收入阶层的发展。

公共交通补贴的解决办法效果不佳。其一,补贴不能有效地集中于低收入阶层,在许多城市,地铁是一个接受补贴的公交系统,但仍有许多低收入者负担不起;其二,即使采取对特定人群降低票价的补贴形式,补贴也是常常有利于非贫困人口,减少了成本的回收并且鼓励逃票行为发生,况且操作很困难;其三,运营补贴往往被以高工资和松懈经营的形式转移到了交通部门的管理层和工作人员手中。

当收入阶层能很好地以地理分界划分时，公交补贴可以按线路进行，例如在南非的黑人社区。当收入阶层难以按地区划分时，收入补贴较分类票价更可取，可是在那些收入所得税制度不健全、没有有效的收入记录手段的情况下，将收入直接向低收入阶层转移是很难实施的，在这种情况下，可以考虑由雇主支付交通补助的办法。这种办法的缺点在于忽视了很多低收入阶层所就职的非正式部门。

试图通过对交通运输企业的严格管制来保护低收入阶层也难以实现。控制商业性公交公司的票价会降低其利润，令其减少所提供的服务的质量，有时会导致公司的破产。限制竞争（通过保护国有公司实现）会产生一种盈利的服务项目补偿亏损的服务项目的做法，也就是将贫困地区的服务（这里居民密度高，对公交需求较大）补偿给富裕地区的服务的不正常现象。对经营权定期的竞争，可能是对特定线路的竞争，也可能是对某一特定服务项目的竞争，既可以缩减政府开支，又可以选择成本与服务量的最佳组合，获得经营权的经营者接受政府的“透明的”资助以弥补其在提供“公益性服务”过程中所产生的损失，但这种做法的前提是政府要具有公平有效地管理投标和财务的能力。

2. 正确对待非机动化交通的发展

无论是对国家来讲，还是对家庭来讲，不同交通方式之间的平衡主要取决于收入水平。在非洲贫穷的撒哈拉沙漠周边地区，城市和乡村都是非机动化交通占主体，其中绝大部分是步行。在中国和东南亚的一些国家，自行车是主要的交通方式。而在富裕的北美和西欧，占主体的则是私人汽车交通。

在发展初期，发展非机动化交通是帮助低收入阶层的有效途径。步行是最廉价的交通方式，其安全性和便利性应该得到保护和提高，当然，最好的提高方式就是由步行到自行车的转变。OECD 国家和中国的研究都认为在两交叉口之间自行车交通的能力为 2 000 辆/(h·m)，一条 3.5m 宽的道路将提供 8 000 辆/h 的通行能力，这相当于平均城市汽车占有量水平上同宽度道路能力的 4 倍以上，而荷兰的研究认为，自行车模式的能力还要高，能达到与完全分离的公交专用线路或轨道交通系统相同的交通空间利用效率。在具有专门道路的条件下，自行车作为一种地区内交通量的承担者是一种有效的补充。

当然，非机动化交通不是发展的最终方向。其一，发展潜力小，非机动化交通以人的体力消耗为代价，在出行距离方面受着天然的限制，从货运角度看，在普通碎石路面，载货汽车能以接近 40km/h 的速度完成 1 000t/(h·m)的运输量，而非机动化交通以其最大速度 10～15km/h 也难以超过 240t/(h·m)；其二，出行者易受伤害，在不能完全分离机动化与非机动化交通的情况下后果更为严重；其三，许多发展中国家不具备自行车的制造能力，目前少数几个国家正生产着世界上 90%的自行车；其四，观念问题，非机动化交通的使用与贫穷的关联，使人们，尤其是政策的制定者，对其总是“反对”而非“赞成”。

总之，在制定交通发展规划时要从本国的实际出发，正确对待非机动化交通，有一点值得特别注意，那就是机动化与非机动化的相互补充是解决交通环境问题和社会问题的有效途径。

3. 发挥非正式交通部门的潜能

国有公共交通部门的经营者常常不能在政府可以承受的资助条件下，以低收入阶层可以承受的价格，提供充足的公共交通服务。在许多国家，低收入阶层的交通需求可以通过保证非正式交通部门的经营权来更好地满足。在非洲、拉美和西亚的许多城市，非正式交通部门正在公共交通领域发挥着重要的作用，如达喀尔的 Bluecar、伊斯坦布尔的 Dolmuses、马尼拉的 Jitneys。另外，因为可以为低收入阶层提供就业和增加收入的机会，鼓励非正式交通部门的发展对直接减少贫困也有显著的影响。

非正式交通部门的问题在于经常包括一些老、旧的车辆，容易引起拥挤和对环境的破坏。

4.消除交通产品提供中的性别歧视

在许多发展中国家，男性的主要任务是取得收入，他们的工作出行是主要的交通行为，这支客流决定了系统的能力需要，也为交通企业的经营者提供了主要的收入。相反，女性主要扮演家庭主妇的角色，在乡村，大部分女性致力于农活和小规模商业生产，他们每天要有相当数量的地区内出行，不便的交通条件使其必须对需要移动的物品肩扛手提，在莫桑比克，妇女每天花费在地区内交通上的时间超过 4h。在经济快速发展的东南亚，廉价的女性劳动力已成为该地区经济融入全球制造业链条的重要因素之一，女性较男性往往在更靠近其住宅的地方工作，尤其是已婚妇女，她们必须为教育、医疗等目的进行更多出行，因此她们的出行较男性在时间、空间上更为分散。

制定交通政策的重点往往放在了满足男性需要上。在家中女性使用家有自行车和小汽车的机会远不及男性，因而更依赖于步行和公共交通。许多女性从事的活动被认为地位不高而在资源分配和计划中未予以重视，在公共交通商业化的过程中，女性特别依靠的非高峰时间的交通服务经常被忽视。另外，对女性来讲，公共交通在夜晚和偏远地区的不安全性也限制了其就业的机会。

许多社会、文化和习惯的问题是交通政策无法解决的。但问题在于只要使用最简易的轮式交通工具，只要能增加公共交通服务的供给量，就会节省女性大量的出行时间，进而有益于其自身的发展和整个家庭。如果能充分认识女性所发挥的社会、经济作用，交通政策和规划会对女性的交通需求更加敏感。

四、政府职能

市场机制在交通领域的有效运作，一方面依靠于市场条件的存在，如明确的财产权、市场法律准则以及企业对市场信号采取行动的主动权等；另一方面，也与部门的特殊性有关，如外部性的程度、市场畸形、部门垄断等。在交通领域，这些条件很少能全部满足，因此有必要用政府行为弥补市场的欠缺。

政府必须扮演好三个角色。其一，政府必须建立一个能够给予经营决策者有效经济激励的市场结构；其二，因为一些环境和社会目标不能很好地包含于经济指标之中，政府必须就经营行为是否符合环境和社会目标做出判断；其三，因为财政政策不能解决全部的社会福利问题，政府必须采取行动以保护或弥补那些因交通发展而利益受损者的利益。

完成这些任务需要政府积极主动地采取一系列措施。建立市场体系既要考虑竞争的机制，又要考虑避免反竞争的机制；提供有效的经济激励要制定合理的机动车使用收费标准；在市场运作过程中，政府要继续对交通的体制、财政和投资负责，以完善市场行为。在市场机制尚未运作的地区，政府必须建立相应的管理规范并派出管理机构。

由直接管理者转变为操纵政策和价格工具的间接引导者，对政府的能力提出了更高的要求。在一些情况下，如控制道路车辆超载、交通安全、驾驶员管理、飞行空管等，管理在很大程度上是如何加强现有监控和强制能力；在另一些情况下，如新的交通设施的环境影响、对垄断组织反竞争行为的控制等，管理往往表现为这些问题在经济层面上的解决方式，其关键是建立一套行之有效的制度，这往往是发展中国家政府亟待解决的问题，从一定意义上讲，政府职能转变的过程就是制度建设的过程。

第三节　我国城市交通的可持续发展政策分析

一、城市公共交通

1. 优先发展公共交通的必要性

1991 年，在《国务院关于当前产业政策要点的决定》（以下简称《决定》）中，城市公共交通被确定为“国家当前和今后一个时期在基本建设领域中重点支持的产业之一”。根据《决定》精神，建设部制定了《城市公共交通当前产业政策实施办法》，主要内容包括基本原则、发展序列、保障政策和实施措施四个方面。

(1)基本原则。坚持城市客运交通以公共交通为主，多家经营、统一管理的原则。对公交采取明确的扶持政策，贯彻近期与远期结合，以近期为重点的原则。

(2)发展序列。在运营生产方面，重点支持国营公交企业，优先发展公共汽电车。在基本建设方面，重点支持公共汽电车的购置和各项设施的建设。在技术改造方面，研制新型交通工具及导航系统，应用现代交通管理技术。

(3)保障政策。制定公共交通规划；确保公交企业的基本经营条件；对城市公共交通实行投资倾斜政策；强化城市公共交通行业管理，理顺行业管理机构行使规划、协调检查、监督的行政管理职能；完善城市公共交通法规建设。

(4)实施措施。公共交通的持续发展指公共交通的服务水平和业务发展的良性循环，在财政上能保证车辆、设备和各种设施得到不断的更新和扩充。

在国家标准《城市道路交通规划设计规范》中，也有公交优先发展的条文规定：“大、中城市应优先发展公共交通，逐步取代远距离出行的自行车；小城市应完善市区至郊区的公共交通线路网”，“规划城市人口超过 200 万人的城市，应控制预留设置快速轨道交通的用地”。

我国城市人多地少，现状交通的特征和矛盾，决定了城市必须建立以公交为主的综合交通结构，其合理性和必要性可体现在以下几个方面（表 9-14，表 9-15）。

不同规模城市的最大出行时耗和主要公共交通方式　　表 9-14

城市规模（万人）		最大出行时耗(min)	主要公交方式
大	大于 200	60	大、中运量快速轨道交通、公共汽车、电车
	100～200	50	中运量快速轨道交通、公共汽车、电车
	小于 100	40	公共汽车、电车
中		35	公共汽车
小		25	公共汽车

公共交通方式单向客运能力　　表 9-15

公共交通方式	运送速度(km/h)	发车频率(车次/h)	单向客运能力(千人次/h)
公共汽车	16～25	60～90	8～12
无轨电车	15～20	50～60	8～10
有轨电车	14～18	40～60	10～15
中运量快速轨道交通	20～35	40～60	15～30
大运量快速轨道交通	30～40	20～30	30～60

从环境、用地和交通三要素分析，公交优先发展政策能有助于实现城市生态环境、能源和道路的高效利用，有利于城市经济社会和城市交通的可持续发展。

2. 公共交通政策目标

综合以上的公交政策背景，可概括出"优先发展公交"的城市公交战略目标，即在大城市逐步建立以快速轨道交通为骨干，以常规公交为主体，辅之以其他客运交通方式，形成多层次、符合可持续发展要求的城市客运交通体系，有计划地建设城市内外各种交通方式与公共交通衔接的换乘枢纽站设施。

大城市、特大城市公交政策可分为近期和远期两个阶段。近期发展目标是优先发展城市公交，公交在道路使用上优先；建立统一的公交行政管理机构：实行公交线路专营权，鼓励竞争；优化公交线网；公交价格改革和政策性补贴相结合，使公交具备良性循环的运营机制；逐步建立公交换乘枢纽站，以利客流集散；适度发展快速轨道交通。

远期发展目标是建立一个以快速轨道交通为主体，常规公交为辅的方便、迅速、舒适、安全的立体化公交系统；形成公交换乘枢纽站网；实现公交工具等方面的技术现代化。

3. 公共交通优先的政策内容

公交优先于 20 世纪 60 年代初出现于法国巴黎，后在欧美等国大城市推行，至今已形成了较丰富的内容体系。公交优先包括两个基本方面：一是对公交的扶持；二是对其他方式的限制。前者起"拉"的作用，后者起"推"的作用。

在对公交的扶持方面，主要包括交通政策、交通工程和经济政策三个方面。在交通政策方面，主要研究怎样大力发展公交的政策、限制和控制非公交车辆的通行等政策。制定和完善城市公交法规、条例，为城市公交企业提供一个较好的外部经营环境。在交通工程方面，主要探索公交专用道和换乘枢纽站的设置，以及为公交优先通行和换乘的道路交通管理设施。在经济政策方面，主要探讨在资金和财力上如何保证城市公交优先发展，如何扶植公交骨干企业，如何建立公交企业政策性亏损补贴基数的测算等。

在对其他交通方式的限制方面，主要针对私人交通车辆，通过一系列交通需求管理措施来限制其使用(表 9-16)。

欧洲限制私人交通车辆的措施和计划 表 9-16

对私人交通限制措施	已实行限制措施的城市比率(%)	计划实行限制措施的城市比率(%)
提高小汽车税	21	22
增加停车场收费	49	68
减少停车场所	30	31
限制通行路段	30	65

统一认识，是推行公交优先的前提，主要有以下几点：公交优先不是出于对公交方式的偏爱，而是解决城市交通问题的历史性必然选择；是基于资源优化配置及城市居民整体利益的理性选择：是一项综合性和长期性的战略措施。公交优先也不是意味着给予公交垄断客运市场的特权，而是要建立完善的客运市场管理体系和公平有序的市场竞争机制。目标到实践的始终，包括政策优先、投资优先、规划优先、设施优先等各个方面。

(1)政策优先。政策优先在城市公交优先发展的体系中处于先导性和全局性地位。政府职能部门要建立完善的法规体系和组织机构，制定和推行相关技术标准及投资战略。世界上许多国家和城市在公交立法的实践中取得了成功的经验，例如，法国的《公共交通法》、德国的《改善城市地区交通状况财政资助法》等。

(2)投资优先。对公交实行投资倾斜。投资可分为生产性投资和补贴性投资两类。生产性投资是保证公交企业基本经营条件、改善交通设施和交通服务、加速城市公交发展的生产性投入。此外还应通过法规形式确定一定额度的政策性亏损的补贴。

(3)在技术层面，主要可采取公交专用路(车道)、交叉口通行优先等一系列措施。

优良的经营管理机制是公交优先的直接体现。公交优先的各种措施的根本目标是提高其服务质量，各种外部措施的作用最终要通过公交企业的经营管理的优化来实现，因此公交的经营管理机制需要改革和创新。

由于各国、各城市文化传统、经济发展水平及自然环境的相异，其交通结构亦有不同的模式。因此我国城市公交发展优先的措施，在各城市具体选择实施时要因市而异，没有通用的理想模式，各种措施优先的“度”亦有相应差别。

4.公交的组织和管理

城市公交的组织和管理一般有四种模式：

(1)由私营部门经营。政府只提供公交系统的战略规划，制定服务标准，制定和执行法规，放手让私营部门来提供公交服务。私营公共汽车公司、线路协会或个体公交车主以投标方式获得在某一地区或线路上提供公交服务的权力。例如，中国的香港和新加坡、韩国、英国以及拉丁美洲的几乎所有大城市均采用这种模式。

(2)政府所属公交公司的商业化经营。政府是公交服务公司的所有者。政府通常负责公交的运营，也负责服务的协调和衔接，并制定票价及投资计划。通常由独立的客运公司负责提供具体的公交服务。这些公司与交通管理局签订服务合同，它们的日常业务不受管理局的干涉。例如，加拿大的多伦多和德国的大部分城市都采用这种形式。与私人公司相比，政府客运公司的成本要高，缺乏降低成本、提高效益和对公众需求作出快速反应的动力。

(3)公有和私有客运公司相结合。有一些城市将两种体系结合使用。在法国，城市政府和地区政府负责城市运输服务的规划和协调，制定公共汽车票价和确保适宜的服务水平。虽然有些城市的政府部门自己经营客运服务，但大多数城市是与私营部门签订合同，由后者提供公交客运服务。合同中明确客运路线、发车频率和其他服务标准和票价。在巴西的圣保罗市除了一家政府所属公司提供公交服务外，其他所有服务均由私人公司提供。

(4)特许投标制度。政府在赋予某特定企业以某项服务的经营垄断权的同时，便可能存在该企业由于缺乏竞争而不努力提高内部效率的倾向。一种可行的办法是将所给予的经营垄断权限制在一定的时期内，特许权结束之后再进行新一轮的投标竞争，使承诺以最低的收费提供更优质的服务的企业获得新的特许。

世界上公交系统最有成效的国家都有以下共同点：由地方政府控制和制定公交服务的运营指标和票价；由自主经营的商业实体来负责公交服务的经营，与政府的规划管理部门严格分离。对城市公共交通给以优先和一定程度的财政补贴，是出于社会、环境原因以及其他由于增加使用公共交通而产生的多种效益的一种代价。需要解决的问题是，在缺乏竞争的条件下，如何创造一种激励机制或保证效率的手段。

我国的城市已经有了很多成功的实践，其主要经验是：城市政府要强化城市公交行业管理，理顺行业管理机构，行使规划、协调、检查、监督的行政管理职能，完善法制建设；城市政府还应当为公交企业改革创造良好的外部条件，坚决实行政企分开，所有权与经营权分离，给公交企业在人事、财务等方面的自主权，使公交企业在市场竞争中不断发展、完善。

二、轨道交通

轨道交通是一个集合概念。城市轨道交通系统是指主要服务于城市的客运交通，通常以电力牵引为动力，以轮轨运行方式为特征的大、中运量公交的总称。经过100多年的研究和开发，城市轨道交通逐步形成了以地下铁道和轻轨铁路为主体，同时也包括市郊铁路(表9-17)。

中国主要城市的轨道交通建设概况 表9-17

城市		上海	广州	北京	天津
大运量轨道交通运营及建设	概述	1号线21.3km，于1995年后陆续投入运营	18km的1号线已于1998年投运营	1号线19 km和2号线23km，拥挤严重，其中2号线结合防空建设	1号线7 km结合防空建设，未经过城市中心
	垂直线型	大部分在地下	大部分在地下	地下	地一下
	与其他交通方式衔接	基本无自行车及公共汽车的衔接规划，2号线有所考虑	在27个站点有考虑	公共汽车票价与地铁票价一体化，缺乏自行车停车场地	
	投资(亿元)	1号线，101(1995年价格)	127.5	3.0，地面1.0	
	客运量(百万人次)	1995年4月的初期数据为65		1994年为533，以年11%的速度增长	低
	收入/运营成本	票款收入低于运营成本	预测12年内票款收入低于运营成本		
	投资结构	1号线国外贷款30%，市政府70%；2号线国外贷款30%，市政府40%，开发商30%	国外贷款30%，市政府30%，开发商40%		
轨道线网规划		7条地铁线路8km加7条方格网轻轨共340km	3条地铁线57 km，两条轻轨线49 km，共106km	方格网，12条地铁线共300km	6条地铁放射线及1条地铁环形线，共107km
建设排序		1号线已建成，2号线、3号线在建，预计2000年建成	2号线将建设	1号线正在改造以扩大运量，并进行延伸	1号线正在改造以扩大运量，并进行延伸

1. 发展轨道交通的必要性和条件

(1)城市发展轨道交通的必要性。可归纳如下。城市建设经济因素：影响特大城市结构—功能的发展，在城市用地扩大的条件下，保持特大城市的统一性，达到城市用地的集约化；社会因素：缩短居民的乘车时间，减少交通疲劳；交通因素：可作为整个城市客运系统的基础和骨架；生态因素：通过降低汽车交通强度，改善城市生态环境质量；政治因素：轨道交通向公众显示出它是一种进步的象征，表明城市达到了世界大城市的水平。

在因工业和交通集中而严重污染的大城市里，轨道交通环境效益的优势是具有决定意义的。建设轨道交通的原因除了满足客运需求外，还有历史名城保护的需要，土地供给的巨大压力导致对地下交通的需求等。轨道交通的活力和地区发展的活力两者是紧密相连、相互依托的。

(2)城市轨道交通建设的必要条件。主要有：具有很高的公共汽车客运需求；城市居民收入水平较高；经济持续增长的前景，以及强大的建设筹资能力；正在扩展的城市中心城区；鼓励乘用并且有可降低对财政补贴的收费政策；稳定、胜任的政府机构和强有力的大运量轨道交通系统管理。

2. 轨道交通的优势

大容量的轨道交通方式，相对于小汽车等私人交通方式，人均能耗、人均城市道路交通用地面积要省得多。例如，在保证城市和区域可达性水准的前提下，日本城市的客运交通方式相对美国等城市的客运交通方式，人均道路用地要少得多(表 9-18)。

日本、美国若干城市道路用地比较 表 9-18

城　　市	人均道路面积(m^2)	车均道路面积(m^2)	道路网密度(km/km^2)
大阪(1989 年)	12.6	34.25	9.0
东京(1989 年)	12.3	32.85	10.3
纽约(1979 年)	28.3	43.20	13.1
旧金山(1978 年)	25.3	13.2	36.2

据 1996 年资料，大阪市内和东京都区部乘车出行的客运交通中，轨道交通分别占了 60.9%和 72.5%。大阪市中心地段的 6 个区中，以上班为目的出行中，轨道交通方式占有更大的比重，且呈上升趋势。

3. 轨道交通建设的筹资

轨道交通的作用十分巨大，它的经济效益主要是外部性的。轨道交通的建设，可以导致整个地区的经济繁荣，带动成片的土地开发和升值。但轨道交通设施建设需要巨额固定资产投资和很高的运营成本。通过票价来收回成本及获利是很难的。如果服务定价过高，则有悖于公交的宗旨，也难以为社会所接受。所以，要有专门的建设筹资机制。以日本为例，轨道交通以商业化方式来经营，民营铁路企业在经济中占有重要地位，但仍需国家的政策支持，并实施产业多元化战略，使外部效益内部化。

1)政府铁道建设基金制度

日本政府铁道建设基金制度中，有关大城市轨道交通建设的主要援助制度有：①地下高速铁道建设补助金(地铁方式)；②日本铁道建设公团民铁线建设补助金；③新市区铁道建设补助金(公营新市区方式)；④都市铁道建设无息贷款，作为建设省城市道路事业的援助措施；⑤都市单轨铁路等建设补助金(基建补助方式)。

通过日本开发银行的融资，也可获得有利的融资。

除了这些补助制度以外，还有其他的补助方式，具体为：建设费补助、利息补助、受益者负担。

在日本的大城市圈，为缓和上下班、上下学时铁路交通的拥挤状况，认为有必要加速复线化等大规模扩建工程。但由于建设费用的膨胀，有些线路的工程难以实现，因而制定了《特定都市铁道建设促进特别措施法》。该法规的目的在于促进这些线路的建设，即把工程费的一部分打进票价，其增收部分不上税，用作工程费，待工程完工后通过票价返还乘客。

另外，日本由于近年地价猛涨，大城市地区收买住宅、建设铁路费用增大，为了解决征地的困难，顺利地提供大量的住宅和建设铁路新线，需要制定特别措施法，从而推进大城市地区住宅开发及铁路建设的一体化。

2)铁路开发所带来的外部利益返还

铁路建设的主要目的在于沿线地区可达性的改善。由此必然带来工作范围和都市生活圈的扩大，引发人口、产业的集中，进而促使沿线地价的上升。

铁路沿线土地所有者、房地产开发者、企业等都会获得因地价上升及开发强度提高等因铁路建设所造成的利益，或称之为铁路开发的外部利益。这部分利益除个别情况外，均未返还到铁路建设上。

由于日本近年铁路经营效益下降、地价上升、建设费用猛涨，要建设新的铁路极其困难。然而，铁路作为推进城市长远发展的交通基础设施，进行建设是很有必要的。

为此，外部利益的返还对于促进铁路的建设十分重要。在日本政府运输政策审议会答询文件中，明确了制定利润返还措施的必要性。

日本铁路开发的外部利益返还分为直接和间接多种方式，今后的发展是进一步制度化。

3)铁路公司的产业多元化战略

与国铁不同，日本的民营铁路公司从创立初期就采用铁路与沿线土地综合开发的方式，以铁路带动土地开发，以土地开发培育铁路客运的客源。例如近几十年来，阪神、阪急电铁公司都发展成了多元化经营的产业集团，它们目前除了铁路事业外，涉足的产业还有：地面公共交通、地产、住宅、商业、旅馆、旅游业、文化设施、游乐设施等，此外，还对外进行投资。

其产业大部分都是利用铁路站点及沿线的区位优势，利用铁路用地的上、下部空间而开发的，一举数得，具有很强的竞争力。在目前日本经济整体不景气的情况下，唯有民营铁路公司等少数企业还有能力从事大型的城市综合开发活动。

经过多年的发展，阪神、阪急这样的主要民营铁路公司的产业发展已经实现了多元化，铁路主业带动了其他副业，副业支持了铁路主业。从经济学角度看，这是将轨道交通运输产生的一部分外部效益内部化了。

三、小汽车交通

1. 小汽车市场政策

1900～2007 年我国私人汽车保有量由 81.3 万辆猛增到 2 876.2 万辆，年均递增 23.5%，是同期全社会汽车保有量增长速度的 1.8 倍，私人汽车保有量占总保有量的比重由不到 15% 提高到 66%。同期私车车型也发生了明显变化。1987 年以前，私人汽车以载货车为主，用于长、短途公路货运。1987 年之后，私人客车增加较快，用于长、短途客运。1995 年以来，私人小汽车增加很快。私人汽车在各地区发展不均衡，如广东省私车拥有量是上海市拥有量的 42.7 倍，各城市私车市场的发展主要取决于当地的经济发展水平、交通需求、交通条件和城市的机动车使用政策。私车拥有量多的城市往往是经济比较发达、客货运输量大、道路条件较好和政策限制较少的地区。

以上海和北京为例，2007 年上海有私家车 61.3 万辆，而北京有 212.1 万辆。上海的私家车发展缓慢的原因，一是城市道路交通设施滞后，二是私人购车的费用较高，各类附加费达车价的一半，且各类配套设施不规范。

中国的小汽车消费一直以机构消费为主，但这种情况已经改变。政府机构受财政支付能力的制约，在未来汽车消费结构中的比重将下降，企业消费的比重短期内不会发生大的变化，而小汽车私人消费市场潜力巨大。近年来，私人购车已大大超出企业集团消费水平，成为支撑汽车市场增长的重要因素。私人汽车的保有量 2000 年以来以每年平均 24.4％的速度递增，是全国汽车保有量增长速度的 1.6 倍。2009 年 7 月，我国销售的乘用车(不包括客车)83.26 万辆，占全月汽车销售总量的 76.7％。但私人购车受到一些因素的限制，如价外收费过高、限制购买政策、停车难、价格因素等，影响私人购车市场的进一步发展。此外，小汽车发展面临城市土地资源紧张的用地约束，这让人不得不思考，“居者有其屋”与小汽车停车场的优先度孰高孰低？

我国城市的小汽车政策的总体思想是限制使用，不限制拥有。因此小汽车市场政策要适度放开，要改革收费征管办法，简化车辆购置使用手续；拟实行全国统一的购车收费规定，由财政部、国家计委、国家经贸委制定收费项目标准。

2.小汽车的发展战略

美国的城市研究之父芒福德一直是以批判的态度看待汽车。他说：“在波士顿，如果街上没有汽车的话，它的全部人口可以在 1h 内集中到波士顿广场，假如用小汽车运送，也许他们永远也到不了目的地。”他认为：“解决城市交通拥挤唯一有效的方法是把工业区、商业区、住宅区联系起来，妥善安排，以便大部分人能步行或骑自行车上班，或乘公共汽车或火车上班。……汽车可补充公共交通，而不是替代”。

综观世界各个国家和地区，私人小汽车的发展战略大致可概括为三种类型。

(1)自由型。即以自由发展为基本特征，任小汽车自由发展，以美国为代表。

(2)导向型。即以政策导向为基本特征，引导小汽车向所希望的方向发展，日本、西欧等国家多属此类。

(3)控制型。即以控制发展为基本特征，主要以新加坡和香港地区为代表。我国实际上实行的也是控制型模式，但由于在国家产业政策中汽车工业已定为支柱产业，因而小汽车的发展战略将有可能逐步转变为导向型的发展战略。

各种发展战略类型从小汽车使用者所支付的税费水平就可看出来，欧洲国家的汽油售价中约 1/2～3/4 为税，而美国则不到 1/3。购买小汽车的税率也有很大差别，美国的汽车销售税仅 5％～8％，而法国为 33％，荷兰为 47％，丹麦为 186％。事实上在 20 世纪初，美国的城市结构和公共交通的作用与欧洲国家并没有多大的差别，只是在二战后差别才越来越大，这种差别不是由于科学技术水平发展的差距造成的，其根本的原因在于政策的导向不同。发达国家汽车发展的历程已经说明汽车对经济、社会生活和环境都是一柄“双刃剑”，必须慎重对待。

此外，从 20 世纪 70 年代以来，汉城、曼谷、雅加达、圣保罗、墨西哥城等发展中国家的大城市，由于生活水平逐步上升，同时又处在汽车生产技术已成熟的环境中，小汽车短时内大量涌上街头，给城市交通和环境带来了严重问题。

3.我国小汽车发展政策的抉择

国家计委技术经济研究所在 1994 年的《中国家用轿车发展战略》中指出，未来中国小汽车的发展取决于三方面的因素：家庭的购买力、小汽车的生产水平、交通设施水平。并根据抽样调查的结果，对小汽车拥有量进行了预测。

在该战略中，提出了通过发展家用轿车逐步取代自行车，使客运交通从公交与自行车交通相结合的结构，转变为公交与家用轿车相结合的结构，对小汽车发展提出了“导向”型为主的发展战略。

1995 年 3 月，中国城市科学研究会在北京召开了“小轿车与城市发展学术研讨会”。会上专家们从较高的视野和较广阔的角度进行了学术探讨。与会专家认为:发展轿车是我国现代化的必然趋势;我国城市形态和环境容量对轿车发展有相当的制约;城市应以发展公交为主;我国城市用地紧缺对轿车发展形成制约;发展轿车要十分注意环境保护和能源条件;要加强统筹规划,促进协调发展。

1997年,国家计委组织十余个有关部委开展了关于汽车发展及进入家庭问题的研究,众多部委级机构开展关于汽车产业、交通产业及诸多相关行业与领域的综合研究,其中建设部承担了"城市交通与汽车产业协调发展的关系研究"。研究认为小汽车进入家庭是个难以避免的趋势,但这并不意味着一定要尽快完成这一过程,必须为小汽车进入中国家庭设计一条符合实际、经济可行的道路。我国有独特的国情,不能照搬照抄国外的模式和做法。美国能使自己成为"轮子上的国家",我国就绝对不可能。同样在控制私人小汽车发展方面,又不能照搬香港和新加坡的做法,因为它们本身没有发展汽车产业的压力,不需要汽车产业来支持国民经济。

因此,对小汽车应"先车之忧而忧",必须实行"计划生育",适时适度发展小汽车交通,走"因势利导"的道路。因为这涉及国家的重大决策。城市能够制定出引导机动车的拥有和控制其使用,同时又不危及汽车工业发展的政策。

小汽车的大量使用还有环境污染方面的外部负效应。1971年,世界23个国家2 200位学者发表了《告联合国人民书》,该书指出"人类将受到大气污染的威胁,其中汽车污染的危害最大。"机动化提高了人的灵活性和机动性,改善了多方面的生活质量,但这些益处已经被环境污染及其所带来的不良影响所抵消,至少是部分地被抵消。

国外的经验表明,除了美国一些长期以小汽车为主要交通工具的城市,由于城市布局结构已经定型,很难扭转局面外,其他国家几乎都确立了"公交为主"的原则,所不同的仅是各国确认这条原则的时间有早有晚。

四、摩托车交通

1. 摩托车交通的评价

摩托车是所有个体机动车方式中对道路空间最有效的使用者。摩托车在我国城市交通中主要起以下作用:部分地取代了自行车,在出行方式中占越来越高的比重;成为城乡经济联系的工具,促进了城乡经济一体化发展。摩托车与小汽车相比,具有价格、资源消耗、道路占用方面的优势;与自行车相比,具有速度和舒适方面的优势;在中国城市各种交通方式中具有很强的竞争力。一些城市政府出于环境和安全的考虑,对摩托车的使用采取了严格控制的政策。当前城市摩托车问题主要是摩托车拥有量的快速增长,给城市道路交通带来巨大的影响,在车道上无序行驶,事故多,使用道路不经济,对其他机动车交通的干扰很大。近年来我国部分城市的助动车发展也很快,助动车作为一种轻型摩托车,机动性较好,但污染比一般摩托车更大,且对城市交通管理带来较大难度,对自行车的交通形成冲击。总之,摩托车交通的外部成本很高,这是需要对摩托车交通的发展施以控制的经济和社会理由。

国际上,摩托车发展一般有两种模式。一是意大利模式——摩托车拥有量稳定在一个适度的水平,且使用者多为青年人。摩托车仅仅是私人交通机动化向小汽车发展的过渡,随着经济的迅速发展,很快被私人小汽车所取代。二是我国台湾省模式——摩托车拥有量迅速达到饱和。中国台湾积极扶持摩托车产业,使摩托车的数量以惊人的速度发展。这两种模式的共同结论是,如果不对摩托车增长采取控制的政策,摩托车的增长速度会很快。

至1997年底,中国台湾平均每百人有24辆汽车、46辆摩托车,近十年的平均年增长率分别为13.4%和5.6%。台北市交通管理部门最近决定,在部分道路试行设置摩托车专用道,以助于改善行车安全,保障人身安全。

就摩托车交通发展状况而言,东南亚一些发展中国家及我国台湾省曾经历了由摩托车交通至小汽车交通之路,我国的城市是否步其后尘,这是宏观决策的大事。

鉴于环境保护是我国的基本国策,节能也是我国国民经济发展中的重要课题,因此中国技术政策中,对高能耗及污染严重的摩托车等交通工具提出要控制发展。我国的绝大多数城市都对摩托车的发展实行了严格的限制措施,从而有效地抑制了摩托车在大城市中超量发展的势头,但就其总量来说,摩托车的发展近年增势较快。

2.摩托车交通发展政策

根据城市规模不同,可对摩托车发展采取不同的政策。

大城市、特大城市应当严格限制摩托车交通的发展。通过限制每年牌照的发放量来进行总量的控制:通过交通管理的具体措施限制摩托车进入市区,特别是市中心,从而控制摩托车的使用。

在中等城市,摩托车可成为公交和私人机动化的补充,但也要适度控制拥有量,并要限制摩托车进入城市中心区域,以避免对城市交通的过分影响。

小城市由于交通和环境压力相对较小,在完全反映其交通成本的基础上,摩托车可以部分取代自行车交通,成为联系城乡的主要交通工具。

五、自行车交通

1.自行车发展的困惑

我国城市在自行车发展问题上经常有这样的困惑:为何唯独自行车至今仍然是城市交通工具中的"不倒翁"呢?在我国某些城市提出"消灭自行车交通"、让"私人交通机动化"的同时,国外发达国家却出现向自行车交通的回归。中国能不能骑着自行车进入现代化?

从交通经济的观点来分析,自行车的优点主要体现在灵活方便,价格便宜,能提供门到门的服务,许多出行使用公交并不方便,这为自行车使用保留了机会,公交与自行车的联运为解决公交服务水平较低的地区提供了手段。英国的有关研究表明,自行车是消耗单位能源最小而做功最大的交通工具。从环境保护的角度看,自行车交通不产生环境污染,外部成本极低。

城市自行车交通的特点,一是增长速度快;二是人车比例高;三是自由,即自由发展、自由行驶和自由停放。城市自行车出行比重一般随着城市规模的增大而逐步下降,但即使是特大城市的自行车出行比重也往往在50%以上。自行车出行时耗分布特征表现为,基本上在30min以内及6km距离以内(多为3~4km)。

我国号称"自行车王国"。自行车交通之所以"源远流长",原因就在于产业优势、市场优势、交通环境优势(中国的城市形态和道路网)、城市交通政策。我国城市单中心圈层式的布局形态在客观上对城市交通产生了两个效应,一是增强了中心区的交通吸引力,与带形城市和指状城市相比,难以开辟大容量的高速公共交通走廊,削弱了公共交通的吸引力。二是中心区面积的扩大,加大了中心区的客流吸引量,从而扩大了自行车核心区的优势范围。

我国城市中自行车拥有量在20世纪80年代中期就已达饱和状态。自行车的用途极为广泛,尽管各城市对自行车的政策方针有分歧,但在现阶段和今后相当长的一个时期内,自行车仍然是城市居民近距离出行的合适工具,但是自行车无节制地发展也不是大城市交通的主要发展方向。

2. 自行车交通的政策导向

自新中国成立以来，我国城市交通政策一直鼓励自行车交通。这个政策与政府的工资和收入政策、严格控制机动车拥有的政策相关。

1996年，建设部在《城市公共交通国家技术政策实施评估报告》中指出："过去的十年，我国许多城市的自行车数量大幅增长，造成这一结果的直接原因有国家不合理的经济补贴，低税收及疏于管理的税收制度，给城市道路交通带来了巨大压力。"我国实际执行的政策，在实质上是鼓励自行车的发展。

自行车政策的注意力应集中在自行车在整个城市交通系统中的地位等根本性问题上，主要的内容应包括：机动化进程中自行车交通的作用和地位；自行车交通对机动车交通影响的全面评价；在环境生态、社会公平、资源节约前提下制定自行车交通的发展对策；自行车专用道系统对不同规模城市和不同地区的适用性；自行车交通系统的规划技术。

对自行车交通应采取的对策，必须根据一定经济社会条件下，城市客运系统的结构及城市的具体条件。城市不应把公交和自行车作为互相对立的交通方式来对待，而应从交通运输管理的角度，研究如何把两种交通方式进行组合，以获得最高的效率。

综合上述分析，自行车发展政策可确定为：明确自行车在现在和未来城市客运交通结构中的地位，发挥自行车的换乘功能。逐步建立自行车道路网，一方面提高自行车交通的舒适性、秩序性和安全性，提高自行车路网的吸引力；另一方面实现机非运行系统的适当空间分离，减少不同车种的相互干扰。

自行车路网由单独设置的自行车专用路、城市干道两侧的自行车道、城市支路和居住区内道路所组成，共同形成一个能保证自行车连续通行的网。根据自行车交通流量流向的需求，结合城市的地形，充分利用现有的街巷进行规划，辟建自行车道路网。首先，道路网规划要有一定的密度。第二，积极筹措资金，建造必要的专用道路设施，如简易立交、地道、天桥、隔离墩、信号系统、遮阳避雨天棚等。第三，加强对自行车道路网的管理。

国际上可资借鉴的国家是荷兰。在荷兰1990年通过的"第二次交通结构规划"中，以提高生活质量、推动经济发展为目标，勾画了到2010年的交通政策。该政策明确指出，今后城市交通发展的方向是限制小汽车，发展公交，鼓励自行车交通，要求公交把自行车作为终端工具。在1992年议会通过的《自行车系统规划》的政策备忘录中，提出的目标是：到2010年，自行车人千米数比1986年增长30%；改进自行车和公交的联运系统；2010年铁路出行的人千米数比1990年增加15%；2010年，交通事故中骑自行车的死亡人数比1986年减少50%，受伤人数减少40%。为实现这一目标，自行车总体规划工作组自1990年以来对120个研究项目、革新试验和样板工程提供了财政支持和给予推广，这些工作主要涉及四个领域：从汽车到自行车的转换；骑自行车人的安全；从汽车到公交和自行车联运；自行车停车设施和防盗。

第四节　案例：可持续的巴士管理政策和拥挤收费

一、可持续的巴士管理政策

在多种城市交通构成中，公共交通在减少道路占用空间、保护环境和节约能源三个方面，具有其他交通方式无法比拟的优越性。事实上，从发达国家城市交通的演进历程看，发展公共交通并同时增加私人轿车的使用成本，也的确是解决城市交通拥挤问题的最有效的途径。鉴于这种情况，我国确立了优先发展公共交通的战略，并明确地赋予巴士交通以城市公共交通的主体地位，接下来的一个重要问题是如何选择巴士交通的管理政策。

根据政府和私人部门在巴士交通中的相对作用，经济学家将巴士服务的提供类型分为三种：公共垄断、不受管制的私人公司与混合模式。从产业政策的角度看，与这三个模式对应的政策分别是管制（Regulation）、放松管制（Deregulation）与竞争性招标（Competitive Tendering）。下面主要介绍在欧洲大规模采用，并认为是实现可持续公共交通的重要管理政策——竞争性招标。

竞争性招标是指巴士公司（公共的或私人的）必须通过竞标才能获得在一定时期内按照公共管理机构制定的标准提供交通服务的权利。这些标准通常包括行驶线路与区间、票价、行车时间表、途中站点设置和使用的车辆等。由于竞争性招标限制自由进入，而且竞争只发生在潜在进入者为获取某一市场（一条线路、交通网络的一部分或整个交通网络）的垄断经营权的竞标阶段，故又被称作“为市场的竞争（Competition for The Market）”。

在巴士交通中，常用的竞争性招标政策工具包括管理合约（Management Contracting）、总成本合约（Gross Cost Contracting）、净成本合约（Net Cost Contracting）和特许（Franchising）等。这些政策工具的不同点在于：在管理合约下，运营商使用的车辆及其他的运营资产仍为政府所有；而在其他的招标方式中，运营商一般使用自己的车辆。其中，总成本合约的票价收入全部归属政府交通管理机构，管理机构根据竞标者给出的报价，按最低成本补偿额选择巴士运营商；净成本合约的票价收入全部归运营商所有，管理机构按最小补贴额（亏损线路）或最大支付额（盈利线路）选择竞标者；特许与净成本服务合约类似，二者的主要区别是，特许下的公司一般拥有更大的经营自主权，并且它主要是按整个巴士网络或网络中的某一组线路进行招标。

发达国家在实施竞争性招标政策时，主要采用总成本和净成本两种合约。经验数据显示，在服务水准维持原有水平或略有提高的情况下，竞争性招标可以显著地节省巴士的运营成本。例如，在剔除通货膨胀的影响后，英国伦敦地区的巴士运营成本下降了 30.0%，服务扩展了 28.7%，同时乘客人次增加了 1.3%（1985～1996 年）；丹麦哥本哈根的成本节省与服务扩展程度分别为 18.5%和 5.0%（1989～1996 年）；瑞典斯德哥尔摩为 18.5%和 2.8%（1992～1995 年）。从总体上讲，只要竞标合约设计完善，竞标过程公开公正，竞争充分，且政府管理机构能对经营者的行为进行有效监督和控制，这种“为市场的竞争”方式在提高效率方面同样可以取得放松管制的效果，同时还能规避“市场中的竞争”的许多弊端。正是因为这一点，在英国之后进行改革的大多数发达国家都采用了竞争性招标政策，而那些一度采用放松管制政策的发展中国家也先后转向了竞争性招标政策。最近 10 年，欧盟国家公共交通部门的经济状况变化很大。越来越多的成员国开始在立法和行政实践中引入竞争（表 9-19）。

欧洲国家公共交通市场开放情况 表 9-19

交通方式	国　家
巴士	丹麦、芬兰、法国、意大利、荷兰、挪威、西班牙、瑞典和英国
轻轨	法国、爱尔兰、葡萄牙、西班牙、瑞典和英国
地铁	丹麦、法国和瑞典
铁路	丹麦、德国、荷兰、葡萄牙、瑞典和英国

1. 芬兰赫尔辛基都市地区巴士服务的竞争性招标

赫尔辛基（Helsinki）地区是芬兰唯一的大城区，有超过 100 万人口居住在该地区的 12 个自治市，这一地区提供了50万个左右的工作机会。该地区的中心地带，赫尔辛基及其附近的镇——埃斯珀(ESpoo)、万塔(Vantaa)和考尼恩(Kauniainen)，组成了赫尔辛基都会地区议会(Helsinki Metropolitan Area Council)，按芬兰语缩写成YTV。

1986年YTV开始负责安排地区性公共交通服务(即往来于自治市之间的公共交通服务)，并发放许可且许可期限较长，运营许可赋予运营商在一个地区或一条线路上排他的运营权力。

1)目标

YTV希望借竞争性招标达到如下目标：①降低交通成本；②提高服务水平；③为运营商提高产出增加激励；④公众必须从巴士服务产出增加中获得好处。

2)招标概况

1991年3月，芬兰新的国家乘客交通法(National Passenger Transport Act)开始生效。该法案允许市政管理机构和YTV在各自负责的区域内对公共乘客交通服务进行招标。YTV随后组织了一次调研，目的是调查竞争性招标的效果并参考该地区的经验，确立竞争性招标的原则。

1992年，YTV执行委员会决定对地区巴士服务进行竞争性招标。第一次竞争性招标在1994年6月进行，中标的运营商于1995年1月1日开始运行。用于招标的巴士服务量占地区巴士服务总量的15%(440万人·km)。1995～1996年，YTV对地区所有的交通服务进行了招标。此后，赫尔辛基地区所有的巴士服务都要经由竞争性招标来提供。

第一个竞争性招标合约为期3年，当合约期满后，合约规定每两年招标一次。在第二轮招标中，一共进行了4次大规模的招标，在这些大规模招标的间隙，还进行了一些个别线路的单独招标。

3)招标方案与对竞标者的要求

在招标工作准备阶段，管理机构考虑了多种备选的招标方法，如基于运营成本、行程成本、总成本、服务水平以及净成本等的招标方式。最终选择的是行程成本，这种招标方式不仅简单明了，而且在公共服务采购中也经常被采用。

在这种方式下，招标管理机构，也就是YW或者镇政府，保留所有的票款收入。在招标过程中，投标的运营商对单位服务报出价格(如每公里、每小时和每车工作日的成本)，招标机构以此计算提供服务所需总成本。招标机构负责规划线路、运营时刻表和车队规模，运营商在前述规划下负责安排和提供服务。

合约的期限最初为3年。在第一轮地区公共交通招标中，管理机构的目的是使所有的运营商都得到平等的对待，每个运营商占有的交通份额相等。不过由于巴士服务地理上和管理上的分布并不平均，为了保证平均分配巴士服务，有些合约就直接发给原来就负责提供该区域或线路巴士服务的运营商。出于同样的原因，只要他们认为有必要，运营商还拥有合约到期后延期1～2年的选择权。除了那些主要的大规模招标，还有一些为新开设的巴士服务设立的小规模招标。目前合约期限一般为5年。

在向运营商发出招标邀请时，YTV对运营商、车辆以及服务质量提出了一系列的要求。运营商必须满足下列要求：①申请人必须是乘客交通法(Passenger Transport Act)所认可的运营商；②负责巴士服务提供的个人必须具备相关法律所要求的资格；③提交最近三年的财务报表；④出示税务机关发给的无欠税证明；⑤出示已缴纳雇员养老金的证明；⑥提交雇员安置计划和所有雇员情况说明；⑦提交事故统计。

招标过程中对巴士车辆的要求包括：座位数量、座位之间的间隔、车门的数量以及其他会影响服务质量的车辆特征，例如为残障人士和婴儿准备的座位、安全设施、照明设施、信息发布标志等。YTV 还将车辆分为四类:低底盘巴士、半低底盘巴士、可转向巴士和铰接巴士,在特定的招标项目中会对使用哪类巴士作出规定。

YTV 每年进行两次乘客满意度调查,对被评为优秀的巴士服务进行奖励。对巴士服务质量的要求包括:①运营商作出的质量控制计划;②乘客服务质量,如信息提供、服务间隔和驾驶员着装;③服务提供的质量,如服务的可靠性、是否使用线路标识和驾驶员驾驶经验;④技术质量,如车况和车辆卫生。

4)招标过程

YTV 的招标过程分为两个阶段。第一个阶段的工作主要是剔除那些财务或运营方面不能达标的运营商。YTV 委托外部的咨询机构对运营商的财务状况进行评估,合格的申请人进入第二阶段。

第二阶段开始对不同运营商提供巴士服务的综合能力进行评定(比较),合约发给能以最低成本提供服务的运营商。综合评定按照下列原则对不同的因素赋予权重:①最低竞标报价得分为 87 分,其余的报价以这一分数为基准给予相应的分数;②巴士车辆方面最多可获得 11 分,需要参考的指标有是否是低底盘车辆、氮氧化物和粉尘的排放量、产生的噪声、座位数量、座位间距以及是否具备婴儿座位等。

在对竞标者的评估过程中,首先对巴士车辆与服务质量进行评估,之后再考虑竞标报价。在整个招标过程中,中标规则保持不变。在初期的竞争性招标中,车龄也是评估考虑的因素之一,后来这一条件被取消,代之以巴士车队最高平均车龄标准。

竞标报价的权重最初并不高,在第一次竞标中,最低报价的得分只有 75 分,公共交通管理机构和运营商对提高报价权重都持支持态度。对于服务质量权重的降低,则通过提高车辆需要满足的最低标准和其他服务质量标准的方式加以弥补。

YTV 所采用的招标方法已经被推行到了赫尔辛基、埃斯珀和万塔之间城际巴士服务的竞争性招标实践中,考虑到城际交通的特殊性,在实践中对这套方法还做了一些细微的改动,主要是对车辆的要求方面。YTV 和其他市镇在招标过程中对车辆的要求已经达成了统一。因此,无论是在城内还是城际运营的巴士车辆其状况都差不多,这使不同地区的运营商能够参与每个城镇的竞争性招标。

5)服务质量

对服务质量的监督是通过 1995 年起执行的乘客满意度调查进行的。1995 年,在 1～5 分的打分系统中,巴士服务质量平均得分为 3.98 分。直到 1998 年秋季,乘客满意度一直保持在 4 分以上。在 1999 年,乘客满意度出现了下降,部分是因为 1999 年冬季特别寒冷,提高了按时刻表运营(行车准点率)的难度。在 2000 年和 2001 年,乘客满意度重新达到了 4 分以上,2001～2002 年得分为 4.02 分。总体来说,竞争性招标明显提高了巴士服务质量,并保持在比较高的水平。调查表明,服务质量分数对车辆状况和运营商遵守时刻表的能力相当敏感。

另一个影响服务质量的因素是巴士服务提供的范围。由于运营商的成本降低了,公共交通管理机构有能力对更多的巴士服务进行补贴。在 1994 年,地区性的巴士线路总运营里程为 2 910 万 km,在 2002 年上升到 3 450 万 km,提高了 19%。

6)巴士车况

竞争促使运营商使用更现代的巴士车辆,并降低了巴士的平均车龄。目前平均巴士车龄大约为 4.5 年,而在竞争性招标之前为 6.5 年。一大批新的低底盘巴士投入使用,在地区这一层面,低底盘巴士占巴士总数的比例已经超过了 50%。

车辆的更新是受到招标对巴士车况制定的门槛以及合约发放规则的影响。不过，在一次招标中，对低底盘车辆和车龄的强调带来了意想不到的问题：中标的运营商从丹麦进口了一批低底盘巴士，然而这种巴士并不符合芬兰乘客的习惯，因此对车辆的改造延误了服务的提供。鉴于这种情况，后来的招标过程中又加入了对巴士车辆进行检查的条款。

低底盘巴士数量的增长也许并不是由竞争性招标直接导致的，但是巴士更新确实是朝着这一趋势进行。YTV 对车辆设置的标准已经被赫尔辛基市交通署(Helsinki City Transport, HCT)采纳，因此相同的巴士可以在 YTV 和 HCT 管辖范围内运营。埃斯珀和万塔也采用了相同的标准。

7)票价

竞争性招标也降低了巴士票价。地区巴士月票价格已由 1994 年的 370 芬兰马克(62.2 欧元)降低到了 1997 年的 325 马克(54.6 欧元)。2000 年票价首次出现上升，为 340 马克(57.1欧元)。

与此同时，地区公共交通的亏损也出现了下降。假定当前的亏损水平不变，在当前的线路总运营里程条件下，倒推出票价应该是 500 马克/月。在 2000 年，地区巴士服务的票价可以抵补 67%的支出，1991 年这一数字为 62.5%，为历史最低水平。

8)雇员状况

雇员的地位因竞争性招标的引入也得到了提升。运营商的更替意味着巴士驾驶员要从一个公司流动到另一个公司。1998 年 2 月的一次罢工影响到了所有运营商，这次罢工促成了雇员工会与雇主间达成协议，协议要求保证雇员从一个公司转到另一个公司工作，原有的利益不能被取消。由于竞争性招标增加了雇员工作的不确定性，一些驾驶员离开了巴士行业。但是竞争性招标还是扩大了巴士服务的范围，服务产出增加了 10%，因此创造了更多的工作机会，据统计，赫尔辛基由此新增了 250 个巴士驾驶员岗位。

9)成本

成本的节约可以如此比较：按照当前的巴士服务水平，用经过通货膨胀调整的引入竞争之前年度的单位服务价格计算总成本。2002 年的巴士服务产出放到竞争之前需要 44 600 万芬兰马克，而实际上却只用了 32 200 万芬兰马克，也就是说，竞争性招标节省了 12 400 万芬兰马克的成本。

在第一次竞争性招标之后，YTV 确立了对节约下来的成本的三个使用途径：用于增加巴士服务和提高服务质量，用于降低票价以及减少对巴士运营的补贴。

10)问题

目前为止最大的问题是巴士驾驶员的工作稳定性：竞争性招标的引入使其变得不稳定。不过巴士公司占有的市场份额从长期来看还是比较稳定的，甚至还有上升，而对巴士驾驶员的市场需求增长得也比较快。因此，巴士驾驶员工作稳定性的问题更多地是由短期对巴士驾驶员需求的波动造成的，也就是说，是一个运营商失去了合约，而新的运营商还没有开始雇佣更多的驾驶员造成的。

2. 法国第戎市的竞争性招标

第戎市(Dijon)位于法国北部，有 24.4 万居民。公共交通服务目前由第戎地区交通公司(Societe de Transport de la Region Dijonaise)提供，交通网络覆盖 16 个社区。

在城市交通计划(Urban Transport Plan)方面，第戎在法国可以说是最先进的城市。该城市合理地设计了整个交通系统，发展了可以替代私人汽车的交通方式，例如在原有 20km 的巴士优先道的基础上，进一步发展了巴士专用道。虽然一些研究对公共交通的污染物排放提出了质疑，不过通过在巴士上安装过滤装置，可以把污染物排放降低90%，使得这一问题得到了极大的解决。

1）目标

为了给第戎市的公共交通系统寻找一个运营商，市政府在法国相关法律的框架下进行了一次招标。这次竞争性招标的目的之一是提高公共交通的服务质量。2002年第戎市在全欧洲范围内进行了对整个交通网络的招标——1993年法国Sapin法实施以后，要求对于公共服务的竞争性招标5～6年进行一次，并对整个欧洲开放。市政府要求竞标申请人提交的服务规划必须满足下列要求：①控制在提供公共交通服务方面的财政赤字；②无论对人口高密度区域还是低密度区域都能提供一定频次的公共交通服务；③用其他形式的能源替代矿物燃料。

第戎市的交通网络在1975～1995年间经历了一个快速的发展阶段，网络目前也扩展到了郊区。然而随着网络范围的扩大，公众对公共交通使用率却在下降。因此竞争性招标的目的就是发展能够适应大多数人需求的公共交通系统，同时控制不断膨胀的开支。

2）对竞标者的要求

标约在2003年1月1日发放。在发出招标邀请时，第戎市发给每个申请人一本关于本市对交通管理和管制的册子，其中对环保方面的标准进行了说明。该标准是围绕车辆污染物排放和车辆维修方面制定的。例如确保更少的颗粒排放，这套标准要求运营商在车辆维护上花费更多的时间。每六个月市政府要对巴士车辆的尾气排放进行一次检查，每次检查车队25%的车辆。所有这些标准在提供公共交通服务时必须强制执行。

公共交通管理机构负责对公共交通的投资，主要是巴士车辆的购置、运营商负责车辆的维护以及雇员使用新型车辆的培训。

3）服务质量

公众对公共交通的印象和接受程度都有了积极的转变，每4个人中就有1个经常使用公共交通。在1975～1995年间，使用公共交通的乘客数量从1 910万人次上升到了3 810万人次。这一增长归功于交通系统组织水平的改善，包括巴士运营频率增加、巴士车辆在交叉路口的优先通行权缩短了行驶时间以及降低的票价。这些交通组织上的变化需要不同机构间进行协调，第戎市市长负责交通网络管制的实施，议会则批准了对国家道路系统的建设投资。

为了激励运营商，市政府制定了一套运营标准，并定期进行检查，标准包括：①巴士服务的可靠性，乘客对服务的满意度；②为乘客提供的信息；③对乘客投诉的处理；④巴士卫生程度。

4）车辆

巴士公司共有215辆巴士，其中100辆是铰接车，目前有32辆巴士正在试用柴油颗粒过滤装置。有50%的车辆符合欧洲二号(EUROII)和欧洲三号(EUROIII)排放标准，另外50%符合欧洲一号(EUROI)排放标准。一些巴士配有颗粒过滤装置，所有的巴士都使用超低硫燃料(Ultra Low Sulphur Fuel，ULSF)。从2003年起，所有新购置的巴士都以天然气为燃料，这种新巴士能够进一步降低颗粒排放量。

5）成本

第戎市对使用公共交通的居民给予了低票价的优惠，因此使用公共交通的居民数量保持在一个较高的水平，平均每年每人使用公共交通出行达140次。与具有可比性的其他交通网络相比，第戎市公共交通网络投资的回收速度也较快，开办费的回收速度为41.5%，高于法国37.9%的平均回收速度。第戎市的目标是将成本维持在2000年的水平。如果不采取任何措施，则公共交通的平均成本会因客流量减少而有所上升，因此，政府正在进行关于限制票价上涨政策的研究。

6)雇员状况

招标要求中标的运营商自合约生效日起接收原巴士服务机构中的雇员。

7)其他问题和影响

污染颗粒的排放始终是个问题，不过目前看来在旧巴士上使用过滤装置是最好的解决办法。第戎市还对替代矿物燃料能源做了许多试验。由于天然气巴士在环保方面有比较好的表现，市政府决定继续使用这种巴士，并在等待更好的替代能源的出现，比如氢燃料。第戎市目前还没有采用电力巴士，因为这种巴士的载客量有限。

8)主要效果

第戎市政府预计 2020 年交通量将比现在翻一番，如果不采取任何措施，届时每天进入市区的轿车数量将比现在多 1 000 辆。在第戎市和周边地区的旅行将成为未来的一个主要问题，这也是为什么第戎市政府在竞争性招标政策中始终强调可持续的交通政策。这一政策为第戎市政府在未来对电车进行整合提供了有利的基础。

二、拥挤收费

城市交通拥挤收费(Congestion Pricing)即在城市交通严重拥挤的情况下，通过对拥挤道路收费来引导和调节交通需求，达到缓解交通拥挤的目的。众所周知，路网中的新增用户必然会引起路网系统总成本(时间、燃料费用等)的增加，这是因为用户的出行将强加给系统中其他用户一个额外成本，在经济学中这个额外成本称为外部经济(Externality)，它以噪声、污染、交通拥挤和交通事故等形式体现。拥挤道路收费是对特定时段和路段的车辆实行收费，以从时间和空间上来疏散交通量，减少繁忙时段和繁忙路段道路上的交通负荷，同时还将促使交通量向高容量的公交系统转移和抑制私人小汽车交通量的增加，促进小汽车的有效利用，推进多人合乘(Carpool, Vanpool)政策，实现最有效的使用道路，达到缓解交通拥挤的目的。根据国外经验，合理的拥挤收费方法和收费技术可以有效地缓解交通拥挤状况；同时，现代化的拥挤收费技术还可以提供较为详细的交通出行信息，为城市管理的信息化提供很好的信息来源；再有，城市交通拥挤收费还可以为城市道路建设和设施的改善提供一个稳定的资金来源，让所收费用取之于民而用之于民。

城市交通拥挤收费为全世界提供了一个解决城市交通问题的行之有效的手段：在考虑到出行者的路径选择行为基础上，通过在特定的路段或区域内收取货币费用，达到疏缓交通拥挤的目的。拥挤收费的机理在于以下方面：一方面，通过收取通行费用，使得更多的车辆绕过瓶颈地带而取道较宽松地带；另一方面，通过附加货币的方式增加出行者的旅行费用，降低城市总体出行量；此外，通过对私人车辆或小汽车的收费，可以鼓励人们更多地选用效率相对高的公共交通工具；最后，道路收费所取得的收益可以用于扩展现有的道路网络或者投资于公共交通和人行道系统。

1. 新加坡

新加坡是世界上第一个征收道路拥挤费的城市，1975 年 5 月起已对高峰时间的交通实施一种区域许可制度。最初只是对在早上 7:30～9:30 进入城市中心的车辆进行收费，后来当交通量扩散到了许可时间之前或之后时，才发现这是不适当的。1979 年 8 月将许可时间扩展到从早上 7:30～10:15。后来，又加上了晚上定价时间。这一计划取得了令人鼓舞的效果。高峰时间的车流量明显减少，车速提高了大约 222%。表 9-20 表明，该方案的长期效果也较理想，虽然交通量有所增加，但增加的数量大大低于未实行道路定价之前的水平。最初交通量也有一些扩散到收费区域之外的"逃脱走廊"，但是后被在周围路线上采取调整交通信号和其他控制措施所遏制。

新加坡区域交通许可计划对交通的长期影响 表 9-20

时　段	1975 年 5 月	1976 年 5 月	1979 年 5 月	1983 年 5 月
轿 车				
07:00～07:30	5 384	5 675	5 723	6 413
07:30～10:15	42 790	10 754	13 181	15 473
10:15～10:45	无资料	6 459	5 527	7 069
所有车辆				
07:00～07:30	9 800	10 332	10 596	11 280
07:30～10:15	74 014	35 787	49 606	57 035
10:15～10:45	无资料	13 441	15 179	16 490

这个计划最初被看做是综合一揽子措施的一部分，这些措施包括增加环形路线标识、发展公交运输和增添随处停车搭客的设施。之后证明，增添随处停车搭客的设施是唯一不成功的措施，原因是乘公交车上下班者采用合伙用车的办法——由于起初坐满人的轿车免许可费——而不再搭乘公交车。结果，随处停车搭客的小公共汽车最终改作他用，而停车场也改建为房屋、网球场等。当时预料，早晨交通流量的减少情况在晚上也同样会发生，但是晚上高峰时间的车流量仅仅减少了 3%～4%。这是因为通勤来往者在早上改走"逃脱走廊"或者提早出发，在晚上则没有必要这样做，而那些参加合伙用车的人在晚上则由家人接回家，家人调整日常生活习惯，下午开车进市内购物、娱乐或者做其他事情，晚上充当驾驶员。看来，道路收费需要直接在发生拥挤的各时段全部进行。

在新加坡政府的支持下，一些新的技术也逐渐应用于 ALS，并建立了一套电子道路收费系统（Electronic Road Pricing，ERP），由车上的装置结合收费口的两个门架上的天线通过微波传送完成自动收费，这套系统已于 1994 年完成试验工程，这一系统的建立，使收费过程完全自动化（图 9-9）。

图 9-9　新加坡街头的 ERP 收费装置

2. 伦敦

伦敦市中心商业区拥挤收费是国际上又一个采取拥挤收费需求管理策略的城市。由于伦敦市区道路狭窄弯曲，纵横交错，使汽车行驶起来障碍重重，有时不到 500m 的路程，要过 4～5 个红绿灯，在车辆爆满的情况下，几分钟的路走上几十分钟是家常便饭。据调查，收费前英国的交通拥挤在欧洲是最严重的，有 24%的主要公路每天至少堵车 1h，而法国只有 4%的公路有这种现象；英国上班族每天花在路上的平均时间为 46min，而意大利仅为其一半。严重的交通堵塞，不仅造成难以估量的经济损失，而且使驾驶者承受沉重的心理负担。

伦敦于 2003 年 2 月 17 日早 7 点在市中心实施了交通拥挤收费政策，从周一至周五，凡于早 7:00 到晚 6:30 进入伦敦市中心的私人轿车，都要交 5 英镑的"买路钱"。根据"交通拥挤费”计划，伦敦收费的范围，主要集中在市中心方圆 8mile 的地区，图 9-10 为伦敦拥挤收费区域示意图。

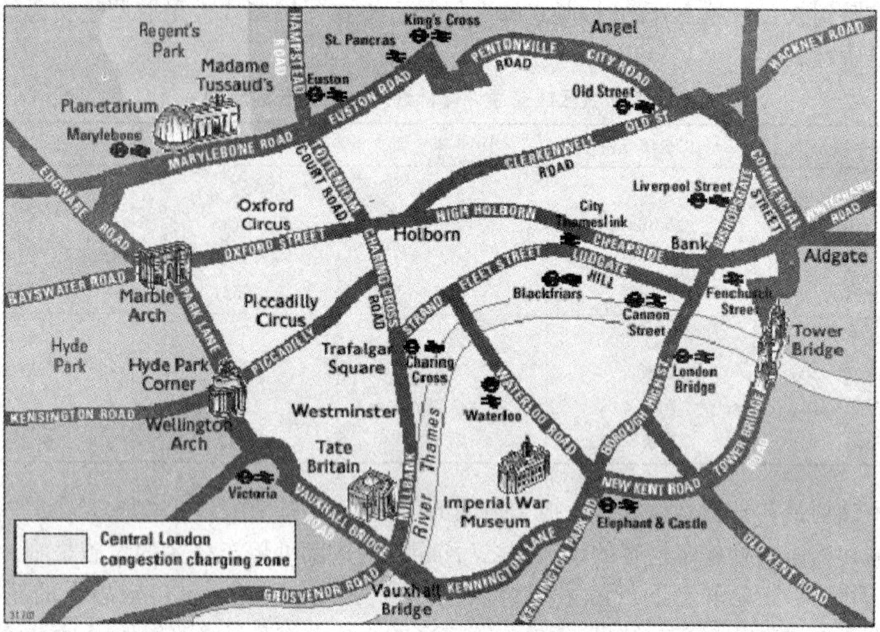

图 9-10　伦敦市拥挤收费区域示意图

伦敦实施拥挤收费策略限制的重点是私人轿车，公共服务性车辆包括出租车、警车、军车、消防车、急救车、残疾人用车和使用电、氢等清洁能源的车辆不在收费之列。居住在收费区内的居民，可享受“进城费”90%减免的待遇。伦敦拥挤收费政策采用摄像机记录和开车者付费“消号”的办法收费，在进入收费区的 165 个主要路口和收费区内安装了大量摄像机，由摄像机记录下进入收费区的车牌号码并存入计算机数据库。凡开私家车进入收费区者，必须在当天晚 10 点前缴纳进城费，计算机检测到付费者的车牌号后，即从数据库中消除记录，如当晚 10～12点之间缴纳，则需交 10 英镑罚款，超过夜里 12 点，需交 80 英镑罚款，如此款在两周内交付，可减为 40 英镑，如 28d 内仍未交，则罚 120 英镑，三次欠款未付，车辆将被拖走。缴纳进城费的地点和方式多种多样，人们可在停车场、加油站、售货亭、邮局和专门设立的收费点缴纳，也可通过因特网或电话用卡缴纳。此外，可在进城当天交，也可以提前预付，需经常开车进城者，还可按周、月或年付费，并享受一定的优惠待遇。伦敦市计划通过实施这一收费制度，每年征收约 1 亿 3 000 万磅（约 247 亿日元，约合人民币 15 亿 4 380 万元）的费用，并且将其投资于伦敦地铁及公共汽车等交通设施。

伦敦实施交通拥挤收费制度大约 10 个月后，实施收费地区的交通量减少了大约 20%，实施区小汽车的速度提高约 10%，公共汽车的速度提高约 15%，交通事故明显降低。另外，自从开始实施收费制度以来，由于合伙坐车上班人士增多，导致寻找前往同一方向上班的人士的服务十分吃香，在引进收费制度以后，此类网络服务的会员人数增加了 50%。收进城费虽然对缓解交通压力有利，但也不可避免地对相关行业带来冲击和机遇。其中，首当其冲的就是市中心的收费停车场。实施拥挤收费前，伦敦市中心的停车场收费昂贵，有的平均 8 英镑/h 左右，在车辆蜂拥进城的情况下，一些繁华地段的停车场常常爆满，为主人带来滚滚财源。限制车辆后，停车场的收入难免受到影响。为了吸引更多车辆，现在有些停车场已纷纷开始降价。与此同时，一些餐馆和车行，也以代付进城费为诱饵招揽顾客。此外，还有人指出，收进城费会使大量车辆绕收费区边缘行驶，对沿途的一些重要建筑，如伦敦塔桥等造成损害。尽管如此，伦敦当局仍然认为，现在的办法是各种方案中的首选。另外，关于此政策对于环境方面的效果则有人持怀疑态度，伦敦75%的空气污染来源于汽车和飞机等，目前实施的收费制度由于对象地区很小，不足以减少空气污染。

3. 圣地亚哥

美国于1996年实施了圣地亚哥1-15拥挤收费工程，即将圣地亚哥的车辆高占有率(HOV)快速路改成高收费(HOT)的收费道路。圣地亚哥快速路是从国道1-15往北8km无任何进出口封闭的可变向双车道，1996年收费前，只准合伙驾车、上下班合用交通车、公共汽车和紧急安全车通行，在高峰时间，每个车道流量低于1 000辆/h，而其他车道非常拥挤。

圣地亚哥1-15拥挤收费工程为了提高快速路的利用率，降低国道1-15的交通拥挤，改善进入市中心上下班主要交通走廊的交通状况，于1996年12月将快速路国道1-15改成收费车道(HOT)，这些HOT收费道路只有一个方向，早上5:30～10:00只开放南边方向，下午2:30～7:30只开放北边方向，收费只针对于单独驾车的私家车。费率的确定分两个阶段，从1996年12～1998年3月，费率是固定的，开始是每月50＄，以后每月为70＄，只准有限的500个单独驾车者使用快速车道。从1998年3月起，对使用快速路的人数没有限制，而且收费费率是根据交通流量实时变化，每6min改变一次收费费率，以保证收费道路上以自由流车速行驶，每次收费的额度范围在0.5～8＄之间。

从圣地亚哥1-15拥挤收费工程中，研究者得到一些结论：①上班族对于上午费额的变化要比下午敏感得多，上午的时间价值为22＄，占工资率的75%，下午的时间价值在9～22＄之间，平均的时间价值为15＄，大约占工资率的52%；②无论是Express Pass收费方式(1996年12月到1998年3月实施的收费方式)还是FasTrak收费方式(1998年3月后实施的收费方式)，圣地亚哥快速路作为进入市中心的主要交通通道，实施收费后促进了当地的经济发展，而且促进了当地住房的销售。

习题与思考题

1. 简述经济、环境和社会的可持续性三者之间的联系。
2. 不同交通模式对环境的污染影响有何区别？控制交通环境污染可采用哪些工具和手段？
3. 控制道路运输对环境影响的措施有哪两类？具体有什么措施？
4. 道路交通产生哪几方面的外部性？如何将这些外部成本转化成内部成本？
5. 解释“最优道路定价”，按此“定价”收费的目的是什么？
6. 简述我国城市管理中不同交通方式的可持续发展策略。
7. 如何理解巴士服务的竞争性招标是可持续的交通管理政策？

参考文献

[1] 中国交通年鉴——1999,2000. 北京:中国交通年鉴出版社,1999,2000.
[2] 世界经济统计简编——1997. 北京:中国物价出版社,1997.
[3] 中国统计摘要——1999,2002. 北京:中国统计出版社,1999,2002.
[4] 中国统计年鉴——2001. 北京:中国统计出版社,2001.
[5] 国家计划委员会,建设部. 建设项目经济评价方法及参数(2版),北京:1993.
[6] 交通部.公路建设项目可行性研究报告编制办法.北京:1988.
[7] 交通部.公路建设项目可行性研究报告编制办法(讨论稿).北京:1996.
[8] 交通部.公路建设项目经济评价方法(讨论稿).北京:1996.
[9] 交通部公路规划设计院,等.苏通长江公路大桥工程可行性研究.北京:2001.
[10] 交通部公路规划设计院,等. 杭州湾交通通道预工程可行性研究.北京:1999.
[11] 桑恒康. 中国交通运输问题. 北京:北京航空航天大学出版社,1991.
[12] 姚祖康. 运输工程导论.上海:同济大学出版社,1996.
[13] 陈贻龙, 邵振一.运输经济学. 北京:人民交通出版社,1999.
[14] 赵锡铎.运输经济学.大连: 大连海事大学出版社,1998.
[15] 许庆斌,荣朝和,马运,等. 运输经济学导论. 北京:铁道出版社, 1995.
[16] 杨洪年. 经济全书.交通经济. 北京:人民出版社,1994.
[17] 刘荣勤. 当代经济学学科. 北京:中国展望出版社,1988.
[18] 王明志. 运输供给与运输需求. 北京:人民交通出版社,1996.
[19] 马健平,郝渊晓. 交通运输市场营销学. 北京:中国商业出版社,1997.
[20] 张熏华,等.交通经济学. 上海:上海社会科学院出版社,1992.
[21] 吴志恒. 公路运输经济学. 西安:陕西科学技术出版社,1985.
[22] 赵国杰. 工程经济与项目评价. 天津:天津大学出版社,1999.
[23] 严作人 ,孙立军. 道路工程经济与管理. 上海:同济大学出版社,1995.
[24] 沈志云 .交通运输工程学.北京:人民交通出版社,1999.
[25] 王惠臣. 论运输管制.北京:高等教育出版社,1997.
[26] 王金南 .环境经济学.北京:清华大学出版社,1994.
[27] 李子奈 .计量经济学——方法与应用.北京:清华大学出版社,1992.
[28] 张世英 ,李忠民. 非均衡经济计量建模与控制. 天津:天津大学出版社,2002.
[29] 李华 .道路运输经济学.北京:人民交通出版社,1999.
[30] 黎群. 中国公路运价的制度变迁.综合运输,2001,4.
[31] 国家计划委员会. 国民经济和社会发展第十个五年计划综合交通体系发展重点专项规划,北京:2001.
[32] 同济大学 .从宏观经济和社会发展角度看中国发展高速磁悬浮铁路的必要性和可能性,

上海:2001.
[33] 刘荔娟,李凤云,现代项目管理. 上海:上海财经大学出版社,1999.
[34] 戴文标.公共经济学导论.上海:上海人民出版社,2002.
[35] 黄恒学.公共经济学.北京:北京大学出版社,2002.
[36] 郗恩崇, 吴志恒.高速公路管理学.北京:人民交通出版社,2001.
[37] 胡思继 .交通运输学.北京:人民交通出版社,2001.
[38] 赵民 ,陶小马. 城市发展和城市规划的经济学原理.北京:高等教育出版社,2001.
[39] 管楚度.新视域运输经济学.北京:人民交通出版社,2002.
[40] 管楚度.交通区位论.北京:人民交通出版社,2002.
[41] 荣朝和.西方运输经济学.北京:经济科学出版社,2002.
[42] 汪祥春.微观经济学. 大连:东北财经大学出版社,2002.
[43] 黎旨远. 微观经济分析.北京:清华大学出版社,1987.
[44] 杨君昌,曾军平.公共定价理论. 上海:上海财经大学出版社,2002.
[45] 张昕竹,汪向东,李雪松.中国基础设施产业的规制改革与发展. 北京:国家行政学院出版社,2002.
[46] P. A. Samuelson, W. D. Nordhaus. 经济学(16 版) . 萧琛, 等,译.北京:华夏出版社,1999.
[47] N. Gregory Mankiw. 经济学原理.梁小民, 译.北京:北京大学出版社,1999.
[48] William H. Greene. 经济计量分析.王明舰, 王永宏,等,译. 北京:中国社会出版社,1998.
[49] Clifford Chance 法律公司.项目融资. 龚辉宏,译, 北京:华夏出版社,1997.
[50] Sampson, R. J. Farris, M. T. Shrock, D. L. 运输经济:实践、理论和政策. 赵传云,等,译.北京:经济科学出版社,1989.
[51] Locklin, D. P. 运输经济学.赵传云,译.长沙:长沙铁道学院运输系,1985.
[52] Button, K. 运输经济学.冯宗宪,译.北京:商务印书馆,2001.
[53] Kenneth, D. Boyer Principles of Transportation Economics. New York: Addison Wesley Longman, Inc. 1997.
[54] Button, K. Transport, the Environment and Economic Policy. U. S. A. Vermont: Edward Elgar Publishing Limited, 1993.
[55] Robert S. Pindyck, Daniel L. Rubinfeld: Econometric Models and Economic Forecasts, 4th. ed. U. S. A. Vermont: McGraw-Hill Companies, 1998.
[56] 何德全. 运输定价机理、模型与实践.上海. 上海财经大学出版社,2007.
[57] 李忍相,叶霞飞.客运专线与城际轨道交通并行建设时机探讨. 综合运输, 2008,6.
[58] 成耀荣.综合运输学.北京:人民交通出版社,2003.
[59] Paul Heyne, Peter Boettke . 经济学的思维方式. 马昕,陈宇,译. 北京:世界图书出版公司,2008.
[60] 帅斌,霍娅敏.交通运输经济. 成都:西南交通大学出版社, 2007.
[61] 李永生,黄君麟.运输经济学. 北京:机械工业出版社, 2004.
[62] 杨慧,周晶.收益管理竞争定价的决策机理分析. 南京理工大学学报(社会科学版), 2008,04.
[63] John. B. Taylor . 经济学(5 版). 李绍荣 ,李淑玲, 等,译.北京:中国市场出版社,2007.

[64] Robert S. Pindyck,等. 微观经济学(6 版). 王世磊,等,译. 北京:中国人民大学出版社,2006.
[65] Joseph E. Stiglitz, 等. 经济学(3 版). 黄险峰, 张帆,译. 北京:中国人民大学出版社,2005.
[66] 李金林,徐丽萍. 收益管理的研究现状及发展趋势. 北京工商大学学报(自然科学版),2007. 03.
[67] 谭斌. 收益管理在航空公司价格管理中的应用研究. 重庆大学硕士论文,2003.
[68] 朱金福,等. 航空客运舱位订座柔性控制收益分析. 预测 2006,5.
[69] 孙蕘,严作人. 公交需求价格弹性计算和公交政策刍议. 上海. 城市公用事业,2007,1.
[70] 方敏. 论中国航空运输业放松进入管制. 综合运输, 2008,8.
[71] 甑校燕. 京沪高速铁路开工. 综合运输,2008,5.
[72] 王智. 我国铁路旅客运输的市场定位及发展对策. 综合运输,2008. 11.
[73] 陆化普. 交通规划理论与方法(2 版). 北京:清华大学出版社,2006.
[74] 梁雪峰,王广州,等. 城市巴士交通规制政策的理论与实践. 哈尔滨:哈尔滨工业大学出版社,2007.
[75] 安格斯,迪顿. 经济学与消费者行为. 北京:中国人民大学出版社,2002.
[76] 赵民,陶小马. 城市发展和城市规划的经济学原理. 北京:高等教育出版社,2001.
[77] 戴大双. 项目融资. 北京:机械工业出版社,2006.
[78] 国家发改委,建设部. 建设项目经济评价方法及参数(3 版),北京:2006.
[79] 建设部标准定额研究所. 建设项目经济评价案例. 北京:中国计划出版社,2006.
[80] 中国统计摘要——1985～2008. 北京:中国统计出版社,1985-2008.
[81] 中国交通年鉴——1985～2007. 北京:中国交通年鉴出版社,1985-2007.
[82] 范剑平,杨大侃. 居民消费与中国经济发展. 北京:中国计划出版社,2000.
[83] Anwar Shah,等. 中国地区差异的经济分析. 北京:人民出版社,2006.
[84] 张有恒. 运输经济学总论(3 版). 台北: 华泰文化事业股份有限公司,2006.
[85] Kenneth A. Small and Erik T. Verhoef The Economics of Urban Transportation. New York:Routledge,Inc. 2007.
[86] M. Fouzul、Kabir Khan,等. 大项目融资:项目融资技术的运用与实践. 北京:清华大学出版社,2005.
[87] 美国项目管理协会. 项目管理知识体系指南(3 版). 北京:电子工业出版社,2006.
[88] 德国技术合作公司(GTZ). 可持续发展的交通. 北京:人民交通出版社,2005.
[89] 王维才,戴淑芬,肖玉新. 投资项目可行性分析与项目管理. 北京:冶金工业出版社,2000.
[90] 陆化普,黄海军. 交通规划理论研究前沿. 北京:清华大学出版社,2007.
[91] 匡新. 中国交通运输体制改革 30 年. 综合运输,2009,01.
[92] Emile Quinet,Roger Vickerman. Principles of Transport Economics. Northampton, MA:Edward Elgar,2004.
[93] 王庆云. 交通运输发展理论与实践. 北京:中国科学技术出版社,2006.
[94] 卢明银,王丽华,苑宏伟. 运输经济学. 徐州:中国矿业大学出版社,2007.
[95] 黄民,张建平. 国外交通运输发展战略及启示. 北京:中国经济出版社,2007.
[96] 高兴武. 公共政策评估:体系与过程. 中国行政管理,2008,02.
[97] 季令. 交通运输政策. 北京:中国铁道出版社,2003.